Schirmer / Esch

Kurze Geschichte der englischen und amerikanischen Literatur

Kurze Geschichte der englischen und amerikanischen Literatur

von

Walter F. Schirmer und Arno Esch

4., neubearbeitete Auflage

Deutscher Taschenbuch
Verlag

Max Niemeyer Verlag
Tübingen

1. Auflage 1945

2. Auflage 1949

3. Auflage 1964

Unveränderter Nachdruck 1973

Eine gebundene Ausgabe dieser Auflage erscheint gleichzeitig im Max Niemeyer Verlag Tübingen

CIP-Kurztitelaufnahme der Deutschen Bibliothek

Schirmer, Walter F.

Kurze Geschichte der englischen und amerikanischen Literatur / von Walter F. Schirmer u. Arno Esch. – 4., neubearb. Aufl. – [München] : Deutscher Taschenbuch-Verlag; Tübingen : Niemeyer, 1977.

ISBN 3-423-04291-5

NE: Esch, Arno

ISBN 3-423-04291-5

Satz: Bücherdruck Wenzlaff, Kempten

VORWORT

Vorliegendes Buch ist eine Kürzung meiner zweibändigen Geschichte der englischen und amerikanischen Literatur, auf deren ausführlichere Darstellung und Bibliographie verwiesen sei. Die Stoffeinteilung ist, wie im größeren Buch, im wesentlichen chronologisch, nur gelegentlich erfolgt sie unter dem Gesichtspunkt der Stoff- und Gattungsgeschichte, oder verläßt auch diese Ordnung zugunsten der geschlossenen Erörterung einer Dichterpersönlichkeit. Zweckmäßigkeit und künstlerische Gesichtspunkte wurden als wichtiger erachtet als Einheitlichkeit der Methode. Der Nachdruck liegt auf den Werken, denn das Verständnis einer Literatur muß von der Kenntnis der Werke ausgehen. Damit diese bei der Kürzung genügend hervortreten, ist die im größten Buch fortlaufend dargestellte Entwicklung in einzelne Ausblicke zerschnitten und die Ausmalung des ideen- und zeitgeschichtlichen Hintergrunds auf andeutende Striche verkürzt. Zur Vermeidung einer Namen- und Titelanhäufung wurde den hervorragenden Autoren und Werken verhältnismäßig größerer Raum gewährt, und zahlreiche minder bedeutsame mußten weggelassen werden. Darin geht diese dritte Auflage weiter als die früheren. Das letzte, dem Schrifttum unseres Jahrhunderts gewidmete Buch ist von Herrn Arno Esch neu gefaßt und ausführlicher dargestellt. Denn außer der bleibenden Literatur, deren Bewertung nur bei den der Historie angehörigen Kapiteln möglich ist, gibt es eine zum Verständnis der zeitlichen Probleme helfende Literatur, die von den Mitlebenden noch nicht auf das Bleibende hin bewertet werden kann. Demgemäß nennen die der Gegenwart gewidmeten Kapitel mehr Namen und Werke, als eine spätere, sichtende Zeit gelten lassen wird. Hier wie durchwegs will das Buch Führer zum Lesen sein, nicht Ersatz dafür; es will die persönliche Auseinandersetzung mit den Werken fördern, nicht kritische Urteile aufdrängen.

Bonn, Dezember 1963 W. F. S.

VORWORT ZUR VIERTEN AUFLAGE

Bei der Neubearbeitung von W. F. Schirmers »Kurzer Literaturgeschichte«, die zuletzt 1973 in einem unveränderten Nachdruck der dritten Auflage erschien, habe ich die Anlage des Werkes und die Art des methodischen Vorgehens, wie sie das Vorwort zur früheren Auflage umreißt, beibehalten, innerhalb dieses Rahmens jedoch eine Reihe von Änderungen vorgenommen. Sie suchen einer veränderten Forschungslage Rechnung zu tragen und betreffen neben einzelnen Kürzungen und Umstellungen differierende Akzentuierungen und Wertungen, notwendige Erweiterungen sowie die Revision der Auswahlbibliographien.

Für Hilfe bei der Korrektur habe ich Herrn Dr. Götz Schmitz und Herrn Dr. Kurt Gamerschlag zu danken, für das Register Frau Leonore Engert.

Bonn-Bad Godesberg, im August 1977 A. E.

INHALTSVERZEICHNIS

VERZEICHNIS DER ABKÜRZUNGEN

ASPR	The Anglo-Saxon Poetic Records ed. G. P. Krapp and E. van Kirk Dobbie, 6 Bde., N.Y. 1931–53
AWS	American Writers Series
EETS	Early English Text Society
EL	Everyman's Library
LAP	Longmans Annotated Poets
LHUS	Literary History of the United States ed. R. Spiller u. a.
ML	The Modern Library
MS	Mermaid Series
NMS	New Mermaid Series
OEN	Oxford English Novels, gen. ed. H. Davis
OET	Oxford English Texts
OHEL	Oxford History of English Literature ed. F. P. Wilson u. a.
OSA	Oxford Standard Authors
PEL	Penguin English Library
RE	Riverside Edition
RP	The Revels Plays, gen. ed. C. Leech
RRenDS	Regents Renaissance Drama Series, gen. ed. C. Hoy
RRestDS	Regents Restoration Drama Series, gen. ed. J. Loftis
RS	Rolls Series (Rerum Britannicarum Medii Aevi Scriptores)
STS	Scottish Text Society
WC	The World's Classics

Erstes Buch

DIE ALTENGLISCHE ZEIT

Bibliographie in der grundlegenden deskriptiven Darstellung der altenglischen Literatur von A. Brandl in Pauls Grundriß der germanischen Philologie, Straßburg [2]1901/1909, Bd. II, S. 941–1134; F. C. Robinson, Old English Literature: A Select Bibliography, Toronto 1970.

Literaturgeschichte: A. Brandl (s. o.), A. Heusler und L. L. Schücking in den sich ergänzenden Darstellungen der weltlichen und der christlichen Literatur der Angelsachsen: Altgermanische Dichtung [2]1943, Die englische Literatur im Mittelalter, 1930 (in O. Walzels Handbuch der Literaturwissenschaft, Wildpark–Potsdam). K. Malone in A. C. Baugh (Ed.), A Literary History of England, Lo. [2]1967; S. B. Greenfield, A Critical History of Old English Literature, New York 1965; E. G. Stanley (Ed.), Continuations and Beginnings: Studies in Old English Literature, Lo. 1966; C. L. Wrenn, A Study of Old English Literature, Lo. 1967. Als Einführung in die alt- und mittelenglische Literatur: W. P. Ker: Medieval English Literature, with Bibliographical Notes by P. Gradon, Lo. 1969. – Die englische Literatur in lateinischer Sprache ist vollständig behandelt in M. Manitius, Geschichte der lateinischen Literatur des Mittelalters, 3 Bde., München 1911–1931, die Dichtung (mit orientierenden Proben) in F. J. E. Raby: Christian Latin Poetry, Oxf. [2]1953 und Secular Latin Poetry, 2 Bde., Oxf. [2]1957. W. F. Bolton, A History of Anglo-Latin Literature, 597–1066. I: 597–740, Princeton 1967.

Texte: G. P. Krapp u. E. van Kirk Dobbie, The Anglo-Saxon Poetic Records, 6 Bde., N.Y. 1931–1953; C. W. M. Grein und R. P. Wülker (Eds.), Bibliothek der angelsächsischen Prosa, 13 Bde., Kassel und (später) Hamburg 1872–1933; zum großen Teil neugedruckt (mit Ergänzungen) von der Wissenschaftlichen Buchgesellschaft, Darmstadt 1964–1968. – Anthologien: D. Whitelock, Sweet's Anglo-Saxon Reader in Prose and Verse, Oxf. [15]1967 (Begleitband mit literarischen Einführungen von J. E. Cross in Vorbereitung); M. Lehnert, Poetry and Prose of the Anglo-Saxons, Bd. 1: Texts with introductions, translations, and bibliographies, Halle [2]1960, Bd. 2: Dictionary, Berlin 1956; R. Fowler, Old English Prose and Verse: An Annotated Selection, Lo. 1966; W. F. Bolton, An Old English Anthology, Lo. [2]1966; R. Kaiser, Medieval English. An Old and Middle English Anthology, Bln. [5]1961. – Übersetzungen der Dichtwerke von R. K. Gordon, Lo. [2]1954 (EL 794); deutsche metrische Übersetzung von W. M. Grein, Dichtungen der Angelsachsen, 2 Bde. 1857–1859 (Neudruck Heidelberg 1930).

I. GRUNDLAGEN DER ALTENGLISCHEN LITERATUR

1. Kelten und Angelsachsen

Die vermutlich der Mittelmeerrasse angehörige Urbevölkerung der britischen Inseln wurde schon 800 v. Chr. von keltischen Stämmen verdrängt, die in mehreren Wellen vom Festland her eindrangen und die Grundlagen der englischen Kultur schufen. Da die 55 v. Chr. beginnende römische Herrschaft nur eine militärische Besetzung darstellte, ist auch Kenntnis und Weiterleben lateinischer Bildung und Sprache in erster Linie den Kelten oder Briten, wie man fortan sagt, und ihrer bereits im 4. Jahrhundert festgegründeten christlichen Kirche zu danken. Keltische Eigenheiten und die seit dem Abzug der römischen Legionen (407) völlige Insel-Abgeschlossenheit ließen diese britische Kirche eine vom festländischen Christentum gesonderte Entwicklung durchmachen; und als sich die Kelten nach Westen zurückzogen, löste sich die hierarchische Organisation völlig auf: in der walisischen Kirche mit den Missionsgebieten Irland und Schottland (iroschottische Kirche) waren die Bischöfe ohne festen Sitz, die Diözesen ohne feste Grenzen. An ihre Stelle traten die kriegerischen Geist, klassische Gelehrsamkeit und starken Missionswillen vereinigenden Klöster und einsiedlerartige Mönchsgemeinschaften, deren einflußreichste von dem Iren Columba d. Ä. 563 auf der Hebrideninsel Iona begründet wurde.

In diese keltisch-christliche Welt drangen im Laufe des 5. Jahrhunderts (nach Bedas Bericht im Jahre 449) die heidnisch-germanischen Stämme der Jüten, Sachsen und Angeln (die man mit dem gemeinsamen Namen Angelsachsen[1] bezeichnet); sie drängten die Kelten nach Westen und Norden und gründeten in England die Königreiche Kent, Ostanglia, Mercia, Deira und Bernicia (= Nordhumbria) sowie die Sachsenreiche Wessex, Essex und Sussex, die später Westsachsen zusammenfaßte. Sitten und Gebräuche der festländischen Heimat bestanden weiter in dem neuen Land: ein freier Bauernstand bildete die Grundlage der gesellschaftlichen Ordnung; als ihre Krönung feiert die Dichtung den Fürstenstand, der vom König bis zum Großbauern reichte. Eine bäuerliche Lebensweise war allen gemeinsam, und in der aristokratischen Gesellschaftsform des heroischen Zeitalters herrschte kein großer Unterschied zwischen adlig und einfach. An der Spitze des Staatsverbands stand der König, der als Kriegstruppe und als Rat die Gefolgschaft um sich versammelte, die ihm zu unbedingter

[1] R. H. Hodgkin, History of the Anglo-Saxons, 2 Bde., Lo. [3]1953. F. M. Stenton, Anglo-Saxon England, Lo. [3]1971; P. Hunter Blair, An Introduction to Anglo-Saxon England, Cambr. 1956; D. P. Kirby, The Making of Early England, Lo. 1967; D. Whitelock, The Beginnings of English Society (Pelican History of England, Bd. II), Harmondsworth 1956.

Treue verpflichtet war und dafür vom Gefolgsherrn Schutz, Unterhalt und Anteil an der Beute zugesichert erhielt. Der Kulturstand war ansehnlich, wie die Kenntnis des Haus- und Schiffbaus, der religiöse Kult und das hochentwickelte Kunsthandwerk bezeugen[2]. Anderthalb Jahrhunderte blieben die Angelsachsen heidnisch in christlicher Umgebung und führten einen Vernichtungskrieg gegen die Kelten (wie es die Sagen um König Arthur erzählen); wie sich schließlich die Auseinandersetzung mit den in England vorgefundenen Kulturformen gestaltete, zeigt die Geschichte der angelsächsischen Kirche.

Die erste Missionierung der Angelsachsen erfolgte durch Augustinus, der 597 mit 40 Benediktinermönchen an der kentischen Küste landete. Der ihm von Papst Gregor dem Großen erteilte Auftrag war milde: die alten Gebetsstätten wurden nicht zerstört, und es gab infolgedessen auch keine christlichen Märtyrer in England. Dagegen wurde, anders als im keltischen Britannien, das enge Verhältnis zu Rom betont und durch die Gründung der Erzbistümer Canterbury (601) und York (625) eine feste hierarchische Gliederung geschaffen. Dann erfolgte ein Rückschlag in der Bekehrung, als der heidnische König Penda von Mercien den damals England tatsächlich beherrschenden christlichen König Eadwine von Nordhumbrien besiegte (632). Eadwines Nachfolger Oswald veranlaßte eine erneute Missionierung, wobei er sich auf die Hilfe der Mönche von Iona stützte. Diese predigten nun unter Aidans Führung von dem neuen Bischofssitz Lindisfarne aus ihr iroschottisches Christentum, und mit dem Glauben vermittelten sie den Angelsachsen die Kenntnis der klassischen Kultur und die Liebe zur Dichtung. Die theologischen Unterschiede weiteten sich zu einem kulturellen Gegensatz von Süd und Nord, den die Synode von Whitby (663) zwar zugunsten Canterburys beilegte, das wissenschaftliche Übergewicht Yorks und der irischen Klöster blieb aber bestehen bis zur Einsetzung des griechischen Philosophen Theodor von Tarsus als Erzbischof von Canterbury (669). Unter seiner überlegenen Organisationskraft entstand die einheitliche angelsächsische Kirche.

Auch politisch verschob sich das Schwergewicht nach dem Süden: noch im 8. Jahrhundert, dem großen Zeitalter der nordhumbrischen Kirche und der humanistischen Gelehrsamkeit, mußte Nordhumbrien seinen Vorrang an König Offa von Mercien abtreten, und mit dem Sieg bei Ellandune (825) beginnt die westsächsische politische und kulturelle Vorherrschaft. Sie konnte sich nur schwer behaupten gegen die um diese Zeit bedrohlich werdenden Däneneinfälle; in Schottland, Irland und auch in England faßten die Nordmänner Fuß, selbst der zäh Widerstand leistende Alfred (871–899), der größte der altenglischen Könige, sah sich zeitweilig auf die

[2] Abbildungen in: The Sutton Hoo Ship Burial ed. T. D. Kendrick, Lo. 1947; C. Green, Sutton Hoo: The Excavation of a Royal Ship-Burial, Lo. 1963.

kleine Insel Athelney beschränkt. 886 erreichte er einen Vertrag, demzufolge sein Reich ein Dreieck bildete, dessen Seiten die Südküste, die (römische) Watling Street und die walisische Grenze darstellten. Nordwärts war Danelage, das Reich der Nordmänner.

König Alfreds Zeit war nicht schöpferisch. Es kam unter seinen Bemühungen zu einer zweiten, aber silbernen Kulturblüte. Dem entstehenden westsächsischen Schrifttum verdanken wir die Überlieferung der altenglischen Literatur: man schrieb die anglische Dichtung in den westsächsischen Dialekt um und popularisierte die lateinische Gelehrsamkeit der vergangenen Jahrhunderte in Übersetzungen. Die humanistische Blüte Yorks und Canterburys ließ sich jedoch ebensowenig neu beleben wie die große altenglische Dichtung. Für ein halbes Jahrhundert nach Alfred ist uns keine bedeutende Prosa überliefert. Daran haben nicht nur die Däneneinfälle schuld, sondern vor allem der im 9. Jahrhundert allenthalben um sich greifende Niedergang des Mönchtums. Erst mit der von Cluny ausgehenden benediktinischen Reform, die in England der Erzbischof Dunstan von Canterbury durchführte, kam es im Laufe des 10. Jahrhunderts zu einer Renaissance, in der Aelfric die noch ungelenke altenglische Prosa zur Vollendung führte.

2. Die Literatur des christlichen Humanismus

Die kulturelle Blütezeit für die altenglische Dichtung wie für den christlichen Humanismus war das 7. und 8. Jahrhundert. Das hohe Ansehen, das die Klosterschule von Canterbury unter Theodor errang, haben dessen angelsächsische Nachfolger zu erhalten vermocht; ALDHELM[3] (640–709) wurde der größte Vertreter dieser humanistischen Kultur. Aus Westsachsen gebürtig, dann aber im Irenkloster Malmesbury erzogen, verband er die krause keltische Latinität und ihren bizarren Wortschatz mit der in Canterbury gepflegten griechischen Sprachkunst. Maßgebend wurde insbesondere seine vorwiegend vom Hexameter handelnde *Metrik* und die in diese Abhandlung eingebetteten hundert *Rätsel.* Die lateinische Sprache beherrschte Aldhelm so sicher, daß er sich in spielerischer Künstlichkeit nicht genug tun konnte. Nicht nur in der Prosa des programmatischen *Eahfrid-Briefs,* in dem er zeigen wollte, daß englische Schulung der irischen ebenbürtig sei, auch in der Abhandlung *De virginitate,* die inhaltlich einfach ein Lob klösterlichen Lebens darstellt, sind die schlichtesten Gedanken in so fremdartigem Wortschatz und verschachteltem Stil ausgedrückt, daß man den zwiespältigen Eindruck barbarischer Künstlichkeit erhält.

[3] ed. J. A. Giles, Oxf. 1844 (große Ausgabe in den Monumenta Germaniae Historica ed. R. Ehwald, Bln. 1919). Die Rätsel ed. J. H. Pitman, New Haven 1925 (mit Übersetzung).

Dazu werden noch alle Ausdrucksmittel der heimischen Dichtung aufgeboten, vor allem Umschreibung und Alliteration.

Von diesen mehr für die Aldhelmschule als für Canterbury bezeichnenden Künstlichkeiten hielt sich der sonst keltischen Einflüssen offenstehende Norden frei, dessen größter Theologe und Historiker BEDA[4] (673–735) in der Abtei Wearmouth erzogen wurde und in Jarrow lehrte. Beda schrieb gleichfalls eine *Metrik* sowie *Abhandlungen zur Zeitrechnung*, die an Stelle der früheren Weltjahre die Rechnung nach Inkarnationsjahren einführten, was erst die Annalenliteratur und auch die späteren Verschroniken ermöglichte. Das Hauptwerk Bedas, mit Hilfe vieler zeitgenössischer Kirchenfürsten verfaßt und 731 abgeschlossen, war eine *Historia Ecclesiastica Gentis Anglorum,* der erste umfassende Versuch einer zusammenhängenden und kritischen Geschichtsdarstellung, die trotz ungleicher stofflicher Gliederung und Verarbeitung noch heute die Grundlage für die ältere Geschichte Englands bildet. Diesem Werk gegenüber sind die *Hymnen,* die zwei Fassungen der *Vita Cudbercti* und auch der besorgt klagende *Brief an Ecgberht* von geringerer Bedeutung, denn Beda war nicht Künstler wie Aldhelm, sondern Gelehrter; er wirkte weniger durch glänzende Form als durch emsigen Fleiß, Wahrheitsliebe und gewissenhaftes Zusammentragen der Urkunden. So liegt der literarische Reiz seiner Schriften nicht in stilistischem Rankenwerk wie in der südenglischen Schule, sondern in der direkten Erzählung, der naiven Gläubigkeit, Heiterkeit, Klarheit und Reinheit. Bedas lateinischer Stil ist würdig, flüssig und klar, jedoch ohne Eleganz; im Vergleich zu Aldhelms Rätselhaftigkeit und Prunk wirkt er bodenständiger, wie auch Beda zeitlebens dem heimatlichen Boden Jarrow treu blieb. Nach seinem Tode wurde der Sitz der Wissenschaft nach York verlegt, wo jener EGBERT wirkte, den Bedas Brief bekannt machte, ein Mann feinen Geschmacks, aber mehr Erzieher als Schriftsteller, was ebenfalls für ALCUIN (735–804) gilt, den letzten großen Vertreter der weltberühmten Yorker Schule, der als Ratgeber Karls des Großen auch in der festländischen Literatur einen Namen hat.

3. Überlieferung und Stil der altenglischen Dichtung

Fast die ganze altenglische Dichtung ist uns in vier Handschriften überliefert (Beowulf-Manuskript, Britisches Museum; Exeter Book, Kathedralbibliothek Exeter; Junius- oder Cædmon-Manuskript, Bodleiana Oxford; Vercelli Book, Dombibliothek Vercelli in Oberitalien), die alle aus den

[4] Bedae Opera Historica ed. (mit Übersetzung) J. E. King, 2 Bde., Lo. 1930 (Loeb Classical Library); Bede's Ecclesiastical History of the English People, ed. (mit Übersetzung) B. Colgrave and R. A. B. Mynors, Oxf. 1969. – Vgl. A. H. Thompson, Bede, his Life, Times and Writings, Oxf. 1935; P. Hunter Blair, The World of Bede, Lo. 1970.

westsächsischen Skriptorien des späten 10. Jahrhunderts stammen. Es sind späte umarbeitende Niederschriften der Jahrhunderte zurückreichenden anglischen Originale, deren altgermanische Art durch diese Kleriker-Überlieferung mehr oder weniger verändert ist. Zwar hatte die Geistlichkeit in England für die heimische Dichtung mehr übrig als etwa im Frankenreich, aber diese christlich und humanistisch geschulten Kleriker konnten von der in mündlicher Überlieferung lebenden heidnisch-germanischen Dichtung doch nur ein Echo geben, auch da, wo sie den weltlichen Stoffen gerecht zu werden suchten. Denn es handelte sich um ein künstlerisches Umgestalten überlieferten Dichtungsgutes und nur selten um einzelne christliche Zutaten, die wieder weggenommen werden könnten. Wie es in der äußeren Form der Stil der Aldhelm-Schule andeutete, ist die innige Verbindung von christlichen, antiken und germanischen Elementen auch für das Wesen der altenglischen Literatur bezeichnend.

Daß trotzdem genügend Germanisches bewahrt ist, zeigt schon der sprachliche Stil der Dichtung, der die Eigentümlichkeiten der gesprochenen Sprache steigert: das Hervortreten der Konsonanten durch die stabende Wiederholung desselben Anlauts, die weitgehende Freiheit in der Wortstellung und damit ein eigenwillig erscheinendes Zerreißen des Satzbaus, die unerschöpfliche Möglichkeit der Kompositabildung durch ein oft verwirrendes Spiel mit Umschreibungen. Diese Umschreibungen, welche die darin weitergehende nordische Dichtung „Kenningar" nennt, sind unausgeführte Vergleiche, die eine Auflösung verlangen wie ein Rätsel: Wogenroß heißt Schiff, Knochenhaus heißt Leib, Schiffsstraße heißt Meer. Die Vorstellungen verschmelzen: das Wogenroß ist weder Schiff noch Roß, sondern ein Märchenwesen, den phantastischen Tieren der germanischen Ornamentik ähnlich, mit dem gleichen Zusammenzwingen von Unvereinbarem zu einem bizarren Gesamtbild; denn nicht Anschauung ist das Ziel, sondern Eindruck. Eine der poetischen Stimmung entsprechende Einzelheit wird hell herausgehoben, während alles übrige im Dunkel bleibt. An die Stelle eines ruhigen Inhalt-Erzählens tritt pathetische Ergriffenheit, die denselben starken Eindruck vom Autor auf den Leser übertragen möchte durch einen Stil, in dem die Epik von der Lyrik überwuchert wird. Diese Ausdrucksgebärde ist nicht der Darstellung des Individuellen und Einmaligen angemessen, sondern gebührt dem Vorbildlichen und Allgemeingültigen, dem Thema der altgermanischen Dichtung. Die Phantasie des Dichters entzündet sich an den großen Gestalten der Völkerwanderungszeit, er sieht diese als Typen von Helden, denen wenig am Leben liegt, aber alles an der Lebenslinie, die sie sich vorgezeichnet haben. Dadurch wird das tragische Ende bedingt: der Held könnte das Schlimmste vermeiden, gäbe er seine Ehre preis. Daß er es nicht tut, ist das Wesentliche; nicht die kriegerische Leistung als solche wird besungen, sondern der Heldencharakter und das Heldenschicksal. Dazu kommen nun als Eigentümlichkeit der altenglischen Dichtung wehmütig-lyrische Stimmungen, das Erhaschen flüchtiger Seelenregungen, das Einbeziehen von Landschaftsbildern, wie man sie in der übrigen Germania kaum oder gar nicht findet – auch dies aber, wie alle altgermanische Dichtung, stilisiert.

Als das stärkste Element solcher Stilisierung wirkt auf uns die M e t r i k[5]. Der Vers der germanischen Dichtung ist ausnahmslos die stabende Langzeile, d. h. der aus zwei Hälften, dem An- und Abvers gebildete, durch Stabreim zusammengehaltene Vers. Unter Stabreim versteht man den Gleichklang eines am Wortanfang stehenden Sprachlauts, meist eines Konsonanten (wobei sk, st, sp als ein Laut zählen), während die Vokale durcheinander staben:

> *ē*ce Dryhten,   *æ*fter tēode
> *f*īrum *f*oldan,   *F*rēa ælmihtig.

Die stabenden Silben stehen also in der Hebung, und die Wirkung des Stabreims ist nicht wie beim Endreim melodisch, sondern emphatisch. Die durch diesen Reim bewirkte Bindung der beiden Halbzeilen ist so, daß in der Regel eine oder auch beide Hebungen des Anverses staben und die erste der beiden Hebungen des Abverses, auf der gewöhnlich der Hauptstab ruht. Träger der Hebungen sind lange Silben, für die aber auch die Folge ‚kurz plus unbetont' beliebiger Quantität eintreten kann. Für den metrischen Bau der Halbzeile stellte Sievers fünf Grundformen oder Typen auf: einen doppelt fallenden ⊥́ × ⊥́ ×, einen doppelt steigenden × ⊥́ × ⊥́ sowie einen steigend fallenden × ⊥́ ⊥́ ×, (diese alle gleichfüßig), sodann zwei ungleichfüßige Formen ⊥́/⊥́ ⊥̀ × und ⊥́ ⊥̀ ×/⊥́. In allen Fällen bedeutet × eine oder mehrere unbetonte Silben. Heusler, der bei dieser Schematisierung die Zeitwerte vermißte, gab dem zweigipfligen Kurzvers ein Grundmaß von zwei langen Takten ($^4/_4$). Demnach ist z. B. die Halbzeile: 'and his //mod ge-/þanc' so zu lesen, daß 'and his' Auftakt ist (denn der Takt beginnt mit dem ersten Iktus und dauert bis zum nächsten), 'mod ge-' ist ein $^4/_4$-Takt, von dem $^3/_4$ auf 'mod' und $^1/_4$ auf 'ge-' entfallen müssen, und 'þanc', das schwächer betont ist als das stabende 'mod', kann nur ein Halbtakt sein, worauf zwei $^1/_4$-Pausen folgen müssen. Eine Fülle von Varianten, Auflösungen, Steigerungen, sog. erweiterte (fünfgliedrige) Typen und aufs Doppelte ausgelängte Schwellverse zeugen von der Mannigfaltigkeit dieser Metrik. Diese Vielfalt wird erhöht im Spätstil, der nicht mehr die einzelne Langzeile als Einheit empfindet (sog. strenger Zeilenstil), sondern das Langzeilenpaar (sog. freier Zeilenstil), und dann noch größere Gruppen (sog. Bogen- oder

[5] E. Sievers, Altgermanische Metrik, in: Pauls Grundriß der germanischen Philologie Bd. II, 2, Straßburg ^{2}1905; A. Heusler, Deutsche Versgeschichte I, Berlin 1925, ^{2}1956; J. C. Pope, The Rhythm of Beowulf, New Haven ^{2}1966.

Hakenstil), wobei ein gewollter Widerspruch herrscht zwischen metrischer und sprachlicher Periode (zwischen Langzeile und Satz). Das altgermanische Metrum hat also dem Sprachstoff gegenüber ungemeine Ausdruckskraft; es folgt dem Rhythmus der Prosa und stilisiert ihn durch Steigerung. Es ist nie wiegend oder spielerisch, sondern, insbesondere im altenglischen Epos, eckig, herrisch, dynamisch.

II. DIE DICHTUNG

1. Zauberspruch, Rätsel und Lehrdichtung

Die älteste Form altenglischer Dichtung war hymnisch, zu feierlichen Handlungen gesprochene oder zum Teil gesungene Ritualdichtung, Beschwörungen, chorische Hochzeits- und Totenlieder (vgl. Beowulf 3169 ff.). Daneben gab es gnomische Dichtung[6]: Verse praktischer Lebensklugheit, die zu Bündeln anwachsen (vgl. Rätsel, Zauber- und Lehrsprüche), und Aufzählungen historisch-geographischer und mythisch-heroischer Wissensstoffe in einprägsamen Merkversen (Widsith). Von dieser keinen Dichter oder Vortragenden kennenden niederen Dichtung – so genannt im Gegensatz zur höheren Art des Preis- oder Sagenlieds, das der zum Herrengefolge gehörige Dichtersänger (scōp) in der Fürstenhalle beim Gelage vortrug – ist nur wenig erhalten. Das bezeichnendste und schönste Beispiel der Zauberdichtung ist der sogenannte *Flursegen,* der Zauberspruch, Preislied und Gebet in einem ist und in christlich-heidnischem Nebeneinander Gott, Maria und die Erdmutter Erke anruft. Andere Bittgedichte sind der *Hexenstichsegen,* der das Rheuma vertreiben will und die Windgöttinnen anruft, und der *Bienensegen,* der ausgeschwärmte Bienen zurücklocken soll. Trotz der späten Fassungen (10. Jahrhundert) geben diese Segen Kunde von den ältesten Spuren germanischer Dichtung, während die ebenso ursprüngliche Spruchdichtung – d. h. Lehrzwecken dienende Formeln, deren sich der heidnische Priester bediente – in der Überlieferung gewandelt erscheint zu schulmäßigen Lehrsprüchen über Gott und Schicksal, Gut und Böse, Jugend und Alter *(Cotton-Lehrspruch, Exeter-Spruch, Des Vaters Lehren).*

Auch bei der Gattung der *Rätsel*[7] schimmert die ursprüngliche, knappe Form kaum noch durch. Schon bei der lateinischen Rätseldichtung von Aldhelm und Beda war die ursprüngliche Prägung weiter Ausmalung ge-

[6] B. C. Williams, Gnomic Poetry in Anglo-Saxon, N.Y. ²1937; G. Storms, Anglo-Saxon Magic, The Hague 1948.

[7] ed. M. Trautmann, Heidelb. 1915, F. A. Wyatt, Old English Riddles, Bost. 1912. Anglo-Saxon Riddles transl. P. F. Baum, Durham 1963.

wichen. Und als unbekannte Geistliche in landessprachigen Stabzeilen diese Gattung fortsetzten, steigerten sie die Ausdehnung – wir haben Rätsel von über 70 Langzeilen – und übernahmen den Erzählstil der geistlichen Epik (den Bogenstil, die Variation, die Komposita usf.). Diese altenglischen Rätsel sind weder klar noch knapp, noch volkstümlichem Empfinden angepaßt; dafür sind sie in ihren hervorragendsten Stücken, wie dem „Schwan" und der „Wolke", in der Germania einzig dastehende lyrische Gedichte voll seelischer Stimmung und Phantasie. Natürlich haben nicht alle denselben hohen Flug, dazu sind schon die mannigfaltigen Themen ungeeignet; außer den Elementarerscheinungen und den Tieren des Hauses und der Natur werden die Geräte zu bäuerlicher Arbeit, der Krieg, die Jagd und Feste zum Vorwurf genommen, seltener gelehrte Dinge. Gelegentlich ist der Ton erbaulich, ab und zu kommen aber auch phallische Motive zu Wort. Stets sind es nach Form und Inhalt späte, dem 9. oder 10. Jahrhundert angehörige Kunsträtsel, die in die höhere Dichtung übergreifen.

Altertümlicher, aber weniger leicht zugänglich ist das überlieferte Beispiel altenglischer Merkdichtung, der *Widsith* (Weitfahrt)[8], in dem drei alte Merkreihen oder þulen, ein Königskatalog (Z. 18–24), ein Heldenkatalog (Z. 112–130) und ein Völkerkatalog (57–87), vermutlich von einem späteren Bearbeiter durch historische Ausblicke, autobiographische Zwischenstücke und ein den Sänger lobendes Vor- und Nachspiel zu einem episch-lyrischen Ganzen gefügt sind. Die Namenhaufen, durch die der angenommene Scop seine Erlebnisse berichtet, bedeuteten den Zuhörern Poesie, weil sich daran lebendige Erinnerungen an Preis- und Heldenlieder knüpften und die bloße Nennung der Namen die höfisch-heldischen Ideale aufklingen ließ. Die Tradition altgermanischer Merkverse ist lange lebendig geblieben, wofür die *Gaben der Menschen* und die *Geschicke der Menschen*[9] Beispiele sind, beides Aufzählungen mannigfacher Lebenslose in einem lichteren und düsteren Gegenstück.

2. Preislied und Elegie

Kein englisches Preislied ist uns erhalten, nur ein die Form des weltlichen Lieds übernehmender *Hymnus*[10] auf den Weltschöpfer, der von Caedmon, einem Laienbruder der Klostergemeinschaft Whitby, nach Beda in einer Art göttlicher Erleuchtung, gedichtet wurde (7. Jahrhundert). Wie das weltliche Preislied, das zu Ehren eines Gönners dessen kriegerische Taten oder Freigebigkeit in schildernden und preisenden Teilen erzählt,

[8] Widsith ed. R. W. Chambers, Cambr. 1912 (mit Kommentar); ed. K. Malone, Kopenhagen ²1962.
[9] ASPR III, 137 und 154.
[10] Three Northumbrian Poems ed. A. H. Smith, Lo. 1933.

enthält auch das im freien Zeilenstil geschriebene Bruchstück Preis des Schöpfers (Z. 1–4), Bericht und Preis der Erschaffung des Himmels (Z. 5–6), Bericht und Preis der Erschaffung der Erde (Z. 7–9). Wie die Form übernahm Cædmon die Stilmittel der weltlichen Dichtung, vor allem die Variationen und Wiederholungen, wobei eine Umprägung des angelsächsischen Sprachguts in die christliche Begriffswelt beginnt. Spätere religiöse Preislieder sind der zweimal in epischer Einbettung überlieferte *Lobgesang der drei Jünglinge im Feuerofen* (Daniel Z. 361–408; Azarias Z. 73–161) sowie der erste Teil der *Christ*-Dichtung, der eine machtvolle theologische Ausgestaltung des Preislieds darstellt; denn diese 12, jeweils mit Eala! beginnenden Hymnen oder Preislieder Christi, Marias und der Dreifaltigkeit sind Variationen über die sog. Adventsantiphonen des Gottesdienstes[11].

Künstlerisch bedeutender sind die sog. Elegien[12]. Schwermütige Natur- und Seelenstimmungen sind natürlich auch sonst der germanischen Dichtung keineswegs fremd, doch begegnen sie nur an dieser Stelle der Germania in einer eigenen lyrischen Form, was manche Kritiker veranlaßt hat, Einflüsse aus keltisch-irischem Schrifttum oder antike Vorbilder anzunehmen. Von den sechs eigentlichen Elegien ist *Deor* das Selbstgespräch eines Scop, der durch einen anderen Sänger aus seiner Stellung verdrängt wurde und der nun Trost zu schöpfen sucht aus dem Unglück berühmter Gestalten der Heldensage, deren Leid schließlich ein Ende hatte. Auch das *Wanderer*-Gedicht hat elegische Betrachtungen eines vereinsamten Gefolgsmannes zum Inhalt, der durch den Tod seines Herrn besitz- und heimatlos geworden ist und seine Gefährten verloren hat. Die bewegte Ausmalung des früheren Glücks und der glücklosen Gegenwart, die in der gegensätzlichen Traumschilderung und dem Bild der winterlichen See einen lyrischen Höhepunkt erreicht, weitet sich im zweiten Teil zu der allgemeinen Betrachtung der Vergänglichkeit der Welt und endet mit dem Aufruf zur Standhaftigkeit und zum Gottvertrauen. Meinte frühere Kritik einen ursprünglich heidnisch-germanischen von einem christlich-homiletischen Teil scheiden zu können, so bestreitet man heute zwar nicht die Zweiteiligkeit des Gedichts, betont aber zumeist nachdrücklich die feste Verbindung des elegischen Teils mit dem homiletischen. Thematisch verwandt ist der *Seefahrer*, der Ezra Pound zu seiner bekannten Nachdichtung angeregt hat. Vermutete man früher in dem Gedicht den Dialog eines alten und eines jungen Seemannes, dem ein Homilet einen monologischen Teil angestückt habe, so verficht man heute auch hier die grundsätzliche Einheit und feste Struktur des Gesamtgedichts. Die mühselige

[11] s. Anm. 23.

[12] Deor ed. K. Malone, Lo. ⁴1966; The Wanderer ed. T. P. Dunning and A. J. Bliss, Lo. 1969; The Seafarer ed. I. L. Gordon, Lo. 1960; Three Old English Elegies: The Wife's Lament, The Husband's Message, The Ruin ed. R. F. Leslie, Manchester ²1966. Übertragungen von B. Raffel, Lincoln ²1964.

und leidvolle Seefahrt erscheint von vornherein als Gleichnis des irdischen Lebens, und in der anschließenden Meditation kreist das Gedicht folgerichtig um den Gegensatz zwischen Vergänglichkeit und Himmelsjubel in dem Bewußtsein, daß nur Standhaftigkeit und Selbstverleugnung den Menschen vor den gefährlichen Klippen auf der Meerfahrt des Lebens bewahren können. Überraschender noch als diese Gefolgschaftsdichtungen sind drei Liebesgedichte, die *Klage der Frau,* die vereinsamt dem Geliebten nachtrauert, die schwer deutbare Mädchenklage, *Wulf and Eadwacer,* ein Aufschrei aus gequältem Herzen, und die gegenüber den dramatischen Frauenklagen wie ein versöhnender letzter Akt anmutende *Botschaft des Gemahls,* worin die Zurückgelassene aufgefordert wird, dem Mann in die neue Heimat nachzuziehen. Die künstlerische Höhe dieser Stücke wird von anderen, später entstandenen Elegien nicht erreicht. Nur die *Ruine* zeigt in der anschaulichen Einzelschilderung der verfallenden römischen Thermen in Bath eine eigene, kontemplative Note.

3. Heldenlied und weltliches Epos

Von der einst reichen Gattung des Sagen- oder Erzähllieds, das Götter- oder Heldensagen als Inhalt hatte, besitzen wir im Englischen nur ein frühes Bruchstück, das *Finnsburglied*[13] (8. Jahrhundert), das durch Zuhilfenahme der Finnsburgepisode im Beowulf (Z. 1063–1159) notdürftig und nicht widerspruchslos ergänzt werden kann. Es handelt sich um Kampf und Blutrache zwischen Dänen und Friesen, wobei sich in dem beliebten Motiv der Hallenverteidigung die heldische Bewährung erweist und dem Zwiespalt zwischen Mannen- und Eidtreue die tragische Situation entspringt. (Sie steht in der Finn-Episode des Beowulf im Mittelpunkt und wird noch gesteigert durch die tragische Rolle Hildeburgs, der Schwester des Dänenkönigs Hnaef und Frau des Friesenkönigs Finn, die in dem Kampf ihren Sohn und zugleich ihren Bruder verliert). Die Zuspitzung der Konflikte ist meisterhaft; in knapper Darstellung, die kaum länger als 200 Zeilen gewesen sein mag und dem Vortrag entsprechend in freiem Zeilenstil gehalten ist, wird das Heldische als das menschlich Vorbildliche herausgestellt. Deshalb sind die Menschen zum Typus vereinfacht, deshalb ist der erzählende Bericht durch den von Höhepunkt zu Höhepunkt eilenden sprunghaften Stil im Halbdunkel gelassen, deshalb treten kurze, entscheidende Worte an die Stelle der im Epos vorherrschenden Reden. Die große und geschlossene Wirkung des Heldenlieds hat noch die Annalen schreibenden Mönche des 10. Jahrhunderts derart begeistert, daß sie als gehobene Chronikzwischenspiele Nachbildungen schrieben. Nur sind das

[13] Text in den Beowulf-Ausgaben, s. Anm. 16. – H. Schneider, Englische und nordgermanische Heldensage, Bln. 1933 (Sammlung Göschen).

nicht mehr zeitlose Sagenlieder, sondern im unsanglichen Bogenstil geschriebene vaterländische Gedichte. Am meisten vom trotzigen alten Ton bewahrt das einer verschollenen Handschrift entstammende Erzähllied von der verlorenen Schlacht bei *Maldon*[14], in der Byrhtnoth, der Führer der Ostsachsen, den Tod fand (991). Ein letzter, schon sehnsüchtiger Nachklang des Gefolgschaftswesens: der Fürst kämpft für seine Mannen, und diese raffen sich nach kurzer, durch seinen Tod verursachter Verwirrung auf, um auch dem gefallenen Herrn die Treue zu halten. Ähnlich in kriegerischem Feuer, aber dem prosaischen Annalenbericht näher als dem Heldenlied, ist das Gedicht über Aethelstans Sieg bei *Brunanburh* (937)[15], das künstlerisch bedeutendste der sechs Chronikgedichte, die zur Dänenabwehr begeistern wollten.

Ihre höchste Entfaltung erreichte die epische Kunst in der Gestaltung eines weltlich-heroischen Liedstoffes im *Beowulf*-Epos[16], das als einziges westgermanisches Epos von einem geistlichen Verfasser im 8. Jahrhundert vermutlich am mercischen Hofe gedichtet wurde. Beowulf aus dem Stamm der Gauten, so erzählt das Epos, fährt übers Meer, um dem Dänenkönig Hroþgar gegen ein Ungeheuer zu helfen, das allnächtlich die Königshalle Heorot heimsucht. Er wird mit höfischem Zeremoniell empfangen und erzählt beim Mahl frühere Taten aus seinem Leben. Mit Einbruch der Nacht kommt das Ungeheuer Grendel, und Beowulf reißt ihm in schwerem Ringen einen Arm aus. Mit der tödlichen Wunde entflieht Grendel zum Meer. Ein Siegesfest beschließt den Grendelkampf (Z. 1–1250). Die Überfälle werden jedoch von der rächenden Mutter des Unholds fortgesetzt, und abermals kämpft Beowulf siegreich, diesmal in der Moorsee-Höhle des Trolls; dann rüstet er sich zur Heimfahrt (1251–1887). Zurück am Gautenhofe, berichtet Beowulf vor seinem königlichen Oheim die bestandenen Abenteuer und lebt danach hochangesehen in der Heimat (1888–2199). Der zweite Teil des Epos erzählt Beowulfs Drachenkampf und Tod. Fünfzig Jahre sind vergangen, und Beowulf, der zum König ernannt worden ist, zieht aus, einen landverwüstenden Drachen zu töten, findet aber dabei seinen Tod und wird feierlich verbrannt und bestattet (2200–3182).

Das Beowulfepos entfaltet ein eindrucksvolles und geschlossenes Bild

14 ed. E. V. Gordon, Lo. 1937 u. ö.; mit den Gedichten der Chronik ed. W. J. Sedgefield, Bost. 1904. Übersetzung H. Koziol, Wien 1960.

15 ed. A. Campbell, Lo. 1938.

16 ed. F. Klaeber, Bost. u. Lo. ³1950, mit Supplements (maßgebende enzyklopädische Ausgabe); ed. Heyne-Schücking-Schaubert, 3 Bde., Paderborn ¹⁸1961–1963 (mit ausführlichem Kommentar); ed. C. L. Wrenn, rev. W. F. Bolton, Lo. ³1973. – J. Hoops, Kommentar zum Beowulf, Heidelberg 1932. – Prosaübersetzung J. R. Clark Hall, Lo. ²1950; metrische Übersetzung M. Alexander (Penguin), deutsch von F. Genzmer, Lpz. 1950 (Reclam). – R. W. Chambers, Beowulf: An Introduction, Cambr. ³1959; A. G. Brodeur, The Art of Beowulf, Berkeley 1959; M. L. Goldsmith, The Mode and Meaning of Beowulf, Lo. 1970; An Anthology of Beowulf Criticism ed. L. E. Nicholson, Notre Dame 1963.

heldischen Lebens und Handelns in drei sich steigernden Etappen. Ist der Grendelkampf noch ein kurzes Vorspiel, so fesselt der Kampf mit Grendels Mutter durch Schauplatz, Ereignisfülle und das der Unholdin zugebilligte Rachemotiv; der Kampf mit dem Drachen schließlich krönt Beowulfs Leben durch das Opfer für sein Volk. Durch die Begrenzung auf ein Heldenleben wirkt das Beowulfepos einheitlicher als die Kudrun oder andere mehrkreisige Epen der deutschen Ritterzeit. Verknüpfen die eingeflochtenen Anspielungen auf andere historische Personen und Sagen die Geschichte Beowulfs mit der germanischen Welt, so dürfte in Komposition und epischer Technik die antike Dichtkunst, namentlich Vergil, Pate gestanden haben. Man möchte annehmen, daß dem Dichter des Beowulf für die Germania ein ähnliches Ziel vor Augen stand wie Vergil für Rom. Und wie Vergil die Verherrlichung der römischen Vergangenheit steigerte durch die Verbindung mit dem Griechentum, so sublimierte der Kleriker-Dichter des Beowulf die germanische Vergangenheit durch das Ethos des Christentums. In seinem Epos über die heroische Zeit bestehen die Ideale des Gefolgschaftswesens vollgültig weiter, aber der Dichter hat den Tugenden der Tapferkeit, der Ehre, des Ruhmes eine neue Seele eingehaucht, indem er sie mit den christlichen Tugenden der Mäßigung und des Eintretens für den Nächsten verband und die germanische Schicksalsvorstellung weithin mit dem christlichen Glauben an die göttliche Vorsehung auffüllte. Wie in den Elegien ist Heidnisch-Germanisches und Christlich-Antikes unlösbar miteinander verflochten, und hier wie dort gehen aus der Mischung neue Werte hervor. Der Held steht nicht in einer ausweglosen tragischen Situation, er kämpft vielmehr gegen die Mächte des Bösen und bezwingt am Ende den Drachen im Selbstopfer. Im Unterschied zu der wortkargen, Seelisches nur erraten lassenden heroischen Zeit analysiert der Dichter die Gedanken, Gefühle und Beweggründe seiner einfachen und typischen Gestalten mit einer sonst im Germanischen ungewohnten Eindringlichkeit. Stilistisch wird die überwältigende Wirkung erreicht durch die Bogenstiltechnik; in ruheloser, strömender Beredsamkeit quillt der Satz über die metrische Zeilengrenze, und immer wieder wird ein verlassener Begriff durch die Variation neu aufgerufen. Ein solcher Stil ist einer Dichtung angemessen, die den klaren Fortgang der Handlung weniger betont als ihre andeutungsweise Verknüpfung mit anderen Personen und Sagen der germanischen Welt, die weniger dramatische Höhepunkte herauszuarbeiten liebt als episch-breite Reden, durch die sich die Charaktere enthüllen. Auch das einige Menschenalter später entstandene *Waldere*-Epos[17], das Ekkehards Waltharius nahesteht, von dem aber nur zwei Bruchstücke erhalten sind, scheint in solchen Reden seinen Schwerpunkt gehabt zu haben.

[17] ed. F. Norman, Lo. ²1949.

4. Biblisches Epos und Legendenerzählung

Die altenglische Buchepik begann nach Bedas Bericht mit Caedmon und der auf ihn folgenden Schule, aus der eine große Reihe biblischer Paraphrasen hervorging[18]. Es ist Geistlichenepik, und diese hat ungermanische Ahnen, vor allem Vergil und dessen christlichen Nachfahren aus der Zeit Konstantins, Juvencus. Es ist ein eigenartiges Zusammenfließen der Kulturen: Vorbild und Aufbau lieferte die antike Epik, Vers- und Sprachmittel das germanisch-heidnische Heldenlied, Stoff und Beseelung die christlich-biblische Welt. In Weiterentwicklung der germanischen Sprach- und Versform entstand ein neuer Deklamationsvers, der in Schwellversen, stark vermehrter Variation und über den Versabschnitt hinausflutendem Bogenstil eine große Geste gestattet. Noch zurückhaltend darin ist die ältere oder *Caedmon-Genesis*[19], eine ehrerbietig treue Umschreibung des biblischen Berichts, die nur bei den Natur- und Schlachtbildern, der Sintflut und Abrahams Kämpfen eindringliche Schilderung erreicht. Der schönste Teil der Genesisdichtung ist allerdings – nach Eduard Sievers' genialer, durch einen späteren Fund bestätigten Vermutung – ein späteres Einschiebsel *(Genesis B)*, eine ziemlich wortgetreue Übersetzung eines altsächsischen Originals der Heliandschule. Die interpolierten Verse handeln von Versuchung und Sündenfall, doch hat der Verfasser in diese Geschichte einen Bericht über den Engelsturz eingefügt, so daß die Dichtung zwei Versionen dieses Ereignisses aufweist, eine knappe und einfache in Genesis A und eine längere und ungleich poetischere in Genesis B, die mit der kraftvollen Rede Satans an die gefallenen Engel Miltons gestürzten Rebellen vorzudeuten scheint. Neben der Genesis ist der *Daniel*[20] zu nennen, der die ersten fünf Kapitel des biblischen Danielbuches paraphrasiert und in der breiten Einleitung vom glücklichen Leben der Mosesgeschlechter, von Kriegstaten und von der Zerstörung der hebräischen Schatzburgen berichtet. Auch dieses Epos enthält eine längere Interpolation (Z. 279–408, sog. Daniel B) mit dem Kernstück des als Preislied bereits erwähnten Gesanges der drei Jünglinge im Feuerofen.

Die Krone dieser biblischen Epik bildet die wohl ins 9. Jahrhundert gehörige *Exodus*-Dichtung[21], die gegenüber dem sachlichen Vortrag der Genesis eine rauschende Symphonie darstellt. Die 35 Bibelverse über den Auszug der Israeliten sind auf fast 600 Langzeilen ausgeweitet. Moses, der Held und ideale Gefolgsherr, steht im Mittelpunkt des epischen Geschehens, Kampfatmosphäre und germanische Gesinnung erinnern mehr an das Heldenlied als an die Bibel, aber der Stil ist episch-dithyrambisch und

18 Ch. W. Kennedy, The Caedmon Poems, Lo. 1916 (Übers. mit den Bildern des Ms.).

19 Genesis A (ältere) ed. F. Holthausen, Heidelberg 1914; Genesis B (jüngere) ed. F. Klaeber, Heidelberg 1913; ed. B. J. Timmer, Oxf. ²1954.

20 Exodus and Daniel ed. F. A. Blackburn, Bost. 1907.

21 ed. E. B. Irving, New Haven 1953.

weitab von der Knappheit des Liedes. Bewußt anspruchsvolle Wortkunst mit kühnen Neuprägungen sucht jedem Gedanken neuen Ausdruck zu erringen, und eine auf die Spitze getriebene Metaphorik sucht das Rätselhafte, Dunkle, Pathetische wirkungsvoll zu gestalten. In dieser Richtung war eine weitere Steigerung unmöglich, die Entwicklung geht vielmehr in Bahnen, die das religiöse Preislied schon zeigte; neben den Helden treten die geprüften Heiligen mehr in den Vordergrund, neben den Kampfestaten die himmlischen Wunder, neben den sinnfälligen Vorgängen die seelischen Begleiterscheinungen. Das ist bereits die Kunst der epischen Legendenerzählung Cynewulfs.

Obwohl erst nach 900 entstanden, steht die unvollständig erhaltene *Judith*-Dichtung[22] als Bibelparaphrase zwischen Caedmon und Cynewulf. Ihr Erzähltempo ist rascher als im Epos, und es fehlen breite Episoden und lange Reden, aber andererseits ist die von Cynewulf durchwegs aufgegebene heldische Einkleidung und Germanisierung des biblischen Stoffes noch gewahrt. Judith handelt aus gekränktem Nationalstolz, aus innerer Auflehnung gegen die Unterdrücker und aus verletzter Frauenehre. Sie steht als beherrschende Gestalt im Vordergrund, sie begeistert, handelt und richtet. In straffem Aufbau ist der ruhig aneinanderreihende Bericht der Vulgata auf den Höhepunkt hin zusammengerafft, Kampf und Sieg aber sind ausgeweitet in Beschreibung und in Erregung malenden Synonyma. Die Kunst ist dabei bewußter und durch fremdes Vorbild beherrschter als in der früheren Zeit; das zeigt der klare Satzbau und das gliedernde Geschick, mit dem die Schwellverse nahezu symmetrisch an Stellen rednerischer Wucht oder ergriffener Stimmung gesetzt sind: an den Anfang (Anrufung Gottes), an den Schluß (Lobpreisung) und in die Mitte (Judiths Gebet).

Ähnlich durch die noch stärker betonte Kunst, aber verschieden durch das unheldische Thema, den weichen Stil und den persönlichen Geltungsanspruch ist die um 800 anzusetzende Dichtung von CYNEWULF. Vier Werke sind ihm mit Sicherheit zuzuschreiben, in deren Ende er seinen Namen in Runen verwoben hat. Das künstlerisch bedeutsamste ist der vermutlich für einen hohen Gönner geschriebene zweite Teil (Z. 440–866) der früher als Einheit aufgefaßten *Christ*-Dichtung[23]. Während der in anderem Zusammenhang erwähnte erste Teil des Gedichts (s. S. 10) die Geburt des Heilandes besang, behandelt der zweite Teil die Himmelfahrt Christi und nimmt sie zum Anlaß für Betrachtungen über die Bedeutung des Heilswerkes. Das Theologische spricht den modernen Leser nicht an,

22 ed. B. J. Timmer, Lo. ²1961.

23 ed. A. S. Cook, Boston ²1909, repr. with a new preface by J. C. Pope, Hamden, Conn., 1964; The Advent Lyrics of the Exeter Book (= Christ I) ed. J. J. Campbell, Princeton 1959; R. B. Burlin, The Old English Advent: A Typological Commentary, New Haven 1968 (mit Text und Übersetzung).

wohl aber die bei der symbolischen Beschreibung des Lebens als Seefahrt durch ihre Anschaulichkeit ausgezeichneten Seestücke. Der dritte Teil des Christ (Z. 867–1664) schildert höchst anschaulich in knappem Stil und erschütterndem Realismus den Weltbrand: Feuer packt die Menschen, die Felder brennen, die Städte stürzen ein, dann erfüllt sich das Schicksal der Seelen im Jüngsten Gericht, die Verdammten trifft das Donnerwort des Herrn, die Guten aber steigen auf in die Gefilde der Seligen. Die übrigen Werke Cynewulfs erreichen nicht den Rang von Christ II. Immerhin verleihen die Beschreibung der Seereise, die Schilderung der Schlacht und die selbstbiographischen Stellen im Epilog auch der die Auffindung des Kreuzes erzählenden *Elene*-Legende[24] künstlerischen Reiz. Dagegen zeigen die Legende von *Juliana*[25], die weniger als Heldin denn als Kraftweib erscheint, ebenso wie *The Fates of the Apostles*, das kaum über eine Aufzählung der Apostelnamen und ihrer Missionsgebiete hinausgeht, die Grenzen von Cynewulfs Kunst.

Daß für das tragische Sich-Bewähren-Müssen kein Verständnis mehr da war und nur das heroische Kleid bewahrt wurde, beweist der interessante *Andreas*[26], den man der Cynewulfschule[27] zuordnet. In der als Quelle verwendeten apokryphen Geschichte befreit Andreas auf Gottes Geheiß Matthäus aus der Hand der unter Satans Führung stehenden Myrmidonen. Diesen Vorwurf gestaltet der Dichter in einer für heutiges Empfinden unglücklichen Mischung heroischer und fabulöser Elemente, so daß die Geschichte einerseits den Vergleich mit dem Epos, insbesondere dem Beowulf, herausfordert, andererseits aber eher ein Seitenstück zu den phantastischen Wunderberichten der Heiligenlegenden bildet. Obwohl der Held als germanischer Kämpfer aufgefaßt ist, kommt es nicht zu eigentlichen Kampfhandlungen, aber das Werk enthält eine Reihe dramatischer Episoden und manches prachtvolle Naturbild wie die Sturmbeschreibung, die den wellenspielenden Schwertfisch und die beutelüsterne graue Möwe der sich verdüsternden Wetterfackel voranziehen läßt. Anders als die heutigen Leser dürften die Zeitgenossen diese Mischung gerade geschätzt haben. Wir übersehen zu leicht, daß auch der Beowulf zahlreiche Romanzenelemente enthält. Der Naturschilderungen und stilistischen Eigentümlichkeiten wegen gehört auch der Dichter des *Phoenix*[28] zur Cynewulfschule. Während der erste Teil des Gedichts auf das dem Lactantius zugeschriebene *De Ave Phoenice* zurückgeht, deutet der zweite (ab V. 380) das Phoenix-Symbol in der Tradition christlicher Allegorese auf Tod und Auferstehung der Seligen und des Heilandes. Im Gegensatz zu der ger-

[24] ed. F. Holthausen, Heidelberg [4]1936; ed. P. O. E. Gradon, Lo. 1958.

[25] ed. R. Woolf, Lo. 1955; repr. with add. and corr., N.Y. 1966.

[26] Andreas and The Fates of the Apostles ed. K. R. Brooks, Oxf. 1961.

[27] Für Cynewulf und seine Schule s. The Poems of Cynewulf, translated into English Prose by C. W. Kennedy, N.Y. [2]1949, und C. Schaar, Critical Studies in the Cynewulf Group, Lund 1949.

[28] ed. N. F. Blake, Manchester 1964.

manischer Dichtung vertrauten düsteren Natur wird hier mit leuchtenden Farben der paradiesische Schauplatz einer anderen, glücklicheren Welt ausgemalt. Zum ersten Male erklingt der Traum von dem erhofften goldenen Zeitalter, ein neuer Ton in der Dichtung der Angelsachsen. Solche allegorische Tierdeutung war sehr beliebt, wie die *Physiologus*-Literatur beweist mit ihrer krausen Mischung volkstümlicher Weisheit und abstruser Gelehrsamkeit[29].

Wahrscheinlich in das späte 9. Jahrhundert gehört das großartige *Traumgesicht vom Heiligen Kreuz*[30], das einzige altenglische Beispiel der Visionendichtung. Das Kreuz erzählt, wie es als Baum im Wald gefällt und zum Kreuz geformt wurde und wie es die Passion des Herrn miterleben mußte, der sich in freiem Entschluß zum Tode drängte. Die Erlebnisse des Kreuzes, nicht Christi, werden beschrieben. Christus ist zugleich der Duldergott, der sich opfert, und der junge Held, über dessen Tod seine Gefolgschaft eine Trauerklage anstimmt. Auch das Kreuz ist sein Gefolgsmann und ist in den tragischen Kampf von Leidenschaft und Pflicht gestellt; viermal wiederholt sich der Gedanke, es möchte die Feinde Christi erschlagen, es muß aber auf Befehl stillestehen; es wird mitverwundet, es neigt sich mit bei der Totenklage, es wird mitbelohnt. In magischem Wechsel erscheint es bald blutbefleckt, bald edelsteingeschmückt, ein erster Ausblick auf die gotische Welt des Heiligen Grals. Durch seine Teilhabe an der Passion ist das Kreuz zum Gegenstand der Verehrung geworden, und es drängt den Träumer – hier wird liturgischer Einfluß sichtbar –, seinen Kult zu fördern.

Dem Kreuzgedicht gegenüber bedeuten die Dichtungen vom Jüngsten Gericht einen Schritt auf dem Weg zu prosaischen Niederungen. Die machtvollste Äußerung solcher Weltuntergangsstimmung ist der dritte Teil des *Christ* (s. S. 16). Sowie jedoch die Darstellung des auch der heldischen Welt vertrauten Weltuntergangsthemas hinter dem kleineren Vorwurf des menschlichen Sterbens zurücktritt, gewinnt eine asketische Stimmung die Oberhand wie in der *Rede der Seele an den Leichnam*[31] und in späteren *Grab*-Gedichten[32]. Ein beliebtes Thema war auch die dem Nikodemusevangelium verpflichtete Höllenfahrt Christi, *The Harrowing of Hell* (Exeter-Buch), das noch reichlich Gebrauch von der Gefolgschaftsidee macht. Nur mehr am Rande der Dichtung stehen Streitgespräche wie die von *Solomon and Saturn*[33], in denen Salomo einen weitgereisten, bücherkundigen Chaldäer im Christentum unterweist und mit ihm debattiert.

29 The Old English Physiologus ed. A. S. Cook, New Haven 1921 (mit Übersetzung). Im Altenglischen sind nur drei Bruchstücke erhalten (Walfisch, Panther und Rebhuhn).
30 ed. H. Bütow, Heidelberg 1935; ed. B. Dickins and A. S. C. Ross, Lo. [4]1954 (4th repr. with add. and corr., Lo. 1963).
31 ASPR II, 54 (Vercelli-Text); III, 174 (Exeter-Text).
32 z. B. Anglia V, 289 und EETS 141.
33 ed. R. J. Menner, N.Y. 1941; Übersetzung F. Wild, Wien 1964.

III. ALTENGLISCHE PROSA

1. König Alfred

Gegenüber der Poesie ist die Prosa[34] eine späte, ans Buch gebundene und eigentlich von Alfred geschaffene Kunst. Wenn wir von den *Gesetzen* absehen, deren Aufzeichnung in England überraschend früh beginnt (um 600), so setzt die englische Prosaliteratur mit den verstreuten Annalen ein, die Alfred sammeln und weiterführen ließ und die uns als sog. *Angelsachsenchronik*[35] in mehreren Handschriften, hauptsächlich aus Winchester, Abingdon und Peterborough, erhalten sind. In der ältesten dieser Handschriften, dem Parker-Manuskript (Winchester-Chronik), ist in die dürren, mit stehendem „und" verbundenen Eintragungen unter dem Jahr 755 die Saga-ähnliche Geschichte von Cynewulf und Cyneheard eingeschoben, die den Ton früher mündlicher Tradition bewahrt und durch ihren lebendigen, dramatischen Stil beeindruckt. Erst die Aufzeichnungen zur Regierungszeit Alfreds und seiner unmittelbaren Nachfolger (bis 924) werden ausführlicher und lebhafter. Von besonderem Interesse ist die Peterborough-Chronik, weil sie bis 1154, fast ein Jahrhundert nach der normannischen Eroberung, fortgeführt wurde.

Das schriftstellerische Schaffen von König ALFRED (849–899) war von pädagogisch-praktischen Zwecken geleitet. Die ihm schon im 10. Jahrhundert zugeschriebene Übersetzung von *Bedas Kirchengeschichte* dürfte allerdings kaum ein Werk von ihm, sondern mercischen Ursprungs sein. In die Frühzeit der von Alfred angeregten Übersetzungstätigkeit gehört die von Bischof Waerferth stammende Übersetzung der *Dialoge Gregors*, die über das Leben der Heiligen belehren. Seelsorgerlichen Bedürfnissen sollte die Übertragung der *Cura pastoralis* von Gregor dienen. Trotz mancher Ungeschicklichkeiten in der Wiedergabe der Abstrakta und verschlungenen Perioden und der Verwendung zahlreicher Pleonasmen zeigt sich hier erstmals eine durch Alfreds praktische, volkstümliche Absicht bestimmte Stileigenart: er fügt Erklärungen ein, erläutert biblische Dinge durch heimische Entsprechungen und spricht in eigener Person, vor allem in der Vorrede, die in freierem Stil und der ihm eigenen Breite sein kulturelles Reformprogramm entwickelt. Bei der Übersetzung der Weltgeschichte des spanischen Mönchs *Orosius* kürzte er das Original auf nahezu ein Drittel, paßte es germanischen Anschauungen an und ergänzte die geographische Einleitung durch die Einfügung einer Geographie der Germania vom Standpunkt seiner Zeit aus. Dabei verwertete er nach mündlichen Berich-

[34] Zum Kennenlernen der altenglischen Prosa genügen die üblichen Lesebücher, denen das nur Prosa enthaltende Altenglische Lesebuch von J. Raith, München ²1958, hinzuzufügen ist.

[35] ed. C. Plummer, 2 Bde., Oxf. 1892–1899 (Übersetzung EL 624).

ten die Reisen des Norwegers Ohthere nach Lappland und die Entdekkungsfahrten des Angelsachsen Wulfstan in die Ostsee. Das mittelalterliche Allerweltsbuch des Boethius, *De consolatione philosophiae*, übertrug Alfred, der sonst nichts vom Dichter hatte, mit glänzender Beredsamkeit. Er fügt aus Bibel und Geschichte Beispiele ein und läßt eigenes Empfinden durchklingen. Aus eigenem Empfinden geboren ist auch, wie die allmählich freier werdende Übertragung und vor allem die Vorrede bezeugen, sein letztes Buch, die Übersetzung der *Soliloquien Augustins*. Die mit vielen Helfern geschaffenen Übersetzungen sind von ungleichem Wert, oft reichlich ungeschickt und voller Latinismen; wenn er aber freie kürzende Bearbeitung wagt und Zusätze macht (wie im Orosius, Boethius und den Soliloquien), gewinnt seine Prosa selbständige Bedeutung[36].

2. Aelfric, Wulfstan und weltliche Prosa

Länger als ein halbes Jahrhundert nach Alfreds Tod begegnen wir keinem Prosawerk von literarischem Rang. Wahrscheinlich liegt die Hauptursache hierfür in dem Zusammenbruch des klösterlichen Lebens, der seit dem Ende des 9. Jahrhunderts in ganz Europa zu beobachten ist. Erst die benediktinische Reform bringt in England mit Aelfric (ca. 955–ca. 1012)[37] den bedeutendsten Prosakünstler der altenglischen Zeit hervor. Er vollendet, was Alfred begann. In Winchester erzogen, dann Abt der Benediktinergründung Eynsham bei Oxford, verfaßte er in klösterlicher Beschaulichkeit ein umfangreiches Werk von großer Themenfülle. Um die Predigtvorbereitung der Seelsorger zu erleichtern, schrieb er zwischen 989 und 992, meist nach lateinischen Quellen, vierzig *Homiliae Catholicae*, die wichtige Perikopen des Kirchenjahres behandelten. Sie wurden ergänzt durch eine zweite Reihe von vierzig Predigten, die volkstümlichen Geschichten mehr Raum gewährten. Der Stoff wuchs weiter mit den zwischen 992 und 1002 entstandenen *Passiones Sanctorum*, die auf die Gegenwart Bezug nehmen und wichtige Zeitfragen einflechten. An diesem Corpus von 120 Predigten und Heiligenleben, die keineswegs scharf voneinander geschieden sind, hat er dauernd gebessert. Neben einer Reihe von Einzelhomilien und -legenden, Traktaten, Hirtenbriefen und gelehrten Werken ist als wichtige Arbeit noch der sog. Heptateuch zu nennen, die Übersetzung der ersten 7 Bücher der Bibel. Aelfrics Stil ist klar und auf den Gegenstand gerichtet; er meidet Fremdartiges oder überträgt es ins Heimatliche und fügt öfter Bilder aus dem täglichen Leben hinzu. Auffällig gegenüber Alfred ist die Flüssigkeit und der Nuan-

36 Für die Texte s. die Auszüge in den altenglischen Lesebüchern. Über Alfred vgl. C. Plummer, Life and Times of Alfred the Great, Oxf. 1902.

37 Lives of Three English Saints ed. G. I. Needham, Lo. 1966; über Aelfric vgl. M. M. Dubois: Aelfric, Paris 1943.

cenreichtum seines Stils sowie, namentlich in den Heiligenleben, eine Rhythmisierung der Prosa, die bewußt die heimische Alliterationstechnik nutzt, aber auch von der antiken Kunstprosa Anregungen empfangen haben dürfte.

An Predigten ist kein Mangel, wofür die volkstümlich erzählenden 18 *Blickling Homilies* ein Beispiel sind; aber der einzige Prediger, der neben Aelfric namentliche Nennung verdient, ist WULFSTAN, der 1002 bis 1023 Erzbischof von York war und in seinem *Sermo Lupi ad Anglos* (1014)[38] eine, wenn nicht künstlerische, so doch machtvollere Prosa schrieb als Aelfric. Wulfstan war ein Mann anderen Temperaments, und seine patriotische und sittliche Mahnung hämmert er in alliterativer, rhythmischer Prosa und vielfältiger Wiederholung in die Ohren der Zuhörer. Die Sätze sind oft überlang, die Konstruktion verwickelt, aber seine Prosa hat einen eigenen, bezwingenden Rhythmus von mitreißender Kraft.

Von der weltlichen Prosa sei nur der fragmentarisch überlieferte *Apollonius von Tyrus*[39] erwähnt, ein ritterlicher Liebesroman, der über eine lateinische Zwischenstufe auf dem spätgriechischen Roman gleichen Titels beruht. Der Stoff war in fast allen europäischen Literaturen überaus beliebt; in England ist er von Gower in seiner 'Confessio Amantis' und von Shakespeare in seinem 'Pericles' wieder aufgenommen worden. Mit dem Germanentum hat indessen diese Liebes- und Abenteuergeschichte nichts mehr gemein; sie zeigt eher eine Vorbereitung der Geister für die Kunst des höfischen Versromans, den bald darauf die normannischen Eroberer von Frankreich auf die Insel bringen sollten.

Blickt man zurück auf die Literatur des 10. und 11. Jahrhunderts, so bemerkt man keineswegs Anzeichen eines Nachlassens der schöpferischen Kräfte. Die Normannen stießen nicht auf eine ermattete Kultur, sondern unterbrachen eine Entwicklung, die bereits eine beachtliche Höhe erreicht hatte.

[38] ed. D. Whitelock, Lo. [3]1963; The Homilies of Wulfstan ed. D. Bethurum, Oxf. 1957.
[39] ed. J. Raith, München 1956; ed. P. Goolden, Oxf. 1958.

Zweites Buch

DIE MITTELENGLISCHE ZEIT

BIBLIOGRAPHIE: J. E. Wells, A Manual of the Writings in Middle English 1050 bis 1400, New Haven 1916 mit 9 Supplements 1919–1951, wird ersetzt durch A Manual of the Writings in Middle English 1050–1500 ed. J. B. Severs (1967 bis 1970) und A. E. Hartung (ab 1972), New Haven 1967 ff. (bisher 4 Bde.).

GESCHICHTE UND KULTURGESCHICHTE: M. Powicke, Medieval England 1066 bis 1485, Oxf. 1931; D. M. Stenton, English Society in the Early Middle Ages, Harmondsworth 1951; A. R. Myers, England in the Late Middle Ages, Harmondsworth 1952 (= Pelican History of England III und IV); Medieval England ed. A. L. Poole, 2 Bde., Oxf. 1958.

LITERATURGESCHICHTE: W. H. Schofield, English Literature from the Norman Conquest to Chaucer, Lo. 1906; R. M. Wilson, Early Middle English Literature, Lo. [3]1968 (Einführung); H. S. Bennett, Chaucer and the Fifteenth Century (OHEL II.1); E. K. Chambers, English Literature at the Close of the Middle Ages (OHEL II.2); G. Kane, Middle English Literature: A Critical Study of the Romances, the Religious Lyrics, Piers Plowman, Lo. 1951; R. W. Ackermann, Medieval English Literature, N.Y. 1968; The Middle Ages ed. W. F. Bolton, Lo. 1970 (Sphere History 1); The Age of Chaucer ed. B. Ford (Pelican Guide to English Literature 1). C. S. Lewis, The Discarded Image: An Introduction to Medieval and Renaissance Literature, Cambr. 1964; E. R. Curtius, Europäische Literatur und lateinisches Mittelalter, Bern [3]1961; M. D. Legge, Anglo-Norman Literature and Its Background, Oxf. 1963 (Schücking, Baugh, Ker, Manitius und Raby s. o. Erstes Buch).

TEXTE: Die lateinisch geschriebenen Werke der Historiker in der Rolls Series (= Rerum Britannicarum Medii Aevi Scriptores). Die meisten mittelenglischen Texte sind verfügbar in Ausgaben der Early English Text Society. Kurze Proben in B. Dickins and R. M. Wilson, Early Middle English Texts, Cambr. [3]1956; J. A. W. Bennett and G. V. Smithers, Early Middle English Verse and Prose, Oxf. [2]1968; Middle English Literature ed. C. W. Dunn and E. T. Byrnes, N.Y. 1973; Kaiser s. o. Erstes Buch. Übersetzungen: The Literature of Medieval England ed. D. W. Robertson, N.Y. 1970.

I. DIE ZWEITE HÄLFTE DES 11. UND DAS 12. JAHRHUNDERT

1. Die normannische Eroberung und die Entfaltung normannischer Kultur unter Heinrich I. und Stephan

Die dynastischen Auseinandersetzungen zwischen angelsächsischen und dänischen Königen, die den Ausgang der altenglischen Periode kennzeichnen, fanden ein Ende mit der normannischen Eroberung (1066), die an die Stelle der altenglischen Kultur eine ritterliche und geistliche setzte. Wilhelm der Eroberer und seine Leute kamen nicht nur als tatkräftige Organisatoren, wofür das neu aufgestellte Inventar des Landes, das sog. *Domesday-Book* (1086), Zeugnis ablegt, sie kamen auch als kulturelle Eroberer. Die Vereinigung mit der Normandie wendete England südwärts; wie die Einrichtungen und die Sprache erhielt es die Literatur und die Kunst Frankreichs, gehörte also fortan zur gemeineuropäischen Kultur des Mittelalters. Von Frankreich war schon in spätaltenglischer Zeit, in Bischof Aethelwolds Übersetzung, die *Benediktinerregel* nach England gekommen; damit wurde die fränkische Minuskel eingeführt, die Schreibung normalisiert und eine Einheitlichkeit der mönchischen Studien und Gepflogenheiten hergestellt. Die Ernennung Lanfrancs zum Erzbischof von Canterbury brachte die Einrichtung und Gelehrsamkeit der französischen und italienischen Schulen nach England, und mit Lanfrancs Nachfolger ANSELM (1033–1109)[1] gewinnt die scholastische Philosophie in England festen Boden.

Die kulturelle Eroberung, die in den großen romanischen Kirchenbauten (St. Albans, Durham) gleichsam bildhaft verkörpert ist, findet in der Literatur nur langsam Ausdruck. Der Hof hat kein literarisches Interesse, und kein bedeutendes Werk aus dem 11. Jahrhundert ist zu nennen. Eigentlich zeugt nur die Tatsache, daß in Geschichtsschreibung und Dichtung das Latein die Oberhand gewinnt, von der sich vollziehenden Neuorientierung; nur deshalb sind Historiker wie EADMER OF CANTERBURY und anglolateinische Dichter wie GODFREY OF CAMBRAI, SERLO OF BAYEUX und REGINALD OF CANTERBURY zu nennen[2].

Auch im beginnenden 12. Jahrhundert, das mehr ist als bloße Vorbereitung, blieb England das kulturell empfangende Land. Seine Klöster und Schulen waren den französischen nicht ebenbürtig. Wer die damals wieder als unentbehrlich angesehene humanistische Bildung erstrebte, mußte das Kloster Bec und die Kathedralschule von Chartres aufsuchen, wo die

[1] Anselm v. Canterbury, Leben, Lehre, Werke übers. u. eingeleitet v. R. Allers, Wien 1936.

[2] Die wichtigsten lat. Werke abgedruckt in: Anglo-Latin Satirical Poets and Epigrammatists of the 12th Century ed. T. Wright, 2 Bde., Lo. 1872 (RS).

später von den Universitäten übernommene methodische Stoffeinteilung des Dreiwegs (Grammatik, Rhetorik, Dialektik) und Vierwegs (Arithmetik, Geometrie, Astronomie und Musik) als universalistischer Unterbau (die ‚sieben freien Künste') für die als Fachstudium gedachte Theologie herausgebildet worden war. Das lebendigste Bild dieser neuen Bestrebungen in England gibt der Chartres vergleichbare Canterburykreis des in Bec erzogenen Erzbischofs Theobald (1138–1161); sein Haus war ebenso eine Stätte ernster Studien wie gesellschaftlicher Erholung, ein Heim des Witzes und ein Treffpunkt der Gelehrten und Geistlichen Europas. Hier war John of Salisbury, der Sekretär des Primas Theobald; hier war Roger von Pont l'Evêque, der zukünftige Erzbischof von York; und hier war als Schüler und dann als Nachfolger Theobalds der ehrgeizige Thomas Becket, der um sich die 'Eruditi Sancti Thome' scharte, darunter Peter of Blois. Auch unter Beckets Herrschaft wurde diese Atmosphäre erhalten, belebt durch den Witz und die Ironie Walter Maps.

Neben der Gelehrsamkeit, die übrigens stark mit praktischen Tagesfragen verbunden war, beobachten wir das Entstehen höfischer Kultur. Im beginnenden 12. Jahrhundert ist der Anfang der englischen Zentralverwaltung zu sehen; Winchester ist schon ständiger Sitz des Schatzamtes, und der Hof, d. h. die aus Vertrauten und Ratgebern bestehende Curia regis, der Haushalt und das den Stab des Kanzlers bildende Kapitel, konnte bereits Pflanzstätte der Künste sein. Heinrich I. (1100–1135) und insbesondere seine Frauen Mathilda und Adeliza zogen berühmte Dichter an ihren Hof, und dies Beispiel fand Nachahmung unter den Großen des Reichs, so daß unter Stephan (1135–1154) bereits mehrere adlige Patrone bezeugt sind, die nach dem Vorbild südfranzösischer Fürstenhöfe eine natürliche Geselligkeit feiner Lebensart pflegten. Zu diesem farbigen Bild entstehender ritterlicher Kultur gehören auch die Städte, deren Handel und Reichtum gewissermaßen die Voraussetzung für den kulturellen Aufstieg bildete.

Das aufblühende literarische Leben zeigt sich auf allen Gebieten; neben dem Latein kommt das Anglonormannische als Literatursprache auf. Die Kalender, Stein- und Tierbücher des PHILIPPE DE THAUN sind Vorläufer des späteren Brauchs, in der Landessprache für die Belehrung der Laien zu schreiben, und die später mehrfach ins Englische übersetzte Legende von dem irischen Heiligen *Brendan* (1121) eröffnet eine abenteuerliche Zauber- und Wunderwelt, die auch der Hexameterdichtung *Vita Merlini* (1148) von GEOFFREY OF MONMOUTH (ca. 1100–ca. 1155) ihren Reiz verleiht. Dieser Geoffrey steht auf der Grenze von Fabulistik und Geschichtsschreibung, denn zu eben der Zeit, als HENRY OF HUNTINGDON (1084–1155) erstmals wirkliche, alles fabulistische Beiwerk meidende Geschichtsdarstellung erstrebt und der große WILLIAM OF MALMESBURY (1090–1142) dieses Ideal in seiner klassisch orientierten englischen Königs- und Bischofsgeschichte erreicht, veröffentlichte Geoffrey die epochemachende *Historia regum Britanniae*[3] (1137), die sich als Geschichte ausgibt, in Wirklichkeit aber der erste Arthurroman ist[4]. Darin erzählt Geoffrey die Geschichte der Briten vom Gründer Brutus bis zu Cadwallader, dem letzten britischen König. In fünf von den zwölf Büchern werden alle Geschichten um Arthur erstmals zu einer fortlaufenden Chronik derart vereinigt, daß sie als Abenteuer der zwölf Friedensjahre alle in Arthurs Halle Beginn und Ende haben, stimmungsmäßig geeint durch das den anglo-normannischen Hof zum Vorbild nehmende Streben nach den ritterlichen Idealen, verklärt durch den Helden, der wie der Vergilsche die Reichsidee symbolisiert. Geoffreys Arthur ist der Gründer der vereinigten englischen Nation.

2. Höfische und gelehrte Literatur unter Heinrich II. und Richard Löwenherz

Der seit Heinrich I. literarisch zu nennende englische Hof wurde unter Heinrich II. (1154–1189) und Richard I. (1189–1199) zum Mittelpunkt der westlichen Literatur, den hervorragende französische Dichter wie Benoit de Ste. Maure und Marie de France aufsuchten und wo Engländer wie Thomas Vorbildliches schufen. Durch Heinrichs Ehe mit Eleonore von Aquitanien wurde eine enge Verbindung mit den südfranzösischen Fürstenhöfen geschaffen und die Troubadourlyrik und der höfische Roman nach England verpflanzt. Die Art der neuen Literatur kennzeichnet Benoits *Roman de Troie*[5], ein groß angelegter, aus antikem Stoff gewobener Roman, der die Einbeziehung einer ganzen Enzyklopädie von Kenntnissen gestattete, der dem Wunderbaren einen bedeutsamen Platz einräumte und der vor allem eine in den Rahmen abenteuernden Rittertums eingefügte Liebesgeschichte mit langen, Gefühle zergliedernden Dialogen enthielt, die alle höfischen Formen und Werte unterstrich. Auch Geoffreys Arthurgeschichte wurde dieser neuen Kunstform angenähert in der *Roman de Brut* (1155) genannten Versbearbeitung des aus Jersey stammenden und ob seiner literarischen Verdienste zum Domherrn von Bayeux beförderten Wace. Um so bemerkenswerter ist, daß der dritte Bearbeiter des Stoffes, der aus der Grafschaft Worcestershire gebürtige Laȝamon (fl. 1200) in seiner großen, über 16000 Langzeilen umfassenden englischen *Brut*-Bearbeitung[6] (die man um 1200 ansetzt) eigene Wege

[3] ed. A. Griscom (mit Übersetzung), Lo., N.Y. 1929; übersetzt von S. Evans in EL 577, von L. Thorpe, Penguin 1966, außerdem in Bohn's Standard Library, in der auch Übersetzungen der anderen genannten Historiker erschienen.

[4] W. F. Schirmer, Die frühen Darstellungen des Arthurstoffes, Köln-Opladen 1958; R. S. Loomis, The Development of Arthurian Romance, Lo. 1963.

[5] Auszugsweise übersetzt von R. K. Gordon in The Story of Troilus as told by Benoit, Lo. 1934.

[6] ed. F. Madden, 3 Bde., Lo. 1847; ed. G. L. Brook and R. F. Leslie, 3 Bde., Lo. 1963ff. (i. E.), EETS 250. – Arthurian Literature in the Middle Ages: A Collaborative His-

ging. Vom Waceschen Achtsilbler-Reimpaar kehrte er zurück zum germanischen, wenn auch von der Reimtechnik stark berührten Stabvers. Dementsprechend ist seine Erzählung weniger höfisch als heroisch; Krieg und Kampf, die Laufbahn eines angelsächsischen Fürsten, das Leben in Wald und Feld fesselten ihn mehr als die Feinheiten des normannischen Hofes. Das bewegte Geschehen ist bewegt erzählt, und wenn man die behagliche Kleinbildmalerei eines Wace bei ihm vermißt, so läßt die leidenschaftliche Gespanntheit, mit der er selbst die Geschichte erlebt, sowie die eindruckmäßig und nicht anschaulich verwertete Bildersprache an die große Geste altenglischer Dichtart denken. Und doch ist etwas ganz Neues, Zukunftweisendes in diesem Werk: die Märchenatmosphäre des Wunderbaren, ein keltisch-walisischen Geschichten verpflichtetes Phantasiegut, das in dem Bericht von Arthurs Tod Poesie ewiger Gültigkeit geschaffen hat. Der Brut ist die größte epische Leistung zwischen Beowulf und Chaucer, ein Ansatz zu einer eigenen englischen Form des Versromans, der allerdings vereinzelt blieb und so der modischen französischen Form das Feld freigab.

Das zeigt der doch ganz aus keltischen Quellen geflossene *Tristan-Roman*[7]. Die alte Tristandichtung war offenbar eine Fabel der heldischen Welt, die durch den Minnekult der ritterlichen Gesellschaft eine grundsätzliche Umprägung erfuhr, ein Vorgang, der sich in der dann maßgeblich werdenden Fassung des Anglonormannen THOMAS vollendet (ca. 1155–1170). Thomas von Britannien, wie ihn Gottfried nennt, dichtete in England und für einen anglofranzösischen Zuhörerkreis, und wenn man Laȝamons Werk als ein Nationalepos ansprechen kann, so muß man das Thomassche als vorbildliches Muster der internationalen höfischen Kultur bezeichnen. Wer immer den in keltischen Episodensagen verbreiteten Tristanstoff aufgriff, erzählte ihn wie Marie de France in Thomas' Geist; an der späteren Spiritualisierung in die Gralswelt hat England keinen Anteil mehr.

Das Bild der mittelalterlichen Kultur, insbesondere in England, wird erst vollständig, wenn neben der höfisch-feudalen die gelehrt-humanistische Seite betont wird. Sie spricht sich aus in dem wissenschaftlichen Wirken der seit 1167 bestehenden Universität Oxford (Cambridge folgt 1209) sowie in den Gründungen der Inns of Court in London. Die Ergebnisse sehen wir in einer Reihe staatsrechtlicher, verwaltungstechnischer und politischer Abhandlungen und in einer großen Anzahl historiographischer Werke, von denen wenigstens die englische Geschichte von WILLIAM OF NEWBURGH erwähnt sei.

tory, ed. R. S. Loomis, Oxf. 1959. Auswahl mit Anmerkungen und Glossar ed. G. L. Brook, Oxf. 1963; Übersetzung zus. mit Wace EL 578.

7 J. Bédier, Le Roman de Tristan et Iseut traduit et restauré, Paris 1900. – F. Ranke, Tristan und Isold, München 1925; S. Eisner, The Tristan Legend: A Study in Sources, Evanston 1969.

Modernes Empfinden wird sich lieber dem Humanismus dreier bedeutender, auch im öffentlichen Leben eine Rolle spielender Persönlichkeiten zuwenden: Gerald of Wales, John of Salisbury, Walter Map. GIRALDUS CAMBRENSIS (ca. 1146 – ca. 1220)[8], normannisch-walisischer Herkunft, schrieb nach Reisenotizen und auf persönliche Anschauung gegründet geschichtlich-geographische Werke über Irland und Wales (*Topographia Hibernica* 1187; *Itinerarium Kambriae* 1191), die etwas Neues darstellen, da sie statt nüchterner Anhäufung zusammengetragener Tatsachen lebendig geschriebene und heute noch lesbare Schilderungen von Menschen, Zuständen, Brauchtum enthalten. Er verfaßte auch eine Selbstbiographie (*De rebus a se gestis*). Bedeutender noch als Gerald war der als Chartres-Schüler und erzbischöflicher Sekretär bereits genannte JOHN OF SALISBURY (1110/20–1180). Von seinen Werken ist der in den Mußestunden einer sehr beschäftigten Zeit (1159) entstandene *Metalogicus*[9] (Verteidigung der Logik) am leichtesten zugänglich wegen seiner autobiographischen Bezüge, der eingestreuten Charakteristiken seiner Lehrer und Freunde und der lichtvollen Darlegung der philosophischen Lage im 12. Jahrhundert. Anspruchsvoller in der Fülle und kunstvollen Verschlingung des Inhalts und im schweren rhetorischen Stil ist das Buch des Staatsmanns (*Policraticus*, 1159) mit einer warnenden und ratenden Vorrede an den englischen Kanzler Becket. Die menschlich sympathische Art und die Weise seines Ansehens zeigen die *Briefe*, die an Ciceros Gabe, nicht nur den Geist, sondern auch die Persönlichkeit mitteilen zu können, erinnern. Der dritte des Kreises, WALTER MAP (ca. 1140 – ca. 1210), der wie Gerald walisisches Blut in sich hatte und wegen seines Witzes berühmt war, hinterließ eine Folge von Geschichten und Anekdoten über geistliche und weltliche Fürsten (*De nugis curialium*, 1193)[10], nach denen man das sprühend Lebendige seiner Tischgespräche sich ausmalen kann.

3. Die englische Erbauungsliteratur

Von der geistigen Höhe dieser Humanistenkreise gesehen, erscheint die landessprachige Dichtung wenig bemerkenswert. Sie wendet sich an ein viel einfacheres Publikum, Kleinbürger und niedere Ordenskreise, die Sprichwörtersammlungen liebten (z.B. *Proverbs of Alfred*, ca. 1150) und sich an *Debatten zwischen Seele und Körper* erbauten. Nur e i n englisch

[8] Autobiographie (Übersetzung) ed. H. E. Butler, Lo. 1937; Itinerary through Wales übersetzt von R. C. Hoare (EL 272).

[9] Metalogicus ed. C. C. J. Webb, Oxf. 1929 (Übersetzung von D. D. MacGarry, Berkeley 1955); Policraticus ed. C. C. J. Webb, 2 Bde., Oxf. 1909 (Teilübersetzung als Frivolities of Courtiers [= Buch I–III] von J. B. Pike, Minneapolis 1938, und als The Statesman's Book [= Buch IV–VI] von J. Dickinson, N.Y. 1927).

[10] ed. M. R. James, Oxf. 1914; Übersetzung von F. Tupper und M. Ogle, Lo. 1924.

geschriebenes Werk kann neben Laȝamon wenigstens historische Bedeutsamkeit beanspruchen, das *Poema morale*[11] (1170), ein Predigtgedicht, das den Menschen im Geiste von den Mühen und Lasten dieser Welt zu seinem himmlischen Ziele im Jenseits führen möchte. Das Gedicht bringt einen neuen Stil auf, denn die sprunghafte Komposition der altenglischen Überlieferung ist durch einen logischen Aufbau ersetzt, wie ihn die Predigtbücher der Zeit lehrten. Dementsprechend sind die germanischen Komposita verlassen zugunsten der Tropen und Abstrakta des theologischen Lateins, und statt der Stabreimtechnik herrscht der paarweise gereimte Septenar. Um diesem Werk gerecht zu werden, muß man es mit dem sogenannten *Ormulum* (ca. 1200) vergleichen, einer zur Belehrung geschriebenen Evangelienharmonie in 10000 reimlosen Spetenaren, einem Koloß ohne Gefühl für Form und Melodie. Aber die Sprachgeschichte weiß dem Verfasser Dank für das sorgfältige, eine Lautschrift anstrebende Manuskript seines Werks.

Versagte so die in der Landessprache geschriebene Poesie (außer Laȝamon), so konnte sich die englische Prosa neben der lateinischen und französischen behaupten; umfassende Predigtsammlungen führten das Aelfricsche Vorbild fort, und in den drei Heiligenleben der sogenannten *Katharinengruppe* (St. Katharina v. Alexandria, St. Margarete v. Antiochien und St. Juliana) erscheint eine reiche, farbige Prosa mit alliterierendem Schmuck und stark rhythmischem Empfinden. Mit welcher Selbständigkeit die in der Aelfric-Tradition gegründete Prosa auch einem berühmten lateinischen Vorbild gegenübersteht, zeigt die mittelländische Umarbeitung von Hugos von St. Victor *De anima*. Unter dem Namen der „Seelenhut" *(Sawles Warde)*[12] schildert dieser mystische Traktat die Verteidigung der als Schatz in einem Hause vorgestellten menschlichen Seele gegen das Eingang suchende Laster. Der erzählende Teil ist knapp, ohne Abschweifungen und überaus anschaulich. Der mystische Teil, die Beschreibung des Himmels und die selige Vision, erinnert geradezu an Dante.

Das Stück ist zu kurz, um die Bedeutung der *Ancrene Riwle*[13] (Anfang 13. Jh.) zu haben, deren gleichwertige sprachliche Gestaltungskraft die leidenschaftlich beredte Prosa der „Seelenhut" in verstandesmäßig ausgeglichenerem Lichte zeigt. Diese „Nonnenregel" ist als Erbauungsbuch für drei höfische Damen geschrieben, die sich von der Welt zurückgezogen hatten. In ihrer bildkräftigen Sprache, der schlichten Verständigkeit und der zarten Ausführung der Gottesminne ist sie das bedeutendste Prosawerk der mittelenglischen Zeit.

[11] Textproben der genannten Werke in Dickins-Wilson, Early Middle English Texts; Dunne-Byrnes, Middle English Literature (s. S. 21).

[12] ed. R. M. Wilson, Leeds 1938, auch in J. A. W. Bennett und G. V. Smithers, Early Middle English Verse and Prose, Oxf. ²1968; Katharinengruppe EETS 80, 193, 248.

[13] ed. EETS 225; weitere Hss. EETS 229, 232, 252. Auswahl ed. G. Shepherd, Lo. 1959 (Übersetzung von M. B. Salu, Lo. 1955).

II. DAS 13. JAHRHUNDERT

1. Humanismus, Historiographie und Wissenschaft

Gegenüber der humanistischen und höfischen Literatur des 12. Jahrhunderts erscheint die des 13. scholastisch und klösterlich; es war keine ästhetische Zeit, sondern ein Zeitalter der Tatsachensammlung, der Enzyklopädien und gelehrten Werke. Den umfassenden Humanismus, den John of Salisbury verkörperte, gab es nicht mehr. Nur einzelne Provinzen des Schrifttums, wie die besonders in der humanistischen Tradition der Klöster gepflegte Historiographie, bewahrten die alte Höhe; vor allem ist da das Kloster St. Albans zu nennen und sein Historiograph MATTHEW PARIS (1200–1259), der mit einer an William of Malmesbury erinnernden Kunst seine *Chronica Majora* [14] schrieb. Englisch in der Haltung, weltbürgerlich im Ausblick, großartig in der Anordnung des Stoffes, dabei an Kraft und Klarheit des Ausdrucks allen voran, lesen sich die sieben stattlichen Bände, als ob das bunte Geschehen der Zeit vor unseren Augen sich abspielte. Damit kann sich die einzige englisch geschriebene *Verschronik* aus dem 13. Jahrhundert von der Hand des Mönchs ROBERT OF GLOUCESTER nicht messen.

Die berühmtesten Namen finden sich in der aufblühenden theologischen und philosophischen Wissenschaft der Universität Oxford. Die großen Dominikaner Albertus Magnus und Thomas Aquinas hatten die Wahrheit christlicher Lehre aus den Prinzipien der Weltweisheit erwiesen; sie hatten mit den Mitteln der aristotelischen Philosophie ein großes, verstandesmäßige Erkenntnisse und geoffenbarte Glaubenstatsachen umfassendes Weltsystem entworfen. Ebenso suchten die meist franziskanischen Kreisen angehörigen Oxforder ALEXANDER OF HALES, ROBERT GROSSETESTE, ROGER BACON [15] und DUNS SCOTUS kühne, den gleichzeitigen gotischen Kirchenbauten (Salisbury, Exeter, Canterbury) vergleichbare Lehrgebäude zu errichten. Dabei fußten sie auf der vor Thomas gültigen Schule von Chartres mit ihrer platonischen Philosophie und der Betonung von Mathematik und Naturwissenschaft und versuchten eine stärkere empirische Begründung der Scholastik, welche Richtung im nächsten Jahrhundert die herrschende werden sollte [16].

[14] Übersetzung der Historia, einer Kürzung der großen Chronik, von J. A. Giles, Lo. 1852 (in Bohn's Library). Abdruck der Werke in der Rolls Series (darin auch Robert of Gloucesters Chronik).

[15] Bacons Opus Majus, übersetzt von R. B. Burke, 2 Bde., Philad. 1928.

[16] Vgl. die übersichtliche Darstellung von E. Gilson, La philosophie au moyen-âge, Paris 1925.

2. Religiöse und weltliche Lyrik

Die das geistige Leben so befruchtenden Franziskaner brachten auch eine neue Frömmigkeit der Liebe nach England, aus der die lateinische und landessprachige religiöse Dichtung neues Leben erhielt[17]. Der Oxforder Franziskanerprovinzial JOHN PECHAM oder Peckham (gest. 1292 als Erzbischof von Canterbury) besingt in den lateinischen, durch Einreim gebundenen Vierzeilern seines *Philomena*-Gedichtes die Leidensgeschichte und die Sehnsucht der Seele nach ihrer göttlichen Heimat unter dem Bilde der Nachtigall, der Vorbotin des Frühlings. An die Stelle des heroischen Erlösers ist der von der Mutter beweinte Schmerzensmann getreten, und diese menschliche Nähe ermöglicht eine empfindungsmäßig weiche Lyrik, aber auch einen harten und starken Realismus, der in manchen Gedichten Pechams qualvollen Ausdruck findet. Das lateinische Vorbild, das Pecham und der ihm nahestehende JOHN OF HOVEDEN (gest. 1275) gaben, fand in der meist anonymen landessprachigen Lyrik reiche Nachfolge. In den stehenden Gattungen der Todesdichtung, Jesuhymnik und Marienlyrik finden sich so viele ansprechende Stücke, daß einzelne Hervorhebung sich verbietet; nur die lange Liebesweise *(Luve Ron)* des Franziskaners THOMAS OF HALES sei als Höhepunkt der Liebesmystik Jesu namentlich genannt. Allen Dichtungen gemeinsam ist ein Streben vom Vortrag weg und zur Musik hin, was sich in kunstvollen, aber natürlich wirkenden Strophenschemata ausspricht. Nie zuvor kannte die englische Literatur solch unnachahmlich leichte Grazie, solch anscheinend müheloses Singen und flüssiges Metrum.

Die Belebung der religiösen Lyrik teilt sich auch der weltlichen[18] mit, die ja ihrerseits die formalen Vorbilder des französischen Chanson populaire der religiösen Dichtung vermittelt hatte. Alle Arten dieser Chansons, die den Kehrreim betonenden Tanzlieder und bei der Webarbeit gesungenen Chansons d'histoire, die Taglieder mit ihrer Liebeszwiesprache und die erzählenden Chansons d'aventure, die 'reverdies' genannten Frühlings- und Sommerlieder und die kecken Schäferpastourelles sind in England verbreitet gewesen, wenn wir auch nur spärliche Reste erhalten haben. Immerhin lassen die sogenannten *Rawlinson-Fragmente* und das *Manuscript Harley 2253*[19] einen guten Überblick zu, und Stücke wie das Kuckuckslied *Sumer is icumen in* oder das *Alysoun*-Lied, das in schlaflosen

[17] R. Woolf, The English Religious Lyric in the Middle Ages, Oxf. 1968. – Pechams Philomela lateinisch und deutsch in: Laudate Dominum ed. R. Zoozmann, München 1928.

[18] Für die landessprachige religiöse und weltliche Lyrik des 13.–14. Jahrhunderts vgl. Medieval English Lyrics ed. R. T. Davies, Lo. 1963. Wissenschaftliche Edition der Texte von C. Brown, English Lyrics of the 13th Century, Oxf. ³1962. Medieval English Verse transl. B. Stone (Penguin). – P. Dronke, The Medieval Lyric, Lo. 1968.

[19] ed. G. L. Brook, Manchester ³1964.

Frühlingsnächten einem schwanenweißen Hals und einem Paar schwarzer Augen nachträumt, sind lyrische Höhepunkte.

Die Folgezeit konnte diese Höhe nicht halten; die Zeitläufe begünstigten eher eine politische und satirische Betätigung der Spielleute, und die schwache Regierung Heinrichs III. forderte die Kritik heraus. So haben wir in lateinischer und englischer Sprache eine Fülle von Zeitgedichten, die mehr kulturgeschichtlich als literarisch bedeutsam sind. Man kann sogar die Verallgemeinerung wagen, daß das 13. Jahrhundert außerhalb des religiösen Bereichs nicht lyrisch gestimmt ist, wie es die lehrhaften *Proverbs of Hendyng* (ca. 1250) u. a. Sammlungen dartun. Eine künstlerische Verwertung volkstümlicher Spruchweisheit zeigt sich nur in dem Streitgespräch zwischen Eule und Nachtigall (*The Owl and the Nightingale*[20], um 1200 in Surrey geschrieben), das ästhetische Lebensfreude und ernste ethische Forderung oder auch Kunst und Philosophie, vita activa und vita contemplativa einander gegenüberstellt – die Debatte entzieht sich eindeutiger Festlegung und endet in einem offenen Schluß. Dieses kostbare, 897 Reimpaare umfassende Erzählgedicht ist von bemerkenswerter Selbständigkeit; formal zeigen die leicht fließenden Verse keine Nachahmung französischer Silbenregelmäßigkeit, und inhaltlich ist die höfische Liebesanschauung ersetzt durch eine verstehende, unsentimentale Empfindungsweise. So ist dies Eule-Nachtigall-Gedicht, wie einst Laȝamons größeres Werk, ein Versuch, Dichtung in englischer Sprache für englische Leser zu geben, ein Versuch, der vereinzelt blieb, denn den mehrfachen Nachahmungen, die *Drossel und Nachtigall* oder *Kuckuck und Nachtigall* auftreten lassen, gebricht es an Originalität.

3. Geistliche Lehrdichtung und Epik

Die lehrhafte geistliche Dichtung in der Landessprache, die im 13. Jahrhundert stark anwächst, mutet – gemessen an der Lyrik – altertümlich an. Das französisch geschriebene *Château d'Amour* (1245)[21] des als Scholastiker erwähnten Bischofs Grosseteste mit seiner versromanartigen feinen Bildlichkeit, das später mehrfach ins Lateinische und Englische übersetzt wurde, hat in der landessprachigen Literatur des 13. Jahrhunderts kein Gegenstück. *Tod, Jüngstes Gericht* und *Körper-Seele*-Debatten wandeln die Poema Morale-Stimmung ziemlich eintönig ab, und nur selten ist die Bußforderung so dichterisch wie in den *XV Signa ante Judicium*[22], deren ältere Fassung in eindringlicher Schlichtheit ausspricht, was die der zweiten Jahrhunderthälfte angehörige Visionsfassung ergreifend ausmalt: einst führte der Tote ein Herrenleben, jetzt hat er weder Ge-

[20] ed. J. W. H. Atkins (mit Übersetzung), Cambr. 1922; ed. E. G. Stanley, Lo. 1960.
[21] Mit mittel- und neuengl. Übersetzung ed. R. F. Weymouth, Lo. Phil. Soc. 1864.
[22] ed. F. J. Furnivall, Early English Poems and Lives of Saints, Bln. 1872.

liebte noch Haus; weil er im Leben stets hoch zu Roß saß, reitet er nun auf dem Stachelsattel eines Höllenpferdes den Qualen und dem Teufel entgegen.

Neben solcher Bußdichtung sind die lehrhaften Summen für das 13. Jahrhundert charakteristisch, wobei Frankreich das anregende Land ist. England, das durch seine sprachlichen Verhältnisse (das langsame In-den-Vordergrund-Treten des Englischen gegenüber dem Französischen) einige 50 Jahre nachhinkte, hat die englischen Entsprechungen erst im 14. Jahrhundert aufzuweisen, es sind verspätete Äußerungen des Geistes des 13. Jahrhunderts. Dazu gehören: der als Prosawerk eine Sonderstellung einnehmende *Aʒenbite of Inwyt* (Remorsus conscientiae), eine reichlich ungeschickte Wort-für-Wort-Übersetzung der *Somme des vertus et des vices* des Friar Lorens, die Dan (Dominus) MICHEL OF NORTHGATE 1340 in Canterbury niederschrieb; die kurz nach 1300 geschriebene *Handlyng Synne* des ROBERT MANNYNG OF BRUNNE, eine freie Versbearbeitung des von dem Engländer WILLIAM OF WADINGTON französisch geschriebenen *Manuel des Péchiez* (Péchés); der gleichzeitige, fast 30000 Verse umfassende *Cursor Mundi* eines unbekannten Verfassers; und der früher Rolle zugeschriebene, ungeheuer verbreitete *Prick of Conscience* (erste Hälfte des 14. Jahrhunderts). Außer in Einzelheiten und als Kuriosum ist keiner der vier Wälzer heutigem Geschmack genießbar[23].

Auch die geistliche Epik von Art der mittelenglischen *Genesis and Exodus*-Paraphrase steht als reine Lehrdichtung außerhalb des künstlichen Bereichs. In der *Legendendichtung*[24] dagegen, dem eigentlichen Feld religiöser Epik im 13. Jahrhundert (die außer den größeren sogenannten südlichen und nördlichen Sammlungen in zahlreichen Einzelstücken überliefert ist), zeigt sich eine Zunahme des Unterhaltenden bis zu völligem Aufgehen in weltlicher Fabulierkunst. Nikodemus, Brendan, Magdalena, Cäcilia, Gregorius, Eustachius, Euphrosyne, Marina sind einige der Stoffe, die solcher Verweltlichung entgegenkommen und oft als Fabliaux mit frommem Einschlag bezeichnet werden müssen. Daneben sind die um historische Persönlichkeiten, insbesondere Thomas Becket, geschriebenen Legenden bemerkenswert.

4. Das geistliche Drama

Wie für die Legende und die enzyklopädischen Lehrgedichte ist auch für das geistliche Drama[25] das 13. Jahrhundert die entscheidende Werdezeit,

[23] Die englischen Summen in EETS, Auszüge in den Lesebüchern.

[24] Die meisten Legenden ediert von C. Horstmann, Paderborn 1875, Heilbronn 1878 u. 1881. South English Legendary, 3 Bde., EETS 235/236, 244. – Die Th. Becket-Legende des Gloucesterlegendars ed. H. Thiemke, Bln. 1919. Vgl. Th. Wolpers, Die englische Heiligenlegende des Mittelalters, Tübingen 1964.

[25] E. K. Chambers, The Mediaeval Stage, 2 Bde., Oxf. 1903; R. Southern, The Medieval

obgleich die zu Riesenzyklen angehäuften Texte – die sogenannten Coventry, York, Chester und Towneley Plays (s. S. 38) – erst aus dem 14. Jahrhundert stammen (das um 1250 entstandene *Harrowing of Hell* ist kein Drama, sondern eine Wechselrede, die nicht zur Aufführung bestimmt war). Ursprung des geistlichen Dramas ist die aus dem Ostertropus entwickelte *Dialogszene zwischen den Frauen und dem Engel* am Grabe, der sich bald andere Szenen, wie die *Apostel-* und *Krämerszene*, anschlossen. Analog wurde auch im Weihnachtsgottesdienst eine *Krippenszene* ausgebildet, der sich gleichfalls weitere Szenen angliederten *(Stella-, Herodes-, Propheta-Szene)*. Anglo-normannische Spiele zeigen bereits um die Mitte des 13. Jahrhunderts einen fest ausgebildeten Typus des gottesdienstlichen Spiels (Misterium genannt, was vielleicht von ministerium kommt, später aber mit mysterium zusammengebracht wurde). Natürlich gab es vor den geistlichen Spielen dramatische und quasi-dramatische weltliche Schaustellungen durch fahrende Schauspieler, bei festlichen Aufzügen, beim Mummenschanz, die möglicherweise auf die geistlichen Spiele eingewirkt haben. Aber die Quellen zu diesen ältesten volkstümlichen Schauspielen sind überaus spärlich, und eine Kontinuität läßt sich nicht nachweisen. Dagegen ist der geistliche Strang fast lückenlos zu verfolgen.

Gespielt wurde in der Kirche mit einfachsten Requisiten, später außerhalb der Kirche unter Beibehaltung der kirchlichen Raumverteilung. Die Handlung spielt an einzelnen Plätzen ('loca', 'domus', 'sedes' genannt), ursprünglich wie die Säulen in der Kirche angeordnet und einen bestimmten Ort (Grab, Himmel, Hölle, Pilatus) bezeichnend, und auf dem dazwischen liegenden neutralen Raum ('platea' genannt); alle Szenen und der Zug von Szene zu Szene waren also dem Beschauer gleichzeitig sichtbar (synoptische Bühne). Die weitere Entwicklung der zu einer Szenenhäufung großen Stils anwachsenden Spiele, die bald auf den Fronleichnamstag festgelegt wurden, bildet auf dem Kontinent die feste sogenannte Passionsbühne, in England eine An- oder Eingliederung in die Prozession mit auf Karren bewegten Schauplätzen ('pageants'). Eine andere Form ist das Platz- und Rundtheater, für das auf dem Markt, der Straße oder dem Anger Gerüste ('scaffolds') aufgebaut wurden, welche die verschiedenen Orte des biblischen Geschehens symbolisierten. Von diesen 'loca' herab deklamierten die Schauspieler; sie konnten aber auch auf die zu ebener Erde gelegene 'platea' und damit zum Publikum in die heimatliche Wirklichkeit heruntersteigen, wodurch der heilsgeschichtliche Vorgang mit dem

Theatre in the Round, N.Y. 1958; G. Wickham, Early English Stages, 1300–1600, Bd. 1, Lo. 1959. K. Young, The Drama of the Medieval Church, 2 Bde., Oxf. 1933; H. Craig, English Religious Drama of the Middle Ages, Oxf. 1955; A. Williams, The Drama of Medieval England, East Lansing 1961; O. B. Hardison, Christian Rite and Christian Drama in the Middle Ages, Baltimore 1965; E. Prosser, Drama and Religion in the English Mystery Plays: A Revaluation, Stanford 1961; T. Stemmler, Liturgische Feiern u. geistl. Spiele, Tüb. 1970; R. Fricker, Das ältere engl. Schauspiel, Bern 1975.

Alltag verbunden, zur Gegenwart hin geöffnet und der Zuschauer zugleich zum Teilnehmer am Ritual wurde. Später, als schon die Laien die Leitung hatten, wurde das Spiel eine Prozession für sich. Diese Entwicklung, die mit der Wandlung der Spiele von frommen Misterien des 13. Jahrhunderts zu der geistlichen Dichtung entwachsenen Spectacula ergötzlicher Natur zusammengeht, gehört bereits ins 14. Jahrhundert.

5. Der Versroman und die novellistische Unterhaltungsliteratur

Das Bürgertum, das dem Drama eine neue Wendung gab, hat auch den höfischen Versroman[26] entscheidend geändert, und zwar bereits im 13. Jahrhundert. Die höfische Zeit, deren Ideale der Versroman verherrlichte, war vorbei, als man in England diese französische Kunst nachzuahmen begann. So wurden von buntem Geschehen überladene Abenteuerromane daraus, die kein Verständnis zeigten für das, was Karl der Große, Arthur und die Antike einst der ritterlichen Gesellschaft bedeuteten, dafür aber Einblicke eröffneten in die mittelalterliche Alltagswirklichkeit, die der französische Roman verschwieg.

Dabei hielt man sich nicht an die drei herkömmlichen Stoffkreise, sondern griff alle sich bietenden Stoffe auf, auch germanische Sagen; man fand indessen keine eigene Form, denn den spielmännischen Verfassern lag mehr an spannenden Geschichten als an Kunst. So erzählt der (vielleicht schon am Anfang des 13. Jahrhunderts gedichtete) *Havelok* in den üblichen kurzen Reimpaaren die Geschichte von einem verbannten und dann wieder eingesetzten Prinzen, also eine höfische Geschichte; aber in dem höfischen Rahmen ist ein bürgerliches Königsideal gestaltet, wie auch der Prinz sich als Küchenjunge bewähren kann, ohne an heldischem Interesse zu verlieren. Stärker ist das Auseinanderklaffen der spielmännischen und höfischen Welt in dem um 1250 entstandenen *King Horn;* denn hier ist der englisch-germanischen Legende von Aussetzung, Verbannung, Bewährung und Rückkehr eine Liebeshandlung eingefügt, die wenig höfische Züge aufweist und zu der männlichen Geschichte nicht recht paßt. Meist begnügt man sich mit stofflichem Nacherzählen der französischen Vorlagen wie in dem gegen Ende des Jahrhunderts entstandenen *Sir Beues of Hamtoun* und dem etwas späteren, künstlerisch höher stehenden *Guy of Warwick*, wo dann Sarazenenkämpfe und Orient, Liebe und Wieder-

26 Die wichtigsten Versromane des 13.–15. Jahrhunderts in: Middle English Metrical Romances ed. W. H. French und C. B. Hale, N.Y. 1930; Middle English Verse Romances ed. D. B. Sands, N.Y. 1966; Middle English Romances ed. A. C. Gibbs, Lo. 1966 (York Medieval Texts). Übersetzungen: E. Rickert, Early English Romances, 2 Bde., Lo. 1908; L. A. Hibbard, Three Middle English Romances (Horn, Havelok, Beues), Lo. 1911. – D. Mehl, The Middle English Romances of the 13th and 14th Centuries, Lo. 1969.

erkennung, Pilgerfahrt und Rittertum ein zwar schlecht verknüpftes, aber überreiches und spannendes Geschehen gewährleisten.

Bei den zyklischen Romanen hemmte die Tradition zum Teil solches Sich-gehen-Lassen des Spielmanns; der *King Alisaunder* erinnert, trotz volkstümlicher Darstellung, an die ritterliche Dichtung durch die malerischen Truppenaufzüge und Festbeschreibungen und ist auch in der Behandlung des Reimpaars sorgfältig. *Arthur and Merlin* allerdings bringt trotz flüssiger Verse nicht viel mehr als die aus Sir Beves bekannte mechanische Abenteuerhäufung mit einer Überfülle von Figuren, während der spielmännische, in balladenartigen Strophen geschriebene *Sir Tristrem* den Stoff bis auf das Handlungsgerippe kürzt, was zwar nicht die Spannung, aber den Geist der Tristansage auslöscht.

Die Spielmannsdichtung ist glücklicher, wenn sie novellistische Stoffe wählt, die eine geradlinige Durchführung gestatten. Die schönen Beispiele sind die Liebesmär von *Floris und Blauncheflur* (um 1250), die mit feinem Verständnis für die zarte Geschichte in etwa 600 geschmeidigen Reimpaaren erzählt wird und die in zahlreichen Fassungen verbreitete Freundschaftsgeschichte von *Amis and Amiloun* (Ende des 13. Jahrhunderts). Die in der weitverbreiteten Rahmenerzählung von den *Sieben Weisen Meistern* vereinigten Geschichten bilden bereits den Übergang zu der fabliauartigen Unterhaltungsliteratur des Bürgertums, von der uns der lustig-leichtfertige Schwank von der *Dame Siriz*[27] (ca. 1272–1283) erhalten ist, der alten Kupplerin, die einen Kleriker mit der geliebten Kaufmannsfrau zusammenbringt. Eine andere Spielart des Fabliau ist das in Irland geschriebene *Land of Cockayne* (1250–1300), eine derbe Satire über ein Kloster im Schlaraffenland.

III. DAS 14. JAHRHUNDERT

1. Die politisch-soziale und philosophisch-religiöse Entwicklung

Im 14. Jahrhundert, der Regierungszeit Edwards II. (1307–1327), Edwards III. (1327–1377) und Richards II. (1377–1399), wird das im Hundertjährigen Kriege allmählich seine französischen Besitzungen verlierende englisch-französische Reich zu einem englischen, und die in den Kriegen mit Frankreich erstarkende nationale Gesinnung drängt das Französische zurück und beschleunigt den Aufstieg der landessprachigen Literatur. 1362 bestimmte ein Statut, die Gerichtsverhandlungen englisch zu führen, und ein Jahr darauf wurde das englische Parlament erstmals

[27] Abgedruckt bei Dunne-Byrnes; krit. Ausg. von E. Schroeder, Gött. 1936.

mit einer englischen Rede des Kanzlers eröffnet. Der Sieg des Englischen war entschieden, als Heinrich IV. (1399–1413) den Krönungseid in englischer Sprache leistete. Die Entwicklung ging dabei weniger von Herrscher und Adel aus als vom Bürgertum, das im Parlament fast entscheidende Stimme errang. Im Zuge dieser politischen und gesellschaftlichen Umschichtung veränderte sich auch die Lage des Bauernstandes: die Klasse der freien Landarbeiter entstand, und als Mißverhältnisse Arbeitslosigkeit brachten, kam es zum Bauernaufstand (1381). Trotz solcher düsteren Vorzeichen suchte das nun auch die Literatur[28] mehr und mehr bestimmende Bürgertum alles Umstürzende im hierarchischen Aufbau der Gesellschaft zu meiden, und die Dichtung bleibt im wesentlichen eine lächelnde Kunst, wobei die Ritterroman-Vorliebe als Sehnsucht nach einem schöneren Leben erklärlich ist.

Im Reich des Denkens ist das 14. Jahrhundert dagegen eine Zeit der Kritik, die alle vom 13. Jahrhundert geschaffenen großen Summen und Synthesen zergliedert. Der Nominalismus, nach dem erkenntnistheoretisch nicht wie im Thomismus das Allgemeine, sondern das Einzelne Wissenschaftsgegenstand sein sollte, wird die herrschende Lehre, und der große Franziskaner WILLIAM OF OCCAM (1300–1350) mit seinen Schülern erschüttert die mittelalterliche Harmonie von Glauben und Wissen. In JOHN WICLIF (ca. 1320–1384) schließlich zeigte sich auch auf kirchlichem Gebiet ein Zeitenwandel, und nicht mit Unrecht haben später die Puritaner in Wiclif und seinen Anhängern, den Lollarden, ihre Vorläufer gesehen[29].

2. Vordringen der Prosa

Die nach dieser geistigen Haltung zu erwartende Vorherrschaft landessprachiger Prosa verwirklichte sich im 14. Jahrhundert in England nicht in demselben Maße wie in Frankreich. Am konservativsten ist die an die großen lateinischen Meister gebundene Historiographie. RANULF HIGDENS (gest. 1364)) *Polychronicon* genannte Weltgeschichte ist lateinisch geschrieben, und ihre Übertragung (1387) durch JOHN TREVISA, wie übrigens auch der in vielen Fortsetzungen sich hinziehende *Brut or the Chronicles of England*[30], ist nur als Anfang landessprachiger Geschichtsschreibung ohne künstlerische Ansprüche zu werten. Daneben bleibt die

[28] Als Einführung in die Literatur des 14. Jahrhunderts vgl. die Auswahl Fourteenth Century Verse and Prose ed. K. Sisam, Oxf. 1921 (mit Glossar von J. R. R. Tolkien); Poetry of the Age of Chaucer ed. A. C. and J. E. Spearing, Lo. 1974. Übersetzungen in Chief British Poets of the 14th and 15th Centuries ed. W. A. Neilson und K. G. T. Webster, Bost. 1917, und Medieval English Verse transl. B. Stone (Penguin).

[29] Vgl. J. Stacey, Wyclif and Reform, Lo. 1964.

[30] EETS 131, 136.

Verschronik in Geltung, erreicht aber nur im schottischen *Bruce* (1375)[31] von John Barbour (ca. 1320–1395) Bedeutung, denn diese Geschichte des für die Freiheit kämpfenden Schottenkönigs wird zum Heldenlied und verlangt den Vers. Dagegen dringt die Prosa in das früher dem Latein vorbehaltene wissenschaftliche Gebiet ein in Chaucers Abhandlung über das *Astrolabium* (ein astronomisches Instrument); und in den merkwürdigen Abenteuern der *Travels of Sir John Mandeville* (zwischen 1366 und 1371)[32] haben wir den Anfang prosaischer Unterhaltungsliteratur zu sehen.

Das Hauptgebiet der Prosa ist und bleibt natürlich das religiöse Schrifttum. Von der herkömmlichen Gattung übersetzter Moraltraktate und ähnlicher Erbauungsliteratur seien nur, des Verfassers wegen, der *Boethius*, *Melibeus* und die *Parson's Tale* von Chaucer genannt. Wichtiger sind: die *Bibelübersetzung* von John Wiclif und seinen Mitstreitern (vollendet ca. 1390) und die Wiclifschen *Flugschriften*[33], die mit ihrer schlichten Direktheit am Anfang einer langen Tradition des englischen 'plain style' stehen. Am wichtigsten ist die mystische Literatur, die als später Ausläufer der europäischen Bewegung der Mystik um Richard Rolle (ca. 1300–1349) entstand. Sie teilt weder den spekulativen Zug noch die Ekstatik der festländischen Mystik; ihre Erzeugnisse tragen den Stempel der Erbauungsliteratur. In drei lateinischen Schriften *(Melos Amoris, Incendium Amoris* und *Emendatio vitae)* gibt der in Nordengland in einer Einsiedelei in der Nähe des Klosters Hampole lebende Rolle sein System und einen Bericht seines Lebens. Grundlage ist ihm das Gefühl, über Buße und Reue gelangt er zur göttlichen Schau, und sein Leben und Wirken ist dem Liebesevangelium gewidmet. Die seelsorgerische Richtung seiner Mystik entfaltet sich in der für eine Einsiedlerin geschriebenen *Form of Living*[34]. Befremdend, aber seiner Art ganz angemessen, ist das sprunghafte Wechseln von hohem und niederem Stil und die bei Stellen der Verzückung zu einer Mischung von Poesie und Prosa sich steigernde Sprache. Seine Nachfolger – sowohl die in der Art der Emendatio schreibenden, wie Walter Hilton (gest. 1396; *Scala Perfectionis*), und der Verfasser der *Cloud of Unknowing*[35], des einzigen Beispiels spekulativer englischer Mystik, wie

[31] ed. W. M. Mackenzie, Lo. 1909.

[32] ed. P. Hamelius, EETS 153, 154; The Bodley Version ed. M. C. Seymour, EETS 253, 269; ed. A. W. Pollard (in modern spelling), Lo. 1900 u. ö.

[33] Auswahl aus Wiclifs Schriften ed. H. E. Winn, Oxf. 1929; vgl. die Lollardenschriften Jack Upland, Friar Daw's Reply and Upland's Rejoinder ed. P. L. Heyworth, Oxf. 1968.

[34] English Writings ed. H. E. Allen, Oxf. 1931. Übersetzung der Minor Works von G. E. Hodgson, Lo. 1923, der latein. Werke von F. M. M. Comper, Lo. ²1920; Melos Amoris ed. E. J. F. Arnould, Oxf. 1957. Vgl. dazu M. D. Knowles, The English Mystical Tradition, Lo. 1961.

[35] Cloud EETS 218, übers. von C. Wolters, Lo. 1961 (Penguin); Hilton übers. von L. Sherley-Price, Lo. 1957 (Penguin).

die in der Linie des Incendium liegenden Liebesoffenbarungen *(Revelations of Divine Love)*[36] der JULIANA of Norwich (ca. 1342 – ca. 1416) – sind in ihrer gemäßigteren und weniger mitreißenden Art modernem Empfinden näher. Die exzentrische Autobiographie der MARGERY KEMPE[37] aus King's Lynn (ca. 1373–ca. 1438), die nach Jerusalem und Compostella, nach Danzig und Aachen wallfahrtete, ist als Reisebericht und kulturhistorisches Dokument von Interesse. Literaturgeschichtlich ist die englisch geschriebene mystische Literatur der Zeit, die umfassender ist als die genannten Namen andeuten, nicht nur ihrer Geisteshaltung wegen, sondern auch wegen der sprachschöpferischen Werte von großer Bedeutung.

3. Geistliche Epik und Lyrik

Gegenüber der reichen Prosa scheint die religiöse Dichtung im 14. Jahrhundert zu verebben. Kleine Bibelepen, wie eine packend erzählte *Josef*-paraphrase und die in stabenden Langzeilenstrophen gehaltene *Pistill of Susan*[38], erscheinen als Nachzügler einer aussterbenden Kunstübung. Moralische Lehre und Sprichworthäufungen, oft in allegorischer Einkleidung vorgetragen, sind ohne besondere künstlerische Reize. Nur die Legendengattung behält die alte Erzählfreudigkeit; die große *Scottish Collection* aus dem Ende des 14. Jahrhunderts, die *Vernon Miracles* und einzelne Legenden bringen nochmals alle beliebten Themen in oft gelungener Erzählung, zeigen auch in Geschichten vom geprellten Teufel, der bekehrten Dirne, dem buhlerischen Priester u. a. die erwähnte und jetzt zunehmende Neigung zum Schwank.

Wie die Epik hatte auch die religiöse Lyrik[39] im 14. Jahrhundert ihren Höhepunkt überschritten. Die Hauptmasse der jetzt landessprachigen Gedichte ist im Gegensatz zur früheren Zeit anonyme liturgische Dichtung mit einem vordem unbekannten leidenschaftlichen überredend-eindringlichen Sprechton und unsanglichen Deklamationsvers, der für das 14. Jahrhundert kennzeichnend bleibt und erst zu Ende des Jahrhunderts in den Wiegenliedern dem Liedhaften wieder Raum gönnt. Die Rolle nahestehenden mystischen Stücke vollends werden zu beschwörendem Sprechen und rosenkranzartigem Gebet; ihre weltflüchtige einsiedlerische Haltung teilen auch die nichtmystischen Refraingedichte, die man als *Vernon-Gruppe* zusammenfaßt. Die Nöte der sozial erschütterten Welt bedrängen die Dichter, und eben diese künstlerisch am höchsten stehenden Vernon-

[36] Transl. C. Wolters (Penguin).
[37] ed. S. B. Meech, EETS 212; modernised version W. Butler-Bowden, WC 543.
[38] Josef in: Herrigs Archiv 79, 447 und ed. Heuser, Bonner Beitr. 17; Susanna ed. A. Miskimin, New Haven 1969.
[39] Zur Epik s. Horstmanns Legendensammlungen und EETS 98, zur Lyrik: Religious Lyrics of the 14th Century, ed. C. Brown, Oxf. [3]1957.

Gedichte zeigen erstmals in religiöser Lyrik das Eindringen eines bald klagenden, bald revolutionären sozialen Themas.

4. Das Drama[40]

Die schon im 13. Jahrhundert beginnende Erweiterung der geistlichen Spiele bedeutete eine Lösung von ihrem kirchlichen Ursprung, und der Einspruch Wiclifs und der Kirche beschleunigte die Verselbständigung des Dramas. Fortan entwickelte Stadt auf Stadt ihren großen Zyklus, der unter Leitung der städtischen Behörden einmal jährlich von den Handwerkergilden aufgeführt wurde und einen wesentlichen Bestandteil des bunten städtischen Lebens im Mittelalter bildete. Nur vier zyklische Texte sind erhalten: die *Spiele von York*, die umfangreichste, aber künstlerisch nicht sehr bedeutsame Sammlung; die nach den früheren Besitzern der Handschrift *Towneley Cycle* genannten Spiele von Wakefield, die literarisch wertvollste Sammlung; dann die aus der Mitte des 14. Jahrhunderts stammenden, aber später überarbeiteten *Chester-Spiele* mit einheitlich frommem Ton; und das schon ins 15. Jahrhundert hineinreichende (nicht mit der Stadt Coventry verbundene) *Ludus Coventriae*, dessen zusammengewürfelte Szenen das Repertoire fahrender Schauspieler darstellen. Bruchstücke anderer Zyklen, wie z. B. die *Digby-Spiele*, gehören z. T. in noch spätere Zeit.

Der Vorwurf aller Zyklen ist derselbe: die biblische Geschichte von der Schöpfung bis zum Jüngsten Gericht. Die Ausführung ist höchst ungleich, und neben der vorherrschenden Schweifreimstrophe erscheinen andere Metra. Die Darstellung ist weithin lehrhaft und farblos, erreicht jedoch in den Chester-Spielen durch die Einführung des Expositors, der die großen Umrisse der mittelalterlichen Geschichtsauffassung hervorhebt, als Gesamtfolge eindrucksvolle Geschlossenheit und Einheitlichkeit. Der Towneley-Zyklus zeichnet sich vor allem durch eine Gruppe von Stücken aus, die man aufgrund einer besonderen Strophenform, mundartlicher Eigenarten und bestimmter umgangssprachlicher Wendungen demselben Verfasser zuschreiben kann. Charakteristisch für diesen uns unbekannten Wakefield Master, der vermutlich in der ersten Hälfte des 15. Jahrhunderts lebte, ist

40 A. W. Pollard, English Miracle Plays, Moralities and Interludes, Oxf. [8]1927; Medieval Mystery Plays, Morality Plays and Interludes ed. V. F. Hopper and G. B. Lahey, Great Neck, N.Y. 1962; Ten Miracle Plays ed. R. G. Thomas, Lo. 1969 (York Medieval Texts); The Wakefield Pageants in the Towneley Circle ed. A. C. Cawley, Manchester 1958; modernisierte Texte in: Everyman with Eight Miracle Plays (EL 381); Wakefield Mystery Plays transl. M. Rose, Lo. 1961; Mactatio Adam, Secunda Pastorum und Everyman in D. W. Robertson, Literature of Medieval England, N.Y. 1970. – Vollständige Ausgabe der großen Zyklen in der Extra Series der EETS (Towneley, Chester, Coventry); York Plays ed. L. T. Smith, Oxf. 1885; modernisierte Ausgabe J. S. Purvis, Lo. 1957.

der Realismus der Darstellung, die Kritik an sozialen Mißständen der Zeit sowie eine stärkere Einbeziehung der Komik. Wirkungsvoll tritt sein dramatisches Talent in der zweiten Hirtenszene (Secunda Pagina Pastorum) zutage, in der die Geburt des Heilandes mit dem Diebstahl des Hirten Mak parallelisiert wird, der das gestohlene Schaf in der Wiege verbirgt und behauptet, seine Frau liege in den Wochen. Das burleske Geschehen ist nicht einfach als 'comic relief' und durch den Hinweis auf die beliebten Narrenfeste und Schwänke zu erklären. Die Farce ist vielmehr bis in die feinsten Motive hinein fest mit dem Weihnachtsgeschehen verknüpft, und erst das Ineinander von erhabenem Vorgang und menschlicher Wirklichkeit begründet die Gesamtaussage des Dichters. Diese Mischung des Sakralen mit Possenspiel und derben Späßen bildet ein wesentliches Element des mittelalterlichen Lebens und kennzeichnet auch den Unterschied zwischen dem rein liturgischen Drama und der Weltauffassung der volkstümlichen Spiele. In ähnlicher Weise begleitet der Dichter nach der brutalen Geißelung die Kreuzigung mit den burlesken Reden der Henker, und auch die große Szene des Jüngsten Gerichts, in der man wenigstens teilweise die Hand des Wakefield Master vermuten darf, verbindet die Bereiche des Heiligen und Profanen.

5. Satirische und politische weltliche Dichtung

Die innen- und außenpolitisch bewegte Zeit des 14. Jahrhunderts, die sogar in den religiösen Gedichten der Vernon-Gruppe ein soziales Echo wachrief, kam in der weltlichen, lateinischen und landessprachigen Dichtung so ausführlich zu Wort, daß nahezu das ganze Schaffen als politische und soziale Dichtung angesprochen werden muß[41]. Namentlich unter der zur Kritik viel Anlaß gebenden Regierung Eduards II. wurde jedes Tagesereignis in beschwörenden und spottenden Versen satirisch erörtert, und zum Unterschied gegenüber früheren Zeiten muß man jetzt von einer politischen Haltung der Dichter sprechen. Denn es handelt sich nicht nur um Nöte, die man am eigenen Leibe spürte, sondern um vaterländische Anteilnahme an den Geschicken des Reiches. Der hervorragendste Vertreter dieser Dichtung und der eigentliche Sprecher der ruhmreichen Zeit Eduards III. war LAURENCE MINOT[42], dessen 1333–1352 unter dem unmittelbaren Eindruck der englischen Siege geschriebene Dichtungen den Höhepunkt der politischen Spielmannspoesie bedeuten. Seine altertümelnden, in end- und stabreimende Strophen zusammengefaßten Verse sind voller Wortschwall, aber sie sind wirkungsvoll und fanden vielfache

[41] The Political Songs of England from the Reign of John to that of Edward II ed. T. Wright, Lo. 1839 (Camden Soc.); Historical Poems of the 14th and 15th Centuries ed. R. H. Robbins, N.Y. 1959.

[42] ed. J. Hall, Lo. ^{3}1915.

Nachfolge. Der unter Eduard III. lobende Ton wird unter seinem Nachfolger Richard II. wieder kritisch und angreifend, wie überhaupt in dieser politischen Kleindichtung der düstere Ton vorherrscht und Chaucersche Heiterkeit fehlt. Alle Klagen und Besserungsforderungen solcher Zeitgedichte faßt ein langes leidenschaftliches Gedicht *On the Evil Times of Edward II.*[43] zusammen. Vieles mag übertrieben sein, aber dieser Wirklichkeitshintergrund ist nötig zum Verständnis des großen Epos über „Peter den Pflüger".

6. Der Piers Plowman-Kreis

Diese *Visio (Wilhelmi) de Petro Plowman* ist in drei Fassungen überliefert, einer ersten, 2572 Verse umfassenden aus der Zeit um 1370 (A-Text), einer erweiterten Umarbeitung von 7241 Versen, die 1377/1379 zu datieren ist (B-Text), und einer erneuten Bearbeitung (7354 Verse), die kurz nach 1390 entstanden ist (C-Text)[44]. Es ist möglich, daß mehrere Verfasser dabei beteiligt waren, wahrscheinlich ist aber WILLIAM LANGLAND, der um 1330 in Shropshire geboren wurde und später als niederer Kleriker in London lebte, der Dichter aller Fassungen. Das Werk, das zu den bedeutendsten Schöpfungen des Mittelalters gehört, ist ein allegorisches Epos der Visionengattung. Auf den Malvernhügeln sieht der Dichter im Traum ein weites Feld voller Leute, das, wie die ehrwürdige Frau Kirche erklärt, die Welt vorstellt. Im Osten leuchtet der Turm der Wahrheit, aber alles drängt sich huldigend um die reichgekleidete Frau Meed (irdischer Lohn und Bestechlichkeit). Sie soll dem Ritter Falschheit angetraut werden, da aber Theologie Einspruch erhebt, macht man sich auf, die Entscheidung des Königs einzuholen. Die am Westminstertor harrende Furcht bringt den Zug zur Auflösung, die anführende Täuschung flieht zu den Kaufleuten, Falschheit zu den Bettelmönchen, Lügner wird von den Ablaßkrämern, Ärzten und Schauspielern aufgenommen, Frau Meed aber wird verhaftet. Der von Wahrheit beratene König setzt Vernunft und Gewissen zu seinen Räten ein. Damit schließt die erste Vision (A- und B-Text: Prolog und Passus I–IV, C I–V). In einem zweiten Traum sieht der Dichter auf demselben Feld den Ritter Gewissen mit dem Kreuz in der Hand Buße predigen. Die Todsünden, als lebendige Alltagsfiguren

[43] Gedruckt in T. Wright, Political Songs of England, Lo. 1839.

[44] ed. W. W. Skeat, EETS 28, 38, 54, 67, 81, Lo. 1867–84 (2 Bde., Lo. 1886). Neuausgabe von G. Kane u. a., Lo. 1960ff.; Auswahl aus dem C-Text ed. E. Salter and D. Pearsall, Lo. 1967, aus dem B-Text ed. J. A. W. Bennett, Oxf. 1972; Übers. von J. F. Goodridge (Penguin). – E. Salter, P. P. An Introduction, Oxf. ²1969; J. Lawlor, P. P.: An Essay in Criticism, Lo. 1962; T. P. Dunning, P. P.: An Interpretation of the A-text, Dublin 1937; E. T. Donaldson, P. P.: The C-Text and its Poet, New Haven 1949; W. Erzgräber, Langlands P. P.: Eine Interpretation des C-Textes, Heidelberg 1957; Interpretations of P. P. ed. F. Vasta, Notre Dame 1968.

geschildert, erfaßt Zerknirschung, alle wollen zur Wahrheit pilgern, aber niemand weiß den Weg. Da tritt der Ackersmann Peter der Pflüger auf, der in der Wahrheit Dienst gearbeitet hat; er will führen, wenn sie ihm zuvor helfen, sein Feld zu bestellen. Währenddessen kommt ein von Wahrheit geschickter Ablaßbrief des Inhalts, daß die Gerechten in das ewige Leben gehen werden, die aber Böses taten, in die ewige Pein. Mit dem Gespräch über den Sinn dieses Ablaßbriefes schließt die zweite Vision (A V–VIII, B V–VII, C VI–X). Nun beginnt in verschwommeneren Traumgesichten die Visio de Dowel, Dobet und Dobest, die Frage nach dem guten, dem besseren und dem besten Tun. Vielfache Erklärungen werden gegeben, schließlich ergibt sich als Sinn von Dowel das Erstreben werktätigen Tuns in Armut und Liebe (A IX–XI, B VIII–XIV, C XI–XVII). Doch muß noch etwas Besseres hinzukommen, nämlich die Erlösung durch Christus; diese Erkenntnis wird dem Träumer allmählich zuteil in der Vita de Dobet, die mit den Klängen der das Auferstehungsfest einläutenden Osterglocken schließt (B XV–XVIII, C XVIII–XXI). Jetzt kann die Vita de Dobest anheben, die Gründung der christlichen Kirche und Gemeinde als Vollendung des Guten auf Erden. In der Kirche aber, wie sie jetzt ist, ist kein Heil zu finden; so schließt der Dichter mit dem Ausruf: „Ich will ein Pilger werden und die weite Welt durchsuchen, bis ich Peter den Pflüger finde“ (B XIX–XX, C XXII–XXIII).

Der durch diese Inhaltsskizze gekennzeichnete Gehalt, der dahin zusammengefaßt werden kann, daß der Ackersmann, nicht der Papst, das irdische Abbild des demütigen Erlösers sei, daß die staatliche und kirchliche Ordnung nicht geändert werden solle, daß aber die Liebe Gottes einziges Ziel und Richtschnur bedeuten müsse, erhält durch Langlands künstlerische Gestaltung das Überzeugende und Allgemeingültige aller großen Kunst. Mag sich die Klarheit des Baus gelegentlich verwischen, der Gedanke ist in großartiger Einheitlichkeit gefaßt und in starken unvergeßlichen Bildern geformt. Dazu kommt eine große Sprachgewalt, die auf die melodiösen Reize des zur Herrschaft gekommenen silbenzählenden und endreimenden Verses verzichtet, auf die harten, Nachdruck verleihenden Worte der germanischen Sprache zurückgreift und deshalb den Stabreimvers erneuert.

Diese offensichtlich national zu bewertende Neubelebung des altgermanischen Verses, die in den nordwestlichen, französischem Einfluß entrückteren Grafschaften ihren Mittelpunkt hat, zeigen auch die diesem Kulturkreise angehörigen Versromane, religiösen und satirischen Werke, vor allem einige eng mit der Piers Plowman-Dichtung zusammenhängende Stücke wie das Streitgespräch zwischen *Wynnere and Wastoure* (1352)[45], das *Credo*[46] (1393) Peters des Pflügers, die *Ploughman's Tale*, das den

[45] ed. I. Gollancz, Lo. 1920, 1931 (mit Übersetzung).
[46] ed. R. W. Chambers, San Marino, Calif. 1936.

unberatenen Richard (*Richard the Redeless,* 1399) angreifende Gedicht sowie spätere der Flugschriftenliteratur einzuordnende Stücke revolutionären Inhalts, die auch mehr und mehr Prosa einmischen (z. B. *Jack Upland,* 1401).

7. Der Versroman im 14. Jahrhundert

Unberührt von solchen Kämpfen blieb die heitere Kunst des Versromans[47] ein Zufluchtsort inmitten der Sorgen des Lebens. Bezeichnend ist der Chrestien kürzend, aber nicht ungeschickt übersetzende *Ywain and Gawain*-Roman. Gestrichen sind die Monologe und Seelenanalysen, erhalten und gesteigert ist das dramatische Geschehen – von Ywains Abenteuer am Zauberbrunnen und Heirat mit Laudine über die vielfache Abenteuerbewährung bis zum Ritterkampf mit Gawain und die Wiedervereinigung mit der Geliebten; die gute Erzählung, die flüssig in vorzüglich gebauten Reimpaaren abläuft, macht den Roman zu einem der lesenswertesten dieses Stoffkreises, unendlich besser als der lange beim Volk beliebte *Libeaus Desconus* (der schöne Unbekannte) mit seiner Stoffhäufung und dem Reimgeklingel seiner Schweifreimstrophen.

An eine überwiegend aristokratische Leserschicht wendet sich der *Sir Launfal* des Thomas Chestre, ein Beispiel der von Marie de France gepflegten sogenannten bretonischen Lais, die in knapper novellistischer Fassung Liebesgeschichten und Feenmärchen verknüpfen. Hier ist es der Liebesbund von Arthurs Steward mit der Feenprinzessin Tryamour, im *Sir Orfeo* eine keltische Umwandlung der Orpheus-Eurydike-Geschichte und im leicht spielmännisch gesenkten *Sir Degaré* ein vielbedeutendes Märchen: geheimnisvoll ist die Geburt des Helden, ein überirdisches Wesen ist sein Vater, und zauberhaft werden Mutter und Sohn zusammengebracht. Zu einem anderen Stoffkreis gehört der wie Orfeo und Degaré in kurzen Reimpaaren ausgeführte *Lai le Freine;* das „Eschenlied" berührt das Griseldisthema des duldenden Weibes, eine Lieblingsgeschichte des Mittelalters, die u. a. der südenglische *Octavian*-Roman erzählt, recht unhöfisch und derb, aber kraftvoll und mit kulturhistorisch interessanten Kleinbürgerszenen. Dagegen fand der französische Stoffkreis um Karl und Roland keine angemessenen englischen Bearbeiter; die nur beispielsweise zu nennenden *Otuel*-Romane vergleichen sich recht ungünstig mit solchen des englisch-germanischen Stoffkreises wie *Athelston* und *Game-*

[47] Zur Literatur s. o. Anm. 26. – Ywain and Gawain ed. A. B. Friedman and N. T. Harrington, EETS 254. Launfal ed. A. J. Bliss, Lo. 1960; Orfeo ed. A. J. Bliss, Oxf. ²1966; Lai le Freine ed. M. Wattie, Northampton 1929; The Breton Lays in Middle English ed. T. C. Rumble, Detroit ²1967; Athelston ed. A. Trounce EETS 224; Gamelyn in Skeats Chaucer IV, 645–67. – Die Lais der Marie de France ed. K. Warnke, Halle ³1925, ed. J. Rychner, Paris 1966; Übersetzung EL 557.

lyn, die in prachtvollem Balladenton und teilweise in Vorwegnahme der Balladenstrophe kurz und dramatisch eine einsträngige Handlung volkstümlicher Sphäre berichten. In dieser volkstümlichen Kunst des Balladenepos möchte man die eigentlich englische Gestalt des Versromans sehen.

Die große Nachfrage ließ jedoch alle Spielarten in Geltung; selbst das veraltete ritterliche Sittengemälde sucht der in mehrfacher Bearbeitung vorliegende *Ipomadon* zu erneuern, allerdings mit der Zutat einer reich bewegten Handlung, die dem Stoffhunger des Publikums entgegenkam. Auch der Karlskreis wird wieder aufgegriffen, und in einem dieser Romane *(Sowdone of Babylone),* der übrigens eine balladenartige Strophe verwendet, erfährt die Firumbrashandlung eine recht unterhaltsame und verhältnismäßig selbständige Darstellung. Wichtiger sind die in innerer Form und Erzählweise dem Balladenton sich nähernden Romane nördlicher Herkunft. Sie zeigen eine englisch-realistische Haltung, die das Nirgendsland der höfischen Tradition durch einen genauer umschriebenen englischen Schauplatz ersetzt und Anspielungen auf häusliche Angelegenheiten und örtliche Bräuche einflicht. Hierher gehört der zur Volkserzählung gemachte *Sir Perceval of Gales,* der dem summarisch zusammengerafften Stoff allerdings verständnislos gegenübersteht, und eine Reihe von Arthurromanen, von denen der in verdoppelten Balladenstrophen abgefaßte *Morte Arthur*[48] die erste englische Fassung der schuldhaften Liebe Lancelots zur Königin enthält und die rührende Geschichte Elaines, der Maid of Ascolot.

Der Spielmann hatte die Gabe des geborenen Erzählers, alle unwesentlichen Einzelheiten wegzulassen, jede Nebenhandlung vorwärtstreibend in die Haupthandlung einzuflechten und die Aufmerksamkeit auf den tragischen Ausgang zu lenken. Damit hatte die englische Sonderart, die ursprünglich nur bei den Geschichten um germanisch-legendäre Helden Anwendung gefunden hatte, den Arthurkreis einbezogen; sie bemächtigte sich nun auch anderer Stoffe und formte sie nach dem Legendenmuster zu kurzen Verserzählungen um. Die Lais kamen dem entgegen, sie büßten ihren überweltlichen Charakter ein und wurden zu erbaulichen Erzählungen, wie die *Emaré* genannte beste mittelenglische Fassung der Constanzegeschichte zeigt. Noch deutlicher zeigen einige lehrhaft ausgewertete Stoffe den Formeinfluß der Legenden, so der ausgezeichnet erzählte *Sir Amadace,* dessen Geschichte vom dankbaren Toten romantische Szenerie mit stark realistischer Einzelschilderung verbindet. Auch *Robert of Cisyle* ist eine durchaus künstlerische Formung einer rein erbaulichen Geschichte; hier kommen Schauplatz und Geschehen der Wirklichkeit noch näher als im Amadas, und die ungewöhnlich kraftvolle Darstellung in Verbindung mit der zarten Gläubigkeit des Dichters bringt diese flüssigen Verse modernem Empfinden nahe.

[48] Zusammen mit Übersetzung des stabreimenden Arthurromans EL 634.

8. Die neue Stabreimdichtung. Versroman und Allegorie[49]

Einen weiteren Versuch, diese Erzählungen aus englischer Haltung heraus zu gestalten, bedeuten die im Stabvers geschriebenen Versromane. Das erste Beispiel ist *Joseph of Arimathie* (1350), die wertvollste englische Fassung der Josephslegende. Herber Vers, feierlich kunstvolle Sprache, mystische Glut zeigen ein dem kurzen, balladenartigen Roman entgegengesetztes Kunstwollen. Aber nicht allen Stoffen war dieser neubelebte Stabreimstil angemessen; wenn der Verfasser des *Chevalere Assigne* eine balladenartige Kürzung des französischen Gedichts vom Schwanenritter vornimmt, die nun von melodramatischem Geschehen überquillt, so war das ein Fehlgriff; und ein Fehlgriff ist es auch, wenn ein ganz von Liebe handelnder Roman wie *William of Palerne*, offenbar der Mode folgend, im Stabvers abgefaßt ist, obwohl die weiche und zarte Behandlung der Liebesszenen großes Können bezeugt. Angemessen war der Stabvers dem Trojastoff, und die wahrhaft epische, über 14000 Langverse umfassende *Gest Historiale of the Destruction of Troy* ist von prachtvoller Wirksamkeit und erreicht in den Schlacht- und Sturmbeschreibungen dichterische Größe.

Wiederum war es jedoch der Arthurstoff, der die bedeutendsten Dichter anzog. Der stabreimende *Morte Arthure*[50], der mit dem strophischen nur den Titel gemein hat, behandelt im schlichten Chronikstil, aber lebendig wie der Bericht eines Augenzeugen, den Zug gegen Rom, Modreds Verrat und Arthurs Tod. Nach der letzten tödlichen Schlacht fährt Arthur nicht im Feenboot nach Avalon, sondern wird in Glastonbury begraben. Trotz einer unverkennbar religiös moralischen Note ist die Welt die kriegerische Arthurwelt von einst; wie Laȝamon sucht auch dieser Arthurdichter das Heldische und Nationale, und seine Kunst hat mit der des französischen Romans nur noch wenig gemein. Noch weiter abgerückt ist der bedeutendste englische Versroman *Sir Gawayne and the Grene Knight*[51], der um 1370 im nordwestlichen Mittelland entstand. Vollendet handhabt der Dichter die äußerst schwierige Strophenform, die aus einer unterschiedlichen Zahl stabender Langzeilen besteht, die jeweils abgeschlossen werden durch Verse mit alternierendem Reim (ababa), wobei der erste Vers, der den stabenden mit dem alternierenden Teil verbindet, nur eine He-

[49] J. P. Oakden, Alliterative Poetry in Middle English, 2 Bde., Manchester 1930, 1935; D. Everett, The Alliterative Revival in: Essays on Middle English Literature, Oxf. 1955.

[50] ed. E. Björkman, Heidelberg 1915; Übersetzung s. Anm. 48.

[51] ed. J. R. R. Tolkien u. E. V. Gordon, rev. N. Davis, Oxf. ²1967; ed. I. Gollancz u. a. EETS 210; ed. A. C. Cawley EL 346; ed. R. A. Waldron, Lo. 1970 (York Medieval Texts); Übersetzung (Vers) von B. Stone (Penguin). – Vgl. O. Lochmann, Die Sage von Gawain und dem grünen Ritter, Königsberg 1938. H. L. Savage, The Gawain Poet, Chapel Hill 1956; J. A. Burrow, A Reading of GGK, Lo. 1965; Critical Studies of GGK ed. D. R. Howard and C. Zacher, Lo. 1968.

bung, die übrigen vier dagegen drei Hebungen aufweisen. Der äußerlich mit überkommenen Motiven arbeitende Roman hat als eigentliches Thema den Charakter Gawains, des treuen und keuschen Ritters. Arthurs Hof wird von einem grün gekleideten Ritter herausgefordert, der sich den Kopf abschlagen läßt und im folgenden Jahr den Streich erwidern will. Auf dem Weg, sein Versprechen einzulösen, findet Gawain ein Schloß, dessen Herr ihm dreitägige Rast anbietet. Dreimal wird nun Gawain während der Abwesenheit des Schloßherrn auf der Jagd von dessen Gattin versucht; er widersteht, verheimlicht aber dem Herrn das Geschenk eines todbewahrenden grünen Gürtels. Am bestimmten Tag stellt sich Gawain dem grünen Ritter, der ihn jedoch nur leicht verletzt. Er und der Schloßherr, sagt er, seien dieselbe Person, Herausforderung und Versuchung bedeuteten nur eine Prüfung, die kleine Wunde sei für den kleinen Treubruch des verheimlichten Gürtels. Gawain will ihn fortan tragen als Schutz gegen Selbstüberhebung. Die Handlung ist in steter Steigerung auf diesen den symbolischen Sinn des Ganzen offenbarenden Schluß hin ausgerichtet. Dabei hütet sich der Dichter vor dem Abgleiten ins Begriffliche, die sinnliche Welt bleibt sein Material, und wie selbständig er dies Material zu handhaben weiß, zeigt die Naturbeschreibung, die, dem Ernst des ethischen Themas entsprechend, nicht den herkömmlichen Maimorgen, sondern den Winter und die wilde Natur zum Gegenstande wählt. Dieser Weg führt vom eigentlichen Bereich des Versromans ab, und die anderen, in derselben Handschrift überlieferten und deshalb oft demselben Dichter zugeschriebenen Stücke *Clannesse* und *Patience* verzichten folglich auf die Romaneinkleidung und wählen die den Gehalt stärker herausstellende Allegorie.

Höhe und Ende dieser stabenden Kunst ist das ebenfalls 1370 anzusetzende Gedicht von der *Perle*[52]. Es ist die Elegie eines Vaters auf seine Perle, die Tochter, die starb, noch ehe sie zwei Jahre alt war. An ihrem Grabe einschlafend, sieht der Dichter eine Paradieseslandschaft, in der seine Tochter wandelt als eine der königlichen Bräute. Er spricht mit der Verklärten, die sein Staunen über ihre Erhöhung durch die Parabel vom Weinberg erklärt und ihn das himmlische Jerusalem schauen läßt. Dann erwacht der Dichter, getröstet durch die ihm zuteil gewordene höhere Erkenntnis. Die Sprache dieser komplexen allegorischen Dichtung, die mit den persönlichen auch symbolische und theologische Bezüge verbindet, ist von blendendem Glanz, die metrische Gestalt unüberbietbar kunstvoll: vierhebige alliterierende Verse durch Endreim zu zwölfzeiligen Strophen gebunden, je fünf Strophen durch denselben Kehrvers verknüpft, jede Gruppe durch Wiederkehr desselben Wortes verkettet, die letzte Zeile der

[52] ed. E. V. Gordon, Oxf. 1953; ed. A. C. Cawley (EL 346); Übers. B. Stone, Medieval English Verse (Penguin). – The Middle English Pearl: Critical Essays ed. J. Conley, Notre Dame 1970.

letzten, hundertsten Strophe gleich der ersten. Diese spielerische Künstlichkeit stellt die Perle zwischen den westlichen Kulturkreis, von dem die nationale Stabreimdichtung des 14. Jahrhunderts ausging, und den östlichen, der dem französischen Einfluß mit all seinen formspielenden Versuchen offenstand.

9. John Gower

Der literarische Sieg dieses östlichen Kulturkreises, unterstützt durch die Bedeutung, die das Londoner „Englisch des Königs" für die werdende Landessprache hatte, entschied sich mit den dichterischen Erfolgen Chaucers, die auch den lange zwischen den Sprachen schwankenden John Gower (1330?–1408) zum Eintreten für eine landessprachige Kunst brachten[53]. Als kentischer Landedelmann und im Besitz einer sorgfältigen Bildung widmete Gower seine Mußestunden dem Studium und der Poesie. Sein in 30000 französischen Achtsilblern in strophischer Anordnung zu 12 Zeilen geschriebener *Mirour de l'Omme* oder *Speculum Meditantis* (etwa 1376–1379) ist ein etwas altmodisches Lehrgedicht von den Todsünden und den verschiedenen Ständen dieser Welt, das durch eine Rahmenerzählung moderner und unterhaltsamer gemacht ist. Der Mahner Gower spricht im lateinischen Hauptwerk *Vox Clamantis,* das größtenteils kurz nach dem Bauernaufstand von 1381 geschrieben sein muß. In einer Vision sieht der Dichter einen Haufen in Tiere verwandelter Menschen, denen der Zügel der Vernunft fehlt und die ein Eichelhäher (Wat Tyler) aufhetzt mit dem Rufe „Nieder mit der Ehre und dem Gesetz". So wälzt sich die Masse gegen Troynovant (London). Nun folgt eine belehrende Abhandlung über die gesellschaftliche Ordnung mit der abschließenden Bitte an den jungen König Richard II., Tugend und Ordnung wiederherzustellen. In diesen 10000 elegischen Versen spricht ein innerlich Erschütterter, der den staatlichen und gesellschaftlichen Bau bedroht sieht. Es trieb ihn wie Langland zu dichterischer Mahnung, aber seine Allegorie hat nicht die Anschaulichkeit und das Leben, das Langland seinen Geschöpfen zu geben vermochte. Wir hören nur den Satiriker und Sittenprediger, der ein großangelegtes Zeitbild entrollt, gesehen von einem Anhänger der sterbenden feudalen Kultur.

Dann fügte Gower seine so ganz anders geartete Veranlagung einem königlichen Wunsch und schrieb in englischer Sprache unter dem Titel *Confessio Amantis* ein das Liebesthema abhandelndes Werk von rund 34000 Versen in kurzen Reimpaaren (1390, letzte Fassung 1393). Es ist

[53] Gesamtausgabe ed. G. C. Macaulay, 4 Bde., Oxf. 1899–1902; Auswahl ed. J. A. W. Bennett, Oxf. 1968; Auswahl aus der Confessio Amantis ed. R. A. Peck, N.Y. 1968; Teilübersetzung von T. Tiller (Penguin). – J. H. Fisher, J. G. Moral Philosopher and Friend of Chaucer, Lo. 1965.

eine Sammlung von über 100 Geschichten, die jeweils eine kurze moralische Abhandlung bebildern und durch einen Rahmen zusammengefügt sind, zu dem der Dichter im französischen Rosenroman[54] die Anregung fand. Der schon bejahrte Liebende (Gower selbst), der über seine Mißerfolge verzweifelt den Tod herbeiwünscht, wird von der Liebesgöttin an ihren Priester Genius gewiesen, der den Dichter in bisweilen lebhaftem Gespräch über Sünden gegen die Liebe prüft, deren jede er durch eine oder mehrere Geschichten erläutert. Als dann die Beichte zu Ende ist, rät ihm Genius, von der Liebe abzulassen, da seinem Alter die Tugend angemessener sei. Dieser Rahmen ist gut durchgeführt, wenn man ihn auch gerne etwas mehr von Chaucerschem Humor erhellt sähe; viele der Geschichten widerstreben jedoch einer fugenlosen Anpassung an das auszufüllende Rahmenwerk. Es bleibt aber die künstlerische Bedeutung der Erzählungen selbst, und wie sehr auch das Thema einer Liebesallegorie Gowers Veranlagung zuwiderlief, seine Erzählergabe kam erst mit der Confessio ans Licht. Manche der Geschichten wie Alboin und Rosamunde (in Buch I), Florent (II), Canace (III), Anaxarete (IV), Jason und Medea (V), Vergewaltigung der Lukrezia und Virginia (VII) gehören zum Besten mittelalterlicher Erzählliteratur, ja in manchem ist Gower ein besserer Erzähler als Chaucer. Dramatische Kraft und Humor darf man bei ihm nicht suchen, aber er erzählt klar und ohne Abschweifungen und wird der Geschichte nicht müde, ehe er sie beendet hat. Durch den sicher und korrekt gehandhabten Vers und durch den Verzicht auf Rhetorik und modischen Schmuck erhält dieser natürliche und ruhige Erzählton etwas Zeitloses.

10. Chaucer

Geoffrey Chaucer (ca. 1343–1400)[55], nach Herkunft und Art dem Bürgertum zugehörig, ging eine Laufbahn, die früher dem Adel vorbehalten war. Sohn eines Weinhändlers, war er ca. 1357–1360 Page im Haushalt der Ulster-Familie, zunächst bei der Herzogin Elizabeth, dann bei Lionel, Duke of Clarence, einem Sohn Eduards III. Wenig später nahm er am

[54] Übersetzung des einflußreichen Rosenromans von H. W. Robbins, N.Y. 1962.

[55] Werke ed. W. W. Skeat, 7 Bde. (mit Anm. u. Glossar), Oxf. 1894–1897; ed. F. N. Robinson, Lo. ²1957 [beste Studienausgabe]. Ch.'s Poetry: An Anthology for the Modern Reader ed. E. T. Donaldson, New York 1958; Ch.'s Major Poetry ed. A. C. Baugh, New York 1963. C. T. ed. A. C. Cawley, EL 307. Troilus ed. R. K. Root, Princeton 1926. – Neuengl. Übers. der Canterbury Tales von N. Coghill (Penguin), des Troilus von N. Coghill (Penguin); deutsche Übers. von G. Düring, Straßb. 1883–1886, u. W. Herzberg (nur Cant. T.) ed. J. Koch, Bln. 1925; Troilus (Ausw.) von R. u. W. F. Schirmer, Stuttgart 1974 (Reclam). – Biographie u. Kritik: W. Clemen, Chaucers frühe Dichtung, Göttingen 1963; C. Muskatine, Ch. and the French Tradition, Berkeley 1957; J. L. Lowes, G. Ch., Lo. 1934; N. Coghill, The Poet Chaucer,

französischen Feldzug teil, geriet in Gefangenschaft und mußte vom König ausgelöst werden. Es ist nicht sicher, wann er an den königlichen Hof überging; von 1367 an erhielt er dort regelmäßige Bezüge als Valettus und Esquire. Er heiratete eine der Kammerfrauen der Königin und gewann die Schutzherrschaft Johanns von Gent, Lionels Bruder, des mächtigen Herzogs von Lancaster. Zwischen 1370 und 1380 erhielt er mehrere diplomatische Aufträge, die ihn nach Frankreich, Flandern und Italien (1372/1373) führten. 1374 wurde er zum Oberaufseher der Zölle im Londoner Hafen ernannt, und acht Jahre darauf erhielt er das Recht, sich in dieser behördlichen Tätigkeit vertreten zu lassen. 1386 wurde er als Knight of the Shire für Kent Mitglied des Parlaments. Mit den königlichen Schicksalen machten seine eigenen auch Wandlungen durch. Seit 1391 bekleidete er keine Staatsämter mehr und geriet zeitweilig in Not, aber eine lebenslängliche Geldzuwendung wurde sowohl beim Regierungsantritt Richards II. wie Heinrichs IV. ausdrücklich bestätigt.

Als Chaucer zu dichten begann, mußte er, wie es nach diesem Lebenslauf natürlich ist, den höfischen, d. h. den französischen Stil zum Muster wählen, denn was an englischer Dichtung vorlag, war für bürgerliche Hörer bestimmt; Chaucer aber las seine Werke bei Hofe vor. Es war also seine, wie dann auch Gowers Aufgabe, die englische Sprache hoffähig zu machen. So ging er an die Übersetzung des Allerweltsbuches, des *Rosenromans,* und lernte dabei die Geheimnisse der Wortwahl, der höfischen Redeweise, der feinen Herzenssprache. Er schrieb Marienverse *(A B C),* Rondels *(Merciles Beaute)* und Balladen *(Gentilesse, Truth)* – sprachliche Kunststückchen mit schwierigen Reimverschlingungen – und redete im Stil der allegorischen Schule Frankreichs von *Klagen des Mars* und der *Venus,* von *Fortuna* und *Goldenem Zeitalter.* In den Complaints, vor allem der *Klage Anelidas,* handhabte er, den Vorbildern Machaut, Deschamps, Froissart ebenbürtig, die höchst verfeinerte und gleichsam abstrakte Erzählweise, mit der ein Einzelfall von Recht und Unrecht in der Liebe mit typischen Charakteren und einer durch die Sprachmelodie geschaffenen Stimmung abgewandelt wurde.

Kraft dieser Schulung bewegte sich seine frühe Epik, das *Buch der Herzogin* (1369), das *Haus der Fama* (ca. 1380), das *Vogelparlament* (ca. 1380), sicher in der von höfischer Etikette und Formkonvention vorgeschriebenen künstlichen Welt von Traum und Vision, singenden Vögeln und Blumenwiesen, phantastischer Architektur und Kunstbeschreibung,

Lo. ²1967; D. Mehl, G. Ch.: Eine Einführung in seine erzählenden Dichtungen, Bln. 1973; J. Norton-Smith, G. Ch., Lo. 1974; P. Kean, Ch. and the Making of English Poetry, 2 Bde., Lo. 1972; Companion to Ch. Studies ed. B. Rowland, Toronto 1968 (Forschungsberichte); Ch.: Modern Essays in Criticism ed. E. Wagenknecht, N.Y. 1959; Ch. Criticism, 2 Bde., I. The Canterbury Tales, II. Troilus and Minor Poems ed. R. J. Schoeck and J. Taylor, Notre Dame 1960 und 1962; Ch. und seine Zeit: Symposion für W. F. Schirmer ed. A. Esch, Tübingen 1968.

gewählter Ausdrucksweise und streng geregeltem Gefühlsausdruck. Im *Book of the Duchesse,* das wahrscheinlich anläßlich des Todes von Blanche, der jungen Gattin von John of Gaunt geschrieben ist, erzählt Chaucer in der traditionellen Einkleidung der Traumallegorie ein Gespräch mit dem Herzog, der ihn zum Vertrauten seiner Liebe und seines Schmerzes macht. Fast alle Motive sind noch entlehnt, aber bereits in diesem Frühwerk wandelt Chaucer die Formkonvention ab, indem er Traumvision, Liebesklage, Trauer um die Verstorbene und Trost für den Herzog geschickt verbindet und seine Figuren in einer dramatisch bewegten Szene zu einer menschlichen Begegnung im Leid führt. In dem unvollendeten *Hous of Fame,* ebenfalls einem Visionsgedicht, träumt der Dichter, er befinde sich in dem bildgeschmückten Tempel der Venus. Er ist ratlos angesichts der Unzuverlässigkeit der Tradition und der Unsicherheit der eigenen Erfahrung. Nachdem er den Liebestempel verlassen hat, ergreift ihn plötzlich ein Adler, der ihn zum Haus der launenhaften Göttin des Ruhmes trägt und den langen Flug zu einer ausgiebigen Belehrung des unwissenden, verschreckten Dichters nutzt. Von hier gelangt er in das sich ständig drehende Haus der Gerüchte, sein eigentliches Reiseziel, wo eben eine wichtige Neuigkeit von einem ‘man of greet auctoritee’ in Aussicht steht. Doch an dieser Stelle bricht das Gedicht ab, ohne daß der Dichter die gesuchte Information erhält. Das verwendete Ovidische und Vergilische Gut ermunterte Chaucer zu einer anschaulichen Schilderung der Wirklichkeit, die damit neben die herkömmlichen Abstraktionen tritt, und statt der zeremoniellen Wendungen flicht der Dichter lächelnde Betrachtungen über sich selbst ein. Auch in dem schönsten und geschlossensten der frühen Gedichte, *The Parlement of Foules,* bedient sich Chaucer des Eingangs der Traumallegorie. Am St. Valentinstag, an dem sich die Vögel paaren, bewerben sich drei Königsadler um ein schönes Adlerweibchen, das die Göttin Natura auf ihrer Hand hält. In der anschließenden Debatte schlagen die Raubvögel vor, die Sache in einem Turnier zu entscheiden. Für einen solchen Ehrenstandpunkt haben jedoch die bürgerlich denkenden unter den Vögeln kein Verständnis. Natura beendet den Streit, indem sie dem Adlerweibchen die Entscheidung überläßt, das seine Wahl nach einem Jahr, der höfischen Bewährungsprobe, treffen will. Der Gedanke des Vogelparlaments ist ebenso wie die Ständesatire altes Gut. Was auch hier wieder das Besondere an Chaucer ausmacht, ist die Verbindung höfischer und bürgerlicher Elemente, so daß das Gedicht keiner der herkömmlichen Gattungen eindeutig zuzuordnen ist, und in gleicher Weise kennzeichnend ist die spezifisch englische Parlamentssituation und die humorvolle Vergegenwärtigung der Szene und Debatte, in der sich die verschiedenen Vögel in ihrer Haltung zur Liebe charakterisieren. Auch in der metrischen Gestaltung findet die Dichtung zu einer freieren Ausdrucksweise, indem sie statt des üblichen kurzen Reimpaars eine Strophe mit fünfhebigem Vers in der Reimordnung abab bcc verwendet. Diesen sog. ‘rhyme royal’, den er bei Machaut vorfand, hat Chaucer als erster in die englische Literatur eingeführt; er verwendet ihn später wieder im Troilus, weshalb man die Strophe auch als Troilus-Strophe bezeichnet. In dieser Frühzeit seines Schaffens entstand auch die Palamon und Arcitas-Geschichte, die später als *The Knight's Tale* in den Canterbury-Geschichten ihren Platz fand. Sie zeigt, daß Chaucer keine Nachahmung der Antike anstrebte, denn er mied den von seiner Quelle Boccaccio gesuchten klassizistischen Prunk. Wie schon im Haus der Fama dienten ihm antike Anregungen eher zu anschaulicher, wirklichkeitsnaher, die allegorische Steifheit überwindender Schilderung, eine Verwertung klassischer Entlehnungen, wie sie keinem mittelalterlichen Dichter je eingefallen war.

So wurde das *Troilus and Criseyde*-Epos (um 1385), das neben den umfassenderen Canterbury-Geschichten größte und durch künstlerische Geschlossenheit ausgeglichenste Werk Chaucers, trotz des antiken Stoffes ein modernes Buch, – das erste, in dem des Dichters eigene Kunst sich voll entfaltete. Der Stoff, der bei Dares Phrygius nur keimhaft vorhanden war, wurde in den Trojaromanen von Benoit de Ste. Maure und Guido delle Colonne weiter ausgestaltet und schließlich von Boccaccio in seinem *Filostrato,* Chaucers direkter Quelle, als eine eigenständige Dichtung behandelt. Im Unterschied zu Boccaccios im 'dolce stil nuovo' lyrisch ausgeführter Renaissancegeschichte bleibt Chaucers Darstellung weit stärker der mittelalterlichen Liebesauffassung zugewandt. Doch sind seine Figuren sehr viel komplexer als die Romanzenhelden. Zwar fügt sich die Gestalt des Troilus weitgehend in den Rahmen des beispielhaft Liebenden, dagegen ist Criseyde so widersprüchlich gezeichnet, daß sie sich jeder eindeutigen Festlegung entzieht. Sie behält einerseits auch in ihrer Untreue unsere Sympathie; Chaucer tadelt für ihr Verhalten eher Fortuna, die diese Frau mit ihrem kleinen, ängstlichen Herzen in eine für sie einfach zu schwierige Situation stellt. Aber andererseits ist Criseyde nicht schlechthin das Opfer widriger Umstände, sie trifft auch selber Entscheidungen und handelt berechnend, und Chaucer hat ihre Willfährigkeit gegenüber Diomed im Vergleich mit Boccaccio noch gesteigert. In ähnlicher Weise ist Pandarus einerseits ein Vertreter der höfischen Welt, der als Freund des Liebenden und zugleich als Vormund seiner Nichte Criseyde in einen Pflichtenkonflikt gerät, aber andererseits stammt seine Redeweise des öfteren eher aus dem Bereich des Fabliau. Pandarus ist ein Mann von Welt, geistreich, schlagfertig, von überlegenem Humor und untrüglicher Menschenkenntnis, der selbstlos für den Freund plant, aber auch zu Lügen greift und mit einigen Äußerungen gar zum Zyniker wird. Die Vielseitigkeit und subtile psychologische Zeichnung der Figuren überragt alles, was wir aus dem Mittelalter kennen. Und doch schließt das Werk ganz mittelalterlich: nachdem Troilus nach seinem Tode in die 8. Sphäre entrückt worden ist, von wo er lächelnd auf diese kleine Erde herunterschaut, erscheint in den Strophen an die 'yonge, fresshe folkes' auch diese Liebe als ein Exempel der Nichtigkeit alles Irdischen, und der Dichter lenkt den Blick des Lesers von der Fortuna auf den 'stable God' und die unvergängliche Welt.

Dem Prolog zu *The Legend of Good Women* (1386) zufolge fühlte sich der Liebesgott veranlaßt, gegen Chaucer als einen Häretiker einzuschreiten, weil er, besonders in Troilus and Criseyde, die treuen Frauen entehrt habe. Auf Fürsprache der Königin Alkestis wird dem Dichter als Buße auferlegt, jedes Jahr eine Geschichte zum Lobe treuer Frauen zu schreiben. Mit seiner Verwendung der Traumerzählung als dem Anlaß für die folgenden Erzählungen und der Einbeziehung des Publikums stellt der in zwei stark voneinander abweichenden Fassungen überlieferte Prolog ein kleines Meisterwerk dar. Dagegen sind die in diesen Rahmen gebundenen antiken Liebesgeschichten, in denen das Mittelalter weibliche Tugend bewährt sah, von einer etwas ermüdenden Gleichförmigkeit und gelegentlich frostiger Rhetorik. Chaucer scheint des Themas, das zu einer überwundenen Entwicklungsstufe zurückkehrt, überdrüssig geworden zu sein, und der Plan wurde mit der neunten Geschichte aufgegeben. Diese im Sinn der Auftraggeber liegende höfische Kunst beherrschte Chaucer mit so sicherer Selbstverständlichkeit, daß er – man möchte sagen: unbemerkt – ein neues Versmaß einführte, das fortan das herrschende werden sollte: das heroische Reimpaar, das glücklichere Anpassung an den Erzählton erlaubte. Und zu diesem Neuen fügen die Legenden selbst ebenso unbemerkt ein Weiteres: die Ovidischen Erzählungen wurden ihm, wie schon im Haus der Fama und im Troilus, Anlaß zu einem realistischen Ausmalen, das die Verwandlungen und die heroischen Züge mehr und mehr außer acht läßt oder in eine Fassung zeitgenössischen Alltagslebens umsetzt.

Nun brauchte er nicht mehr den Anlaß und die Hilfe der Antike für seine diesseitige Weltdarstellung. Die Wirklichkeit selbst ist Quelle des groß angelegten Sammelwerks der *Canterbury-Geschichten* (1387–1400), deren den verschiedenartigsten Menschen in den Mund gelegte Erzählungen die epische Fülle des Lebens ausbreiten. Da sind Angehörige des geistlichen Standes: eine vornehm gezierte aber gutherzige Priorin, begleitet von der zweiten Nonne und drei Priestern, ein ehrenwerter, aber die Jagd der Ordensregel vorziehender Mönch, ein Bettelmönch, ein ernst-tüchtiger Landpfarrer und das Satyrgefolge von Gerichtsbüttel und Ablaßkrämer; sodann ein den Standesidealen getreuer Ritter und sein höfisch gebildeter Sohn, der Junker, als Vertreter der Gentry, ein bürgerlich behäbiger Gutsbesitzer, der als die einflußreichste Persönlichkeit der Grafschaft geschildert wird. Arzt, Rechtsanwalt und der wissensbegierige Oxforder Scholar repräsentieren die gelehrten Berufe; die Kreise des bürgerlichen Handels, Gewerbes und Handwerks werden vertreten durch den wichtigtuenden Kaufmann und Stiftsschaffner, den findigen Verwalter, die fest im Leben stehende Frau aus Bath und die derbe Gruppe von Seemann, Müller und Koch, zu denen der Ackermann, ein Bruder des Landpfarrers, das lichte

Gegenbild ist. Sieht man ab vom höheren Adel und der höheren Geistlichkeit sowie der untersten Schicht der Landarbeiter, so stellt die bunt zusammengewürfelte Gruppe der Chaucerschen Pilger einen Querschnitt durch die mittelalterliche Gesellschaft dar. So verschieden wie diese Menschen sind die Geschichten, die sie erzählen. Sie reichen vom derben Schwank (Müller, Gutsverwalter, Seemann) bis zu den Boccaccios De casibus nacherzählten „Tragödien" des Mönchs, vom höfischen Ritterroman (Ritter) und der Arveragus-Novelle (Gutsbesitzer) bis zur Versromanparodie des Sir Thopas (Chaucer selbst) und dem launigen Arthurmärchen der Frau aus Bath, von der Heiligenlegende (Priorin, zweite Nonne), Griseldisgeschichte (Scholar) und Prosapredigt (Pfarrer) bis zur brillant erzählten heroikomischen Tierfabel (Nonnenpriester), Ovidischen Verwandlung (Stiftsschaffner) und Schatzfindergeschichte (Ablaßkrämer). Diese Vielfalt ist künstlerisch geeint durch den Rahmen, der alle Erzähler als Pilger nach Canterbury in Southwark im Tabard Inn einkehren läßt. Nach dem Vorschlag des Wirts soll jeder Pilger auf der Hin- und Rückreise je zwei Geschichten erzählen, was rund 120 Geschichten ergeben hätte. Dieses ehrgeizige Vorhaben hat Chaucer nicht verwirklichen können, und manche Anzeichen deuten darauf hin, daß der ursprüngliche Plan im Laufe der Arbeit Änderungen erfuhr. Insgesamt lagen bei Chaucers Tod 24 Geschichten vor, von denen zwei, die Geschichten des Kochs und des Junkers, unvollendet sind, und zwei weitere, die erste Geschichte des Dichters und diejenige des Mönchs, vom Wirt bzw. Ritter unterbrochen werden.

Als Teilnehmer an der Pilgerreise gibt der Dichter in einem Allgemeinen Prolog zunächst eine einführende Beschreibung der Pilger, ihrer Gestalt, der Kleidung und Art, sich zu geben, ihres Berufs und ihrer sozialen Stellung. Es ist bemerkenswert, daß Chaucer bei diesen Porträts nach den Beschreibungsvorschriften der mittelalterlichen Poetiken verfährt, aber die Abfolge des dort gegebenen Schemas souverän variiert und die typischen Züge der einzelnen Stände und Berufe mit individualisierenden Charakterdetails verbindet. Zum Rahmen gehören ferner die sog. 'links', Zwischenstücke, in denen die Teilnehmer mit Beifall, Widerspruch oder Streit zur eben erzählten Geschichte Stellung nehmen und zur nächsten Geschichte übergeleitet wird. Die 'links' erweisen sich als ein hervorragendes Mittel der Dramatisierung und wechselseitigen Charakterisierung. Ihre Hauptfigur ist der Wirt, der mit überlegener Menschenkenntnis die Unternehmung leitet und je nach Situation bald höflich aufmuntert, bald energisch eingreift oder auch klug nachgibt. Diese Bewegtheit und Vielseitigkeit des Rahmengeschehens unterscheidet die Canterbury Tales von Gowers Confessio Amantis ebenso wie von Boccaccios Decamerone, deren Rahmen statisch und äußerlich bleibt.

Vollendet wird das Charakterbild der einzelnen Pilger durch die von ihnen erzählten Geschichten, in deren Wahl und Vortrag sich Eigenart und Stand des jeweiligen Erzählers enthüllen. Chaucer verwendet auch künstlerische Unzulänglichkeiten wie schlechtes Erzählen, Überlänge oder vorzeitiges Abbrechen einer Geschichte bewußt als Strukturelemente. Einige der Erzähler werden zudem mit einem längeren eigenen Prolog bedacht. So legt der Ablaßkrämer, bevor er seine Geschichte erzählt, im Prolog seine schamlosen Praktiken bloß, und Alice, die Tuchmacherin aus Bath, die prallste der Chaucerschen Schöpfungen, berichtet mit drastischer Offenheit von ihren Eheerfahrungen. Sie, die fünf Männer zum Traualtar geführt hat und bereit ist, auch einen sechsten zu ehelichen, vertritt die ebenso einfache wie klare These, das Glück einer Ehe sei dann gesichert, wenn die Frau das Regiment führt, und sie weiß mit eigenwilliger Exegese ihre Ansichten biblisch zu begründen. Es war ein Geniestreich Chaucers, alle Themen der mittelalterlichen Weibersatire in den Mund einer Frau zu legen. Das Ehethema begegnet auch in anderen Geschichten. Ohne daß man deshalb Chaucer die Absicht ihrer Verbindung zu einer 'Marriage Group' zu unterstellen braucht, bleibt das wiederholte Anschneiden des Problems auffällig. So entwickelt der Oxforder Scholar mit der Griseldisgeschichte die gegenteilige Auffassung dienenden Magdtums, während der Gutsbesitzer mit seinem „bretonischen Lai" von Dorigen und Arveragus nicht in 'maistrye', sondern in gegenseitigem Dienen das Fundament der Ehe sieht und in solcher Haltung – in allzu simpler Harmonisierung – auch die höfischen Ideale der 'courteisie', 'franchise' und 'gentilesse' verwirklicht glaubt.

Obwohl Chaucer vor der Vollendung und endgültigen Ordnung seines Werks starb, bieten die Canterbury-Geschichten ein umfassendes Bild des Künstlers und seiner Zeit. In einzigartiger Weise verfügte er über das Instrument der Ironie und Selbstironie, und er hatte einen unvergleichlichen Sinn für Humor, der ihn zum Ahnherrn einer langen Reihe angelsächsischer Humoristen macht. Wenn auch das Erschütternde, Heroische und Erhabene jenseits seines Vermögens lag, so sind seine Erzählungen keineswegs ohne Ernst und Pathos. Zu Ende des 14. Jahrhunderts, als Petrarca und Boccaccio nicht mehr lebten und Frankreich überhaupt keinen großen Dichter aufzuweisen hatte, war Chaucer der größte Dichter Europas, und es wundert nicht, daß sein Einfluß die ganze englische Dichtung des 15. Jahrhunderts überschattete.

IV. DAS 15. JAHRHUNDERT

1. Politik und Dichtung

Das 15. Jahrhundert ist die Brücke vom Mittelalter zur Renaissance. Der Übergang geschah in England allmählich: gotische Architektur, nominalistische Philosophie und Chaucer nachahmende Dichtkunst blieben weiterhin geltend. Das Neue des 15. Jahrhunderts zeigt sich am deutlichsten in der politischen Geschichte und der sozialen Umwälzung. Es ist die Zeit der Regentschaft der Häuser Lancaster und York und ihres Erben, des ersten Tudor. Es war eine Zeit dauernder Kriege, die außenpolitisch die Siege Heinrichs V. gegen Frankreich und dann die Rückschläge unter Heinrich VI. brachte, innenpolitisch die Aufstände der Percies und den 30jährigen Bürgerkrieg der Roten und Weißen Rose (1455–1485). Das Ergebnis war die Vernichtung des Adels und der Zusammenbruch des Feudalsystems, die endgültige Bildung des Lohnarbeiterstandes und des landbesitzenden und städtischen Bürgertums.

Diese inneren Erschütterungen, die sich in den Privatkorrespondenzen, wie z. B. dem durch drei Generationen (1422–1509) hindurch erhaltenen *Briefwechsel der Paston-Familie,* deutlich spiegeln, finden in der Dichtung so gut wie keinen Ausdruck. Wiederum muß man lateinische und englische Zeitgedichte, Flugschriften und Chronikstellen zum Ausmalen des kulturhistorischen Bildes heranziehen, von denen einige, wie die patriotische Beschreibung der *Siege of Rouen* (1419) und die Englands handelspolitische Vormachtstellung betonende *Libell of English Policye* (1436), sich zu kleinen Epen auswachsen, allerdings ohne den Rang wirklicher Dichtung zu erreichen[56].

2. Volksballaden und volkstümliche Lyrik

Wertvoller als die politischen Stücke sind die sogenannten Volksballaden[57], d. h. strophisch-sangbare Gedichte unbekannter Verfasser vorwiegend erzählender Art. Außer der Erzählung einer Handlung eignet der echten

[56] Paston Letters ed. N. Davis, 3 Bde., Oxf. 1971ff. (i. E.); EL 752–3; Auswahl ed. N. Davis, Oxf. 1958, ebenfalls WC. Siege of Rouen ed. H. Huscher, Leipzig 1927; Libell in Hammond (s. Anm. 59). – C. L. Kingsford, Prejudice and Promise in 15th Century England, Lo. 1925; F. R. H. DuBoulay, An Age of Ambition, Lo. 1970.

[57] Einbändige Auswahl der großen Sammlung von F. J. Child (Boston ²1882–98) ed. H. C. Sargent and G. L. Kittredge, Cambr., Mass., 1904; The Oxford Book of Ballads ed. J. Kinsley, Oxf. 1969; The Faber Book of Ballads, Lo. 1971. Übersetzung: H. Lüdeke, Balladen aus alter Zeit (mit Einl. von A. Brandl), Bln. 1922. – G. H. Gerould, The Ballad of Tradition, Oxf. 1932; W. J. Entwistle, European Balladry, Oxf. 1939; M. J. C. Hodgart, The Ballad, Lo. 1950.

Ballade ein hoher lyrischer Ausdruckswert und ein dramatisch szenenhafter Charakter, der durch die häufige Verwendung des Dialogs besonders deutlich wird. Schon Goethe sah daher die Ballade als das „Ur-Ei“ aller Poesie an, und die neuere Balladenforschung hat diese Auffassung zwar nicht im historisch-genetischen, wohl aber im gattungstheoretischen Sinn bestätigt. Während die ältere Forschung die Entstehung der Ballade in Herders Sinn der ‘communal authorship’ eines gesamten Volkes zuschrieb, wird heute wieder die individuelle Autorschaft als einzig überzeugende These angesehen. Allerdings ist die in der Sammlung Childs vorliegende Form der Volksballaden erst durch das Weitergeben in mündlicher Tradition, das zum „Zersingen“ führt, entstanden. Der Name Ballade (von ital. ballare „tanzen“) hat zu Mißverständnissen über die Entstehung der Ballade aus dem Tanz geführt. Wie die noch heute in England übliche Unterscheidung zwischen ‘ballade’ und ‘ballad’ zeigt, verstand man ursprünglich unter ‘ballade’ dreiteilige strophische Tanzlieder rein lyrischen Charakters. Erst allmählich wurde das Wort, vor allem im 18. Jahrhundert durch Percy, auf die vorwiegend epischen Lieder spätmittelalterlicher Minstrels übertragen und dient seitdem als ‘ballad’ zur Bezeichnung der von Child gesammelten Volksballaden.

Die Themen sind mannigfaltig; häufig ist der Nachhall alten Volksglaubens *(The Wife of Usher's Well, Thomas Rymer)*, häufiger der Bericht menschlicher Verstrickung und Schuld *(Edward, Twa Sisters)*, am häufigsten die dramatische Erzählung von Kampf und Tod *(Otterburn, Sir Patrick Spens)*. Die grausige Ballade vom Vatermord des *Edward* enthüllt mit sparsamsten Mitteln, etwa dem Bild des Weidenzweiges, der doch niemals ein Baum geworden wäre, unter fast unerträglicher Konzentrierung der dramatischen Spannung eine menschliche Tragödie. Eine ganz andere Luft weht dagegen in den historischen Balladen. Wenn in den Schicksalsballaden menschliche Urphänomene in dunkle Symbolik getaucht sind, so ist in den historischen Balladen, wie *Otterburn* und *The Hunting of the Cheviot*, die sich beide auf die Schlacht von 1388 beziehen, die Nähe zum alten Heldenlied unverkennbar. *The Hunting of the Cheviot* erzählt, historisch unrichtig, aber den ritterlichen Kampfgeist prachtvoll wiedergebend, wie Percy von Northumberland im Bordergebiet jagt, um Douglas und die Schotten herauszufordern, wie ein Einzelkampf vereinbart wird, in den schließlich alle eingreifen, und wie der englische Sieger den gefallenen Douglas betrauert. Dieser an das altenglische Byrhtnothgedicht erinnernde heldische Geist spricht auch aus den anderen ‘border ballads’, obgleich keine der Cheviotballade ebenbürtig ist, die noch in der Chevy-Chase-Fassung Sidney und Addison, Percy und Scott begeisterte. In *Sir Patrick Spens* führt die Lehnstreue unabwendbar das Schicksal der Todesfahrt nach Norwegen herauf. Die Erinnerung an die Outlaws des 12. Jahrhunderts wird in den *Robin Hood*-Balladen lebendig. In der Fülle dieser Lieder wird eine soziale Kritik an Kirche und Staat wirksam, die dem Geist des Piers Plowman-Kreises nicht fern ist. Auch die Kunstdichtung hat diesen volkstümlichen Ton einzufangen gesucht und in der *Nutbrown Maid* ein einzigartiges kleines Kunstwerk geschaffen.

Die große Verschiedenheit der Volksballaden macht eine zusammenfassende Charakteristik fast unmöglich. Im allgemeinen ist ihre Sprache kunstlos und reimarm, aber oft ungemein eindringlich, ihre Erzählweise unzusammenhängend und sprunghaft, aber gerade dadurch oft die Vorstellung des Monumentalen weckend, das Metrum der alte, sorglos mit Reimflickwörtern gehandhabte geteilte Septenar (abcb). Durch die Verbindung mit einer Melodie sind der Refrain, die intensivierende, leicht variierte Wiederholung und die oft suggestiv wirkenden formelhaften Wendungen bedingt. Ähnlich wie die echten Volksmärchen schöpfen die Volksballaden ihre Bilder aus den Tiefenbereichen der Seele, in denen nicht bewußte Formkraft, sondern halbbewußte Ängste und Sehnsüchte walten.

Eine andere volkstümliche Liedgattung des 15. Jahrhunderts sind die *Carols*[58], von denen mehr als 500 erhalten sind. Diese aus Triplet und Kehrreim bestehenden Lieder begegnen in weltlicher und geistlicher Spielart, und zwischen beidem ist häufig kaum zu trennen. Ihr Ursprung dürften populäre weltliche Tanzlieder sein, aber ihre literarische Ausformung war das Werk von Geistlichen. Die Carols besingen vornehmlich die Festbräuche der Julzeit und die Freude über Christi Geburt (sog. *Noëls*); sie bringen, namentlich in den Marien- und Wiegenliedern *(Lullabies)*, eine willkommene Ergänzung der sonst unsanglichen Lyrik der Zeit.

3. Die englische Chaucernachfolge[59]

Wenn die nicht-volkstümliche Literatur des 15. Jahrhunderts einen zwiespältigeren Eindruck macht, so erklärt sich das durch den bei gleichbleibenden Themen veränderten Leserkreis. Die schwindende höfische Schicht hatte ihre literarische Aufgabe dem städtischen Bürgertum und der Gentry abtreten müssen, und deren bürgerliche Pflege überaltert ritterlicher Formen führte zu Übersteigerung und Erstarrung. Demnach finden sich auch in der Literatur des 15. Jahrhunderts die eigentlich einer früheren Zeit angemessenen Liebeshöfe und Liebestestamente, die Bücher und Briefe Cupidos, die Tempel aus Gold und aus Glas u. a. erotische und moralische Allegorien, von denen einige so reizvoll den Geist von Chaucers früher Dichtung spiegeln, daß sie ihm lange zugeschrieben wurden, vgl. *La Belle*

[58] A Selection of English Carols ed. R. L. Greene, Oxf. 1962. Vgl. auch: Religious Lyrics of the 15th Century ed. C. Brown, Oxf. ³1962; Secular Lyrics of the 14th and 15th Centuries ed. R. H. Robbins, Oxf. ²1955.

[59] English Verse between Chaucer and Surrey ed. E. P. Hammond, Durham N. C. 1927 [gut kommentierte Textauswahl: Chaucerschule, Schotten, Balladen].

Dame sans Mercy, The Boke of Cupide, The Flour and the Leaf und – aus dem 16. Jahrhundert – *The Court of Love*[60]. Meist jedoch begnügte man sich mit der Nachahmung des Chaucerschen sprachlichen Kleides, das man mißverstehend zu einem Jargon von „erlesenen, süßen, spruchweisen Worten“ steigerte, nicht unpassend für diese spätgotisch verkünstelten Werke, aber bald verstaubt und heute belächelt.

Immerhin hat der größte der Chaucerschüler, der Benediktinermönch John Lydgate[61] (ca. 1370–1449) mit dieser rauschenden Wortkunst einen neuen Stil der Majestät und heroischen Würde in der religiösen Lyrik eingeführt, wie er auch als Legendendichter ein der Chaucergeneration noch fremdes Streben zum Epischen, Großartigen zeigt. Moderner Geschmack möchte einige kurze Gelegenheitsstücke, wie die Fabel vom Bauer und Vogel *(The Churl and the Bird)* und die humorvolle Satire von Zweihorn und Magerkuh *(Bycorne and Chichefache)* aus dem riesenhaften Œuvre herausgreifen, aber die historische Bedeutung Lydgates beruht auf den langen Werken. Da sind – in der weltlichen Dichtung, wie in der religiösen – die Versuche, überkommenen Formen einen neuen Gehalt zu geben: der prunkvolle *Temple of Glas* (1400–1403) macht die herkömmliche Liebesallegorie zum Lehrgedicht, und in *The Siege of Thebes* (1421) wird dem Versroman durch Erörterung der Fragen über Königtum und Krieg zeitnahe Bedeutung gegeben. Da sind neuartige Formen wie die Bildgedichte und die am Hof und vor Bürgergilden aufgeführten Maskenzüge (sog. *Mummings*, 1426–1430), die dem kommenden Drama den Weg bereiten, und neue Themen, wie der aus Frankreich eingeführte *Dance Macabre* (1426–1430). Da ist schließlich die große, im Auftrag des Humanistengönners Humphrey of Gloucester geschriebene De casibus-Bearbeitung *Fall of Princes* (1430–1438, 36 000 Verse in Chaucerstrophen), ein Fürstenspiegel und eine Vergänglichkeitsmahnung, die dem Dichter unter der Hand zu einem weltumspannenden Geschichtswerk wurde. Lydgates Zeit und Nachwelt hatte Gefühl für diesen Schicksalsklang; er wurde vom Mirror for Magistrates wieder aufgenommen und wirkte noch in Shakespeares Historien nach.

Damit ist Lydgate bedeutsamer und zukunftweisender als sein weltlicher Zeitgenosse, der Ratsschreiber Thomas (H)occleve[62] (ca. 1368 bis ca. 1430), dessen weniger umfängliches Werk so ziemlich dieselben Themen behandelt. Sein Hauptwerk ist der Heinrich V. gewidmete Fürstenspiegel *Regement of Princes* (ca. 1412) mit einem Prolog voll selbstbiographischer Enthüllungen. Noch weiter in diesem behaglich breiten Plau-

[60] Alle gedruckt in: Chaucerian and other Pieces ed. W. W. Skeat, Oxf. 1897.

[61] Lydgates Werke in EETS (Extra Series); Selections ed. J. Norton-Smith, Oxf. 1966. – Monographien von W. F. Schirmer, Tübingen 1952 (revidierte engl. Übers. Lo. 1961); D. Pearsall, Lo. 1970.

[62] Hoccleves Werke in EETS (Extra Series). Auswahl bei Hammond. – J. Mitchell, T. H., Urbana 1968.

dern von sich selbst geht *The Mâle Règle* (1406), aus der man ein deutliches Bild des Autors gewinnt: ein harmloser, etwas kleiner Geist, der sich auf Chaucers Spuren als lächelnder Skeptiker gebärdet. Solch autobiographischer Inhalt widerspricht der höfisch-konventionellen Form, erscheint uns aber annehmbarer als die hochtrabenden moralischen Allegorien des STEPHEN HAWES (ca. 1474 – ca. 1523), die in holperigen Chaucerstrophen einen Erziehungsroman des Bürgerjünglings Grand Amour geben (*Pastime of Pleasure,* 1506) und durch solches Herabziehen die höfische Form unfreiwillig entwerten. Es gibt allerdings Versuche, die alte Form durch neuen Inhalt umzubilden, wofür die auf das Hofleben gemünzte Satire „Hofkost" (*Bowge of Court,* 1498–1499) von JOHN SKELTON (s. S. 64) das beste Beispiel ist. Da der Dichter als Selbsterlebnis die Enttäuschungen des Hofes schildert, also die satirische Absicht offen zugibt, und da er wirkliche Typen und wirkliche Schauplätze beschreibt, ist die äußere Form der konventionellen Fabel, Allegorie und Chaucerstrophe, eigentlich widersinnig.

4. Die schottische Literatur

Bedeutsamer ist die Nachblüte der höfischen Form in Schottland[63]. Barbours vaterländische Geschichtsdichtung war in den spielmännischen Händen des blinden HARRY völlig entartet (*William Wallace,* ca. 1475), und die echt schottische Kleindichtung lyrisch-satirischer Art gelangte nur gelegentlich zu literarischer Formung *(Peblis to the Play, Christis Kirk on the Grene).* Nun entstand durch Chaucers Vorbild eine höfische Literatur, die trotzdem eine eigene Note bewahrt. Sie beginnt mit dem Königsbuch (*Kingis Quair,* ca. 1423), in dem JAMES I. allegorisch seine Werbung erzählt, und findet vollen Ausdruck im Werk des ersten der sogenannten schottischen Chaucerschüler ROBERT HENRYSON[64] (etwa 1425–1506). Er wirkt erdverbundener, ländlicher als der städtische Chaucer, zumindest in dem schottischen Pastoral von *Robert and Makyne* und in den prächtig neugestalteten *Äsopfabeln,* während das Chaucer umwertend fortsetzende *Testament of Cresseid,* wonach Troilus am Leben bleibt und großen Kriegsruhm erringt und die falsche Cressida elend zugrunde geht, in der Form der höfischen Konvention gehalten ist, allerdings so menschlich in der Haltung und wirklichkeitsnah in der Darstellung, daß diese Form nur noch als äußere Schale erscheint.

[63] Auswahl T. Scott, Late Medieval Scots Poetry, Lo. 1967; A. M. Kinghorn, The Middle Scots Poets, Lo. 1970 (vollst. Ausgaben in der Scottish Text Society). – F. Brie, Die nationale Literatur Schottlands, Halle 1937; D. Fox, The Scottish Chaucerians in: Chaucer and Chaucerians ed. D. S. Brewer, Lo. 1966, S. 164–200.

[64] Poems and Fables ed. H. H. Wood, Edinburgh ²1958; Selections ed. C. Elliott, Oxf. 1963; Testament of Cresseid ed. D. Fox, Lo. 1968. – J. MacQueen, R. H., Oxf. 1967.

Auch die umfänglicheren Werke von William Dunbar[65] (ca. 1460 bis 1520), dem bedeutendsten der schottischen Chaucerschüler, sind höfische Allegorien. *The Goldyn Targe* (1508) läßt dem von Frau Schönheit angeklagten Dichter von Ritter Vernunft einen goldenen Schild reichen und beschreibt seine Rechtfertigung; die Tierallegorie *The Thrissil and the Rois* (1503) besingt in der Art des Chaucerschen Vogelparlaments die Heirat König Jakobs IV. An Sprach- und Reimkunst kommt Dunbar seinem Vorbild nahe, an Schilderungskraft kommt er ihm gleich; aber er hatte nicht die Ruhe des Epikers und nicht die Chaucersche Objektivität. So gab er sein Eigenstes in lyrischen und satirischen Stücken wie dem grotesken *Dance of the Sevin Deidly Synnis,* dem drastischen *Tretis of the Twa Mariit Women and the Wedo* und in Gelegenheitsdichtungen *(Satire of Edinburgh, Tournament),* die manchmal den Vergleich mit Villon nahelegen.

Dieser persönliche Reiz fehlt der akademischen, ehrwürdigen Dichtung von Dunbars hochadligem Zeitgenossen Gavin Douglas[66] (ca. 1475 bis 1522), dessen allegorisches Werk *Palice of Honour* (1501) die Erschöpfung der altherkömmlichen Form beweist, und dessen gelehrt humanistische Versuche (wie z. B. die *Aeneisübersetzung,* 1512–1513) von der Alltäglichkeit abgerückt sind. Auch Sir David Lindsay (ca. 1486–1555) zeigt wenig von der bei anderen Schotten so starken Erdennähe. Seine bereits ins 16. Jahrhundert gehörige Dichtung ist reformatorisch berührt und kritisch gerichtet, selbst in dem Chaucers Traumdichtung nahen *Dreme* (1528). Er will als Schüler Dunbarscher Satire erscheinen, ist aber lehrhafter und weitschweifiger, und bei allem Schwung der Darstellung eignet seinen Satiren ein gewaltsamer Ton und ein absichtlich derber Witz. Am vorteilhaftesten zeigt sich seine Begabung in der Farce und Moralität vereinenden *Ane Satyre of the Thrie Estaitis,* die 1540 in Linlithgo aufgeführt wurde, während die umfängliche *Monarchie* nach einer Maimorgen- und Versromaneröffnung zu einem die ganze Weltgeschichte durchhechelnden Dialog wird.

5. Ende des Versromans und imaginative Prosa

Wendet man sich von den Schotten zu dem englischen Versroman des 15. Jahrhunderts[67], so fällt die Blutleere auf, die mit dem Verfall der Gattung als solcher zusammenhängt. Es ist erfrischend, wenn dies ganze künstliche und epigonenhafte Arthusrittertum im *Tournament of Totenham* eine lustige Verspottung erfährt. In der Satire und im Fabliau, dem

[65] ed. W. M. Mackenzie, Edinburgh ²1960; Auswahl ed. J. Kinsley, Oxf. 1958, – J. W. Baxter, W. D., Edinburgh 1958; T. Scott, W. D., Edinburgh 1966.

[66] Selections ed. D. F. C. Coldwell, Oxf. 1964.

[67] Vgl. Anm. 26. Texte bei French-Hale. Übersetzung des Cleges von J. L. Weston, Lo. 1902; des Squyr of Lowe Degre von E. Rickert, Lo. 1908.

der niedere Ton angemessen war, bewegte sich der Spielmann sicher; die beliebte Gegenüberstellung von Ritter oder König und Bauer in *King Edward and the Shepherd* und dem schottischen *Rauf Coilȝear* ist gut durchgeführt; und im *Sir Cleges* bemächtigt sich dieser Volkston der Wundergeschichte von dem zu Weihnachten Früchte tragenden Kirschbaum. Im kurzen balladenhaften Roman hatten die Engländer von jeher Geschick, besonders, wenn es sich um eine sensationelle Geschichte handelt wie in *Roswall and Lillian* oder im *Squyr of Lowe Degre.* Daneben blieben lange Romane beliebt, denn im 15. Jahrhundert galt der Versroman noch als hohe Kunstgattung, und mehrere *Alexander-* und *Parthenope-*Romane zeigen den Versuch, eine vornehm-höfische Nachblüte herbeizuführen.

In diese letzte herbstliche Blütezeit fallen auch die zahlreichen Prosaauflösungen, die durch den englischen Buchdruck verbreitet wurden. William Caxton[68] (ca. 1420–1490) benutzte seine 1477 gegründete Presse nicht zu humanistischen Zwecken wie viele der festländischen Drucker, sondern, von den Kulturbestrebungen des burgundischen Hofes beeinflußt, zur Neubelebung ritterlicher Erinnerungen. So übersetzte und druckte er die von dem Burgunder Raoul Lefevre geschriebenen *Trojageschichten* (Brügge 1469–1475) und zahlreiche Prosaauflösungen von Versromanen, mittelalterliche *Jason-* (1477) und *Dido*-Darstellungen (*Eneydos,* 1490) und mehrere Werke, die ritterlich-mittelalterliche Zeiten und Bräuche beleuchten. Der Sinn der Caxtonschen Geisteshaltung wird deutlich in *Le Morte Darthur* (ca. 1460–1470)[69] von Thomas Malory (gest. 1471). Es ist der letzte, jetzt in Prosa unternommene Versuch, ein englisches Nationalepos zu schreiben, wie Laȝamons Brut der erste war, eine sehnsüchtige Rückschau in die Arthurische Idealwelt, die Malory als geschichtliche Tatsache ansah. Im Gegensatz zu seiner französischen Quelle will Malorys Zusammenfassung aller Arthur- und Tafelrundenromane nicht ein religiöses Ziel herausstellen, sondern den vollkommenen König und die frühere nationale Größe als moralisches Vorbild für alle, die Ehre und Ruhm in dieser Welt erstreben. Ein solcher Versuch konnte in einer dem Rittertum entfremdeten Zeit nicht ganz gelingen, wie denn auch vielfach Bürgertugenden an Stelle von ritterlichen treten. Aber Malory war ein Meister der Prosa, er brachte Rhythmus und Harmonie und eine modern berührende Anpassung der Sprache an die jeweilige Stimmung.

68 Auswahl aus Caxtons Vorreden und Nachworten mit Einführungen ed. N. F. Blake, Oxf. 1973. – N. F. Blake, C. and his World, Lo. 1969; N. F. Blake, C.'s Own Prose, Lo. 1973. W. Blades, Life and Typography of W. Caxton, 2 Bde., Lo. ²1883 [grundlegend].

69 ed. E. Vinaver, 3 Bde., Oxf. ²1967, einbändig Lo. 1954 (OSA); modernisiert ed. J. Cowen, 2 Bde. (Penguin). – E. Vinaver, Th. M., Oxf. 1929; Essays on M. ed. J. A. W. Bennett, Oxf. 1963; R. M. Lumiansky, M.'s Originality: A Critical Study of Le Morte Darthur, Baltimore 1964.

6. Drama (Moralitäten und Interludien)[70]

Die Misterienaufführungen dauern das ganze Jahrhundert hindurch fort, die neue beherrschende Gattung wird aber die Moralität, was insofern einen dramatischen Fortschritt bedeutet, als die Handlung nicht mehr durch einen biblischen Text vorgeschrieben ist und die Personen durch das Wort des Dichters verlebendigt werden müssen. Der allgemeine Vorwurf der Moralitäten, der auf die *Psychomachie* des Prudentius im 4. Jahrhundert zurückgeht, ist der Kampf zwischen den guten und bösen Mächten um den Besitz der Seele des Menschen; gegenüber dem konkret-historischen Thema der Misterien ein abstrakt-typisches, das mit Allegorien abgewandelt wird, die auf der Bühne jedoch keineswegs blasse Abstrakta, sondern handelnde, durch Kostüm, Rede und Gebärden gekennzeichnete Figuren sind. In der Mitte steht Humanum Genus, der Mensch, der, begleitet von seinem guten und bösen Engel, uns auf den entscheidenden Stationen seines geistlichen Lebensweges begegnet. Um ihn kämpfen Versuchung, Wollust, Tod und Teufel auf der einen Seite, Vernunft, Mitleid, Gnade und göttliche Liebe auf der anderen. Unrettbar verfällt der Mensch der Sünde, und niemand kann seinen Leib dem Tode vorenthalten; aber seine Seele wird der Hölle streitig gemacht, und göttliche Gnade läßt sie schließlich in das Himmelreich eingehen: eine fast mathematisch strenge, in Parallelszenen angeordnete Handlung, die bis zu dem in der Mitte liegenden Höhepunkt ansteigt und dann symmetrisch wieder absteigt. Der Vorgang ist zugleich Spiel und moralische Demonstration. Der Weg des Protagonisten spiegelt exemplarisch die Situation der Zuschauer, die damit aufgerufen werden zur Entscheidung für das Gute, zu Buße und Erlösung. Das personifizierte Laster, Vice, das den Menschen zum Bösen zu verleiten sucht, sorgt mit anzüglichen Späßen für komischen Kontrast und weiht das Publikum häufig in direkter Anrede in seine Pläne ein. Zu den Nachfahren dieser überaus populären Figur zählen neben manchen der Narren vor allem die intrigierenden Schurken des elisabethanischen Theaters. Die bedeutendsten Moralitäten sind das Schloß der Beharrlichkeit *(Castle of Perseverance)* und das Bruchstück *Pride of Life* aus dem Anfang des Jahrhunderts, *Wisdom* und *Mankynde* aus der zweiten Hälfte und *Everyman*[71] um die Wende des Jahrhunderts. *Everyman* entfaltet

[70] Textauswahlen: s. o. Anm. 40; J. M. Manly, Specimens of the Pre-Shakesperean Drama, 2 Bde., Boston ²1900/1903; J. Q. Adams, Chief Pre-Shakespearean Dramas, Boston 1924 (vollständige Texte in: Quellen des weltlichen Dramas ed. A. Brandl [besonders Moralitäten und Interludien], Straßburg 1898, und Dodsley's Old English Plays ed. W. C. Hazlitt, 15 Bde., Lo. 1874–76 [Dramen des 15.–17. Jahrhunderts]). – M. Bevington, From 'Mankind' to Marlowe: Growth and Structure in the Popular Drama of Tudor England, Cambr., Mass., 1962; W. Habicht, Studien zur Dramenform vor Shakespeare: Moralität, Interlude, romaneskes Drama, Heidelberg 1968.

[71] ed. A. C. Cawley, Manchester 1961; modernisierter Text EL 381.

nicht mehr das gesamte Leben eines Menschen, sondern beschränkt sich auf die letzte Phase, den Tod. Als Jedermann plötzlich vor Gottes Richterstuhl geladen wird, sucht er nach einem Gefährten für diese Reise, aber trotz seiner flehentlichen Bitten versagen sich ihm alle seine Freunde und Verwandten. Knowledge bringt ihn schließlich zu Beichte und Reue; danach kann ihm Good Deeds, von denen er allzu wenige aufzuweisen hat, zum Grab und darüber hinaus begleiten. Die dramatische Konzentration der Handlung, die Geradlinigkeit der Entwicklung und die Kraft der einfachen Sprache sichern dem Stück bis in unsere Tage seine Wirkung, was moderne Aufführungen ebenso beweisen wie die Hofmannsthalsche Bearbeitung. Zu Ende des 15. Jahrhunderts wird die Gattung vielfältig: neben die alte rein ethische Art, vertreten etwa durch das Spiel *Nature* von Henry Medwall (s. u.), tritt eine bühnenwirksame Verbindung mit vielen komischen Szenen, wie es *Worlde and Chylde* und besonders „Der tölpelhafte Spötter" *(Hycke Scorner)* zeigen.

Im 16. Jahrhundert geraten die Moralitäten in Abhängigkeit von den großen Zeitbewegungen Humanismus und Reformation; sie werden weltlich, gelehrt und satirisch. Die humanistische Richtung wird eingeleitet durch JOHN SKELTONS *Magnificence* (1516), das am Beispiel eines Fürsten, der durch schlechte Ratgeber in Unglück und Verzweiflung gerät, aber durch Good Hope auf den Weg zur Tugend zurückfindet, die alte Schulweisheit von Maß und Mitte lehrt; das Stück ist zugleich ein Mittel politischer Satire, die sich vermutlich gegen Wolsey richtet. Fortgeführt durch die *Four Elements* (ca. 1520) von Thomas Mores Schwager JOHN RASTELL, das die guten und bösen Mächte als Wissen und Unwissenheit faßt, mündet diese Richtung schließlich mit JOHN REDFORDS *Wyt and Science* (ca. 1530) in den Weg zum Schuldrama. Die andere Richtung, die von LINDSAYS *Satyre of the Thrie Estaitis* (s. S. 59) ausgeht, gestaltet den Kampf zwischen Gut und Böse als Kampf zwischen wahrer und falscher Lehre, wie ROBERT WEVER in *Lusty Juventus* (1547/50) und zahlreiche andere Verfasser von Moralitäten protestantischer und katholischer Tendenz. Das wichtigste dieser Tendenzstücke reformatorischer Prägung ist JOHN BALES *King John* (1538), in dem wirkliche und allegorische Figuren nebeneinander auftreten, womit das Spiel zur Historie, d. h. zum eigentlichen Drama übergreift.

Die Handlung der Moralitäten ist noch nicht mit den Maßstäben des modernen Dramas zu messen; aber die lockere Szenenfolge der Misterien ist durch einen planvollen Aufbau ersetzt, der an zwei Stellen, bei der Verführung und bei der Errettung, dramatische Spannung hat. Dazu kommt die Charakterisierung, die in einem der Wirklichkeit abgelauschten Dialog, der sich zumeist in den komischen Teilen einstellt, den begrifflichen Gestalten dramatisches Leben leiht.

Einen Schritt weiter auf diesem Wege gehen die sog. Interludien. Der Name, dessen Herkunft und Bedeutung umstritten sind, bezeichnet wahrscheinlich nicht, wie man früher annahm, dramatisierte Streitgespräche, die bei Festlichkeiten zwischen den Mahlzeiten aufgeführt wurden, sondern ein 'ludus' zwischen zwei oder mehreren 'interlocutores'. In der Tat wird im Sprachgebrauch der Zeit der Begriff für jedes Theaterstück, auch die Moralität, verwandt. Zwar dürften der pointierte Dialog und die meist einfache Handlung auf einen Zusammenhang mit den mittelalterlichen 'débats' verweisen, aber das vielleicht hervorstechendste Merkmal ist der Mischcharakter dieses Typs, der eine Fusion mit den verschiedensten Themen und Formen einging. Das erste Zwischenspiel ist *Fulgens and Lucres* (ca. 1496) von Henry Medwall. Stand Medwalls Moralität Nature (s. o.) in der Tradition des Castle of Perseverance, so behandelt Fulgens and Lucres einen Freierwettstreit, bei dem eine römische Senatorentochter den reichen, aber ausschweifenden Aristokraten ablehnt und sich für den tugendhaften Mann niederer Herkunft entscheidet. Bemerkenswert ist nicht allein der völlig unallegorische Charakter des Stücks, sondern vor allem die Einführung einer die Haupthandlung parodierenden Nebenhandlung, die in der Dienersphäre spielt. Den Höhepunkt erreicht die Gattung in den Stücken von John Heywood[72] (ca. 1497 – ca. 1579), der die dramatischen Möglichkeiten solcher Debatten voll ausschöpfte und durch Einbauen in eine sich steigernde burleske Handlung komisch ausgestaltete. Sein bekanntestes Interludium ist *The Four PP*, in dem bei einem Wettstreit um die größte Lügengeschichte zwischen einem Pilger (Palmer), Ablaßkrämer (Pardoner) und Quacksalber (Poticary) mit einem Hausierer (Pedlar) als Richter der Pilger den Sieg erringt, weil er beteuert, auf seinen Reisen noch nie einer ungeduldigen Frau begegnet zu sein.

7. Satire und Alltag

Die Forderung der Lebensnähe, die den Humanismus in nationale Bahnen lenkte, hatte die schöne Literatur verbürgerlicht, wie es der Ausgang des Versromans dartat. Die neue Kunst der beginnenden Renaissance stellte nun bewußt die Alltagswirklichkeit in den Mittelpunkt, schilderte vom bürgerlichen Standpunkt aus und setzte den satirischen Zweck an Stelle irgendwelcher Ideale. Das Hauptwerk dieser Literatur, zu der auch die Eulenspiegel *(Howleglas)* verwandten Schwankbücher und das früher Lydgate zugeschriebene *London Lickpenny* gehören, ist das Narrenschiff des Basler Rechtsprofessors Sebastian Brant (1494), das der Dominikaner Alexander Barclay (1475–1552) nach einer verwässerten lateinischen Fassung als *Ship of Folys* (1509) übersetzte[73]. Angezogen hat ihn die

[72] ed. J. S. Farmer, 3 Bde., Lo. 1905; ed. B. A. Milligan, Urbana 1956. – Fulgens u. The Four PP in WC 418 (auch als OUP pb., 1970).
[73] Auszüge aus dem Narrenschiff und London Lickpenny bei Hammond (s. Anm. 59).

moralische Wirkung des satirischen Zeitbildes, das er durch Streichung der klassischen Anspielungen, volkstümliche Verdeutlichung und Verwendung der Allegorie englischer und wirkungsvoller zu machen suchte, wobei er allerdings den Umfang auf das doppelte anschwellte.

Als Dichter steht Barclay weit zurück hinter seinem gleichfalls humanistisch geschulten Zeitgenossen, dem Hofmeister des späteren Heinrich VIII., JOHN SKELTON (1460?–1529)[74], der sich seines Dichtertums so bewußt war, daß er in der *Garland of Laurel* (1523) seine eigene Dichterkrönung besingt. Skelton hat sich in Allegorie und Moralität versucht (s. S. 62); die ihm ganz gemäße Art fand er in raschlaufenden Kurzversen, einer englischen Umbildung der lateinischen Vagantenverse, in denen er alles, was ihm einfiel, zu einem bunten Potpourri zusammenfügte. In ungewohnter und reizvoller Mischung von Pathos, Schalkhaftigkeit, Pedanterie und Witz weiß er das Catullische Thema vom Tod des *Phyllyp Sparowe* (ca. 1503–1507) zum humorvollen Kleinepos auszugestalten und in der mit Rabelaisscher Sprachkunst gegebenen Beschreibung der Weiberkaschemme der *Elynour Rumming* (1506–1512) eine unflätig-derbe Wirtshausszene, wie sie die holländischen Maler liebten, als Gegenbild zu entwerfen. Drei weitere, zwischen 1521 und 1522 geschriebene Dichtungen Skeltons, *Colin Clout*, *Speke Parrot* und *Why come Ye Not to Court?*, richten sich gegen Kardinal Wolsey, persönlich und gehässig, aber überaus wirkungsvoll. Die Dichtung ist in der Renaissance zu einer Macht geworden, die – der Bedeutung der heutigen Presse vergleichbar – sich anheischig macht, in alle Fragen des öffentlichen Lebens einzugreifen.

8. Historiographie und wissenschaftliche Prosa

Auch auf dem Gebiete der Geschichtsschreibung brachte das 15. Jahrhundert Neues[75]. Während die mönchische Tradition mit THOMAS WALSINGHAM (gest. 1422), dem letzten Vertreter der St. Albansschule, zu Ende ging, zeigen die lateinischen und englischen Biographien Heinrichs V., die von humanistischen Verfassern herrühren (TITO LIVIO und seinen englischen Fortsetzern und Übersetzern), die ersten Plutarch verpflichteten Versuche kritischer Geschichtsschilderung in kunstvoller Gruppierung um eine im Mittelpunkt stehende Persönlichkeit. Daneben blühen die weltlichen Chroniken, vor allem der *Brut* (dessen Endform Caxton 1480 druckte, s. S. 60) und *The Great Chronicle of London* (ca. 1430)[76], in denen das Bürgertum die geistliche Annalistik fortsetzte: beredt, in flüs-

[74] ed. P. Henderson, Lo. ⁴1964; Poems ed. R. Kinsman, Oxf. 1969 (Auswahl); Auszüge bei Hammond. – Vgl. J. M. Berdan, Early Tudor Poetry, N.Y. 1920; Biographie von H. L. R. Edwards, Lo. 1949; M. Pollet, J. S.: Poet of Tudor England, Lo. 1971.

[75] C. L. Kingsford, English Historical Literature in the 15th Century, Lo. 1913.

[76] ed. A. H. Thomas u. J. D. Thornley, Lo. 1939 (Guildhall Library).

sigem Stil und mit besonderer Ausmalung der das städtische Leben schmückenden Aufzüge und königlichen Feste. Die vordem auf erbauliche und religiöse Werke beschränkte landessprachige Prosa hatte also weite neue Gebiete ergriffen. Sogar die Gelehrsamkeit rückte in den Bereich des Bürgers; daß es möglich war, wissenschaftliche Werke auch in englischer Sprache abzufassen, beweisen die theologisch-philosophischen Schriften (*Donet*, 1443–1449, und *Repressor of Overmuch Blaming of the Clergy*, ca. 1450)[77] des Bischofs REGINALD PECOCK (ca. 1390 – ca. 1461) und die juristisch-staatspolitische Schriftstellerei von Sir JOHN FORTESCUE (ca. 1394 – ca. 1476).

9. Der englische Frühhumanismus[78]

Auch die humanistische Neubelebung, die von dem Mäzenateneifer des Herzogs HUMPHREY OF GLOUCESTER (1391–1447) und einzelner Äbte (wie z. B. JOHN BOSTOCK genannt WHETHAMSTEDE, Abt von St. Albans, gest. 1465) ausging, hat bald eine englische Umprägung erfahren. Weder die Italiener, die man nach England berief, ein Poggio oder Tito Livio, noch die englischen Humanisten, die nach Italien reisten – wie der Earl JOHN TIPTOFT (1427–1470), Bischof WILLIAM GREY (1408–1478) und dessen Schützling JOHN FREE (gest. 1465) – haben dem in korrekten Gedichten, eleganten Reden und ciceronianischen Briefen sich aussprechenden formalästhetischen Geist eine dauernde Stätte in England verschafft. Erst als sich der Humanismus praktischen Zielen zuwandte und Fachstudium und nicht formale Schöngeisterei als sein Ziel erklärte, konnte er in England bodenständig werden. Das war der Fall bei dem Arzt THOMAS LINACRE (ca. 1460–1524), der einen neuen Typ des Humanisten schuf, den Gelehrten im modernen Sinne. Dieser Verwurzelung des Humanismus an den englischen Bildungsstätten (wodurch er erst fruchtbringend werden konnte) hatte Linacres Freund WILLIAM GROCIN (1446–1519) vorgearbeitet durch die ersten öffentlichen Vorlesungen über Griechisch an der Universität Oxford (1490). Daran reihte Grocin bibelkritische Übungen, womit er eine theologische Zweckbindung des Humanismus einleitete und das Prinzip des christlichen Humanismus aufstellte, der schon für WILLIAM LATIMER (ca. 1460–1545) ausschlaggebend war und in der nächsten Generation zum Ausgangspunkt der puritanisch-reformatorischen Bestrebungen werden sollte.

[77] Donet ed. E. V. Hitchcock EETS 156, 164; Repressor ed. C. Babington, 2 Bde., Lo. 1860 (RS).

[78] W. F. Schirmer, Der englische Frühhumanismus, Tübingen ²1963; R. Weiss, Humanism in England in the 15th Century, Oxf. ³1967; A. MacLean, Humanism and the Rise of Science in Tudor England, Lo. 1972.

Drittes Buch

DIE ZEIT DER RENAISSANCE

BIBLIOGRAPHIE: Jährlich erscheinende Übersicht in den Ztschr. Studies in Philology und (seit 1961) Studies in English Literature.

GESCHICHTE UND KULTURGESCHICHTE: D. Harrison, Tudor England, 2 Bde., Lo. 1953; A. L. Rowse, The England of Elizabeth, Lo. 1950; Life in Shakespeare's England ed. J. D. Wilson, Lo. 1944 (Pelican Book); S. T. Bindoff, Tudor England, Harmondsworth 1950 (Pelican History V). – E. M. W. Tillyard, The Elizabethan World Picture, Lo. 1943; H. Craig, The Enchanted Glass, N.Y. 1936.

LITERATURGESCHICHTE: F. P. Wilson, Elizabethan and Jacobean, Oxf. 1945; C. S. Lewis, English Literature in the 16th Century Excluding Drama (OHEL III); F. P. Wilson, The English Drama 1485–1585 ed. G. K. Hunter (OHEL IV.1); T. Brooke in A. C. Baugh (Ed.), A Literary History of England, Lo. ²1967; English Poetry and Prose 1540–1674 ed. C. Ricks (Sphere History 2); English Drama to 1710 ed. C. Ricks (Sphere History 3); The Age of Shakespeare ed. B. Ford (Pelican Guide 2); D. Bush, The Renaissance and English Humanism, Toronto 1939; W. F. Schirmer, Antike, Renaissance und Puritanismus, München ²1932.

Der zeitgeschichtliche Hintergrund

Die englische Renaissance ist die Zeit der Tudors. Der erste Tudor, Heinrich VII. (1485–1509), hatte nicht nur die Rosenkriege beendet, sondern durch das Gesetz gegen 'Livery and Maintenance' (1487) die früher so verhängnisvolle Macht der Barone ausgeschaltet. Er vererbte Heinrich VIII. (1509–1547) eine gefestigte Monarchie. Man fühlte mit diesem König ein neues Zeitalter anbrechen, und der Erfolg von Wolseys Politik des Gleichgewichts der Mächte schien Englands Weltgeltung auch für die Zukunft zu sichern. Aber dieser Herrscherglanz führte zu Despotismus; als der Papst die Scheidung der Ehe mit Katharina von Aragonien nicht guthieß, mußte Wolsey gehen, das eingeschüchterte Parlament ernannte den König zum Supreme Head of the English Church, und dieser Bruch mit Rom bedeutet die Begründung der anglikanischen Staatskirche (1534). Heinrichs Ziel, wie auch das Elisabeths, war ein Mittelweg zwischen Katholizismus und der reformatorischen Richtung.

Unter Eduards VI. reformatorischer Regierung (1547–1553) glitt das Land jedoch von diesem Mittelweg ab. Königliche Visitatoren durchreisten das Land, zerstörten Bilder, Statuen, Bücher und alles, was an den alten Glauben erinnerte. Eduards Schwester Maria (1553–1558) machte diese Reformen wieder rückgängig. Ihr Plan war politisch die kaiserliche Allianz, kirchlich die Rückführung Englands zum Katholizismus.

Das so von Glaubenskämpfen zerrissene Land kam zu einer erneuten Blüte unter Elisabeth (1558–1603). Mit der Machtliebe ihres Vaters Heinrich VIII. und als Schülerin machiavellistischer Renaissancepolitik stand sie den religiösen Begeisterungen ihrer Zeit kühl gegenüber, aber sie erkannte die Bedeutung einer einheitlichen Kirche. Bischof Parker legte auf ihr Geheiß die Dogmen der anglikanischen Kirche fest, was allerdings mit einer gewaltsamen Unterdrückung sowohl der den Papst Anerkennenden wie der extremen Reformer („Puritaner") Hand in Hand ging. Elisabeths Regierung glaubte, die politischen Aufgaben diesen kirchlichen Fragen voranstellen zu müssen. Die außenpolitischen Erfolge waren außerordentlich. Die von Schottland drohende Gefahr war durch die Hinrichtung Maria Stuarts gebannt, die machtpolitische Gegnerschaft Spaniens durch den Sieg über die Armada (1588) ausgeschaltet, Entdeckungsfahrten hatten koloniale Ausdehnung im Gefolge, und Handel und Wohlstand waren das sichtbare Zeichen einer Herrschaft, deren Gewalttätigkeit man um solcher Erfolge willen verzieh.

I. DIE NICHT-DRAMATISCHE LITERATUR DES 16. JAHRHUNDERTS

1. Humanismus und Reformation[1]

Wie die Reformation erhielt auch der Humanismus im 16. Jahrhundert ein nationales, protestantisch-puritanisches Gepräge. Das gilt für Schottland, wo JOHN KNOX eine kalvinische Reform durchsetzte und Humanisten vom Range des GEORGE BUCHANAN (1506–1582) dafür gewann; das gilt aber auch für England, wo JOHN COLET (1467–1519) das frühhumanistische Erbe im Sinne einer pietas litterata verwaltete. Trotz seiner Studien an der Florentiner Akademie Ficinos bedeuteten ihm sittliche Lebensführung und religiös positive Haltung den eigentlichen humanistischen Gehalt, und auch das englische Wirken seines Freundes ERASMUS (1499, 1505, 1509–1514) wurde nur in diesem Sinne gewertet.

[1] Vgl. F. Seebohm: The Oxford Reformers (Colet, Erasmus, More) EL 665.

Der einzige englische Humanist von europäischer Geltung war der gleichfalls Erasmus befreundete THOMAS MORE (MORUS; 1478–1535)[2]. Er hatte sich frühzeitig für eine juristische Laufbahn entschieden; in ihr erreichte er schon 1511 die höchste Stellung des Vorsitzes im Amtskollegium; 1515 ging er mit einer Handelsabordnung nach Flandern, wo das im Vergleich zu England blühende Städteleben, die krisenhafte politische Lage Europas und die damit verbundene Entscheidung, ob er bei seinem Beruf bleiben oder an den Hof gehen sollte, die Gestaltung der Utopia beeinflußten (erschienen 1516, erste englische Übersetzung von Ralph Robinson 1551). Von da ab gehörte More ganz dem öffentlichen Leben: er war Mitglied des Privy Council, wurde geadelt, Schatzsekretär und schließlich Kanzler (1529–1532). Er wurde beauftragt, Tyndales reformatorische Streitschriften zu beantworten, verweigerte aber dann den Suprematseid und wurde hingerichtet. Seine *Utopia* ist ebenso berühmt durch die künstlerische Formung wie durch den platonische und augustinische Gedanken verwertenden Inhalt. Die Staatsform von Utopia trägt die Züge einer Demokratie; der sagenhafte Gründer Utopus verschwand wie Lykurg, nachdem er eine Verfassung gegeben hatte. Richtschnur allen Handelns ist die Vernunft. Da die Utopier frei sind von jeglichem Besitzstreben, baut sich das Gesellschaftsleben auf der Gütergemeinschaft auf. Es herrscht unbedingte religiöse Toleranz; einzig die Unsterblichkeit der Seele und die göttliche Vorsehung dürfen nicht geleugnet werden. Die Utopier brauchen nur sechs Stunden täglich zu arbeiten, die Freizeit wird Kunst, Wissenschaft und Spiel gewidmet. Ist ein Krieg unvermeidlich, so greifen die Utopier erst an letzter Stelle auf ihre Landsleute zurück; sie werben zunächst Söldner und säen durch Bestechung Zwietracht im feindlichen Lager. Hierzu bedarf es eines Staatsschatzes, während man sonst Gold und Silber verachtet und etwa für die Fesseln der Sklaven benutzt. Das Werk hat eine Fülle widersprüchlicher Interpretationen erfahren, ist als phantastisches Märchen wie als ernste Sozialkritik oder gar als ein Bild englischer Realpolitik verstanden worden. Die Ursache für solche Divergenz der Meinungen liegt in dem Doppelgesicht des Werks, das einerseits auf Mißstände und Gefahren hinweisen will, das aber in anderen Teilen heiteres oder ironisches Spiel ist, wie es humanistisch gebildeten Lesern Vergnügen bereitete. Ein weiteres Publikum hatten dagegen die englischen Schriften im Auge, die kraftvollen, aber im Satzbau oft un-

[2] Yale Edition of the Complete Works, New Haven 1963ff. (i. E.); Selected Works ed. E. Surtz, New Haven 1964; Utopia ed. J. H. Lupton, Oxf. 1895 (mit Robinsons Übersetzung); EL 461; deutsche Übers. von G. Ritter mit Nachwort von E. Jäckel, Stuttgart 1964 (Reclam). Correspondence ed. E. F. Rogers, Princeton 1947; Neue Briefe ed. H. Schulte Herbrüggen, Münster 1966; Selected Letters ed. E. F. Rogers, New Haven 1961. – Biographie von R. W. Chambers, Lo. 1935; W. H. Donner, Introduction to Utopia, Lo. 1946; J. H. Hexter, M.'s Utopia: The Biography of an Idea, Princeton 1952.

übersichtlichen *Streitschriften* gegen Tyndale und die *History of Richard III*, in der sich die von den Biographen Heinrichs V. begründete, antikem Muster verpflichtete neue Geschichtsschreibung vollendet und Vorbild wird für eine entstehende biographische Schule (vgl. *Life of More* von Nicholas Harpsfield, 1519–1575)[3].

Daneben bestand das mehr pädagogische, auf Colet zurückgehende Prosaschrifttum der protestantischen Humanisten, die ihren Mittelpunkt in Cambridge hatten. Es wurde eingeleitet von des Thomas Elyot (1490 bis 1546) *Governour*[4] (1531), einem Fürstenspiegel, wie er seit B. Castigliones Cortegiano (1528, übersetzt von Sir Thomas Hoby 1561) zum guten Ton gehörte, aber nicht platonisch-schöngeistig, sondern betont ethisch als nationale und christliche Erziehungsschrift. Sir John Cheke (1514–1557), der leitende Geist dieser Cambridger Humanistengeneration, so wie es Colet in Oxford gewesen, beweist, wie sehr der Humanismus national und protestantisch geworden ist. Sein Wirken fand Ausdruck in den Werken seines Schülers Roger Ascham (1515–1568)[5], der sich in dem englisch abgefaßten *Toxophilus* (1545) zum leidenschaftlichen Anwalt der nationalen Kunst des Bogenschießens machte und im *Scholemaster* (1570, postum) ein Erziehungsprogramm für den jungen Gentleman aufstellte, das zwar klassisch ausgerichtet ist, aber das schöngeistig-leichtfertige italienische Vorbild entschieden ablehnt. Das von den Cambridger Humanisten gegebene Beispiel der Bevorzugung der Landessprache gegenüber dem Latein, das der Direktor der Merchant Taylors' School Richard Mulcaster (1530–1611) in seinen pädagogischen Schriften geradezu als Forderung aufstellte, hat Thomas Wilson gerechtfertigt, indem er in seiner vielgelesenen *Arte of Rhetorique*[6] (1553) eine aus Quintilians und Ciceros Rhetorikbüchern abgeleitete englische Kunstprosa lehrte, die dem Latein ebenbürtig sein sollte. Diese englische Humanistenprosa hat die Ausdrucksweise der gesamten Literatur der Zeit beeinflußt und ist im sogenannten „Euphuismus" (s. S. 81) zu einer eigenen Manier weiterentwickelt worden.

Die Reformatoren, die sonst doch den Humanisten nahestanden, hielten sich bemerkenswert unabhängig von diesem Kunststil, denn sie wollten sich der Sprache des Volkes annähern. William Tyndale (ca. 1495–1536) übertrug mit mehreren Helfern das Neue Testament (1526), woran sich der Streitschriftenkampf mit Thomas More anschloß, und Miles Coverdale (1488–1568) vervollständigte das Werk zu einer ganzen *Bibelüber-*

[3] ed. E. V. Hitchcock, Lo. 1932 (EETS 186) mit grundlegender Einleitung über die Geschichte der englischen Prosa von R. W. Chambers.

[4] ed. H. H. St. Croft, 2 Bde., Lo. 1880; EL 227. – S. E. Lehmberg, Sir T. E., Tudor Humanist, Austin, Texas, 1960; J. M. Major, Sir T. E. and Renaissance Humanism, Lincoln, Nebraska, 1964.

[5] English Works ed. W. A. Wright, Cambr. 1904. – L. V. Ryan, R. A., Stanford 1963.

[6] ed. G. H. Mair, Oxf. 1909.

setzung (1535). Von da ab datieren die in Gemeinschaftsarbeit verfaßten Bibelübersetzungen: die anglikanische *Great Bible* (1539) und *Bishops' Bible* (1568) und die puritanische *Geneva Bible* (1560), Übersetzungen, die ihren Abschluß und ihre Krönung fanden in der für die Folgezeit in England maßgebenden *Authorized Version* von 1611[7]. Die in diesen Übersetzungen herausgebildete eigene biblische Sprache innerhalb des Englischen, die auch in den verschiedenen Fassungen des *Book of Common Prayer* (1549, 1552, 1559, 1662) zum Ausdruck kommt, stellt ein Ineinanderbauen der Sprache von Jahrhunderten dar und erhielt die Ursprünglichkeit, den Reichtum und die Frische, die ein zeitgebundener Literaturstil entbehrt. Der Einfluß dieser Bibelsprache auf die Dichtung ist unabschätzbar, und zahllose Wendungen daraus sind in der Alltagssprache so heimisch geworden, daß ihre biblische Wurzel nicht mehr gefühlt wird.

Auch die Predigtprosa ist nicht Umgangssprache des Volkes, sucht aber bei allen reformatorisch gestimmten Geistern eine Annäherung an das volkstümlich Einfache, wie es sich schon bei Wiclif und dann bei Hugh Latimer (ca. 1490–1555) zeigte und ebenso in den vielgelesenen *Actes and Monuments* (1563), d.h. der von John Foxe geschaffenen Zusammenstellung der Schicksale der protestantischen Märtyrer (gewöhnlich *Book of Martyrs* genannt). Der größte Prediger und theologische Schriftsteller der elisabethanischen Renaissance, Richard Hooker (1554–1600), führt jedoch wieder in die Nähe der Humanisten. Sein gegen puritanische Angriffe gerichtetes und als Verteidigungsschrift der Staatskirche bestelltes Buch *Laws of Ecclesiastical Polity*[8] (1593) hat einen stark latinisierten Wortschatz und lange, gedrängte Sätze, die bewußt klassische Würde und Großartigkeit anstreben.

Die stets an einen weiteren Leserkreis sich wendenden *Chroniken*, von denen die von Shakespeare benutzten von Edward Hall und Raphael Holinshed[9] genannt seien, sowie die Altertümerbeschreibungen der sogenannten 'antiquaries' John Leland und William Camden vertreten die einst vorherrschende Geschichtsprosa, die im 16. Jahrhundert gegenüber anderen Literaturzweigen stärker zurücktritt.

2. Kritik und Übersetzungen

Manche dieser Literaturzweige sind heute nur mehr historisch zu werten; das ganze kritische Schrifttum, das es mit der Rechtfertigung der Literatur gegenüber puritanischen Angriffen zu tun hat, von Stephen Gossons

[7] ed. W. A. Wright, 5 Bde., Cambr. 1909. – F. F. Bruce, The English Bible, Lo. 1961.
[8] EL 201–2.
[9] Auszug der von Shakespeares Historien benützten Stellen in EL 800.

School of Abuse (1579) über THOMAS LODGES Entgegnung *A Defence of Poetry, Music and Stage Plays* (1579) bis zu PRYNNES ungeheurem *Histriomastix* (1633), ist ebenso veraltet wie die zahlreichen, antike und italienische Autoren ausschreibenden Poetiken und Stillehren von GASCOIGNE, PUTTENHAM und WEBBE. Einzig PHILIP SIDNEYS *Defence of Poesie* (ca. 1580)[10], die nur im Titel die zeitgebundene Streitstellung bewahrt, erhebt sich zu hoher philosophischer Kritik, die platonische Gedanken mit einer von Aristoteles herkommenden Maßästhetik verbindet und im begeisterten Lob des Dichters als des ersten Gesetzgebers der Welt schöpferisch hinübergreifen sollte zur englischen Romantik und zu Shelleys nicht nur in der Titelgebung anklingender Defence.

Abgesehen von Sidneys Schrift sind es weniger die kritischen Erörterungen als die Übersetzungen, aus denen wir die Dichtbegeisterung der Renaissance entnehmen können. Stürmisch nahm man Besitz von den „fremden Gärten" und übersetzte folglich nicht nur in eine andere Sprache, sondern in einen anderen Geist. So lesen sich die meisten Übertragungen[11] dieser größten Übersetzungszeit Englands wie englische Werke. Natürlich ist die Antike am stärksten vertreten, und manche dieser Übersetzungen, wie der CHAPMANsche *Homer* (1598–1615), Arthur Goldings Übersetzung von Ovids *Metamorphosen* (1567) und der NORTHsche *Plutarch* (1579), sind maßgebend geblieben; aber auch der Anteil Spaniens, Frankreichs und besonders Italiens ist nicht gering. Gerade die italienische Dichtung war für die Entstehung der englischen Renaissancelyrik bedeutsam.

3. Anfänge der höfischen Renaissancedichtung[12]

Bereits in der Generation von THOMAS WYATT (1503–1542) hatte ein höfischer Dichterkreis, der sich um Heinrich VIII. scharte, nach italienischen Vorbildern Lyrik geschrieben. Auf diesen nur handschriftlich verbreiteten Gedichten beruht die erste, vielleicht von Nicholas Grimald redigierte englische Anthologie, die unter dem Titel *Songes and Sonettes* 1557 bei dem Verleger Richard Tottel erschien. Diese gewöhnlich *Tottel's Miscellany*[13] genannte Sammlung ist eine Blütenlese aus den 30 vorher-

[10] Unter dem Alternativtitel 'An Apologie for Poetry' ed. G. Shepherd, Lo. 1965; ed. J. A. Van Dorsten, Oxf. 1966; Elizabethan Critical Essays ed. G. G. Smith, 2 Bde., Oxf. 1904; English Critical Essays 16th, 17th and 18th Centuries WC 240.

[11] Elizabethan Prose Translation ed. J. Winny, Cambr. 1960.

[12] Umfassende Anthologien: Tudor Poetry and Prose ed. W. J. Hebel u. a., N.Y. 1953; N. E. McClure, 16th Century English Poetry, N.Y. 1954; N. Ault, Elizabethan Lyrics, Lo. ²1949.

[13] Kommentierte große Ausgabe von H. E. Rollins, 2 Bde., Cambr., Mass., ²1965. Ausreichende Auswahl aus Wyatt und Surrey in: Silver Poets of the Sixteenth Century EL 985; Collected Poems of Sir Thomas Wyatt ed. K. Muir and P. Thomson, Liver-

gehenden Jahren, wobei Wyatt, Surrey und Grimald die hauptsächlichen Beiträger darstellen. Wyatt, der als Gesandter bei der Kurie italienische Dichtung kennenlernte, hat, von Petrarca und seinen Nachfolgern beeinflußt, die strenge silbenzählende italienische Metrik übernommen und neue festbegrenzte Gattungen eingeführt; das bedeutete – wie einst unter Chaucer – eine ordnende und formale Schulung für die englische Dichtung. Er brachte vor allem das italienische Sonett nach England, eine vierzehnzeilige Strophe aus elfsilbigen Versen mit eigentümlicher Reimverschränkung (abba abba cdc dcd bzw. cde cde), die eine Gliederung in Oktave und Sestett andeutet. Wyatts großer Schüler Surrey löste sich dann aus den engen Reimfesseln und schuf durch die Umwandlung in drei Quartette plus Reimpaar (abab cdcd efef gg) die eigentlich englische Sonettform. Dies Surrey-Shakespeare-Sonett ist fortan als eigene Form neben der italienischen in der englischen Dichtung lebendig geblieben. Auch bei der Gattung der Epigramme hielt sich Wyatt genau an die Vorbilder und bürgerte die metrischen Formen Ottava und Terzine in England ein. Freier bewegte er sich in den Episteln, in denen er sein Bestes gab *(Epistle to John Poins)*. NICHOLAS GRIMALD (1519–1562), der als einziger humanistischer Beiträger erwähnenswert ist und als solcher die Bestrebungen zur Einbürgerung klassischer Metra vertrat, brachte die erste selbständige Anwendung des dann Blankvers genannten reimlosen Fünfhebers, den der stärkste Dichter der Sammlung, HENRY HOWARD, EARL OF SURREY (1517–1547), in Übersetzungsproben der Aeneis zu einem vom heroischen Reimpaar gelösten Vers mit eigener rhythmischer Bewegung und epischer Fähigkeit ausbildete. Die Dichtungen der anderen Beiträger ordnen sich dem über Wyatt, Grimald und Surrey Gesagten ein; das Ganze ist ein großes Versprechen, das erst zwei Generationen später eingelöst wurde.

Vorerst folgte noch eine Zeit des Tastens, der ständigen Angleichung von Englischem und Fremdem; wenn dies auch wie eine dichterische Ebbe anmutet, so bedeutete es doch ein Verbreitern der Grundlage. In diesem Sinne sind auch die dichterischen Werke von Sackville, Gascoigne und Googe zu bewerten. Der Ruhm von THOMAS SACKVILLE, EARL OF DORSET (1536–1608) knüpft sich an den *Mirror for Magistrates*[14] (1559), der, als Fortsetzung von Boccaccios De casibus und des Lydgateschen Fall of Princes gedacht, eine Art nationales Geschichtswerk darstellen sollte. Zu diesem später zu unkünstlerischer Länge zerdehnten, aber für die ganze elisabethanische Dichtung einflußreichen Sammelwerk mittelalterlich-tragischer Verserzählungen steuerte Sackville 1563 die *Induction* und *The*

pool 1969; Surrey Poems ed. E. Jones, Oxf. 1964. – K. Muir, Life and Letters of Sir T. W., Liverpool 1964; P. Thomson, Sir T. W. and his Background, Lo. 1964; R. Southall, The Courtly Maker, Oxf. 1964.

[14] ed. L. B. Campbell, Cambr. 1938; Sackvilles Induction u. Complaint ed. M. Hearsey, New Haven u. Lo. 1936.

Complaint of the Duke of Buckingham bei, die dichterisch, in ihrer einheitlichen Stimmung und Danteschen Feierlichkeit, alle anderen Beiträge überragen. Dagegen liegt die Bedeutung von GEORGE GASCOIGNE[15] (1535/40–1577) in seiner Vielseitigkeit, die ihn auf allen Gebieten als Wegbereiter und Vermittler insbesondere italienischer Literatur tätig sein ließ. Für die Lyrik ist er neben der Blankverssatire *Steele Glas* (gedr. 1576) durch den „Blumenstrauß" (*The Posies*, 1575) seiner metrisch erstaunlich glatten und ungezwungenen Gedichte bedeutsam. Die Zeit ging schnell über ihn hinweg, er teilt das Schicksal der Anreger, die, gerade weil sie Erfolg hatten, bald überwunden wurden. BARNABE GOOGE (1540 bis 1594) endlich, der in geraumem Abstand Sackville und Gascoigne angeschlossen werden kann, vertritt nochmals die humanistische Linie. Seine *Eglogs, Epytaphes and Sonettes* (1563)[16] setzen die von Barclay eingeführten moralisch-allegorischen Schäfergedichte in puritanischer Zuspitzung fort und haben Spensers Pastoraldichtung beeinflußt.

4. Spenser und die elisabethanische Lyrik

Allerdings tritt EDMUND SPENSER[17] (ca. 1552–1599), der mit Chaucer, Shakespeare und Milton in die erste Reihe der englischen Dichter gestellt wird, mit einem anderen Anspruch auf. Sein *Shepheardes Calender* (1579) gibt das Programm der großen elisabethanischen Dichtergeneration; es handelte sich darum, die aus der Analyse der antiken Dichtung erschlossenen künstlerischen Erkenntnisse für die landessprachige Dichtung zu verwerten, wie das die Pleiade in Frankreich bereits getan hatte, und durch Gelehrsamkeit, in Nacheiferung der besten fremden und heimischen Muster, die Muttersprache zu einem dem Lateinischen ebenbürtigen Mittel zu gestalten. Die rhetorisch-stilistischen Anmerkungen seines Cambridger Studienfreundes E[dward] K[irke] und der vorangestellte Brief an den angesehenen Rhetorikprofessor Gabriel Harvey betonen den Charakter der Programmschrift, während die Eklogen selbst die vielfältigsten Muster geben: die Metren entsprechen dem Wechsel von Hofton und rau-

[15] ed. J. W. Cunliffe, 2 Bde., Cambr. 1907–10.

[16] ed. E. Arber, Lo. ²1895; Selected Poems ed. A. Stephens, Denver 1961.

[17] Works, Variorum Edition ed. E. Greenlaw u.a., 11 Bde., Baltimore 1932–57; ed. J. C. Smith u. E. de Sélincourt, Lo. 1912 u.ö. [einbändige Studienausgabe]; EL 443–44, 879; Selections ed. W. L. Renwick, Lo. 1923; kommentierte Ausgaben der F. Q. von P. C. Bayley, Book I, Lo. 1966, Book II, Lo. 1965. – W. L. Renwick, E. S.: An Essay on Renaissance Poetry, Lo. 1925, repr. 1961; W. Nelson, The Poetry of E. S., N.Y. 1963; Form and Convention in the Poetry of E. S., ed. W. Nelson, N.Y. 1961; Elizabethan Poetry: Modern Essays in Criticism, ed. P. J. Alpers, Lo. 1967; G. Hough, A Preface to the F. Q., Lo. 1962; P. J. Alpers, The Poetry of the F. Q., Princeton 1967; R. Freeman, The F. Q.: A Companion for Readers, Lo. 1970; M. Evans, Sp.'s Anatomy of Heroism: A Commentary on the F. Q., Cambr. 1970.

her Hirtensprache; neben Monologen stehen Gespräche, Erzählungen und lyrische Gedichte; puritanisch-reformatorische Kritik steht neben schäferlichem Liebesidyll und künstlerischem Dichterbekenntnis. Es gelang Spenser nicht ganz, diese Vielfalt durch die pastorale Liebesgeschichte und den Monatskalender zur Einheit zu binden; aber der programmatische Zweck ist überzeugend erfüllt durch die Totenklage im November und das Preislied im April, die lyrische Höhepunkte der damaligen Dichtung darstellen. Die Früchte dieser Schulung erweisen die späteren kleineren Dichtungen, die Spenser 1591 unter dem Titel *Complaints* sammelte und die z. T. biographischer Erklärung bedürfen. Der ahnenstolze Londoner Bürgersohn hatte in der Merchant Taylors' Schule und im Cambridger Pembroke College nicht nur klassisches Bildungsgut erlebt und in sich aufgenommen, sondern auch nationales Selbstbewußtsein und englischen Herrschaftsanspruch. Als er dann durch Gabriel Harvey eine Stelle in Leicesters Hofhaltung erhielt, mußte er weiterreichende Pläne hegen. Die Ernennung zum Sekretär beim königlichen Statthalter in Irland (1580) empfand er folglich als Verbannung, denn sein Ehrgeiz war, durch seine Dichtung prophetisch Geschichte zu machen und so die Geltung seines Vaterlandes aufzuwerten. Aus dieser Absicht erklärt sich die Prosaschrift *View of the Present State of Ireland* (1596, gedruckt erst 1633), die zur Stärkung des englischen Staats eine rücksichtslose Politik gegen Irland empfiehlt, denn der Staat galt ihm als eine Form der Stetigkeit inmitten des ewigen Wandels. Die Zukunft des englischen Imperiums sollte sein großes, auf 12 oder 24 Bücher geplantes Feenkönigin-Epos gründen helfen; das Pastoral *Colin Clout's Come Home Again* erzählt, wie Ralegh ihn 1589 in Irland besuchte und ihn veranlaßte, nach London zu kommen, wo er zwar die ersten drei Bücher der *Faerie Queene* mit Widmung an Elisabeth veröffentlichte, in seiner Hoffnung auf ein höheres Staatsamt aber enttäuscht wurde. Mit dem Tode Sidneys und Leicesters und mit Raleghs Verdrängung durch Essex schwanden die Helden seines Dichtertraums, und das Werk blieb unvollendet (6 Bücher, gedruckt 1596).

Dafür entstanden reicher als zuvor die kleineren Werke, die vier Hymnen über platonische Schönheit und Liebe, das Hochzeitslied und die Liebessonette auf seine Braut. Das in diesen Schöpfungen hervortretende platonische Gedankengut geht auf die Anregungen der Humanisten zurück, verknüpft aber die platonisch-christliche Ethik mit dem ritterlichen Ideal einer veredelten und vergeistigten Liebe, die nunmehr als Abglanz eines höheren Urbildes, der göttlichen Liebe, erscheint *(Fowre Hymnes)*. Solches Zusammenfügen antiker und christlicher Gedanken erlaubt es im *Epithalamion* (1595), die schlichte Tatsache der anglo-irischen Heirat Spensers und Elisabeth Boyles (1594) mit heidnischen Anrufungen an Muse und Nymphen zu feiern und von dem Preis der geistigen Schönheit der Braut ohne Riß überzugehen zu der christlichen Zeremonie in der

Kirche. Da die antike Färbung weder das Volkstümliche noch die wirklichkeitsnahen ländlichen Bilder ausschließt, ist dies in italienischer Kanzonenart verfaßte Hochzeitslied eine vollendete Umsetzung der klassischen Form in englische Sprache, Umwelt und Empfindung. Eine so volle Aussprache seiner Persönlichkeit und seines Künstlertums war in der festgefügten Sonettform nicht möglich; obwohl die *Amoretti* (1591–1594) seinen eigenen Liebesroman zum Inhalt haben, hielt sich Spenser an die fremden Muster und schrieb nach dem Petrarca-Vorbild, jedoch in einer abgewandelten heimischen Form von drei miteinander verbundenen Quartetten (abab bcbc cdcd ee). Die Bedeutung der Amoretti für seine Zeit lag darin, daß Spenser nicht wie Wyatt das vereinzelte Sonett gab, sondern die Sequenz; die zeitlose Bedeutung liegt in der unvergleichlichen lyrischen Gabe, mit der ein reines Empfinden zu dichterischem Wort gestaltet ist. Die letzten Lebensschicksale des Dichters, dem aufständische Bauern den irischen Landsitz anzündeten und der vielleicht sogar in Not in London starb, fanden dichterisch keinen Ausdruck, es sei denn, man sähe dies Schicksal vorgedeutet in den düsteren *Mutability*strophen der Feenkönigin (Buch VII).

Die Sonettmode, die in den Jahren 1591–1597 an die 20 Sammlungen unter Laura nachempfundenen Namen wie Phillis, Diana, Delia, Licia auf den Markt brachte[18], hat neben Spenser in Sidney und Shakespeare ihre größten Vertreter. Sir PHILIP SIDNEY (s. S. 80) geht zeitlich voran; seine dem Laurazyklus nachgebildete *Astrophel and Stella*-Folge ist vor dem Hintergrund seiner Liebe zu Penelope Devereux zu sehen und wahrscheinlich in den Jahren vor und nach deren Heirat mit Lord Rich (1580) entstanden (gedruckt 1591). Trotz der herkömmlichen, festgelegten Ausdrucksstufen wahrt die Sammlung einen die Konvention überwindenden eigenen Ton, der in den eingestreuten Liedern leidenschaftlichen Ausdruck findet und das Motiv des Kampfes zwischen hoher Liebe und Leidenschaft zum eigentlichen und nicht nur konventionellen Gegenstand der ganzen Folge erhebt. Metrisch schließt sich Sidney eng an das italienische Vorbild an, zeigt aber auch Verwertung französischer Anregungen.

Auch SHAKESPEARES *Sonette*[19] (geschrieben ca. 1593–1596, mit Zusätzen bis 1600, gedruckt 1609) wollen eine Folge sein, eine Geschichte leidenschaftlicher Freundschaft, gebrochener und erneuerter Gelübde, über

[18] Sonnets of the English Renaissance ed. J. W. Lever, Lo. 1974. Ausreichende Auswahl in dem umfassenden Oxford Book of 16th Century Verse ed. E. K. Chambers, Lo. 1932. – Für Sidney s. S. 80; The Poems ed. W. A. Ringler, Oxf. 1962; für Shakespeare s. S. 89ff. und die folgende Anmerkung. – J. W. Lever, The Elizabethan Love Sonnet, Lo. 1956.

[19] Ausführlich kommentierte Ausgaben von T. G. Tucker, Lo. 1924; New Variorum Edition ed. H. E. Rollins, 2 Bde., Philadelphia 1944; ed. W. G. Ingram and T. Redpath, Lo. 1964. – E. Hubler, The Sense of Sh.'s Sonnets, Princeton 1952; S. Booth, An Essay on Sh.'s Sonnets, New Haven 1969; Discussions of Sh.'s Sonnets ed. B. Herrnstein, Boston 1965.

Freundschaft triumphierender Liebe und der Lust, die eine kurze Tollheit ist und sich in Bitterkeit wandelt. Wieweit damit persönliches Erleben geformt ist, wird ein Rätsel bleiben; um so mehr wird sich die Betrachtung den einzelnen Sonetten zuwenden, die Shakespeares eigene Melodie über die dichterischen Gemeinplätze und die allzu bewußte rhetorische Kunst hinausklingen lassen. Der meist leidenschaftliche Inhalt bringt eine neue stilistische Spannung, die gelegentlich, in Neuwendung der italienischen Zweiteiligkeit, einer ergebenen ersten Hälfte eine hoffnungsvolle zweite entgegensetzt, meist aber, der englischen Form entsprechend, einem die drei kreuzweise gereimten Quartette hindurch sich steigernden Satz erst in dem abschließenden Reimpaar die Lösung gibt. Diese bei aller Leidenschaftlichkeit des Ausdrucks feste Form ist die angemessene Gestaltung des Shakespeareschen Welterlebens, das um den Gedanken der Ordnung kreist, ohne den die Welt zum Chaos werden und der Vernichtung anheimfallen müßte. Durch dieses gleichsam den metaphysischen Hintergrund der Sonette bildende Thema erhebt sich die Shakespearesche Folge mehr noch als die Spensers und Sidneys über das modische Sonette-Schmieden, das trotz einzelner hervorragender Stücke, namentlich in *Idea* (1594) von MICHAEL DRAYTON, nur als eine Formübung und ein gesellschaftlicher Brauch gewertet werden kann.

Das elisabethanische Publikum las gern Gedichte und hatte eine Vorliebe für zusammenfassende lyrische Sammelbände von der Art des Totelschen Miscellany. In diesen Sammlungen, deren maßgebende *England's Helicon* (1600) ist, liegt das Schwergewicht auf dem Lied, das der elisabethanischen Empfindungsweise unmittelbarere Aussprache erlaubte als eine so vorbildliche Kunstform wie das Sonett. Diese Lieder sind nicht erdacht, sondern aus der Musik geboren, die damals in England von hoch und niedrig geliebt und gepflegt wurde, was die Madrigal- und Melodiensammlungen (z.B. von Thomas Campion, 1601) ebenso bezeugen wie die vielen in die Dramen eingefügten Lieder[20].

5. Spenser und das Epos

Diese wie Kleinigkeiten achtlos hingeworfenen Lieder haben die Zeit besser überdauert als die großen epischen Versuche, denen das höchste Streben galt. Die Antike hatte das große heroische Gedicht geschaffen, die Renaissance wollte es ihr darin gleichtun, ja sie womöglich übertreffen durch die Vereinigung eines modernen Gehalts mit der klassischen Form.

20 England's Helicon ed. H. E. Rollins, 2 Bde., Harvard 1935; The Works of Thomas Campion ed. W. R. Davis, Lo. 1970. – A. H. Bullen: Lyrics from the Song-Books of the Elizabethan Age. New Ed., Lo. 1889 u. 1891; Lyrics from the Dramatists, Lo. 1889 u. 1890.

SPENSER[21] wollte in den ersten 12 Büchern seiner *Faerie Queene* für Elisabeth und Leicester Geschichte machen; wenn diese Bücher gut aufgenommen würden, wenn, wie er hoffte, Gloriana und Arthur verheiratet wären, sollten vielleicht weitere 12 Bücher die Taten Leicesters als Königsgemahl besingen. Die Haupthandlung des ersten Teils (von dem nur die Hälfte ausgeführt wurde) ist mithin die Suche Arthurs, des Inbegriffs aller Tugenden, nach der Feenkönigin Gloriana, in der sich gewissermaßen die Herrlichkeit Gottes verkörpert. Erzählt wird das durch Nebenhandlungen, die jeweils die Abenteuer eines für eine Einzeltugend stehenden Tafelrunderitters berichten. Alle erlahmen einmal im Kampf mit den Mächten des Bösen; dann greift Arthur als Gnade Gottes helfend ein und geleitet die Irrenden zum Throne Glorianas. Damit ist das politische Thema philosophisch erhöht durch eine weitausschauende Betrachtung der Beziehungen der Menschen zu Gott, zu den Mitmenschen, zum Staat. Die antike Philosophie soll ebenso Eingang finden in dieses Epos wie das Ideal des christlichen Ritters, die auf das Ewige gerichtete Frömmigkeit ebenso wie die gegenwärtige politische Lehre Machiavellis. Dieser nur in einem vom Rausch der Größe erfüllten Zeitalter denkbare Versuch der Einigung entgegengesetzter Welten überstieg die menschlichen Möglichkeiten.

Die Allegorie litt von vornherein an der Vielfältigkeit des Sinnes; da Arthur zugleich Leicester, den christlichen Mittler und die aristotelische Großherzigkeit darstellt, Gloriana gleichzeitig Elisabeth und die göttliche Herrlichkeit, Una die Wahrheit, die platonische Idee, den Protestantismus und wiederum Elisabeth usw., so war auch für den damaligen Leser nicht recht ersichtlich, welche Bedeutung die eine oder andere allegorische Figur an der einen oder anderen Stelle hatte. Es bedeutet eine weitere Erschwerung, daß die zentralen allegorischen Episoden mit solchen rein erzählerischen Charakters verbunden sind, in denen dann auch die Hauptfiguren keine allegorische, sondern nur noch eine erzählerische Funktion haben. Dazu kommt, daß der Aufbau des Epos ähnlich verwickelt ist wie seine Bedeutung. Ohne den vorangestellten Brief an Ralegh wäre der Plan nicht ersichtlich, denn der Horazvorschrift entsprechend beginnt das Werk in der Mitte, und da es Bruchstück geblieben ist, fehlt der am Ende nachzuholende Anfang. Auch das kunstvolle Verweben der einzelnen Nebenhandlungen der Tafelrundenritter in die Haupthandlung gibt dieser nicht die gewollte beherrschende Einheit; dies künstliche System erwuchs nicht aus dem Werk selbst, sondern ist auf Grund der kritischen Theorie der italienischen Renaissancepoetik geschaffen; es soll eine Verbindung darstellen zwischen dem Epos, das wie die Aeneasfahrt ein Thema und einen Helden hat, und dem Versroman eines Ariost, der viele Abenteuer von vielen Helden berichtet. Das umfassende Wollen Spensers, alles Frühere zu übertreffen, war ein Wollen des Unmöglichen. Aber Spenser

21 S. o. S. 73ff.

war ein Dichter, und der Künstler in ihm transponiert den intendierten Sinn ins Bild, so daß die Moral eine sinnenhafte Darstellung erfährt. Er ist der Maler und Gestalter sinnlicher Schönheit, aber er ist auch (mit Miltons Worten) 'our sage and serious Spenser'. Die Beschreibung von 'Mammon's Cave', der Zerstörung von Acrasias Laube oder der Gärten des Adonis bleibt im Gedächtnis nicht nur durch die bestrickende Bilderfülle, sondern ebenso durch den Ernst philosophischen und religiösen Bemühens um die Erkenntnis der Wahrheit in dem steten Kampf zwischen den Mächten des Guten und des Bösen, zwischen Licht und Finsternis, Fruchtbarkeit und Tod. Für die ästhetische Wirkung der Dichtung ist nicht zuletzt ausschlaggebend die Musik der von Spenser erfundenen Strophe, die fortan in der englischen Literatur lebendig blieb: acht jambische Fünftakter mit einem abschließenden Alexandriner (ababbcbcc), eine Erweiterung der sogenannten ballad royal-Strophe Chaucers (im ABC) zu einem zugleich schwungvollen und feierlichen Strophenmaß.

Die zeitgenössischen Epenversuche lassen sich nicht mit der Feenkönigin vergleichen. Spenser selbst setzte große Hoffnungen (im Colin Clout) auf SAMUEL DANIEL[22] (1562/63–1619), dessen Dichterstreben dem seinigen zu entsprechen schien, sowohl in der Wertung der Antike, die er in der gleichberechtigten modernen Dichtung ergänzt sieht (*Defence of Ryme*, 1603), wie in der Forderung eines alle ritterlichen Ideale verkörpernden Hofs, der der Nation ein mitreißendes Vorbild sein soll (vgl. *Musophilus*, 1599); aber Daniels Epos über die *Civil Wars* (1595–1609, unvollendet), in dem er Englands Aufstieg zur Größe in einer „der besten aller Verfassungen" würdigen Sprache darstellen wollte, erinnert nur in der Absicht und der engen Bindung von Politik und Poesie an Spenser; als Dichtung zerfällt es in eine Reihe dürftig belebter, historischer Silhouetten, denen prosaische Behandlung angemessener wäre als die kunstvoll glatten Ottaven. Die Schuld liegt in der geistigen Haltung Daniels, der nur die Wahrheit geben wollte und im Grunde alles Erdichtete als fragwürdig empfand.

Dieser zu Ende des Jahrhunderts allgemeine weltanschauliche Wandel, der natürlich eine Problematik der Dichtung überhaupt bedeutete, ist auch im Werk von MICHAEL DRAYTON[23] (1563–1631) fühlbar. Wie Daniel, nur in stärkerem Maße, hatte Drayton die äußere Gabe, nicht die innere Haltung des Dichters, und deshalb gelang es ihm ebensowenig, epischen Ruhm mit vaterländischer Geschichtsdichtung zu erringen. Erstaunlich leichte Versgebung und rhythmischer Schwung zeichnen sowohl *The Barons' Wars* (1603) wie das ebenfalls in Ottaven geschriebene Kleinepos *The Battaile of Agincourt* (1627) aus; aber trotz einzelner Höhepunkte

[22] The Complete Works in Verse and Prose ed. A. B. Grosart, 5 Bde., Lo. 1885–96, repr. N.Y. 1963; Poems and A Defence of Ryme ed. A. C. Sprague, Cambr., Mass., 1930. – J. Rees, S. D., Liverpool 1965.

[23] ed. J. W. Hebel, 5 Bde., Oxf. ²1961; Poems ed. J. Buxton, 2 Bde., Lo. 1953 (Auswahl). – P. G. Buchloh, M. D., Neumünster 1964.

und einer reichen Bildergalerie fehlt diesem Dichter Größe der Gedanken und innere Schau. Wenn die geschichtliche Wahrheit seinen Figuren mehr Freiheit läßt, wie in dem Briefwechsel berühmter Liebespaare (*England's Heroical Epistles,* 1597), der als Beiwerk der Geschichtsepik entstand, dann fühlen wir den Dichter im lebendigen Gestalten und im persönlichen Stil; aber Drayton setzte dies Fabulieren nicht fort, sondern faßte den unglücklichen Plan eines geographischen Epos *Poly-Olbion* (von dem 1612 achtzehn und 1622 weitere zwölf Gesänge erschienen mit zusammen 15 000 Alexandrinern), das eine Grafschaft nach der anderen abhandelt mit der gleichen nichts und niemand vorziehenden Gerechtigkeit, die schon die Geschichtsepen zu einer etwas öden Fläche gemacht hatte. Es finden sich entzückende Beschreibungen von taufrischen Morgen, Abendstimmungen mit dem Reiz des Wassers, hübsche Bildchen von Jagd und ländlichem Leben, geschickt eingeflochtene Ortslegenden und Geschichtsrückblicke; aber die nichts auslassende Genauigkeit und die allzu schwerfällige und etwas eintönige Würde des Versmaßes lassen die Poesie nicht recht zum Ausdruck kommen. Der Vorwurf war nicht episch, und es fragte sich, wie Spensers episches Ringen fortzusetzen war. Darauf sollte erst das anders gerichtete 17. Jahrhundert eine Antwort geben, während die Kleinepik des 16. eigentlich im Gegensatz steht zu der ethisch-religiösen Welt Spensers und der Humanisten.

Auf Italienreisen, deren Gefahren Ascham beredt ausgemalt, war den Engländern eine andere, ungläubige Renaissance entgegengetreten, und einzelne Kreise des Hofes, der akademischen Jugend und der Londoner Schauspieler nahmen diese italienische Wertung der Antike auf – unbekümmert um deren heidnisch-sinnlichen Charakter. Die Geschichten der klassischen Mythologie dienten diesen Kreisen zum Aussprechen des neuen Lebensgefühls, wie das CHRISTOPHER MARLOWES[24] als Bruchstück hinterlassene und später von George Chapman ergänzte Verserzählung von *Hero and Leander* (1593) dartut. Diese flammende Dichtung will die Sünde betonen und die Moral verspotten; sie will das Schwelgen in Schönheit, Farbe und Form als an sich gerechtfertigt fordern und tut es mit Erfolg, denn es ist ein mitreißendes Kunstwerk, durchweht von heißem Atem menschlicher Leidenschaft, gewaltsam die schöne Sinnlichkeit in Besitz nehmend und ganz neu in der Musik der stürmischen heroischen Reimpaare. Neben der fragmentarischen Hero und Leander-Geschichte ist SHAKESPEARES *Venus und Adonis* (1593)[25] das Musterbeispiel dieser Epenart. Die vielerzählte Werbung der begehrenden Frau gestattete eine überschwengliche Darstellung der schönen Welt. In rhetorischem und beschreibendem Auslängen der Ovidischen Quelle machte Shakespeare die Dich-

[24] S. u. S. 87f. Hero and Leander mit Shakespeares Venus and Adonis und vier anderen Verserzählungen (Daniel, Lodge, Marston, Drayton) in Elizabethan Verse Romances ed. M. M. Reese, Lo. 1968; Elizabethan Minor Epics ed. E. S. Donno, Lo. 1963.

[25] S. u. S. 89ff.

tung zu einer berauschenden Abwandlung der Themen Schönheit, Lust und Welt, pompös auch in der sechszeiligen Strophe mit dem nachhallend abschließenden Reimpaar. Rhetorisch wie Venus und Adonis ist auch das in der Chaucerstrophe geschriebene Gegenstück *The Rape of Lucrece* (1594); ja man kann sagen, daß Shakespeare, der dies Schulbeispiel ehelicher Treue auf die Höhepunkte, Vergewaltigung und Selbstmord, zusammendrängte, eine ars oratoria daraus gemacht hat, so daß die Schwächen dieses gegenüber der Venus und Adonis-Erzählung kraftvolleren Werkes stärker hervortreten. Diese durch Marlowes und Shakespeares Kunst bedeutsamen und auffallenden Ovidischen Verserzählungen haben auch bei Thomas Lodge, John Marston und anderen Schriftstellern der Zeit Anklang und Nachahmung gefunden. Sie sind indessen nur ein Seitenzweig des epischen Schaffens der Renaissance, das in Spensers Werk höchsten Ausdruck fand.

6. Der elisabethanische Roman[26]

Als Prosagegenstück zur Feenkönigin darf die *Arcadia* von Sir PHILIP SIDNEY (1554–1586)[27] bezeichnet werden, in deren verwickelte Freundschafts- und Liebesgeschichte ein ebenso tiefer Sinn hineingelegt ist wie in die Feenkönigin (erste Fassung 1577–1580; umgearbeitete zweite Fassung, $2^1/_2$ der 5 Bücher enthaltend, 1583, publ. 1590; kombinierte dritte Fassung der Countess of Pembroke 1593). Sidney war der erste Mann seiner Zeit; aus altem Adel, weitgereist, mit allen wissenschaftlichen, künstlerischen und politischen Größen bekannt, besaß er die Kenntnisse und den weiten Blick des Staatsmannes; der Liebesroman der Stella-Sonette (s. S. 75) und der frühzeitige Tod auf dem Schlachtfeld umgaben seine Gestalt mit einem romantischen und verklärenden Licht. Ein solcher Mann schrieb keinen der Unterhaltung dienenden arkadischen Roman, vielmehr wollte er, wie Spenser, mit den Alten wetteifernd, ein episches Kunstwerk schaffen, das seiner Nation unter dem Schleier romanhafter Begebenheiten eine Fülle von Lehren über Politik und Moral, Philosophie

26 J. J. Jusserand, The English Novel in the Time of Shakespeare, Lo. 1890 u. ö.; M. Schlauch, Antecedents of the English Novel, Warsaw 1963; K. L. Klein, Vorformen des Romans in der englischen erzählenden Prosa des 16. Jahrhunderts, Heidelberg 1969; K. H. Göller, Romance und Novel: Die Anfänge des englischen Romans, Regensburg 1972.

27 Works ed. A. Feuillerat, 4 Bde., Cambr. 1912–1926. Miscellaneous Prose ed. K. Duncan-Jones and J. Van Dorsten, Oxf. 1973; 'Old Arcadia' ed. J. Robertson, Oxf. 1973. Übersetzung der Arcadia von Th. v. Hirschberg (= Martin Opitz), Frankf. 1629, ^{4}1643, repr. 1971. – E. J. Buxton, Sir P. S. and the English Renaissance, Lo. ^{2}1964; K. Muir, Sir P. S., Lo. 1960; D. Kalstone, S.'s Poetry, Cambr., Mass., 1965; N. L. Rudenstine, S.'s Poetic Development, Cambr., Mass., 1967. W. R. Davis and R. A. Lanham, S.'s Arcadia, New Haven 1965.

und Religion, Kunst und alle Wissenschaftszweige vermittelte. So soll das im Roman geschilderte, durch die Schuld der Herrschenden im Verfall begriffene Staatswesen politische Lehren geben und in einer Kritik von Elisabeths Vertragspolitik ein Bündnis der protestantischen Mächte befürworten; das die Geschichte tragende Freundespaar verherrlicht die Tugenden der Freundschaft und Tapferkeit, und die Bildungsgeschichte der beiden ist ein Beitrag zur Prinzenerziehung; die Gespräche der Liebenden entwerfen das platonische Ideal einer der Vernunft folgenden Liebe; die Gerichtsszene des 5. Buches enthält eine ganze Rechtsphilosophie; Kriegskunst wird in den Kampfszenen vermittelt, Architektur in der Beschreibung von Kalanders Haus, Metrik in den alle antiken Maße nachbildenden eingestreuten Gedichten und Rhetorik in der erstmals in großem Rahmen durchgeführten Kunstprosa. Es liegt auf der Hand, daß eine solche Vielfalt nicht zu lebendiger Anschaulichkeit gestaltet werden konnte, zumal Sidney bei allem dichterischen Können der farbigen sinnlichen Darstellungskunst Spensers entbehrt. Und der Stil, durch den nach Sidneys Anschauungen ein einheitliches Gesamtbild geschaffen wurde, ist heute das größe Hindernis.

Diesen Stil pflegt man „Euphuismus" zu nennen nach dem gleichzeitig mit der Arcadia geschriebenen Roman *Euphues, or the Anatomy of Wit* (1578) von JOHN LYLY[28] (1554–1606), einer humanistischen Freundschafts- und Bildungsgeschichte, die sich von Sidneys Arcadia durch ihren Wirklichkeitsanspruch unterscheidet. Obwohl Lylys dürftige Romanhandlung nur zur Umkleidung von Lehrsätzen diente, waren gerade diese Anspielungen auf reale Orte und Ereignisse mitbestimmend für den großen Erfolg, der den Verfasser zu der erzählfreudigeren Fortsetzung *Euphues and his England* (1580) ermunterte. Entscheidend aber war der neue Stil, der die Bemühungen der Humanisten um eine englische Kunstprosa zum Abschluß bringt. Zu den spitzfindigen Vergleichen, schmückenden Doppelepitheta, Parallelismen und Antithesen, mit denen Ascham, Elyot und Wilson ihre Sätze gliederten, fügten Sidney und Lyly die Metapher, und zwar in so zugespitzter Verwendung, daß ein erhebliches Maß von Aufmerksamkeit zum Verständnis nötig ist (wenn beispielsweise für „sie legten sich zu Bett" in der Arcadia gesagt wird „sie verarmten ihre Kleider, um ihr Bett zu bereichern"). Das Ziel ist nicht leeres Spiel, sondern ein feiner, zugespitzter und preziöser Stil, der in fast allen der vielen Euphues-Nachahmungen angestrebt wird. Manche dieser Romane, wie *Rosalynde, Euphues Golden Legacie* (1590) von THOMAS LODGE[29] (1558

[28] Works (Dramen und Romane) ed. R. W. Bond, 3 Bde., Oxf. 1902, 1967. Handliche Ausgabe der Euphuesromane (mit Einl. und Anm.) von M. W. Croll und H. Clemons, Lo. 1916, 1964; The Descent of Euphues: Three Elizabethan Romance Stories ed. J. Winny, Cambr. 1957. – G. K. Hunter, J. L.: The Humanist as Courtier, Lo. 1962.

[29] Works ed. E. Gosse, 4 Bde., Glasgow 1883, repr. N.Y. 1963; Rosalynde ed. W. W. Greg, Lo. ²1931.

bis 1625), die Quelle für Shakespeares Wie es euch gefällt, verlegen ihre Handlung in eine arkadische Umwelt, in die der Liebenden feingesetzte Reden besser passen. Allerdings mußte das Fehlen jeglicher Charakterentwicklung und die völlige Ausschaltung der Wirklichkeit einen Gegenschlag herausfordern.

Das ist der Schelmenroman, wie er in Spanien vorgebildet war und wie er in England durch ROBERT GREENES[30] (1560–1592) autobiographisch gefärbte Wirklichkeitsdarstellungen *Greene's Never too late* (1590) und *Greene's Groatsworth of Wit bought with a Million of Repentance* (1592) eingebürgert wird. Die Bedeutsamkeit dieser Literatur, die dem vom höfischen Roman her Kommenden abstoßend erscheinen mag, liegt in dem scharfen Blick für die Wirklichkeit und in der ungeschminkten Darstellung der menschlichen Leidenschaften, was beides dem hohen Roman allzu fern stand. Das ist eine künstlerische Errungenschaft Greenes, und damit hat er dem höher stehenden Abenteuerroman von THOMAS NASHE[31] (1567 bis 1601) den Weg bereitet. Der vom Helden in der Ichform erzählte *Unfortunate Traveller* (1594), der bedeutendste Abenteuer- und Zeitroman der Epoche, berichtet die Erlebnisse Jack Wiltons in London und Frankreich und dann – im Dienst des Grafen Surrey – auf dessen Reisen durch Holland, Deutschland und Italien. Der Roman bringt eine bunte Fülle von Abenteuern (auch komische zur Vervollständigung des Lebensbildes) und ist fesselnd und frisch erzählt, fern von der in Greenes Büchern herrschenden Niedergeschlagenheit. Überall ist lebendige Beobachtung, anschauliche Darstellung, und dazu kommt eine alles Blasse meidende, kraftvolle und farbige in Worthäufung sich auftürmende Sprache. Auch in den Prosasatiren, denen sein lustiges Drauflosschreiben angemessen war, zeigt sich diese oft an Rabelais erinnernde Meisterschaft des Worts – wie etwa in dem Loblied des Herings in *Lenten Stuffe* (1592). Solche Werkchen, die die satirische Gattung zu neuem Ansehen brachten, wurden gern gelesen; und die von ihrer Schriftstellerei lebenden Verfasser stellten sich für Streit- und Gelegenheitsschriften zur Verfügung. Das Prosawerk des Dramatikers THOMAS DEKKER[32] (1572–1632) besteht nur aus solchen Gelegenheitsschriften, aus denen wir das lebendige Bild des Shakespeareschen London erhalten, so z. B. *Seven Deadly Sinnes* (1606), das die Pestseuche von 1603 zum Anlaß nehmende *The Wonderful Year,*

[30] Life and Works ed. A. B. Grossart, 15 Bde., Lo. 1881–86, repr. N.Y. 1964; Extracts ed. A. B. Grosart, Lo. 1894; Groatsworth ed. G. B. Harrison, Lo. 1923 (Bodley Head Quartos).

[31] Große kommentierte Ausgabe von R. B. McKerrow, 5 Bde., Lo. ²1958. Der für oberflächliche Orientierung ausreichende Unfortunate Traveller leicht zugänglich zusammen mit Romanen von Greene und Deloney in Shorter Novels, EL 824. – G. R. Hibbard, Th. N., Cambr., Mass., u. Lo. 1962.

[32] Non-dramatic Works, ed. A. B. Grosart, 5 Bde., Lo. 1884–86; Selected Prose Writings ed. E. D. Pendry, Lo. 1948.

sowie das sich als Handbuch des modischen Mannes ausgebende *The Guls Hornebooke* (1609). Die Vervollständigung des Zeitbildes durch die etwas schöngefärbte Schilderung des handwerklichen Kleinbürgertums geben die Romane des Seidenwebers THOMAS DELONEY (ca. 1543–1600; *Thomas of Reading, Jack of Newbury*)[33].

II. DAS DRAMA IM 16. JAHRHUNDERT[34]

1. Vorstufen des großen Dramas[35]

Neben den vor dem breiten Publikum gespielten Misterien und Moralitäten pflegten die Schulen, Universitäten und Juristenkollegien Aufführungen klassischer Stücke, die bald zu Nachahmungen in der Landessprache anregten. Dabei ging die Komödie voran: Nach Motiven aus Plautus und Terenz behandelt der Leiter der Etonschule NICHOLAS UDALL die verunglückte Freiersfahrt des maulheldigen *Ralph Roister Doister* (ca. 1553), worin erstmals, wenn auch rein äußerlich, das klassische Aktschema im Aufbau durchgeführt wird. Das etwa gleichzeitige Cambridger Universitätsstück *Gammer Gurton's Needle* (ca. 1553) bringt eine vollendete Umsetzung in englische Umwelt; und Übersetzungen aus dem Italienischen (u. a. von Gascoigne) vollenden diesen Komödientyp durch Ausgestaltung der stehenden Figuren, reichere Handlung und Einführung der Prosa.

[33] ed. M. E. Lawlis, Bloomington 1960; EL 824.

[34] J. E. Cunningham, Elizabethan and Early Stuart Drama, Lo. 1966; K. J. Holzknecht, Outlines of Tudor and Stuart Plays, 1475–1642, Lo. 1963; T. M. Parrott and R. H. Ball, A Short View of Elizabethan Drama, N.Y. ²1948. Bibliographische Beschreibung W. W. Greg, English Printed Drama to the Restoration, 4 Bde., Lo. 1939–59. – Texte in zahlreichen Sammlungen; die wichtigste der älteren ist: Dodsley's Collection of Old English Plays ed. W. C. Hazlitt, 15 Bde., Lo. 1874–76. Umfängliche und handliche neuere Sammlungen: Chief Elizabethan Dramatists (excluding Shakespeare) ed. W. A. Neilson, Bost. 1911; English Drama 1580–1642 ed. C. F. T. Brooke und N. B. Paradise, Bost. 1933; Elizabethan and Stuart Plays ed. C. R. Baskervill, V. B. Heltzel und A. H. Nethercot, N.Y. 1934. Kleine gute Auswahl der vor-Shakespeareschen Dramen: Minor Elizabethan Drama ed. A. Thorndike, Lo. 1910 (EL 491/492). – (Übersetzungen in: Shakespeares Zeitgenossen, 2 Bde., Bln. 1941; Dramen der Shakespearezeit ed. R. Weimann, Leipzig 1964).

[35] F. S. Boas, University Drama in the Tudor Age, Oxf. 1914; F. P. Wilson, The English Drama 1485–1585 ed. G. K. Hunter, Oxf. 1969 (OHEL IV.1). Texte in: Chief Pre-Shakespearean Dramas ed. J. Q. Adams, Lo. 1924; Ralph Roister Doister und Gammer Gurton in WC 418 (auch als OUP pb., 1970). Gorboduc, Gismond und Arthur in Early English Classical Tragedies ed. J. W. Cunliffe, Oxf. 1912 (mit Einleitung und Anmerkungen); Appius und Cambises in Dodsley IV.

Wichtiger als diese durch die Interludien schon vorbereiteten Komödien sind die Senecatragödien, die, zunächst in lateinischer Sprache, an der Cambridger Universität nach lateinischen und französischen Mustern gedichtet und aufgeführt wurden. Hier haben wir erstmals ein von Anfang bis Ende durchkomponiertes Drama, in dem es nur einen Helden und einen Gegenspieler gibt, und hier zuerst haben wir eine innere Handlung, d. h. seelische Vorgänge als Triebfedern des Geschehens. Diese Errungenschaften wirken sich erst allmählich aus; das erste Beispiel der englisch geschriebenen Senecadramen, die Blankverstragödie *Gorboduc, or Ferrex and Porrex* (1561) von den beiden Juristen THOMAS SACKVILLE und THOMAS NORTON, wahrt zwar äußerlich das Senecavorbild, will aber vor allem ein Lehrstück sein und behandelt in bewegungshemmender Deklamation den Thronstreit zweier Brüder und die durch schwache Regierung hervorgerufenen inneren Wirren. Einen Schritt weiter gehen die durch handlungsreichere Stoffülle dem Volksgeschmack entgegenkommenden Tragödien *Gismond of Salern* (ca. 1567) und *The Misfortunes of Arthur* (1587); sie suchen die in den lateinischen Universitätsstücken vorgezeichnete würdevolle klassizistische Linie zu halten, die Formerrungenschaft der einheitlichen äußeren Handlung und die seelische Motivierung, wenn sie auch ungeschickt ein Nacheinander daraus machen. Das Ineinandergreifen einer äußeren und inneren Handlung sollte sich erst mit Shakespeare vollenden.

Die Entwicklung ist nicht geradlinig; da nämlich in England, im Gegensatz zu Frankreich, kein humanistisches Theater entstand, zeigen sich frühzeitig Stücke, die in einem klassische und heimische Tradition verbindenden Mischstil geschrieben sind. So brachte GEORGE WHETSTONE in *Promos and Cassandra* (1578) das Maß für Maß-Thema um eine komische Nebenhandlung vermehrt, nachdem schon R. B. (Richard Bower?) in *Appius and Virginia* (ca. 1563) die Figur des Vice und den komischen Dialog in ein tragisches Thema eingeführt hatte. JOHN PICKERINGS *Horestes* (ca. 1567) stellte Mundart redende Bauern und Prügelszenen in die altgriechische Sage, und THOMAS PRESTONS *Cambises* (ca. 1570) unterscheidet sich in den rohen und nur lose verknüpften Szenen nicht viel von den gleichzeitig entstehenden Historien, die, wie John Bales Beispiel zeigte, den Moralitäten näher verwandt sind als dem Senecadrama.

Nur wenige dieser patriotische „Haupt- und Staatsaktionen" darstellenden Historien sind erhalten, und diese werden meist nur wegen ihrer Bedeutung für Shakespeare genannt. Die Titel kennzeichnen ihre Art: *The Famous Victories of Henry the Fifth* (1594?), *The True Chronicle History of King Leir* (1594), *The Troublesome Raigne of John, King of England*[36] (1591). Bei allen chronicle plays ist die Regierungszeit des Titelhelden

[36] King John und King Leir in: Six Early Plays Related to the Shakespeare Canon ed. E. B. Everitt and R. L. Armstrong, Copenhagen 1965.

der Rahmen, innerhalb dessen alle Ereignisse ziemlich unverknüpft aneinandergereiht werden. Die Handlungsfülle an sich ist ein Merkmal des englischen Dramas überhaupt.

2. Schauspieler, Theater und Bühne

Damit sind die Vorstufen des großen elisabethanischen Dramas gegeben. Zu seiner Verwirklichung mußten aber die äußeren Vorbedingungen des festgegründeten Schauspielerstandes und des stehenden Theaters hinzukommen[37]. Ersterer bildete sich in den siebziger und achtziger Jahren aus den wandernden, dann dem Patronat eines Adligen oder der Krone unterstellten Schauspielertruppen, – letzteres entstand, als der puritanische Londoner Magistrat ab 1574 für die Aufführungen in Wirtshaushöfen und -räumen immer strengere Vorschriften erließ und sie schließlich (1596) ganz verbot. 1576 errichtete James Burbage das erste feste Theater mit dem Namen *The Theatre,* dem bald andere südlich der Themse folgten, so das *Rose-* (1588), das *Swan-* (1595) und das *Globe*-Theater (1599). Bei den Neubauten hat offenbar eine Vielfalt überkommener Formen als Vorbild gedient, für die runde Anlage die Bärenhatz- und Stierkampfarenen, vielleicht auch das mittelalterliche Rundtheater, für die Form der Bühne die Wirtshausbühnen, die auf Straßen und Märkten aufgeschlagenen Behelfsgerüste der Wanderbühnen und wohl auch die in den zeitgenössischen *tableaux vivants* fortlebende Tradition der mittelalterlichen Theater auf Karren. Neben den Freilichttheatern ('public theatres'), die möglicherweise bis zu 3000 Personen faßten, gab es wesentlich teurere und exklusivere 'private theatres', von denen das bekannteste das *Blackfriars*-Theater (1596) war und Platz für 700 Personen bot. Diese ursprünglich von den Kindertruppen bespielten Saaltheater, die auch im Winter Aufführungen ermöglichten, wurden später ebenfalls von den regulären Schauspielertruppen benutzt. So wechselt Shakespeares Truppe seit 1609 zwischen dem Globe- und dem Blackfriars-Theater. Bezeichnend für das elisabethanische Theater ist die weit in den Zuschauerraum vorspringende, von drei Seiten einsehbare Bühne, die, anders als die Guckkastenbühne, eine viel stärkere Teilhabe und Mitwirkung der Zuschauer erlaubte. War man früher der Ansicht, daß die elisabethanischen Dramatiker mit drei Spielfeldern arbeiteten – der Vorderbühne für die großen, bewegten Hauptszenen, einer von dieser getrennten, in die rückwärtige Wand eingelassenen Hinterbühne für die figurenärmeren Innenszenen und der Oberbühne für Balkon-, Fenster- oder Stadtmauer-

[37] Grundlegend E. K. Chambers: The Elizabethan Stage, 4 Bde., Oxf. 1923; A. Gurr, The Shakespearean Stage, 1574–1642, Cambr. 1970; C. W. Hodges, The Globe Restored, Lo. ²1968.

szenen –, so bezweifelt die neuere Forschung die Existenz der Hinterbühne. Nicht nur ist der Terminus 'inner stage' in zeitgenössischen Texten nicht belegt, man kann sich auch nur schwer vorstellen, daß man eine Innenszene auf der Hinterbühne spielte, wenn die Vorderbühne frei war; andererseits ist die Anzahl der Szenen, die für Enthüllungen oder Überraschungseffekte zusätzlichen Raum erforderten, überaus gering, und hierfür konnte ohne Schwierigkeit ein Vorhang an der Rückwand genutzt oder möglicherweise auch ein bewegliches Gerüst nach Bedarf auf der Bühne verwendet werden. Ebenso verlangen nur wenige Szenen unbedingt die Oberbühne, und selbst diese bedürfen keines eigentlichen Spielfeldes, da die Auftritte meist kurz, personen- und bewegungsarm und durchwegs mit dem Geschehen auf der Vorderbühne verbunden sind. Die Vorführungen fanden am Nachmittag statt, und man spielte ohne Pause. Es gab keine Schauspielerinnen, ihre Rollen wurden von Knaben verkörpert. Die szenische Ausstattung war zwar nicht dürftig, aber im Zentrum stand die Kunst der Schauspieler, die durch Sprache und Gebärde eine 'word scenery' schufen, und alle Urteile deuten darauf hin, daß die Schauspielkunst im damaligen England auf sehr hoher Stufe stand. Grundsätzlich verschieden von dieser Bühne der Volkstheater war die Hof- und Maskenbühne, die eine der modernen ähnliche, durch Vorhang abgeschlossene Rahmenbühne war mit Hintergrund, Kulissen und Sofitten. Allerdings war diese ursprünglich an der Stirnseite eines rechteckigen Festsaals angebrachte Bühne zunächst nur für Masken- und Singspielfestlichkeiten in Brauch und nicht für eigentliche Dramenaufführungen.

3. John Lyly und das höfische Lustspiel

Die Lustspiele von John Lyly[38] haben wir uns auf der Hofbühne zu denken. Sein erstes Stück, *Alexander and Campaspe* (aufgef. 1584), gestaltet eine leichte Handlung, die Liebe Alexanders zu einer schönen Sklavin, auf die er am Ende großmütig zugunsten des Malers Apelles verzichtet, durch Redegefechte und die den Herren- parallelgeschalteten Dienerszenen zu einem geistvollen Gesellschaftsspiel. Die eigentliche Lylyhandlung ist jedoch der mythologische Traum, wie er erstmals in der Elisabeth huldigenden Liebeskomödie von *Sapho and Phao* (ca. 1584) erscheint und in *Endimion* (1588) sich vollendet: in der Liebe des Schäfers Endymion zur Mondgöttin Cynthia spiegeln sich die wechselnden Beziehungen der Königin zu ihrem Liebling Leicester, aber nur leicht angedeutet in einer Traumwelt von Waldesduft und Mondesglanz und mit graziöser Sprache umspielt. Auch die anderen Stücke Lylys haben das mytholo-

[38] S. o. S. 81. Campaspe in WC 422. Endimion in EL 492. – P. Saccio, The Court Comedies of J. L., Princeton 1969.

gische Kleid mit einziger Ausnahme der *Mother Bombie* (ca. 1590), die englisches Alltagsleben nach Terenzischen Motiven schildert. In allen Lustspielen treten in symmetrischer Anordnung feingebildete und feinempfindende Menschen auf, die mit schnellem Schlagabtausch den kunstvollen Prosadialog führen, um eine im Nirgendsland spielende unwirkliche Handlung zu einem vollendeten Dichtertraum zu gestalten. Damit hat Lyly einen neuen Komödientyp geschaffen, der an Stelle des Plautinischen Verlachens der auftretenden Figuren ein mitfühlendes, ja bewunderndes Lächeln setzt, was sich mit Shakespeare zu der für die Folgezeit maßgebenden romantischen Komödie vollenden sollte.

Der neue Lustspieltypus fand eifrige Nachfolge, wenngleich ohne die großartige Lylysche Einheitlichkeit des Stils. GEORGE PEELE[39] (1556 bis 1596), der alles schrieb, ein höfisches Schäferspiel, Historienstücke, eine Maurentragödie und ein biblisches Drama, hat in der mit Blankversen untermischten Prosa des Märchenspiels *The Old Wives' Tale* (1590) den Lylyschen Rahmen dadurch erweitert, daß die Gegeneinanderstellung von Wirklichkeit und Märchen eine humorvolle Lösung herbeiführt, was gleichfalls Shakespeare vervollkommnend übernahm. ROBERT GREENE[40], der zuerst Marlowe nachahmte und in den Unwahrscheinlichkeiten des Ritterstücks schwelgte, hat die romantische Stimmung weiter ausgestaltet, sowohl in der Liebesgeschichte des Schottenkönigs und der schönen Ida (*Scottish History of James IV.*, 1590) und dem volkstümlichen, früher Shakespeare zugeschriebenen *Pinner of Wakefield* (1592), wie auch in dem Meisterstück *Friar Bacon and Friar Bungay* (1591), das Roger Bacons sagenhafte Zauberkünste mit dem Liebesidyll zwischen Lacy und der Försterstochter verbindet. Die Lyly übertreffende Verknüpfung beider Handlungen zu einer trotz ihrer Verwicklung fesselnden und wahrscheinlichen Geschichte stellte eine Bereicherung der englischen Komödie dar, die Shakespeare im Sommernachtstraum zu nutzen wußte, wie auch seine Idealbilder mädchenhafter Heldinnen bei Greene vorgebildet sind.

4. Marlowe und die Tragödie

Wie die Komödie durch Lyly und die genannten Dramatiker vollendet und Shakespeare übergeben wurde, so wurde die Tragödie durch Marlowe und Kyd vorbereitet. CHRISTOPHER MARLOWES[41] (1564–1593) zwei-

39 Life and Works ed. C. T. Prouty u. a., 3 Bde., New Haven 1952–70; Old Wives' Tale in EL 492, WC 422.

40 Plays and Poems, ed. Ch. Collins, 2 Bde., Oxf. 1905, repr. N.Y. 1970; Friar Bacon RRenDS, NMS; EL 492, WC 422.

41 Arden Edition (mit grundlegender Einleitung und Biographie) ed. R. H. Case, 6 Bde., Lo. 1930–1933; Revels Edition ed. C. Leech, Lo. 1962ff. (i. E.); ed. R. Gill, Oxf. 1971; EL 383, WC 478; Einzelausgaben in NMS, RP, RRenDS. – J. Bakeless, The Tragical

teiliges Spiel von dem Welteroberer *Tamburlaine the Great* (1587) verläßt die Wege der humanistischen Senecadramatik durch die Verschiebung des Schwergewichts von einem geschehnisreichen Handlungsablauf auf den Charakter des Helden, dessen ehrgeiziger Machttrieb als alles überwindende, ungebrochene Willensrichtung den dramatischen Nerv des Stückes darstellt. Er ist zugleich ein Orpheus in seiner Liebe zu Zenocrate; ihr Tod führt den Machtbesessenen und Schönheitsdurstigen zum erstenmal an eine Grenze. Auch beim *Doctor Faustus* (1588) beruht das Interesse einzig auf dem Helden, der – stärker individualisiert als Tamburlaine – wegen seines Strebens nach dem Grenzenlosen fesselt und wegen des im Teufelspakt rückhaltlos ausgesprochenen Bekenntnisses zur Welt der Sinne staunende oder scheue Bewunderung erregt. Die so von den Übermenschen Senecas durch ein sie umspielendes Geheimnis abgerückten und gleichsam erhöhten Helden werden durch den rhetorischen Glanz der mitreißenden Blankverse, die von Marlowe erstmals persönlich und biegungsfähig gehandhabt werden, zu Trägern einer dramatischen Bewegung, die auch ohne reiche und kunstvoll verknüpfte Handlung atemlose Spannung der Zuhörer erreicht. Wenn nun, wie das in *The Jew of Malta* (1589) der Fall ist, eine reich verschlungene Fabel dazu kommt und der Held während des dramatischen Ablaufs eine seelische Entwicklung durchlebt, so ist ein neuer Tragödientypus geschaffen, das Shakespeare- oder Charakterdrama, was sich in dem äußerlich als Historie auftretenden, vermutlich letzten Marlowestück *Edward II.* (1592) durch vertiefte Charakterdarstellung und einen technisch gemeisterten dramatischen Aufbau vollendet. Edward II. ist ein schwacher, eigenwilliger König, der seinen Untergang selbst mitverschuldet, der aber wie Shakespeares Richard II. in seinem leidvollen Tod unser Mitgefühl erregt. Insgesamt gilt jedoch für Marlowes Werk, daß seine Wirkung weder auf dramentechnischen Dingen noch auf der Einzelschilderung der Personen beruht, sondern auf der Idee des den Menschen erfüllenden übermenschlichen Willens. Die Macht dieser Menschen zerbricht nicht etwa an einer „Schuld", sondern ihr Siegeszug wird von der eher launisch als verhängnisvoll empfundenen Fortuna durchkreuzt.

Gerade das verschiebt sich etwas bei Thomas Kyd (1558–1594), von dem nur ein einziges Stück erhalten ist, die als Parallelwerk seines verlorenen Hamletdramas geschriebene *Spanish Tragedy* (ca. 1586)[42]. Gewiß ist Kyd ein geringerer Dichter als Marlowe, und man darf keine

History of Ch. M., 2 Bde., Cambr., Mass., 1942; J. B. Steane, C. M.: A Critical Study, Cambr. 1964. F. P. Wilson, M. and the Early Shakespeare, Oxf. 1953. W. Clemen, Die Tragödie vor Shakespeare: Ihre Entwicklung im Spiegel der dramatischen Rede, Heidelberg 1955.

[42] Abgedruckt in Works ed. F. S. Boas, Oxf. [2]1955, und in den genannten Auswahlbänden, z. B. EL 491, WC 452 sowie RP, NMS. – P. Edwards, T. K. and Early Elizabethan Tragedy, Lo. 1966

Shakespearesche Auseinandersetzung mit dem Schicksal in der blutigen Rachetragödie suchen; aber seine Figuren sind nicht Sprachrohr des Autors, sie wachsen mit der Handlung (was man bei Marlowe höchstens bei Edward II. sagen kann), und sie enthüllen sich Zug um Zug durch die Episoden. So ist Kyd neben Marlowe als Verwirklicher der Charaktertragödie zu nennen; ihr Vollender ist Shakespeare.

5. Shakespeares Komödien und Problemstücke

Vom Leben WILLIAM SHAKESPEARES[43] (1564–1616) wissen wir nicht viel, und das wenige ist alltäglich. Er besuchte wahrscheinlich die Lateinschule seines Geburtsortes Stratford-on-Avon, heiratete 1582 die acht Jahre ältere Anne Hathaway, siedelte zu einer uns unbekannten Zeit nach London über, wurde Schauspieler in der von Richard Burbage geleiteten Truppe, dann Mitbesitzer des für diese Truppe 1599 erbauten Globe-Theaters und später auch des Blackfriars-Theaters. Als geschäftstüchtiger Mann kam er zu Wohlhabenheit und erwarb ansehnlichen Grundbesitz in Stratford, wohin er sich um 1611 zurückzog und die letzten Lebensjahre verbrachte. Von seinen Dramen sind 19 in den sogenannten Quartos überliefert, d.h. in Quartformat gedruckten Einzelausgaben, die zu Shakespeares Lebzeiten erschienen. Die meisten sind verläßliche Ausgaben, denen vermutlich Shakespeares Manuskript zugrunde lag (sog. 'Good Quartos'), andere sind Raubdrucke, wahrscheinlich illegale Gedächtnisrekonstruktionen von befristet für Nebenrollen eingesetzten Schauspielern (sog. 'Bad Quartos')[44].

[43] Führer durch die Shakespeare-Literatur: A Shakespeare Bibliography by W. Ebisch und L. L. Schücking, Oxf. 1931 (mit Supplement 1937), fortgeführt bis 1958: G. R. Smith, A Classified Sh. Bibliography, University Park, Pa., 1963. – Ausgaben: The First Folio of Sh.: The Norton Facsimile ed. C. J. K. Hinman, N.Y. 1968. New Arden Edition ed. U. Ellis-Fermor u.a., Lo. 1951ff. (i.E.); The New Cambridge Sh. ed. A. Quiller Couch, J. D. Wilson u. a., 39 Bde., Cambr. 1921–62; The Pelican Sh. ed. A. Harbage, Baltimore 1956–67 (rev. in einem Band, Baltimore 1969); The Signet Classic Sh. ed. S. Barnet, N.Y. 1963–70; The New Penguin Sh. ed. T. J. B. Spencer, Harmondsworth 1967ff. Einbändige Ausgaben von G. L. Kittredge, Boston 1936 (rev. ed. I. Ribner, Boston 1967); P. Alexander, Lo. 1951; Riverside Sh. ed. G. B. Evans u. a., Lo. 1974. – A Sh. Encyclopaedia ed. O. J. Campbell and E. G. Quinn, Lo. 1966; A New Companion to Sh. Studies ed. K. Muir and S. Schoenbaum, Cambr. 1971; Sh. Handbuch ed. I. Schabert, Stuttgart 1972. – S. Schoenbaum, Sh.'s Lives, Oxf. 1970; ders., W. Sh.: A Documentary Life, Oxf. 1974; P. Alexander, Sh.'s Life and Art, Lo. 1939; M. Lüthi, Sh.'s Dramen, Bln. 1957; T. Spencer, Sh. and the Nature of Man, N.Y. 1942; W. H. Clemen, The Development of Sh.'s Imagery, Lo. 1951; R. Weimann, Sh. und die Tradition des Volkstheaters, Bln. 1967; Sh.: Modern Essays in Criticism ed. L. F. Dean, Lo. ²1967. – Sh. Wörterbuch von A. Schmidt, 2 Bde., Bln. ⁴1902; Sh. Grammatik von W. Franz, Halle, ⁴1939. – Narrative and Dramatic Sources of Sh. ed. G. Bullough, 8 Bde., Lo. 1957–1975; Sh.'s Sources: Comedies and Tragedies ed. K. Muir, Lo. ²1961.

[44] Die schlechten Quartos sind: The First Part of the Contention betwixt the two Fa-

Die übrigen 17 Dramen finden sich nur in der von Shakespeares Freunden nach seinem Tod herausgegebenen Folio-Gesamtausgabe (zuerst 1623).

Eine bei der oft fraglichen Zeitfolge der Dramen gebotene Sinngruppierung kann drei Lustspiele[45] als Shakespeares erste Versuche und erstes Gelingen zusamenfassen: die Komödie der Irrungen, die beiden Veroneser und Verlorene Liebesmüh. Ob die *Comedy of Errors* (1590–1593) Shakespeares früheste Komödie ist, bleibt zweifelhaft. Auf jeden Fall aber ist es der erste Versuch in jener farcenhaften Form der Komödie, die – von Plautus und den Zwischenspielen gleichermaßen sich herleitend und in Gammer Gurton's Needle erstmals vereinigt – bei Shakespeare in der Widerspenstigen und den Lustigen Weibern erneut ihr lautes Lachen hören läßt und heute noch theaterwirksam ist. Shakespeare steigert die Possenhaftigkeit der Plautinischen Fabel der Menaechmi durch die Zutat Lylyscher Parallelfiguren, so daß nicht nur die Zwillingsbrüder, sondern auch ihre beiden ununterscheidbaren Diener (ein Motiv, das dem Amphitruo des Plautus entstammt) ständig miteinander verwechselt werden. Andererseits stellt er das Possengeschehen vor einen pathetischen Hintergrund, indem er den schwachköpfigen Lustspielgreis der Vorlage zu der würdigen, leidgeprüften Gestalt des unglücklichen Vaters der Zwillinge umgestaltet. Durch die ernste Rahmenhandlung wird die Plautinische Anekdote zu einer Lebensgeschichte gewandelt, die am Ende zur Wiedervereinigung der Zwillinge und der getrennten Eltern führt. Bezeichnenderweise drängt Shakespeare die Rolle der Kurtisane in den Hintergrund; er erfand die Figur der Mutter, die als Äbtissin in Ephesus weilt; er fügte die Figur der Luciana hinzu, in deren Rede wir erstmals die Liebessprache in Shakespeares Drama hören; vor allem aber werden seine Figuren im Wirbel der Verwechslungen von der Frage nach ihrer Identität bedrängt, womit bereits das Shakespearesche Grundthema von Sein und Schein aufklingt – was alles mit einem Plautinischen Lustspiel nichts mehr zu tun hat.

Auch *The Two Gentlemen of Verona* (1593) ist ein Vorklang späterer Entwicklung, Vorläufer der Problemstücke mit glücklichem Ende, des Kaufmanns von Venedig, Ende gut alles gut oder Maß für Maß. Der aus Lyly, Bandello, Montemayor u. a. zusammengelesene, die Macht der Liebe in schalkhaften und gefühlvollen Tönen abwandelnde Stoff ergab eine kräftigere Handlung, und damit straffte sich der Bau. Die grobkomische

mous Houses of York and Lancaster (= Henry VI, Part II) 1594; The True Tragedie of Richard Duke of Yorke (= Henry VI, Part III) 1595; Romeo and Juliet 1597 (im Gegensatz zu der „guten" Romeo-Quarto 1599); Henry V 1600; The Merry Wives of Windsor 1602; Hamlet 1603 (im Gegensatz zu der „guten" Hamlet-Quarto 1604–5); Pericles 1609.

45 Zu Sh.'s Komödien vgl. J. R. Brown, Sh. and his Comedies, Lo. ²1963; M. C. Bradbrook, The Growth and Structure of Elizabethan Comedy, Lo. 1955; L. S. Champion, The Evolution of Sh.'s Comedy, Cambr., Mass., 1970.

Nebenhandlung tritt zurück und dient mit Launces tiefsinniger Torheit als ironischer Kontrast zur Haupthandlung und zum leisen Unterstreichen der Komödie des Gefühls. Gerade darum befremdet der Schluß mit der dem ehrlosen Proteus zuteil werdenden Verzeihung. Aber Shakespeares Zeit sah Proteus nur als eine charakterschwache Gegenfigur, die Valentine, die Verkörperung der Magnanimitas, ins Relief setzte, und nahm daran ebensowenig Anstoß wie an Julias Pagendiensten. Valentines Bereitschaft, auf die Geliebte zu verzichten, entsprach dem platonisierenden Freundschaftkult der Renaissance. Ob man über dieses historische Verständnis hinaus als das eigentliche Thema der Komödie die Zertrümmerung eines verstiegenen Idealismus sehen darf, scheint, zumindest hinsichtlich der dramatischen Verwirklichung, fraglich. Eher wird man auf das psychologische Interesse an dem sittlichen Problem verweisen. Plötzlich aufflammende Sinnenlust verdunkelt die vordem hochgehaltene Freundschaft und setzt den Menschen in einen Zwiespalt zwischen Treue und Untreue. So lassen die Launen des Herzens den Menschen sich selber finden oder verlieren, denn die Menschen kennen sich nicht. Wie sich selbst verkennt Proteus Julia, die er früher liebte und dann verstößt, und Silvia, die er glaubt, mit Gewalt nehmen zu können. Wenn auch die Reue, die – wie in den späteren Problemstücken und Romanzen – ein gutes Ende ermöglicht, in diesem Frühwerk nicht überzeugt, so ist die Thematik doch zeitlos: Proteus erschrickt darüber, daß der Mensch sich selber ausgeliefert ist und sich nicht auf sich selbst verlassen kann.

Obwohl selbständig in der Fabel, läßt *Love's Labour's Lost* (1593 bis 1594) das Vorbild deutlich erkennen. Wie bei Lyly ist die Fabel dünn, die Stimmung mehr episch-lyrisch als dramatisch, der Text durch reichliche Liedeinlagen geschmückt. Lyly hatte auch die dramatischen Kontrastfiguren, die nebeneinander laufende feinkomische und grobkomische Szenenreihe und die spannungslose Handlungsführung. Aber Lyly hatte nicht die Shakespearesche allumfassende Menschlichkeit, die diesem heiteren Spiel den tieferen Sinn einer Verspottung jeglicher Unnatur verleiht. Der übernommene Modestil des Euphuismus wird schon parodiert, und die platonische Männerakademie wird von den Frauen lächelnd besiegt. Aber das Zuschandenwerden der zum Unsinn übersteigerten einseitigen Forderung des Geistes an der Natur räumt dieser nicht die Macht über den Geist ein. Berowne, der die Torheit sieht, erkennt sie zugleich als ein überspitztes ernstes Streben, und die Spanne zwischen Sein und Schein wird nur im Spiele von den witzigen Dialogen überbrückt.

Damit sind die Versuche beendet, und gleichsam als Abschluß vereinigte Shakespeare die bisherigen Themen – das Verstandesirren der Liebesmüh, die Personenirrungen der Comedy of Errors, die Gefühlsirrungen der Veroneser – in der übernatürlichen Feerie des *Midsummer Night's Dream* (1595–1596). Shakespeare verwebt in diesem Lustspiel drei an sich unzusammenhängende Welten – den anachronistischen Hof eines vorhomerischen Athen, die realistische Welt der griechischen, d. h. englischen Landbevölkerung und das zeitlose Feenreich – äußerlich durch die Verknüpfung der drei Handlungsstränge und des Rahmens, innerlich durch die Idee des ganzen Stücks, das eine Phantasie über das Thema der Verwandlungs- und Gestaltungskraft der Liebe ist. Wir haben dieselbe sinnverwirrende Handlung wie in der Komödie der Irrungen, aber um vieles leichter und wahrscheinlicher, dieselbe schematische Ordnung zu Paaren wie in der Liebesmüh, aber in einer anderen Sphäre: nicht das Wort als Träger des Verstandes überspannt die Kluft von Natur zu Geist, sondern das Wunderreich der Johannisnacht, die man mit Mummenschanz, Liedern und Tänzen feierte. Hier führen die Elfen die Gefühle in die Irre und halten die Marionettenfäden der Handelnden, bis Oberons entwirrendes Wort das Stück in dem Schlußakt musikalischer Festlichkeit ausklingen läßt. Entgegen der herkömmlichen romantisierenden Deutung der Elfenwelt hat neuere Kritik die Züge des Naturhaft-Elementaren, Dämonischen und Grotesken hervorgekehrt und neben den zu gutmütigem Schabernack aufgelegten Puck den bösen Waldschrat gestellt. Wenngleich durch den guten Ausgang gebändigt, bleibt ein dämonisches Grollen fern, aber deutlich vernehmbar. Die dunklen Kräfte bleiben eine stete Bedrohung für den Menschen, und nur durch die Verbindung seiner Phantasie und irrationalen Gefühle mit der ordnenden Vernunft vermag er das Leben zur Harmonie zu führen.

Eine Übersicht der späteren Lustspiele zeigt, daß Shakespeare nur zweimal zu den Possen von der Art der Komödie der Irrungen zurückkehrte. Zuerst mit *The Taming of the Shrew* (1594–1598), das möglicherweise die Überarbeitung eines gegen den Frauenkult gerichteten älteren Stücks ist, dem er die Bianca-Nebenhandlung hinzufügte und dessen Charaktere er umbildete. Durch das neue Motiv, daß beide Schwestern sich durch das Eingreifen der Männer ins Gegenteil entwickeln, wird die Widerspenstige menschlicher gemacht. Sie ist durch das unnatürliche Getue ihrer Schwester genau so gerechtfertigt wie durch Petruchio, dessen Grobheit indessen nicht Natur, sondern angenommene Rolle ist. Das andere Stück der Gruppe, *The Merry Wives of Windsor* (1597), ist ein Bürgerschwank nach dem Geschmack des Hofes. Die Königin wünschte sich angeblich, Falstaff in einer Liebesgeschichte zu sehen, und Shakespeare löste die unmögliche Aufgabe durch Erfindung eines Possen-Falstaff, der in eine der Komödie der Irrungen an drolliger Lustigkeit nichts nachgebende Handlung paßte, die wie dort von einer zum moralisch guten Ende führenden Nebenhandlung begleitet ist. Aber die Lustigen Weiber spielen nicht umsonst auf heimischem Boden: das ganze häusliche Leben der englischen Kleinstadt ersteht als lebendiger Rahmen, in dem Anna, die von der Julia der Veroneser vorgedeutete Lieblingsfigur des romantischen Lustspiels, ihr selbstgewähltes Glück erkämpft, so daß die Komödie mit einer bürgerlichen Festlichkeit schließt.

Wertvoller als diese Schwänke sind die drei romantischen Komödien: Viel Lärm um nichts, Wie es euch gefällt und Dreikönigsabend oder Was ihr wollt. *Much Ado about Nothing* (1598) hat eine kunstvolle Handlungsführung, die mit der etwas düsteren Hero-Claudio-Geschichte die Beatrice-Benedick- und die Dogberry-Verges-Nebenhandlung derart verknüpft, daß die ersten beiden als ernste und heitere Parallelhandlung sich drei Akte hindurch begleiten und daß die letzte die sorgsam ausgeführte glückliche Lösung der Haupthandlung mit zwei Eheschließungen herbeiführt. Es ist die Einlösung des mit der Liebesmüh gegebenen Versprechens; Dogberry ist ein Nachkomme des Konstabels Dull wie Benedick der Berownes, und Beatrice ist die Nachkommin Rosalines. Aber diese Figuren sind innerlicher erfaßt, das Geplänkel Beatrice-Benedick ist nicht mehr ein Spiel des Witzes, sondern ein Kampf der Empfindung; ihre „Feindschaft“ wird zur ewigen Komödie der unter der Ablehnung sich verbergenden Liebe, deren heiterer Schein auch die mit viel Ernst gemischte Haupthandlung aufhellt, denn die an sich tragisch angelegte Hero steht nicht im Vordergrund, sie gibt nur Anlaß zur Offenbarung der Charaktere und Leidenschaften der anderen. Der Renaissance galt die ungerechte Verleumdung der Frau nicht so schwer, daß sie nicht durch Heirat und die Entlarvung des Verleumders, des intriganten Schurken Don John, aufgehoben werden konnte.

As You Like It (1599) ist die mildeste und glücklichste dieser Komödien. Was immer an Düsterem in diesem Stück anklingt – und es sind ja genug Beweise der bösen Welt gehäuft –, in dem jeder Schwere enthobenen Märchenreich, dem Gegenbild zum korrupten Hof, kommt das Böse nicht zur Auswirkung. Hier im Ardenner Wald darf Rosalind, als Ganymed verkleidet, unerkannt von dem sie suchenden Orlando, die Rolle der Geliebten spielen, die sie in Wirklichkeit ist. Schein und Sein haben ihre Plätze vertauscht. Gleichwohl ist das Waldidyll kein irdisches Paradies. Der Herzog und seine Getreuen wissen sich den Unbilden der Natur ausgesetzt, und neben dem Schäfer Corin mit seinen fettigen und rauhen Händen sorgen zwei Kommentatoren dafür, daß keine romantisierende Verfälschung des Wald- und Landlebens entsteht: der melancholische Zyniker Jaques, der die in seinen Augen verkehrte Welt mit Spott übergießt, und Touchstone, der witzigste der Shakespeareschen Narren, der alle Schwärmerei ad absurdum führt.

In *Twelfth Night, or What you Will* (1600–1601) halten sich die höfische und komische Handlung das Gleichgewicht: der Liebesschwermut des Grafen Orsino und der Trauer Olivias um den verstorbenen Bruder steht das laute Lachen der Sir Toby Belch-Malvolio-Handlung gegenüber, und je mehr sich diese zuspitzt, um so heller werden die Schicksale der ersteren, bis ein alles lösendes Glück den 5. Akt zum heiter-festlichen Ausklang macht. Fast alle Figuren erliegen dem äußeren Schein und der Selbsttäuschung; einzig Viola legt bewußt eine Maske an, und Feste, der professionelle Narr, der sich in beiden Handlungskreisen bewegt, er erweist sich als der Weise des Stücks, der die Torheiten der Welt durchschaut. Die Stimmung ist eine von leiser Melancholie umspielte Heiterkeit, und auch der abseits stehende, humorlose Haushofmeister Malvolio muß als eine komische Figur gesehen werden, der seine Fopperei selbst herausfordert. Mit seiner Feindschaft gegen die Freuden der Welt galt er den Vertretern des Lebensgenusses als ein Besessener und damit Gegenstand des Spottes – und der zwölfte Tag nach Weihnachten, der Dreikönigsabend, war im elisabethanischen England der Höhepunkt karnevalistischer Narretei, an dem man die bösen Geister austrieb.

Mag später Geborenen die Renaissancevorliebe für die durch Verkleidungen hervorgerufenen Geschlechterirrungen fremd geworden sein und der Sinn fehlen für diese witzigen Liebenden, die Ästhetisierung der Schwermut und für die gekünstelte Einbildungskraft, die, wie in der Arcadia und bei Lyly, so auch in den Shakespeareschen Fabeln Ausdruck fand – das freie Spiel der Phantasie hat sich in diesen Komödien ein eigenes, unwiderstehliches Reich erschaffen, dessen im Verborgenen regierende Gottheit die Liebe ist.

Nur von hier aus kann man der letzten Gruppe der Problemstücke ('dark comedies') gerecht werden, die weniger Komödien zu sein scheinen als Schauspiele mit gutem Ende. Der Komödie am nächsten steht der *Merchant of Venice* (1596–1598), ein Stück bewundernswerten Baus, das drei Handlungsstränge (Antonio–Shylock, Bassanio–Portia, Lorenzo–Jessica) in Parallelführung verflicht, auf das feinste errechnet und doch so leicht, als hätte die Phantasie die Folge der Szenen bestimmt. Es ist der Komödienschauplatz des Nirgendslands der Liebe, in dem die Charaktere mehr flächig als vollgerundet erscheinen müssen: der königliche Kaufmann Antonio ist ein von Melancholie überschatteter, philosophischer Zuschauer, Bassanio zwar ernst gemäß der Renaissance-Auffassung der Freundschaft, doch nur Verkörperung einer Idee; und Gratiano, die von Berowne und Benedick her bekannte Lieblingsfigur, ist nicht stärker individualisiert als die weiblichen Spieler Portia, Nerissa und Jessica. Auch das Handeln gehört in eine jenseits des Ethischen liegende Traumwelt: der Mann, der ohne Bedenken dem Vater die Tochter raubt, und die Tochter, die den Vater verläßt und bestiehlt – sie sind Märchenmotive wie das Kästchen, wie der Vertrag, der ein gesetzliches Recht zum Mord enthält. Das alles ist nur ein Hinwegblasen der dunklen Wolken, die Freundschaft und Liebesheiterkeit bedrohen. Aber Shylock ist nicht einfach ein Schurke, der, ungerührt von Portias großer Rede über die Gnade, auf seinem Recht beharrt und der am Ende mit den eigenen legalistischen Waffen geschlagen wird; der Jude wurde Shakespeare unter der Hand zu einer Figur, deren Lebensfülle über den Rahmen der Komödie hinausgreift, denn er ist weniger flächenhaft als Malvolio und deshalb viel ergreifender charakterisiert. Er ist ein vermenschlichter Marlowescher Barabas, und wenngleich die Renaissance den Juden verlachte, hier sah Shakespeare auch die andere Seite, und erst die entzückende Nachtmusik des 5. Aktes rückt das Stück wieder in die Verklärung der Phantasie.

Diese Musik fehlt in *All's well that ends well* (1603–1604); wohl herrscht noch die Komödienwelt mit der im Verborgenen regierenden Liebe, die hier, sichtbar geworden, in Helena sich verkörpert; Helena bestimmt griseldishaft und zugleich in klugem Handeln den Lauf des Stücks zum guten Ende. Aber der ganze Stoff scheint für eine Komödie nicht recht geeignet, die Stimmung zwiespältig und das Ende ohne Fröhlichkeit, ja peinlich. Die an Befehlsheiraten gewöhnte Renaissance grübelte zwar nicht darüber, ob Liebe und Herrentreue zu Gegenliebe verpflichte, und der innerliche Ehebruch Bertrams machte ihr keinen Strich durch die Rechnung, daß Helena seine verborgenen guten Eigenschaften erwecken könne – aber hier ist statt des Nirgendslandes die Wirklichkeitsluft der zugrundegelegten Boccaccio-Novelle beibehalten. Und folglich stoßen Wirklichkeitstragik und Komödienatmosphäre zusammen, wie es der plötzliche Übergang von tiefernster Handlung zu heiterem Glück am Ende des Dramas noch unterstreicht. Auch für Shakespeares Zeit also ist der Ausklang eines solchen Stückes nicht rein, dafür ist aber das aufgeworfene Problem von Stand und Verdienst, Selbsterkenntnis und Läuterung interessant.

Ebenso führt Angelos Weg in *Measure for Measure* (1604) zu Selbsterkenntnis, Reue und Vergebung, und wie in All's well verwendet Shakespeare das Motiv der Brautunterschiebung und führt die Handlung zum Finale einer Komödienfestlichkeit mit dreifacher Eheschließung. Aber auch hier war das Novellenmotiv des rigorosen Gesetzes, das den Vollzug der Ehe vor der kirchlichen Trauung unter Todesstrafe stellt, für eine Komödie zu schwer. Deshalb fehlt der grobkomischen Parallelhandlung die früher übliche Leichtigkeit, wie sich auch der Lustspielschauplatz der Wälder, Gärten und Schlösser zu Kerker, Gerichtssaal, Kloster und Bordell gewandelt hat. Die Welt ist entschleiert und häßlich, und über ihr schwebt ein hamletartiges Grübeln über Recht und Staat und Tod. Überall ist Verderbtheit, selbst die Guten sind nicht fest: Claudio, vor dem ungerechten Todesurteil winselnd, drängt die Schwester zur Entehrung, Angelo, der allzu stolz auf seine Reinheit war, verfällt dem Kitzel der Lust. Nur Isabella wirkt zum Guten, aber sie verkörpert nicht mehr wie Helena die Liebe, sondern das Gewissen; und obschon ihre Weigerung, den verzweifelten Bruder durch die Preisgabe ihrer Ehre vor dem Tode zu retten, moralisch zwingend erscheint, so ist doch ihr anschließendes Verhalten gegenüber Claudio kalt und herzlos. Wenn sie am Ende dann für Angelo um Gnade bittet, so wird deutlich, daß auch sie eine Wandlung zur Menschlichkeit durchgemacht hat. Angelo – nicht mehr die Komödienwelt – ist Maßstab und Träger des Stücks. Er hat nicht die Überlegenheit des Herzogs, er kennt nicht die Macht der Leidenschaft, und als er, vor sich selber erschreckend, das Böse als Teil seines Wesens erfahren muß, bricht der Boden seiner sittlichen Existenz zusammen. Die Gegensätze von Sein und Schein, die einst in einer Phantasiewelt sich zusammenfügten, treten in der nun bitter gewordenen Komödie wieder auseinander. Man wird Bedenken hegen, ob der Begriff des Problemstücks für diese Dramen glücklich ist, die doch im Unterschied zu Ibsen und Shaw durch eine entschiedene Akzentuierung der Gnade und eine Mischung von realistischen und Märchenelementen gekennzeichnet sind. Es sind Wesenszüge, die an frühe Dramen wie die beiden Veroneser und den Kaufmann von Venedig erinnern und sich zugleich als eine Verbindung erweisen zu den späteren Romanzen.

Troilus and Cressida (1601–1602) ist ein gattungsmäßig kaum befriedigend einzuordnendes Drama, das häufig mit den Problemstücken verbunden wird, indessen näher bei den Tragödien als den Tragikomödien steht. Shakespeare gestaltete den aus dem Mittelalter tradierten, von Chaucer, Henryson, Lydgate u. a. behandelten Stoff als ein Drama der Desillusion. Die ritterliche Kriegshandlung um Helena und die Liebeshandlung um Cressida, die in Troilus konvergieren, enden mit dem feigen Mord an Hector und dem Betrug an Troilus. Sinnlosigkeit, Brüchigkeit, Fragwürdigkeit überschatten das Drama, und der Einbruch des Chaos erfolgt unter Umständen, die keinerlei Hoffnung übrig lassen. "The bonds of heaven are slipp'd, dissolv'd, and loos'd", urteilt Troilus, als er die unmißverständliche Szene im Zelt des Diomedes belauscht. Wie die zynischen Kommentare von Thersites und die Bilder des gefräßigen Wolfs und der unaufhaltsam um sich greifenden Krankheit unterstreichen, sind 'passion' und 'appetite' die Triebkräfte, die den Zusammenbruch der Werte bewirken. Und doch hat Shakespeare auch in dieses Drama die Idee der Ordnung eingebaut, wenn auch nur als das Gegenbild, das in eindrucksvollem Kontrast zu dem Grundthema der Disharmonie und Auflösung die ganze Schwere des Verlustes bewußt macht.

6. Shakespeares Historien

Die Darstellung einer männlichen Welt hatte Shakespeare bereits in der beliebten Historiengattung[46] versucht. Er begann wie das 'chronicle play' mit einer episch aneinandergereihten Handlung, einem patriotischen Bilderbuch, noch dreißig Jahre nach dem Gorboduc so formlos, als ob es nie

[46] E. M. W. Tillyard, Sh.'s History Plays, Lo. 1944; I. Ribner, The English History Play in the Age of Sh., Lo. ²1965; M. M. Reese, The Cease of Majesty: A Study of Sh.'s History Plays, Lo. 1961; S. C. Sen Gupta, Sh.'s Historical Plays, Oxf. 1964; D. Bevington, Tudor Drama and Politics: A Critical Approach to Topical Meaning, Cambr., Mass., 1968. – Sh.'s Holinshed. An Edition of Holinshed's Chronicles (1587) ed. R. Hosley, N.Y. 1968.

ein klassizistisches Drama in England gegeben hätte; wie die anderen begnügte er sich mit der Individualisierung und Verlebendigung der Chronikquelle. Innerhalb dieser Grenzen aber ging er weiter, sein Individualisieren führte zu immer stärkerer Betonung der Mittelfigur, wie es Marlowe und die Senecatragödie gelehrt hatten, und die Verlebendigung geschah durch den vom Lustspiel her bekannten Wechsel, der episch umfassend Königs- und Kärrnerszenen nebeneinanderstellt. Daß die Geschichte mit den Augen der Zeit gesehen ist, der Thron als heilig gilt und das Volk als Pöbel, Heinrich V. als Abgott erscheint und das Mädchen von Orléans als Hexe, tut dem Drama als solchem keinen Eintrag, denn hier stehen nicht Recht und Unrecht gegeneinander, sondern Wille und Schicksal. Das nähert die Historien den Tragödien, von denen sie andererseits entfernt bleiben, da es sich nicht um eine Welt des Empfindens oder Gedankens handelt, sondern um Siegen oder Verlieren und um Handeln bis zum alles endenden Tod. So sind eigentlich die Historien das Widerspiel der Komödien – sie geben Wirklichkeit statt Nirgendsland, individuelle statt typischer Zeichnung, männliche statt weiblicher Welt – und der Weg zu den Tragödien ist ein Prozeß der Ablösung von der Historie.

Shakespeares erstes Geschichtsspiel *Henry VI.* (1590–1592) ist bereits kraftvoll und hatte Erfolg, obwohl von seinen drei Teilen nur der farbige, gestaltenreiche mittlere durch die Darstellung der Rosenkriege dramatisch wirksam ist, während der erste einzig durch die Figur des die englische Macht in Frankreich verteidigenden Generals Talbot zusammengehalten wird und der letzte sich in nicht-aufhören-wollender Folge von Schlachtszenen, die Anarchie der Rosenkriege spiegelnd, voller Marlowescher Rhetorik erschöpft.

Shakespeare überwand diese chronicle play-Stufe mit der die York-Tetralogie vollendenden Historie von *Richard III.* (1592–1593), denn hier herrscht eine im Willen der Hauptperson begründete einheitliche Handlung. Von Richards Handeln hängt das dramatische Interesse ab, seine Willensgewalt überwindet alle Hindernisse, bis überhaupt kein Gegner mehr da ist und in seinem Gewissen eine Gegenmacht ersteht, die schließlich, in Richmond, dem späteren Henry VII., symbolisiert, eine hellere Welt heraufzuführen scheint. Dieser von Seneca übernommene Schlußausblick erhebt das Einzellos zu schicksalsmäßiger Bedeutung, und da auch Richard, obwohl noch kein tragischer Held, von der Vice-Figur und den Seneca-Marlowe-Helden zu den zwiespältigen tragischen Charakteren Richard II., Brutus, Hamlet überleitet, erwächst aus dieser ersten Historiengruppe eine neue, über die alte Historie hinausführende Menschendarstellung.

Der Held des *King John* (1594) ist nicht mehr das patriotische Zerrbild eines Königs, der den katholischen Ränken zum Opfer fällt, wie in der als Vorlage dienenden Historie 'The Troublesome Raigne of John', sondern ein glaubhafter, wenngleich unehrenhafter Mensch. Obwohl Johns

Charakterbild auch positive Züge aufweist, hat Shakespeare doch seine Schuld erheblich gesteigert, indem er im Unterschied zur Quelle Johns Anspruch auf den Thron zweifelhafter und den rechtmäßigen Thronerben Arthur zu einem rührenden, hilflosen Kind machte. Als Kontrastfigur zu dem König dient der Bastard, und dieser Faulconbridge, ein illegitimer Sohn von Richard Löwenherz, ist nicht mehr ein vaterländische Reden aufsagender machiavellistischer Held, sondern, wie dann auch Percy Hotspur, einer der nur in den Historien vorkommenden, rasch handelnden und mitreißend lebendigen Menschen, die in einzigartiger Weise die elisabethanische Zeit vergegenwärtigen. Am Anfang ein Beobachter mit unabhängigem Urteil, gesundem Menschenverstand und Mutterwitz, wird er aus einer Nebenfigur immer stärker zur beherrschenden Gestalt des Dramas, und wenn er nach Johns Tod zugunsten des jungen Prince Henry auf die Krone verzichtet, erweist er sich als das imponierende Gegenbild zu John und als ein Symbol der nationalen Einheit.

Richard II. (1595), das erste Stück der Lancaster-Tetralogie, gibt bei freier und gedrängter Darstellung historischen Geschehens unter dem Einfluß von Marlowes Eduard II. eine Charakterstudie des im Mittelpunkt stehenden, zwischen Schwäche und Willkür, Selbstbespiegelung und Selbstbemitleidung schwankenden Helden. Shakespeares Zeichnung ist feiner als die Marlowes und zeigt, wie aus der seelischen Anlage ein tragisches Schicksal erwächst. Damit aber und insbesondere mit dem Charaktergegensatz von Richard II. und Bolingbroke greift Shakespeare bereits in den Bereich der Tragödie. Entsprechend, und der Art der eigentlichen Historien fremd, ist das Interesse, das der Held nach seinem Fall erweckt. Der zum Märtyrer verinnerlichte Kerkergefangene hat in der Historienwelt keine Bedeutung mehr, seine Wirkung liegt in der Tragik des selbstgeschaffenen Schicksals. Zugleich macht Shakespeare deutlich, daß Richards Fall zwar unvermeidlich war, aber der Vollstrecker des historischen Auftrags bleibt ein Rebell. Die kommende Entwicklung mit dem Höhepunkt der Rosenkriege wird sich als das Strafgericht Gottes für den Mord an einem gesalbten König erweisen.

Die eigentliche epische Spielart der Historie zeigt sich in dem großen dreiteiligen Königsspiel *Henry IV.* (1596–1597) und *Henry V.* (1599), in dem sich fast zu gleichen Teilen ernste und komische Szenen mischen und in glücklicher Verknüpfung die ganze Breite der wirklichen Welt als eigentliches Historienthema zu unmittelbarer Anschauung bringen. Eine Fülle von Charakteren belebt die historische Bühne. Titelheld der beiden Teile Heinrichs IV. ist der in Richard II. als zielbewußter junger Mann auftretende Bolingbroke, jetzt von Sorgen, Schuldgefühlen und Alter gebeugt. Gegen ihn steht in Teil I Percy Hotspur, und in beiden Teilen als der eigentliche Held sein Sohn und Erbe Heinz, der Prinz Hal, der sich den Tavernen ergeben hat, und in dessen Umgebung man Falstaff findet, Shakespeares überzeugendste Verkörperung des Humors, die Heinrichs IV.

immer mehr verdüsterter Gestalt das Gegengewicht hält. Das Spiel um Heinrich V. zeigt dann den Prinzen Heinz auf der Höhe seiner Laufbahn; es ist ein vaterländisches Festspiel voll breiter Geschichtsgemälde, die, erstmals im Volksdrama, jeweils von einem Prolog oder Chor eingeleitet sind. Die ungeheure politische Wirksamkeit dieser Heinrichspiele, deren patriotische Reden und großbritische Töne in der damals hochgespannten Luft in vielfachem Echo weitergetragen wurden, ist heute verblaßt. Die künstlerische Wirkung ist unvermindert geblieben; denn sie beruht auf der überzeugenden Wiedergabe eines weltgeschichtlich bedeutenden Stücks Leben mit Charakteren, deren restlose Verkörperung von der Wirklichkeitswelt in die ewige der Kunst hinüberreicht. Wieviel reicher und vielseitiger ist das Bild des machiavellistischen Politikers Bolingbroke geworden! Er ist keine Marlowesche Ideenverkörperung, sondern ein Mensch, der Kummer und Gewissensbisse kennt und an der dauernd aufrecht erhaltenen machiavellistischen Richtschnur langsam zerbricht. Zu beiden Seiten des eigentlichen Helden Heinz stehen – die Weite der Historienwelt bezeichnend – der ehrbesessene Percy Heißsporn und sein Widerspiel, der von Shakespeare frei erfundene Falstaff. Falstaff ist sinnlich, lügnerisch und ohne Verständnis für die Welt Percys, aber er ist bezaubernd; statt des Gewissens hat er Geist, und statt sittlichen Ernstes hat er gute Laune. Heinz fühlt und liebt die unbeschränkte Geistesfreiheit Falstaffs, aber am Ende, nachdem er zum Herrscher herangereift ist, läßt er ihn fallen; denn er erkennt, daß die Libertinage Falstaffs für den Staat eine ebenso große Gefahr bedeutet wie die Unbändigkeit und maßlose Ehrsucht Percys. Shakespeare sah diesen Heinrich V., wie seine Zeit ihn sah, als Siegerkönig und als Sinnbild nationaler Kraft; was eine spätere Zeit als Doppelzüngigkeit empfand, galt damals als Staatsvernunft, genau wie die künstliche Rede vor dem sterbenden Vater der rhetorisch empfindenden Renaissance nur den einem Herrscher geziemenden Verantwortungswillen bezeugte. Seine einzigartigen persönlichen und politischen Fähigkeiten bewirkten für seine Regierungszeit einen Aufschub in dem Walten der Nemesis, die dann unter seinen Nachfolgern ihren verhängnisvollen Lauf vollenden sollte.

7. Shakespeares Tragödien

Die englische Renaissancetragödie, wie sie von Shakespeare zur reinsten Ausprägung gebracht wurde[47], ist entsprechend der mittelalterlichen Tragödienauffassung die Geschichte eines außergewöhnlichen, früherem Glück

[47] Die wechselnde Auffassung der Shakespearetragödie ist zu verfolgen an Hand der Auswahl: Shakespeare Criticism ed. D. N. Smith, Lo. 1916; Sh. Criticism 1919–1935 ed. A. Bradby, Lo. 1936; Sh. Criticism 1935–1960 ed. A. Ridler, Lo. 1963 (alle WC); A. C. Bradley, Shakespearean Tragedy, Lo. 1904; L. L. Schücking, Charakterprobleme

entgegengesetzten Leidens und Unglücks. In der griechischen Tragödie ist der Unglücksablauf rein analytisch abgeleitet aus einer von Anfang an als etwas Feststehendes gegebenen Schicksalslage, während die Seneca folgende humanistische Schule das Schicksal mit Leidenschaft gleichsetzte und also den Helden mitverantwortlich machte. Darauf weiterbauend stellt die Shakespearetragödie den ganzen Geschehnisablauf dar durch eine über das Leben erhöhte sensationelle Fabel oder Verwicklung, in die der Held gestellt wird. Aufgabe des Dramatikers ist es, den Helden in jeder von dieser Verwicklung verlangten Situation überzeugend zu machen, und bei Shakespeare ist diese „Motivierung" so erfolgreich, daß man seine Gestalten als wirkliche Menschen anzusehen geneigt ist und über ihre Charakterprobleme nachsinnt. Damit ist aber eine neue Tragödienart geschaffen, die Charaktertragödie, in der die antike Schicksalsentwicklung ersetzt ist durch eine Reihe verketteter Handlungen, die aus der sich ständig entfaltenden Veranlagung des Helden folgen. Die „Handlung" dieses Dramas besteht also, anders als in der Antike, aus einem Zusammenwirken von äußerem und innerem Geschehen; der äußere Kampf zwischen zwei Personen oder Gruppen bzw. den sie bewegenden Leidenschaften oder Ideen wird bedingend und bedingt begleitet von einem Kräftekonflikt in der von innerem Kampf zerrissenen Seele des Helden; erst aus dem Zusammenwirken beider entsteht Tragödie. Damit ballt sich das Tragische in der Figur des Helden zusammen, der als ein Mensch außergewöhnlichen Maßes mit der Umwelt zusammenstoßen muß. Menschliche Größe erscheint also als Verhängnis, feste Willensrichtung führt zum Untergang; was ein kleinerer tun könnte, kann der Held nicht tun. Folglich handelt es sich nicht um Schicksal und nicht um Schuld, sondern um ein drittes, das Hamlet andeutet mit den Worten 'our thoughts are ours, their ends none of our own'; 'ends', das sind die Folgen, das Handeln, durch das die Gedanken in die Wirklichkeit übersetzt und dabei in ihr Gegenteil verkehrt werden. Brutus will das Beste, und die Folge ist Elend für sein Land und Tod für ihn selbst; Hamlet schreckt vor Rache zurück und wird erst recht in Blutschuld verstrickt, Othello will Gerechtigkeit und mordet die Unschuld. Es ist ein tragisches Verflochtensein von Recht und Unrecht, eine Tragödie, nicht eine Lösung der Rätsel des Lebens. Dadurch aber, daß die aus dem Stoff der Wirklichkeit erschaffene Tragödie die Wirklichkeit zugleich bejaht und mit ihr spielt, bewirkt sie im Zuschauer eine erhebende Gelöstheit vom Leben im alltäglichen Sinn.

Dieser weltanschaulichen Haltung entspricht auch die technische Selbständigkeit der Shakespearetragödie. Otto Ludwig hat sie dem Bau einer

bei Sh., Leipzig ³1932; M. C. Bradbrook, Themes and Conventions of Elizabethan Tragedy, Cambridge 1935; G. W. Knight, The Wheel of Fire, Lo. ⁴1949; ders., The Imperial Theme, Lo. 1931; H. S. Wilson, On the Design of Sh.rean Tragedy, Toronto 1957; I. Ribner, Patterns in Sh.rian Tragedy, Lo. 1960; K. Muir, Sh.'s Tragic Sequence, Lo. 1972.

Sonate verglichen und gesagt, im ersten Teile (der Exposition) seien die Motive gegeben, die dann im zweiten (Akt II und III) auf Leben und Tod sich auf den Hals rückten, d. h. die sogenannte Verwicklung eingingen und die Spannung leidenschaftlich machten, wobei die genau in der Mitte liegende Höhe in groß angelegten Szenen betont sei; als dritter Teil (Akt IV und V, die Bewegung von II und III in umgekehrter Richtung wiederholend) folge die Auflösung der krampfig verschlungenen Motive in der beruhigenden Gewißheit des Ausgangs. Dem rhythmischen Wechsel der fein- und grobkomischen Parallelszenen der Lustspiele und der Königs- und Kärrnerszenen der Historien entspricht in der Tragödie ein Wechsel von hochgespannten und wie Atempausen dazwischengelegten tiefgespannten Szenen, die in den ungespannten Teilen des Stückes (Akt I und IV) natürlich zahlreicher sind.

Das alles bezieht sich auf die großen Tragödien Shakespeares und noch nicht auf die ersten Experimente in dieser Form, die frühen Tragödien Titus Andronicus und Romeo und Julia. *Titus Andronicus* (1589–1590) ist eine Rachetragödie, die, der Schaudramatik Kyds und der entartenden Senecaschule folgend, ein gewalttätiges Bild der Gotenkriege im späten kaiserlichen Rom entwirft. Der Konflikt erwächst noch nicht aus dem Charakter des Helden, sondern ist auf eine äußere Intrige gegründet. Getragen wird das makabre Melodram mit seiner endlosen Reihe von Morden und Scheußlichkeiten von einer gleichsam selbständig gewordenen Rhetorik, so daß Wort und dramatisches Geschehen sich noch nicht zur Einheit fügen und die kommende Entwicklung des Dichters erst in Ansätzen sichtbar wird.

In *Romeo and Juliet* (1595), der ersten bedeutenden Tragödie, in der die Liebe das zentrale Thema bildet, nahm Shakespeare einen Lieblingsstoff der Renaissance auf, den Arthur Brooke bereits episch verwertet hatte (1562). Durch Zusammendrängung auf wenige Tage und durch einen rhythmischen Wechsel von Handlung und Gegenhandlung erreichte Shakespeare eine dramatische Intensivierung des Geschehens. Und er verwarf den didaktisch moralischen Aspekt der Vorlage, die den Tod der Liebenden als Strafe für ihre Leidenschaft deutete; keine der Shakespeareschen Figuren wertet nach Schuld und Strafe, weder der Fürst noch Bruder Lawrence noch die Helden. Das äußere Scheitern dieser idealen Liebe hat seinen Grund nicht im Charakter der Liebenden. Auch der Familienhaß der beiden elterlichen Häuser und die Konventionen einer feindlichen Umgebung, die unheilvoll in die Welt der Liebenden hineinwirken, verkörpern nicht eigentlich die Gegenmacht des Bösen. Über dem Paar waltet vielmehr ein Unstern, und eine Kette unglücklicher Zufälle führt zu einem traurigen Ende. Shakespeares Konzeption der Tragik zeigt noch deutlich den Zusammenhang mit der mittelalterlichen Fortunavorstellung, aber auch schon ihre Umformung; denn der Tod der Liebenden ist nicht ein durch eine blinde Macht verursachter Sturz aus dem Glück in die

Tiefe, sondern die Erfüllung ihrer Liebe, und in der Aussöhnung der feindlichen Familien klingt auch der Gedanke des Opfertodes an. Sicher ist diese eher Mitleid und Rührung erweckende Form der Tragik noch nicht diejenige der großen Shakespeareschen Tragödien, aber sie war der Unbedingtheit dieser jugendlichen Liebe durchaus angemessen. Den Schritt zur Charaktertragödie tut dann Julius Caesar, die erste der Römertragödien [48].

Julius Caesar (1598–1599), wie alle Römerdramen auf den Parallelbiographien von Plutarch fußend, drängt in meisterhaft knappem Bau und thematischer Dichte ein figurenreiches Geschehen von zweieinhalb Jahren auf fünf Tage und wenige Personen zusammen. Anders als frühere Caesardramen behandelt Shakespeares Tragödie nicht Caesars Leben und Tod, sondern seine Ermordung und die anschließende Rache seines Geistes. Die äußere Handlung ist auf den politischen Gegensatz zwischen der republikanischen Idee und der sich abzeichnenden Entwicklung zum Prinzipat zugespitzt; sie ist verflochten mit einer inneren Handlung, dem Gewissenskonflikt des Brutus zwischen Freundestreue und republikanischer Gesinnung. Brutus möchte zwischen privater und politischer Moral scheiden und nicht die Person, sondern die geistige Macht Caesars treffen. Aber das Drama trägt zu Recht den Namen Caesars, da Brutus den Menschen, nicht aber Caesars Geist auslöschen kann. Brutus erliegt zudem der Selbsttäuschung, wenn er meint, er befinde sich in einem Dilemma zwischen Freundestreue und seiner Verpflichtung gegenüber dem 'general good'. Er hat nicht nur keine persönlichen Gründe gegen Caesar, es gibt auch keinerlei Anzeichen, daß Caesar ein Tyrann ist. Der Mord kann daher nur als Präventivmaßnahme begründet werden, und Brutus' Rechtfertigung der Tat als einer Opferung zeugt von seiner Verblendung. Schon bald nach dem blutigen Vorgang muß Brutus erkennen, daß die römischen Plebejer, von denen einer gar vorschlägt, nun Brutus selbst zum Caesar zu machen, den Sinn der Tat überhaupt nicht begreifen; und Marcus Antonius vermag in seiner unmittelbar anschließenden großen demagogischen Rede die Emotionen des Volkes zum Aufruhr gegen die Verschwörer anzustacheln. Brutus ist ein Mann von edler Gesinnung und innerer Wahrhaftigkeit, und gerade diese Tugenden, an die die Verschwörer appellieren, führen ihn zu verbrecherischem Handeln und damit letztlich zum Verrat an seiner eigenen Lauterkeit und Rechtlichkeit. Eine Lösung des Konflikts von politischem Handeln und privater Moral oder gar des Problems des Caesarismus gibt uns Shakespeare nicht; sein Drama entläßt uns mit dem tragischen Befund.

Die äußere Handlung von *Antony and Cleopatra* (1606–1607) hat in

[48] M. W. MacCallum, Sh.'s Roman Plays and their Background, Lo. ²1926; M. Charney, Sh.'s Roman Plays, Cambr., Mass., 1961; D. Traversi, The Roman Plays, Lo. 1963; R. A. Brower, Hero and Saint: Sh. and the Graeco-Roman Heroic Tradition, Oxf. 1971. – Sh.'s Plutarch ed. T. J. B. Spencer, Harmondsworth 1964.

Fortsetzung des Julius Caesar den Kampf der Triumvirn um die Alleinherrschaft zum Gegenstand. Antonius, bei Shakespeare der weitaus größte Feldherr der drei, dazu ein fähiger Politiker und überzeugender Redner, verliert im politischen Kampf, weil sein Interesse auf Cleopatra gerichtet ist, und zwar mit solcher Ausschließlichkeit, daß der Schlußkampf um den Besitz der Welt klein erscheint und nur als Hintergrund, vor dem die beiden Liebenden überlebensgroß erscheinen. Ihre Liebe steht im Mittelpunkt, alle Änderungen und Kürzungen im Plutarchbericht dienen der Liebesverherrlichung. Aber es ist eine Liebestragödie jenseits der poetischen Verzückungen und Verzweiflungen Romeos, es ist ein Rausch, der einen zum Manne Gereiften trifft in einer geschichtlich bestimmten Welt, ein von Antonius selbst auf den Plan gerufenes Schicksal, das durch sein Werkzeug Octavius ihn und seine Geliebte Cleopatra wohl vernichtet, aber tragisch erhöht. Man hat über Cleopatra, die allein unter den Frauengestalten Shakespeares einen vielfältigen Charakter hat und der Shakespeare den ganzen letzten Akt widmet, keine preisenderen und keine härteren Worte sagen können, als sie im Stück selbst fallen. Aber es gibt niemand in dem Drama, der nicht ihren Zauber gefühlt hätte, und des Siegers Worte 'she shall be buried by her Antony' verkünden gleichsam den inneren Sieg der äußerlich Besiegten.

Dem bunten szenenreichen Antoniusdrama steht wie der Julius Caesar das Drama *Coriolanus* (1608) als klassisch geschlossenes Kunstwerk gegenüber. Die äußere Handlung ist von einfachstem Bau: die Gegnerschaft des Patriziers Coriolan und des römischen Volkes spitzt sich zu bis zur Herausforderung im dritten Akt, auf die hin der Verteidiger Roms in offener Feindschaft ins Lager der Volsker geht, von denen er wegen seines erneuten Anknüpfens mit seiner Vaterstadt erschlagen wird. So ist Rom vor dem materiellen, er selbst vor dem moralischen Untergang bewahrt. Diese äußere Handlung ist mitbedingt durch eine innere, die sich in der Entfaltung der seelischen Veranlagung des Helden zeigt: er hat von der Mutter den Klassenstolz und die leidenschaftliche Selbstachtung geerbt und steigert sie, so daß er sich nicht mehr der Idee Rom unterzuordnen vermag. Volumnia kann, als ihr Sohn Rom belagert, in sein Lager hinausziehen und die Sache des Volkes vertreten; Coriolan kann nicht zurück, ohne sich selbst aufzugeben. So bereitet die Mutter dem Sohn wider Willen den Untergang, denn dadurch, daß Coriolan dem stärksten Zug seiner seelischen Veranlagung, der Pietät gegen die Mutter, nachgibt und seinen Racheplan fallen läßt, führt er seinen eigenen Tod herbei. Der Zuschauer empfindet Coriolans Schicksal als unvermeidlich und bedauert den Untergang des Helden. Aber Coriolan erreicht nicht im gleichen Maß unsere Bewunderung und unser Mitgefühl wie die Helden der großen Shakespeareschen Tragödien.

Wie Titus Andronicus ist *Hamlet* (1600–1601) eine Aufsehen erregende Geschichte mit acht gewaltsamen Todesfällen, mit Ehebruch und Rache, mit Geistererscheinungen und Wahnsinnigen und mit einem am aufgeworfenen Grabe ausgetragenen Zweikampf. Doch wirkt Hamlet anders, weil nicht die Fabel, sondern der Held im Vordergrund steht: in Hamlet verknüpfen sich das äußere Geschehen (die Ausführung der vom Geiste gebotenen Blutrache und das gegen Hamlets Person gerichtete Vorgehen der Gegenspieler) und die innere psychologische Handlung (das Zweifeln und Zögern). Deshalb haben fast alle Hamleterklärungen mit der Charakterdeutung des Helden eingesetzt und die Frage nach der Begründung des Zauderns und des angenommenen Wahnsinns gestellt. Goethe u. a. faßten den Charakter sentimental (das zarte Gefäß der Seele wird durch die eingepflanzte ungeheure Tat gesprengt), womit das Heroische entfällt. Coleridge und Schlegel machten Hamlet zur Tragödie der Reflexion, und andere Romantiker sahen in Hamlet das Genie schlechthin. Diese und ähnliche Deutungen gehen vom psychologischen Problem der Hamletgestalt aus, sie vernachlässigen jedoch das Gesamtdrama wie auch das künstlerische Problem, das mit der Umformung einer vorgegebenen Fabel verbunden war. Denn Shakespeares Hamlet ist die Neufassung eines verlorengegangenen Rachestückes, des sog. Ur-Hamlet, das vermutlich von Thomas Kyd stammte. Auch Kyds Quellen Saxo Grammaticus und Belleforest dürften Shakespeare bekannt gewesen sein. Manche Kritiker (bis hin zu T. S. Eliot) sind der Meinung, Shakespeare sei die Verbindung des heroischen Rächers der Sage mit der eigenen Konzeption des intellektuellen Grüblers nicht recht gelungen. Andere haben den Schlüssel zum Verständnis des Dramas in Hamlets Melancholie gesehen, wieder andere in einem Ödipuskomplex, demzufolge Hamlet deshalb zaudert, weil das Verbrechen des Claudius seinen eigenen unbewußten Wünschen entspricht. Die Reihe der Deutungen setzt sich fort mit Hamlet, dem Moralisten, dem unbeirrten Wahrheitssucher, dem Skeptiker mit christlichem Erbe, dem gegen eine korrupte Gesellschaft aufbegehrenden jungen Idealisten. Alle diese Interpretationen erfassen günstigstenfalls eine Facette der schillernden Gestalt. Ohne Zweifel sah die Renaissance in Hamlet den heroischen Menschen und nicht die feinnervige Persönlichkeit, die das 19. Jahrhundert fesselte. Sicher ist sein Zaudern nicht nur mit seinem Naturell, sondern auch mit der Gattung der Rachetragödie verbunden. Shakespeares Drama ist indessen ungleich differenzierter. Wenn der Geist, Hamlets eigene schlimme Ahnungen bestätigend, ihn zur Rache auffordert, ihm aber gleichzeitig auferlegt, dabei keine Schuld auf sich zu laden, so stellt er ihn vor eine unmögliche Aufgabe, die zudem durch Hamlets Charakter noch kompliziert wird. Wäre Hamlet ein Mann wie Laertes oder Fortinbras, hätte er wohl gleich zum Schwert gegriffen. Aber Hamlet kann nicht einfach nach den Gesetzen einer primitiven Racheethik handeln. Da das Verbrechen des Claudius nur Symptom einer allgemeinen Fäulnis ist, weitet sich das singuläre Problem zu einem universalen. Hamlets Dilemma liegt darin, daß er das ungeheuerliche Verbrechen ahnden muß, daß er aber keine Möglichkeit sieht, wie sein Handeln die zertrümmerte Seinsordnung wiederherstellen könnte. Daher ist seine Wahnsinnsmaske häufig nicht mehr zu unterscheiden von wirklichem Wahnsinn. Erst als er von England zurückkehrt, scheint Ruhe und Gelassenheit über ihn gekommen. Nachdem er vor dem fast sicheren Tod bewahrt blieb, weiß er, daß eine Gottheit den Lebensplan formt, und er wartet, innerlich bereit und ohne Todesfurcht, welchen Weg sie ihn führen wird. Das Handeln dieser Vorsehung bleibt ein unergründliches Geheimnis; eben diese Rätselhaftigkeit gab dem Drama für alle Zeiten seinen bestrickenden Reiz.

Die Hamlettragödie ist die sinnschwerste und unausschöpfbarste, die Shakespeare geschrieben, wenn sie auch vom dramatischen Gesichtspunkt aus bei weitem nicht die künstlerische Geschlossenheit des *Othello* (1603 bis 1604) hat, dessen Theaterwirkung allerdings auf Kosten der seelischen Weite erreicht ist. Das Thema ist wie im Hamlet und dann im Lear und Timon ein aus Enttäuschung fließendes seelisches Leid, das sich zu schrecklichen Ausmaßen steigert, weil eine romantische Heldenfigur von ungeheurer Größe im Mittelpunkt steht. Othellos Leben gründet in Desdemonas Liebe, ohne die sein ganzes Sein und die Weltordnung zum Chaos wird. Die Einflüsterungen des machiavellistischen Intriganten und teuflischen Verführers Iago wirken auf den edlen Mohren wie ein immer tiefer fressendes Gift, und die Zweifel und Verdächtigungen lassen ihn nicht mehr los, bis er, verblendet, mit Iagos Augen sieht und sogar dessen Sprache und Bildlichkeit übernimmt. Als Richter tötet er Desdemona, der zum Verhängnis wird, daß sie das ihr zugemutete Verbrechen nicht einmal zu erfassen und daher den gefährlichen Schein nicht zu meiden vermochte. Als Richter vollzieht er mit gleichem sittlichem Ernst das Urteil an sich selbst. Das tragische Ende bringt jedoch auch die Wahrheit ans Licht, daß der Glaube an Reinheit und Treue nicht Schein, sondern Wirklichkeit war. Im Tode gewinnt Othello seine frühere Würde und Größe zurück, so daß er sich mit Recht als einen Mann bezeichnen kann, 'that lov'd not wisely, but too well.' Der atemberaubende Ablauf des Geschehens macht jedes Nachgrübeln des Zuschauers unmöglich, jegliches Denken wird im Gefühlseindruck einer zusammenstürzenden Welt erstickt.

King Lear (1604–1605) ist die gewaltigste und erschütterndste der Shakespeareschen Tragödien, urtümlich einfach und zugleich polyphon, die Geschichte einer fortschreitenden Zerrüttung, aber auch eines Läuterungsprozesses, in dem der auf das Feuerrad des Leids geflochtene und zerbrochene Lear zu Selbsterkenntnis und Umkehr gelangt. Der fallenden Linie der äußeren Handlung entspricht eine gegenläufige Linie der inneren Handlung mit den Wahnsinnsszenen auf der stürmischen Heide als Höhe- und Wendepunkt. Wie die Bauform differiert auch die Charaktergestaltung in gewisser Hinsicht von den übrigen Tragödien, insofern die Figuren trotz unverwechselbarer Individualität allegorische Züge aufweisen. So stellt die große Eröffnungsszene der Reichsteilung weniger

Charaktere vor als Verhaltensweisen der Heuchelei und der echten Liebe, wobei Lear als eine Figur des Stolzes und Zornes dem Schein erliegt. Lear verkennt nicht nur das Wesen seiner Töchter, sondern auch sein sakrosanktes Amt, wenn er meint, er könne auf die Herrschaft verzichten. Allzu bald strömt in das entstandene Vakuum das Böse ein, und menschliche Bosheit zeigt ihr wahres Gesicht. So ergibt sich als das zentrale Thema des Dramas, Scheinhaftigkeit und Täuschung bloßzulegen und den König in Kontakt mit der Wirklichkeit zu bringen, eine Aufgabe, die insbesondere dem Narren zufällt. Wenn dem ausgestoßenen Lear dann im Bild des armen, nackten Bettlers das Wesen des Menschen als eines 'poor, bare, forked animal' offenbar wird und er seine eigenen Kleider herunterreißt, wenn er erstmals an die Armen und Elenden denkt und für sie betet, so betritt er damit den Weg, der ihn über 'a sovereign and burning shame' zu Demut und Liebe und schließlich zur Wiedervereinigung mit Cordelia führt, der Verkörperung der Liebe, vor der er niederkniet. Die parallele Gloucesterhandlung, in der ebenfalls ein Vater getäuscht und erst als Geblendeter sehend wird, weitet die Haupthandlung und erhebt sie ins Allgemeingültige. Das Böse scheint in diesem Drama allmächtig, das Gute muß sich verbergen und verkleiden. Doch das Böse triumphiert nicht endgültig; trotz ihrer Klugheit und Verwegenheit zerstören die Bösen am Ende sich selbst, und die Ordnung stellt sich wieder her. Aber Cordelia ist tot. Auf das unsägliche Leid des Königs folgte nur ein kurzes Aufleuchten von Liebe und Vergebung und der Traum von einem Paradies im Gefängnis, bevor der Greis nach einem letzten Sichaufbäumen zerbricht. Das Verhalten der Götter, die den Mord an der schuldlosen Cordelia zulassen, bleibt ein dunkles, qualvolles Rätsel. Es gibt keine ausgleichende Gerechtigkeit, der Mensch muß vielmehr das Dasein ertragen, bis das Leid ihn „reif" macht, und es fällt in dem dürren und trostlosen Tragödienschluß kein Wort über eine lichtvollere Zukunft.

Verwandt mit Lear im schicksalhaften Hereinspielen der übernatürlichen Mächte, in der zum Nachtbild verdüsterten Stimmung, aber ungleich straffer gebaut ist *Macbeth* (1606), das letzte der vier großen Trauerspiele. Da Macbeth zunächst als tapferer Krieger und treuer Gefolgsmann seines Königs erscheint und er uns, vor allem in den Monologen, ständig den Blick in sein Inneres freigibt, so daß wir Zeuge seines Schwankens und seines Schauderns vor den Folgen der Tat werden, weckt er in ganz anderem Maße unser Mitgefühl als etwa Richard III. Aus einer Tat wächst das ganze Drama, ein Held größten Ausmaßes ist seine Mitte. Macbeths Gestalt ist dem unheimlichen Dunkel verbunden; wie in Lear auf der Heide verkörpern sich Naturmächte in ihm, dabei ist er ein Grübler und Visionär, dem die Hexen erst seinen triebhaften Willen bewußt machen. Es ist keine hell bewußte Tat, wie sie ein Brutus sich aufgegeben fühlt, es ist ein dumpfer, von Urmächten getriebener Drang seines Bluts. Diese Machtbegierde Macbeths fängt seine Gemahlin auf, sie ist die

Drängende und Überredende in der ersten Hälfte des Stücks. Aus ihr spricht seine eigene Leidenschaft vernehmlicher zu ihm, und sie reißt ihn über die Schwelle der Bedenken hinweg zur Tat, die die Kette der Verhängnisse gebiert. Aber als das Unvorgestellte Wirklichkeit ist und Lady Macbeth entsetzt zurücksinkt in Furcht und Schlafwandel, wird er der Handelnde. Frei geworden durch das Verbrechen, steht er furchtlos gegenüber der ganzen Welt; dämonisch besessen muß er, obwohl er sich der Sinnlosigkeit bewußt ist, weiter handeln, bis er im Blut erstickt. Wie die in Macbeth wirkenden elementaren Kräfte des Chaos dämonische Größe haben, so müssen ihnen auch übernatürliche Ordnungsmächte entgegentreten. Die drei Menschheitsalter Malcolm, Macduff, Siward verbünden sich als von Natur und Schicksal bestimmte Rächer, um die zerrissene Welt wiederherzustellen.

Die vermutlich letzte der Tragödien ist *Timon of Athens* (1607–1608). Der Verrat der Welt an Liebe und Freundschaft wirft Timon aus maßloser, an Verschwendung grenzender Großzügigkeit in maßlose Verwirrung und führt ihn in verbitterte, selbstgewählte Einsamkeit. Vom IV. Akt ab steht die Handlung still und Deklamationen des Menschenhasses ersetzen die dramatische Entwicklung. Es handelt sich wahrscheinlich um einen Dramenentwurf, den der Dichter später nicht weiter durchgestaltet hat, so daß es bei einem unvollständigen, ungleichen und unvollkommenen Werk geblieben ist. Das ist das Ende der Tragödien, zu denen die Märchenspiele der Epilog sind.

8. Shakespeares Märchenspiele

Die Märchenspiele oder Romanzen[49] erweisen sich durch Ähnlichkeiten in Thema und Aufbau als eine zusammengehörige Gruppe: alle führen von Glück über Zerstörung zu neugeschaffenem Glück. Den Leidenden, Alten, Erfahrenen (Pericles, Prospero, Belarius, Hermione) stehen die Kinder des Lichts und Lebensmorgens gegenüber (Marina, Guiderius und Arviragus, Perdita und Florizel, Miranda und Ferdinand). Die Handlungen sind mannigfaltig und überraschend; kontrastreich folgen tragische und idyllische Szenen aufeinander, schuldhaftes Handeln und durch Reue erlangte Versöhnung, Verstoßung und Wiederfinden. Dem entspricht der romantische Hintergrund von Meer und Wald und fernen Ländern und die ständige Untermalung durch die Musik, was alles wie eine Lösung von der Wirklichkeit anmutet. Auch die Tragödien sagten, daß das Wesentliche nicht die Wirklichkeit sei, aber diese stand doch so sehr im Vor-

[49] E. M. W. Tillyard, Sh.'s Last Plays, Lo. 1938; E. Th. Sehrt, Vergebung und Gnade bei Sh., Stuttgart 1952; R. G. Hunter, Sh. and the Comedy of Forgiveness, N.Y. u. Lo. 1965; K. Muir, Last Periods of Sh., Racine, and Ibsen, Liverpool 1961.

dergrund, daß eine den Zuschauer überzeugende Motivierung unerläßlich war. Bei den Märchenspielen ist das nicht mehr nötig: Leontes ist plötzlich eifersüchtig, verhext, ohne erkennbaren Grund. Wesentlich aber ist, daß dieser Eifersucht die Reue und versöhnende Gnade gegenübergestellt ist. Dies metaphysisch zu nennende Verlangen nach Versöhnung, Harmonie und Gnade, nach der den Reuigen und Büßenden gewährten Vergebung und Erlösung ist dramatisch fast undarstellbar, denn es ist ein langer innerlicher Vorgang. Es handelt sich also um das Erringen einer neuen dramatischen Form. Pericles ist gewissermaßen das Vorspiel, Cymbeline der erste, noch unvollkommene Versuch, das Wintermärchen zeigt schon den festen Griff des Meisters, der Sturm ist vollkommen.

Die Welt der Märchenspiele eröffnet *Pericles* (1607–1608), der im Stoff auf den alten Apollonius von Tyrus-Roman zurückgreift. Die direkte Quelle ist die entsprechende Erzählung der Confessio Amantis von Gower, der in dem Shakespeareschen Stück selber als 'presenter' auftritt und durch seinen Bericht die zeitlich weit auseinanderliegenden Szenen und Pantomimen verknüpft. Die schwächeren ersten beiden Akte dürften der stehengebliebene Rest eines älteren Stückes sein, das Shakespeare erst vom 3. Akte an gründlicher überarbeitete. Im Mittelpunkt des Spiels von Seesturm, Schiffbruch, Scheintod und Rettung steht die Gestalt Marinas, die Shakespeare, die Einheit von Zeit und Handlung außerachtlassend, über 16 Jahre von der Geburt bis zur Ehe führt. Marinas Liebe wendet Verzweiflung und Verzagen des von Schicksalsschlägen heimgesuchten Pericles zum Frieden; sie verkörpert den Traum der Reinheit, die über die verderbte Welt schließlich doch den Sieg davonträgt. Das Wunder tritt an die Stelle der Wahrscheinlichkeit, der Sinn geht ins Symbol über, und Märchengestalten mischen sich unter die Menschen. Der Weg führt noch nicht wie in den folgenden Romanzen über Schuld und Reue zur Vergebung, der gute Ausgang ist vielmehr der Lohn der Tugend. Aber Pericles ist bereits ein bewußter Versuch, im Drama auszudrücken, was eigentlich Sache des Epos oder Romans wäre.

Auch das überreiche Geschehen des *Cymbeline* (1609–1610) ist in seiner notwendig epischen Anlage noch Versuch, was die ungewöhnlich sorglose Exposition ebenso beweist wie die ausgesprochene Intrigenverwicklung und die Gleichgültigkeit ihrer Durchführung. Wir begegnen den stehenden Märchenfiguren des charakterlosen Königs, des Schurken Iachimo und der bösen königlichen Stiefmutter, und ähnlich wie in As You Like It wächst die „neue Ordnung“ fern der korrupten Hofluft heran, diesmal in den Waliser Bergen. Auch hier ist der Aufenthalt kein Waldidyll, sondern ein hartes Leben, das aber körperliche und moralische Gesundheit bewirkt. In der rauhen und sogar feindseligen Natur gewinnen die beiden Prinzen die Kräfte, mit denen sie den Hof von dem verderblichen Einfluß der Königin und Clotens befreien. Cloten ist ein Unwert, ein Ungeheuer und der Narr des Stücks, von dem das hellste Licht auf die von ihm verfolgte Imogen fallen muß. Die Lösung, die in den Komödien fast nebensächlich war, ist jetzt ein virtuoses Finale, das den symbolischen Gehalt menschlich überzeugend veranschaulicht. Das Thema des Stückes ist Reinheit, deshalb muß Iachimo unterliegen und kann der reuige Posthumus in Imogens Verzeihung neuen Glauben finden. Imogen ist die Mitte des Dramas, dem Cymbeline nur äußerlich den Namen leiht. Sie ist mehr als die verleumdete Gattin oder das treue Mädchen, in ihren Worten schwingt als Unterton eine erdenferne Wehmut, in der Tragödie und Komödie zu neuem Klang sich verbinden.

Dieselbe Geschichte von den Folgen getäuschten Vertrauens erzählt *The Winter's Tale* (1610–1611), das in einem märchenhaften Sizilien und Böhmen spielt. Es ist nach Greenes Romanze Pandosto die Geschichte von dem eifersüchtigen König, der den Freund verbannt und die Gattin in den Kerker wirft, und von dem glücklichen Sichfinden der Kinder der entzweiten Freunde. Die ersten drei Akte sind eine Tragödie. Den für das Heranwachsen der nächsten Generation notwendigen Zeitraum von 16 Jahren überbrückt Time als Chorfigur; den folgenden Schäferszenen kommt die Bedeutung eines Satyrzwischenspiels zu. Die das Spiel beschließende Komödie greift die Geschichte an ihrer tragischsten Stelle auf und führt die Handlung ins Märchenland, wo eine auf Erden nicht denkbare Lösung möglich ist. Das Stück hat also zwei einander ergänzende Teile, deren Träger Leontes und Hermione und die glücklich vereinten Kinder sind, denn in ihnen zeigt sich die über den einzelnen Schicksalen fühlbare überirdische Macht der Gnade. Leontes hat ein Leben der Buße geführt und ist zu einem neuen Menschen geworden, wenn auch die Vergangenheit nicht ausgelöscht, vor allem das Söhnchen Mamillius nicht ins Leben zurückgerufen werden kann. Aber das Licht des Romanzenschlusses fällt auf Florizel und Perdita, in denen sich das Hoffen einer neuen Welt eröffnet.

Die Macht einer Vorsehung oder Weltordnung, Vergebung der Sünden einer Generation in der Liebe der Kinder, das Hinausdringen über die alte Welt von Gut und Böse sind auch die tragenden Ideen der abschließenden, den höfischen Maskenspielen nahestehenden Romanze *The Tempest* (1611). Die Motive der ausgesetzten und geretteten Fürstenkinder, des Sturms und Schiffbruchs und der glücklich vereinten Liebenden sind hier von dem ernsten und heiteren Nacheinander zu einem Ineinander gewendet, das sogar die Einheiten des Ortes und der Zeit wahrt. Anders als im Pericles und Wintermärchen ist die neue Generation bereits herangewachsen, so daß der Zeitsprung vermieden und die Vorgeschichte im Nachhinein berichtet wird. Alles Geschehen folgt aus dem dunklen Wesen der Menschen und ist um eine Hauptfigur geordnet, Prospero, den Adepten der weißen Magie und Lenker des traumhaften Spiels. Er ist das Opfer früheren Verrats, und als die Schuldigen in seiner Hand sind, denkt er zunächst an Rache, um dann aber zur Einsicht zu finden: "The rarer action is In virtue than in vengeance." Nachdem er den Bösewichtern durch Ariel ihre Schuld vor Augen geführt hat, ringt er sich zur Vergebung durch, selbst gegenüber denen, deren Gewissen nicht gerührt wurde und die 'more than devils' sind. Shakespeare entwirft keine Utopie; auch die Zauberinsel ist kein arkadisches Idyll. Am Ende des Spiels ist das Böse zwar unter Kontrolle, aber es bleibt eine bedrohliche Macht. Der animalische Caliban ist unverbesserlich, und auch der finstere Antonio, der Bruder Prosperos, kann bei nächster Gelegenheit wieder gefährlich werden. Prospero kehrt in ein Herzogtum zurück, das Gute und Böse gleichermaßen umfaßt, und den Jungen, auf die sich die Hoffnung richtet, steht die Bewährung noch bevor. Wie in den Tragödien bleibt das Leben steter Gefährdung ausgesetzt, aber in den Märchenspielen sind die Götter nicht mehr verborgen, sie steigen gar auf die Erde herab, und Fortuna erweist sich am Ende als 'bounteous'.

9. Shakespeare-Apokryphen

Fünfzehn weitere Stücke wurden von Zeitgenossen oder Nachwelt Shakespeare zugeschrieben[50], aber nur in dreien kann man einen Anteil Shakespeares annehmen, sicher bei Heinrich VIII., höchstwahrscheinlich bei Sir Thomas More und den Two Noble Kinsmen.

Henry VIII. (1612–1613) besteht aus einer Reihe glänzender Aufzüge, die an die Prunkszenen des Festspiels Heinrich V. erinnern und eigentlich selbständige, aber durch die Titelfigur zusammengehaltene Stücke ausmachen: die drei „Tragödien" des Sturzes von Buckingham, Katherine und Wolsey, der Aufstieg von Anne Boleyn und Thomas Cranmer sowie die Geburt und Taufe Elisabeths mit dem Ausblick auf eine glückliche Zukunft. Die mit Musikbegleitung versehene Folge erhabener und trauriger Geschehnisse, der szenische Prunk, der Genientanz und die an Hermione erinnernde unvergeßliche Gestalt Katharinas weisen in die Nachbarschaft von Shakespeares Märchenspielen, und man neigt heute wieder dazu, den Anteil von Fletcher als gering zu veranschlagen.

In dem Manuskript der biographischen Historie *Sir Thomas More* (1590) glaubte man sogar Shakespeares Handschrift zu erkennen; die große Volksszene erinnert an ähnliche Darstellungen in Julius Caesar, und die Lebendigkeit des Geschichtsbildes gemahnt an die Shakespeareschen Historien. Dagegen muß das ungewöhnlich geschickte Chronikstück *The Reign of King Edward III.* (1594) anderen Verfassern zugeschrieben werden; denn Shakespeare hatte diesen alten Chronikstil in seinen gleichzeitigen Historien bereits überwunden. Auch bei dem *Merry Devil of Edmonton* (1596–1597), dessen nächtliche Wirrwarrszene an den Som-

[50] Shakespeare Apocrypha ed. C. F. Tucker Brooke, Oxf. ²1917 (mit Einleitung). – K. Muir, Sh. as Collaborator, Lo. 1960.

mernachtstraum oder besser an die Lustigen Weiber erinnert, wird man wohl die Hand eines Schülers, vielleicht Fletchers, vermuten müssen. Dagegen ist Shakespeares Anteil, zusammen mit Fletcher, bei den *Two Noble Kinsmen* (1613) anzunehmen, einem künstlerisch bedeutsamen Stück, das als unmittelbarer Vorlage Chaucers Knight's Tale folgt. Von den übrigen sogenannten Shakespeare-Apokryphen, die nichts mit Shakespeare zu tun haben, gehören die dichterisch wertvollsten der realistischen Gattung an, die einen zeitgenössischen, wirklichkeitsnahen Schauplatz wählt, zunächst der Sittenkomödie, die von Maß für Maß zu Ben Jonson hinführt – es sind der Londoner verlorene Sohn (*The London Prodigal*, 1603) und die Puritanerin (*The Puritan*, 1606) –, sodann einer neuen Spielart, die ein in bürgerlicher Umwelt geschehenes Verbrechen dramatisiert und damit das bürgerliche Trauerspiel einleitet. Dazu gehören *The Lamentable and true Tragedy of M. Arden of Feversham in Kent* (1586), eine naturwahre Darstellung, wie eine reiche Bürgersfrau mit ihrem gesellschaftlich und moralisch niedriger stehenden Geliebten den Mord ihres Gatten plant und ausführt und wie die beiden Schuldigen dann der Strafe verfallen, und die *Yorkshire Tragedy* (1605), die eines Glücksspielers Bluttat und Reue mit roher Kraft und in teilweise glänzender Prosa packend gestaltet.

III. DAS DRAMA IN DER ERSTEN HÄLFTE DES 17. JAHRHUNDERTS[51]

1. Die Anschauungswelt des nach-Shakespeareschen Dramas

Die Blüte des Renaissancedramas dauert an bis zur Mitte des 17. Jahrhunderts; die demnach erforderliche zusammenhängende Besprechung muß jedoch auf den bereits in Shakespeares späteren Stücken fühlbaren tiefgreifenden Wandel der Anschauungswelt hinweisen, der sich in der neuen Gattung der Tragikomödie am deutlichsten ausspricht. Die Dichter haben nicht mehr die frühere Ruhe und Abgerücktheit dem Leben gegenüber, und dieses Eindringen der Realität in die Bereiche der Kunst stört die Reinheit der alten Formen: die Tragödie hat nicht mehr den erhebenden sittlichen Ernst, den das Erstreben einer überindividuellen Notwendigkeit im Untergang des Helden zum Bewußtsein brachte, sondern die zwiespältige Stimmung einer psychologischen oder melodramatischen Handlung, die den äußeren Umständen bestimmenden Einfluß einräumt;

[51] Zur Anschauungswelt des Dramas vgl. U. M. Ellis-Fermor: The Jacobean Drama, Lo. ^{4}1958; R. Ornstein, The Moral Vision of Jacobean Tragedy, Madison 1960; I. Ribner, Jacobean Tragedy: The Quest for Moral Order, Lo. 1962. – Über Bühne und Schauspieler G. E. Bentley: The Jacobean and Caroline Stage, 7 Bde., Oxf. 1941–1968.

und die Komödie hat nicht mehr das heitere Belächeln menschlicher Unzulänglichkeiten, das sich aus deren Spiegelung in einer alltagsentrückten Sphäre ergab, sondern gleichfalls eine zwiespältige Stimmung durch Hereintragen ethischer Wertung, die satirische oder groteske Darstellung zum Ergebnis hatte.

2. Ben Jonson

Das Werk des nach Shakespeare wichtigsten Dramatikers BEN JONSON[52] (1572–1637) zeigt diese Entwicklung deutlich. Seine „medizinische", d.h. die Torheiten der Gesellschaft kurierende Komödie *Every Man in his Humour* (1598) bringt Gestalten und Alltagsereignisse aus dem bürgerlichen London auf die Bühne. Jonson greift auf antike Vorbilder zurück, verzichtet jedoch auf spannende Handlungsführung, um die Bloßstellung des jeweils betonten Charakterzuges (nach alter medizinischer Redeweise des 'humour') der einzelnen Personen ins hellste Licht zu rücken. Es liegt auf der Hand, daß aus dem bestimmenden Grundzug des Charakters sehr bald eine einseitige Schwäche und Torheit wurde, und die Fortführung des Themas *Everyman out of his Humour* (1599) hat auch den Untertitel 'a comical Satire'. Der neue, auf lebendige Darstellung einer Reihe schrulliger Charaktere ausgehende Komödientypus (comedy of humours) erwies sich als überaus fruchtbar, er bedeutet aber eine Verengung der Menschendarstellung, da der Dichter scharfsichtig nur die humours herauszufinden sich bemühte und damit notgedrungen zu einer Typendarstellung gelangte.

Ben Jonson, der bewußt als Neuerer auftrat, wollte wie die Komödie auch die Tragödie reformieren und schrieb zwei Römerdramen *Sejanus his Fall* (1603) und *Catiline his Conspiracy* (1611), in denen er mit großer Gelehrsamkeit ein wahres Sittenbild des alten Rom rekonstruiert. Es gelang ihm zwar nicht, das erfolgreiche Caesardrama Shakespeares zu übertreffen, aber die hier bewiesene Kunst mitleidloser Zeichnung einer verkommenen Welt zeigte ihm sein eigenstes Gebiet einer höhnisch geißelnden Komödie. *Volpone, or the Fox* (1605) mit dem Thema der den Menschen zugrunderichtenden Macht des Geldes steigert die humours zu einer beherrschenden Leidenschaft (wie in der elisabethanischen Tragödie), wodurch sich eine geradlinige Handlung ergibt, die mit klassischer Schu-

[52] Works ed. C. H. Herford und P. Simpson, 11 Bde., Oxf. 1925–1952 [biograph. u. krit. Einl. in Bd. I/II]; Yale Ben Jonson ed. A. B. Kernan and R. B. Young, New Haven 1962ff. (i. E.); Dramen ed. F. E. Schelling EL 489–90 (1910) und ed. B. Nicholson and C. H. Herford MS, 3 Bde., Lo. 1893–94; Einzelausgaben NMS, RP, RRenDS. – R. E. Knoll, B. J.'s Plays: An Introduction, Lincoln, Nebr., 1965; E. B. Partridge, The Broken Compass: A Study of the Major Comedies of B. J., Lo. 1958; C. G. Thayer, B. J.: Studies in the Plays, Norman, Okla., 1963; S. Orgel, The Jonsonian Masque, Cambr., Mass., 1965; B. J.: A Collection of Critical Essays ed. J. A. Barish, Englewood Cliffs 1963. L. C. Knights, Drama and Society in the Age of J., Lo. 1937.

lung in einem „gut gebauten“ Stück durchgeführt ist. Ein reicher venezianischer Grande stellt sich sterbend, und wir sehen die Erbschleicher bereit, ihre Ehre, Kinder und Frauen zu opfern. Sie sind die Betrogenen wie schließlich der schlaue Fuchs selbst, ein zwar dem sittlichen Empfinden entsprechender Ausgang, der aber mit bitterem Lachen eine Menschheit ohne alle Güte enthüllt.

In dem Zeitgemälde *The Alchemist* (1610) verzichtete Jonson auch auf die italienische Verkleidung und verlegte den Schauplatz nach London, dessen Dirnen, Betrüger, Heuchler und Gecken einen grotesken Tanz um das versprochene Gold aufführen; es ist das Thema der durch die Schufte betrogenen Dummen. Der auch in diesem Stück musterhafte Aufbau, der in der possenhaften Junggesellenbekehrung *Epicoene, or the Silent Woman* (1609) sich schon bis zur Wahrung der drei Einheiten steigerte, ist neben der scharfen, wenn auch einseitigen Menschenzeichnung das wertvollste dramatische Vermächtnis. Auch die späteren Stücke, von denen als bestes das derb-realistische Jahrmarkts-Sittenbild *Bartholomew Fair* (1614) genannt sei, wahren diese technische Meisterschaft; sie haben z. T. auch eine unbefangenere Zuschauerhaltung dem Leben gegenüber.

Geradezu spielerisch und bei der sonst so schweren Art Jonsons erstaunlich wirken seine Maskentexte. Er machte die Masken, bisher mit musikalischen Aufführungen verbundene Tanzvergnügen, zu kleinen Dramen mit mythologischer Handlung, lyrischen Einlagen und ethischem Gehalt, ohne daß die Gattung ihre Zwischenstellung zwischen dem eigentlichen Drama und dem musikalischen Tanzspiel einbüßte (z. B. *The Masque of Queens*, 1609). Auch ein Schäferspiel *(Sad Shepherd)* hat Ben Jonson hinterlassen, das allerdings John Fletchers lyrisch unvergleichlicher *Faithful Shepherdess* (1608) den Rang nicht streitig machen konnte.

3. Beaumont und Fletcher und die Blüte des nach-Shakespeareschen Dramas[53]

JOHN FLETCHER (1579–1625), der die meisten seiner Stücke zusammen mit FRANCIS BEAUMONT (ca. 1584–1616) verfaßte[54] und nach dessen Tod

[53] Auswahlbände: Six Plays by Contemporaries of Shakespeare ed. B. B. Wheeler, OUP pb., Lo. 1971 (zuerst in WC) (enthält Shoemaker's Holiday, White Devil, Knight of the Burning Pestle, Philaster, Duchess of Malfi und New Way to Pay Old Debts); Jacobean Tragedies ed. A. H. Gomme, OUP pb., Lo. 1969 (enthält Malcontent, Revenger's Tragedy, Atheist's Tragedy, Changeling, Women Beware Women); Five Stuart Tragedies WC 526 (enthält Bussy D'Ambois, Maid's Tragedy, Duchess of Malfi, Roman Actor, 'Tis Pity She's a Whore).

[54] Works ed. A. Glover und A. R. Waller, 10 Bde., Cambr. 1905–12; Dramatic Works ed. F. Bowers, Cambr. 1966ff. (i. E.). Auswahl MS (ed. J. S. L. Strachey, 2 Bde., Lo. 1887) und EL 506 (ed. G. P. Baker, Lo. 1911); Einzelausgaben NMS, RP, RRenDS. C. Leech, The John Fletcher Plays, Lo. 1962.

Massinger als Gehilfen verwendete, war Mittelpunkt einer dramatischen Schule, die Verfallserscheinungen mit glänzendem Theatergeschick vereint. Das unterhaltsame, aber Bürgertum und Publikum ironisierende Lustspiel *The Knight of the Burning Pestle* (1606–1608) mit seiner virtuos gehandhabten, von der Bühne in den Zuschauerraum getragenen Handlung gibt die Note an, auf die fast alle Komödien Fletchers gestimmt sind. Flotte, gelegentlich witzige Handlungsführung und zugkräftige Lieblingsfiguren, wie der harmlose, aber zynisch redende Mirabel, den die liebende Frau in *The Wild Goose Chase* (1621) bis zur Ehebereitschaft jagt, erklären den großen Theatererfolg.

Darauf ist auch die Tragikomödie, das eigentliche Betätigungsfeld von Beaumont-Fletcher, abgestellt; sprachlich-lyrische Schönheiten, empfindsam-rührselige Stellen, frivol gewürzte Redegefechte, fremdartiger Schauplatz und ausgeklügelte Handlungsverwicklung werden in wirkungsvollen Szenen zu packenden, straff gebauten Theaterstücken zusammengestellt. Musterbeispiel ist das die Gattung eröffnende Liebesdrama *Philaster, or Love lies a-bleeding* (1609), das die tragisch umschattete Liebe des sizilianischen Königssohns zur Tochter des Usurpators durch den Tod des letzteren zum guten Ende führt. Fletcher kannte die Sprache der Damen und Höflinge in den königlichen Vorzimmern und wußte um den flüchtigen Scherz wie auch um das Pathos solchen Lebens. Überreich entfaltet er die ganze Stufenfolge der Empfindungen bedingter und unbedingter Liebe in musikalischen Versen, die durch Fletchers Vorliebe für die weiblichen Versschlüsse einen lyrisch weichen Charakter bekommen. Im Grunde ist es eine Zusammenstellung alten Dramengutes; neu ist nur die Ausrichtung zur Tragikomödie. Die Konflikte als solche sehen tragisch aus, wenden sich aber zum Guten. Die Handlungen der Stücke sind oft völlig unwahrscheinlich, was aber ebenso zur Spannung beiträgt, wie das reizsteigernde Spiel mit groben oder ungewöhnlichen Geschlechtsempfindungen, z. B. der Geschwisterliebe in *A King and No King* (1611).

Selbst Unwahrscheinlichkeiten der Charakterisierung können im Sinne theatralischer Wirkung verwendet werden, wie es die unvergleichliche Rolle der Evadne in Beaumont-Fletchers größtem Kunstwerk, ihrer ersten Tragödie, *The Maid's Tragedy* (ca. 1611), dartut. Der König verheiratet seine Geliebte Evadne mit dem Ritter Amintor, der daraufhin seine Braut verstößt. In der Hochzeitsnacht verweigert sich Evadne und gesteht die Wahrheit. Amintor will sich fügen, Evadnes Bruder aber zwingt sie, den schuldigen König zu töten. Sie bindet den Schlafenden, weckt ihn, schreit ihm ihren Abscheu ins Gesicht und ersticht ihn. Mit dem blutigen Dolch von der Tat kommend, glaubt sie, Amintors Liebe wiedergewonnen zu haben. Der aber wendet sich entsetzt ab, und um ihm ein Verzeihungswort zu entlocken, tötet sie sich vor ihm. Eine derart packende, wenn auch gewaltsame Handlung weisen fast alle folgenden Tragödien Fletchers auf, auch *Thierry and Theodoret* (1617) und die anderen mit Massinger geschriebenen. Das ganze, stark von Fletcher bestimmte dramatische Schaffen der Folgezeit will durch neuartige Themen und bühnentechnische Verfeinerung eine Reizsteigerung erzielen, wie überhaupt die Phantasie schwächer und die Sinne stärker angesprochen werden.

Von Fletchers Zeitgenossen gehörte der Homerübersetzer GEORGE CHAPMAN (1559–1634)[55] seinen Zielen nach weitgehend noch zu Shakespeares Generation. Seine Lustspiele zählen zu den lustig unterhaltendsten der Zeit (vgl. das mit Marston und Jonson verfaßte *Eastward Ho!*, 1605); in den Stoffen und Problemen der Tragödien zeigt sich jedoch die geistige Unsicherheit des 17. Jahrhunderts. Zeitgenössische französische Geschichte als neues ungewohntes Thema behandeln die beiden Doppeldramen von *Bussy d'Ambois* (1604) und *Charles Duke of Byron* (1608), deren Thema zugleich der Erörterung einer stoischen Lebensphilosophie gilt und einer neuen und zeitgemäßen Auseinandersetzung zwischen Individuum und äußerer Ordnung. Diese philosophische Belastung hemmt jedoch die dramatische Bewegung, und die vielen Reden erscheinen als unglückliches Erbe Marlowes.

Auch der viel jüngere THOMAS DEKKER[56] (ca. 1570–1632) steht dramatisch auf einer altmodischen Stufe. Er gehört zu den Elisabethanern wie Deloney, dem er den Stoff zu seiner volkstümlichen Schuhmacherkomödie *The Shoemaker's Holiday* (1599) entnahm; er teilt Greenes Märchenvorliebe, und auch die mit Webster geschriebenen Sittenkomödien zeigen das verschönernde Mitfühlen mit den kleinen Leuten. Sein größtes Werk ist *The Honest Whore* (1604), das die Bekehrung einer Dirne durch ihren Vater, der als Diener in ihre Dienste tritt, behandelt – eine Vorstufe und eines der ersten Beispiele des zukunftsreichen bürgerlichen Trauerspiels, das durch 'Arden' u.a. Stücke eingeleitet, in THOMAS HEYWOODS[57] (1570 bis 1641) *A Woman Killed with Kindness* (1603) die empfindsame und zugkräftige Färbung bekam. Hier und im *English Traveller* (1627) ist schon die im 18. Jahrhundert weiterentwickelte rührende Wirkung, die anteilnehmende Schilderung der Wahrheit und Reinheit liebenden bürgerlichen Kreise und das sentimentale Ende großmütiger Verzeihung und bitterer Reue.

Neben diesen Anfängen einer zu feinen Seelenschilderungen führenden Kunst stehen die lauten und grellen Spätstufen der Rache- und

[55] Works ed. R. H. Shepherd, 3 Bde., Lo. ²1889; Plays ed. T. M. Parrott, 2 Bde., Lo. 1910–14; Auswahl ed. W. L. Phelps, Lo. 1895 (MS), ed. T. M. Parrott und F. S. Boas, Boston 1906–07 (Belles Lettres Series); Einzelausgaben RP, NMS, RRenDS; Poems ed. P. B. Bartlett, N.Y. 1941. – J. Jacquot, G. Ch., Paris 1951; M. MacLure, G. Ch.: A Critical Study, Toronto 1966.

[56] Dramatic Works ed. F. Bowers, 4 Bde., Cambr. 1953ff. Ausreichende Auswahl MS ed. R. Rhys, Lo. 1887.

[57] Die genannten Dramen ed. A. W. Verity, Lo. 1888 (MS); Woman Killed with Kindness in RP. – F. S. Boas, T. H., London 1950.

Schauertragödie von JOHN MARSTON (1576–1634) und CYRIL TOURNEUR (1575–1626). In der *Second Maiden's Tragedy*[58] (1611) vollends, die, wenn nicht von Tourneur, so in seiner Nachfolge geschrieben wurde, enthüllen widernatürliche Lust und schauervolles Geschehen eine höllisch besessene Welt, deren grauenvollen Eindruck die Tragödie von JOHN WEBSTER[59] (1580–1625) durch größere Seelenkenntnis und Charakterisierungskraft zum Entsetzen steigert. Wie Chapman wählt er geschichtliche Ereignisse naher Vergangenheit, die Ermordung Vittoria Accorambuonis 1585 (*The White Devil*, 1612) und der Herzogin von Amalfi 1513 (*The Duchess of Malfi*, ca. 1613), umwebt sie mit den Schrecken des Todes und läßt sie zum Bilde werden in Szenen ausgeklügelter Furchtbarkeit. In Websters greller, aber sorgsam bewußter Kunst fanden die Romantiker die Darstellung der Abgründe der menschlichen Seele, und in seiner düsteren Welt sahen sie das Nachtbild, das Hamletscher Weltschmerz verzweifelnd begrübelt.

Gegenüber solch pathetischer Steigerung der Wirklichkeit erscheint die Kunst von THOMAS MIDDLETON[60] (ca. 1580–1627) nüchtern und sachlich. Seine immer realistischer und stärker werdende Komödie erreicht in *A Mad World, my Masters* (1606) und besonders in *A Chaste Maid in Cheapside* (1611/1613) eine überaus schmissige und stark mit Zweideutigkeiten arbeitende Komik. An furcht- und gefühlloser Beobachtung der menschlichen Natur ist Middleton ebenso unerreicht wie in der lässig sicheren Handlungsführung. Seine kühl belustigte Zuschauerhaltung bewährte sich auch in der Tragödie; das wie Websters White Devil ein historisches Kurtisanenschicksal behandelnde Stück *Women beware Women* (1612?) gibt den Vorwurf nicht melodramatisch, sondern realistisch. Man erhält den Eindruck eines düsteren Zeitbildes menschlicher Verderbtheit, das unerhört nahe und bedrohlich wirkt, denn es ist in sprunghaft raschem, die Handlungen verknüpfendem Ablauf dargestellt, aber ohne Anteilnahme und ohne Überstürzung, in sachlicher Ruhe, mit verblüffender Charakterbeobachtung (vgl. die Schachspielszene im II. Akt). Diese sachliche Darstellungsart macht den mit William Rowley (1585?–1626) verfaßten *Changeling* (1621/1622) zu einem der packendsten Dramen der ganzen Renaissance. Die großartig einfache Handlung erzählt, wie die junge Beatrice, von ihrem Vater zu einer ihr widerwärtigen Heirat ge-

58 ed. W. W. Greg, Lo. 1909 (Malone Society) und in Hazlitts Dodsley X.

59 Works ed. F. L. Lucas, 4 Bde., Lo. 1927. Auswahl Webster and Tourneur in MS ed. J. A. Symonds, Lo. 1888; desgl. Webster and Ford EL 899; Einzelausgaben von Marston, Tourneur und Webster RP, NMS, RRenDS. – C. Leech, John Webster: A Critical Study, Lo. 1951; T. Bogard, The Tragic Satire of J. W., Berkeley 1955.

60 Works ed. A. H. Bullen, 8 Bde., Lo. 1885–86. Ausreichende Auswahl MS ed. H. Ellis, 2 Bde., Lo. 1890; Einzelausgaben RP, NMS, RRenDS. – R. H. Barker, T. M., Lo. 1959; D. M. Holmes, The Art of T. M., Lo. 1971; D. M. Farr, T. M. and the Drama of Realism, Edinburgh 1973.

drängt, den Bräutigam in ihrer Verzweiflung durch den sie liebenden, aber ihr Abscheu einflößenden De Flores ermorden läßt. Die Tat bringt sie in die Gewalt des letzteren, und dieses über ihr lastende Schicksal raubt ihr den Geliebten, stößt sie weiter in Schuld und schließlich zusammen mit De Flores in den Tod. Dies in nüchtern knappem und raschem dramatischem Stil erzählte Verhängnis macht auf modernes Empfinden einen überwältigenderen Eindruck schicksalhafter Notwendigkeit als die Melodramatik Websters.

4. Das Ende des Renaissancedramas

Nach Fletcher beherrschte der bedeutendste seiner Schüler, PHILIP MASSINGER[61] (1583–1640), die englische Bühne. Jonsons Sittenstück graziöser fortführend, schildert *A New Way to Pay Old Debts* (1625), wie ein Wucherer in sein eigenes Netz geht. Das Stück ist tadellos im dramatischen Bau und schlagfertigen Dialog, aber weder lustig noch witzig, denn im Unterschied zu Middleton wertete Massinger das Theater als moralische Anstalt. Aus dieser Haltung heraus mußten sich auch die Versuche im romantischen Lustspiel, wie die feine Wendung des Brautraubthemas *The Great Duke of Florence* (1627), der Sittenkomödie nähern. Massinger wollte mehr als nur unterhalten, er wollte Stellung nehmen zu den die Zeit bewegenden politischen und religiösen Gedanken und tat das meist in eigenwilliger Art. *The Picture* (1629), eine im späten Renaissancedrama ungewohnte Verherrlichung ehelicher Treue, erörtert z. B. die Themen von Macht und Recht, von Tugend und Versuchung und neigt dazu, die Charaktere als Ideenverkörperungen erscheinen zu lassen. Auch den tragisch eindrucksvollsten seiner Stücke gebricht es an einheitlich geschlossener Wirkung. Das gilt sowohl für die standhafte Gesinnung preisende Dramatisierung der Dorothea-Legende *The Virgin Martyr* (1620 zusammen mit Dekker geschrieben) wie für den das Herodes und Mariamne-Problem abwandelnden *Duke of Milan* (1620), dessen dramatische Bewegung durch Tourneursche Schrecken bestritten wird. Massinger selbst war *The Roman Actor* (1626) das liebste seiner Dramen, wohl wegen der eingefügten Rechtfertigung des Schauspielers und Dramatikers; aber auch in der Haupthandlung, die man „Willkür und Standhaftigkeit" nennen könnte, hört man Massinger in eigener Person sprechen.

Eine andersartige Erstarrung des dramatischen Nervs zeigt sich bei dem Middletonnachfolger und letzten großen Tragiker der Renaissance

[61] Plays and Poems ed. P. Edwards and C. Gibson, 5 Bde., Oxf. 1976; Auswahl MS (ed. A. Symons, 2 Bde., Lo. 1904); Einzelausgaben NMS, RRenDS. – T. A. Dunn, P. M.: The Man and the Playwright, Edinburgh 1957.

JOHN FORD[62] (1586–1656). Sein erstes und geschätztestes Trauerspiel *'Tis Pity She's a Whore* (1627) behandelt das mit Tod endende Lieben von Giovanni und Annabella, deren sinnliche Leidenschaft ohne die verklärende Poesie Romeos und Julias dargestellt ist und als Liebe zwischen Bruder und Schwester tragischer wirken soll. Fast jedes seiner Stücke zeigt ein mit seelenzergliedernder Kasuistik dargelegtes, der gesunden sittlichen Anschauung zuwiderlaufendes Gelüsten, das den Menschen als Spielball in der Hand des Schicksals dartut. Der Glaube an eine sittliche Weltordnung ist völlig verlorengegangen. Dagegen erreicht Ford in der Historie *Perkin Warbeck* (1633) eine solche Eindringlichkeit, daß das Stück neben dem Eduard III. der Shakespeare-Apokryphen als wichtigste Historie der nach-Shakespeareschen Zeit zu gelten hat.

Das Renaissancedrama erlischt mit JAMES SHIRLEYS[63] (1596–1666) von Jonson und Middleton beeinflußten Sittenstücken, in denen es sich stets darum dreht, daß der Kavalier die Dame zu verführen und sie ihn zur Ehe zu überlisten sucht, wobei sich kulturhistorisch interessante und anschauliche Zeitbilder ergeben (z. B. *Hyde Park*, 1632). Seine Tragikomödien und Tragödien bahnen keine neue Entwicklung an.

Die ungeheure Produktion, die in rund fünfzig Jahren über tausend Dramen hervorbrachte, wurde brüsk angehalten, als das Parlament 1642 die Schließung der Theater verfügte. Damals aber war das Renaissancedrama ohnehin erschöpft, und nach der achtzehnjährigen Pause begann ein neues Drama vor einem neuen Publikum.

[62] Auswahl MS ed. H. Ellis, Lo. 1888; desgl. EL (s. o. bei Webster); Einzelausgaben NMS, RP, RRenDS. – C. Leech, J. F. and the Drama of his Time, Lo. 1957; M. Stavig, J. F. and the Traditional Moral Order, Madison 1968.

[63] Auswahl ed. E. Gosse, Lo. 1888 (MS).

Viertes Buch

DIE ZEIT DES BAROCKS

Bibliographie: English Literature 1660–1800, jährlich erscheinende Übersicht in der Ztschr. Philological Quarterly (Iowa), in Buchform ed. R. S. Crane u. a., Princeton 1950ff.; für das frühe 17. Jh. s. die Renaissance-Bibliographie.

Geschichte: G. Davies, The Early Stuarts 1603–1660, Oxf. ²1959; G. Clark, The Later Stuarts 1660–1714, Oxf. ²1956; Ch. Hill, The Century of Revolution 1603–1714, Edinburgh 1961; M. P. Ashley, England in the 17th Century, Harmondsworth 1952 (Pelican History VI).

Kultur- und Geistesgeschichte: G. N. Clark, The 17th Century, Oxf. ²1947; R. Hart, English Life in the 17th Century, Lo. 1970; B. Willey, The 17th Century Background, Lo. 1934; L. I. Bredvold, The Intellectual Milieu of Dryden, Ann Arbor 1934. – A. Simpson, Puritanism in Old and New England, Chicago 1955. – L. Ziff, Puritanism in America: New Culture in a New World, Lo. 1974; K. B. Murdock, Literature and Theology in Colonial New England, Cambr., Mass., 1949; L. B. Wright, The Cultural Life of the American Colonies 1607–1763, N.Y. 1957; P. Miller, The New England Mind: The Seventeenth Century, N.Y. 1939; U. Brumm, Die religiöse Typologie im amerikanischen Denken, Leiden 1963 (engl. Übs. New Brunswick, N.J., 1970).

Literaturgeschichte: D. Bush, English Literature in the Earlier 17th Century, Oxf. ²1962 (OHEL V); J. Sutherland, English Literature in the Late 17th Century, Oxf. 1969 (OHEL VI); English Poetry and Prose 1540–1674 ed. C. Ricks (Sphere History 2); From Donne to Marvell ed. B. Ford (Pelican Guide 3); R. F. Jones u. a., The Seventeenth Century: Studies in the History of Thought and Literature from Bacon to Pope, Lo. und Stanford 1951. – M. C. Tyler, A History of American Literature 1607–1765, Ithaca, N.Y., 1949.

Der zeitgeschichtliche Hintergrund

Politisches Geschehen, religiöses Erleben und philosophisches Denken des 17. Jahrhunderts führten die das Renaissancezeitalter ablösende Neuzeit herauf, aber es geschah in kampferfüllten und die Menschen bis ins Innerste aufwühlenden Auseinandersetzungen. Die Stuarts (Jakob I. 1603 bis 1625; Karl I. 1625–1649) verstanden nicht, daß ihr Land der Tudor-Gewaltherrschaft entwachsen war, und ihre Unterstützung der anglokatholischen Richtung der Staatskirche unter Bischof William Laud entfachte den Widerstand der eine weitergehende Reformation anstrebenden calvinischen Sekten (Puritaner). Die sich vielfach überschneidenden politischen und religiösen Gegensätze führten zum Bürgerkrieg und verwehrten auch der Republik unter dem tatkräftigen Protektorat Oliver Cromwells (1653–1658) eine klare Lösung, so daß es zu einer Restauration des Königtums kam (Karl II. 1660–1685; Jakob II. 1685–1689). Erst die 'Glorious Revolution' von 1688, die Wilhelm von Oranien zum englischen König ernannte (1689–1702), gründete den fortan gültigen modernen Verfassungsstaat mit einem dem Parlament verantwortlichen Königtum.

Ähnlich umwälzend war die Entwicklung des philosophischen Denkens. Eingeleitet durch Francis Bacon[1] (1561–1626; *Novum Organum*, 1620) und die aufblühende Naturforschung (Gründung der Royal Society, 1660) und bestärkt durch die „mechanistische Psychologie" von Thomas Hobbes[2] (1588–1679), wurde der Empirismus trotz gegensätzlicher oder vermittelnder Lehren, wie sie Herbert von Cherbury und die sogenannten Cambridge Platoniker (Ralph Cudworth, Henry More) vertraten, zur herrschenden Richtung durch die Erkenntniskritik von John Locke[3] (1632–1704; *Essay concerning Human Understanding*, 1690). Dabei löste sich die im Mittelalter bestehende enge Bindung der wissenschaftlichen mit der allgemeinen Literatur, was zur Ausbildung der Fachwissenschaften im modernen Sinne führte. Künstlerisch brachte das 17. Jahrhundert die Einführung einer Palladio nachempfundenen Bauweise (Inigo Jones), die durch die Tätigkeit von Christopher Wren, insbesondere nach dem Brand von 1666, das Bild der Hauptstadt völlig umgestaltete (St. Pauls-Kathedrale 1675–1710).

[1] Novum Organum ed. T. Fowler, Oxf. [2]1890; Übs. ed. F. H. Anderson, N.Y. 1960; vgl. S. 142f.

[2] Für Hobbes vgl. S. 133; für Herbert of Cherbury vgl. S. 126; für die Cambr. Platoniker vgl. S. 141.

[3] Lockes Essay ed. A. S. Pringle-Pattison [gekürzt], Oxf. 1924; EL 984; Civil Government and Letter concerning Toleration ed. J. W. Gough, Oxf. 1947. – R. I. Aaron, J. L., Oxf. [3]1971.

I. DIE LYRISCHE UND SATIRISCHE DICHTUNG[4]

1. Donne und die religiöse metaphysische Dichtung[5]

Der Terminus 'metaphysical poetry' zur Bezeichnung der Dichtung von John Donne[6] (1572–1631) und seiner „Schule" ist seit Dryden und Dr. Johnson gebräuchlich; man pflegt seitdem den „metaphysischen" von dem „klassischen" Stil Ben Jonsons und seiner Nachfolger abzusetzen. Für die Zeitgenossen waren diese Dichter jedoch keineswegs Gegenpole, sondern fügten sich ohne Schwierigkeit unter den gemeinsamen Oberbegriff 'hard lines', lehnten sie doch beide den platonisierenden Idealismus und die melodiöse, ornamentale Sprache der Spensertradition ab und erstrebten präzise Gedankenentwicklung und eine harte, durch die Nähe zur Umgangssprache gekennzeichnete Diktion. Bald empfand man indessen stärker die Unterschiede zwischen den beiden Dichtern und sah als das bezeichnende Element der Donneschen Dichtung den 'wit'. In der Tat sind die Concetti, d. h. Bilder und Vergleiche, die an zwei heterogenen Gegenständen oder Vorstellungen einen frappierenden Punkt der Ähnlichkeit hervorkehren, für Donnes Lyrik charakteristisch. Zwar waren solche Concetti auch im Euphuismus beliebt, aber während sie dort spielerisch und dekorativ verwendet wurden, bilden sie bei Donne ein essentielles Element seines Denkens und Dichtens.

Der junge Donne hat neben Satiren, Epigrammen und Versepisteln vor allem Liebeslyrik geschrieben. Diese *Songs and Sonnets* bedeuten nicht einfach einen Bruch mit der poetischen Tradition, Donne übernimmt vielmehr petrarkistische Themen und Motive, aber er formt sie um und ironisiert sie. Er betont die geschlechtlichen Beziehungen und ersetzt die Mythologie und den herkömmlichen poetischen Schmuck durch Bilder aus

[4] Umfassende Anthologie: Oxford Book of 17th Century Verse ed. Grierson and Bullough, Oxf. 1934. – Seventeenth Century English Poetry: Modern Essays in Criticism ed. W. R. Keast, N.Y. und Oxf. ²1971; J. Summers, The Heirs of Donne and Jonson, Lo. 1970.

[5] Metaphysical Lyrics and Poems ed. H. J. C. Grierson, Oxf. 1921; The Metaphysical Poets ed. H. Gardner (Penguin). – H. C. White, The Metaphysical Poets, N.Y. ²1956; A. Esch, Englische religiöse Lyrik des 17. Jahrhunderts, Tübingen 1955; L. L. Martz, The Poetry of Meditation, New Haven ²1962; E. Miner, The Metaphysical Mode from Donne to Cowley, Princeton 1969.

[6] The Poems of J. D. ed. H. J. C. Grierson, 2 Bde., Oxf. 1912; The Elegies and the Songs and Sonnets ed. H. Gardner, Oxf. 1965; The Satires, Epigrams and Verse Letters ed. W. Milgate, Oxf. 1967; The Divine Poems ed. H. Gardner, Oxf. 1952; The Songs and Sonets: An Editio minor with Introduction and Explanatory Notes ed. T. Redpath, Lo. ²1959; Complete Poetry and Selected Prose ed. J. Hayward, Lo. ²1962. – R. C. Bald, J. D.: A Life, Oxf. 1970; J. B. Leishman, The Monarch of Wit, Lo. ⁵1962; J. D. A Collection of Critical Essays ed. H. Gardner, Englewood Cliffs 1962.

der Alltagswirklichkeit, der Welt der neuen Naturwissenschaft und der zeitgenössischen Entdeckungen wie durch entlegene oder subtile philosophische, theologische, folkloristische und alchimistische Vorstellungen. Er entfaltet die ganze Skala der Liebesempfindungen von einer bloß witzigen und zynischen Haltung bis zu einer tiefen Liebesmetaphysik. Ein Gedicht wie *The Flea* ist ein Beispiel reiner *argutezza*, und das kecke Lied *Goe, and catche a falling starre* verblüfft den Leser durch einen Sturzbach ingeniöser Bilder und paradoxer Formulierungen. Aber in ihrer höchsten Form öffnet die Liebe für Donne das Tor zum Absoluten. In der Liebesvereinigung verbinden sich die Liebenden gleichsam wie die Hemisphären zum Universum und schaffen eine Zeit und Raum transzendierende, sich selbst genügende Welt. *(The Extasie, The Good-morrow, The Sunne Rising, The Canonization).*

Die enge Verbindung von intensivem Denken und leidenschaftlichem Fühlen, der Hang zur Selbstzergliederung, die Dramatik und Dialektik der Gedankenführung ist in gleicher Weise für Donnes religiöse Dichtung kennzeichnend. Sind die 7 Sonette des wahrscheinlich 1607 oder 1608 geschriebenen *La Corona*-Zyklus Meditationen über die Hauptstadien des Lebens Jesu, so handeln die meisten der 19 *Holy Sonnets* – die größere Folge von 12 Sonetten ist 1609 entstanden – von der Stellung des Menschen zwischen Sünde und Erlösung, von Tod und Gericht und der vor dem Gericht bewahrenden Liebe. Es sind die ersten bedeutenden religiösen Sonette der englischen Literatur; sie erreichen eine Dichte der Aussage, wie sie erst wieder in den 'terrible sonnets' von G. M. Hopkins begegnet. Die längeren Meditationen der beiden *Anniversaries* (1611 und 1612) sind immer wieder als Dokumente der Erschütterung Donnes durch die neue Wissenschaft angeführt worden ("And new Philosophy calls all in doubt"). Aber im Textzusammenhang sind diese Verse nur ein Glied in einer großen Beweiskette über die fortschreitende Depravierung der Welt. Die kopernikanische Wende führte Donne keineswegs in Skepsis und Verzweiflung, sie war ihm nur eine weitere Bestätigung, daß die Welt „rotten at the core" ist, und verwies ihn um so nachdrücklicher auf die Wahrheit der Religion. Vollendung erreichte Donne in den drei Hymnen seiner letzten Jahre, vor allem der *Hymne to God my God, in my sicknesse*, in welcher der vom Tod Gezeichnete mit Gelassenheit seiner Fahrt nach Westen entgegensieht in der Gewißheit, daß sie zur Auferstehung und Lösung aller menschlichen Antinomien führt. Diese dauernd um den Ausdruck seines Verhältnisses zum Göttlichen bemühte religiöse Lyrik ist ebenso bahnbrechend wie die Liebesdichtung, denn sie ist erstmals persönlichste Aussprache eines um Gott ringenden Menschen.

Darin ist ihm George Herbert[7] (1593–1633) an die Seite zu stellen, der wie Donne weltlichen Ehrgeiz nach krisenhaften Erschütterungen mit

[7] ed. F. E. Hutchinson, Lo. ²1945; Poems WC 109. – J. H. Summers, G. H.: His Reli-

einer geistlichen Laufbahn vertauschte. Dieses Ringen seiner Seele mit Gott steht im Mittelpunkt seiner später in der Sammlung *The Temple* (1633) zusammengefaßten Gedichte, aber ohne die fiebrige Phantasie Donnes. Herberts fügsamerer Natur, die in der schlichten Prosa seines Büchleins *The Country Parson* angemessenen Ausdruck fand, erscheint der irdische Geltungswert des Menschen fragwürdig. Sein Dichten, das die feine Analyse und den Niederschlag widerspruchsvoller Stimmungen von Donnes Liebesdichtung auf die religiöse Lyrik übertrug, wird zu einer Psychologie seiner religiösen Erfahrung, die deshalb allgemeineres Interesse beanspruchen kann, weil sie eine allgemeine religiöse Grundhaltung darstellt und weil die künstlerische Form vollendet ist. Harmonischer als Donne sowohl im Klang der vielseitigen Strophenformen wie in der ruhigen und stetigen Gedankenentwicklung, dabei verblüffend schlicht und alltäglich in der Sprache, hat Herberts Lyrik für die Folgezeit als vorbildlich gegolten.

Diesen Einfluß bezeugt RICHARD CRASHAW[8] (1613–1649), wenn er seinen gesammelten Gedichten den Titel *Steps to the Temple* (1646) gab. Der 1643 in Cambridge wütende puritanische Bildersturm hat Crashaw seiner religiösen Veranlagung bewußt gemacht, der zufolge er dann zur katholischen Kirche übertrat. Seine von vornherein nicht grüblerisch zergliedernde, sondern kindlich hingebende Haltung, die in den Magdalenen- und Teresagedichten bezeichnenden Ausdruck fand, unterscheidet seine Dichtung wie von Donne so von Herbert. Religiöse Lyrik soll nicht mehr, wie Herbert es wollte, deuten, sondern verzücken, und folglich ist an Stelle des logischen, das Ganze im Auge behaltenden Baus ein nicht endenwollendes Gefühl getreten, das sich nicht in eine Form pressen, sondern höchstens nach Empfindungsabsätzen gliedern läßt; eine rauschhafte, von spanischer Mystik berührte Kunst, wie sie sich in England nur noch bei dem Jesuiten ROBERT SOUTHWELL[9] (1561–1595; *St. Peter's Complaint*, 1595) findet.

In der mystischen Haltung hat Crashaw Berührungspunkte mit HENRY VAUGHAN[10] (1622–1695), der ebenfalls durch Herberts Vorbild zum Dichter wurde, sogar die Themen, Bilder und Metren ihm entnahm. Trotzdem zeigt der Gedichtband, der zu recht *Silex Scintillans* (1650, Teil II 1655) benannt ist, eine religiöse Dichtung eigener Art. Wie das Emblem der Titelseite – ein Herz aus Stein, aus dem Gottes Hand Feuer schlägt – anzeigt, ist das zentrale Thema die Läuterung des Herzens. Vaughan sehnt

gion and Art, Cambr., Mass., u. Lo. 1954; R. Tuve, A Reading of G. H., Chicago–Lo. 1952; H. Vendler, The Poetry of G. H., Cambr., Mass., 1975.

[8] ed. L. C. Martin, Oxf. ²1957. – A. Warren, R. C.: A Study in Baroque Sensibility, Baton Rouge 1939.

[9] Poems ed. J. H. McDonald and N. P. Brown, Oxf. 1967.

[10] Poems ed. L. C. Martin, Oxf. ²1957. – E. C. Pettet, Of Paradise and Light: A Study of V.'s Silex Scintillans, Cambr. 1960.

sich zurück nach der Heimat des Lichts, der engelgleichen Kindheit, und er entdeckt als solche Brücken zum Ewigen die Wiedergeburt, die Erwartung des Endes und vor allem die Natur, jenes zweite Buch der göttlichen Offenbarung, das dem 'liber revelationis' zwar nicht gleichrangig ist, aber allenthalben 'masques and shadows' enthält, die auf die transzendente Welt verweisen. Vaughan betrachtet die Natur, die bei Donne und Herbert von untergeordneter Bedeutung blieb, mit sinnendem Auge; er spürt den 'ecchoes beaten from the eternal hills' und den 'occult resemblances' nach und macht diese mystische Erfahrung zum Leitgedanken seiner metaphysischen Dichtung. Der Mystik zugewandt war auch THOMAS TRAHERNE[11] (1636–1674), der sich in seinen *Poems of Felicity* mit Vaughans Kindheitsgedichten berührt und dieses Kindheitserlebnis mit neuplatonischen Gedanken verflicht, jedoch ohne Donnes innere Spannung oder das Erlösungsbedürfnis Herberts, so daß seine etwas eintönigen Verse künstlerisch unbedeutender sind als die in freien Rhythmen empfundene Prosa der *Centuries of Meditation.*

Diesen anglikanischen und katholischen Dichtern hat das puritanische Lager nichts Gleichwertiges an die Seite zu stellen, es sei denn, man rechne den 1668 nach Massachusetts ausgewanderten Geistlichen und Arzt EDWARD TAYLOR[12] (ca. 1644–1729) dazu, dessen nicht zur Veröffentlichung bestimmte Gedichte erst in unserer Zeit bekannt wurden und als bedeutendstes Zeugnis der kolonial-amerikanischen Lyrik[13] anzusehen sind. Stilistisch – im durchgehenden Gebrauch von conceits, in der artistischen Verwendung rhetorischer Stilmittel und in der Verdeutlichung theologischer Begriffe durch Alltagsmetaphern – ist Taylors religiöse Dichtung ein später Nachklang der metaphysischen Schule, vor allem des auch bei Puritanern beliebten George Herbert. Sein ganzes Sinnen gilt der ungeheuren Kluft zwischen Gott und Mensch und der sie überbrückenden Liebe Christi. Der symphonisch angelegte Gedichtzyklus *God's Determinations Touching His Elect* ist eine eigenständige Variation des Themas von der Gnadenwahl und Pilgrim's Progress; das Kernstück ist eine lyrisch-dramatische Dialogfolge in der Art eines Morality Play, meisterhaft in der psychologisch-theologischen Kasuistik, abwechslungsreich in den metrischen und strophischen Formen, puritanisch in der Mischung volkstümlicher und biblischer Redewendungen und Bilder. In einer anderen Tradi-

[11] Centuries, Poems, and Thanksgivings ed. H. M. Margoliouth, 2 Bde., Oxf. 1958; Poems, Centuries and Three Thanksgivings ed. A. Ridler, Lo. 1965. – K. W. Salter, T. T.: Mystic and Poet, Lo. 1964.

[12] Poems ed. D. E. Stanford, New Haven und Lo. 1960. – N. S. Grabo, E. T., N.Y. 1961; W. J. Scheick, The Will and the Word: The Poetry of E. T., Athens, Ga., 1974.

[13] Texte in H. S. Jantz, The First Century of New England Verse, Worcester, Mass., ²1962; Seventeenth Century American Poetry ed. H. T. Meserole, Garden City, N.Y 1968; Colonial American Poetry ed. K. Silverman, N.Y. und Lo. 1968; The Puritans ed. P. Miller and T. H. Johnson, 2 Bde., N.Y. ²1963.

tion stehen die *Preparatory Meditations*: gedrängte, stilistisch hartgefügte Interpretationen von Bibelstellen, vor allem aus dem Hohenlied Salomos. Im Gegensatz zu Quarles, seinem unmittelbaren Vorgänger in dieser Gattung, bewirkt die Leidenschaftlichkeit von Taylors demütiger Hingabe an Christus einen Grad unlöslicher gegenseitiger Durchdringung von theologischer Substanz und dichterischer Phantasie, der für die puritanische Dichtung nicht typisch ist.

Die eigentlich puritanische Dichtung mußte von vornherein eine Abwehrstellung einnehmen entsprechend der „ungeistliche Fabeln" verdammenden Bibelstelle und statt der Phantasie mit ihrer Neigung zu Bild und Schmuck den Wahrheitsgehalt der Dichtung betonen. Sofern der Dichter nicht Lehrer und Satiriker bleiben wollte wie George Wither (1588–1667) in seiner Andachtslyrik und in den gegen den Hof Jakobs I. gerichteten *Abuses stript and whipt* (1613), blieb ihm nur allegorisches Gestalten erlaubt, in dem Francis Quarles[14] (1592–1644) mit seinen *Emblemes* (1635) den größten Bucherfolg der Zeit erreichte.

Der einzige Puritaner, der wirkliche Dichtung schrieb und den metaphysischen Stil in seinem eigentlichen Sinn erfaßte, war Andrew Marvell[15] (1621–1678). Er begann wie Donne mit Liebesgedichten, die gelegentlich ländliche Frische zeigen und in dem mit phantastischer Dialektik argumentierenden *To his Coy Mistress* einen Höhepunkt metaphysischer Liebesdichtung erreichen, Donne vergleichbar an Leidenschaft, aber gezügelter, auch im Gleichmaß der Form, und in Sprache und Satzbau von ungezwungener Natürlichkeit, worin sich bereits die neue Zeit der Augustans ankündigt. Mit diesen Mitteln konnte Marvell eine seiner Haltung entsprechende religiöse Lyrik geben, deren enger Themenkreis sich in dem Gedichttitel *A Dialogue between the Resolved Soul and Created Pleasure* ausspricht. Aber Marvells Lebenskraft schied die Sinnlichkeit nicht aus. Viel anschaulicher als Vaughan hat er die konkret erfaßte, bis ins Detail beobachtete und mit allen Sinnen erfühlte Natur als neuen Vorwurf in den Bereich der metaphysischen Dichtung gezogen in den 1650–1652 in Nun Appleton als Hauslehrer bei Lord Fairfax geschriebenen Naturgedichten (z. B. *The Garden*). Auch in politischer Dichtung, wie der nach beiden Seiten hin Gerechtigkeit wahrenden *Horatian Ode upon Cromwell's Return from Ireland* (1650), erreichte Marvell klassische Größe und Form, während die grobwuchtigen Satiren nicht als Dichtung, sondern als Flugschriften gewertet sein wollen.

14 Works ed. A. B. Grosart, 3 Bde., Edinb. 1880–81.

15 Poems and Letters ed. H. M. Margoliouth, rev. by P. Legouis, 2 Bde., Oxf. [3]1971; Selected Poetry ed. F. Kermode, Lo. und N.Y. 1967. – P. Legouis, A. M.: Poet, Puritan, Patriot, Oxf. [2]1968; J. B. Leishman, The Art of M.'s Poetry, Lo. 1966; R. Colie, My Ecchoing Song, Princeton 1970; M.: Modern Judgments ed. M. Wilding, Lo. 1969.

2. Jonson, Herrick und die weltliche Dichtung

Das Zurücktreten des metaphysischen Stils in der weltlichen Dichtung beruht auf dem Donne entgegenwirkenden formalen Einfluß von Ben Jonson[16]. Seine als *Epigrams* (1616) und *Underwoods* (1640) gesammelten Gedichte halten sich vorzugsweise an die festgefügten antiken Gattungen des inschriftartigen Sinngedichts und Epitaphiums sowie der meisterhaft gehandhabten Epistel und Ode. Sein männlicher, mehr Kraft als Geschmeidigkeit besitzender Stil bedurfte eines gewichtigen Inhalts und einer klar umrissenen Form; damit ist er für eine ganze Dichtschule wegweisend geworden.

Allerdings ist diese Schule nicht nur auf einen Ton gestimmt. Das anakreontische Dichten von Robert Herrick[17] (1591–1674), der wie ein heidnischer Priester auf seiner Pfarre in Devonshire die menschlichen Freuden, die Festlichkeiten und Genüsse und die schöne Außenseite der Dinge besang, nimmt eine Sonderstellung ein. Seine religiösen Gedichte *(Noble Numbers)* sind weder vom Hauch des Ewigen berührt noch zeigen sie quälendes Sündenbewußtsein; sie bilden auch nur den kleinsten Teil der unter dem Titel *Hesperides* (1648) gesammelten Gedichte, die in einzigartiger Weise den Reiz des Augenblicks in kleine, flüchtig-zarte Strophen bannen und den feinen Stimmungshauch in leichtklingenden Versen wiedergeben. Von den Gedichten, die auch bäuerliche Epigramme, Freundschaftsstücke und Trinklieder umfassen, sind die anakreontisch tändelnden Liebesstücke am zahlreichsten und besten. Der Vorwurf der Künstlichkeit ist nicht berechtigt: Herrick sprach nur das Schmuckhafte und Heitere an; dies ist jedoch wirklich empfunden und in einigen Märchenstücken zu einer Sommernachtstraum-Phantasie einzigartig ausgesponnen (z. B. *Oberon's Feast*).

Die anderen „Söhne Bens" gingen andere Wege. George Herberts Bruder Edward Lord Herbert of Cherbury[18] (1583–1648), der mit seinem philosophischen Buch *De veritate* (1624) zum Begründer des Deismus wurde, zeigt in seiner *Autobiography* wie in seiner Dichtung die Haltung des weltmännisch eleganten Kavaliers, auch dann, wenn er in mustergültigen Versen dialektisch sich mit der Liebesmetaphysik des Platonismus auseinandersetzt *(Ode upon a Question* und *Elegy over a Tomb).* Auch die ähnliche Themen abwandelnde stillere Dichtung des schwermütig

16 Complete Poetry ed. W. B. Hunter, Jr., N.Y. 1963. – W. Trimpi, B. J.'s Poems: A Study of the Plain Style, Stanford 1962. – Vgl. S. 112, Anm. 52.

17 ed. L. C. Martin, Lo. 1956; WC 16. – R. H. Deming, Ceremony and Art: R. H.'s Poetry, The Hague 1974.

18 Poems ed. G. C. Moore Smith, Oxf. 1923; (zusammen mit Carew, Lovelace und Suckling) in Minor Poets of the 17th Century EL 873. – De veritate ed. G. Gawlik, Stuttgart-Bad Cannstatt 1966 (englische Übersetzung M. H. Carré, Bristol 1937). – Autobiography ed. S. Lee, Lo. ²1906.

grüblerischen SIDNEY GODOLPHIN (1610–1643) zeigt, wie die Kavaliersdichtung überhaupt, großes Können. Aber die meisten waren nur nebenbei Dichter, sei es, daß sie Satiren im politischen Kampf schrieben wie JOHN CLEVELAND (1613–1658), sei es, daß sie Liebeslieder dichteten wie THOMAS CAREW (1594/95–1640), Sir JOHN SUCKLING (1609–1642), RICHARD LOVELACE (1618–1656/57) u. a.[19]. Einzelne Stücke dieser Gelegenheitsdichtungen sind immer wieder in die Anthologien aufgenommen worden wie die *Lucasta*-Lieder von Lovelace und Sucklings *Why so pale and wan*... Thomas Carew aber gebührt eine ausführlichere Beachtung sowohl wegen des Donne an leidenschaftlicher Kühnheit gleichkommenden Gedichts *A Rapture* wie wegen der formalen Vollendung, sprachlichen Glätte und unpersönlichen Note der den Klassizismus vordeutenden kleinen Gesellschaftsstücke.

3. Vorspiel des Klassizismus

Einen Schritt weiter auf dem Weg zum Klassizismus geht die Dichtung von ABRAHAM COWLEY[20] (1618–1667); denn Carews kühle Haltung ist hier durch unbedingte Herrschaft des Verstandes ersetzt. Der seiner Gefühlsgrundlage beraubte metaphysische Stil ist damit zu einer auffälligen Rhetorik veräußerlicht, die indessen im Zusammenklang mit dem Freundschaftsideal dichterisch ausdrucksvolle *Elegien* (z. B. auf William Hervey und Richard Crashaw) entstehen ließ. Durchdrungen von der antiken, dem Dichter eine göttliche Aufgabe zuerkennenden Auffassung wandte dann Cowley seine sprachliche Meisterschaft den klassischen Gattungen zu: mit einer epischen Dichtung *Davideis* (1643, s. S. 130) suchte er das Vergilische Epos durch Anpassung an christliche Zwecke zu erneuern und mit den *Pindaric Odes* wollte er den Geist der Pindarode in englischer Dichtung heimisch machen. Er erreichte das durch eine Pindars Art ähnlich sehende schwungvolle Rhetorik und durch künstliche Unregelmäßigkeiten in Zeilenlänge und Reimverteilung, die aber durch einen inneren, logisch gegliederten Aufbau vor Formlosigkeit bewahrt werden. Später, als sein Vorbild allzu willige und oft zügellose Nachahmung fand, hat er (bei den in die *Essays* 1663–1667 [s. S. 147] eingefügten Oden) eine mildere, das vier- und fünfhebige Grundmaß nur leise variierende Form von freien Rhythmen gewählt.

Stärker als Cowley wurde EDMUND WALLER (1606–1687) als Vorläufer des Klassizismus empfunden, weil er den „vernünftigen" Geschmack

[19] Suckling, Lovelace, Carew in EL 873 (s. Anm. 18).
[20] English Writings ed. A. R. Waller, 2 Bde., Cambr. 1905–6; Selected Poems ed. J. Sparrow, Lo. 1926. – J. Loiseau, A. C., Paris 1931; A. H. Nethercot, A. C.: The Muse's Hannibal, Oxf. 1931; R. B. Hinman, A. C.'s World of Order, Cambr., Mass., 1960.

vertrat und in seinen Dichtungen (*Poems*, 1645 und 1690)[21] unter Zurückdrängung des persönlichen Empfindens gesellschaftliche, spielerische Themen in glatten Versen und kunstvoll einfacher Sprache behandelte. Damit ist ein neuer klassizistischer Stil an die Stelle des metaphysischen getreten, und entsprechend wird auch die früher übliche Vielzahl der metrischen Formen durch die Vorherrschaft des heroischen Reimpaars beschränkt. In diesem Metrum, aber knapper und jedes überflüssige Wort meidend, hat dann Wallers Schüler Sir JOHN DENHAM[22] (1615–1669) *Cooper's Hill* (1642) geschrieben und damit eine einflußreiche, noch für Popes Windsor Forest tonangebende, halbepische Zwischengattung aufgebracht, die von der Örtlichkeitsbeschreibung ausgehend, belehrende, geschichtliche, politische und moralische Betrachtungen einflicht, so wie sie in anscheinender Natürlichkeit von den gesehenen Dingen hervorgerufen werden.

4. Die Dichtung der Restaurationszeit[23]

Denham hat auch mehrfach über Poesie geschrieben, wie überhaupt in der Restaurationszeit bis zu Popes „Versuch über die Kritik" in Vorreden und Abhandlungen das Bemühen um eine neue, die Renaissancekritik ablösende kritische Grundlegung der Dichtung festzustellen ist. Nach französischem Vorbild (Boileau) und auf Horaz hinweisend wird das Einfache, Klare, Verständliche im Gegensatz zur geblümten Redeweise als stilistisches Ziel erklärt und eine verstandesmäßige Bewertung der Dichtung gefordert. Damit wurde zweifellos eine Straffung der Form erreicht, andererseits aber, zumal in der gefühlsbetonten lyrischen Gattung, eine Erniedrigung der Dichtung zum Spiel. Das macht die Lieder der drei bekanntesten Hofdichter CHARLES SACKVILLE (1638–1706), CHARLES SEDLEY (1639–1701), JOHN WILMOT (1647–1680) bei aller Zierlichkeit und Grazie der Form zu einer verspielten, an Meißener Porzellanfiguren erinnernden Rokokokunst. Nur wenn man hinter diesem herkömmlichen Schäferspiel ein wehes oder spöttisches Lächeln sieht, horcht man auf. Bei der kraftvollsten Persönlichkeit, John Wilmot, Earl of Rochester, bricht dieser leidenschaftliche und verzweifelte Unterton gelegentlich durch zu einer bitteren Kritik und Satire, die das ganze Treiben als gespenstigen Mummenschanz ansieht oder gelassen die häßliche Kehrseite des künstlichen

[21] ed. G. Thorn-Drury, 2 Bde., Lo. ²1905 (Muses' Library). – W. L. Chernaik, The Poetry of Limitation: A Study of E. W., New Haven–Lo. 1968.

[22] Poetical Works ed. T. H. Banks, Hamden, Conn., ²1969; Coopers Hill ed. B. O. Hehir, Berkeley 1969.

[23] Auswahl in: The Oxford Book of Restoration Verse ed. S. Braithwaite, Oxf. 1925. (Ausreichend für Charles Sackville [Lord Buckhurst, später Earl of Dorset], Charles Sedley u. a. Restaurationsdichter.) Wilmot [Rochester] ed. V. de S. Pinto, Lo. ²1964; ed. D. M. Vieth, New Haven 1968.

Pastorals bloßstellt. Schließlich zeigt sich die durch Sinnenrausch und Kunst nicht überdeckbare Enttäuschung seines Lebens in der großen *Satyr against Mankind,* dem deutlichsten Zeugnis der verlorenen und noch in der Renaissance gültigen Einheit von Leben und Kunst.

Jedenfalls sprach die höfische Schule, die man wegen ihres anstößigen Lebenswandels und Dichtens befehdete, die Zeitstimmung echter und lebensvoller aus als die bürgerliche, die nur das komisch-satirische Heldengedicht *Hudibras* (Teil I 1663, II 1664, III 1678) von SAMUEL BUTLER[24] (1612–1680) aufzuweisen hat, ein planloses und nur durch die einheitliche Puritanerverhöhnung zusammengehaltenes Knüttelvers-Geplauder. Der presbyterianische Sir Hudibras reitet mit seinem independenten Knappen Ralpho von Abenteuer zu Abenteuer, und aus ihren fortwährenden Streitgesprächen ersteht ein die Kehrseite des „Reichs der Heiligen“ enthüllendes Gesellschaftsbild, beißend, witzig, derb und durch die sprichwortknappen Prägungen der Reimpaare von aufreizender Wirkung, als Ganzes mehr eine Flugschrift als eine Dichtung.

II. DIE EPISCHE DICHTUNG UND JOHN MILTON

1. Das religiöse Epos

Der im 17. Jahrhundert maßgeblichen Wahrheitsforderung suchte sich das Epos durch Wahl eines biblischen Stoffes anzupassen, der für den Philosophen ebenso gültig war wie für den der „Lügendichtung“ feindlichen Puritaner. Da der religiöse Stoff aber der kriegerischen Haltung des antiken heroischen Gedichts widersprach, der christliche Himmel nicht wie der Olymp in die Handlung einbezogen werden konnte und überdies die klassischen Stilmittel dem religiösen Gehalt unangemessen waren, so ergab sich eine die Dichter hemmende Problematik. Deshalb versuchte der Spenserschüler GILES FLETCHER[25] (1585/86–1623) in seiner in vier kurzen Gesängen abgefaßten Darstellung der Heilsgeschichte (*Christs Victorie and Triumph*, 1610) dem Leser den religiösen Gehalt ohne Umweg über das Bild, ähnlich unmittelbar wie die Musik, zum Erlebnis zu machen. Dazu steigerte er die dem Spenservorbild entnommenen rhetorischen Mittel zu einer barocken, überladenen und den Leser überwältigenden Redeweise, deren gehäufte Metaphern absichtlich unanschaulich bleiben, um das Unaussprechbare nicht zu verendlichen. Noch zwiespältiger ist die Wirkung von PHINEAS FLETCHERS (1582–1650) zum Epos ausgeweiteter

[24] Collected Works ed. A. R. Waller und R. Lamar, 3 Bde., Cambr. 1905–28; Hudibras ed. J. Wilders, Oxf. 1967.

[25] G. und Ph. Fletcher ed. F. S. Boas, 2 Bde., Cambr. 1908–9.

Purpurinsel-Ekloge (*The Purple Island*, 1633), die nach dem Du Bartas-Vorbild und um die naturwissenschaftlichen „Wahrheiten“ einzubeziehen, den Preis des Schöpfers durch Beschreibung seiner vorzüglichsten Schöpfung, des Menschen, besingt.

Dem Geschraubten und Übersteigerten dieser Versuche stellte COWLEY (s. S. 127) die klare Verstandessprache seiner *Davideis* (1643) gegenüber. Das sich flüssig lesende Werk mutet epischer an als die vorher besprochenen Dichtungen. Ein Held steht im Mittelpunkt, David, mit einem Gegenspieler, Saul. Allerdings erscheinen beide als Werkzeuge der durch sie handelnden, nur unvollkommen persönlich gezeichneten Gegenmächte Gott und Satan, und die Dichtung versagt endgültig (nur vier von den geplanten zwölf Büchern wurden ausgeführt) durch die Absicht, den biblischen Stoff in antiker Form abzuhandeln. Die das Übergewicht erhaltenden belehrenden Exkurse über religiöse oder allgemeinmenschliche Leitsätze und Themen bereiten geradezu das moralphilosophische Gedicht vor, wie es in Popes „Versuch über den Menschen“ selbständige und von der religiösen Epik gesonderte Formung fand.

2. Das weltliche Epos

Die weltliche Epik des 17. Jahrhunderts geht einen ähnlichen Weg. Trotz des Vorwurfs einer um Verona spielenden langobardischen Kriegs- und Liebesgeschichte berührt sich der *Gondibert* (1651) von Sir WILLIAM D'AVENANT[26] (1606–1668) mit Cowleys Davideis; denn das Ziel ist, den Menschen die Wahrheit zu vermitteln durch Darstellung der Wirklichkeit, die ihrerseits die beste Offenbarung Gottes bedeute. Wie in der Davideis und sie ergänzend finden sich im Gondibert moralphilosophische Abhandlungen über Rache, Ehre, Ethik und auch über wissenschaftliche Dinge. Darüber hinaus hat das Epos Bedeutung als Vorbereitung und epische Entsprechung der höfischen heroischen Tragödie Drydens; denn Ehrgeiz und Liebe sind die bewegenden Motive, und der kriegerisch-höfische Held ist ein Muster von Tugend und Ehre. Das wiederholt sich dichterischer in WILLIAM CHAMBERLAYNES (1619–1689) *Pharonnida*-Epos[27] (1659), dessen syntaktisch verworrene heroische Reimpaare zwar ebenso schwer lesbar sind wie die begrifflich vollgepackten Vierzeiler D'Avenants, dessen figuren- und handlungsreicher Liebesroman von Pharonnida und Argalia aber genügend Erzählspannung besitzt, um die Länge und die Überfülle poetischer Schönheiten erträglich zu machen. Die von den ethischen Begriffen der gravitas, dignitas, magnitudo animi geleiteten Charaktere, deren heroische Haltung im Sich-Bewähren liegt, gehören bereits in die Welt Miltons und Drydens.

26 Works 1673. Gondibert ed. D. F. Gladish, Oxf. 1971.
27 In: Minor Caroline Poets ed. G. Saintsbury, Bd. I, Oxf. 1905.

3. Miltons frühe Dichtungen

Das epische Schaffen des 17. Jahrhunderts findet seinen Höhepunkt in JOHN MILTON[28] (1608–1674), der als einziger puritanischer Dichter zugleich zu den größten Englands zählt und als einziger das von ihm noch gefühlte sinnliche Schönheitsideal der Renaissance mit der beherrschend gewordenen religiösen Welt verschmolz. Der aus Londoner Bürgerkreisen stammende und in der St. Pauls-Schule erzogene Dichter begann sein künstlerisches Schaffen in den Cambridger Universitätsjahren mit lateinischen Elegien und Epigrammen, denen als erste seinen persönlichen Stil zeigende englische Dichtung die Weihnachtsode *On the Morning of Christ's Nativity* (1629) folgte. Das Thema der gefallenen Welt, die von Christus erlöst werden soll, sowie die feierliche Art der Durchführung und der Reichtum klassischer Anspielungen weisen bereits auf die dann im Epos aufgenommene heroische Dichtung hin, auf die er sich indessen in den stillen, im Elternhaus in Horton verbrachten Jahren 1632–1638 durch anders geartete Dichtungen vorbereitete. Zwei sich entsprechende Gedichte, *L'Allegro* und *Il Penseroso,* die am Anfang der Horton-Zeit, vielleicht auch schon 1631 geschrieben wurden, schildern in leicht fließenden sieben- und achtsilbigen Versen und bezauberndem Ineinandergreifen von Farbe, Licht und Ton die Vergnügungen und Stimmungen eines heiteren und eines besinnlichen Menschen.

Diese beiden Milton zugänglichen Stimmungswelten faßt das 1634 in Ludlow in Wales zu Ehren des Grafen von Bridgewater aufgeführte Maskenspiel *Comus* zusammen und trifft die Entscheidung zugunsten der ernsten Seite. Das sich in allem Äußeren der Maskenüberlieferung einfügende Stück ist seinem Texte nach kein Hofballett mehr, sondern ein selbständiges lyrisches Drama, und seinem Gehalt nach eine das herkömmliche Maskengeglitzer auslöschende ethisch-philosophische Dichtung.

[28] Bibliographischer Führer: D. H. Stevens: A Reference Guide to Milton, Chicago 1930; C. Huckabay, J. M.: An Annotated Bibliography 1929–1968, Pittsburgh and Louvain 1969. – Werke: ed. F. A. Patterson u. a., 20 Bde., N.Y. 1931–40; The Student's M. ed. F. A. Patterson, N.Y. 1933; Complete Poems and Major Prose ed. M. Y. Hughes, N.Y. 1957; The Complete Poetical Works ed. D. Bush, Lo. 1966; The Poems ed. J. Carey and A. Fowler, Lo. 1968 (LAP); Complete Prose Works ed. D. M. Wolfe u. a., New Haven u. Lo. 1953ff. (i. E.). Zahlreiche andere Ausgaben, z. B. EL 384, WC 182, Prosaauswahl EL 795, WC 293. – J. H. Hanford and J. G. Taaffe, A Milton Handbook. N.Y. [5]1970; M. H. Nicolson, J. M.: A Reader's Guide to his Poetry, N.Y. 1963; A Variorum Commentary on the Poems of J. M. ed. M. Y. Hughes u. a., Lo. und N.Y. 1970ff. (i. E.). – Biographie und Kritik: W. R. Parker, M.: A Biography, 2 Bde., Oxf. 1968; E. M. W. Tillyard, Milton, Lo. [2]1966; K. Muir, J. M., Lo. und N.Y. [2]1960; D. Bush, J. M.: A Sketch of his Life and Writings, Lo. 1965; C. S. Lewis, A Preface to Paradise Lost, Lo. 1942; H. Gardner, A Reading of Paradise Lost, Oxf. 1965; B. Moritz-Siebeck, Untersuchungen zu Miltons Paradise Lost, Bln. 1963. Milton's Epic Poetry: Essays on Paradise Lost and Paradise Regained ed. C. A. Patrides, Harmondsworth 1967 (Penguin).

In der Darstellung, wie die Tochter des Grafen auf dem Wege zum Schloß sich verirrt und, während ihre Brüder sie suchen, von dem Zauberer Comus vergeblich versucht wird, ist zugleich die Lehre ausgesprochen, daß nur die in der Herrschaft der Vernunft über die Leidenschaften zum Ausdruck kommende Tugend die innere Freiheit des Menschen gewährleistet. Von welch leidenschaftlichem Wollen diese ernste Lebensauffassung getragen ist, zeigen trotz ihres herkömmlichen Pastoralkleides die den Abschluß der Jugendgedichte bildenden Totenklagen um seine Freunde Edward King und Charles Diodati. Das Thema Trauer und Trost führt die in der Form der Empfindungsbewegung des Sprechers sich anpassende *Lycidas*-Ode (1637) großartig durch, indem sie vom Erinnern an gemeinsame Jugend und gleichgerichteten Dichterehrgeiz überleitet zu dem großgeschauten Trauerzug und der Verklärung des Toten. Und doch ist der Tod Kings im Grunde Anlaß zur Aussprache seiner eigenen Dichterberufung, der Überwindung von Zweifel und Schicksalsfurcht in dem Glauben, daß wahrer Ruhm nur von Gott zugemessen werden kann. Der Hinweis auf die größere epische Dichtung in der Schlußzeile erhält vollere Aussprache in Miltons bedeutendstem lateinischem Gedicht, dem Diodati gewidmeten *Epitaphium Damonis* (1639), das trotz engeren Anschlusses an die klassische Pastoralform wärmer und persönlicher empfunden ist und im kühnen Zusammenbiegen der in ihm liegenden christlichen und heidnischen Welt das Verlorene Paradies vordeutet.

4. Miltons Streitschriften

Von diesem, wie das Epitaphium lehrt, auf der Italienreise der Jahre 1638/1639 weiter geförderten Epenplan mußte sich Milton losreißen, als er 1641 eine zwanzigjährige publizistische Tätigkeit begann, die indessen kein Aufgeben seiner dichterischen Sendung bedeutet, wie er auch seine größte Streitschrift, die Defensio Secunda, als Heldengesang bezeichnet. Milton war der erste bedeutende Engländer, der sich rückhaltlos für die Revolution einsetzte, von der er die Verwirklichung eines neuen Menschenideals erhoffte: den die innerliche, dem göttlichen Gesetz entsprechende Freiheit besitzenden Menschen, der gegen jede politische Gewaltherrschaft aufbegehren muß. Wie es Milton eigen ist, zeigen die Streitschriften einen persönlichen Anlaß zu einer allgemeingültigen These erhöht. Als seine erste Frau ihn kurz nach der Hochzeit verließ, schrieb er vier Traktate zur Befürwortung der Ehescheidung (1643–1645), und als die Stationers' Co. ihn angriff, weil er diese Flugschriften ohne Genehmigung veröffentlichte, schrieb er *Areopagitica* (1644), sein leidenschaftliches Plädoyer für die Pressefreiheit. Auch die fünf in den Jahren 1641/1642 geschriebenen religiösen Streitschriften für eine freiere Kirchenverfassung sind aufs engste mit persönlichen Angriffen gegen Bischof Hall verknüpft. Nur die hinterlassene lateinische Schrift *De doctrina christiana* (ca. 1655/1660) ist bei aller Leidenschaftlichkeit der Darstellung dem Kampfplatz der Streitschriften entrückt. Die Fähigkeit, den Gegner unter Herbeiholung aller erdenklichen Beweisgründe mit maßloser Sprache niederzureden, sowie der Mut und die rücksichtslose Begeisterung, mit der er seine umwälzenden Ansichten vertrat, machten Milton zum wirkungsvollsten politischen Pamphletisten. Als Sekretär des neugegründeten Council of State beantwortete er, der durch *The Tenure of Kings and Magistrates* (1649) seine Gesinnung geoffenbart, das berühmte Karl I. rechtfertigende *Eikon Basilike* (von JOHN GAUDEN) mit *Eikonoklastes* (1649); und des Salmasius Angriff erwiderte er mit *Pro Populo Anglicano Defensio* (1651), der er einige Jahre später die Du Moulin entgegnende *Defensio secunda* (1654) folgen ließ. Miltons Verteidigungen weiten den besonderen Fall Englands zum allgemeinen: England hat den Tyrannen Karl bestraft, es ist damit zum Befreier der Menschheit geworden, denn fortan wird kein Gewaltherrscher wagen, die Bürgerfreiheit seiner Untertanen anzutasten.

Mit dem unter dem Namen der Gesetzesherrschaft verfochtenen Gedanken der Volkssouveränität griff Milton in die Erörterung der besten Staatsform ein, die im Anschluß an Machiavellis Lehre vom Nationalstaat das 17. Jahrhundert erfüllte. Die alte Monarchie, die Sir ROBERT FILMER in dem postum erschienenen *Patriarcha, or the Natural Power of Kings*[29] (1680) als göttliche Ordnung verteidigte, wurde von dem Philosophen THOMAS HOBBES in *De cive* (1642) und *Leviathan*[30] (1651) durch einen aufgeklärten Absolutismus ersetzt. Zu einem förmlichen Verfassungsentwurf in dünner utopischer Verschleierung gestaltete sich JAMES HARRINGTONS *Oceana*[31] (1656), worin Cromwells Protektorat als Übergang von der Monarchie zur Republik dargestellt wird. Die zeitliche Wirkung dieser noch in der amerikanischen Verfassung wirksamen Schrift war getragen von dem Weltherrschaftsgedanken hegenden Nationalbewußtsein, das wie bei Milton in allen diesen Schriften durchklingt.

5. Miltons Epen und Samson Agonistes

Solange Milton Sprecher für eine öffentliche Sache war, ruhte die große Dichtung. Nur eine Reihe *Sonette* entstanden, die dieser damals abgesunkenen Gattung leidenschaftlichen Ernst und Würde zurückgaben. Hoheitsvoll sind die Sonette auf seine Blindheit und seine verstorbene Frau; die den Freunden und Mitstreitern gewidmeten erheben das Persönliche zum

29 ed. P. Laslett, Oxf. 1949.
30 Leviathan EL 691; ed. M. Oakeshott, Oxf. 1946. – R. Peters, Hobbes, Lo. 1956.
31 ed. S. B. Liljegren, Heidelberg und Lund 1924.

Heldisch-Vorbildlichen, einem Choral gleich tönt das *Avenge, o Lord* ..., und selbst die Streitsonette gegen die kirchenpolitischen Widersacher haben nichts kleinlich Zänkisches.

Mit der Rückkehr der Stuarts beginnt Miltons dritte Lebensepoche; er mußte sich verbergen, wurde verhaftet und trotz seiner Zugehörigkeit zur Gruppe der Königsmörder freigelassen. Er heiratete ein zweites (1656) und ein drittes Mal (1662); er erblindete völlig und lebte als Einsamer in der fremden, antipuritanischen, royalistischen Welt. Aber jetzt erwachte seine unerhörte Gestaltungskraft, die endlich das ein ganzes Leben lang gesuchte Thema gefunden hat: die Verkörperung all der Ideale, die politisch zunichte geworden, als dichterisches Testament für die Nachwelt, die Epen vom verlorenen und wiedergewonnenen Paradies und das Drama von Samson dem Kämpfer.

Das 1658–1663 geschriebene *Paradise Lost* ist keines der herkömmlichen Bibelepen; Milton, der die historischen Tatsachen des Dogmas glaubte, sah dahinter noch einen tieferen Sinn, demgemäß das große Thema des Sündenfalls und der Erlösung, das sich einmal in der Geschichte abspielte, sich auch jetzt noch zu jeder Zeit und in jedem Menschen abspielt. Durch den Sieg der Vernunft muß der Mensch die innere Freiheit erringen, die in der Harmonie von Leidenschaft und Ratio besteht. Damit ist den rationalen Forderungen des 17. Jahrhunderts Genüge getan, und der Hobbessche Wunsch, das Epos auf die Erde zurückzuholen, erfüllt. Der heroische Kampf zwischen Satan und seinem Gegenspieler Christus spielt sich gleichzeitig im Menschen ab, und also ist, wie in keinem der früheren Epen, der heroische Mensch zum Mittelpunkt der Dichtung gemacht. Was bei den anderen Puritanern ein Herabziehen des Göttlichen in menschlichen Alltag war, ist hier ein Erheben des Menschen in die heroische Welt des Ideals. Christus, weitgehend mit Vernunft gleichgesetzt, und Satan, weitgehend mit Leidenschaft gleichgesetzt, tragen beide Züge des heroischen Menschen, dessen Ideal als das innere Paradies auch dem vom äußeren Schicksal Gebeugten Kraft verleiht. Die Darstellung dieses heroischen Gehalts erfolgte in Anlehnung an die antike heroische Form. Den Hexameter ersetzte Milton durch einen würdevollen und durch die Wahl klangvoller langer Worte feierlichen Blankvers, der in der syntaktischen Zusammenfassung mehrerer Zeilen eine großartige Bewegung erreichen kann und bei aller Gemessenheit in sich biegsam ist durch eingefügte dreisilbige Füße, wechselnde Pausen und vielfaches Enjambement. Wie der Vers ist auch die dichterische Vorstellungswelt der Antike verpflichtet; die ganze Mythologie ist da, die zwar weitgehend ihrer klassischen Namen entkleidet und gleichsam aus der antiken Gegebenheit in die christliche Vorstellungswelt gehoben ist, die aber dennoch die versinnlichende Kraft bewahrt und die Begriffswelt verlebendigt. Gewiß ist die klassische Form ebenso wie der religiöse Gehalt von der mächtigen Hand Miltons eigenwillig zusammengebogen, aber es ist das unbestreitbar größte Kunstwerk, das aus dem Ringen um das unlösbare Problem des religiösen Epos hervorging.

Das Epos beginnt nach klassischem Brauch mediis in rebus und ermöglicht so, gleichzeitig beide Themen im Auge zu behalten, den Fall der Engel und den Fall des Menschen, die der Verführungsplan Satans ursächlich verknüpft. Er stellt den gestürzten Engeln im großen Höllenrat die Wiedergewinnung des Himmels oder der neugeschaffenen Welt in Aussicht (Buch I), und er selbst unternimmt es, die Lage dieser Welt auszukundschaften. Der Flug Satans aus der Hölle zu der gleich einem Tropfen an goldener Kette vom Himmel hängenden Weltkugel beschreibt den Schauplatz des Epos (Buch II). Der Allmächtige, der vom Himmel Satans Erdenflug erblickt, weist den Sohn auf die bevorstehende Sünde und Strafe hin, und mit Christi Übernahme des Erlösungswerks enthüllt sich der Plan der Schöpfung. Damit ist die philosophische und theologische Grundlage der Dichtung gegeben (Buch III). Inzwischen ist Satan in Eden eingedrungen, wo er Adams und Evas Gespräch über die verbotenen Früchte belauscht und darauf seinen Verführungsplan baut (Buch IV). Da der Mensch den freien Willen und also die Möglichkeit zur Sünde hat, schickt Gott Raphael, damit er warne und die Wege Gottes erkläre (Buch V). Danach schuf Gott, der als ewig und dem Absoluten gleichgesetzt sich nicht offenbaren (verendlichen) kann, die Welt durch seinen Sohn, der endlich ist und, weil in der Zeit liegend, sich zeitlich kundtut. Er ist somit Schöpfer und Schöpfung zugleich und stellt die Offenbarung von Gottes Geist im Kosmos dar. Daß es zur Schöpfung kam, erklärt Milton neuplatonisch durch eine Zurückziehung von Gottes Willen von einem Teil des Alls, seines Selbst. Daraus folgt, daß der Stoff göttlichen Wesens ist und Körper und Geist ineinander übergehen. Für den Menschen bedeutet das Willensfreiheit und Verantwortung, denn jeder verwirklicht den in ihm befindlichen Willen; und da mit der Freiwerdung des Stoffes die Leidenschaften nicht mehr durch Gottes Vernunftwillen beherrscht sind, ist die Möglichkeit zur Sünde gegeben (Buch VI und VII). Sinnlichkeit und Trieb sind zwar an sich gut, aber nur solange der Mensch durch die Oberherrschaft der Vernunft seine Freiheit bewahrt. Das ist der Sinn des Verbots, vom Baum der Erkenntnis zu essen; und da Milton Eva dem Trieb und Adam der Vernunft gleichsetzt, so ergibt sich des letzteren Herrschaftsanspruch (Buch VIII). Adam ist also mitverantwortlich, wenn er dem Wunsche Evas, allein an anderer Stelle zu arbeiten, nachgibt. Eva folgt dem Versucher, ißt von der Frucht und verleitet Adam, ein Gleiches zu tun (Buch IX). Während Gottes Sohn zum Urteilsspruch nach Eden herabsteigt, eilen Sünde und Tod ihrem Herrn, dem Satan, entgegen, um die ihnen verfallene Welt in Besitz zu nehmen. Was einst gut war, ist durch die erniedrigende Macht der Sünde zum Bösen gewendet (Buch X). Gott sendet Michael, damit er die Verbannung verkünde, aber auf Fürsprache des Sohnes kann er gleichzeitig die Erlösung verheißen. Denn die Gnade

Gottes wird durch Christus den Sieg der Vernunft über die Leidenschaft gewähren und Freiheit schenken. Von einem Berge zeigt Michael Adam eine Schau der Gottes Wege offenbarenden Weltgeschichte (Buch XI) und das verheißene Heilswerk Christi. Damit weitet sich das Einzelschicksal zum Völkerschicksal. Auch ganze Völker können von der Vernunft abfallen und ihre Freiheit verlieren, aber auch sie können wiedererweckt werden. Mögen sie also wie Adam und Eva mit dem Flammenschwert des Cherubs aus dem Paradiesestor getrieben werden, sie fühlen doch den Sieg von Satans Gegenspieler im Bewußtsein eines in ihrem Innern wiedererringbaren Paradieses (Buch XII).

Da bereits im Verlorenen Paradies die Erlösung eingeschlossen ist, stellt das *Paradise Regained* (1665–1666) nicht eine Fortsetzung dar, sondern eine Neuwendung desselben Gedankens. Das ganze Geschehen ist der biblische Bericht der Versuchung Christi in der Wüste, deren tieferer Sinn des Menschen geistige Wiederherstellung ist. Denn die Erlösung vollzog sich für Milton nicht am Kreuz, sondern in der Wüste; es ist nicht das Geheimnis der Liebe, sondern der Triumph der Vernunft über die Leidenschaft, und Christus ist nicht der Sohn Gottes, der sich der göttlichen Gerechtigkeit opfert, sondern der Mensch, der der Versuchung widersteht. Die puritanische Schärfe dieser Formulierungen hat auch die Form und Anschauungswelt dieses Epos beeinflußt. Satan ist nicht mehr der stolze Empörer, sondern der eifersüchtige Geist des Gemeinen, und die Ablehnung seiner Versuchung ist eine Absage an die in der antiken Kultur verkörperte Welt des Schauens, der Sinne und der Schönheit. Alle Erzählung und Schilderung ist durch ein großes Streitgespräch ersetzt, und die früher so lebensvolle Versform ist gleichsam klassizistisch erstarrt.

Schärfer noch klingt der Groll des Vereinsamten aus seiner letzten Dichtung, dem Drama *Samson Agonistes* (1667/1671), das zum persönlichen Bekenntnis des hebräisch-puritanischen Helden wird, der auch in der Niederlage mit der Kraft seines Willens über Materie und Schicksal triumphiert und in neuer Bewährung die göttliche Erwählung wiedergewinnt. Das auf die Bühne und äußere Akt- und Szeneneinteilung verzichtende Stück, das im Anschluß an das griechische Drama, ohne Nebenhandlung und die Einheiten wahrend, typisch gezeichnete Nebenfiguren um den Haupthelden gruppiert, entbehrt der dramatischen Wirkung, da der zur Wende hinführende Teil nur lyrische Klage und Schilderung enthält und die Spannung sich nicht durch Handlung löst, sondern durch Botenbericht und Chor. Aber die lyrische Größe der Chorlieder und der selbst in der Rede episch bleibende Blankvers machen auch dies Werk einzigartig. Seine Schlußworte 'And calm of mind, all passion spent' sind zugleich der Ausklang des dichterischen Streiters Milton.

III. DIE PROSA[32]

1. Die Predigt von Lancelot Andrewes bis zu Tillotson

Die Prosa des 17. Jahrhunderts ist weniger auf dem Gebiete weltlicher Erzählliteratur zu suchen, in der die geistigen Erschütterungen der Zeit keinen Ausdruck finden konnten, als in dem wöchentlichen Ereignis der Predigt[33], die sich an die Aristokratie ebenso wandte wie an die gesamte Bevölkerung und die, wie die vielen gedruckten Predigtsammlungen bezeugen, als Erbauung und als literarisches Kunstwerk gewertet wurde. Ziel der Predigt wie der antiken oratio war, ein großes Thema in dauernder expositio, d. h. mit allen eindringlich machenden Rede- und Stilfiguren wirksam darzulegen, und die englische Renaissancepredigt hatte dies alte Streben in vorbildlichem Beispiel erneuert. Im 17. Jahrhundert wird der Ton weniger gelassen, sei es daß der Redner selber bewegter wird oder daß er schrillere Töne anschlägt, um das Ohr der Gemeinde zu fesseln. Beispiel dafür ist LANCELOT ANDREWES[34] (1555–1626), der Bischof von Winchester, dessen Predigt bei aller klaren und logisch durchgeführten Darlegung ein durchgehendes Antithesenspiel zeigt, dessen seltsam gekünstelt und witzig wirkende Wortgebung den modernen Leser befremdet. Dieser den Zuhörer aufhorchen machende „metaphysische" Stil war eine Zeiterscheinung und nicht auf die Predigt oder gar Andrewes beschränkt (vgl. S. 121). Er fand aber bei diesem besonders auffallende Anwendung, weil die innerlich erregte, abgerissene und unstet sprunghafte Redeweise die 'conceits' stark hervorkehrte.

Aus der Schule Andrewes', die durch William Laud, Henry King u. a. vertreten ist, ragt an literarischer Bedeutung JOHN DONNE[35] hervor. Während die anderen Prediger zur Auslegung des biblischen Worts in verstandesmäßiger Beweisführung kunstvolle Lehrgebäude errichten, trägt Donnes an Augustin erinnerndes Begründen den Stempel einer soeben erst selbst errungenen und letzte Zweifel noch überredenden Überzeugung, was Aufbau, Art und Wortgebung seiner Predigten beeinflußte.

[32] F. P. Wilson, Seventeenth Century Prose, Cambr. 1960; R. Adolph, The Rise of Modern Prose Style, Cambr., Mass., 1968.

[33] Über die Predigt handelt mit ausführlichen bibliographischen Angaben W. F. Mitchell: English Pulpit Oratory from Andrewes to Tillotson, Lo. 1932; In God's Name: Examples of Preaching in England 1534–1662 ed. J. Chandos, Lo. 1971.

[34] Sermons (Auswahl) ed. G. M. Story, Oxf. 1967; Two Sermons of the Resurrection, Cambr. 1932. Vgl. T. S. Eliot, For L. A., Lo. 1928.

[35] The Sermons of J. D. ed. G. R. Potter and E. M. Simpson, 10 Bde., Berkeley 1953–62; Auswahl ed. T. A. Gill, N.Y. 1958; Devotions ed. J. Sparrow, Lo. 1923; Selected Prose ed. H. Gardner and T. Healy, Oxf. 1967. – E. M. Simpson, A Study of the Prose Works of J. D., Oxf. ²1948; W. R. Mueller, J. D. Preacher, Princeton 1962; J. Webber, Contrary Music: The Prose Style of J. D., Madison 1963. Vgl. auch S. 121, Anm. 6.

Trotz weithergeholter Bilder und Vergleiche hängt er nicht wie Andrewes an Antithesen und ist nie witzig im gewöhnlichen Sinne. Man fühlt: hier steht ein leidenschaftlich aufrichtiger Mann, der aus dem Schatz des Wissens Gründe holt, um sich wie seine Zuhörer von den Heilswahrheiten zu überzeugen; man hört die Stimme der menschlichen Seele, ihre Sündenqual und Reue, ihre Angst und ihr Hoffen auf Erlösung. Das konnte nicht in breit fließenden Perioden Ausdruck finden, sondern verlangte einen knappen Stil. Mögen Donnes Sätze äußerlich seitenlang sein, ihrem inneren Bau nach sind sie kurz, denn es sind Satzhäufungen in hinzufügender Verknüpfung, etwa einem vielmal wiederholten 'and' oder 'that'. Dadurch bekommt sein Stil etwas Drängendes, Überwältigendes, das dieselbe Folgerichtigkeit vortäuscht, die Andrewes' Stil tatsächlich hat. Diese Prosakunst kennzeichnet auch die erschütternden *Devotions upon Emergent Occasions* (1624), die, im Gegensatz zu den die eigene Persönlichkeit förmlich auslöschenden, allgemeingültige Erbauung bezweckenden *Private Devotions* von Andrewes, ein Buch religiöser Psychologie darstellen. Es ist in schwerer Krankheit niedergeschrieben, und Donne nimmt die einzelnen Krankheitsstufen zum Anlaß fortlaufender Betrachtungen, die ein Bild des Menschseins unter dem Schatten des Todes entwerfen und die vergebliche Friedenssehnsucht einer selbstquälerischen Seele offenbaren.

Dies Aufwühlende fehlt den anderen großen Predigern der Anglikaner. Der königliche Kaplan Thomas Fuller (1608–1661), der außer als Prediger auch als Verfasser einer Kirchengeschichte und zahlreicher anderer Werke bekannt ist (u. a. *The Holy State and the Profane State,* 1642, und *History of the Worthies of England*, gedr. 1662)[36], hatte das Ohr seiner großen Gemeinde, weil er mit guter Menschenbeobachtung und Einsicht in ihre Beweggründe unerwartete, lebendige Vergleiche und treffende Wendungen verband. Man hat seinen eigenwilligen Stil witzig genannt, aber es ist nicht der weithergeholte Witz, die discordia concors, wie bei Andrewes, sondern eine Folge plötzlicher Einfälle, die, der Sprichwortweisheit vergleichbar, eher den Eindruck des Vertraulich-Kunstlosen machen.

Auch der große Jeremy Taylor (1613–1667)[37] ist nicht als Theologe bedeutsam. Kirchenpolitisch vertrat er eine vermittelnde Richtung, wie aus seinen heute vergessenen Streitschriften hervorgeht. Die ähnlich umfängliche Gruppe der erbaulichen Werke, von denen die Traktate *Holy Living* (1650) und *Holy Dying* (1651) am meisten gelesen wurden, wie auch die in Themen und Ausführung den Erbauungsschriften nahestehenden Predigten (deren meiste 1643–1653 entstanden) sind nicht inhaltlich bedeutsam, denn Taylor war kein großer Kenner des menschlichen Herzens. Seine Bedeutung liegt im Künstlerischen, er war ein Meister der

[36] Selections ed. E. K. Broadus, Oxf. 1928.
[37] Auswahl: The Golden Grove ed. L. P. Smith, Oxf. 1930.

englischen Barockprosa. Sein mit klassischen Zitaten geschmückter Stil steht – fern der „metaphysischen" Rhetorik – mittwegs zwischen der etwas schwerfälligen elisabethanischen Prosa und der nüchternen Redeweise, die mit Tillotson die Kanzel eroberte. Dabei überraschen immer wieder Stellen künstlerischen Glanzes. Diese 'purple patches', wie Coleridge sagte, zeigen als Eigenart der Taylorschen Wortkunst eine dauernd aufquellende Metaphernschöpfung, die alle Sinne und vornehmlich das Auge teilnehmen läßt am Erahnen des in den Sinnesbeglückungen erlebten Göttlichen. Dabei sind die großartigen Gesichte seltener als die mit Keatsscher Wärme wiedergegebenen Bilder leuchtender, kleiner, vergänglicher Dinge wie Glühwürmchen, Sternschnuppe, Kerzenflamme, Mückentanz, zitternde Kompaßnadel, Vogelnester, Blumen, 'the down of thistles and the softest gossamer'.

Eine solche poetische Sprache, die den moralischen Gedanken eher überstrahlt als beleuchtet, war den dem puritanischen Lager nahestehenden Predigern fremd. Schon Henry Smith und Thomas Adams[38], die noch innerhalb der anglikanischen Kirche blieben, zeigen den calvinischen Brauch, die Hörer persönlicher und unverblümter anzufassen. Richard Baxter (1615–1691) vollends, der einzige der vielen einst gefeierten puritanischen Prediger, dessen Schriften die Zeit überdauert haben, lehnte jegliche künstlerische Absicht ab und forderte vom Predigtamt seelsorgerische Betreuung. Er wollte in der den Pfarrkindern verständlichen Sprache reden, und zwar so ausführlich und mit soviel Wiederholung, daß der Text wirklich überzeuge. So bahnte er eine gemäßigte Rhetorik an, die tatsächlich der Predigt der Zukunft eigen sein sollte. So einfach wie zu seiner Gemeinde spricht Baxter auch in seiner Selbstbiographie (die Joshua Sylvester 1696 als *Reliquiae Baxterianae*[39] herausgab), so daß der Leser sich wie in einem Zwiegespräch ins Vertrauen gezogen fühlt; aus diesem Grund ist Baxters Erbauungsbuch *The Saints' Everlasting Rest* (1650) ein klassisches Buch geworden.

Der puritanische Predigtstil kam der Situation in den nordamerikanischen Kolonien[40] entgegen. Dort fehlte das literarisch gebildete Publikum des Hofs, der Universitäten, der Londoner Metropole. Es fehlten die Bibliotheken, die Muße, die Tradition, die Berührung mit Andersgläubigen. Die Puritaner aller Schattierungen waren unter sich und konnten in den Neuenglandstaaten jeweils ihre Sonderart rein entfalten. Das gilt vor allem für die Vertreter des autoritären Kirchenstaats in Massachusetts. John Cotton[41] (1584–1652), der seit 1633 an der First Church

[38] Smith, Sermons ed. J. Brown, Cambr. 1934. – Adams, Selections ed. J. Brown, Cambr. 1909.

[39] In Kürzung ed. J. M. Lloyd Thomas, Lo. 1925; EL 868; Saints' Everlasting Rest ed. W. Young, Lo. [2]1928; gekürzt ed. J. T. Wilkinson, Lo. 1962.

[40] Vgl. die Anthologie: The Puritans ed. Miller und T. H. Johnson, N.Y. 1938.

[41] L. Ziff, The Career of J. C.: Puritanism and American Experience, N.Y. 1963.

in Boston wirkte, hatte schon im England Lauds als Dean an der Universität Cambridge seinen Ruhm als erfolgreicher Prediger im anglikanischen Stil begründet, als er seinen Übertritt zu den Kongregationalisten damit bekundete, daß er zur Enttäuschung seiner akademischen Zuhörer den bewußt schlichten Predigtstil der Puritaner annahm, 'the wisdom of words' vertauschend mit 'the words of wisdom'.

Unter den anderen großen Predigern und Kirchenpolitikern von Massachusetts ragt die Matherfamilie hervor, die durch drei Generationen das kirchliche Regiment in Boston bestimmte: Richard Mather gab das puritanische 'Bay Psalm Book'[42] unter ausdrücklichem Verzicht auf poetische Effekte heraus, sein Sohn Increase Mather wurde nach Cottons Tod der bedeutendste Kanzelredner und Kirchenpolitiker seiner Generation, während sein Enkel COTTON MATHER[43] (1663–1728) sich in der Nachwelt vor allem durch seine literarische Tätigkeit einen Namen machte. Sein die Memoirenliteratur Neuenglands verarbeitendes, von Thomas Fuller beeinflußtes Hauptwerk *Magnalia Christi Americana* (1702) ist ein in einer Fülle von Material und barocker Gelehrsamkeit steckengebliebenes kultur- und kirchengeschichtliches Epos des puritanischen Neuengland, bestehend aus Predigten, Wunder- und Teufelsgeschichten, Lebensbeschreibungen und historischen Berichten von Indianerkriegen und Hexenprozessen, die alle die besondere Rolle Neuenglands in der Geschichte der Vorsehung dartun sollen. Das Werk ist eine reiche, wenn auch nicht wissenschaftlich zuverlässige Quellensammlung für den historisch Interessierten; literarhistorisch sind vor allem die der englischen Charakterliteratur verpflichteten Lebensbeschreibungen bedeutsam.

Die Magnalia sind eine Verherrlichung der Vergangenheit in einer Zeit, als der Puritanismus seinen Halt über die Bevölkerung langsam zu verlieren begann. Die theologische Tendenz, nicht die theologische Anschauung, verband Cotton Mather mit dem wortgewaltigsten Prediger, den Neuengland hervorgebracht hat, JONATHAN EDWARDS[44] (1703–1758). Er gehört zwar schon ins 18. Jahrhundert, ist aber der letzte Vertreter des alten Puritanertums. Durch einen rigorosen Calvinismus suchte er die hereinbrechende Aufklärung in vergeblichem Kampf zurückzudrängen. Da Edwards sich mit der aufklärerischen Philosophie in ihrer eigenen Terminologie scharfsinnig auseinandersetzte, wurde er Amerikas erster nennenswerter Philosoph. In der Hoffnung, Neuengland zum apostolischen Zeitalter zurückführen zu können, verband er sich mit dem Pietismus. Diese inbrünstige religiöse Bewegung, die wie Edwards die Aufklärung bekämpfte, war von dem Methodisten George Whitefield bei seinem Aufenthalt in Amerika (1738–1741) eingeführt worden; jetzt wurde Edwards

42 Facs. Ausg. Chicago 1956.

43 Selections ed. K. B. Murdock, N.Y. 1926.

44 Works ed. P. P. Ramsey u. a., New Haven 1957ff. (i. E.); Selections ed. C. F. Faust und T. H. Johnson, N.Y. 1935. – P. Miller, J. E., N.Y. 1949.

dessen Statthalter. Den Höhepunkt seiner oratorischen Wirksamkeit erreichte er 1741 mit seiner berühmten Predigt *Sinners in the Hand of an Angry God.* Als die Evangelisationsbewegung verebbte, wandte er sich wieder philosophischer Schriftstellerei zu, deren idealistische Tendenzen vorwärtsweisen auf den amerikanischen Transzendentalismus des 19. Jahrhunderts.

Kunstvoller als die Sprache der Puritaner ist die Prosa der sog. Cambridge Platoniker[45]. Bemerkenswert ist die große von Ralph Cudworth 1647 vor dem House of Commons gehaltene Predigt, die weniger die herkömmliche Texterklärung enthält als eine streng logische Durchführung eines großen Themas. Bei John Tillotson (1630–1694)[46], dem größten der Restaurationsprediger und späteren Erzbischof von Canterbury, wurde daraus die moderne Predigt. Niemand vermochte in glücklicherer Weise unter der Einfachheit der Worte die Erhabenheit der Dinge zu bewahren. Seine Sätze waren kurz und klar und das Ganze aus einem Guß. Kein Prunken mit Gelehrsamkeit, kein gewaltsames Pressen der biblischen Texte, keine überflüssigen Anführungen; und doch vermochte Tillotson diesem sachlichen und bereits modernen Stil besonders bei den ausführlich behandelten Fragen sittlicher Lebensführung etwas Persönliches zu verleihen, womit er die Aufmerksamkeit aller Zuhörer errang und die Geister eroberte. Der schlichte Stil konnte nicht weiter gehen, und die Aufgabe der Zukunft war es, diese Stufe zu halten, ohne ins Alltägliche abzusinken.

2. Robert Burton und Thomas Browne

Dem Weg, den die Predigt so geradlinig wies, folgte auch die weltliche Prosa. Ausgangspunkt ist die schrullige *Anatomy of Melancholy*[47] (1621) des Oxforder Geistlichen Robert Burton (1577–1640), die alle Formen der in Mürrischkeit, Menschenhaß, Absonderlichkeit, Ironie und Sarkasmus sich äußernden Modekrankheit verzeichnen wollte, sich zur Riesensammlung von Auszügen aus der gesamten antiken Literatur auswuchs und zur Summe über die Torheiten der Menschheit wurde. Das Buch mit seinem Stilmischmasch ist nicht uninteressant zu lesen, es hat nicht mehr den Schwung der Renaissance und noch nicht die fragende Haltung des 17. Jahrhunderts; es ist ein Innehalten in einer Einsiedelei abseits vom Wege, inmitten einer Fülle verstaubter Bücher.

[45] Auswahl in: The Cambridge Platonists ed. E. T. Campagnac, Oxf. 1901. – Cudworth's Sermon ed. Facsimile Text Soc., N.Y. 1930.

[46] Auswahl: The Golden Book of T. ed. J. Moffatt, Lo. 1926.

[47] ed. F. Dell and P. Jordan-Smith, 2 Bde., N.Y. 1927 (in einem Band 1929); EL 886–8. – L. Babb, Sanity in Bedlam, East Lansing, Mich., 1959; W. R. Mueller, The Anatomy of Burton's England, Berkeley 1952.

Dagegen zeigt sich bei dem Norwicher Arzt THOMAS BROWNE[48] (1605 bis 1682) trotz äußerer Ähnlichkeit eine neue, zwiespältige Haltung. Aufgeklärte Skepsis und wundergläubige Religiosität, wissenschaftliche Neugier und Bußpredigerthemen zeigen ein seltsames Helldunkel des Verstandes, das sich auch im Stil spiegelt. Von Brownes ausführlichen Werken ist *Religio Medici* (1643), eine Verteidigung der Ärzte gegen den Vorwurf des Unglaubens, wegen ihres wie ein Selbstgespräch anmutenden Plaudertons das am leichtesten zugängliche, während die große Untersuchung über die Haltbarkeit der abergläubischen Ansichten seiner Zeit (*Pseudodoxia Epidemica,* 1646) ein formloser, wenn auch in Einzelheiten belustigender Raritätenladen der Gelehrsamkeit wurde. Die große Prosa zeigt sich in den Parerga, deren erstes *Hydriotaphia: Urne-Buriall* (1658) durch die Auffindung von Graburnen in Norfolk angeregt war. Die Sprache, knapper als bei Taylor, ist bis zur Vollendung gefeilt, in jeder Vokalfolge, jeder rhythmischen Kadenz mit feinem Ohr erprobt, und selbst die überzahlreichen und oft unverständlichen Übersetzungen lateinischer Worte tragen in ihrem Klang einen ahnungsvollen, verstandesmäßig nicht ausdrückbaren Wert. Der Höhepunkt solcher feierlichen, geheimnisvollen und durch ihre schroffen Kühnheiten überraschenden Prosa findet sich im *Garden of Cyrus* (1658), worin die Rautenform (die 5-Anordnung des Würfels) mit einer verblüffenden Gelehrsamkeit in Kunst- und Naturform, auf Erden und am Himmel, in den körperlichen und in den geistigen Dingen aufgedeckt wird – in Thema und sprachlichem Ausdruck ein verstandesmäßiges Belagern von rätselhaften Dingen, in denen er eine geheimnisvolle Offenbarung, das Wunder, aufzuspüren hoffte.

3. Francis Bacon und die wissenschaftliche Prosa[49]

Die wissenschaftliche Prosa FRANCIS BACONS[50] (s. S. 120) ist wie sein Empirismus von verstandesmäßiger Sachlichkeit. Einzelne der englischen Parerga (Bacons Hauptwerke sind lateinisch geschrieben), wie die Abhandlung *The Advancement of Learning* (1605) und auch die unvollendet hinterlassene Beschreibung des Idealstaates *New Atlantis,* erinnern zwar

[48] ed. G. Keynes, 4 Bde., Lo. ²1964; Religio Medici and Other Works ed. L. C. Martin, Oxf. 1964; The Prose of Sir T. B. ed. N. Endicott, N.Y. u. Lo. 1968; Religio Medici, Hydriotaphia, The Garden of Cyrus ed. R. H. A. Robbins, Oxf. 1972; EL 92. – J. Bennett, Sir T. B., Cambr. 1962; L. Nathanson, The Strategy of Truth: A Study of Sir T. B., Chicago 1967.

[49] R. Adolph, The Rise of Modern Prose Style, Cambr., Mass., u. Lo. 1968.

[50] Selections ed. P. E. und E. F. Matheson, Oxf. 1922; ed. A. Johnson, Lo. 1965. Advancement EL 719, WC 93; Essays EL 10, WC 24. – C. D. Bowen, F. B.: The Temper of a Man, Boston u. Toronto 1963; B. Vickers, F. B. and Renaissance Prose, Cambr. 1968.

vielfach an die fließenden langen Perioden Hookers, aber in den *Essays* (deren drei jeweils vermehrte Ausgaben in die Jahre 1597, 1612, 1625 fallen) herrscht ein anderes Prosaideal als das elisabethanische. Im Streben, aus Beobachtung und Erfahrung allgemeine Leitsätze zu ziehen, schreibt er kurz, fast sibyllinisch, unpersönlich, seinem logisch gliedernden Denken entsprechend, in häufiger Dreigliederung des Gedankens. Das Gedankliche und der ihm folgende Ausdruck sollte möglichst dicht und gedrängt sein, und so wird der zusammengepreßte aphoristische Satz die Stilgrundlage der Essays. Die Sachlichkeit ist modern, aber die Ausschaltung des Künstlerischen mußte bei der Sprödigkeit seines Stiles auffallen, und es bedurfte der klaren und langsam ausgedachten Prosastruktur eines Thomas Hobbes, um die wissenschaftliche Prosa endgültig zu formen.

Neben dieser bereits modernen Wissenschaftsprosa zeigt die historiographische engere Bindungen mit der eigentlichen Literatur. Die Werke von Edward Hyde, Earl of Clarendon (1609–1674), die *History of the Rebellion and Civil Wars* (begonnen 1646–1648, zuerst veröffentlicht 1702–1704)[51] und die in der dritten Person abgefaßte Selbstbiographie *The Life of Edward Earl of Clarendon* (1668/1672 geschrieben), in denen der große Plan und der umfassende Blick des Historikers mit der Streiflichter und lebendige Anekdoten erzählenden Kunst des Memoirenverfassers sich vereinen, sind in einer einfach überzeugenden, auf gelehrten Schmuck verzichtenden Sprache geschrieben. Damit gelang es Hyde, die berühmten Männer seiner Zeit in einer fast unerschöpflichen Folge von Bildchen vorzuführen, und diese lebendigen und stets sicher gezeichneten Porträts bilden heute den Hauptreiz seiner etwas gefallsüchtigen Schriftstellerei.

Mitbestimmend für Clarendons Erfolg war die damalige Mode der Charakterliteratur, die sich an Casaubons Ausgabe der Charaktere des Theophrast (1592) anknüpft. Sie war von dem auch als Prediger bedeutsamen Bischof Joseph Hall (1574–1656) in England eingeführt worden in seinem Buch *Characters of Virtues and Vices*[52] (1608). Hall, der sich bereits als Satiriker mit den Epigrammen der *Virgidemiae* (1597/1598) einen Namen gemacht hatte, erinnert in der beschreibenden Kraft seiner aus dem Alltagsleben genommenen Beispiele an die Flugschriftliteratur eines Nashe oder Dekker. Unter den zahlreichen und oft recht blutlosen Büchern dieser Art ragen die *Characters* (1614) von Sir Thomas Overbury (1581–1613) und die *Microcosmographie* (1628) von John Earle (1601–1668) hervor[53]. Diese Werke begründeten eine Schule satirischer, ethischer und dramatischer Bildniskunst, die zu La Bruyère und Addison hinführt.

[51] Auswahl aus History und Life WC 544.
[52] ed. R. Kirk, New Brunswick 1948.
[53] Overbury ed. W. J. Paylor, Oxf. 1936; Earle ed. H. Osborne, Lo. 1933. – B. Boyce, The Theophrastan Character in England, Cambr., Mass., 1947.

4. Memoirenliteratur[54]

Wichtiger ist die biographische und Memoirenliteratur, deren große Ausdehnung im 17. Jahrhundert durch die Sitte, den vielen theologischen Werken Lebensbeschreibungen der Verfasser voranzustellen, gefördert wurde. Diese Geistlichenleben lassen das weit zurückliegende Vorbild der Heiligenlegende noch fühlen und sehen ihr Muster in den Morebiographien (s. S. 69). Den abschließenden Höhepunkt bildet das Bändchen Biographien, die Izaac Walton (1593–1683) meist als Vorreden zu verschiedenen Zeiten seines langen Lebens schrieb (*Collected Lives*, 1670)[55]. Walton, der noch in der unerschütterten elisabethanischen Zeit wurzelte, und ein geruhsames Leben in ländlicher Zurückgezogenheit führte, deren friedliche Stille sein *Compleat Angler* (1653) köstlich empfinden läßt, hat eine einzigartige Schlichtheit des Ausdrucks, mit der er das persönliche Bild des Dargestellten (u. a. Donne und Herbert) und seine Umwelt dem Leser erstaunlich nahebringt. Seine immer mehr hervortretende Art, plutarchische Abschweifungen und eigene philosophische Betrachtungen einzuflechten, verleiht seinen Schriften autobiographische Reize, die manchen der ausgeführten Selbstzeugnisse fehlen.

So gibt z. B. Herbert of Cherbury (s. S. 126) in seinem *Life of Edward Lord Herbert of Cherbury* nur ein Bild seines äußeren Gesellschaftslebens, während Sir Simon D'Ewes u. a. mehr von Politik erzählen. Ein Bild des Menschen ist am ehesten bei den weiblichen Selbstbildnissen zu finden, bei Lucy Apsley (Mrs. Hutchinson), die den lebendigen *Memoirs of the Life of Colonel Hutchinson written by his Widow* ein autobiographisches Bruchstück voranstellte[56] (geschrieben 1664–1671), und bei Margaret Lucas (Mrs. Cavendish) in der Doppelbiographie von sich und ihrem Gatten (1656 und 1667).

Eine Sonderstellung haben die Tagebuchaufzeichnungen von John Evelyn[57] (1620–1706) und Samuel Pepys[58] (1633–1703). Evelyns *Diary* ist ein von 1641 bis zu seinem Tode geführtes Tagebuch, dessen genauer, in Einzelheiten gehender Erzählbericht in einfachem Stil mit der Evelyn eigenen Zurückhaltung und in gedanklich klarer Ordnung ein aufschlußreiches, etwas unpersönliches Zeitbild Englands und der vom Verfasser bereisten Länder Frankreich, Italien und Holland entstehen läßt. Pepys dagegen, dessen Tagebuch ebenfalls nicht für die Öffentlichkeit bestimmt und sogar in Geheimschrift abgefaßt ist, beschreibt in grenzenloser Auf-

[54] M. Bottrall. Every Man a Phoenix: Studies in 17th Century Autobiography, Lo. 1958; D. Delany, British Autobiography in the 17th Century, Lo. 1969.

[55] ed. G. Saintsbury, Lo. 1927 (WC 303); Compleat Angler ed. A. Lang EL 70, WC 430.

[56] ed. J. R. Sutherland, Oxf. 1973; EL 317.

[57] ed. E. S. de Beer, 6 Bde., Oxf. 1955 (in einem Bd., Oxf. 1959); EL 220–1.

[58] ed. R. Latham and W. Matthews, ca. 11 Bde., Berkeley 1970ff. (i. E.); Everybody's Pepys ed. O. F. Morshead, Lo. 1926; EL 53–55.

richtigkeit während der Jahre 1660–1669 Tag für Tag sein Tun, Denken und Empfinden, so daß wir bis in alle kleinen Schwächen hinein das lebenswahre Bild eines Durchschnittsmenschen der Restaurationszeit enthüllt sehen. Als fleißiger und neugieriger Beobachter zeichnete Pepys außerdem alles auf, was er über Hof und Stadt, Theater und Literatur in Gesellschaft und Kaffeehaus sah und erfuhr, und dies anschauliche Bild vom Leben und Treiben der Londoner Bürger und Adligen gewinnt durch die kurze abgerissene Aufzeichnungsweise mit dem Drauflosreden in einer Sprache, die reich ist an geprägten und oft unbesehen hingenommenen Wendungen, besondere Unmittelbarkeit.

5. Allegorisch-didaktische Prosa

Der autobiographischen Gattung steht auch das religiöse Schrifttum von JOHN BUNYAN[59] (1628–1688) nahe, der mit einer Selbstbiographie, *Grace abounding to the Chief of Sinners* (1666), begann, die neben dem *Journal*[60] (1694) des Quäkers GEORGE FOX die beste der zahlreichen puritanischen Autobiographien ist. Das an sich belanglose Leben des kleinen Klempners, der zuerst königlicher Soldat war, heiratete und sich dann bekehrte, die Staatskirche verließ und sich einer Dissentergemeinde anschloß, erhält als Seelenbekenntnis einer religiösen Natur allgemeinere Bedeutung und ist von künstlerischem Wert durch die Darstellungsgabe. Er habe außer der Bibel nichts anderes gelesen, er könne nicht kunstvoll schreiben, entschuldigt sich der Verfasser; da er aber unbewußt und wider Willen ein Künstler war, diente gerade diese mit Bibelwendungen untermischte Umgangssprache der schwierigen Aufgabe, den besonderen Fall seines eigenen Lebens zu allgemeinerer Bedeutung zu weiten.

In noch höherem Maße erweist das sein klassisches Buch *Pilgrim's Progress* (I. Teil 1678 veröffentlicht, II. Teil 1684), in dem er unter der allegorischen Form des Erlebnisses, als Reise einer bekehrten Sünderseele bis zur Aufnahme in den Zustand der Gnade, eine Art Laienbibel geben wollte. Das dramatische Geschehen ist von einer bei Bunyans geringer Bildung erstaunlich sicheren Handlungsführung, und die Allegorie wirkt wie ein Nachschaffen des wirklichen Lebens. Diese künstlerische Leistung hat mit Anteil an dem unmeßbar großen Eindruck des Buchs, in dem das Hoffen und Fürchten von Hunderttausenden Wort gefunden hatte, eindringlicher und sinnfälliger als in der Beichtform einer Autobiographie. Auf die Dauer kann jedoch das Übermaß der Bildlichkeit bei der Dar-

[59] Grace Abounding ed. R. Sharrock, Oxf. 1962; EL 815; Pilgrim's Progress ed. J. B. Wharey, rev. R. Sharrock, Oxf. ²1968; EL 204; WC 12; Grace Abounding and The Pilgrim's Progress ed. R. Sharrock, Lo. 1966; Mr. Badman WC 338; EL 815; The Holy War ed. J. F. Forrest, Toronto u. N.Y. 1967. – H. A. Talon, J. B., Lo. 1951; R. Sharrock, J. B., Lo. ²1968.

[60] ed. J. L. Nickalls, Cambr. 1952; EL 754.

stellung geistiger Vorgänge aufdringlich und störend wirken, wie besonders im zweiten Teil des Pilgrim's Progress und ebenso in *The Life and Death of Mr. Badman* (1680), das als Gegenstück den Weg der Gottlosen zur Verdammung darstellt, und zwar als Dialog-Biographie eines Kaufmanns in einem englischen Landstädtchen. Erstaunlich lebenswahr, nur durch belehrende Ausführungen gehemmt, entsteht so ein Bild englischen Alltagslebens, ein Vordeuten Defoes und Fieldings, ein Schrittmachen für die Charakterromane der nächsten Generation, was alles sehr im Widerspruch zu Bunyans Wollen steht. Das letzte Werk *The Holy War* (1682) steht künstlerisch nicht auf derselben Höhe.

Didaktisch und allegorisch ist auch der Grundzug der Memoirenliteratur der Puritaner Neuenglands[61]. In Edward Johnsons *The Wonder-Working Providence of Sion's Saviour in New England*[62] (anonym veröffentlicht u.d.T. 'A History of New England', London 1654) wird die Besiedlung von Massachusetts als eine Wiederholung der Geschichte Israels und ein Triumph der Soldaten Christi gegen die Mächte des Satans dargestellt. Das ist keine literarische Allegorie, sondern Ausdruck jenes schlichten starken Glaubens, der den Siedlern die Vollbringung ihrer großen kolonialen Leistung auf dem schmalen unwirtlichen Küstenstreifen zwischen Ozean und Wildnis ermöglichte. Im Gegensatz zu Johnson, der aus der Sicht des einfachen Bürgers in einer seine innere Beredsamkeit selten meisternden formlosen Prosa schreibt, stammen die sachlichen, chronikartigen Tagebuchaufzeichnungen von John Winthrop[63] (1588 bis 1649) von einem Aristokraten, der sich schon während seiner Studienzeit in Cambridge dem Calvinismus verschrieb und dann als erster Gouverneur von Boston dieser Kolonie die Richtung auf die theokratische Oligarchie gab. Die puritanische Vorliebe für das Didaktisch-Anekdotische teilt er mit William Bradford (1590–1657), von dem das inhaltlich und stilistisch wertvollste Dokument puritanischer Historiographie stammt. In einem an der Bibel geformten, kraftvoll gegenständlichen Stil schildert seine *History of Plimoth Plantation*[64] die Erlebnisse der Pilgrim Fathers seit ihrer Flucht aus England, die dem Exodus der Israeliten aus Ägypten verglichen wird, die Überfahrt auf der Mayflower und das Leben der Kolonisten in den Jahren 1620 bis 1646. Beseelt von dem inneren Feuer der Gründerväter, weitherziger als Winthrop, schreibt er mit dem dreifachen Ziele: Zeugnis von Gottes Vorsehung abzulegen, die Erinnerung an die frommen Vorfahren zu erhalten und der Nachwelt eine erbauliche Lehre zu geben.

[61] Auszüge in: The Puritans ed. P. Miller und T. H. Johnson, N.Y. 1938.

[62] ed. J. F. Jameson, N.Y. 1910.

[63] Winthrop Papers ed. A. B. Forbes u. a., 4 Bde., Mass. Hist. Soc. 1929–44; ed. J. K. Hosmer, 2 Bde., N.Y. 1908.

[64] ed. W. C. Ford, 2 Bde., Boston 1912; annotated S. E. Morison, N.Y. ^{2}1963. – B. Smith, B. of Plymouth, N.Y. 1951.

6. Cowley, Temple und Dryden

Die Zeit der Barockprosa eines Donne oder Taylor war vorüber; die Wissenschaft wertete die Sprache nicht als Kunst, sondern als Mitteilung, wie es die Royal Society programmatisch forderte, und auch in der Literatur war, fast unbemerkt, ein neues Prosaideal herrschend geworden. Die Versuche von ABRAHAM COWLEY (*Several Discourses by Way of Essays, in Verse and Prose*, 1668)[65] zeigen das Werden dieses schon klassizistisch anmutenden Stils. Zuerst richtete er sich nach Bacon, dann tritt das Studium Montaignes hervor, und die zweite Gruppe der Versuche (*Of Obscurity, Of Myself, Of Solitude* usw.) bringt im Einflechten von Zitaten und im Hervortreten der Persönlichkeit des Verfassers einen anscheinend kunstlosen Plauderton, der den Leser in einen vertrauten Meinungsaustausch hereinzuziehen weiß.

Diese gefällige und leicht lesbare Schreibweise, der sich auch Sir WILLIAM TEMPLE[66] (1628–1699) annähert, ist bereits auf dem Wege zur Natürlichkeit anstrebenden klassizistischen Prosa, die erstmals von JOHN DRYDEN[67] (1631–1700) verwirklicht wurde. Dieser erste moderne Kritiker ist auch der erste wirklich moderne englische Prosaiker; er hatte die leichte Hand, die mit verborgener Kunst in gefälligem Umgangston die breite Leserschicht des entstandenen gebildeten Publikums zu fesseln und ins Vertrauen zu ziehen wußte, und fortan gilt die Formel: gute Prosa ist Gesprächston. Die vom Geist der Analyse getragenen und in französischer Art das Wesen, die Grenzen und Themen der einzelnen literarischen Formen untersuchenden kritischen Schriften Drydens bezeichnen auch inhaltlich die Anverwandlung des von Humanismus und Renaissance neuerschlossenen klassischen Guts. Sein sorgfältigstes kritisches Werk, der in Gesprächsform geschriebene *Essay of Dramatic Poesy* (1668), der das gesamte Fragengebiet des Dramas behandelt, beantwortet den damals brennenden Streit der Alten und Modernen bei voller Anerkennung des antiken Vorbilds im Sinne einer die Rechte der Gegenwart betonenden Vereinbarung. Das in vielen Vorreden erörterte Für und Wider zwischen französischer und Shakespearescher Tragödienform brachte allmählich den ganzen Bereich der Dichtung zu einer bei aller Leichtigkeit des Tons tiefgreifenden ästhetischen Besprechung. Vor allem dem Epos läßt der *Discourse concerning the Original and Progress of Satire* (1693) eine besonders eingehende Untersuchung und Begründung zuteil werden. Auch die Übersetzung wird in Betrachtung gezogen und erhält in dem prosaisch und kritisch meisterhaften *Vorwort zu den Fabeln* (1700) grund-

65 Essays ed. J. R. Lumby, rev. A. Tilley, Cambr. 1923; s. S. 127, Anm. 20.

66 Auswahl der Essays ed. J. E. Spingarn, Oxf. 1909; ed. J. Nicklin, Glasgow u. Dublin 1910; ed. S. H. Monk, Ann Arbor 1963.

67 Selected Criticism ed. J. Kinsley and G. Parfitt, Oxf. 1970; EL 568–9; Of Dramatick Poesie ed. J. T. Boulton, Lo. 1964. Vgl. die folgende Anmerkung.

sätzliche Festlegung. Mit diesen Drydenschen Aufsätzen hatte die rationale Zeit die ihr gemäße literarische Prosa gefunden.

IV. JOHN DRYDEN UND DAS DRAMA

1. Das lyrische und epische Werk Drydens[68]

Das kritische Werk Drydens ging von der Erkenntnis aus, daß die ihm voraufgehende elisabethanische und metaphysische Dichtung der Vergangenheit angehörte, und versuchte, der Literatur eine neue Richtung zu weisen. Unter diesem Gesichtspunkt ist auch sein dichterisches Werk zu sehen. Je mehr er als von der Feder lebender Schriftsteller auf die Gunst des Publikums angewiesen war, um so vielseitiger wurde seine Rolle als Wegweiser; denn er war Schriftsteller aus ganzem Herzen und suchte jedesmal mit dem Einsatz seines ganzen Könnens das Höchste zu erreichen. Vielgestaltig ist bereits sein lyrisches Schaffen, und wenn man seine einheitlichen Richtlinien sucht, so muß man die Wahrung fester inhaltlicher und formaler Grenzen betonen, das klassizistische Streben, nichts zu sagen, was nicht klar und dem Durchschnittsleser verständlich gemacht werden kann, und eine Neigung zur großen Geste, die aber durch einfache Maße und sorgsamste Wortwahl, nicht durch prunkvolle Wendungen erreicht werden soll. Das alles zeigt sich in den Huldigungsgedichten auf Cromwell (*Stanzas on the Death of Cromwell,* 1659) und König Karl II. (*Astraea Redux,* 1660; *To his Sacred Majesty,* 1661), Gedichten, die oft angegriffen wurden, weil man dem Verfasser politische wie auch später religiöse Wankelmütigkeit vorwarf. Drydens Grundsatz der Ordnung, der auch Cromwell die Anerkennung nicht versagte, neigte zum Königtum und zum Katholizismus; Politik berührte ihn nicht sonderlich, ihm war es wichtiger, daß diese in einer Zeit spielerischer Vers-Tändeleien geschriebenen Gedichte die von ihm zeitlebens vertretenen heroischen Ansprüche

[68] Bibliographie von H. MacDonald, Oxf. 1939; A List of Critical Studies from 1895 to 1948 ed. S. H. Monk, Minneapolis 1950; An Annotated Bibliography of J. D., 1949–1973, ed. J. A. Zamonski Folkestone 1975. – Works ed. W. Scott, rev. G. Saintsbury, 18 Bde., Edinburgh 1882–92; neue Ausgabe ed. E. N. Hooker u. a., ca. 20 Bde., Berkeley 1956ff. (i. E.). Poems ed. G. R. Noyes, Cambr., Mass., [2]1950; ed. J. Kinsley, 4 Bde., Oxf. 1958; Poems and Fables ed. J. Kinsley, Lo. 1962 (OSA); Selected Poems ed. J. Kinsley, Lo. 1963; EL 910; Penguin 1955. Dramatic Works ed. M. Summers, 6 Bde., Lo. 1931–2; Auswahl MS, 2 Bde. (Saintsbury). Criticism s. Anm. 67. Letters ed. C. E. Ward, Durham, N.. C., 1942. – C. E. Ward, The Life of J. D., Chapel Hill 1961; D. Davison, Dryden, Lo. 1968; M. Van Doren, J. D.: A Study of his Poetry, N.Y. [3]1946; A. Roper, D.'s Poetic Kingdoms, Lo. u. N.Y. 1965; E. Miner, D.'s Poetry, Bloomington 1967; H. T. Swedenberg, Essential Articles for the Study of J. D., Hamden, Conn., 1966.

der Dichtung vertraten. Bei solchem Streben konnten die Geld einbringenden *Prologe* und *Epiloge* und die in den Dramen geforderten Lieder nur Beiwerk sein; uns bedeuten sie mehr, denn nirgend sonst verriet Dryden so viel von sich wie in diesen Vor- und Nachreden, und nur die über Bücher plaudernden Episteln, wie z. B. die an *Congreve* (1693/1694) und an *John Driden* (1699), haben dieselbe Unmittelbarkeit. Die Lieder allerdings waren an den herkömmlichen Pastoralton gebunden, sie zeigen aber die lyrische Begabung Drydens, die in den weiteren Spielraum gewährenden Oden gemäßere Betätigung fand. Insbesondere die einen tiefen Gefühlston anschlagende Gedächtnisode auf Mrs. Killigrew (1686: *Thou youngest Virgin-Daughter* ...) und die beiden für Musik geschriebenen und u. a. von Händel vertonten Cäcilienoden (*A Song for Saint Cecilia's Day*, 1687, und *Alexander's Feast*, 1697) sind Musterbeispiele ihrer Gattung geblieben.

Von hier aus gesehen berührt das epische Jugendwerk *Annus Mirabilis* (1667) befremdlich, und doch zeigt es den Weg, auf dem Dryden „das große Gedicht" zu erreichen hoffte. Es ist in kreuzweis gereimten Strophen ein Bericht der Ereignisse des Jahres 1666 (holländischer Krieg und großer Brand Londons), und auf diesem Bericht liegt der Nachdruck und nicht auf dem für uns so eindrucksvollen heroischen Sich-Behaupten dem Schicksal des Krieges und Brandes gegenüber. Das Thema sollte groß und wirklich sein: 'high, like Virgil and yet real'. Das war es, was die Zeit vom Epos forderte, und die patriotische Haltung sollte die Einheit der Dichtung schaffen. Aber Dryden erkannte selbst, daß ein solcher wenn auch patriotischer Tatsachenbericht keine Erfüllung seines epischen Traums bedeutete. Auch der nach dem „Wunderbaren Jahr" im heroischen Drama unternommene Versuch, in der Darstellung menschlicher Leidenschaften das große Gedicht zu erreichen, war ein Fehlschlag; aber mit *Absalom and Achitophel* (1681), der ersten der satirischen und lehrhaften Dichtungen, sollte er dem Ziele nahekommen. Der das aktuelle Thema des Thronausschlusses behandelnde Stoff war episch, wie ihn das Annus Mirabilis erstrebte: wirklich, spannend und von nationaler Bedeutung. Es ist in biblisch-epischem Gewande die Geschichte eines jungen Prinzen (Duke of Monmouth), der von einem ehrgeizigen Staatsmann (1st Earl of Shaftesbury) verführt wird und die Volksgunst gewinnt, bis schließlich der König die drohende Gefahr bannt, in der Handlung knapp zusammengefaßt und durch epigrammatische Charakterbeschreibung belebt. Der Erfolg, der allerdings mehr der satirischen Lehre als dem epischen Kunstwerk galt, brachte neue Aufträge und mehrfache Angriffe, in deren Abwehr die gegen den Schriftsteller Thomas Shadwell gerichtete Satire *Mac Flecknoe* (1682) entstand. Das kurze aber glanzvolle Stück, das in gutmütig herablassendem Witz den Gegner zum Herrscher des Dummkopfreiches erhebt, wurde vorbildlich für die literarische Satire; Dryden galt es nur als leichtes Geplänkel.

Sein Streben richtete sich auf ein neues Thema: das philosophisch-lehrhafte Gedicht. Im Streit der Konfessionen sucht *Religio Laici* (1682) eine das verfassungsmäßige Königtum sichernde religiöse Lösung zu finden, als welche schließlich der Mittelweg der englischen Kirche erscheint. Das Verfechten dieser These geschieht mit der Dryden eigenen Kunst des Argumentierens im Vers, demzufolge in klarer Darlegung verwickelter kirchlicher Lehrsätze und bildlicher Verlebendigung trockener Formeln das Begründen und Schlußfolgern an sich zur Dichtung wird. Auch das die katholische Kirche unter der Allegorie einer Hindin gegenüber den gleichfalls als Tieren dargestellten anderen Bekenntnissen verteidigende längere Gedicht *The Hind and the Panther* (1687) ist zumindest in seinem ersten Teil nicht einseitig belehrend, obwohl das Thema in Verbindung mit Drydens Übertritt zur katholischen Kirche (1686) diese Haltung nahelegte. Anklingend an Absalom and Achitophel suchte er vielmehr den heroischen Ton nochmals aufzugreifen und die satirische Fabel mit der Verstandesbegründung der Religio Laici zu verbinden. Der Stoff stand dem entgegen, und trotz hervorragender Vers- und Sprachgewalt sinkt die Dichtung allmählich zu einer allgemeinen und persönlichen Satire, die zeitgebunden bleibt. Dagegen enthält der letzte Teil eine Schwalben- und eine Taubenfabel Z. 427ff.; 906ff.), die erstmals Freude am Geschichten-Erzählen zeigen, und das einzigartige Alterswerk der *Fables, Ancient and Modern* (1700) hat nicht mehr das heroische Gedicht, sondern die reine Erzählung zum Ziel, womit Dryden noch im Alter ein neues Feld eroberte.

2. Das heroische Drama[69]

Noch größer war Drydens wegweisende Bedeutung für das Drama. Zwar waren die Theater während der Republik 1642–1660 geschlossen, aber gelegentlich wurden musikalische Aufführungen privater Art gestattet. Unter diesen hat *The Siege of Rhodes* (1656)[70] von Sir WILLIAM D'AVENANT (1606–1668) besondere Bedeutung, denn diese den Liebe- und Ehre-Vorwurf mit musikalischer Umrahmung abwandelnde „heroische Geschichte" von Solyman und Ianthe legte die Hauptrichtung der Restaurationstragödie fest und begründete die englische oder dramatische Oper. Rasch folgten andere Schaustücke mit Musikbegleitung, und auch DRYDEN

[69] Texte: Restoration Plays EL 604; Five Restoration Tragedies WC 313; Five Heroic Plays WC 576. – B. Dobrée, Restoration Tragedy, Oxf. 1929; E. Rothstein, Restoration Tragedy: Form and the Process of Change, Madison 1967; J. H. Wilson, A Preface to Restoration Drama, Cambr., Mass., 1968; L. N. Chase, The English Heroic Play, N.Y. 1903; Restoration Drama: Modern Essays in Criticism ed. J. Loftis, N.Y. 1966.

[70] ed. J. W. Tupper (zusammen mit Love and Honour), Boston 1909.

schrieb mehrere Operntexte (*Albion and Albanius*, 1685; *King Arthur*, 1692). Aber schon zu Beginn des 18. Jahrhunderts trat an Stelle der englischen die auf gesprochenen Dialog verzichtende italienische Oper, die mit dem Auftreten Händels (1712) alleinherrschend wurde, bis der Gegenschlag der frechen *Beggar's Opera* (1728)[71] von JOHN GAY (s. S. 164) die neue englische Gattung der Balladenoper einführte. Der Erfolg der Ausstattung erfordernden Oper wäre ohne die Neueröffnung und Umgestaltung der Theater nicht möglich gewesen. Ein königliches Patent gestattete die Neubildung von Schauspielertruppen, zu denen jetzt auch weibliche Kräfte kamen; und die neuerrichteten Theater hatten fortan nach französischem Vorbild die vom Zuschauerraum durch Proszeniumslogen und Vorhang abgeschlossene Rahmenbühne, die mit beweglichen Kulissen prunkvolle Inszenierungen ermöglichte. Da das puritanische Bürgertum fernblieb, bestand das Publikum fast nur aus der vornehmen Gesellschaft, deren Vorliebe für die heroischen und empfindsamen Liebesromane La Calprenèdes und Madeleine de Scudérys die neue Tragödie bestimmend beeinflußte.

Der eigentliche Schöpfer dieses in der Oper D'Avenants vorgedeuteten heroischen Dramas war DRYDEN[72]. Seine *Indian Queen* (1664) begründete eine zwei Jahrzehnte herrschende und auch durch die Burleske *The Rehearsal* (1671)[73] von GEORGE VILLIERS, Duke of Buckingham, nicht erschütterte Mode, an der sich alle bedeutenden Dramatiker der Zeit beteiligten wie z. B. ELKANAH SETTLE (*The Empress of Morocco*, 1673), THOMAS OTWAY (s. S. 152: *Don Carlos*, 1676) und NATHANIEL LEE (s. S. 152: *The Tragedy of Nero*, 1674; *Sophonisba*, 1675). Aber keines dieser Stücke erreichte Drydens vorbildliche Werke *Tyrannic Love* (1669), *The Conquest of Granada* (in zwei Teilen, 1670–1671) und *Aureng-Zebe* (1675), die als Muster der Gattung gelten müssen. Dryden faßte das Drama als „heroisches Gedicht im kleinen" und steigerte demgemäß die Handlung und ihre Träger ins Außergewöhnliche, wie er auch die Sprache durch bilderreiche Redeweise und heroische Reimpaare vom Alltag abrückte. Den Liebe-Ehre-Vorwurf führte er in einer Doppelhandlung durch, einer großen und aufgeregten, geschichtlich erscheinenden Staatshandlung und einer dieser – im Unterschied zu Corneille – übergeordneten Liebeshandlung voller unvorhergesehener Wendungen und Schicksalsschläge. Um die Einheit der verwickelten Handlung fühlbar zu machen, wird äußerlich die Personenzahl und die Freizügigkeit von Ort und Zeit beschränkt, innerlich werden – im Unterschied zu Shakespeare – nur ein-

[71] ed. F. W. Bateson, Lo. 1934; ed. E. V. Roberts RRestDS, Lo. 1969; auch in Eighteenth Century Plays EL 818. – W. E. Schultz, Gay's Beggar's Opera: Its Content, History and Influence, New Haven 1923.

[72] S. o. Anm. 68. B. King, D.'s Major Plays, Edinburgh 1966; A. C. Kirsch, D.'s Heroic Drama, Princeton 1965.

[73] ed. M. Summers, Oxf. 1914; ed. G. G. Falls, N.Y. 1964.

zelne Willensrichtungen der Helden herausgehoben: Keuschheit, Beständigkeit, Großmut zeichnen die Heldin aus, Treue, Mut, Ritterlichkeit den Helden. Der Konflikt erwächst aus dem In-Frage-gestellt-Werden dieser Eigenschaften (und nicht des Corneilleschen point d'honneur) durch die Leidenschaft der Liebe; die Lösung besteht in der Bewährung. Damit ist die vom Mittelalter ererbte, den Tod des Helden fordernde Tragödienauffassung überwunden; da aber das Bewähren – im Gegensatz zu Shakespeare – weder Entwicklung noch Erschütterung der heldischen Persönlichkeit darzustellen erlaubt, so mußten Handlung wie Helden sich überall ähneln. Der Versuch, diese Eintönigkeit durch Prunk und sprunghafte Verwicklung zu überdecken, ließ den vernünftigen Dryden erkennen, daß 'love and honour were quite worn out'.

Mit seinem zum Blankvers zurückkehrenden größten Drama *All for Love* (1677) sucht er nun eine mittlere Stellung einzunehmen. Das vielfältige Geschehen der Antonius-Cleopatra-Tragödie ist wie örtlich und zeitlich, so thematisch zusammengefaßt, die Figuren sind zur Einlinigkeit gesteigert und einer einzigen Leidenschaft untergeordnet, der Ausdruck ist zur gemessenen Würde gedämpft. Das ist von Shakespeare so verschieden, daß die zu Addisons Cato (1713, s. S. 187) hinführende klassizistische Richtung, der es auf Beachtung der Einheiten, Einsträngigkeit der Verwicklung und willensbeherrschten Dialog ankam, sich auf Dryden berufen konnte. Anderseits bedeutete die freiere und dramatisch wirkungsvolle Charakterzeichnung, die besonders in der zweiten Blankverstragödie *Don Sebastian* (1689) hervortritt, eine Annäherung an das Shakespearedrama, wie sie von THOMAS OTWAY[74] (1652–1685: *The Orphan*, 1680; *Venice Preserved*, 1682) und NATHANIEL LEE[75] (ca. 1649–1692: *Theodosius*, 1680; *Lucius Junius Brutus*, 1681) entschiedener durchgeführt wurde. Der leidenschaftliche Schwung und das tragische Gefühl für die Unabänderlichkeit des Verhängnisses haben dem Geretteten Venedig seinen großen Erfolg verschafft, und selbst die unwahrscheinlich errechnete Handlung der Waise überzeugt durch das als beherrschend dargestellte Schicksal. Lees großes aber ungezügeltes Talent ist dagegen von Schwulst überdeckt. Der Bühnenerfolg seiner Tragödien beruhte auf den weiblichen Hauptrollen, die später in Rowes Dramen noch mehr in den Vordergrund kamen und der darstellerischen Kunst der Schauspielerinnen verlockende Aufgaben stellten. JOHN BANKS[76] (ca. 1650 – ca. 1700), der im letzten Jahrzehnt des 17. Jahrhunderts die tragische Bühne beherrschte,

[74] Works ed. J. C. Ghosh, 2 Bde., Oxf. 1932; Auswahl MS (R. Noel); The Orphan ed. A. M. Taylor RRestDS, Venice Preserved ed. M. Kelsall RRestDS.

[75] Works ed. T. B. Stroup and A. L. Cooke, 2 Bde., New Brunswick, N. J., 1954–55; Theodosius ed. F. Resa, Berlin u. Leipzig 1904; Lucius Junius Brutus ed. J. Loftis RRestDS.

[76] Von Banks gibt es keine Neuausgaben außer einem Jugendwerk, der Essextragödie The Unhappy Favourite ed. T. M. H. Blair, N.Y. 1939.

machte sich das zunutze, wie es schon aus den sprechenden Titeln seiner durchschnittlichen aber theaterwirksamen Stücke zu entnehmen ist (*Virtue Betrayed: or, Anne Bullen*, 1682; *The Innocent Usurper: or, The Death of the Lady Jane Gray*, 1694).

Wenn weder das heroische Drama des 17. noch das Trauerspiel des 18. Jahrhunderts das Höchste erreichten, so trug die weltanschauliche Haltung daran die Schuld. Im großen Drama ist der Mensch in seinem Verhältnis zu übermenschlichen Mächten dargestellt, die Religion des Deismus schaute aber nicht über das irdische Dasein hinaus und befaßte sich nur mit dem moralischen Verhalten gegenüber den Mitmenschen. Wollte man innerhalb der menschlichen Bezirke bleiben, so war nicht die Tragödie, sondern die Komödie das gegebene Feld.

3. Die Komödie[77]

Für die komische Bühne bedeutete die Revolutionszeit nur eine Unterbrechung, nach der die alten Meister weitergespielt wurden und Muster des neuen Schaffens waren. Ben Jonsons 'humours' haben in der Komödie bis ins 18. Jahrhundert ihren Platz behauptet und in Verbindung mit der von Beaumont-Fletcher gelernten Kunst der Intrige ein bühnenwirksames Lustspielschema ergeben. Durch Einordnung der Figuren in zwei einander scharf gegenüberstehende Gesellschaftsklassen entstanden neue Möglichkeiten: der Bürger, der den Edelmann spielen will, begeht eine Lächerlichkeit nach der anderen, und der Liebeshandel eines Vornehmen mit einer Unschuld vom Lande führt endlose komische Zwischenfälle herauf. Diese sog. Comedy of Manners bedeutete nicht nur Sittenkomödie, sondern auch Komödie der gesellschaftlichen Manieren und der schönen Äußerlichkeiten des Lebens.

Diese spöttische und nicht sehr anständige, aber witzige und gut gebaute Gesellschaftskomödie der Restaurationszeit geht auch von DRYDEN[78] aus (*The Wild Gallant*, 1663), der zuerst zögerte, dann aber, vom Schriftstellerehrgeiz gepackt, Vorbilder der Gattung schrieb. *Marriage à la Mode* (1672) und *The Spanish Friar* (1682) mit ihrem schlagfertigen Dialog, dem Treffen des gesellschaftlichen Unterhaltungstons und einem lustig-unmoralischen Vorwurf, wie den kreuzweise sich betrügenden und wieder zueinander findenden Ehepaaren der Modischen Heirat, sind gute Beispiele der 'Comedy of Manners'[79], wie sie intellektueller und deshalb

[77] Vgl. B. Dobrée, Restoration Comedy 1660–1720, Oxf. 1924; T. H. Fujimura, The Restoration Comedy of Wit, Princeton 1952; K. Muir, The Comedy of Manners, Lo. 1970.

[78] S. Anm. 50. – F. H. Moore, The Nobler Pleasure: D.'s Comedy in Theory and Practice, Durham, N. C., 1963.

[79] Auswahlbände: Restoration Comedies ed. D. Davison, Lo. 1970; Restoration Plays EL 604; Einzelausgaben in RRestDS.

weniger anstößig George Etherege (1634–1691) festgelegt hatte in den zwei Komödien *She Wou'd if She Cou'd* (1688) und *The Man of Mode* (1676). Die glitzernde Oberfläche der gesellschaftlichen Manieren wird betont, und es handelt sich weniger um Charakterschilderung als darum, das Treiben dieser Damen und Herren unterhaltsam darzustellen.

Die rein intellektuelle, abgerückt belustigte Haltung des Verfassers verschob sich bei William Wycherley (1641–1716) nach der Satire hin. Schon seine ersten Komödien, wie z. B. *The Country Wife* (1675), haben kräftiger umrissene Charaktere mit derberem Dialog, wodurch sie das schmetterlinghafte Darüber-hin-Huschen verlieren, und *The Plain Dealer* (1676) stellt das Geschlechtliche, dessen komische Behandlung nun einmal die Grundlage der Restaurationskomödie ist, so nackt in eine so wirkliche Welt, daß das Lachen mit Entrüstung kämpft, und die Komik nur durch den mitreißenden Schwung der Darstellung gerettet wird.

Die Comedy of Manners wurde durch Congreve abgeschlossen; dem vorauf geht aber eine Neubelebung der Humours- und Intrigenkomödie, als deren Hauptvertreter der von Dryden verspottete, aber ihm als Dramatiker ebenbürtige Thomas Shadwell (1642–1692) zu nennen ist. Die Gattung war nicht neu, aber die bühnengerechte Verbindung der etwas närrischen Gesellschaftstypen mit der Sittenmalerei und den verfänglichen Liebesverwicklungen der Comedy of Manners ergab unterhaltsame Lustspiele mit dem getreuesten Abbild der Zeit (u. a. *The Sullen Lovers*, 1668, und *Bury Fair*, 1689). Dies Abbild ist lustig, aber recht gewöhnlich, denn Shadwells Hand war etwas schwer, und in seiner derben Ausdrucksweise ahnt man bereits die der höfischen folgende bürgerliche Welt, die sich auch in der Empfindsamkeit der Romane und Komödien von Mrs. Aphra Behn (1640–1689) ankündigt.

Da brachte der Theatererfolg von William Congreves[80] (1670–1729) *The Old Bachelor* (1693) die Comedy of Manners erneut in Gunst, und *Love for Love* (1695) und das Meisterwerk *The Way of the World* (1700) führen die Gattung auf den abschließenden Höhepunkt. Mehr noch als bei Etherege ist die Handlung nebensächlich gegenüber dem sprühenden Dialog, in dem sich ein geradezu klassischer Prosastil hinter scheinbarer Natürlichkeit verbirgt. Und die Charaktere sind noch zartere, hirngeborene Geschöpfe, die fünf Akte lang das menschliche Puppenspiel spielen und mit dem Fallen des Vorhangs wieder in Luft zerfließen. Das bedeutete, zumal im „Lauf der Welt“, eine über Etherege hinausgehende Umsetzung des Lebendigen ins Begriffliche, ein Belächeln des unberechtigten Wertanspruchs einer angemaßten Rolle, des Kontrastes von Sein und Schein. Der Liebeszweikampf Mirabells mit Millamant erhält durch solchen Gegensatz zwischen dem Wunsch, seine Persönlichkeit

[80] Complete Plays ed. H. Davis, Chicago u. Lo. 1967; WC 276–7; RRestDS. – W. H. van Voris, The Cultivated Stance: The Designs of C.'s Plays, Dublin 1965.

zu wahren, und dem Verlangen, von ganzem Herzen zu lieben, eine humorvollere und feinere Bedeutung, als sie der Bühne angemessen ist.

Die Comedy of Manners hatte ihren Höhepunkt überschritten, sie löste sich auf im Werk der Fortsetzer Vanbrugh und Farquhar unter dem Drängen eines bürgerlichen Geschmacks, der sich in JEREMY COLLIERS Flugschrift über die Unsittlichkeit der Bühne (1698) zum Wort gemeldet hatte. In den Lustspielen des Architekten Sir JOHN VANBRUGH (1664–1726) handelt es sich nicht mehr um den Gegensatz zwischen manners und Leben, sondern zwischen Tugend und Leben, womit das Geschlechterspiel aus der leidenschaftslosen Welt der manners in die bürgerliche Welt übertragen ist als ein der Versuchung-Nachgeben, wie es bereits der Titel sagt: *The Relapse: or, Virtue in Danger* (1696). In *The Provoked Wife* (1697) ist das in gesteigertem Maße der Fall, so daß nur die sprudelnde Laune des Autors und die köstlichen Figuren und komischen Situationen die Komödienstimmung erhalten, womit Vanbrugh allerdings wie auf die Empfindsamkeit so auf die Posse zulenkte. Ähnliches gilt von den Komödien *The Recruiting Officer* (1706) und *The Beaux' Stratagem* (1707) des Iren GEORGE FARQUHAR (1678–1707).

Fünftes Buch

DER KLASSIZISMUS

BIBLIOGRAPHIE: English Literature 1660–1800 ed. R. Crane (s. o. Viertes Buch); J. E. Tobin, Eighteenth Century English Literature and its Cultural Background: A Bibliography, N.Y. 1939.

GESCHICHTE: O. F. Christie, England in the 18th Century, Oxf. 1922; J. H. Plumb, England in the 18th Century, Harmondsworth 1950 (Pelican History VII); B. Williams, The Whig Supremacy 1714–1760, Oxf. ²1962. – O. T. Barck and H. T. Luler, Colonial America, N.Y. 1958.

KULTUR- UND GEISTESGESCHICHTE: L. Stephen, English Literature and Society in the 18th Century, Lo. 1904; A. R. Humphreys, The Augustan World: Life and Letters in the 18th Century, Lo. 1954; L. I. Bredvold, The Brave New World of Enlightenment, Ann Arbor 1961; B. Willey, The Eighteenth Century Background, Lo. 1940; C. A. Moore, Backgrounds of English Literature 1700 bis 1760, Minneapolis 1953. – P. Miller, The New England Mind: From Colony to Province, Cambr., Mass., 1953; R. Hofstadter, America at 1750: A Social Portrait, N.Y. 1971.

LITERATURGESCHICHTE: B. Dobrée, English Literature in the Early Eighteenth Century 1700–1740, Oxf. 1959 (OHEL VII); O. Elton, A Survey of English Literature 1730–1780, 2 Bde., Lo. 1928; A. D. McKillop, English Literature from Dryden to Burns, N.Y. 1948; G. Sherburn in A Literary History of England ed. A. C. Baugh, N.Y. ²1967; Dryden to Johnson ed. R. Lonsdale (Sphere History 4); From Dryden to Johnson ed. B. Ford (Pelican Guide 4); J. Butt, The Augustan Age, Lo. 1950 (kurze Einführung); Eighteenth Century English Literature: Modern Essays in Criticism ed. J. L. Clifford, Lo. 1959; English Writers of the 18th Century ed. J. H. Middendorf, N.Y. u. Lo. 1973.

Das 18. Jahrhundert

Der mit Wilhelms III. Namen verbundene Verfassungssieg beruhigte nicht nur die politischen und Glaubensgegensätze, er schuf auch ein bürgerliches Hochgefühl, das umstürzenden Entwicklungen entgegenwirkte. Die Mehrheit des Volkes war mit der bestehenden Ordnung zufrieden und betrachtete den weitergehenden Parteienstreit der Whigs und Tories als eine Angelegenheit des Parlaments, das ja die bürgerliche Macht verkörperte. Schon unter Wilhelm hatte sich die Kabinettregierung herausgebildet, die den Herrscher auf den Rat der führenden Unterhauspartei festlegte, und unter Königin Anna (1702–1714) und den ersten Georgen (Georg I. 1714 bis 1727; Georg II. 1727–1760) wurde der jeweilige erste Minister zum leitenden Staatsmann. Der Versuch Georgs III. (1760–1820), die königliche Macht neu zu beleben, scheiterte. Waren Marlborough, Bolingbroke und Walpole die eigentlichen Herrscher der ersten Hälfte des Jahrhunderts, so wurde die Politik der zweiten Hälfte von den beiden Pitts bestimmt. Die Friedenspolitik des langjährigen Whigministers Robert Walpole suchte das durch Marlboroughs Siege und den Utrechter Frieden (1713) zur großen Kolonial- und Handelsmacht gewordene England zum ruhigen Genuß seiner Besitzungen zu bringen. Trotz außenpolitischer Gefahren (Wiener Verträge von 1731 und 1738 und Spanischer Krieg 1739), großer Handelskrisen (South Sea Bubble 1720) und innerer, von Walpoles Bestechungssystem hervorgerufener Anfeindungen herrschten Ruhe und satte Zufriedenheit in der jetzt ganz vom kaufmännischen Bürgertum beherrschten englischen Gesellschaft. Eine Fülle von Erfindungen (Webstühle, Dampfmaschinen) ließ um die Mitte des Jahrhunderts Industriegebiete entstehen, deren Erzeugnisse durch zahlreiche Straßen- und Kanalbauten schnelleren und vermehrten Absatz fanden. Der Überseehandel blühte auf, und die großen im Lande wie in Indien erworbenen Vermögen trugen auch in das Bürgerhaus Luxus. Der in den moralischen Wochenschriften zum Ausdruck kommende bürgerliche Geschmack zeigte eine den vornehmen Kreisen abgelauschte Vorliebe für modischen Putz, die üblich werdenden Badereisen brachten erheiternden Müßigang in das Erwerbsdasein, und der Drang nach Verschönerung des Lebens schuf einen den Künsten günstigen Boden; die Royal Academy wurde gegründet, eine englische Malschule entstand (Hogarth, Reynolds, Gainsborough, Constable), und die klassizistische Architektur der Landsitze und Stadthäuser zeigte den selbstgefälligen Stolz der Reichgewordenen. Auch in der Literatur fand dies Bürgertum, wenn auch langsamer, seinen Ausdruck.

Die Stetigkeit der kulturellen Entwicklung wurde durch Englands steigende Weltmachtstellung gewährleistet, die auch Rückschläge wie die amerikanische Unabhängigkeitserklärung (1776) ohne große Erschütterung überwand. Selbst die in der politischen Literatur fühlbaren inneren Gärungen hatten ein positives Ziel. So sind die aufsehenerregenden *Letters of Junius*[1] (1769–1772), als deren Verfasser man Sir Philip Francis vermutet, Ausdruck des Geistes, der die englische Verfassung schuf; sie wurzeln in der Verteidigung der Wahlfreiheit, der freien Presse und der freien Gerichtsbarkeit. Aus derselben gefühlsmäßigen Rechtfertigung der Volksfreiheit erwuchs die Wirksamkeit des späteren Konservativen Edmund Burke[2] (1729–1797), der sich für die Unabhängigkeit Amerikas,

1 ed. C. W. Everett, Lo. 1928.
2 Werke in WC 71, 81, 111–14; Auswahl ed. A. M. D. Hughes, Oxf. 1921; ed. W. J.

die Rechte der Dissenters und der irischen Katholiken einsetzte und in seiner Hauptschrift *Reflections on the Revolution in France* (1790) sein Staats- und Volksideal entwickelte. Der Staat ist für ihn letzten Endes gottgewollter Natur, und mit leidenschaftlicher Beredsamkeit verficht er seine Auffassung in allgemeingültigen, denkspruchartigen Formulierungen.

Auch auf religiösem Gebiet zeigte sich eine Entspannung; die Staatskirche herrscht, ist aber zu Duldung und Kompromissen geneigt, um so mehr, als weitgehende deistische Strömungen in ihr vertreten sind. Werke wie *Christianity not Mysterious* (1696) von JOHN TOLAND und *Christianity as Old as the Creation* (1730) von MATTHEW TINDAL schalten in ihrer vernunftmäßigen Rechtfertigung der Religion die Offenbarung völlig aus. Die Überwindung dieser aufklärerischen Geisteshaltung ging nicht von der Theologie aus, sondern von der Moralphilosophie, die den besten Geistern einen Ersatz des Glaubens bot. Die Tugend und Glückseligkeit gleichsetzende, mit ästhetischen Gedankengängen verbundene Ethik des Grafen SHAFTESBURY (Anthony Ashley Cooper, 3rd Earl of Shaftesbury, 1671–1713; *Characteristics of Men, Manners, Opinions, Times*, 1711)[3] lehrte den in der Tugend gewährleisteten völligen Ausgleich zwischen selbstischen und geselligen Neigungen, woraus sich eine beglückende harmonische Persönlichkeitsentfaltung ergebe. Wenn auch Gegenschriften wie *The Fable of the Bees*[4] (1714) von BERNARD MANDEVILLE die Hobbessche Egoismusthese der Shaftesburyschen Moralphilosophie gegenüberstellten, so kann das 18. Jahrhundert doch nicht einseitig auf Verstandesforschung festgelegt werden. Neben der nationalökonomischen Schule, die an ADAM SMITHS berühmtes Buch *Inquiry into the Nature and Causes of the Wealth of Nations*[5] (1776) anknüpft und geradiinig zu den sogenannten Utilitariern Bentham, Malthus, Ricardo und James Mill hinführt, steht der die Materie leugnende Idealismus von GEORGE BERKELEY[6] (1685–1753). Es ist auch zu betonen, daß diese Philosophie nicht auf gelehrte Leser beschränkt ist; vielmehr erzog der stolze Anspruch des 18. Jahrhunderts, das philosophische zu heißen, einen weiten Kreis zu ernster Anteilnahme und bedingte auf der anderen Seite eine klare, leicht verständliche Darstellung. Diese sprachliche Meisterschaft ist Shaftesbury und Berkeley ebenso zuzuerkennen wie DAVID HUME[7] (1711–1776), dessen Schriften (*Treatise of Human Nature*, 1734–1737, gedruckt 1739–1740, und *Essays, Moral and*

Bate, N.Y. 1960; Reflections auch in EL 460, American Affairs EL 340. – G. W. Chapman, E. B.: The Practical Imagination, Cambr., Mass., 1967.

[3] ed. J. M. Robertson, 2 Bde., Lo. 1900 with new introduction by S. Grean, N.Y. 1964. – E. Wolff, Sh. u. seine Bedeutung für die englische Literatur, Tübingen 1959.

[4] ed. F. B. Kaye, 2 Bde., Oxf. 1924; ed. P. Harth, PEL 1970.

[5] EL 412–13.

[6] Selections ed. T. E. Jessop, Lo. 1952. – J. Wild, G. B.: A Study of his Life and Philosophy, N.Y. 1962

[7] Treatise in EL 548–49. – C. R. Morris, Locke, Berkeley, Hume, Oxf. 1931.

Political, 1741, 1742, 1748) die Zusammenfassung und Vollendung der englischen Aufklärung bedeuten, die mit Locke begann.

Die vorherrschend verstandesmäßige Haltung des 18. Jahrhunderts, der zufolge der Mensch sich eine sichere Stellung und Verpflichtung in der Welt errungen hatte, wurde durch eine neue Glaubensbewegung in der Kirche wieder in Frage gestellt. Angeregt von WILLIAM LAWS *Serious Call to a Devout and Holy Life*[8] (1729), gründete JOHN WESLEY (1703 bis 1791) zusammen mit seinem Bruder Charles eine pietistische Gemeinschaft, aus der die methodistische Bewegung hervorging. Diese Bewegung, die in ihrer optimistischen und individualistischen Haltung dem 18. Jahrhundert verbunden bleibt, hat nicht nur eine Vertiefung des religiösen Lebens bewirkt, sondern auch die Literatur durch eine große Anzahl von Kirchenliedern bereichert[9].

I. DIE VERSDICHTUNG

1. Der Klassizismus und seine Wegbereiter

Die Dichtung des 18. Jahrhunderts, das die gewaltsamen Auseinandersetzungen des 17. Jahrhunderts unter Voranstellung der Vernunftwerte zu schlichten unternahm, war ihrem Wesen nach nicht lyrisch, sondern lehrhaft oder kritisch-satirisch. Man war stolz, unter Führung der Vernunft die seelische Verfassung einer sicheren Überlegenheit über Menschen und Dinge erreicht zu haben, und ersetzte die überwundene innere Spannung durch ein Gleichmaß, das keine Gefühlserregung und kein grenzenloses Streben erschüttern sollten. Aufgabe der Dichtung war es, die in der Vernunftordnung der großen Welt erkannte Harmonie in der Gesetzmäßigkeit der kleinen Welt des Kunstwerks widerzuspiegeln.

Demnach änderten sich die Vorwürfe der Poesie. Man liebte moralphilosophische Themen wie die zweckmäßige Ordnung der Natur durch Gott, zuversichtliche Rechtfertigung der Welteinrichtung, Begründung des menschlichen Glücks durch Gleichgewicht von Tugend und Vergnügen. Man pflegte Naturbeschreibungen wie das herkömmliche Hirtengedicht als Vorbild menschlichen Lebens, knüpfte aber die Bindung enger durch die begriffliche Gleichsetzung von natürlich und vernünftig. Denn man nahm Natur abstrakt als vorbildliche Ordnung und wertete sie gleich einer aus der Vogelschau gesehenen Flächenlandschaft, aus der sich die vernünftige Zweckmäßigkeit ihrer Gliederung gewissermaßen als Moral

[8] EL 91.

[9] Auswahl der Dichtung in: The Oxford Hymn Book; ferner: Representative Verse of C. W. ed. F. Bakes, Lo. 1962.

für den nachdenklichen Beschauer ergab. Dies In-Beziehung-Setzen stellte den Menschen nur um so nachdrücklicher als Gegenstand der Dichtung hin, nicht aber als seine Wurzeln im Übersinnlichen suchendes Einzelwesen, sondern als Glied der moralischen Welt der Gesellschaft. Man mied den Sonderfall, der über das Persönliche hinaus keine Gültigkeit haben konnte, und bevorzugte die gewöhnlichen Vorgänge des menschlichen Lebens, die durch ein Rankenwerk moralisierender Betrachtungen zu „philosophischer Dichtung" geprägt wurden. Die auf Verallgemeinerung abzielende Prägung verlieh Bedeutsamkeit, und das Dichten wurde weithin zu einem reizvollen Neufügen alter und alltäglicher Themen, die oft nur durch geschickte Formung den Anspruch auf Dichtung erheben konnten[10]. Man vermied, mehr auszudrücken als die Form gestattete, und erreichte so ein völliges Gleichgewicht zwischen der logischen Entwicklung des Inhalts und dem mathematischen äußeren Bau. Diese Gesetzmäßigkeit spiegelte das als Versmaß bevorzugte heroische Reimpaar und die einfache und klare, barocke Unnatürlichkeit und Unanschaulichkeit vermeidende Sprache. Diese später als 'poetic diction' verspottete Dichtsprache suchte begriffliche Formulierung durch Verkörperung der Abstrakta lebendig zu machen, sie sagte etwa Pomona statt Herbst; sie suchte ferner die Dichtung vom Alltag abzurücken durch den Gebrauch gehobener Wörter wie mead statt meadow, genial statt mild und liebte Miltonsche Umschreibungen wie cooling vapours für Nebel und plumy race für Vögel.

Vorstufen solcher Dichtung hatte schon die Restauration gezeitigt in der von Waller eingeschlagenen Richtung zur Klarheit des Verses und der Sprache; und die anakreontische Kavalierslyrik fortsetzend, schrieb MATTHEW PRIOR (1664–1721) vorbildliche Gelegenheitsgedichte in französisch klarem, leicht ironischem Plauderton. Das Dichten der genannten Autoren stellte eine neue Spielart der absichtlich unfeierlichen Art dar, die als Gegenschlag die Barockdichtung abgelöst hatte. Alle Ansätze für eine neue Dichtung waren also gegeben, es fehlte nur die Meisterhand, die sie zusammenfassend zur Vollendung führte.

2. Alexander Pope und seine Schule

Hierin besteht die Leistung ALEXANDER POPES[11] (1688–1744), dessen Werk die gesamte klassizistische Dichtung überschattete. Die dichte-

[10] Auswahlen: The Shorter Poems of the 18th Century ed. J. A. Williams, Lo. 1923; The Oxford Book of 18th Century Verse ed. D. N. Smith, Oxf. 1926; Eighteenth Century Poetry and Prose ed. L. I. Bredvold u. a., N.Y. 1939. – G. Tillotson, Augustan Poetic Diction, Lo. 1964; R. Trickett, The Honest Muse: A Study in Augustan Verse, Oxf. 1967.

[11] Twickenham Edition of the Poems ed. J. Butt u. a., 11 Bde., Lo. 1939–69. Einbändige Ausgabe der Poetical Works ed. J. Butt, Lo. ²1966; ed. H. Davis, Lo. 1966 (OSA);

rische Schulung des Londoner Kaufmannssohnes, dem als Katholik die höheren Bildungsanstalten verschlossen blieben, geschah in ländlicher Einsamkeit unter Büchern und Freunden, die einer anderen Altersstufe angehörten. Das machte zusammen mit der Bedrückung durch einen gebrechlichen, verwachsenen Körper bei einem durchdringend scharfen Geist ein empfindliches Selbstbewußtsein zum Grundzug seines Wesens. Seine ursprüngliche Veranlagung war weicher, wie sich in den lyrisch-elegischen Stimmungen der *Pastorals* (1709), seiner ersten bedeutenden Dichtung, zeigt. Den Wert dieser Jahreszeiten-Gedichtfolge mit dem herkömmlichen Stoff sah Pope im Technischen, in der Versgestaltung des strengen, den Satz auf ein Reimpaar beschränkenden heroic couplet, des einzigen von ihm sicher beherrschten Versmaßes, das hier bereits glänzend und vorbildlich ist. Der Übergang von der in diesem Erstling vertretenen lyrischen Grundhaltung – auf die er auch später gelegentlich zurückgriff, z. B. in der leidenschaftlichen Epistel *Eloisa to Abelard* (1717) – zu dem seinen Dichterruhm begründenden kritischen Stil ging Hand in Hand mit menschlichen Enttäuschungen. Wie seine Freundschaftssehnsucht sich mit literarischen Bekanntschaften begnügen mußte und das ritterliche Eintreten für alle Bedrückten oft Mißdeutung herausforderte, so waren seine Beziehungen zu Frauen unglücklich: Lady Mary Wortley Montagu lachte über eine schlechtgewählte Annäherung, und selbst das mehr schwesterliche Verhältnis zu der „unsterblichen Geliebten" Martha Blount war einmal schmerzlich gestört. Dazu kamen Schriftstellerfehden, die durch Popes witzige, aber nicht ganz ehrliche Angriffsweise zu persönlicher Feindschaft ausarteten, wie der Streit mit dem angesehenen klassizistischen Kritiker John Dennis.

Fortan verschloß Pope den empfindsamen Teil seines Ichs, das sich später in die seltsamen Rokokoschnörkel seines Gartens in Twickenham versteckte, und suchte eine neue, vom Persönlichen abgerückte Dichtart. Den Übergang dazu bildete der gleichsam vier Hirtenstücke in ein Gedicht zusammenfassende *Windsor Forest* (1713); denn hier war nicht Stimmungsmalerei das Ziel, sondern das Herausarbeiten des zugrundeliegenden Plans. Die Landschaftsbeschreibung sollte mit den geschichtlichen und dichterischen Erinnerungen der betreffenden Gegend verknüpft werden, und im kunstvollen Wechsel von Beschreibung, Erzählung, Betrachtung übertraf Pope die Vorbilder *Cooper's Hill* von Denham und *The Park* von Waller. Seine Dichtung war gegenwärtiger und inhalts-

EL 760; Homerübersetzung WC 18 (Ilias) und 36 (Odyssee). Prose Works ed. N. Ault, Bd. I, Oxf. 1936. Correspondence ed. G. Sherburn, 5 Bde., Oxf. 1956; Letters ed. J. Butt, Lo. u. N.Y. 1960; Auswahl WC 574. – G. Sherburn, The Early Career of A. P., Oxf. 1934, N.Y. 1963; B. Dobrée, A. P., Lo. 1951; G. Tillotson, On the Poetry of P., Oxf. ²1950; ders., P. and Human Nature, Oxf. 1958; R. A. Brower, A. P.: The Poetry of Allusion, Oxf. 1959; Essential Articles for the Study of A. P. ed. M. Mack, Lo. ²1968.

reicher wie auch kritischer und prosaischer geworden, und welch neuer, dichterischer Reiz mit dieser klassizistischen Haltung zu erreichen war, bewies das komische Heldenepos vom Lockenraub (*The Rape of the Lock*, 1712, erweitert 1714)[12]. Die nach Boileaus Muster von Sir SAMUEL GARTH in seiner Armen-Apotheke (*The Dispensary*, 1699) und von JOHN PHILIPS im *Splendid Shilling* (1701) in England bekanntgemachte Gattung verwendete nun Pope zu einem scherzhaften Interieurgemälde der Londoner Gesellschaft, womit er die Schlichtung des über eine abgeschnittene Locke entstandenen Zwistes zweier Familien versuchte. Kurz, anmutig, mit spielerischer Auffassung aller Dinge, leicht ironisch und witzig geht die dicht zusammengefügte, Genrebildchen an Genrebildchen reihende Handlung von dem lächerlichen Ausgangspunkt bis zum glänzenden Schluß mit der Apotheose der Locke. Wie in der Ilias oder Aeneis rücken die Gegner auf, wobei allerdings der Kampf allegorisch gestaltet werden mußte, und die in der zweiten Fassung zugefügte olympische Leitung der Sylphen und Gnomen vollendet reizvoll und angemessen dies Kleinepos, das auch im Glitzern der sinnspruchartig zusammengedrängten Verse einen eigenen Rokokostil aufbrachte, den keiner der Nachahmer zu treffen wußte (vgl. JOHN GAY: *The Fan*, 1714). Windsor Forest und Lockenraub waren Muster klassizistischer Dichtung, deren kritische Theorie der *Essay on Criticism* (1711) mit gesetzgebendem Anspruch darlegte. Den widersprechenden kritischen Maßstäben seiner Zeit wird der Grundsatz der Naturnachfolge entgegengestellt, der auch Leitsatz der Antike gewesen sei (Zeile 1–200); dann folgt als wertvollster Teil eine Überschau der englischen Dichtung (Zeile 201–559), worauf eine Beschreibung des guten Kritikers mit einer geschichtlichen Skizze derer, die sich in dieser Kunst auszeichneten, das Ganze abschließt (Zeile 560–744). Damit war der kritische Stil errungen, an den Pope in seiner späteren Zeit noch oft anknüpfte, u.a. in der charakteristischen, zum Lockenraub passenden Beschreibung der Gartenbaukunst (betitelt *Epistle IV: On the Use of Riches*).

Pope war nun literarischer Gesetzgeber geworden und schaffte als solcher die *Homerübersetzung*[13] (Ilias, 1715–1720; Odyssee, 1725–1726); es ist, wie die Renaissanceübertragung von Chapman, weniger ein übersetzter als ein umgedichteter Homer. Popes heroische Reimpaare dürfen nicht mit den griechischen Hexametern verglichen werden, die ovidische Eleganz der Diktion nicht mit der Kraft Homers. Es ist ein selbständiges, die höchsten klassizistischen Ansprüche erfüllendes Kunstwerk, das Pope Wohlhabenheit verschaffte und für den ganzen Schriftstellerstand gesellschaftliches Ansehen erwarb. Weniger Glück hatte er mit der *Shakespeare*-ausgabe (1725), die zwar eine wertvolle Einleitung enthielt und auch die

[12] U. Broich, Studien zum komischen Epos, Tübingen 1968.

[13] D. M. Knight, P. and the Heroic Tradition: A Critical Study of his Iliad, New Haven 1951, Lo. 1952; R. Sühnel, Homer und die englische Humanität, Tübingen 1958.

richtige Herausgebermethode verfolgte, aber so launisch und willkürlich, daß er zahlreiche und scharfe Angriffe erfuhr. Seine Antwort war die Dummkopfiade (*Dunciad*, 1728), die in jeder der zahlreichen Auflagen (letzte 1743) Änderungen erfuhr, so daß schließlich der ursprüngliche Plan, die Geschichte des Dummkopfreiches und die Königskrönung zu erzählen, verwischt wurde zugunsten eines satirischen und oft böswilligen Umsichschlagens.

Die letzte Epoche des Popeschen Dichtens umfaßt die moralischen, d. h. philosophischen Werke, anfangend mit dem aus 4 Episteln bestehenden *Essay on Man* (1733–1734). Der Versuch stellt sich die Aufgabe, die Ordnung und den Sinn im ganzen und im einzelnen der Welt zu erkennen. Unter Ablehnung aller die menschlichen Erkenntnisgrenzen nicht beachtenden Forschung wird auf die in der physischen und moralischen Welt sichtbare Ordnung und Zweckmäßigkeit hingewiesen, die der unendlichen Weisheit eines gütigen Schöpfers entstammt (Epistel I). Nachdem menschlichem Philosophieren so die Aufgabe gestellt ist, wird erwiesen, daß auch Selbstsucht und Leidenschaften einem höheren Zwecke dienstbar sind (Epistel II), woraus dann die im Staate wurzelnde Gesellschaftslehre erwächst (Epistel III). Im Hinblick auf das Ganze tritt das Unglück des einzelnen zurück, und so klingt die Dichtung mit der klassizistischen Glückseligkeitslehre aus (Epistel IV). Der vom Deismus angeregte Versuch über den Menschen ist der einzige dichterische Ausdruck der Rokokophilosophie und eines der klassischen Lehrgedichte der Weltliteratur, unerreicht in der knappen Sprachfügung und im diamantharten Leuchten der Verse.

Pope, der jetzt den Rang des „Moralisten" für sich in Anspruch nehmen konnte, führte einzelne der Gedanken des Essay in den vom Herausgeber Warburton als *Moral Essays* zusammengefaßten Episteln weiter aus. Schon in der zweiten über die Frauen tritt jedoch der philosophische Ton zurück zugunsten eines lebenskritischen, und die ursprüngliche Fassung der dritten deutet im Plauderton die Kunst der *Imitations of Horace* (1733–1737) an, die in ihrem Übergang von Übersetzung zu freiem Weiterspinnen des horazischen Fadens dem Dichter vollendete Selbstaussprache ermöglichten. Das Glänzende und Gedrängte seines Stils, die Beherrschung des erhabenen wie des Gesprächstons, die Fähigkeit zu angreifendem Epigramm und die warme Begeisterung den Freunden gegenüber, alles konnte in diesem horazisch vornehmen Sichgehenlassen Ausdruck finden, und in der Aussprache dieser Vorlieben und Abneigungen wird er selbst und das damalige London uns lebendig wie nie zuvor. Völlig persönlich und gleichsam die Krönung der Horaz-Nachahmungen ist das vollendetste Stück klassizistischer Gesellschaftsdichtung, die *Epistle to Dr. Arbuthnot* (1735); das tief Empfundene und das satirisch Witzige stehen ohne gegenseitige Schwächung untrennbar nebeneinander, und diese in 400 Zeilen zusammengedrängte Selbstbiographie kann als Popes Vermächtnis unerreichter klassizistischer Verskunst gelten.

Da Popes Dichten ein Vollenden, nicht ein Eröffnen neuer Wege bedeutete, konnte keiner seiner Freunde und Schüler ihm Vergleichbares schaffen. JOHN GAY (1685–1732)[14] bleibt ohne Eigenart, wenn er im Popestil dichtet, wie es das komische Epos vom Fächer *(The Fan)* und die in der Pastoraltradition stehende *Shepherds Week* (1714) dartun. Doch fügte er in diese Pastoralgedichte humorvolle Schilderungen ländlicher Szenen ein mit Kuhhirten und Milchmädchen, die eine zugleich lyrische und parodierende Darstellungskunst erweisen. Dieser parodierenden Mischung hoher und niedriger Formen der Literatur verdankt auch die *Bettleroper* ihren großen Erfolg, die zeitgenössischen populären Melodien zündende politische und sozialkritische Texte unterlegte und gleichzeitig die italienische Oper und das Drama der Zeit persiflierte – eine Technik, die Brecht für seine Dreigroschenoper genutzt und weitergeführt hat. Auch die geistvoll-ironischen, kulturhistorisch einzigartigen drei Bücher *Trivia, or the Art of Walking the Streets of London* (1716), sowie die verbreitete erste Folge der *Fables* (1727) zeigen sowohl lyrische Befähigung wie eine scharf beobachtende und oft an Swift erinnernde Dichterpersönlichkeit. – Alle anderen der in Popes Gefolgschaft Dichtenden sind nicht des Nennens wert. Der klassizistische Rahmen bedurfte neuer Themen, um seine dichterische Geltung zu behaupten, und auch da können wir erst von Dichtung sprechen, wenn diese Themen über die allzu enge Begrenzung, die Pope vorschrieb, hinausgingen.

3. Erweiterung des klassizistischen Rahmens

Das ist der Fall bei der Neuhinwendung zu Spenser und Milton, die mit der Aufnahme des Natur- und Schwermutthemas zusammenhängt. Thomson und Young sind die dafür tonangebenden Namen, aber weder die einzigen noch die ersten. Schon in den *Miscellany Poems* (1713) der ANNE FINCH, COUNTESS OF WINCHILSEA[15] (1661–1720) taucht der Blankvers auf; eine auffallend schwermütige Pose herrscht vor, und gefühlsselige Naturliebe weiß zarte und flüchtige Stimmungen zu beschreiben. Ähnlich überraschend sind die landschaftsbeschreibenden Gedichte *Grongar Hill* (1727) und *The Country Walk* von JOHN DYER (1699–1758), sowie eine Reihe ländlich-epischer Dichtungen, die meist in Miltons Stil und Vers von Schafzucht, Wollhandel, Jagd und ländlichen Spielen berichten.

Ihre Verfasser sind alle JAMES THOMSON[16] (1700–1748) verpflichtet,

[14] Poetical Works ed. G. C. Faber, Lo. 1926; Poetry and Prose ed. V. A. Dearing, 2 Bde., Oxf. 1975; Beggar's Opera s. S. 151. – W. H. Irving, J. G.: Favorite of the Wits, Durham, N.C., 1940.

[15] Vgl. Minor Poets of the 18th Century (Winchilsea, Dyer u. a.) EL 844.

[16] Works, 4 Bde., Lo. 1750–52 (einschl. der Dramen); Poetical Works ed. J. L. Robert-

dessen berühmte *Seasons* (1726–1730) eine Neubelebung des Gefühls für Schönheit und Größe der Natur einleiteten. Die Absicht dieser Vier-Jahreszeiten-Gedichte ist der Art von Denham und Pope nicht fremd: „die Jahreszeiten mit den aus dem Vorwurf sich ergebenden Abschweifungen zu beschreiben“. Auch die poetische Redeweise klingt an diese Muster an; und wie in der klassizistischen Dichtung ist überall die Zweckbeziehung auf den Menschen fühlbar. Der Milton nachempfundene Blankvers aber und die Entschlossenheit, mit der erstmals genaue Naturbeobachtung und -beschreibung zum Hauptvorwurf gewählt ist, bedeuteten eine dichterische Erneuerung, und die weiten Fernsichten auf Land, Wasser, Wolken, die Vorliebe für laute Farben und der Sinn für die wilderen Ansichten der Natur in Winter und Sturm machen die Beschreibung zu wirklicher Naturdichtung. Thomson selbst empfand sich nicht im Gegensatz zur klassizistischen Dichtlehre. Er bemühte sich um die regelrechte Tragödie (s. S. 187), und in dem nächst den Jahreszeiten bedeutsamsten Werk *The Castle of Indolence* (1748), das an der Spitze aller Spensernachahmungen steht, bekommt, der Zunahme belehrender Exkurse entsprechend, auch die Sprache eine klassizistische Färbung, so daß also in Thomsons Werk zwei Stilarten abwechseln und nebeneinnder herlaufen.

Eine ähnliche Zwischenstellung kennzeichnet das Werk von EDWARD YOUNG[17] (1683–1765), der sich gleichfalls im Drama sowie in klassizistischen Satiren versuchte, dann den Welterfolg seiner Nachtgedanken erlebte (*The Complaint, or Night Thoughts on Life, Death and Immortality*, 1742–1745) und gegen Ende seines Lebens die Sehnsucht einer neuen Zeit in einer Programmschrift zum Ausdruck brachte (*Conjectures on Original Composition*, 1759). Die Nachtgedanken sind ein ungleiches Werk. Vieles ist Predigt und rhetorische Klage und wirkt, auf zehntausend Blankverse ausgeweitet, unerträglich eintönig; aber die Grabes- und Nachtberedsamkeit schlug die Zeitgenossen in Bann und zeitigte zahlreiche Nachahmungen sowohl in Prosa, wie besonders in Versen. Einzelne von ihnen, wie das später durch Blakes Illustrationen ausgezeichnete Gedicht *The Grave* (1743) von ROBERT BLAIR, sind schon durch die Kürze (800 Blankverse) der Youngschen Abwandlung des Themas überlegen[18].

Künstlerisch begründeter, wenn auch nicht so erfolgreich war der Versuch von MARK AKENSIDE (1721–1770), den Stil und die Versgebung

son, Oxf. 1908; Seasons ed. O. Zippel, Bln. 1908; Castle of Indolence ed. A. D. McKillop, Lawrence, Kansas, 1961. Übersetzung von B. H. Brockes, Hamburg 1745 (Oratorium von J. Haydn, 1801). – A. D. McKillop, The Background of T.'s Seasons, Lo. 1942; D. Grant, T.: Poet of the Seasons, Lo. 1951.

17 Works ed. J. Doran, 2 Bde., Lo. 1854. Die Conjectures ed. E. J. Morley, Manchester 1918 und in: English Critical Essays WC 240.

18 Blair, Akenside, Shenstone u. a. Dichter, für die keine bibliographischen Angaben gemacht sind, bequem zugänglich in dem Sammelwerk von Johnson-Chalmers: The Works of the English Poets, 21 Bde., Lo. 1810.

Miltons für ein philosophisches Thema in Anspruch zu nehmen. Der Grundriß seiner *Pleasures of Imagination* (1744, Revision 1757) zeigt eine enge Verwandtschaft mit dem Lehrgedicht Popes; aber durch das Hereinspielen eigener Erinnerungen erhält der Gedanke der Erziehung durch die Natur, der später das Prelude Wordsworths beherrschen sollte, hier schon überzeugenden Ausdruck, und der berühmte Gesang auf die Naturschönheiten Nordhumbriens entwickelt die Linie Thomsons weiter. In diesem Zusammenhang ist auch William Shenstone (1714–1763) zu erwähnen, sowohl wegen seines ernstkomischen Idylls im Spenserstil *The Schoolmistress* (1736, umgeschrieben 1742 und 1748) als auch wegen seiner Aufsätze über Gartenbau. Wie in der Malerei (Wilson, Cozens) sprach sich nämlich in der Gartenkunst das werdende neue Naturempfinden früher und sinnfälliger aus als in der Dichtung, und es ist nicht zufällig, daß der Jahreszeiten-Dichter Thomson als Vater dieses englischen Gartens anzusprechen ist.

4. Das Werden einer neuen Dichtauffassung

Die Erweiterung der Naturauffassung hatte die alte Wertung der Natur als Ordnung verwischt und mußte früher oder später geeignete Formen ergeben, in denen eine dem Klassizismus fremde seelische Haltung sich aussprechen konnte. Bereits innerhalb der klassizistischen Dichtlehre lassen sich Ansätze zu einer neuen aufzeigen, die, in der Luft liegend und von vielen gefühlt, erstmals von Edward Young ausgesprochen wurde. Der Dichter, so sagt er in den „Gedanken über Originaldichtung" (s. o.), habe die Wahl zwischen Freiheit und Nachahmung, Regeln seien nur hindernde Krücken, denn der Dichter sei aus sich selbst geboren, und die wahre Dichtung gebe Höheres als Lehren nüchterner Vernunft. Wenn diese Sätze auf die philosophische Kunstlehre Englands vorerst wenig Einfluß hatten, so weiteten sie doch den Blick; neben der vordem allein maßgeblichen lateinisch-französischen Dichtung wandte man sich jetzt der germanischen zu und übersetzte aus dem Nordischen „runische" oder „isländische" Oden (so Warton, Percy und Gray). Sobald diese neugeweckte Empfänglichkeit für ungewohnte dichterische Reize sich der älteren englischen Dichtung zuwandte und wie Bischof Richard Hurd in seinen *Letters on Chivalry and Romance* (1762)[19] die „gotische" Welt des Mittelalters erfaßte und lobend hervorhob, war der Angriff auf die klassizistische Festung eröffnet. Joseph Wartons (1722–1800) *Essay on the Genius and Writings of Pope* (1756 und 1782), der bei aller Verehrung von der unklassizistischen Voraussetzung ausgeht, daß das Erhabene und Gefühlsbeladene die beiden Hauptnerven echter Poesie seien, entscheidet sich da-

[19] Auszüge in: English Critical Essays WC 240.

mit für eine andere Dichtung, deren Artung aus den *Observations on the Faerie Queene* erhellt, die Josephs bedeutenderer Bruder THOMAS WARTON d. J. (1728–1790) bereits 1754 veröffentlicht hatte. Den deutlichsten Beweis, wieweit man über klassizistische Maßästhetik hinaus zu einem neuen historischen Verstehen vorgedrungen war, erbringt die Literaturgeschichte desselben Verfassers, die in großer Schau die innere organische Beziehung der Dichtung zu den gesamten Ausdrucksformen des nationalen Lebens herausarbeitet und diese Weite und Vielseitigkeit des Blicks mit dem künstlerischen Empfinden für das Einmalige der großen Kunstwerke vereint (*History of English Poetry*, 1774–1781)[20].

5. Wegbereiter der vorromantischen Dichtung

Daß allmählich eine unklassizistische Dichtung oder doch Empfindungsweise als gleichberechtigt neben die früher allein gültige klassizistische getreten war, wurde durch den Welterfolg des *Ossian* offenbar. Aus dem irisch-schottischen Sagenkreis um den Führer Finn (Fingal) und seinen Sohn Oisin (Ossian), der als blinder Greis die Taten und das Leid seines Stammes besingt, veröffentlichte 1760 der Schotte JAMES MACPHERSON (1736–1796) fünfzehn kürzere Stücke als *Fragments of Ancient Poetry, collected in the Highlands*[21]. 1762–1763 folgten zwei angeblich aus dem Gälischen übersetzte Epen *Fingal* und *Temora*, und die mit einleitenden Aufsätzen von Macpherson und Blair begleitete Gesamtausgabe von 1765 wurde später nochmals vermehrt, so daß die endgültige Fassung von 1773 zweiundzwanzig Stücke enthielt. Das künstlerische Verdienst der frei bearbeiteten, ausgeweiteten und willkürlich zusammengesetzten, aber nicht eigentlich gefälschten Dichtungen ist es, dem klassizistischen Stil eine neue und unerhörte Empfindungswelt gegenübergestellt zu haben. Das düstere, aufrauschende Meer und die weiten, einsamen Hochlande, melancholisch überhangen von einem ewig grauen Himmel, sind Schauplatz von verworrenen Kampfszenen und empfindsamen Liebesklagen, die in rhythmischer, höchst eindrucksvoller Prosa berichtet werden. Das literarische Europa ahnte das Kommen einer empfindsameren und leidenschaftlicheren Poesie und sah sich auf die ursprünglichen, instinktiven Kräfte aller Dichtung hingewiesen.

Diese Quellen wurden in reinerer Gestalt dargeboten, als THOMAS PERCY (1729–1811) aus einer Handschrift, dem sogenannten Percyfolio, alte Balladen druckte unter dem Titel *Reliques of Ancient English Poetry*

[20] ed. W. C. Hazlitt, 4 Bde., Lo. 1871 (mit nützlichen, aber störenden Berichtigungen), Neudruck der ersten Ausgabe, Lo. 1875.

[21] ed. O. L. Jiriczek, Heidelberg 1915; Fingal und Temora in Faksimileausgabe, Heidelberg 1940. Handliche Gesamtausgabe ed. W. Sharp, Edinburgh 1896.

(1765, vermehrt 1767, 1775, 1794)[22]. Hier war im Gegensatz zu der einen Ossianstimmung eine vielseitige Spiegelung einer vergangenen Welt, und die durch diese Proben angefeuerte Entdeckerlust der Percys Werk fortsetzenden Gelehrten und Dichter – Ritson, Evans, Ellis, Scott – förderte allmählich eine vergessene Literatur zutage. THOMAS GRAY[23] (1716 bis 1771), der seiner formalen Haltung nach Klassizist war, aber feinhörig allen neuen Anregungen offenstand, hat die ursprüngliche poetische Kraft dieser neugehobenen Schätze gleich gefühlt: er selbst erschloß neue Empfindungs- und Stoffbereiche durch Übersetzungen aus dem Nordischen und Walisischen (z. B. *Fatal Sisters, Death of Hoel*); er wendete sich von der römischen zur griechischen Dichtung und erneuerte die echte Pindarode (z. B. *The Progress of Poesy* und *The Bard*); und wie er in seinen Prosaaufzeichnungen und Briefen das neue Gefühl für die Natur und die Großartigkeit der Gebirgswelt in klassisch klarer Sprache zum Ausdruck brachte, so hat er in der schlechthin vollendeten *Elegy written in a Country Churchyard* (1750) das Formvermächtnis des Klassizismus mit einer schon romantisch zu nennenden Eindringlichkeit der Stimmung zu vereinigen gewußt.

Noch entschiedener als Gray kann der gleichfalls klassische Endgültigkeit erstrebende WILLIAM COLLINS[24] (1721–1759) der vorromantischen Dichtung eingereiht werden, nicht nur wegen seiner einzigartigen *Ode to Evening* (1746), die zu den größten reimlosen Gedichten der englischen Sprache zählt, sondern wegen seiner Neuwertung der lange vernachlässigten Phantasie, in der er Zuflucht und Trost fand in Trauer und Enttäuschung.

6. Chatterton, Cowper, Burns und Blake

So waren durch die Klassizisten Gray und Collins Phantasie und Gefühlskraft aus den Verstandesfesseln befreit; sie sollten eine blutvollere und unmittelbare Dichtung heraufführen, aber unter Verlust des früheren Formsinnes, den auch spätere Zeiten kaum je wiedererrangen. Den Auftakt dazu bildeten die *Rowley Poems* (gedr. 1777) von THOMAS CHATTERTON[25] (1752–1770), angeblich aus dem 15. Jahrhundert stammende Werke eines Mönchs aus Bristol, die Chatterton mit Hilfe eines Chaucer-

[22] ed. M. M. A. Schröer, 2 Teile, Heilbronn 1889/1893; EL 148–49. Vgl. S. 54, Anm. 57.

[23] Complete Poems ed. H. W. Starr and J. R. Hendrickson, Oxf. 1966; Poetry and Prose ed. J. Crofts, Oxf. 1926; Poems, with a Selection of Letters and Essays EL 628; Letters (Auswahl) WC 283. – M. Golden, T. G., N.Y. u. Lo. 1964. – S. auch die folgende Anm.

[24] Poetical Works of Gray and Collins ed. A. L. Poole and C. Stone, rev. L. Whibley and F. Page, Oxf. [3]1937 (OSA), und in Minor Poets of the 18th Century EL 844.

[25] Complete Works ed. D. S. Taylor with B. B. Hoover, 2 Bde., Oxf. 1971. – L. Kelly, The Marvellous Boy: The Life and Myth of T. C., Lo. 1971.

Glossars gedichtet hatte. Die nachgewiesene Fälschung verwehrte ihm den Erfolg, und der Enttäuschte und dem Hunger Preisgegebene schied siebzehnjährig aus dem Leben, welch rührend-romantisches Schicksal Alfred de Vigny u. a. in der Kunst verherrlichten. Darüber hinaus bedeuten die mehr Spenser als dem Mittelalter nachempfundenen Rowley-Gedichte ein Wiedererringen der kraftvoll sinnlichen Renaissancekunst und eine vollinstrumentierte Naturdichtung, in der man Versprechen und erste Erfüllung einer neuen romantischen Lyrik fühlt.

Als Hauptvertreter dieser vorromantischen Dichtung haben Cowper, Blake und Burns zu gelten, von denen WILLIAM COWPER[26] (1731–1800) zeitlich, und weil er dem Klassizismus noch am nächsten steht, zuerst zu nennen ist. Man hat den überzarten, mehrmals von religiöser Schwermut heimgesuchten und im Wahne endenden Dichter zu einseitig unter dem Gesichtspunkt der Krankheit gesehen. Der vollendete Plauderton seiner ausgezeichneten Briefprosa und Gedichte, wie die lustige *John Gilpin*-Ballade (1782), zeigen uns einen geselligen und humorvollen Menschen. Auch der in seinem epischen Hauptwerk *The Task* (1784) halbernst und halblächelnd aufgenommene Plan des moralisierenden Lehrgedichts weckt klassizistische Erinnerungen. Die Art allerdings, wie er, ohne Plan und sein Ich in die Mitte stellend, von allem, insbesondere aber vom ländlichen Leben plaudert, und persönliche Einsprache gegen die Laster der Zeit erhebt, verrät eine neue, gefühlsmäßige Haltung. Das Gefühl ist Cowper das eigentliche Leben, und Dichten heißt für ihn Gefühlsaussprache. Deshalb ergriff der Pietismus der evangelikalen Bewegung so völlig Besitz von ihm, wie es in den religiösen *Olney Hymns* (1779) zum Ausdruck kommt, und immer mehr wird eine übergroße Empfindsamkeit der Grundzug seines Dichtens. Mit allen lebendigen Wesen, ja mit der unbelebten Natur, vermag er mitzufühlen, und seine weltschmerzliche Trauer zeigt eine unheilvoll zunehmende Spannung zwischen Ich und Welt. Gerade darum haben die Romantiker ihn als Vorläufer und Gleichgesinnten empfunden.

Wenn sie aber in gleicher Weise auch die Dichtung von ROBERT BURNS[27] (1759–1796) mit ihrer Naturfreude und Farbe, ihrer Menschlichkeit und ihrem stolzen Unabhängigkeitsbewußtsein als romantisch ansprachen, so aus Wahlverwandtschaft mit dem schottischen Volkslied, denn Burns war nur die Krönung dieser nationalen Überlieferung, die, der Percyschen Sammeltätigkeit entsprechend, Allan Ramsay u. a. in Balladen- und Liederbüchern wie *The Ever Green* (1724) veröffentlicht hatten. Auch hatte

[26] Poetical Works ed. H. S. Milford, Oxf. ^{4}1934; Poems EL 872. Ausgewählte Briefe in EL 774 und in WC 138. Einführende Auswahl Poetry and Prose ed. H. S. Milford, Oxf. ^{4}1935. – Biographie von M. J. Quinlan, Minneapolis 1953.

[27] The Poems and Songs ed. J. Kinsley, 3 Bde., Oxf. 1968; ed. J. L. Robertson, Lo. 1904 (OSA); EL 94; WC 34. – D. Daiches, R. B., Lo. ^{2}1967; R. T. Fitzhugh, R. B.: The Man and the Poet, Lo. u. N.Y. 1971.

schon, Burns vorwegnehmend, ROBERT FERGUSSON[28] (1750–1774) in Volksszenen aus Wirtshaus und Straße spöttisch derb und zart zugleich die alte schottische Leidenschaft für alles Natürliche zum Ausdruck gebracht. In diesem lebensverbundenen, erdnahen und heidnisch-natürlichen Ton sang der Bauernsohn Burns von seiner bäuerlichen Genossen Leben und Fühlen, indem er seine heimatliche Mundart verwandte oder nur einzelne der unübersetzbaren und einen eigenen Stimmungsgehalt tragenden schottischen Wendungen einfügte (*Poems Chiefly in Scottish Dialect*, sog. Kilmarnock Edition, 1786). Die Lieder, das Heimatlichste seines Schaffens, sind oft nur erneuerte Volksliedtexte zu bestehenden Melodien, die er zu den zeitgenössischen Sammlungen beitrug, und nur zusammen mit der Melodie, aus der sie herausgewachsen, haben sie ihr volles Leben. Dann aber klingt ganz Schottland in ihnen, sei es das stolze *Scots, wha hae wi' Wallace bled* oder *Auld Lang Syne*, seien es Jakobiten- oder freche und zarte Liebeslieder, wie *John Anderson* und O, *wert thou in the cauld blast*. Denselben überpersönlichen Klang haben die Gedichte, die nicht zu Melodien geschrieben sind. In raschen Metren und meist auf wenige Reime aufgebauten Strophen mit kehrreimartiger Schlußzeile (z. B. aaabab) preßte er eine unglaubliche Fülle von Leben in den knappsten Raum, und in unbegrenzter Aufrichtigkeit kommen alle oft widersprechenden Stimmungen seines unbekümmert frei atmenden Herzens zum Ausdruck: Kirchensatire *(Holy Willie's Prayer)* und demokratischer Stolz *(The Cotter's Saturday Night)*; faunisches Lachen *(Tam o'Shanter)* und das Lob des im Landstreicherleben bewahrten reinen Menschentums *(The Jolly Beggars)*.

Diese von der gesellschaftlichen und politischen Ordnung absehende Bewertung des Menschlichen findet sich revolutionär gesteigert bei dem letzten Vertreter der vorromantischen Dichtung, dem Maler WILLIAM BLAKE[29] (1757–1827). Er begann als Lyriker mit den *Poetical Sketches* (1783) und den sich wie Bild und Gegenbild ergänzenden *Songs of Innocence* (1789) und *Songs of Experience* (1794); er radierte Text und Bild und vervielfältigte von diesen Kupferplatten, denn wie Burns die Melodie, so empfand er das Bild zum Wort gehörig. Die schlichten Liedchen

[28] Poetical Works ed. R. Ford, Paisley 1905; Poems ed. M. P. McDiarmid, 2 Bde., Edinburgh 1954–56 (STS).

[29] Complete Writings ed. G. Keynes, Lo. ²1966 (OSA); Poetry and Prose ed. D. V. Erdman with Commentary by H. Bloom, Garden City. N.Y., 1966; Poems ed. W. H. Stevenson and D. V. Erdman, Lo. 1971 (LAP); Selected Poetry and Prose ed. N. Frye, N.Y. 1953; Selected Poems ed. F. W. Bateson, Lo. 1957; ed. S. Gardner, Lo. 1962; EL 792; WC 324. Letters ed. G. Keynes, Lo. ²1968. – A. Gilchrist, Life of W. B. ed. R. Todd, Lo. u. N.Y. 1942; ed. W. G. Robertson EL 971; R. Lister, W. B.: An Introduction to the Man and to his Work, Lo. 1968; H. Adams, W. B.: A Reading of the Shorter Poems, Seattle 1963; N. Frye, Fearful Symmetry, Princeton 1947; S. Gardner, Infinity on the Anvil, Oxf. 1954; R. F. Gleckner, The Piper and the Bard, Detroit 1959; D. V. Erdman, Prophet against Empire, Princeton ²1969; D. G. Gillham, W. B., Cambr. 1973.

mit ihrem innigen Klang singen von einem Kinderland, das aber die Schau einer neuen Erde bedeutet, auf der es kein soziales Unrecht mehr gibt, alles Lebende in Frieden ist, das Tier des Menschen Freund und die Blumen seine Vertrauten. Denn sein über das Gegenwärtige hinausgehender Blick sieht das 'before and after', vorher die Einheit und Brüderschaft eines Reiches der Ewigen, nachher die wiedergewonnene Seligkeit, und aus dieser seiner Religion klingt das Glück dieser Lyrik. Überall sieht er die Verkörperungen seiner Phantasieschau; die Wolke, der Herbst, die Kinderfreude sind Gestalten, mit denen er spricht, die ihm wirklicher sind als die Dinge dieser Welt. Unvermittelt steht der „Kinderfreude" das „Kinderleid" gegenüber, dem „Lamm"-Gedicht das vom „Tiger", dem „Ammenlied" des Kinderlandes ein anderes der Erfahrungswelt. Aus diesem Gegensatz entwickelte Blake die Symbolik seiner prophetischen Bücher, deren erstes, *The Book of Thel* (1789), noch zur lyrischen Welt gehört, obwohl es bereits in dem später zur Prosa entarteten Blakeschen Metrum der reimlosen langen (siebenfüßigen) Zeilen von meist trochäischem Charakter geschrieben ist. Es ist die Klage der unschuldigen Seele, die in diese tote Wirklichkeitswelt geboren werden soll, und ihre Tröstungen durch die kleinen, demütigen Wesen Maiblümchen, Wolke, Wurm, Erdklumpen. Dann beginnen die Bezeichnungen unklar zu werden, der Sinn der Worte Tod und Leben, Himmel und Hölle ist vertauscht, und mit der Entwicklung einer rätselvollen Symbolik steigern sich seine umstürzenden Thesen. Die Bücher *The Marriage of Heaven and Hell* (1790), *Europe, a Prophecy* (1794) und *Visions of the Daughters of Albion* (1793) wettern gegen die Kirchen und verfechten die freie Liebe; Verkörperungen schwankender Bedeutungen, *Urizen, Ahania, Los* (1794–1795), treten auf, und die große epische Dichtung *The Four Zoas* (1795–1804) erklärt den Fall des Menschen durch Emanation im plotinischen Sinne und träumt von der durch die Liebe bewirkten Wiedervereinigung mit dem Kosmos. Rationale Erklärung kann den Gehalt dieser prophetischen Bücher nicht ausschöpfen, aber wenn sie auch künstlerisch gestaltlos bleiben und des festen Umrisses seiner bildlichen Darstellungen entbehren, mit dem Zertrümmern aller Ordnung und Satzungen, die unsere Welt regieren, enthüllen sie erstmals die ganze Bedeutung der die Herrschaft antretenden Romantik.

II. DIE PROSA[30]

1. Steele, Addison und die moralischen Wochenschriften

Im Jahre 1709 gründete Sir RICHARD STEELE[31] (1672–1729) den *Tatler*, eine dreimal wöchentlich erscheinende Zeitschrift von einer Druckseite Umfang, die sich belehrend und unterhaltend an jene Kreise wandte, die durch Jeremy Colliers Mund die Restaurationsliteratur abgelehnt hatten und trotz Steeles moralisch vorbildlicher Komödien (s. S. 185) in Theaterfeindschaft verharrten. Diesem Landadel, Geistlichkeit, Armee und Handel umfassenden Publikum sollte ein vielseitiger Inhalt geboten werden: neben der bald ganz ausscheidenden Politik und den moralischen Abhandlungen auch Plaudereien über Alltagsdinge wie Modefragen und Vergnügungen, und dieser Inhalt wurde romanhaft eingekleidet durch die vom Autor angenommene Maske des Mr. Bickerstaff (dem Vorbild des Punch). Bickerstaff hat die Freiheit, seine Ansichten und Erfahrungen zu erzählen, und ein Bericht wie der über die angebliche Hochzeit von Bickerstaffs Schwester konnte zwanglos Erörterungen über die richtige Ehe und weibliche Tugend einfügen. Neben solchen Genrebildchen eröffnete der Tatler eine neue Essaykunst, die – verschieden von Bacons knapper Sinnspruchhäufung und von Montaignes fortlaufenden Erwägungen – ein Kleinkunstwerk erstrebte von genau umrissenem Rahmen, einheitlichem Thema und Ton und künstlerischer Ausgewogenheit der Teile.

Der Meister dieser Kunst wurde JOSEPH ADDISON (1672–1719), der schon am Tatler beteiligt war und seiner Fortsetzung, dem bald täglich erscheinenden *Spectator*[32] 1711/1712) seinen europäischen Erfolg verschaffte. Der „Zuschauer" gestaltete den novellistischen Rahmen des „Plauderers" stärker aus. Die Zeitschrift wurde angeblich von einem Club herausgegeben, dem Sir Roger de Coverley als Vertreter des Landadels angehörte und Sir Andrew Freeport, Captain Sentry, Will Honeycomb als Vertreter des Handels, der Armee und der Stadt. Die Unterhaltungen dieses Kreises sollen berichtet werden, und als Verfasser der Aufsätze zeichnet der weitgereiste Mr. Spectator. Die Fiktion wird bis ans Ende aufrechterhalten, wo sich der Kreis durch Coverleys Tod, Honeycombs

30 Textproben: Eighteenth Century Prose by the Most Eminent English Authors ed. L. I. Bredvold u. a., N.Y. 1932.

31 Tatler ed. G. A. Aitken, 4 Bde., Lo. 1898–99 (vgl. R. P. Bond, The Tatler: The Making of a Literary Journal, Cambr., Mass., u. Lo. 1972); EL 993; Essays ed. L. E. Steele, Lo. 1902; Tracts and Pamphlets ed. R. Blanchard, Baltimore 1944; Correspondence ed. R. Blanchard, Oxf. ²1968. – C. Winton, Captain Steele: The Early Career of R. S., Baltimore 1964, und R. S., M. P.: The Later Career, Baltimore 1970.

32 ed. D. F. Bond, 5 Bde., Oxf. 1965; EL 164–7; Miscellaneous Works ed. A. C. Guthkelch, 2 Bde., Lo. 1914–5; Letters ed. W. Graham, Lo. 1941. – Biographie von P. Smithers, Oxf. 1954.

Heirat und Sentrys Weggang aufs Land auflöst. Addisons Beiträge sind die besten; sowohl die Plaudereien über Coverleys Häuslichkeit, über Theater und Moden, wie die berühmten Besuche in der Westminsterabtei und Börse; die Tagebücher des Bürgers und der Gesellschaftsdame u. a. m. sind heute noch ebenso lesbar wie die künstlerischen Erörterungen über die Bibel, über Shakespeare und Milton. Als Addison den „Zuschauer" auf der Höhe seines Erfolges abbrach, blieb der Wunsch nach ähnlichen Zeitschriften, und eine große Reihe von Nachahmungen entstand, zu deren Herausgebern und Beiträgern auch Dr. JOHNSON (vgl. S. 181): *The Rambler,* 1750–1752) und GOLDSMITH (vgl. S. 180: *The Bee,* 1759) zählen. Goldsmiths Essays sind die einzigen Addison ebenbürtigen; seine gegenüber der schweren Prosa Johnsons gelassene Einfachheit erinnert an Dryden, nichts Schweres oder Bitteres ist in diesen Plaudereien, die gefällig und nie langweilig die reizvollen Gespräche des Spectators fortsetzen und abschließen.

2. Satire und Roman bei Defoe und Swift

Die Wochenschriften enthüllen eine Zeit, in der sentimentale und vernunftgemäße Ansprüche noch nebeneinander herlaufen. Aus dieser geteilten Haltung entstand als eine neue Kunstform der realistische Roman[33], an dessen Anfang DANIEL DEFOE[34] (1660?–1731) steht. Aus all den verschiedenartigen Schriften, die Defoe in einem vielfach umhergetriebenen Leben verfaßte – Flugschriften politischen und religiösen Inhalts, Reiseführern, Zeitschriften, patriotischen Traktaten und Geschichtswerken –, spricht der Berichterstatter, der ohne Plan und Kunst drauflosschreibt, aber so treffend und fesselnd in der Tatsachendarstellung, daß man einen Augenzeugen zu vernehmen glaubt. Damit eröffnet er der Romankunst neue Wege, wie es der durchschlagende Erfolg seines *Robinson Crusoe* (1719) dartat. Der Held ist ein Durchschnittsmensch und sein Abenteuer ein mögliches, was durch eine bis in Nebensächlichkeiten gehende Wirklichkeitstreue in der Tatsachenbeschreibung die Unmittelbarkeit einer „wahren Geschichte" erhält, und Robinsons tätige praktische Meisterung des alltäglichen Lebens zum eposartigen Gemälde menschlicher Arbeit weitet.

[33] A. D. McKillop, The Early Masters of English Fiction, Lawrence, Kansas, 1956; I. Watt, The Rise of the Novel, Lo. 1957; E. Wolff, Der englische Roman im 18. Jh.: Wesen und Formen, Göttingen ^{2}1968; L. Borinski, Der englische Roman des 18. Jahrhunderts, Frankfurt u. Bonn 1968.

[34] Works ed. G. H. Maynadier, 16 Bde., N.Y. 1903–4; The Shakespeare Head Edition of the Novels and Selected Writings, 14 Bde., Oxf. 1927–8; Einzelausgaben in EL, WC, PEL, OEN. Letters ed. G. H. Healey, Oxf. 1955. – J. Sutherland, D. D., Lo. u. Cambr., Mass., 1971; J. R. Moore, D. D.: Citizen of the Modern World, Chicago 1958; G. A. Starr, D. and Spiritual Autobiography, Princeton 1965; M. E. Novak, Defoe and the Nature of Man, Oxf. 1963.

Sogar die von der Nützlichkeit eingegebene ethische Haltung des Helden stärkte den Wirklichkeitseindruck, denn es war auch die säkularisierte puritanische Ethik Defoes und seiner Leser.

Der Erfolg reizte zu Fortsetzungen und ähnlichen Büchern (z. B. *Captain Singleton*, 1720), in deren Verlauf mit den lange als echter Bericht geltenden *Memoirs of a Cavalier* (1720) der erste historische Roman entstand. Auch bei dieser vom Offiziersstandpunkt aus erzählten Militärgeschichte überzeugt die Genauigkeit des Berichts, und die berühmten Schlachten Edgehill, Newbury, Marston Moor und Naseby erscheinen durch solchen Augenzeugenbericht vergegenwärtigt. Noch unmittelbarer, weil durch die kleinbürgerliche Erzählerfigur dem Defoeschen Erlebnisbereich angenähert, wirkt das *Journal of the Plague Year* (1722), das in der geradezu statistischen Aufzählung der Schrecken während der Pest von 1665 einen grausig überwältigenden und völlig zeitgenössischen Eindruck erzielt. Diese Kunst der Vergegenwärtigung auf die Erzählung eines ganzen Lebens anwendend, gelangte Defoe zu erfundenen Autobiographien, von denen *Moll Flanders* (1722) sein dritter, den Kavaliersmemoiren und dem Robinson ebenbürtiger Meisterroman wurde. Moll, die uneheliche Tochter einer Diebin, führt uns in ihrem Ichbericht in die Verbrecherwelt, wie *Roxana* (1724) in das Dirnenmilieu, aber nach allerhand Abenteuern endet die Geschichte erbaulich. Das Moralisieren wirkt oft unpassend, und das Seelenbild der Heldin erscheint uns zu sehr vereinfacht, aber die Kunst spannender Erzählung und die unverschönte Wirklichkeitswiedergabe begründeten den realistischen Roman der neuen Zeit.

Selbst Jonathan Swift[35] (1667–1745), der Defoe an Bildung, Geist und Stil weit überlegen war, übernahm in seinem volkstümlichsten Buch die von seinem stets abfällig erwähnten Vorläufer entwickelte Gattung und ihre Kunstmittel, aber verbitterter Menschenhaß machte ihn mehr zu einem Meister der Satire als des Romans. Er begann mit der etwa 1696 geschriebenen, 1704 gedruckten *Tale of a Tub*, der Geschichte dreier Brüder, die Rom, die englische Kirche und Genf verkörpern; die Parabel ist so lebendig erzählt, wie Defoe es konnte, dabei umrankt von einer Fülle witzig geistvoller Abschweifungen in schlichter, aber nie nachlässiger Prosa, die mühelos von derber Satire zu erhabenem Ausdruck aufsteigen kann. Schon in diesem unnachahmlichen und bezeichnendsten Buch erwies sich Swift, der damals Sekretär bei Sir William Temple war, als die stärk-

[35] Prose Writings ed. H. Davis, 14 Bde., Oxf. 1939–1968. Poems ed. H. Williams, 3 Bde., Oxf. ²1958; Journal to Stella ed. H. Williams, 2 Bde., Oxf. 1948; Gulliver's Travels and Other Writings ed. L. A. Landa, Boston 1960; Tale of a Tub and Battle of the Books ed. A. C. Guthkelch and D. N. Smith, Oxf. ²1958; Einzelausgaben EL, WC, PEL. Correspondence ed. H. Williams, 5 Bde., Oxf. 1963–5. – R. Quintana, S.: An Introduction, Lo. 1955; D. Ward, J. S.: An Introductory Essay, Lo. 1973; R. Quintana, The Mind and Art of J. S., N.Y. u. Lo. ²1953; I. Ehrenpreis, S.: The Man, His Works and the Age, 3 Bde., Cambr., Mass., u. Lo. 1963ff. (i. E.).

ste geistige Kraft seiner Zeit, doch blieb sein Schriftstellertum dauernd politischen und religiösen Zwecken dienstbar oder ironischen Belustigungen des Witzes wie in *The Battle of the Books* (1697, publ. 1704), worin die Streitfrage der Alten und Modernen von den Büchern selber ausgefochten wird.

Nach Temples Tod (1699) kehrte Swift in seine Geburtsstadt Dublin zurück, wo er eine Pfarre erhielt, und versuchte vergeblich, durch whiggistische Flugschriften politischen Einfluß zu gewinnen. Auch der Übertritt zu den Tories (1710) und die Schriftstellertätigkeit in London erfüllten diesen Ehrgeiz nicht; sie verschafften ihm zwar das Dekanat von St. Patrick in Dublin, aber beim Fall des Tory-Ministeriums und Tod der Königin Anna gab Swift alle Hoffnungen auf und kehrte verzweifelt nach Irland zurück. Das bedeutete auch das Ende der brieflichen Aussprache mit Esther Johnson (*Journal to Stella,* 1710–1713), die er einst in Temples Haus kennenlernte und der er vertrauter als den Freunden seinen Alltag und seine Zuneigung erzählte, wiewohl auch dies Verhältnis durch die Beziehungen zu Esther Vanhomrigh durchkreuzt und getrübt wurde. Swifts selbstische Veranlagung ließ ihn nun einmal mit der Welt nicht in Frieden leben, auch die irische Beschwerden verteidigenden Flugschriften, wie die *Drapier's Letters* (1724), sind nicht aus Liebe zu Irland geschrieben.

So mußte auch sein Hauptwerk *Travels into several Remote Nations of the World by Lemuel Gulliver* (1726) zur Satire werden. In der Form eines Defoeschen erfundenen Reiseberichts erzählt er die Erlebnisse eines Schiffsarztes bei den Zwergen in Lilliput, deren kirchliche und politische Streitereien lächerlich klein erscheinen, bei den Riesen in Brobdingnag, die menschliche Körperlichkeit in erschreckender Vergrößerung zeigen, bei den Philosophen von Laputa, die alle Befähigung für praktisches Leben verloren haben, und bei den klugen Pferden im Lande der Houyhnhnms, denen die widerlichen, menschengestaltigen Yahoos dienstbar sind. Satirisch wird der Kontrast zwischen dem Ideal eines vernunftbestimmten Lebens und triebbeherrschter Wirklichkeit so verschärft und verzerrt, daß am Ende der Wert menschlichen Daseins überhaupt in Frage steht. Die fortschreitende Verdüsterung seines Gemüts führte nach Stellas Tod (1728) zu einer Verschlimmerung seines Leidens, das schließlich in geistiger Umnachtung endete. Er schrieb in dieser letzten Zeit nur wenig, und dies Wenige zeigt allzu deutliche Spuren eines mit der Welt zerfallenen Geistes, wie die grimmige Satire *A Modest Proposal* (1729), die zur Linderung der irischen Not empfiehlt, die Kinder der Armen zu schlachten und ihr Fleisch in England zu verkaufen. Sein ganzes Werk bietet das Schauspiel eines im inneren Widerspruch sich zerreibenden großen Geistes und großen Herzens, während eine alltäglichere Persönlichkeit wie Richardson eine ausgewogenere künstlerische Leistung erreichte.

3. Der empfindsame Roman Richardsons und der realistische Roman Fieldings und Smolletts

Der bürgerliche Drucker SAMUEL RICHARDSON[36] (1689–1761) mußte der Lieblingsautor des bürgerlichen Publikums werden, weil er dessen Sehnsucht nach der Schilderung liebender und duldender Herzen, die im neuen Wirklichkeitsroman zu kurz gekommen war, mit seinen empfindsamen Erzählungen erfüllte. *Pamela, or Virtue Rewarded* (1740–1741), aus einem Briefsteller und moralischen Ratgeber erwachsen, um den man den bürgerlichen Drucker gebeten hatte, ist die in Briefen erzählte Geschichte eines Dienstmädchens, das den Verführungen des Sohnes ihrer Herrschaft widersteht, bis er sie heiratet, und das dann in würdevoller Geduld ihrem leichtfertigen Gatten ein Vorbild gibt. Man kann diese Tugend eine Politik der Ehrbarkeit nennen, aber man kann die Lebenswahrheit dieses Charakterbildes nicht bestreiten. Die Richardsons Begabung entsprechende Briefform erweiterte den rückblickenden Defoeschen Ichbericht um die Zukunftsspannung und ermöglichte – ebenso wie das Tagebuch, das Pamela in ihrer Haft führt – die spontane und detaillierte Nachzeichnung des Gemüts- und Empfindungslebens der Heldin bis in die feinsten Verästelungen.

Diese Karte des menschlichen Herzens wurde reicher und weiter in der siebenbändigen *Clarissa Harlo*we (1747–1748), die Richardsons europäischen Ruhm begründete. In Briefen der Heldin an ihre Freundin und des sie bedrängenden Verführers Lovelace an seinen Freund entwickelt sich diese Geschichte von Liebe, Schuld und Sühne, weiter ausgreifend als im ersten Roman, figurenreicher und in der Umweltschilderung auch Hogarthsche Deutlichkeit nicht scheuend. Das einfühlende Sichhineinversetzen in die handelnden Personen ist unvergleichlich und erklärt das Urteil Dr. Johnsons, der in einem Brief Richardsons mehr Kenntnis des menschlichen Herzens sah als im ganzen Tom Jones. Daß anderseits Clarissas Gegenspieler von außen zusammengebaut erscheint, war bedingt durch die unmögliche Forderung, ihn so gut zu machen, daß er eine Clarissa betören, und so schlecht, daß er schändlich an ihr handeln konnte. Richardson kannte die männliche Seele weniger gut; dies beeinträchtigt auch Richardsons letzten und technisch besten Roman *Sir Charles Grandison* (1753–1754), dessen von Entführung zu Vermählung führende Handlung im Helden das Bild eines allzu vollkommenen gentleman malt.

Die moralische und künstlerische Enge Richardsons überwand sein so

[36] Novels ed. W. L. Phelps, 19 Bde., Lo. 1902 (repr. N.Y. 1971); ed. W. King and A. Bott, 18 Bde., Oxf. 1929–31; Pamela EL 683–4; Clarissa EL 882–5. Selected Letters ed. J. Carroll, Oxf. 1964. – T. C. D. Eaves and B. D. Kimpel, S. R.: A Biography, Oxf. 1971; A. D. McKillop, S. R.: Printer and Novelist, Chapel Hill, N.C., 1936; M. Kinkead-Weekes, S. R.: Dramatic Novelist, Lo. 1973; S. R.: A Collection of Critical Essays ed. J. Carroll, Englewood Cliffs 1969.

völlig anders gearteter Zeitgenosse HENRY FIELDING[37] (1707–1754), der, nachdem er ursprünglich mit Lustspielen und satirischen Schriften hervorgetreten war, in *The History of the Adventures of Joseph Andrews and of his Friend Mr. Abraham Adams* (1742) eine Entgegnung auf Richardson schrieb: Ließ Richardson die Keuschheit Pamelas gefährdet sein, so Fielding die ihres Bruders, und in der reichen Abenteuerfolge mit ihren vielen Personen werden Geziertheit und Dünkel durch rauhe Natürlichkeit lächerlich gemacht. Im eigentlichen Mittelpunkt steht jedoch nicht Joseph oder Lady Booby, sondern Parson Adams, der Ahnherr einer langen Reihe von Literaturgeistlichen, ein englischer Don Quijote, der die christlichen Wahrheiten gelehrt zu verteidigen, aber auch mit dem Knotenstock zuzuschlagen weiß. Es handelt sich weniger um Satire als um einen neuen, komischen Roman, der unter Verzicht auf Defoes vorgetäuschte Berichterstattung und Richardsons Briefeinkleidung die Überzeugungskraft einzig der lebenswahr wirkenden Darstellung der erdichteten Gestalten überließ und dem Autor eine allwissende Zuschauerrolle einräumte. Das dichtungstheoretische Vorwort, dessen Grundlinien in den berühmten Einleitungskapiteln des Tom Jones voller entfaltet werden, enthält Fieldings bekannte Definition des Romans als eines 'comic epic poem in prose', eine Definition, die keineswegs eine neue Literaturprovinz begründete, sondern an eine längere Tradition anknüpfen konnte. Als Quelle des Komischen legte Fielding die Verstellung ('affectation') in ihren Hauptformen der Heuchelei und Eitelkeit bloß, deren Demaskierung die Diskrepanz von Schein und Sein aufdeckt.

Wahrscheinlich schon vor dem Joseph Andrews entstand die Verbrecherbiographie *The History of the Life of Mr. Jonathan Wild the Great* (1743), eine tödliche Satire auf Walpole, die unter der Maske eines kühlen Berichts mit Swiftscher Grausamkeit die These erhärtet, daß Größe, die nicht mit Güte gepaart ist, für die Menschheit einen Fluch bedeutet. 1749 folgte das Meisterwerk *The History of Tom Jones, a Foundling,* das noch überzeugender als Joseph Andrews eine Umwelt wimmelnden Lebens erschuf, indem Fielding die Handlung nicht mehr von außen her ordnete, sondern von innen entfaltete als Auswirkung zahlloser freundlicher und feindlicher Begegnungen der Personen mit dem Leben. Damit stehen die Hauptfiguren vor dem reichen Hintergrund englischen Menschentums der Zeit, und aus dem Hin und Her der Handlung, das der lächelnd beiseite-

[37] Works ed. E. Gosse, 12 Bde., Lo. 1898–99; ed. W. E. Henley, 16 Bde., N.Y. u. Lo. 1903 (repr. N.Y. 1967); Wesleyan Edition ed. W. B. Coley u. a., Oxf. u. Middletown, Conn., 1967ff. (i. E.); Einzelausgaben EL, WC, PEL, OEN. – F. H. Dudden, H. F.: His Life, Works, and Times, 2 Bde., Oxf. 1952; M. C. Battestin, The Moral Basis of F.'s Art: A Study of Joseph Andrews, Middletown, Conn., 1959; A. Wright, H. F.: Mask and Feast, Berkeley 1965; G. W. Hatfield, H. F. and the Language of Irony, Chicago 1968; H. F. und der englische Roman des 18. Jahrhunderts ed. W. Iser, Darmstadt 1972.

stehende Autor zum Komödienende lenkt, erwächst das Bild einer ganzen Epoche. In einer ausgewogenen Dreigliederung der Struktur spielen je sechs der insgesamt 18 Bücher auf dem Lande, auf der Landstraße und in London. Überlegen knüpft Fielding alle Fäden des überaus komplizierten Handlungsgefüges zu einem makellosen Gesamtmuster und entfaltet ein Panorama der zeitgenössischen Gesellschaft und eine Lebensvielfalt, wie sie bis dahin kein anderer englischer Roman eingefangen hatte. Anders als Richardson zeigt Fielding eine verstehende Beurteilung menschlichen Irrens; denn die Wahrheit liegt für ihn nicht in einer rigorosen Moralphilosophie oder kirchlicher Dogmatik, vielmehr erscheinen Duldsamkeit und Herzensgüte als die dem Menschen gemäßen Maßstäbe. Dies Duldsamkeitsevangelium blieb, aber die langjährige Erfahrung Fieldings als Londoner Friedensrichter (ab 1748) änderte den Ton. Das Streben nach Besserung der Gesetzgebung und Abhilfe von Übeln, das er in mehreren Denkschriften erwies, ließ seinen letzten, Sozialreformen fordernden Eheroman *Amelia* (1751) zwar weniger zeitlos und allgemeingültig werden als das komische Epos Tom Jones, aber ebenso lebendig in der Sittenschilderung und noch vollständiger in der Menschendarstellung. Die lässig behagliche Erzählform, die hier, wie in allen Büchern Fieldings, herrscht, ist eine vorbildliche englische Romanform geblieben.

Mittlerweile war der Roman die beliebteste und für die Verfasser einträglichste Literaturgattung geworden. Das machte sich ein geborenes Erzählertalent wie Tobias George Smollett[38] (1721–1771) zunutze und verwob seine eigenen Londoner und Schiffsarzterfahrungen zu einer Abenteuerfolge im Stil von Lesages Gil Blas unter dem Titel *The Adventures of Roderick Random* (1748), die man als ersten Seeroman bezeichnen kann. Der Realismus ist härter und pessimistischer als bei Fielding, aber die flotte Erzählweise und die Seemannsoriginale täuschen darüber hinweg. In diesem rasch hingeworfenen Gegeneinandersetzen menschlicher Temperamente in aufregenden oder possenhaften Geschehnissen lag Smolletts Stärke und nicht in Charakterdeutung oder kunstvollem Aufbau. Noch deutlicher zeigt das der nächste Roman *Peregrine Pickle* (1751, umgearbeitet 1758), der weniger durch den Titelhelden fasziniert als durch die exzentrischen Nebenfiguren, vor allem den alten Seebären Commodore Hawser Trunnion, der in seinem Landhaus wie in einer Garnison lebt. Damit hatte Smollett sein Seemannsgarn ausgesponnen und war fortan, und nicht zum Vorteil, auf freie Erfindung angewiesen. Aus dieser vielfältigen Schreiberei zeigt der letzte Roman, *The Expedition of Humphry*

38 Works ed. W. E. Henley and T. Seccombe, 12 Bde., Lo. 1899–1901; Novels (Shakespeare Head Edition), 11 Bde., Oxf. 1925–26; Einzelausgaben EL, WC, PEL, OEN. Letters ed. L. M. Knapp, Oxf. 1970. – L. M. Knapp, T. S.: Doctor of Men and Manners, Princeton, N. J., 1949 (repr. N.Y. 1963); G. M. Kahrl, T. S.: Traveler-Novelist, Chicago 1945; R. Alter, Rogue's Progress: Studies in the Picaresque Novel, Cambr., Mass., 1964.

Clinker (1771), einen unerwarteten Aufstieg. Duldsamer und witzig erzählt er die Erlebnisse des hypochondrischen, aber im Grunde gutherzigen Junggesellen Mr. Bramble, der sich mit seiner bereits ältlichen, mannstollen Schwester, seinem stutzerhaften Neffen, seiner sentimentalen Nichte und einer Bediensteten auf eine Bade- und Erholungsreise begeben hat, die von Wales über Bath und London nach Edinburgh und in die schottischen Hochlande führt, wobei lustige Abenteuer mit Sittenschilderungen und politischen Gesprächen abwechseln. Der strukturell das pikarische Vorbild mit dem Reisebericht verbindende Roman ist in der Briefform abgefaßt. Aber anders als bei Richardson dienen die Briefe nicht der Gefühlsanalyse, sondern der Selbstcharakterisierung und dem Humor, der sich aus der Relativität der so verschiedenartigen Reaktion der einzelnen Temperamente auf dieselben Szenen ergibt. Es ist Smolletts reifstes Werk.

4. Sterne, Goldsmith und die Nachfolge des großen Romans

Die Romanform war gegründet. Auch Smollett hatte sich ihr, wenn auch mit sorgloser Handwerkskunst, gefügt; LAURENCE STERNE[39] (1713–1768) stellte sie auf den Kopf. Sein Roman *The Life and Opinions of Tristram Shandy* (1760–1767) ließ den Titelhelden erst im vierten Band geboren werden und bald wieder verschwinden, ersetzte die fortlaufende Geschichte durch unaufhörliche Abschweifungen und gab statt eines geschlossenen Weltbildes eine Aneinanderreihung von Einfällen. Alle Handlung ist in den Dialog gelegt, und in diesen der Lockeschen Ideenassoziation gemäß Thema mit Thema verknüpfenden Reden enthüllt sich das geistige Bild der Sprecher in einer die herkömmliche Charakterdarstellung weit übertreffenden subtilen Kunst. Die in weiser Begrenzung ausschließlich der bürgerlichen Mittelschicht entnommenen Personen haben alle ihr Steckenpferd (entsprechend der philosophischen Lehre von der ruling passion), und durch die Gruppierung jeweils zweier, sich gegenseitig herausstellender Charaktere mit der genauesten Aufzeichnung aller Gesten und Eigenheiten und in der geruhsamen Darstellung der mit der Uhrzeit sich nicht deckenden erlebten Zeit (Lockes Dauer) ergibt sich eine greifbare Verlebendigung des kleinsten Gefühlsspiels menschlicher Beziehungen. Das engmaschige Netz von Ironie, erklärendem Dreinreden und humorvoller Anteilnahme, mit dem Sterne alle Szenen umspann, vermit-

[39] Works ed. W. L. Cross, 12 Bde., N.Y. 1904; ed. D. Grant, Lo. 1950 (Reynard Library Series); Tristram Shandy ed. I. Watt, Boston 1965 (Riverside Ed.); Einzelausgaben EL, WC, OEN. Letters ed. L. P. Curtis, Oxf. 1935. – L. Hartley, L. S.: A Biographical Essay, Chapel Hill, N. C., 1968; J. M. Stedmond, The Comic Art of L. S.: Convention and Innovation in Tristram Shandy and A Sentimental Journey, Toronto 1967; L. S.: A Collection of Critical Essays ed. J. Traugott, Englewood Cliffs 1968; The Winged Skull: Papers from the L. S. Bicentenary Conference, Kent, Ohio, u. Lo. 1971.

telt unwillkürlich auch dem Leser des Dichters Empfindsamkeit und Mitfühlen. Diese Darstellungsart, für die Sterne den Ausdruck 'sentimental' prägte, wie es seine unvollendete *Sentimental Journey through France and Italy* (1768) am deutlichsten dartut, gewann die Herzen Europas um so mehr, als der durch Tränen lächelnde Humor nach Goethes Worten die Seele befreite und neben dem Duldsamkeits- und Mitleidsevangelium Herzensweisheit und eine große Freiheit des Geistes offenbarte. Wenn Goethe hinzufügte, daß Sterne in nichts ein Muster und in allem ein Andeuter und Erwecker gewesen sei, so wird die Wahrheit dieses Lobes und dieser Warnung durch die zahllosen Nachbeter des sentimentalen Romans erwiesen, von denen Henry Mackenzie (1745–1831) mit seinem *Man of Feeling*[40] (1771) der bekannteste geblieben ist.

Wie eine Befreiung wirkt dieser Rührseligkeit gegenüber das literarische Werk von Oliver Goldsmith[41] (1730–1774), von dessen Zeitschrift und Essaykunst bereits die Rede war (s. S. 173).

Eine seiner Essaysammlungen (*The Citizen of the World*, 1726) enthält die chinesischen Briefe, die er einen verbannten Mandarin an seinen Pekinger Freund schreiben läßt. Der Kunstgriff, durch einen neuen Blickpunkt die Dinge aus ihrer unbesehen hingenommenen Alltäglichkeit in eine ihren wirklichen Wert zeigende Beleuchtung zu rücken, gab Anlaß zu lächelnden oder satirischen Betrachtungen über englisches Leben, Sitte und Schrifttum. Dieser Brauch orientalischer Verkleidung, den Montesquieu und Voltaire in Mode gebracht und Dr. Johnson in seinem philosophischen Lehrroman *Rasselas* (1759) übernommen hatte (s. S. 181), wandelte sich später aus spöttischer Aufklärung zu geheimnisvoller Romantik. William Beckford (1759–1844) begann seinen Roman *Vathek* (französisch geschrieben 1783, gedruckt 1787, englische Übersetzung vorher erschienen 1786)[42] in dem leicht spöttelnden Ton Voltaires, ließ sich dann aber von dem Rauschhaften der orientalischen Phantasie gefangennehmen und gab seinem Kalifen eine faustisch unersättliche Natur.

Übrigens erfuhr auch Goldsmiths berühmtestes Werk, der Roman *The Vicar of Wakefield* (1762, gedruckt 1766), eine ähnliche Wandlung während der Ausführung, denn er sollte ein komisches, gegen billige Empfindsamkeit gerichtetes Idyll werden und wurde ein Wunschbild dessen, was Goldsmith in seinem Wanderleben nicht vergönnt war, ein Idyll friedlicher Häuslichkeit und menschlicher Mildtätigkeit. Um des Charakterbildes des Landpfarrers willen, den wir auf seinem Lebensgang durch

40 ed. B. Vickers, Lo. 1967 (OEN).

41 Collected Works ed. A. Friedman, 5 Bde., Oxf. 1966; Collected Letters ed. K. C. Balderston, Cambr. 1928; Poems and Plays EL 415; Poems WC 123. Vicar of Wakefield EL 295 und WC 4; Citizen und Bee EL 902. – R. M. Wardle, O. G., Lawrence, Kans., 1957; A. L. Sells, O. G.: His Life and Works, Lo. 1974.

42 ed. R. Lonsdale, Lo. 1970 (OEN); zusammen mit Rasselas und Castle of Otranto EL 856. Vgl. S. 211.

Freud und Leid begleiten, sagte Goethe von dem Roman, er behandle den schönsten Gegenstand einer modernen Idylle; und die Mängel oder Gewaltsamkeiten der Erfindung treten über der Stimmung und Darstellungskunst nicht in Erscheinung. Ein unglücklicher Vertrag beraubte den Verfasser der dem großen Erfolg des Buches entsprechenden Einkünfte; er blieb der von der Hand in den Mund lebende Schriftsteller, der sich mit erstaunlichem Geschick auf allen Gebieten betätigte: als Dichter mit der von Lehrhaftigkeit zum Erlebniston sich durchringenden Reimpaardichtung *The Deserted Village* (1770), als Dramatiker mit der glänzenden Komödie *She Stoops to Conquer* (1773, s. S. 186), als Historiker mit einer englischen, römischen und griechischen Geschichte und als Biograph mit einer Lebensgeschichte des bekannten Beau Nash.

5. Dr. Samuel Johnson

Das vielfältige Schriftstellertum Goldsmiths wie auch seine Persönlichkeit wurde im Urteil der Zeit überschattet von der bis zur Schwerfälligkeit gewichtigen Art des Dr. Samuel Johnson[43] (1709–1784), der sich mühsam eine beherrschende Stellung in der damaligen literarischen Welt erarbeitete. Zuerst versuchte er seine selbsterworbenen Kenntnisse in der Führung einer Privatschule nahe seinem Geburtsort Lichfield zu verwerten, zog aber 1737 nach London, um sein Brot als Schriftsteller zu erwerben. Er schrieb Aufsätze für Zeitschriften, Lebensbeschreibungen, Berichte über Parlamentsdebatten und versuchte sich auch in lateinischen und englischen Versen, von denen die Dichtung *London* größere Beachtung fand. Johnsons Dichtergabe ist klein, er ist der Humanist, der nach antiken Vorbildern Allgemeingültiges geben will, aber sein männlicher Stil und würdevoller Vortrag hat einen eigenen Klang.

Vollendet zeigte sich das in Johnsons zweiter Epoche (1748–1760) in seiner längsten und besten Dichtung, *The Vanity of Human Wishes* (1749), die in glänzender Moralberedsamkeit die Eitelkeit des Ruhms und der Macht an Beispielen erläutert. Auch der diesen Dichtungen anzureihende Tragödienversuch *Irene* (1736, aufgeführt 1749) ist eigentlich eine Folge poetischer Gespräche über ethische Themen, wie sie sich in ungebundener Sprache im Lehrroman *Rasselas* wiederholen. Diese Laienpredigten der

[43] Yale Edition of the Works ed. A. T. Hazen u. a., New Haven u. Lo. 1958ff. (i. E.); Poems ed. D. N. Smith and E. L. McAdam, Lo. ²1951 (OET); Essays from the Rambler, Adventurer, and Idler ed. W. J. Bate, New Haven u. Lo. 1968; Rambler (Auswahl) EL 994; Lives of the Poets ed. G. B. Hill, 3 Bde., Oxf. 1905; EL 770–71; WC 83–84, Critical Essays ed. W. R. Keast, N.Y. 1955. Letters ed. R. W. Chapman, 3 Bde., Oxf. 1952; WC 282 (Auswahl). – J. W. Krutch, S. J., Lo. 1948; W. J. Bate, The Achievement of S. J., N.Y. 1955; M. J. C. Hodgart, S. J. and his Times, Lo. 1962; J. Wain, S. J., Lo. 1974.

Lebensweisheit, die in zahlreichen Besprechungen, Vorreden und Zeitschriftenaufsätzen – im *Rambler* (1750), *Adventurer* (1753–1754) und in den *Idler*-Artikeln der Universal Chronicle (1758–1760) – ihre ansprechende Gestalt fanden, zeigen das Wesen von Johnsons Lebenshaltung und Stil. In ihnen tritt uns der in seinem Aussehen und Benehmen ungeschlachte Mann entgegen, der in schweren Gemütsbedrückungen das Alleinsein fürchtete, in Geselligkeit und Freundschaft Trost suchte und immer wieder im Vertrauen auf Gott den letzten, sicheren Halt fand. Daher erklärt sich seine Prosa, die, wenn sie auch gelegentlich vertraute Wendungen wählt, doch in mühsamem Suchen nach dem Wort, nach gedrängter Fassung etwas Schweres, feierlich Eindrucksvolles behält. Fester noch als durch die Tagesschriftstellerei wurde Johnsons Ansehen durch das große englische Wörterbuch gegründet, das er ohne Unterstützung, nur auf sich selbst angewiesen, in übermenschlicher Arbeit 1755 fertigstellte. Das Ziel dieses *Dictionary of the English Language* war weniger historisch als gesetzgeberisch, und in der Tat bestimmte es auf lange Zeit den Sprachgebrauch.

Trotz solcher Berühmtheit blieb Johnsons Einkommen kärglich; erst in seiner dritten Epoche (1760–1772) verschaffte ihm eine Pension die Muße, die in den Unterhaltungen des 1763 gegründeten 'Club' ihren schönsten Ausdruck fand, und wofür er in der *Shakespeare*ausgabe von 1765 der Nation ein wissenschaftliches Gegengeschenk erstattete. Johnsons 1763 mit James Boswell geschlossene Freundschaft wurde auch für die Nachwelt von Bedeutung durch die einzigartige, Gespräche, Anekdoten und Briefe in den Ereignisbericht verwebende Lebensbeschreibung, die dieser schriftstellerisch ehrgeizige Jurist von seinem verehrten Freunde verfaßte (*Life of Samuel Johnson*, 1791)[44]. Die Gespräche gehören mit zu Johnsons Werk; sie ergänzen die politischen Schriften seiner letzten Epoche (1772–1784) und zeigen, wie auch manche Berichte anderer Biographen, daß Johnsons Schau weiter reichte als sein Verstand, dessen zeitbedingte Begrenzung uns Heutigen so offensichtlich ist. Das Werk, in dem Johnson sich am vollendetsten aussprach, war sein letztes, *The Lives of the English Poets* (ab 1777, gedruckt 1779–1785). Aus einem Buchhändlerauftrag zu Vorreden erwuchsen biographisch-kritische Abhandlungen, die Musterbeispiele darstellen eines die Dichtung verstandes- und empfindungsmäßig sorgsam abwägenden Kritikers, die übersichtlich in sich gegliedert und nach Dichtschulen geordnet sind, geschrieben in etwas gelockerter, prachtvoller Johnson-Prosa. Es ist in Stil und Denkhaltung das letzte Werk des englischen Klassizismus, ein Werk, das trotz des veränderten Geschmacks noch heute seine Lesbarkeit und Gültigkeit behauptet.

[44] ed. G. B. Hill, rev. L. F. Powell, 6 Bde., Oxf. 1934–50; OSA, EL 1–2.

6. Briefe und Tagebücher

Das 18. Jahrhundert schätzte die Kunst des Briefs, aber nicht als Form einer Herzensergießung, sondern als geistreiche Lebenskritik, die neben dem geistigen Bildnis des Schreibers inhaltliche Mitteilung und allgemeingültige Wertung enthielt. Beispielhaft dafür sind die Briefe des Staatsmannes LORD CHESTERFIELD[45] (1694–1773) an seinen natürlichen Sohn und Enkel. Sie stellen eine Anleitung zum gesellschaftlichen Erfolg dar, ein Handbuch des guten Tons und des Umgangs mit Frauen. Ähnlich bewußt sind die Briefe der Lady MARY WORTLEY MONTAGU[46] (1689–1762), deren wichtigste aus der Türkei, wo ihr Gatte Gesandter war, an die geistreichen Männer und Frauen der englischen Gesellschaft gerichtet sind. Hier verschlingt sich die wirklichkeitsgetreue Mitteilung orientalischen Lebens mit weltklugen Urteilen über Literatur, Gesellschaft und Bildung. Herrscht schon in Montagus Briefen ein witzig-boshafter Plauderton, so zeigt der umfängliche Briefwechsel von HORACE WALPOLE[47] (1717–1797) eine Vorliebe, die großen Leute in Pantoffeln zu sehen; und die Hinneigung zu den „minutiae“ des menschlichen Lebens macht einen unterhaltsamen Begleittext des Zeitgeschehens daraus, der in dem Grazie erstrebenden Stil leicht und flüssig lesbar ist. Fast alle berühmten Leute und Schriftsteller werden erwähnt, und vor diesem Hintergrund sehen wir Walpoles Leben abrollen, von der mit Thomas Gray unternommenen Italienreise und dem politischen Leben seiner Abgeordnetenzeit zu der Beschäftigung mit Literatur und Kunstgeschichte auf seinem Landsitz Strawberry Hill bei Twickenham – dessen selbstgeschaffene „Gotik“ vom Klassizismus ebenso abrückt wie sein Roman *The Castle of Otranto* (s. S. 210) und die Tragödie *The Mysterious Mother* (1768) – bis zu der letzten, durch den Tod Grays und seiner Freundin Mme du Deffand vereinsamten Londoner Zeit. Walpoles dreitausend Briefe sind das wichtigste Selbstzeugnis aus der zweiten Hälfte des 18. Jahrhunderts.

Daneben gibt es eine Fülle von Tagebüchern aus allen möglichen Lebenskreisen. Einen neuen Ton in diese Memoirenliteratur bringt die leider unvollendete *Autobiographie*[48] (1771, 1781, 1788) von BENJAMIN FRANKLIN (1706–1790), nicht nur, weil es das erste klassische amerikanische Buch

[45] ed. B. Dobrée, 6 Bde., Lo. 1932; Auswahl WC 347 und EL 823.

[46] Complete Letters ed. R. Halsband, 3 Bde., Lo. 1966–7; Selected Letters ed. R. Halsband, Lo. 1971; EL 69. – Biographie von R. Halsband, Lo. 1956.

[47] Yale Edition of the Correspondence ed. W. S. Lewis u. a., ca. 50 Bde., New Haven 1937ff. (i. E.); Selected Letters ed. W. S. Lewis, 2 Bde., N.Y. 1926 (Lo. 1927); EL 775; Mysterious Mother und Castle of Otranto ed. M. Summers, Edinburgh 1924. – Biographie von W. S. Lewis, N.Y. 1961.

[48] EL 316 und WC 250; Fortsetzung der Autobiographie von N. G. Goodman, Philad. 1937. – Biographie von C. van Doren, N.Y. 1938; A. O. Aldridge, B. F.: Philosopher and Man, N.Y. 1965.

ist, sondern weil es der aristokratischen Alt-England-Kultur eines Chesterfield den dieser Kultur fernstehenden 'selfmade man' der neuen Welt gegenüberstellt. Die Fülle praktischer Lebensweisheit und die klare, humorgewürzte, jedermann verständliche Sprache machten das Buch in Amerika zum Volksbuch. Ebendarum wurde es, als Stimme aus der Neuen Welt, auch für Europa bedeutsam, um so mehr als die mangelnde seelische Weite wettgemacht wird durch eine humanitäre Lebensanschauung und die Botschaft, wie weit es der einfache Mensch in einer freien Welt bringen kann.

7. Geschichtsschreibung

Die Vorliebe für Memoiren hatte bis zu Clarendon die Geschichtsschreibung beeinflußt. Erst in der zweiten Hälfte des 18. Jahrhunderts finden wir nach französischer Anregung weitschauende historische Darstellung, wofür trotz aller Mängel des Philosophen HUME *History of England*[49] (1754–1761) das erste große Beispiel ist. Denn hier ist nach den leitenden Ideen im historischen Geschehen gefragt und der Versuch gemacht, die geistige und soziale Lage des Landes ebenso zu betonen wie die Chronik der politischen und religiösen Kämpfe. Diese Anregungen wurden weiter und gewissenhafter fortgeführt von dem Schotten WILLIAM ROBERTSON (1721–1793) in seinen Geschichtswerken über Schottland, Karl V. und Amerika.

Der einzige englische Historiker von europäischer Bedeutung war jedoch EDWARD GIBBON[50] (1737–1794), dessen Lebenswerk *The Decline and Fall of the Roman Empire* 1776, 1781 und 1788 erschien. Was man diesem größten englischen Geschichtswerk vorwarf, ist, abgesehen von einzelnen Irrtümern, die einseitige geschichtsphilosophische Haltung der Aufklärungszeit; um so großartiger ist die epische Abrundung dieser von der alten zur neuen Welt überleitenden Tragödie, die das lange Schattendasein menschlicher Kultur nach der glücklichen Zeit der Antonine in drei mächtigen Bogen umspannt, von Trajan bis zur Eroberung Roms durch die Goten, vom 6. Jahrhundert bis zum Reiche Karls des Großen und von da bis zur Eroberung Konstantinopels durch die Türken. Dem kunstvollen Bau entspricht eine künstlerische Darstellung, die große Räume und Massen souverän veranschaulicht, und ein Stil, der in unaufhaltsam weiterwogendem Rhythmus prunkhafte Perioden formt. Es ist ein Werk, das auch Schiller anerkannte und dem trotz reicher englischer Nachfolge einzig Macaulays Geschichtswerk verglichen werden kann.

[49] Über Hume s. S. 158; History ed. R. W. Kilcup, Chicago 1975.

[50] Gibbon's History ed. J. B. Bury, 7 Bde., Lo. ²1926–29; WC 35, 44, 51, 55, 64, 69, 74 und EL 434–36, 474–76. – Autobiography WC 139 und EL 511. – D. M. Low, E. G., Lo. 1937; H. L. Bond, The Literary Art of E. G., Oxf. 1960.

III. DAS DRAMA[51]

1. Die empfindsame Komödie[52]

Das Lustspiel des 18. Jahrhunderts ist mehr eine Angelegenheit des Theaters als der Literatur. Die schon in den letzten 'manners'-Stücken ausgesprochene Vorliebe für Possen nimmt zu und verschafft den schwülstige Trauerspiele verspottenden Burlesken von Art des FIELDINGschen *Tom Thumb* ein williges Ohr. *The Beggar's Opera* (1728) von JOHN GAY (s. S. 164), die als Singspielburleske die Oper parodiert, erreichte einen solchen Erfolg, daß eine förmliche Mode von 'Ballad-Operas' entstand, deren Erbe dann die Gilbert-Sullivan-Operette des 19. Jahrhunderts übernahm. Die aufs Wort gestellte Posse, welche durch Gays freches und geschicktes Singspiel zurückgedrängt worden war, konnte sich erst mit DAVID GARRICK (1717–1779) behaupten, dessen mit der Bühnenkenntnis des Schauspielers gebaute Lustspiele ab 1742 Erfolge einbrachten. Die hochentwickelte Schauspielkunst mußte in Possen, die mit Situationskomik, Doppelrollen, Parodien und 'humours' arbeiteten, dankbare Aufgaben sehen, und es ist nicht zufällig, daß außer Garrick auch andere Schauspieler als Lustspielverfasser auftreten.

Das unbekümmerte Possenlachen wird von der literarischen Komödie schon gegen Ende der Restaurationszeit durch Einmischen empfindsamer Töne gedämpft. COLLEY CIBBER[53] (1671–1757), dessen zwei Zeitalter verbindende Rolle seine Theatererinnerungen erzählen, die von Betterton bis Garrick reichen (*An Apology for the Life of Colley Cibber*, 1740), entwickelte daraus das volkstümlichem Geschmack entgegenkommende Lustspiel mit moralischem Ende. Im *Careless Husband* (1704) gab er das für die empfindsame Komödie gültige Muster der moralisch wirkenden Figur des gutherzigen Sünders, der fehlt, verurteilt wird und schließlich Verzeihung erlangt. Als bühnenkundiger Schauspieler vermied er aber langweilige Predigt und suchte seine Lehre durch Handlung und Figuren dramatisch darzustellen.

Dagegen ersetzte Sir RICHARD STEELE[54] (s. S. 172) auch in seinen besten

[51] A. Nicoll, History of Early Eighteenth Century Drama, 2 Bde., Cambr. ³1952; ders., History of Late Eighteenth Century Drama, 2 Bde., Cambr. ²1952. – A. Sherbo, English Sentimental Drama, Michigan 1957.

[52] Texte: Eighteenth Century Comedy ed. S. Trussler, Oxf. 1969; Burlesque Plays of the 18th Century ed. S. Trussler, Lo. 1969; Einzelausgaben in RRestDS; Gay, Fielding und Goldsmith WC 292 (Eighteenth Century Comedy) und EL 818 (Eighteenth Century Plays).

[53] Dramatic Works, 5 Bde., N.Y. 1966 (Neudruck der Ausgabe von 1777); Careless Husband in RRestDS; Apology EL 668.

[54] Plays ed. S. S. Kenny, Oxf. 1971; ed. G. A. Aitken, Lo. ²1903 (MS); Conscious Lovers in WC 292, RRestDS. – S. auch Anm. 31.

Komödien *The Lying Lover* (1703) und *The Conscious Lovers* (1722) die komische Kraft durch ethische Werte und verschob den Ton vom Lachen auf Mitleid und Entrüstung. Diese schon die Grenze zum ernsten Drama berührende Form, die von den Franzosen zur Zwischengattung des 'drame' weiterentwickelt wurde, läßt die scharfe Wirklichkeitsbeobachtung zurücktreten zugunsten rührender Szenen und edelmütiger Phantasiegestalten. Hugh Kellys[55] (1739–1777) erfolgreiches *False Delicacy* (1768) macht die Bühne zu einer Schule der Tugendlehre, und andere Stücke desselben Verfassers beleidigen unser künstlerisches und sittliches Gefühl durch ein mit unverdienter Verzeihung herbeigeführtes gutes Ende. Der Geschmack der Zeit Richardsons ertrug das, und Richard Cumberland (1732–1811) setzte die Art Kellys einfach fort, obwohl er ein guter Beobachter war und Menschen und Auftritte lebendig machen konnte. Er will die Zielscheiben des Lustspielspottes retten, gewinnt in *The Brothers* (1769) dem Pantoffelhelden Anteilnahme und in *The West Indian*[56] (1771) dem Neureichen; überall siegt die Tugend, die oft mehr im rauhen Pflanzerleben zu Hause ist als in bildungsstolzen städtischen Kreisen. Das ging nicht ohne Versüßung der Wirklichkeit ab, und da auch das Lachen nicht mehr zu seinem Rechte kam, forderte Goldsmith in seinen *Essays on the Theatre, or a Comparison between Laughing and Sentimental Comedy* (1772), daß eine Komödie vor allem unterhaltsam sein müsse.

2. Goldsmith und Sheridan

Dieser im Namen vieler ausgesprochene Protest wendete sich gegen die rührselige Empfindelei der 'comédie larmoyante', nicht gegen das Gefühl an sich. Goldsmith[57] berief sich auf George Colman d. Ä. (1732–1794), der, von Hogarths Marriage à la Mode-Bildern angeregt, in *The Clandestine Marriage* (1766 zusammen mit Garrick) ein dem Lachen Raum gewährendes Sittenstück gegeben hatte. So suchte Goldsmith in *The Good-Natur'd Man* (1768) natürliche Empfindung gegen modische Zimperlichkeit auszuspielen und dem Humor sein Recht zu gönnen. Was in diesem Erstling noch mangelhaft war, ist in dem bühnengerechten zweiten Lustspiel *She Stoops To Conquer* (1773) spielend gemeistert; es ist eine Komödie der Irrungen, die in Stimmung und Figuren an die Phantasiewelt von Shakespeares romantischen Komödien gemahnt und sich noch heute im Bühnenspielplan behauptet.

Noch wirkungsvoller in der Abwehr der romantischen Schule und ebenfalls noch heute gültig ist die von Goldsmith völlig verschiedene Ko-

55 Works with Life, Lo. 1778.

56 In: 18th Century Plays EL 818.

57 Plays ed. A. Dobson und G. P. Baker, Boston 1905, und in EL 415; She Stoops to Conquer ed. A. N. Jeffares, Lo. 1965; s. auch Anm. 41.

mödie von RICHARD BRINSLEY SHERIDAN[58] (1751–1816). Seine *Rivals* (1775) bedeuteten eine im Congreveschen Geiste vollzogene Vereinigung einer empfindsamen Intrigenhandlung mit schon durch die Namen herausgestrichenen 'humours'-Charakteren. Es herrscht die scharfe, klare Luft der Restaurationskomödie, die allerdings stärker als Goldsmiths Humor das Possenhafte hervortreten läßt. Stieß auch das Stück bei seiner Erstaufführung auf Ablehnung, so blieb doch der Theatererfolg Sheridan, vor allem bei seiner besten Komödie, *The School for Scandal* (1777), bis auf den heutigen Tag treu; denn trotz des moralischen Zieles, gesellschaftliche Lüge und Heuchelei bloßzustellen, fehlt der Lästerschule alle Predigtbeschwerung, weil das Komische nicht im Menschen, sondern in seinem gesellschaftlichen Gebaren gesehen wird, und ein beständiges Funkeln des Witzes die rasche und leichte Handlungsführung begleitet.

3. Die klassizistische Tragödie

Gegenüber der sprudelnden Lebendigkeit der Komödie wirkt die Tragödie des 18. Jahrhunderts verstaubt, die unheldische Zeit fand nicht den rechten Tragödienton und neigte zu blutloser Deklamation oder verfiel in Schwulst. Dennoch ist das ernste Drama ein besserer Ausdruck des klassizistischen Kunstwollens als die nur dem Tagesbedürfnis dienende Komödie. Der Ton wurde angegeben von AMBROSE PHILIPS' ausgezeichneter Racine-Bearbeitung *The Distrest Mother* (1712), der ein Jahr darauf ADDISONS begeistert aufgenommener *Cato* folgte[59]. Frankreich ist also das Vorbild, in dessen Nacheiferung man die Einheiten betont, Nebenhandlungen und Personenzahl beschränkt und verstandesmäßige Klarheit anstrebt. Der uns unverständliche Erfolg des Cato mit seinem streckenweise öden Dialog und den blassen, Grundsätze verkörpernden Hauptfiguren erklärt sich aus der politischen These. Addison wollte die ihm bedroht erscheinende Freiheit im whiggistischen Sinne rechtfertigen, und diese freiheitsbegeisterte Vaterlandsliebe ist im Drama zu so allgemeingültigen und -verbindlichen Sätzen gesteigert, daß man das ganze Stück als Ausdruck des philosophisch-ethischen Glaubensbekenntnisses der Zeit empfand. So konnte dies sich nur an den Verstand richtende Trauerspiel durch seine gewissermaßen unbewußte Gefühlswirkung zum Tragödienmuster werden.

Von den vielen Vertretern der klassizistischen Tragödie ist nächst Addison der Jahreszeitendichter JAMES THOMSON[60] der bedeutendste. Seine

[58] Plays and Poems ed. R. C. Rhodes, 3 Bde., Oxf. 1928, N.Y. ²1962; The Dramatic Works ed. C. Price, 2 Bde., Oxf. 1973; EL 95; WC 79. Letters ed. C. Price, 3 Bde., Oxf. 1966. – M. Bengham, Sheridan: The Track of a Comet, Lo. 1972.

[59] In EL 818 und WC 313 (Restoration Tragedies).

[60] Vgl. S. 164, Anm. 16. Für die Dramen ist die alte Ausgabe der Works, 4 Bde., 1750–52, zu Rate zu ziehen; sämtliche Trauerspiele übersetzt von G. E. Lessing, Lpzg. 1756.

als Racinestück gedachte *Sophonisba* (1730) läßt indessen kalt, da er aus der Liebenden eine Patriotin machte, wofür diese Figur weniger geeignet sein mußte als der philosophische Cato. Auch seinen anderen klassizistischen Vorwürfen fehlt es an Blut, und der Erfolg von *Edward and Eleonora* (1739) und *Tancred and Sigismunda* (1745) beruhte auf dem „gotisch"-mittelalterlichen Stoff. In diesen Gegensätzen einer würdevollen Kälte (wie in Dr. JOHNSONS *Irene*, 1749) und eines ungereimten Geschehens (wie in HORACE WALPOLES *Mysterious Mother*, 1768) bewegte sich die von Garricks Schauspielkunst ermunterte Tragödienflut nach der Jahrhundertmitte.

4. Das bürgerliche Trauerspiel

Im Einspruch gegen diese Lebensferne suchte die von NICHOLAS ROWE[61] (1674–1718) ausgehende pathetische Schule ein stärkeres menschliches Mitfühlen zu erreichen. Rowe berief sich auf Otway, dessen Blankversmuster er befolgte, und auf Banks, dessen weibliche Helden er übernahm. Daß es in neuem Geiste geschah, bewies *The Fair Penitent* (1703) mit dem Thema des bemitleidenswerten Kampfes einer Frauenseele: Calista, das Opfer Lotharios und die Verlobte des ahnungslosen Altamont, wird von Reue und geteilter Liebe zerrissen und stirbt, als ihr Liebhaber die Wahrheit erkannt und den Verräter getötet hat. Auch die Vorwürfe aus der englischen Geschichte, *The Tragedy of Jane Shore* (1714) und *The Tragedy of Jane Grey* (1715), wahren in der Mitleidshandlung ein dem bürgerlichen Trauerspiel naheliegendes Thema.

So wurden Rowes äußerlich klassizistische Dramen durch das dramatische Ziel des Mitleids und den ausgesprochenen Theatersinn zu Wegbereitern des lebenswahren, die wirkliche Alltäglichkeit gestaltenden bürgerlichen Trauerspiels, das in GEORGE LILLO[62] (1693–1739) seinen erfolgreichsten und größten Vertreter hat. Sein *London Merchant* (1731) erzählt die Geschichte des Handlungsgehilfen George Barnwell, der die Tochter seines Dienstherrn liebt, aber, von einer Dirne betört, zum Dieb und Mörder wird. Das Schicksal geht nun seinen Weg zu Verhaftung, Gefängnis und Todesurteil, wobei die rührenden Szenen zwischen dem bereuenden Helden und der nun ihre Liebe bekennenden Maria die beabsichtigte moralische Wirkung durch Gefühlsbetonung unterstreichen. Die aufdringliche Moral und die rührselige Darstellung der Sünde haben für die empfindsame Zeit die packende Bühnenwirkung noch gesteigert. Es bedurfte gar nicht der Lobreden auf den bürgerlichen Kaufmannsstand: ein neues

[61] Three Plays: Tamerlane, The Fair Penitent, Jane Shore ed. J. R. Sutherland, Lo. 1929; Penitent in WC 313; Jane Shore in EL 818.

[62] London Merchant und Fatal Curiosity ed. A. W. Ward, Lo. 1906; ed. W. H. McBurney RRestDS; London Merchant auch in EL 818.

Publikum war herangewachsen, und die unbürgerliche Kunst der erträumten heroischen und klassizistischen Tragödie hatte ausgespielt. Lillos zweites Stück *Fatal Curiosity* (1736), das ein aus Armut begangenes Verbrechen zum Vorwurf hat, steht künstlerisch höher, da ihm das Schicksalsmotiv größere Einheitlichkeit verleiht und der Blankvers eine leidenschaftlichere Wirklichkeit der Sprache besitzt als die stets in Versrhythmus umschlagende Prosa des Londoner Kaufmanns.

Lillos Erfolg machte Schule, und unter den zahlreichen bürgerlichen Trauerspielen, die nun folgten, ragte EDWARD MOORES (1712–1757) an Hogarth gemahnende Geschichte eines zu Verbrechen und Tod getriebenen Glücksspielers (*The Gamester,* 1753) durch scharfe Beobachtung, dramatische Kraft und tragische Eindringlichkeit noch über Lillo hinaus. Aber das bürgerliche Trauerspiel wurde nicht in England, sondern in Frankreich und Deutschland zu künstlerischer Höhe weitergeführt.

Sechstes Buch

DIE ROMANTIK

BIBLIOGRAPHIE: Jährlich erscheinende Übersicht in der Ztschr. English Language Notes (ab 1964; vorher 1937–1949 in English Literary History, 1950–1963 in Philological Quarterly). E. Bernbaum, Guide through the Romantic Movement, N.Y. [2]1949. – Für Amerika s. Literary History of the United States (LHUS): Bibliography ed. R. Spiller u. a., N.Y. 1953; Nachtragsbd. von R. M. Ludwig (1959); beide Bde. als Bd. II der dritten Aufl. der LHUS (1963); neueste Überarbeitung LHUS [4]1974.

GESCHICHTE DER POLITISCHEN UND SOZIALEN BEWEGUNGEN: J. S. Watson, The Reign of George III, 1760–1815, Oxf. 1960. D. Thomson, England in the 19th Century, Harmondsworth 1950 (Pelican History VIII); R. W. Harris, Romanticism and the Social Order 1780–1830, Lo. 1969. – Amerika: H. Agar, The Formative Years, 2 Bde., Boston 1947. A. M. Schlesinger, The Age of Jackson, N.Y. 1945.

LITERATURGESCHICHTE: Romanticism Reconsidered ed. N. Frye, N.Y. u. Lo. 1963; M. H. Abrams, Natural Supernaturalism: Tradition and Revolution in Romantic Literature, N.Y. 1971; O. Elton, A Survey of English Literature 1780–1830, Lo. 1912; W. L. Renwick, English Literature 1789–1815, Oxf. 1963 (OHEL IX); I. Jack, English Literature 1815–1832, Oxf. 1963 (OHEL X); From Blake to Byron ed. B. Ford (Pelican Guide 5). – F. O. Matthiessen, American Renaissance, N.Y. 1941; F. L. Pattee, The First Century of American Literature 1770–1870, N.Y. 1935; M. Abbott u. a., The American Renaissance: The History and Literature of an Era, Frankfurt 1961; Endless Experiment: Essays on the Heroic Experience in American Romanticism, Columbus 1973.

Der politische Hintergrund der romantischen Zeit (1789–1830)

Das Zeitalter der englischen Romantik war durch leidenschaftliche Anteilnahme an der französischen Revolution gekennzeichnet. Der Glaube an eine bessere, die Ideale der Freiheit und Menschenrechte verwirklichende Zeit erfüllte die Dichter und breite Massen des englischen Volkes. Der Ausbruch der Schreckensherrschaft führte beim Bürgertum einen Rückschlag herbei, der in BURKES organischer Staatsauffassung seinen höchsten Ausdruck fand (s. S. 157). Dadurch fühlten sich die Gegner zu schärferer Betonung ihrer Ideen gedrängt, wie es THOMAS PAINE in der berühmten Rechtfertigung der *Rights of Man*[1] (1791–1792) ausspricht. Die für die englische Dichtung einflußreichste Darlegung der erhofften neuen politischen Theorie brachte WILLIAM GODWINS Buch *Enquiry concerning Political Justice*[2] (1793), das bis zu den letzten Folgerungen der Anarchie und des Atheismus vorstößt. Das in seiner trockenen Vernünftigkeit so unromantisch anmutende Buch las noch der junge Shelley mit glühender Begeisterung; in der breiten Masse des Volkes aber war der Stimmungsumschwung bis zur Forderung eines Krieges gegen Frankreich gediehen. In dem dann gegen Napoleon geführten Krieg stieg England zur ersten See- und Handelsmacht auf, gleichzeitig begann aber im Innern der das 19. Jahrhundert kennzeichnende soziale Klassenkampf. Unruhen und Unterdrückungen folgten und nach und nach auch Reformen, die unaufhörliche Mahner wie WILLIAM COBBETT[3] (in seinem 1802 gegründeten *Weekly Political Register*) immer wieder gefordert hatten. Anerkennung der Gewerkschaften und Gleichberechtigung der Katholiken leiteten jedoch ihrerseits eine neue Zeit der sozialen Machtansprüche ein, die in der innenpolitischen Entwicklung des 19. Jahrhunderts zu treibenden Kräften sich entwickelten.

In diesem Zeitraum beginnt erstmals Amerika hervorzutreten, das vordem als Kolonialland nur eine hauptsächlich in den Hochschulen Harvard (gegr. 1636) und Yale (gegr. 1700) beheimatete theologische und historiographische Literatur von mehr örtlicher Bedeutung aufzuweisen hatte. Bevormundung und Verständnislosigkeit des Mutterlandes führten zu einer Spannung, die in der flammenden Streitschrift *Common Sense Addressed to the Inhabitants of America* (1776) von dem als Burke-Gegner genannten THOMAS PAINE beredten Ausdruck fand und mit der von Thomas Jefferson entworfenen Unabhängigkeitserklärung der 13 Staaten vom 4. Juli 1776 die Trennung vom Mutterland besiegelte. Im Frieden von 1783 erkannte England die Unabhängigkeit der Vereinigten Staaten

1 EL 718; Complete Writings ed. P. S. Foner, 2 Bde., N.Y. 1945; Representative Selections ed. H. H. Clark, N.Y. 1944.

2 ed. F. E. L. Priestley, 3 Bde., Toronto 1946; gekürzte Ausgabe ed. R. A. Preston, Lo. 1926.

3 Selections ed. A. M. D. Hughes, Oxf. 1923. Rural Rides EL 638–39.

an, die sich 1789 ihre Verfassung gaben und Washington zum ersten Präsidenten wählten. Die erstrittene demokratische Freiheit bedeutete für beide Seiten eine Unabhängigkeit, aber nicht eine Feindschaft zwischen einstiger Kolonie und Mutterland, dessen kulturelle Führung vorerst in Geltung blieb. Erst mit der allmählichen Entwicklung einer amerikanischen Nationalität (zu der der zweite Krieg mit England 1812–1815 einen weiteren Schritt bildet) entstand auch eine amerikanische Literatur. Wenn sie in dem romantischen Zeitraum nur mit wenigen Autoren und Werken zur Erwähnung kommt, so deshalb, weil– infolge des 'cultural lag' des ehemaligen Koloniallandes – erst der Transzendentalismus der folgenden Generation zu einer charakteristisch amerikanischen Schule führte, in der sich der demokratische Freiheitsbegriff und der ethische Subjektivismus der Romantik auf eigenartige Weise verknüpften. Im Transzendentalismus (s. S. 230) erneuert sich der religiöse Impuls des Puritanismus, der in Verbindung mit den Ideen der Aufklärung formbildende Kraft der amerikanischen Geschichte wurde.

I. DIE VERSDICHTUNG[4]

1. Nachspiel des Klassizismus

Die englische Romantik spricht sich am vollständigsten in der Versdichtung aus. In der Dichtung wurde auch der Angriff gegen den Klassizismus geführt. Sein kurzes Nachspiel war ephemerer Art. Das gilt sowohl für die literarischen Satiren von WILLIAM GIFFORD und anderen Beiträgern der großen Zeitschriften, wie für die politischen Parodien in dem von dem reaktionären Staatsmann George Canning gegründeten Blatt *Anti Jacobin* (1797/98), wie auch für das seltsame Werk des ERASMUS DARWIN, *The Botanic Garden* (1789 und 1792), das es unternahm, das Linnésche System in Verse umzusetzen.

Dichterischen Rang haben nur Crabbe, Rogers und Campbell. Die dem Goldsmithschen Dorfidyll von GEORGE CRABBE[5] (1754–1832) in *The Village* (1783) gegenübergestellte Wirklichkeit bezeugte nüchternen Wahrheitsrealismus, der, wie auch das Humanitätsgefühl und der heroische

[4] M. H. Abrams, The Mirror and the Lamp, N.Y. 1953; English Romantic Poets: Modern Essays in Criticism ed. M. H. Abrams, N.Y. ²1975; A. S. Gérard, English Romantic Poetry, Berkeley 1968; Versdichtung der englischen Romantik: Interpretationen ed. T. A. Riese und D. Riesner, Bln. 1968.

[5] Poems ed. A. W. Ward, 3 Bde., Cambr. 1905–7; New Poems ed. A. Pollard, Liverpool 1960; Selected Poems ed. G. Grigson, Lo. 1950; A Selection ed. J. Lucas, Lo. 1967.

Vers, klassizistisches Erbe ist; aber die hier, in *The Parish Register* (1807) und späteren Verserzählungen bewiesene Fähigkeit, in dem dörflichen Alltag das Schicksalhafte zu erfassen und dieses der Erde verbundene einfache Leben uns symbolhaft nahezubringen, bedeutete eine Erweiterung der Popeschen Dichtüberlieferung. Die Zeit war jedoch längst darüber hinausgeschritten, und auch SAMUEL ROGERS (1763–1855) hat nur infolge seiner gefälligeren Themen größeres Ansehen genossen, wie denn seine Reisebildersammlung *Italy*[6] (1822 und 1828) mit ihren Blankversen, dem die Zeit interessierenden Stoff und der gepflegten schlichten Sprache auch die großen Geister der Romantik ansprach. Der Schotte THOMAS CAMPBELL[7] (1777–1844) schließlich stand mehr zwischen den Zeiten; seine Epen schauen zurück, aber die Lyrik, besonders glücklich in Balladen und Kriegsgesängen *(Hohenlinden)*, fand in ihrer dem einfachen Empfinden zugänglichen Gefühlsaussprache einen dauernden Platz im Gedächtnis des Volkes.

2. Southey

Das kann man von ROBERT SOUTHEY[8] (1774–1843) nicht sagen, denn er ist als Dichter vergessen und als Prosaiker mehr ein großer Name als eine lebendige Kraft. Und doch hat er als erster das Programm und die umstürzende Gesinnung der neuen Richtung vertreten. Als Kind bereits wegen eines revolutionären Aufsatzes von der Schule gewiesen, faßte er mit Coleridge, den er auf der Universität Oxford als Gesinnungsgenossen kennenlernte, den abenteuerlichen Plan, in Amerika eine Pantisokratie zu gründen, d. h. eine ideale Republik, in der es keine Vorrechte und kein Eigentum geben sollte, ein Plan, für den u. a. auch Wordsworth und Lovell gewonnen wurden und dem zuliebe Southey, Coleridge und Lovell die drei Schwestern Fricker als gleichgesinnte Kameradinnen heirateten. Schon nach der Rückkehr von seiner spanischen Reise (1796) sah Southey die Unausführbarkeit ein, aber die schwärmerischen Ideen blieben in seinem Schaffen lebendig, z. T. auch nach seiner Wandlung zum „Reaktionär". Sein Frühwerk stand ganz im Banne der französischen Revolution, deren Ideen er u. a. in dem zusammen mit Coleridge verfaßten Drama *The Fall of Robespierre* (1795) zu gestalten suchte. Es ist weniger Dichtung als Zeugnis eines hohen Menschheitsglaubens, der auch die volks-

[6] In Routledge's Pocket Library, Lo. 1890 (mit Stahlstichen von Turner u. a.).

[7] Poetical Works ed. J. L. Robertson, Lo. 1907; Poems selected by L. Campbell, Lo. 1904 (Golden Treasury Series).

[8] Poems ed. M. H. Fitzgerald, Lo. 1909 (ausreichende Auswahl); Life of Wesley ed. M. H. Fitzgerald, 2 Bde., Lo. 1925; Life of Nelson ed. E. R. H. Harvey, Lo. 1953; EL 52; Letters (Auswahl) WC 169. – G. Carnall, R. S. and his Age: The Development of a Conservative Mind, Oxf. 1960.

tümlich schlichten Balladen der Jahre 1797–1798 beflügelt. Mit der orientalischen Erzählung von *Thalaba* (1801) ging Southey dann zu epischem Schaffen über, aber hatte nicht den Erfolg und nicht das Können Scotts. Keines seiner Epen ist lebendig geblieben, und doch steckte die ganze Romantik in diesen Phantasien: Freiheitsbegeisterung, fernöstlicher Prunk, wildes Geschehen und eine neue, freiere Prosodie. Die Sprache allerdings ist einfach und rein.

Dieser Vorzug des klaren, durchsichtigen Stils konnte in der Prosa besser zur Geltung kommen, und von dem umfangreichen und vielseitigen Schaffen des unermüdlich lesenden und schreibenden Southey sind einige Biographien, wie das im Heldenkult Carlyle vordeutende *Life of Nelson* (1813), das historisch gut fundierte *Life of Wesley* (1820) und das gütige Leben Cowpers (in *Life and Works of Cowper*, 1833–1835) gültig geblieben. Seine *Briefe* gehören zu den Zierden der reichen englischen Briefliteratur.

3. Coleridge

Größer und bezeichnender für die Romantik ist das Werk von SAMUEL TAYLOR COLERIDGE[9] (1772–1834), obwohl es in Dichtung wie Prosa nur einen genialen Haufen von Plänen und Bruchstücken darstellt. Lebensgeschichtlich lassen sich vier Epochen abgrenzen, deren erste bis zum Zusammenleben mit den Wordsworths in Somersetshire reichte (1797). Es war seine Bildungszeit, in der er das Jakobinertum erlebte im Plan der Pantisokratie und in revolutionären Vorträgen, die er nach Streitigkeiten mit seiner Cambridger Universitätsbehörde in Bristol hielt. Aber schon mit der Übersiedlung nach Nether Stowey trat das Politische hinter dem Metaphysischen zurück.

In der zweiten Epoche (1797–1802) fand er zum dichterischen Ausdruck (*Lyrical Ballads*, 1798); es war die Zeit seiner großen Dichtung, während die politische, jetzt aber schon revolutionsfeindliche Tätigkeit der Prosa zugewiesen wurde (Artikel für die Morning Post). Neben der Dichtung, die mit dem Weggang von Nether Stowey versiegte, trat die Philosophie mehr und mehr in den Vordergrund. Zwei Jahre lang weilte

[9] Collected Works ed. K. Coburn u. a., ca. 16 Bde., Lo. u. Princeton 1969ff. (i. E.); Complete Poetical Works ed. E. H. Coleridge, 2 Bde., Oxf. 1912; Auswahlen: Select Poetry and Prose ed. S. Potter, Lo. u. N.Y. 1933 (Nonesuch Ed.); The Portable C. ed. I. A. Richards, N.Y. 1950; Poems EL 43, WC 99; Biographia Literaria ed. J. Shawcross, 2 Bde., Lo. 1907, corr. ed. 1962; EL 11; Shakespearean Criticism ed. T. M. Raysor, Cambr., Mass., 1930; EL 162, 183; WC 363; Miscellaneous Criticism ed. T. M. Raysor, Cambr., Mass., 1936; Notebooks ed. K. Coburn, ca. 6 Bde., Lo. 1957ff. (i. E.). Collected Letters ed. E. L. Griggs, 6 Bde., Oxf. 1956–71. – A. H. House, C., Lo. 1953; W. J. Bate, C., N.Y. 1968; G. G. Watson, C. the Poet, Lo. 1966; B. Willey, S. T. C., Lo. 1972; C.: A Collection of Critical Essays ed. K. Coburn, Englewood Cliffs 1967.

er in Deutschland, meist in Göttingen, las Lessing und Schiller, übersetzte den *Wallenstein* (1800) und studierte Kant und Schelling. Sein Traum galt der erhofften Wiedervereinigung von Philosophie und Theologie.

In der dritten Epoche (1802–1816) umdüsterte sich sein Lebensschicksal, und als die Wedgwoods starben, die ihm, der sich in keinen Beruf schicken konnte, eine Pension ausgesetzt hatten, geriet der krankheitsgeplagte und nie willensstarke Dichter ganz in den Bann des Opiums. Vier Jahre lang wohnte er im Seendistrikt nahe bei Wordsworth und Southey, zwei Jahre lang suchte er Gesundheit in Malta und Italien. Diese Epoche, in der er wenig Dichtung schrieb, war die große Zeit der Ästhetik und Kritik. Er hielt *Vorlesungen* (zuerst 1808), gab eine Wochenschrift heraus (*The Friend*, 1809) und schrieb sein bedeutendstes Prosabuch, die *Biographia Literaria* (gedr. 1817), die über den Weg der literarischen Kritik dem Reich der Metaphysik zustrebt.

In der letzten Epoche (1816–1834) sah er den Traum eines bald als Logik, bald als Kompendium der Wissenschaften gedachten 'opus maximum' wie alles andere Bruchstück bleiben. Er wohnte bei Freunden, zuletzt bei Dr. Gillman in Highgate, und schrieb meist Theologisches, einen *Lay Sermon* (1817), *Aids to Reflection* (1825) und *Notes on the English Divines* (gedr. 1855). Die lebenslang ersehnte Vereinigung eines dreifach gerichteten Strebens, das Lamb in die Formel 'Logician, Metaphysician, Bard' zusammenfaßte, ist nicht gelungen, und die Besprechung des Dichters hat sich fast nur mit der zweiten Epoche zu befassen.

In dem revolutionären Sturm und Drang der Frühzeit ist der politische Stoff nicht gemeistert. Er liegt unverarbeitet im Robespierre-Drama wie in den 1794–1795 geschriebenen *Sonnets on Eminent Characters.* Aber die Beschäftigung mit dem Sonett machte ihn mit den *Sonnets* (1789) von William Lisle Bowles (1762–1850) bekannt, deren Naturempfinden, Einsamkeitsstimmung und Bildlichkeit Coleridge als Offenbarung eines natürlichen Dichtstils empfand. Fortan meidet er das Deklamatorische und sucht in der aus den *Religious Musings* (1794–1796) hervorgegangenen Vision *The Destiny of Nations* (1796) die revolutionäre und die elegische Dichtung in einer platonischen Hymne auf die siegende Liebe zu einen. Dieser philosophisch erhöhte Standpunkt, zusammengehend mit der bereits in der *Eolian Harp* (1795) hervortretenden Gabe, den Dingen etwas traumhaft Ahnungsvolles zu geben, ermöglichte ihm als einzigem Romantiker, die große Geschichtswende erlebnismäßig und künstlerisch zu meistern in den zwei Oden *To the Departing Year* (1796) und *France* (1798).

Neben diesen politischen Stücken steht die Gruppe der beseelten Landschaftsgedichte: zunächst *This Lime-Tree Bower my Prison* (1797), worin Freundschaftsbeteuerung und Naturerleben in der göttlichen Immanenzerklärung zusammengeflochten sind, dann das Gegenstück *Frost at Midnight* (1798), gleichfalls in reich modulierten Blankversen geschrieben mit dem aus Kindheitserinnern und nächtlichen Geräuschen erlauschten Ewigkeitsahnen. Coleridge hatte Worte für das Unaussprechbare gefunden; die vom Klassizismus dem Menschen gezogenen Grenzen waren gefallen, und es bedurfte gar nicht des programmatischen Vorworts in der zweiten Auflage der mit Wordsworth veröffentlichten *Lyrical Ballads* (1798, mit Vorwort 1800), um der Welt das Wunderbare und das Vertraute als zwei Ansichten eines und desselben Seins darzutun. Coleridges lyrische Balladen schweben zwischen dem Sinnlichen und dem Übersinnlichen: so die Traumvision *Kubla Khan* (1798), deren Inhalt wortgewordene Musik ist, das drei Märchenbilder symphonisch ineinanderschlingende Melusinengedicht *Christabel* (1797) und das epische und damit zugänglichere Balladengedicht *The Rime of the Ancient Mariner* (1797), worin die Geschichte von dem grundlos getöteten Albatros und dem Gespensterschiff in magischen Naturbildern visionär ins Übersinnliche hinaufgehoben wird. Die Traumstimmung dieser Lyrik wird von einer neuen Metrik getragen, die in den Balladenstrophen des Alten Matrosen, wie in den Sätzen ungleich langer Zeilen in den anderen Gedichten erstmals eine musikalische Wertung durchführt, die bei wechselnder Silbenzahl zeitlich gleiche Versfußlänge erreicht.

Auch Coleridges Prosa ist eine neue musikalisch-romantische Prosa, die zurückgeht auf die großen Prediger des 17. Jahrhunderts, deren Neigung zu Farbigkeit, zu bildlichem Denken und musikalischem Satzbau er persönlicher gestaltete und steigerte. Mit diesem Werkzeug konnte er seine neuen, von der deutschen romantischen Philosophie angeregten Erkenntnisse sprachlich gestalten, die im Bereich des spekulativen Denkens eine Verschmelzung von Philosophie und Theologie anstrebten und auf politischem Gebiet die Zusammenfassung von Fortschritt und Ordnung in einer höheren Einheit. In der literarischen Kritik ersetzte Coleridge das kritische Werten und die historische Einordnung durch ein Nacherleben des künstlerischen Schöpfungsvorganges und eine Würdigung des Kunstwerks, gleichfalls von deutscher Romantik angeregt, wie es der Wordsworth-Aufsatz in der Biographia Literaria und die Shakespeare-Vorlesungen dartun. Sein Ziel war ein Klarwerden über das Verhältnis des Künstlers zum Universum, was dem Aufstellen einer romantischen Kunstphilosophie gleichkam. Er unterschied in seiner Dichtungstheorie zwischen der reinen Phantasieschöpfung der 'fancy' und dem symbolhaften Gestalten der 'imagination', welche die Ordnung einer übersinnlichen Welt in der Empirie wiedererkennt. Die Kunst ist die höchste Form der Natur, die ungehinderte Aussprache der schöpferischen Kräfte, die in der organischen Welt nach Ausdruck ringen. Damit wird aber der Dichter zum Propheten. Mit diesem Gedanken hat er die ganze Romantik und namentlich seinen Dichtergenossen Wordsworth bestimmend beeinflußt.

4. Wordsworth

Die dichterische Bildungszeit von WILLIAM WORDSWORTH[10] (1770–1850) – die Kindheit in Nordengland, die Cambridger Studentenjahre, die große Fußreise durch Frankreich und die Schweiz (1790) und der zweite, längere Aufenthalt in Frankreich (1791–1792) – war eine Zeit leidenschaftlichen Erlebens. Die späteren autobiographischen Dichtungen erzählen, wie tief das frühe Naturerlebnis war, das im Mittelpunkt seines ganzen Dichtens steht, dessen Sinn ihm erst allmählich aufging und das er im Alter als einen verlorenen Schatz betrauerte. Heftiger noch war das revolutionsbegeisterte Freiheitserlebnis, aus dem heraus er nach Frankreich zog, für die Gironde kämpfen wollte und einen später verschwiegenen Liebesbund mit einer Französin einging (Annette Vallon). Diesem romantischen Erleben wurden die gleichzeitigen Dichtungen (z. B. *Descriptive Sketches*, 1791–1792) nicht gerecht; erst rückschauend formte sich ihm das Erleben zur Dichtung, was er verallgemeinernd in die Formel prägte: 'poetry takes its origin from emotion recollected in tranquillity'.

Das zeigte sich bereits in seiner zweiten, in äußerer Ruhe in Dorset und Somerset verbrachten Epoche (1792–1797), in der unter Coleridges befruchtendem Einfluß das politische Erleben dichterischen Niederschlag fand. Die Verserzählung *Guilt and Sorrow* (1791–1794) und das Schillers Räubern verpflichtete Blankversdrama *The Borderers* (1795–1796), in denen Godwins Lehren schon vernehmlicher sind als die französische Revolution, wollen das Leben einfacher erdverbundener Menschen mit ihren ergreifenden Schicksalen zum Ausdruck seines Menschheitsglaubens machen und mit der diesem Thema angemessenen schlicht natürlichen Sprache eine Erneuerung und Verjüngung der Dichtung anbahnen.

Erreicht wurde dies in Wordsworths dichterisch reichster, dritter Epoche (1797–1807), die, eingeleitet von der mit Coleridge unternommenen Deutschlandreise (1798), dann in der heimatlichen Zurückgezogenheit des Seendistrikts in äußerer Ereignislosigkeit verlief. Das für Wordsworths Dichten so aufschlußreiche Tagebuch seiner Schwester Dorothy berichtet von dem einsiedlerischen Haushalt zu dritt – Wordsworth hatte 1802

[10] Poetical Works ed. E. de Selincourt and H. Darbishire, 5 Bde., Lo. 1940–49 (Bd. 1–4, Lo. ²1952–58); Poems EL 203, 311, 998; Selected Poems WC 189; Prose Works ed. W. J. B. Owen and J. W. Smyser, 3 Bde., Oxf. 1974; Auswahl: Poetry and Prose ed. W. M. Merchant, Lo. 1955; Lyrical Ballads ed. W. J. B. Owen, Oxf. 1967; Prelude ed. E. de Selincourt, rev. H. Darbishire, Oxf. 1959; Literary Criticism ed. N. C. Smith, Lo. 1905; Critical Opinions ed. M. L. Peacock, Baltimore 1950. Letters of W. and D. Wordsworth ed. E. de Selincourt, Oxf. 1935–39 (Bd. 1–3, rev. C. L. Shaver u. a., Oxf. 1967–70); WC 531; The Journals of Dorothy W. ed. E. de Selincourt, Lo. 1941; WC 568. – M. Moorman, W. W., 2 Bde., Oxf. 1957–65; G. Durrant, W. W., Cambr., Mass., 1969; H. M. Margoliouth, W. and Coleridge 1795–1834, Lo. 1953; J. Jones, The Egotistical Sublime, Lo. 1954; H. Lindenberger, On W.'s Prelude, Princeton 1963.

geheiratet –, von den langen Märschen, die der Dichter so liebte, und seiner erstaunlichen Schaffenskraft. Das Wertvollste seiner Dichtung entstand in diesen zehn Jahren, die *Lyrical Ballads* (1798), die *Poems in Two Volumes* (1807), das *Prelude* (1797–1805), die Margaretengeschichte in der *Excursion* (1800), das Bruchstück *The Recluse* (1800) und die ersten und besten *Sonettreihen* (erste Reihe 1801–1802, darunter *Upon Westminster Bridge*, zweite Reihe 1803, meist politische Sonette, darunter *To the Men of Kent*). Was dieser Dichtung ihre Eigenart verleiht, ist besser als im theoretischen Vorwort zur zweiten Auflage der 'Lyrical Ballads' (1800) in der Blankverserzählung seines dichterischen Werdens *The Prelude* ausgedrückt. Die in diesem epischen Bericht seiner Kindheit betonte moralische Einwirkung der Natur auf den Menschen wurzelt in Wordsworths pantheistischem Immanenzglauben. „Natur" bedeutet also nicht klassizistische Ordnung, sondern das große Werden, die zeugende Urkraft, die nur gefühlt, nicht beschrieben werden kann. Also bilden Unbewußtes, nur Geahntes und im letzten Sinne Unaussprechbares den Gehalt der Dichtung. Der Gedanke der Naturoffenbarung, der im biographischen Bericht des „Vorspiels" höchste dichterische Vergegenwärtigung erreicht, entartet in Wordsworths letzter Epoche (1807–1850) in den weiteren nicht mehr ganz ausgeführten Teilen dieses autobiographischen Epos *(Excursion, Recluse)* zu langatmiger Lehrhaftigkeit; der gleiche Gedanke liegt auch den anderen epischen Dichtungen von Wordsworth zugrunde (*Peter Bell*, 1798; *The White Doe of Rylstone*, 1807–1810). Naturoffenbarung ist der tiefe, glückspendende Grundakkord seiner schönsten lyrischen Schöpfungen wie der Zeilen über *Tintern Abbey* (1798) und der großen Ode *Intimations of Immortality* (1802–1806).

In seinen Sonetten vermied er wie Milton das Liebesthema und nützte die Möglichkeiten der Form für prophetische Dichtung; zugleich erhöhte er das von Bowles eingeführte naturbeschreibende Sonett zur beglückenden inneren Schau. Diese Themen bedingten, daß Wordsworth der von ihm bevorzugten italienischen Sonettform nicht ganz gerecht wurde, denn sie geben weder Anlaß noch Berechtigung zu der ein Fluten und Zurückfluten darstellenden Zweiteiligkeit; trotzdem ist Wordsworth der größte Sonettdichter seit Milton und auch dem Umfang seines Schaffens nach der bedeutendste des 19. Jahrhunderts.

Wordsworths Prosa ist wie seine Dichtung Ausdruck der schlichten und ungekünstelten Natur des Dichters und also nüchterner als die Prosa der anderen Romantiker. Sie gilt als steif und langweilig, nicht ganz zu Recht, denn bei einem ihn innerlich ergreifenden Vorwurf, wie dem *Tract on the Convention of Cintra* (1809), der sein politisches Bekenntnis aus seiner Auffassung vom Wesen der menschlichen Natur zu begründen versucht, erweist sich Wordsworth in der Tiefe des Gehalts und in der Macht der Sprache als der einzige wahre Erbe Miltons.

5. Byron

Die Dichter der „Seeschule", wie man Southey, Coleridge und Wordsworth nach ihrem Hauptwohnsitz im Seengebiet Cumberlands genannt hat, haben alle ein hohes Alter erreicht, in dem sich ihre revolutionären Jugendansichten wandelten. Sie wurden deshalb von der nächsten romantischen Generation der Byron, Shelley und Keats angegriffen, und diesen Tadel hat die Nachwelt zum Teil deshalb so willig nachgesprochen, weil ein allzu früher Tod über diese jungen Stürmer und Dränger ein verklärendes Licht breitete.

Der einflußreichste von ihnen war George Gordon Lord Byron[11] (1788–1824). Seine Verwischung der Grenzen zwischen Leben und Kunst ließ ein legendäres Idealbild entstehen, das zwar den Gesellschafter, den Spötter und den Freund unterschlug, aber die weltschmerzlichen, durch Erbgut, Erziehung und frühe Liebesenttäuschung (Mary Chaworth) bedingten Charakterzüge mit Recht betonte. Bezeichnenderweise herrscht in dem ersten, in stolzer Bescheidenheit *Hours of Idleness* (1807) genannten Gedichtband wie auch in den reiferen *Hebrew Melodies* (1815) der schwermütige Ton vor, und das gilt für Byrons Lyrik überhaupt, aber nicht uferlos verschwimmend, sondern gedanklich und metrisch fest zusammengefaßt (vgl. etwa *When we two parted* an Mary Chaworth, 1808, *There be none of Beauty's daughters*, 1816, und die Zeilen an Moore, *So we'll go no more a-roving*, 1817). Diese Formung verdankt Byron einer klassizistischen Neigung, die er selber überstark betonte in der Satire *English Bards and Scotch Reviewers* (1809), mit der er auf eine ungünstige Kritik seines Erstlings der Edinburgh Review antwortete. In der auch später (etwa in der Popeverteidigung gegen Bowles, 1821) beibehaltenen Hochschätzung des das Leben meisternden Klassizismus mag sich der Geltung suchende Drang zum tätigen Leben verbergen, der erstmals in dem Notbehelf einer Orientreise (1809–1811) Befriedigung fand.

Das poetische Tagebuch dieser Reise, von Byron selbst „eine Reihe Spenserstanzen von geringem Wert" genannt, bildet die ersten beiden Gesänge von *Childe Harold's Pilgrimage* (1812, Gesang III 1816, Gesang IV 1818), die Byron plötzlich zum berühmten Dichter machten. Die Folge der knapp zusammengedrängten, mit sicherem, für Bewegung, Farbe,

[11] Works ed. E. H. Coleridge and R. E. Prothero, 13 Bde., Lo. 1898–1904; Poetical Works ed. F. Page, Lo. 1970; OSA, EL 486–8; Poems WC 180; Don Juan ed. T. G. Steffan and W. W. Pratt, 4 Bde., Austin, Tex., u. Edinburgh ²1971; PEL (1973); Letters and Journals ed. L. A. Marchand, N.Y. u. Lo. 1973ff. (i. E.); Auswahl EL 931. – L. A. Marchand, B.: A Biography, 3 Bde., N.Y. 1957, Lo. 1958; A. Rutherford, B.: A Critical Study, Edinburgh u. Lo. 1961; J. D. Jump, B., Lo. u. Boston 1972; L. A. Marchand, B.'s Poetry: A Critical Introduction, Boston u. Lo. 1965; M. K. Joseph, B. the Poet, Lo. u. Hamilton, N.Z., 1964; R. F. Gleckner, B. and the Ruins of Paradise, Baltimore 1967; B.: A Collection of Critical Essays ed. P. West, Englewood Cliffs 1963.

Licht empfänglichem Malerauge erfaßten Augenblicksbilder, Städte- und Landschaftsansichten ist frisch geblieben; was aber die Zeit bezauberte, war die rückhaltlose Gefühls- und Erlebnissprache, der zufolge das schöpferisch gesetzlos sich entwickelnde Ich zur großen Persönlichkeit gesteigert wurde, der die Welt nur zum Hintergrund diente. Begeistert jubelte die Jugend Europas dem Dichter zu, sie teilte seine griechische Freiheitsbegeisterung, sie glaubte, sich selbst zu erkennen bei der Aussprache des Byron-Schmerzes und der weltflüchtigen Natursehnsucht, empfand des Dichters Gefühlsbeichten mit und erzitterte vor der großartigen Anrufung des Meeres. Die große Wirkung, bei den letzten in Byrons spätere Zeit hinübergreifenden Haroldgesängen noch heute verständlich, ist in den griechisch-türkischen Erzählungen der Jahre 1813–1816 verblaßt. *Giaour, Bride of Abydos, Corsair, Lara, Siege of Corinth, Parisina* – alle sind erfüllt von heftigem Geschehen, Kampf und schuldiger Liebe, alle beherrscht von einer grell beleuchteten Mittelfigur, die Byrons eigenes bis zum Wahnsinn zerrissenes Gefühlsleben abbildet (Liebesverhältnis mit seiner Stiefschwester Aurora Leigh, Scheidung der Ehe mit Anna Milbanke und gesellschaftliche Ächtung). Damals stieß man sich nicht an dem Melodramatischen, denn man empfand, was ja auch den Fortschritt gegenüber den ersten Haroldgesängen darstellt, die mitreißende Glut und Farbe echter Leidenschaft. Wenn diese Kleinepen auch in seinem späteren Schaffen noch nachklangen (*Mazeppa*, 1819; *Island*, 1822), so begann doch ein neuer Lebens- und Dichtabschnitt, als Byron 1816 England verließ.

Am Genfer See lernte er Shelley kennen (dort entstand *The Prisoner of Chillon*, 1816); dann ging er mit seinem Freunde Hobhouse nach Venedig, wo die Verzweiflungsstimmung von ihm abfiel und seine eigenartigste und künstlerisch bedeutsamste Schaffenszeit begann. Das äußere Leben blieb ruhelos. Nach drei ausschweifenden Jahren in Venedig folgte er der jungen Gräfin Guiccioli nach Ravenna, wo er in Verbindung mit dem patriotischen Geheimbund der Carbonari trat; dann siedelte er auf Shelleys Vorschlag nach Pisa über und schließlich nach Livorno. Mißhelligkeiten trübten das Verhältnis zu Shelley, der sich wohlmeinend für Claire Clairmont und für ihre und Byrons Tochter Allegra einsetzte, und der die Herausgabe einer kurzlebigen Zeitschrift *The Liberal* (1822–1823) betrieb, zu deren Leitung Leigh Hunt aus England gerufen wurde, dessen Unterstützung Byron bald als Last empfand. Nach allerhand unklaren Reiseplänen ging Byron mit Trelawny nach Griechenland, und sein Tod für die griechische Freiheitsbewegung verklärte im Nachruhm sein Los.

Dichterisch waren die italienischen Jahre die Zeit der Dramen und Satiren. Obwohl Byron mehr Beziehungen zum Theater hatte als die anderen Romantiker, schrieb er für ein „geistiges Theater" der Zukunft klassizistisch gebaute Tragödien: *Marino Faliero* (1820), *Sardanapalus* und *The Two Foscari* (beide 1821), Dramatisierungen eindrucksvoller Geschichtsszenen, die im Thema ein Hinaufsteigern des Persönlichen ins Ideelle versuchen, was im Sardanapal auch gelang. Weiter in dieser Hinsicht, aber unter Verzicht auf feste dramatische Struktur, gehen die romantischen Dramen *Manfred* (1817) und *Cain* (1821), die das faustische Thema des Forschens nach den Mächten des Guten und Bösen in trotziger Empörung gegen das Gesetz des Schöpfers durchführen.

Neben die tragische Ausführung dieser Idee, die in den romantischen Dramen nicht zu reiner künstlerischer Anschauung gelangte, setzten die Satiren die burleske Abwandlung. Angeregt durch John Hookham Frere und italienische Vorbilder übertrug Byron den ironischen Plauderton und die lebensprühende Wirklichkeitswelt seiner Briefe in die Dichtung, womit er seinen eigensten Ton gewann. Das geschah erstmals in den reimgeschickten Ottaven des *Beppo* (1818), der eine lachende Karnevalsdeutung des Lebens gibt, wurde fortgesetzt in der überlegenen Verspottung des konservativ gewordenen Southey in der *Vision of Judgment* (1822) und erhielt seine Krönung in dem komischen Menschheitsepos *Don Juan* (1819–1824), das in gewollter Planlosigkeit die restlose Aussprache aller Stimmungen gestattete. In kühnem Sprung geht er von gewagtem Spott zum erhabenen Hymnus auf den Stern des Lebens über, vom Haidée-Idyll zum Freiheitssang der griechischen Inseln, von grausiger Schiffbruchsschilderung zur lyrisch weichen Stimmung der Ave Maria-Strophen; hier konnte er ehrfurchtslos, aber nicht undichterisch die Narrheit des Menschseins predigen und ein persönliches, nicht veraltendes Bekenntnis eines freien Geistes ablegen.

6. Shelley

In eine höhere, aber menschlich weniger zugängliche Welt führt das Dichten von PERCY BYSSHE SHELLEY[12] (1792–1822), das mit zwei Schreckensromanen und zwei politischen Gedichtfolgen wenig verheißend begann. Aber aus Tyrannenhaß und Kriegsverwünschung sprach schon das Shelleys Dichten erfüllende Hoffen auf ein goldenes Zeitalter, das er unter Godwins Einfluß als Kampf der Vernunft gegen die Vorurteile begann. Die Flugschrift *The Necessity of Atheism* (1811) führte jedoch zur Verweisung von der Universität Oxford, was ihm als Sieg der Unduldsamkeit

[12] Complete Works (Julian Edition) ed. R. Ingpen and W. E. Peck, 10 Bde., Lo. 1926–30; Poetical Works ed. N. Rogers, 4 Bde., Oxf. 1972ff. (i. E.); ed. T. Hutchinson, rev. G. M. Matthews, Lo. 1970 (OSA); EL 257–8, WC 187; S.'s Prose ed. D. L. Clark, Albuquerque, N. Mex., 1954 (Defence auch in English Critical Essays WC 206); Selected Poems and Prose ed. G. M. Matthews, Lo. 1964; Letters ed. F. L. Jones, 2 Bde., Oxf. 1964. – N. I. White, S., 2 Bde., Lo. ²1947; E. Blunden, S.: A Life Story, Lo. 1946; C. Baker, S.'s Major Poetry: The Fabric of a Vision, Princeton 1948; R. Wasserman, S.: A Critical Reading, Baltimore u. Lo. 1971.

erschien, wie er sich stets bei menschlichen Enttäuschungen (vgl. die Entfremdung von Miss Hitchener und seiner ersten Frau Harriet Westbrook) als Opfer empfand. Als auch politische Flugschriften, die er den Vorübergehenden in die Tasche steckte, ergebnislos blieben, verkündete er das Godwinsche Vernunftevangelium in der Dichtung, wobei er es allmählich überwand. Schon die *Queen Mab* (1813) ist mehr ein Sehnsuchtstraum als ein philosophisches Gedicht, und der ganze Lehrstoff wurde in den Anmerkungen untergebracht. Im Sichwundstoßen am Leben (Ereignisse im Gefolge seiner Entführung von Godwins Tochter Mary) entstand dann ein neuer Grundakkord seiner Dichtung, eine hoffnungslose Trauer, die das kleine, in atemlosen Blankversen geschriebene Epos *Alastor* (1816) deutend gestaltete: Nie wird das Ziel seiner Liebe, sei es Weib oder Wirklichkeit, der ein Ideal erstrebenden Seele gleichgestimmt sein, und doch erhält das Leben von dieser Schönheitssehnsucht Sinn und Wert.

Was im Alastor unbestimmte Ahnung war, erstrebt unter dem zerfließenden Bild eines Weibes, wurde ein Jahr später, unter der Offenbarung der großen Natur der Alpen, wesenhaft als geistige Schönheit (*Hymn to Intellectual Beauty,* 1816). Die Dichtung gab, was die Vernunft nicht leistete; in ihr entstand Shelleys Weltbild. Er wußte jetzt, daß die im Alastor erstrebte dauernde Verzückung unmöglich war, daß es nur 'moments of delight' gibt und daß diese Abbilder der göttlichen Schönheit, d. h. Ideen sind. Mit einem Schrei erlebte er im Anblick des *Mont Blanc* (1816) den heiß ersehnten mystischen Einklang mit der Gottheit; und sein Erlebnis auf die ganze Menschheit ausdehnend, versuchte nun Shelley in seinem längsten Werke, dem Epos *Laon and Cythna* (1817; die zweite, die Geschwisterliebe beseitigende Ausgabe erschien 1818 als *The Revolt of Islam*), die Schilderung, wie selbstlose Liebe von Mann und Frau die Tyrannei überwindet und das goldene Zeitalter heraufführt. Thematisch ist dies Epos ein Rückfall in die Godwin-Zeit, dichterisch aber ein Taumel zusammenfließender Bilder, ein umrißloses Strömen der Spenser-Strophen und ein Umstürzen aller zwischen den Empfindungsweisen der Sinne bestehenden Schranken, wie es in der Dichtung noch niemals dagewesen.

Mit der Übersiedelung nach Italien (1818) wurde Shelleys Kunst zwar nicht greifbarer, aber durch Anschauung geklärter. Dafür vertiefte sich die schon früher mit dem Zukunftshoffen wechselnde unsagbare Melancholie, befremdlich in dem epischen, einen Lido-Ritt mit Byron beschreibenden *Julian and Maddalo* (1818), künstlerisch rein in den *Stanzas written in Dejection near Naples* (1818) und in der *Skylark* (1820), deren durchdringend hoher Ton das Leid in Jubel hinüberspielt. Das im Lerchengedicht unerfüllbar erscheinende Verlangen, von der Last des Menschseins befreit zu werden, wird in den fünf sonettartig zusammengefaßten Terzinenstrophen der *Ode to the West Wind* (1819) zu machtvoller Prophetie: Der Westwind wird der Wind des Alls, den der Dichter durch sich hindurchgehen fühlt, der das Feuer in den Seelen der Menschen entzündet und jenseits des Winters den Menschheitsfrühling erwecken wird. Einmal gelang es Shelley, Schwermut und Prophetenglauben in einer Dichtung auszugleichen und zur Einheit zu führen: in den *Lines written among the Euganean Hills* (1818), die von verzweifelter Trauer in der Shelley eigenen Themaentfaltung in der Art sich weitender Kreise aufsteigen zur Freiheitssonne, die der ganzen Menschheit leuchtet.

Stärksten Nachdruck erhielt die Freiheitsprophezeiung in den Dramen, vor allem dem lyrischen *Prometheus Unbound* (1820), der das Laon und Cythna-Thema aus dem politisch-menschlichen Bereich in mythische Phantasie erhöht. Heldisches Dulden hat die Tyrannis besiegt, mit Prometheus ist das Leben der ganzen Erde freigeworden, und die jubelnde Vereinigung mit Asia wird von Shelleys musikalischen Rhythmen in geradezu überwältigender Orchestration besungen. Demgegenüber ist das zweite, gleichfalls und enger an Aeschylus anknüpfende lyrische Drama *Hellas* (1822) verhaltener und blasser, denn Beachtung einer gegebenen architektonischen Form – bei der Tragödie ebenso wie bei der Ode – bedeutete seiner musikalischen Haltung eine Fessel. Um so erstaunlicher wirkt das streng beherrschte *Cenci*-Drama (1819), dem nur eine zu hoch gespannte Tragik den Bühnenerfolg verwehrt; daß der Heldin Rache schuldhaft sein soll, weil die Vergewaltigung nur ihren Körper, nicht ihre innere Freiheit berührt habe, ist eine These des Shelleyschen Idealismus, nicht das Gefühl des Zuschauers.

Um diese Zeit taucht in Shelleys Dichten ein neuer Ton auf, eine klassische Ruhe und Heiterkeit, die sich in Briefen schon seit dem Jahre 1817 ankündigte. In der *Sensitive Plant* (1820) erhielt das Alastor-Thema einen die Ewigkeit des Schönen betonenden Abschluß, der *Letter to Mary Gisborne* (1820) brachte zum ersten Male den Alltag in die Poesie in einer gegenüber Byron zarten und abgerückten Art, und die Ottaven der Märchendichtung *The Witch of Atlas* (1820) verweben die Gesichte und Gedanken einer Monte Pellegrino-Besteigung zu einem fast gelassen heiteren Mythos von einer schönen und gütigen Fee. Gegenüber diesem Neuansetzen muten die großen lyrischen Schöpfungen des Jahres 1821 abschließend an: Das an die Seele der Seele (Emilia Viviani) gerichtete *Epipsychidion* ist die letzte der Beichten, die irdische Liebe und Verklärung nebeneinanderstellen, eine Summe des Shelleyschen Erlebens, der als gedankliche Summe die heroisch klingenden Spenserstrophen des *Adonais* zur Seite stehen, der dichterische Ausdruck der Shelleyschen Bemühungen, Philosophie und Kunst zu verbinden. Was die Schlußstrophe dieser Keats' Tod und Verklärung feiernden Dichtung als Ewigkeitswert der Kunst erobert, rechtfertigt die Prosaschrift *Defence of Poetry* (1821) in hinreißender Sprache durch eine großgeschaute Philosophie der Kunst. Dichtung ist eine sittlich aufbauende und schöpferische Macht, deren sakramentale Wirkung dem Menschen sein eigentliches Wesen offenbart und eine neue Schau vermittelt. Denn wie andere große Dichter sah Shelley dem Menschen eine Aufgabe gestellt; Lessing nannte sie Erziehung des Menschengeschlechts, was Shelley gleichbedeutend ist mit Erlösung des Menschengeschlechts.

7. Keats

Shelley starb vor der Verwirklichung all seiner dichterischen Möglichkeiten. In der Tasche des im Golf von Spezia Ertrunkenen fanden sich die Gedichte eines anderen Unvollendeten, der ein Jahr zuvor in Rom gestorben: John Keats[13] (1795–1821). In das kurze, ereignislose und von Entbehrungen und Krankheit noch gequälte Erdendasein drängte Keats eine Fülle von innerem Erleben und künstlerischer Leistung. Sein erstes Buch, die *Poems* von 1817, enthält nicht nur vollendete Stücke, wie das Chapman- und das Heimchensonett, es gibt schon im Eröffnungsgedicht *I stood tip-toe upon a little hill* sein künstlerisches Glaubensbekenntnis; in romantischem Vermischen der Künste und Sinnesempfindungen werden alle Reize schönheitsdurstig aufgenommen, denn Dichtung empfand er als schöpferisches Intätigkeitsetzen aller Sinne, und die im Bereich der sinnlichen Phantasie verwirklichte Schönheit ist eine Offenbarung, die der verstandesmäßigen Deutung nicht bedarf. Aber in *Sleep and Poetry* wird er sich bereits bewußt, daß die sinnenhafte Freude an der Schönheit ('the realm of Flora and old Pan') nur ein Durchgangsstadium darstellt und der Weg weiterführt zu der bedrängenden Frage nach der Vergänglichkeit der Schönheit, 'the agonies, the strife / Of human hearts.'

Dies in den frühen Gedichten enthaltene Programm und Versprechen wird nur zum Teil erfüllt in dem Epos *Endymion* (1818), das in der Liebe des griechischen Hirtenfürsten und der Mondgöttin die Suche der Dichterseele nach der Schönheit erzählt. Die lyrische Bilderreihe ist sinnlich, nicht sinnbildlich gemeint und deshalb in üppiger, jedes Fleckchen ausfüllender Beschreibung ausgemalt; die Sprache läuft mit der Natürlichkeit ungebundener Rede über die Reime hinweg, und unerwartete Pausen lösen die einst epigrammatische Art des heroic couplet völlig auf. Aber das Gedicht wird erdrückt von dem Übermaß an dekorativen Elementen, die das schwache Erzählgerüst kaum zu tragen vermag. Während Shelley vermittels der Bilder dachte und das Wirkliche durch Phantasiezüge vergeistigte, beschrieb Keats das Unwirkliche als tatsächlich gesehenes Bild, wodurch sich das Bild vom Mittel zum Zweck erhob. Was dieser Dichtung an

[13] Poetical Works ed. H. W. Garrod, Oxf. ²1958 (OET); Poems ed. E. de Selincourt, Lo. ²1926; ed. M. Allott, Lo. 1970 (LAP); OSA, EL 101, WC 7; Selected Poems and Letters ed. R. Sharrock, Oxf. 1964. Letters ed. H. E. Rollins, 2 Bde., Cambr., Mass., 1958; WC 541, EL 801. – A. Ward, J. K.: The Making of a Poet, N.Y. u. Lo. 1963; W. J. Bate, J. K., Cambr., Mass., 1963; D. Bush, J. K.: His Life and Writings, Boston u. Lo. 1966; S. M. Sperry, K. the Poet, Princeton 1973.

Mängeln anhaftet, ist in den teils strophisch, teils in Reimpaaren abgefaßten Verserzählungen der Jahre 1818–1819 überwunden; es sind dies die Boccaccio nacherzählte Geschichte von *Isabella,* deren grausige Schrecken sich unter des Dichters Hand in Schönheit wandeln, das ein Volksglaubenmotiv abwandelnde *Eve of St. Agnes*, das in seiner stimmungschaffenden Kraft einzig dasteht, und schließlich die Melusinengeschichte *Lamia,* in die der Dichter leider eine tiefere Bedeutung – den Zusammenstoß von Dichtung und Philosophie – hineingeheimniste und so die Selbstgenügsamkeit der Phantasiesinnenwelt aufhob oder doch in Frage stellte.

Die *Briefe* sind nicht nur für die Erlebnisgrundlage seiner Kunst aufschlußreich – man denke an die qualvoll-leidenschaftliche Beziehung zu Fanny Brawne, der er sein schöpferischstes Jahr (1819) verdankt –, sie gewähren auch Einblick in sein künstlerisches Schaffen und die Enttäuschungen eines Höchstes anstrebenden Ehrgeizes und formulieren jene 'Negative Capability', die er an Shakespeare bewunderte, 'that is, when a man is capable of being in uncertainties, mysteries, doubts, without any irritable reaching after fact and reason.' Er wollte Drama und Epos meistern, aber seine dramatischen Versuche (z. B. *Otho the Great,* 1819) sind ein Fehlschlag, und auch das ehrgeizigste epische Unternehmen *Hyperion* (1818–1819), das des Lichtgottes Sieg über den letzten Titanen schildern sollte, blieb ein Bruchstück; Miltons Vorbild wurde in Bild und Vers übermächtig, und der Dichter brach ab. Das Fragment ist wie ein Götterfries, auf dem die riesigen Gestalten vorüberziehen: Saturn, Hyperion, Okeanos und Apoll. Die Züge der Gottheiten hatte die griechische Dichtung vorgeformt, aber sie sind überstrahlt von der Keatsschen Poesie der Sinnenschönheit. Gerade das zerstörte die Umarbeitung *The Fall of Hyperion: A Dream* (1819), die, im Bestreben, philosophische Dichtung zu geben, ein Traumgesicht erzählt, das von einem überirdischen Begleiter von der Art des Danteschen Vergil erklärt wird.

Das Verlangen, Unaussprechbares zum Ausdruck zu bringen, den Sinn gleichsam ins Ewige weiterschwingen zu lassen, erfüllte sich indessen in einer Reihe von *Sonetten* (vgl. etwa *Bright Star ...*), in einzelnen kreisförmig abgerundeten lyrischen Stücken wie der *Belle Dame sans Merci* (1820) und vor allem in den Oden des Jahres 1819: *Ode to a Nightingale, Ode on Melancholy, Ode on a Grecian Urn.* Das ihnen gemeinsame Thema der Trauer über die Flüchtigkeit und Vergänglichkeit des Schönen und des Zufluchtsuchens in der Kunst findet vollendete Entsprechung in der aus dem Sonett herausentwickelten Form, die gleichzeitig Begrenzung setzt und sequenzartige Folge der einzelnen Strophen gewährt. Die für den künstlerischen Eindruck entscheidende Dichte der Bestimmungswörter erreicht ihren Höhepunkt in der abschließenden und gesondert zu stellenden Ode *To Autumn*, deren griechisch anmutende Klarheit Blicke in eine neue Kunstwelt eröffnet.

8. Kleinere englische Dichter und Dramatiker

Von den kleineren romantischen Dichtern[14] war zu seiner Zeit Byrons Freund THOMAS MOORE[15] (1779–1852) der angesehenste. Von seinem vielseitigen Können zeugen die vier unter dem Titel *Lalla Rookh* (1817) zusammengefaßten orientalischen Idyllen. Die rhythmische Geschicklichkeit und der ausgesprochene Sinn für Musik, die diesem epischen Gedicht etwas Einschmeichelndes verleihen, äußerten sich günstiger in der Lyrik, in der auch die zu Moores Natur gehörende spielerische Künstlichkeit weniger hervortrat. Wie Burns benützte er in seinen europäische Geltung erlangenden *Irish Melodies* (1807–1834) heimatliche Melodien, zu denen er einen neuen Text dichtete. Viele dieser Lieder (z. B. *At the midhour of night* und *Oft in the stilly night*) sind durch musikalischen Fluß und metrische Sicherheit überzeugend, viele sind durch Empfindsamkeit verdorben, und da Moore im Grunde keine dichterische Eigenart besaß, war sein großer Ruhm nicht von Dauer.

Für die Folgezeit einflußreiche Ansätze finden sich eher in der die soziale Not behandelnden Lyrik eines THOMAS HOOD[16] (1799–1845; vgl. *The Song of the Shirt*, 1843) und bei dem bereits zum Drama überleitenden THOMAS LOVELL BEDDOES (1803–1849), dessen *Death's Jest Book* (1850)[17] aber nicht als Drama, sondern als Sammlung lyrischer Stücke mit einer Neigung zum Schrecklich-Grotesken künstlerische Bedeutung hat.

Im Drama trat die Romantik keine gute Erbschaft an, denn die Vergrößerung der Theater und die von Garrick vom Festland 1765 mitgebrachten Neuerungen (Rampenlicht, Pariser Inszenierung, Musik) führten zum Brauch der langlaufenden Schau- und Ausstattungsstücke. Daneben hielten sich die Tendenz- und Rührstücke von Art des Thomas Holcroftschen *The Road to Ruin* (1792) und, im Gefolge des zeitweilig die englische Bühne beherrschenden Kotzebue, melodramatische Dramatisierungen des Schreckensromans.

Die höhere Ansprüche stellenden Stücke der romantischen Dichter näherten sich dem bühnenfremden „poetischen" Drama, das vornehmlich JOANNA BAILLIE (1762–1851) vertrat (*Plays on the Passions*, 1798, 1802 und 1812); und mit der Anknüpfung an elisabethanische Vorbilder kam man völlig zum Buchdrama. Weder HENRY HART MILMANS *Fazio* (1815) noch des begabten JAMES SHERIDAN KNOWLES' *Caius Gracchus* (1815) ver-

14 Die kleineren englischen Dichter der romantischen Zeit sind ausreichend vertreten in The Oxford Book of Regency Verse, 1798–1837 ed. H. S. Milford, Oxf. 1928.

15 Poetical Works ed. A. D. Godley, Lo. 1910. Diary, a selection ed. J. B. Priestley, Cambr. 1925; Letters ed. W. S. Dowden, 2 Bde., Oxf. 1964. – Biographie von H. M. Jones, N.Y. 1937.

16 Selected Poems ed. J. Clubbe, Cambr., Mass., 1970; WC 87. – Biographie von J. C. Reid, Lo. 1963.

17 Plays and Poems ed. H. W. Donner, Lo. 1950 (Muses' Library); Auswahl ed. F. L. Lucas, Cambr. 1932. – Biographie von H. W. Donner, Oxf. 1935.

mochten sich auf der Bühne zu behaupten. Das Drama war ein Zweig der Poesie geworden, hatte aber aufgehört, Ausdruck der die Zeit bewegenden Kräfte zu sein.

9. Amerikanische Dichter in der europäischen Tradition

Die amerikanischen Dichter dieses Zeitabschnitts[18] werden meist an ihren englischen Zeitgenossen gemessen. Sie suchten selbst diesen Vergleich und gaben dennoch ihr Bestes da, wo sie sich aus der englischen Tradition lösten. PHILIP FRENEAU[19] (1752–1832), der leidenschaftliche Parteigänger Jeffersons und Dichter der amerikanischen Revolution, wurzelt im Grunde in der Tradition von Gray und Young und mutet in einzelnen Stücken wie *The Wild Honey-Suckle* u.ä. wie ein Vorklang von Burns und der Seeschule an. Ein bedeutenderer Lyriker ist WILLIAM CULLEN BRYANT[20] (1794–1878), der trotz begrenzter Themen und Begabung auch im Ausland Anerkennung errang. Er hat die Schlichtheit Wordsworths, ist aber puritanisch fromm und weiß sowohl dem versöhnlich abgewandelten Todesthema *(Thanatopsis; Hymn to Death)* als auch stark empfundenen Naturgedichten *(To a Waterfowl; The Hurricane)*, in denen eine symbolische Bedeutung mitschwingt, dichterische Kraft und Innigkeit zu geben. Er öffnete seinen Landsleuten die Augen für die Weite und Großartigkeit ihrer Natur, wendete sich gegen die Sklaverei und vertrat den demokratischen Gedanken. Gerade die ethischen Werte sind es, die sein Ansehen in Amerika begründen; historisch ist er der Wegbereiter der Romantik Longfellows.

Neben dem formal glatten und bis zur Kühle vollendeten Bryant ist der um die Sklavenbefreiung verdiente JOHN GREENLEAF WHITTIER[21] (1807–1892) zu nennen. Als Quäkerdichter und amerikanischer Burns gefeiert, vertritt er die bodenständige Liebe zur Scholle und ist die urwüchsigste Dichtergestalt der Zeit. Bilder aus der Natur Neuenglands und den hochfliegenden Glauben an die menschliche Freiheit weiß er eindringlich zu gestalten, z. B. in dem das verschneite Farmhaus beschreibenden Winteridyll *Snow-Bound* (1866), das man oft dem Burnsschen Cotter's Saturday Night verglich. Er vermochte gute Blankverse und sang-

[18] Die genannten amerikanischen Dichter sind ausführlich vertreten in American Poetry from the Beginning to Whitman ed. L. Untermeyer, N.Y. 1931, und in The Oxford Book of American Poetry ed. F. O. Matthiessen, N.Y. 1950, ed. R. Ellman, Lo. 1976.

[19] Poems ed. F. L. Pattee, 3 Bde., Princeton 1902–07 (repr. N.Y. 1963); Auswahl ed. H. H. Clark, N.Y. 1929. – P. M. Marsh, The Works of P. F.: A Critical Study, N.Y. 1968.

[20] Representative Selections ed. T. McDowell, N.Y. 1935 (AWS). – A. F. McLean, W. C. B., N.Y. 1964.

[21] Poetical Works ed. W. G. Horder, Lo. 1919; WC 188. – L. Leary, J. G. W., N.Y. 1961; E. Wagenknecht, J. G. W., Lo. 1967.

bare Strophen zu schreiben, war aber lässig im Reim und kein Meister des Rhythmus.

Gerade das ist die Stärke von Henry Wadsworth Longfellow[22] (1807–1882), der als Dichter und Professor der modernen Sprachen an der Universität Harvard sich größter Bewunderung erfreute, dessen Ruf jedoch von kurzer Dauer war. Die Gründe liegen auf der Hand; Aufrichtigkeit, sicherer Geschmack und Grazie der Form waren ihm eigen, aber weder Leidenschaft noch Tiefe. Sein dem Bildungserlebnis der Weltliteratur entspringendes Schaffen eröffnete aus grauem Alltag Ausblicke auf fremde, bunte Welten, und sein herkömmlicher Idealismus verkündete eine auf unitarischer Frömmigkeit beruhende ethische Botschaft in leicht faßlichen Formeln (vgl. *A Psalm of Life*, 1838; *Excelsior*, 1841). Als romantischer Epigone schaut er in die Vergangenheit zurück und schildert in dem idyllisch-elegischen Epos *Evangeline* (1847), das nach dem Hermann und Dorothea-Vorbild in schmiegsamen Hexametern geschrieben ist, die Geschichte der von den Engländern vertriebenen französischen Kanadier. In *Hiawatha* (1855), das mit reimlosen trochäischen Vierhebern, die dem finnischen Kalevala-Epos nachgebildet sind, melodiöse Schwermut malt, wird im Sinne der Indianerromantik ein Held gefeiert, der mit dem weißen Manne ein Bündnis schließt und das Christentum verkündigt. Viel amerikanischer als diese der europäischen Dichtung verhafteten Epen, dramatischer und humorvoller ist *The Courtship of Miles Standish* (1858), die schalkhaft erbauliche Liebesgeschichte John Aldens, eines Vorfahren von Longfellow und seiner hübschen Priscilla. Longfellow, der auch einen von Jean Paul beeinflußten autobiographischen Bekenntnisroman (*Hyperion*, 1839) und viele *Übersetzungen* (u. a. der Göttlichen Komödie, 1867/1870) schrieb, trat auch als Dramatiker hervor (z. B. *The Spanish Student*, 1834), ohne jedoch dramatische Begabung zu erweisen.

[22] Poetical Works ed. H. E. Scudder, Boston 1893; OSA, WC 39, 174, EL 382; Selections ed. O. Shepard, N.Y. 1934 (AWS). Letters ed. A. Hilen, Cambr., Mass., 1966ff. – N. Arvin, L.: His Life and Work, Boston 1962; E. Wagenknecht, L.: Portrait of an American Humanist, N.Y. 1966.

II. DER ROMAN

1. Nachspiel des 18. Jahrhunderts: der Sittenroman

Die Wirklichkeitsgebundenheit des neuen im 18. Jahrhundert geschaffenen Romans blieb fortan Gesetz und wirkte besonders im Gesellschaftsroman der Frauen als Fortsetzung des unromantischen Geistes Fieldings oder Smolletts. Die weibliche Schilderungskunst beschränkte sich auf die gesellige und meist provinzielle Welt der oberen Bürgerschicht und des niederen Adels, erreichte aber damit eine der Miniaturmalerei vergleichbare Feinheit der Ausführung, die durch einen leisen ironischen Ton noch besonderen Reiz erhält. Selbst bei einem Richardson-Thema, wie es das tonangebende Buch *Evelina*[23] (1778) von FRANCES (genannt FANNY) BURNEY (1752–1840) in Briefen der Heldin an ihren Ratgeber entwickelt, tritt die Charakterzeichnung zurück hinter der treuen Wiedergabe der kleinen, meist übersehenen Alltäglichkeiten und gleichsam erlauschten Gesellschaftsgespräche. Das damalige gesellschaftliche Treiben ersteht mit einer noch heute fühlbaren Frische, und der weibliche Standpunkt, der die Heldinnen ohne die romantische Brille der Männer sieht, schafft eine neue Beleuchtung.

Diesem Gesellschaftsroman, den Jane Austen fortsetzt und vollendet, sind auch die erziehliche Absichten verfolgenden Frauenromane einzuordnen, vor allem *A Simple Story*[24] (1777) von ELIZABETH INCHBALD (1753 bis 1821), die Rousseausche Gedanken vertritt und durch leidenschaftliche Szenen überrascht, sowie die für Irland werbenden Erzählungen der MARIA EDGEWORTH (1767–1849), von denen das knapp zusammengefaßte *Castle Rackrent*[25] (1800) in meisterhafter Weise durch ironische Darstellung belehrt.

Bei JANE AUSTEN[26] (1775–1817) ist alle Belehrung in Komödienlächeln aufgelöst. Das gilt schon für den ersten ihrer Romane, *Sense and Sensibility* (1811), der, wie der Titel andeutet, sich gegen unvernünftige Romantik und Liebe wendet, und gilt auch für *Northanger Abbey* (gedr. 1818), worin der „gotische" Roman durch tageshelle Wirklichkeit verspottet wird. Es ist Austens Kunst, in der altmodischen und auf ihre

[23] ed. E. A. Bloom, Lo. 1968 (OEN).
[24] ed. M. S. Tompkins, Lo. 1967 (OEN).
[25] ed. G. Watson, Lo. 1964 (OEN); EL 410.
[26] Novels ed. R. W. Chapman, 6 Bde., Oxf. 1923–1954; Einzelausgaben EL, WC, PEL, OEN. Letters ed. R. W. Chapman, Lo. ²1952; WC 549. – M. Lascelles, J. A. and her Art, Oxf. 1939; A. H. Wright, J. A.'s Novels: A Study in Structure, N.Y. u. Lo. ²1964; A. W. Litz, J. A.: A Study of her Artistic Development, N.Y. u. Lo. 1965; B. C. Southam (Ed.), Critical Essays on J. A., Lo. 1968; F. B. Pinion, A J. A. Companion, Lo. u. Basingstoke 1973.

kleine Ordnung bedachten Welt des ländlichen Bürgertums und Kleinadels, in der erschütternde Leidenschaften und das Völkergrollen der französischen Revolution ebenso fehlen wie die englischen Parlamentskämpfe der Zeit und die Schatten der beginnenden Industrialisierung, die Komödie des Menschseins aufzuzeigen. *Pride and Prejudice* (1813), das menschlichste und humorvollste ihrer Bücher, das wie die beiden vorher genannten bereits vor der Jahrhundertwende entstanden ist, zeigt ihre Kunst bereits auf der Höhe. Wie der Held seinen Familienhochmut und die Heldin ihr Vorurteil gegeneinander ausspielen und aufgeben, ist mit heiterer Grazie, künstlerischer Nüchternheit und ironischer Distanz dargestellt. Die Proportion der charakterisierenden, schildernden und erzählenden Teile ist vollkommen. Kaum etwas bleibt dem Zufall überlassen, alles Handeln ergibt sich aus der Charakteranlage der Figuren, aber trotz der Abstand wahrenden Erzählhaltung bleibt der Leser nie im unklaren über Jane Austens Urteil über ihre Menschen.

Die späteren Romane sind bei aller Vollendung ernster und milder. Die verschlungene Handlung von *Mansfield Park* (1814) führte Jane Austen auf das ihr fremde Feld direkter Empfindungsaussprache. Sie durchbrach die souveräne Objektivität ihren Gestalten gegenüber, und damit wurde ihre Fanny Price, die der Inbegriff romantischer Unschuld werden sollte, ein kleines, leicht selbstgefälliges, ein wenig hölzernes Geschöpf. Die Verfasserin kehrte jedoch in *Emma* (1816), ihrem reifsten Werk, zu der ihr eigenen Komödienatmosphäre zurück, wozu die liebevoll-unerbittliche Zurechtweisung der allzu selbstsicheren Titelheldin in einer Reihe selbstverschuldeter Enttäuschungen Anlaß gab. In ihrem letzten Roman, *Persuasion* (1818) kommt nachdenkliche Sympathie zu Wort. Die erneute 'Pride and Prejudice'-Komödie läßt mehr Gefühlswerte zu, so daß man die Stimme der Verfasserin menschlich nahe hört und ihre Genugtuung mitempfindet, der Heldin Anne gerecht zu werden. Damit endet das klassizistische Nachspiel, und der „gotische", Schauer- oder Schreckensroman nimmt die Bühne ein.

2. Der Schreckensroman [27]

Seine Anfänge gehen auf HORACE WALPOLE (s. S. 183) zurück, der mit seiner halbernsten, spannenden Geistergeschichte *The Castle of Otranto* [28]

27 M. Summers, The Gothic Quest: A History of the Gothic Novel, Lo. 1938; K. M. Clark, The Gothic Revival: An Essay in the History of Taste, Lo. ³1962; D. P. Varma, The Gothic Flame, Lo. ²1966; R. Kiely, The Romantic Novel in England, Cambr., Mass., u. Lo. 1972; K. Poenicke, Dark Sublime: Raum und Selbst in der amerikanischen Romantik, Heidelberg 1972.

28 ed. W. S. Lewis, Lo. 1964 (OEN); zusammen mit Rasselas und Vathek in Shorter Novels of the 18th Century EL 856.

(1764) das Phantastisch-Wunderbare in den herrschenden realistischen Roman einführte und einen Romantyp begründete, der die 'Novel' durch die Aufnahme von Elementen der alten 'Romance' erweiterte. Zuerst hat diese, meist von Frauen vertretene „neue" Romance (Beispiel CLARA REEVE, *The Old English Baron*[29], 1771) nichts von dem Schrecken, der BECKFORDS Geschichte des Kalifen *Vathek* (s. S. 180) durchweht, aber bei ANN WARD (MRS. RADCLIFFE, 1764–1823) werden die herkömmlichen handwerklichen Mängel – die rationale Aufklärung des Wunderbaren, die im guten Ende erwiesene poetische Gerechtigkeit und die äußerlich bleibende historische Einkleidung – überdeckt von der geheimnisvollen, die Phantasie des Lesers gefangennehmenden Stimmung, die ein ausgesprochen romantischer Landschaftshintergrund nachdrücklich unterstützt. Das gilt schon für ihre ersten Romane und besonders für die bekanntesten: *The Mysteries of Udolpho*[30] (1794) und *The Italian* (1797). Es hat keinen Sinn, die lächerlichen Requisiten der unterirdischen Gänge, Schiebetüren, Versenkungen, Räuber, Wüstlinge im einzelnen zu betrachten; entscheidend ist ihre Vereinigung zu einer melodramatischen Welt, die durch die Spannungstechnik einer Steinchen zu Steinchen fügenden Erzählweise, durch das Unheimliche unerklärlicher und vereinzelter Sinneseindrücke und durch die eindrucksvolle Stimmung einer wilden Phantasielandschaft schlechthin überwältigend wirkt. Hier ist wirklich ein neuer, auf der Phantasie und nicht auf der Wirklichkeit beruhender Romantypus geschaffen, und „Der Italiener" brachte auch den dieser Umwelt angemessenen, von rätselhaften Leidenschaften umdüsterten Byronschen Menschentypus, der dann von Lara bis zu Mussets Rolla in der Dichtung Mode war.

Allerdings spielte bereits der Einfluß des berüchtigten *Ambrosio, or the Monk*[31] (1795) von MATTHEW GREGORY LEWIS (1755–1818) herein, der als wahres Zeughaus des Schreckensromans bezeichnet werden kann. Lewis, der in Deutschland von den Räubern und Faust, der Lenore und Kotzebues melodramatischen Stücken beeindruckt worden war, gibt in grellem Farbenauftrag die Geschichte eines faustischen Mönchs, der, rasch verführt, der Sünde und dem Verbrechen verfällt, seine Seele verkauft und schließlich von dem mit der Versucherin im Bunde stehenden Teufel in schauriger Landschaft unter Donner und Blitz in den Abgrund gerissen wird.

Man kann bei Lewis schon Zeichen der Entartung sehen; vor seinem Verfall sollte jedoch der Schreckensroman noch mannigfache Bindungen eingehen, von denen die durch Godwin vollzogene mit dem philosophischen oder soziologisch-revolutionären Roman die wichtigste ist. WILLIAM GODWIN (1756–1816) verband die Reformpredigt mit der Psychologie des

[29] ed. J. Trainer, Lo. 1967 (OEN).

[30] Udolpho ed. B. Dobrée, Lo. 1966 (OEN); EL 865–6; Italian ed. F. Garber, Lo. 1968 (OEN). – A. Grant, A. R.: A Biography, Denver 1951.

[31] ed. L. F. Peck, N.Y. 1952. – Ders., A Life of M. G. L., Cambr., Mass., 1961.

Verbrechers; *Caleb Williams*[32] (1794), der um den Mord seines Herrn wissende Diener, der dieses Mitwissens halber gehetzt wird, bis er in Wahnzustände verfällt, steigerte den Verbrecherroman zu einem seelischen Schreckensroman. Denselben Eindruck des Erschauerns vor den Nachtseiten der menschlichen Natur erreichte MARY WOLLSTONECRAFT-SHELLEY in ihrem Roman *Frankenstein*[33] (1818) durch das Einbeziehen naturwissenschaftlicher Phantasien. Der amerikanische Vertreter des Schreckensromans, CHARLES BROCKDEN BROWN[34] (1770–1810), steigerte überdies die Unmittelbarkeit, indem er die unwirklichen Charaktere vor einen wirklichkeitsnahen Hintergrund stellte, sei es das Bürgertum Philadelphias wie in seinem besten Roman *Wieland* (1798), sei es die indianische Welt (*Edgar Huntly*, 1799) oder, wie in *Arthur Mervyn* (1799, 1800), die Seuche des gelben Fiebers. Brown fesselten die Nachtseiten der Natur: Vererbung, Somnambulismus, das aus dämonischem Zwang begangene Verbrechen.

Damit schienen alle Spielarten des Schreckensromans erschöpft, als der mit der Schule nur lose zusammenhängende irische Geistliche CHARLES ROBERT MATURIN (1782–1824) mit seinem *Melmoth the Wanderer*[35] (1820) das Meisterwerk der Gattung schuf. Der Faust, Mephisto und den Ewigen Juden in einer Gestalt zusammenfassende Melmoth hat sich vom Teufel ein langes Leben erkauft und sucht nun eine Seele, die mit ihm sein zum Fluch gewordenes Schicksal tauschen will. Mit der Fähigkeit, seelisches Erschauern zu vergegenwärtigen, gestaltete Maturin dieses Phantasiebild in einer starken, in stoßweisen Rhythmen und flammenden Bildern sich bewegenden Prosa, und unbeschadet der Weitschweifigkeit haben Künstlerurteile von Hugo bis Baudelaire und von Thackeray bis Wilde die Größe dieses Romans bezeugt.

3. Walter Scott[36]

Der größte Romanschriftsteller der Zeit war jedoch Sir WALTER SCOTT (1771–1832), dessen Schaffen der englischen romantischen Schule Erfolg und europäische Geltung errang. Seine vorbereitende erste Epoche galt

[32] ed. D. McCracken, Lo. 1970 (OEN); s. auch S. 191. – M. R. G. Grylls, W. G. and His World, Lo. 1953.

[33] ed. M. K. Joseph, Lo. 1969 (OEN); EL 616. Letters ed. F. L. Jones, 2 Bde., Norman, Okla., 1944; Journal ed. ders., Norman, Okla., 1947. – E. Bigland, M. S., Lo. 1959.

[34] Novels, 6 Bde., Philadelphia 1887; Wieland ed. F. L. Pattee, N.Y. 1926; Huntly ed. D. L. Clark, N.Y. 1928; Mervyn ed. W. Berthoff, N.Y. 1962. – D. A. Ringe, C. B. B., N.Y. 1966; A. Kimball, Rational Fictions: A Study of C. B. B., McMinville 1968.

[35] ed. D. Grant, Lo. 1968 (OEN). – W. Scholten, C. R. M.: The Terror-Novelist, Amsterdam 1933.

[36] Poems and Plays EL 550–51; einführende Auswahl ed. A. H. Thompson, Cambr. 1922. – Waverley Novels, 24 Bde., Oxf. 1914; fast alle Romane in EL u. anderen billi-

dem Sammeln und Übersetzen; in seiner Vaterstadt Edinburgh, wo der junge Jurist zu einem an deutscher Literatur interessierten Kreis gehörte, übersetzte er die Lenore, den Götz und eine Reihe deutscher Volksballaden. Es folgte dann die Percys Sammlung ergänzende *Minstrelsy of the Scottish Border* (1802/1803); und als er, diese Anregungen fortführend, eigene Verserzählungen versuchte, begann mit *The Lay of the Last Minstrel* (1805) seine zweite, dichterische Epoche. Die Erzählung will Geist und Schauplatz der Grenzballaden mit einer Rittergeschichte verweben, handelt also von Krieg und Liebe und bringt einen bunten Aufzug von Rittern, Burgfrauen, Mönchen und Freibeutern in einem mitreißenden Rhythmus zwei- oder dreifach reimender Vier- und Dreiheber. Von diesen Lays, die auch Scotts Gabe als Liederdichter erwiesen und ungemeine Beliebtheit errangen, hat nur *The Lady of the Lake* (1810) ihre Zeit überdauert, eine Verserzählung, die in einem kulturgeschichtlichen Rahmen die friedlich große Hochlandnatur mit ihren prachtvollen Gestalten der politischen Welt der Kämpfe gegenüberstellt und damit bereits zu der dritten Epoche der Romane überleitet.

Waverley (1814), der die Reihe der historischen Romane eröffnet, gibt einen Ausschnitt aus der schottischen Geschichte des 18. Jahrhunderts. Scott schildert die jakobitischen Aufstände, indem er die großen geschichtlichen Persönlichkeiten im Hintergrund hält (und so historische Verzeichnung meidet) und durch eine erfundene, absichtlich verschwommene Leitfigur den Leser ohne Unwahrscheinlichkeit an einem bunt wechselnden Geschehen beteiligt. Diese in genauer Zustandsbeschreibung verwirklichten vielfältigen Situationen sowie die Fülle lebendiger Nebenfiguren, unter denen die ihre Mundart redenden Hochländer besonders naturnah wirken, waren Scott wichtiger als ein historisches Einzelporträt. Das Historische erwuchs also aus seiner Heimatliebe, und die Verwirklichungskraft aus seiner Beobachterleidenschaft, die er mit der vom Frauenroman vorgebildeten Charakterisierungskunst und der vom Schreckensroman gelernten Spannungstechnik zu einer epochemachenden Romanform verwob.

Übrigens darf Scott nicht einseitig auf den historischen Roman festgelegt werden. *Guy Mannering* (1815), glänzend erzählt und durch die Charakterschöpfungen Dominie Sampsons und Dandie Dinmonts ausgezeichnet, begnügte sich mit der Schilderung des Lebens der schottischen Tieflande, und der auf Verwicklung nahezu verzichtende, aber durch

gen Ausgaben. – Letters ed. H. J. C. Grierson, 12 Bde., Lo. 1932–37; Journal ed. W. E. K. Anderson, Oxf. 1972. – Biographie von J. G. Lockhart, EL 55 (gekürzt); von H. J. G. Grierson, Lo. 1938; von E. Johnson, Sir W. S.: The Great Unknown, 2 Bde., N.Y. u. Lo. 1970. – A. Welsh, The Hero of the Waverley Novels, New Haven 1963; F. R. Hart, S.'s Novels, Charlottesville 1966; A. O. S. Cockshut, The Achievement of W. S., Lo. 1969; D. D. Devlin, The Author of Waverley, Lo. 1971; D. Daiches, Sir W. S. and his World, Lo. 1971; W. S.: Modern Judgements ed. D. D. Devlin, Lo. 1968.

spannende Szenen und die Zeichnung des Titelhelden fesselnde *Antiquary* (1816) ist ein Beispiel des frei erfundenen abenteuernd-romantischen Romans. Diese drei Romane, der historische, der charakterschildernde und der phantasievolle Abenteuerroman sind die drei oft geschickt verschmolzenen Arten, deren sich Scott bediente. Eine Entwicklung läßt sich im Werke Scotts nicht aufzeigen, doch gelten gemeinhin *Old Mortality* (1816) und *The Heart of Midlothian* (1818) als seine besten Romane; ersterer ist der lebendigste und vielseitigste, unvergeßlich durch das Charakterbild von Claverhouse, der andere ist berühmt durch die Figur der Jeanie Deans und die Schilderung der Porteous Riots. In der nächsten Romangruppe, in der er englische und mittelalterliche Themen hinzunimmt, erscheint die große Porträtgalerie der Fürsten und Königinnen, Richard Coeur de Lion, Mary Stuart, Elizabeth, James I., Louis XI.; es sind die Werke, die wegen der breit aufgerollten historischen Bilder die Welt am meisten fesselten: *Ivanhoe* (1819) mit seinen Schilderungen der Angelsachsen- und Normannenzeit, *The Abbot* (1820), berühmt durch die Mary Stuart-Szenen, *Kenilworth* (1821) mit der elisabethanischen Festbeschreibung und als eine Art Fortsetzung dazu *The Fortunes of Nigel* (1822), der, an Farbigkeit, Schwung und Schauprunk Ivanhoe gleichkommend, die höchste Leistung dieser Gruppe darstellt. *Quentin Durward* (1823) schließlich greift aufs Festland über und schildert das Frankreich Ludwigs XI. Nach diesem weiten historischen Ausgreifen kehrte Scott, als ob er fühlte, daß seine Hand um so unsicherer wird, je weiter er sich von seiner Zeit entfernt, mit dem meisterhaft aufgebauten Sittenroman *St. Ronan's Well* (1824) zum 19. Jahrhundert zurück. Dann stieg das Schaffen ins Ungeheuerliche; ab fünf Uhr früh saß Scott täglich in seinem Schloß Abbotsford (das er 1812 zu bauen begonnen hatte) am Schreibtisch, um eine Millionenschuld abzutragen, die er beim Zusammenbruch seiner Verlegerfirma in ritterlicher Weise auf sich genommen hatte. Trotz solcher Ermüdung und Krankheit herbeiführenden Überarbeitung enthält auch diese dritte und letzte Gruppe seiner Romane noch gute Werke wie *The Fair Maid of Perth* (1828) mit der ungewöhnlich straffen Eröffnung und den kraftvollen, echten Hochlandcharakteren.

Scotts Welt ist so reich an Gestalten wie die Balzacs, aber sein Werk hat sich als zeitbedingter erwiesen. Die realistische Zeit nahm Anstoß an dem häufigen Eingreifen des Autors in die objektive Darstellung und an dem gefühlvoll guten Ende der Liebesgeschichten, sie beanstandete eine Geschichtsauffassung, die einer bunten Außenseite zuliebe alle düsteren und ekstatischen Aspekte des Mittelalters übersieht, und sie vermißte eine psychologisch tiefdringende Charakterzeichnung ebenso wie einen kunstvoll durchgeführten Romanaufbau. All das ist zuzugeben, aber dem stehen Vorzüge gegenüber: Scotts Werk atmet den Geist des aus dem Vollen schöpfenden Epikers, und kaum je sinkt er von seinem hohen Durchschnitt herab; bei allen Mängeln gelang ihm eine phantasiemäßige

Wiederbelebung der Vergangenheit, und sein weites Weltbild steht vorteilhaft der verarmenden Einengung des Romans auf die seelischen Bezirke gegenüber, wie auch seine glänzende Erzählergabe blutvoll erscheint gegenüber der gesuchten Knappheit der folgenden Zeit. Er ebnete auch dem realistischen Roman den Weg, denn er hat zuerst mit der herkömmlichen Auffassung gebrochen, daß der Roman einen lehrhaften Zweck haben müsse.

4. Zeitgenossen und Nachfolger Scotts

Die Anregungen Scotts haben auf dem Festland, wo Hugo und Balzac in seine Fußtapfen traten, größere Werke gezeitigt als in seinem Lande. Das Kraftvollste entstand in dem sogenannten Heimatroman, und da sind es weniger die Engländer als die Schotten und Iren, die ihre heimischen Überlieferungen für die künstlerische Darstellung heranziehen. Der künstlerisch bedeutendste der schottischen Weggenossen Scotts ist JAMES HOGG (1770–1835), der 'Ettrick Shepherd', den Scott entdeckte, als er Balladen für seine Minstrelsy sammelte. Hoggs Roman *The Private Memoirs and Confessions of a Justified Sinner*[37] (1824) entwickelt vor dem Hintergrund der Edinburgher Kavalier- und Puritanerfehden die Geschichte zweier Brüder, die dann zum Lebensbericht des Titelhelden wird. Der leidenschaftliche Protest gegen calvinistische Engherzigkeit wird zu einer aufrüttelnden Seelenstudie, die noch einen André Gide in ihren Bann geschlagen hat.

Die englische Scottnachfolge hat den Heimatroman nicht aufgegriffen und im Rivalisieren mit Scotts großzügigen Geschichtsbildern doch nur blasse Rekonstruktionen und eintönige Bilderfolgen geschaffen. So steht des einst vielgelesenen WILLIAM HARRISON AINSWORTH[38] (1805–1882) Quentin Durward-Nachahmung *Crichton* (1837) einem Dumas näher als Scott; und dieser melodramatische Zug herrscht auch in den stark mit Ortsfärbungen arbeitenden Romanen *Tower of London* (1840) und *Windsor Castle* (1843), die als seine besten gelten.

Das lebensvollere Romanschaffen ist nicht Scott allein verpflichtet. FREDERICK MARRYAT[39] (1792–1848), der zwar viel von Scott lernte, verzichtete auf dessen historische Vorwürfe und knüpfte in seinen beliebtesten Büchern *Peter Simple* (1834) und *Midshipman Easy* (1836) an Smolletts und Coopers Seeroman an. Das selbsterlebte Matrosendasein mit allen seinen Schicksalen, das Einflechten der rauhen Späße und die Ein-

[37] Neuausgabe, Lo. 1947 [mit Einleitung von A. Gide]; OEN.
[38] Collected Works, 12 Bde., Lo. 1923. Alle genannten Romane in EL.
[39] Novels ed. R. B. Johnson, 26 Bde., Lo. 1929–1930. Vielfache Einzelausgaben z. B. in EL.

fügung historischer Ereignisse gaben seinen Romanen echtes Kolorit und eine heute noch gültige Frische.

EDWARD GEORGE BULWER-LYTTON[40] (1803–1873), der sich in allen Romanarten versuchte, zersplitterte sein großes Talent mit Aufgreifen der mannigfachsten Vorbilder. Das erste und am besten geschriebene seiner Bücher, *Pelham* (1828), ist ein von Wilhelm Meister angeregter Bildungsroman, der ein Liebes- und Verbrecherthema in spannender Handlung verknüpft. Dann schrieb er Verbrecherromane in Godwins Art (z. B. *Paul Clifford,* 1830) und erreichte, zur Historie übergehend, mit *The Last Days of Pompeii* (1834) eine Scott vergleichbare Wertschätzung. Das farbenprächtige Bild vom Glanz und Untergang der berühmten Stadt mit der Beschreibung der Bauten, Trachten, Sitten, Vergnügungen und Laster ist auf sorgfältige Einzelstudien gegründet, aber die großzügig zusammenfassende und verlebendigende Kraft Scotts fehlt. Trotzdem ist es Bulwers bester historischer Roman, dem weder das ähnlich kunstvolle Bild von Rom und Florenz in *Rienzi, or The Last of the Tribunes* (1835) gleichkam noch die gut zusammengefaßte Geschichte der Rosenkriege in *The Last of the Barons* (1843). Die späteren Versuche in übernatürlichen Schreckensromanen, bürgerlich-häuslichen Familienbildern und soziologischen Zukunftsromanen zeigen zwar den geschickten Romancier, arten aber in leere Bewegtheit aus.

Demgegenüber erscheint die Eigenart von THOMAS LOVE PEACOCK[41] (1775–1866) künstlerisch fester gegründet. Sein Roman hat allerdings nicht viel mit Scott zu tun; es handelt sich stets um einen Kreis von Sonderlingen, deren vielfältige, durch etwas Beschreibung und drollige Situationen gerahmte Gespräche den eigentlichen Inhalt bilden (*Headlong Hall,* 1816; *Melincourt,* 1817). In den anscheinend kunstlosen Gesprächen, in denen aber jedes Wort am richtigen Platz steht, enthüllen sich die Charaktere der Sprecher und die lächelnde Weisheit des epikureischen Verfassers.

Scotts Einfluß reichte auch nach Amerika, und da die dortigen Verhältnisse dem romantischen Roman einen dankbaren Stoff boten, so hat JAMES FENIMORE COOPER[42] (1789–1851), der diesen Stoff aufgriff und durch seine schöpferische Begabung vor bloßer Nachahmung bewahrt blieb, eine weltweite Wirkung ausgeübt. Mit dem zur Zeit des Unabhän-

[40] The Novels (New Knebworth Edition), 29 Bde., Lo. 1895–98. Vielfache Einzelausgaben der genannten Romane z. B. EL. – M. Sadleir, Bulwer, a Panorama, Lo. 1931.

[41] Works ed. H. F. B. Brett-Smith u. C. E. Jones, 10 Bde., Lo. 1924–1934; The Complete Novels ed. D. Garnett, 2 Bde., Lo. 1963. Zahlreiche Einzelausgaben, Headlong Hall in EL 327 u. WC 339. – F. Felton, T. L. P., Lo. 1973.

[42] Mohawk Edition, 33 Bde., N.Y. 1895–1900. Zahlreiche Einzelausgaben der bekanntesten Romane z. B. in EL, WC. – The Letters and Journals of J. F. C. ed. J. F. Beard, 6 Bde., Cambr., Mass., 1960–68. – J. Grossmann, J. F. C., N.Y. 1949; W. S. Walker, J. F. C.: An Introduction and Interpretation, N.Y. 1962; G. Dekker, J. F. C.: The American Scott, N.Y. 1967.

gigkeitskrieges spielenden *The Spy* (1821) begründete Cooper eine amerikanische Spielart des historischen Romans; mit *The Pilot* (1823) schrieb er eine See-Erzählung, die Marryat beeinflußte; und die „Lederstrumpf"-Romane (1823–1841), gipfelnd in *The Last of the Mohicans* (1826) und *The Deerslayer* (1841), erlangten Weltruhm. Cooper führte seine Leser aus den unheimlichen Schlössern des englischen Schreckensromans, der Enge der Gesellschaft und der sentimentalen Beziehungen hinaus in die Wälder und Prärien des neu erschlossenen amerikanischen Westens. Die 'frontier' und die Wildnis wurde zum Schauplatz und damit der Konflikt zwischen Natur und Zivilisation zum Grundthema der Lederstrumpf-Saga. Die zu Idealgestalten erhöhten Indianer und Trapper, besonders der Grenzer Natty Bumppo (= Leather-Stocking), der Freund der guten Indianer, sind die menschliche Entsprechung der Natur, in die Cooper die Mächte der Zivilisation mit Trauer einbrechen sah. Die als tragisch unvermeidlich empfundene Zerstörung der Wildnis schuf im amerikanischen Bewußtsein jenen Konflikt, der ein tiefes Gefühl der Schuld hinterließ. Die geradezu mythische Dimension des Themas, die Urtümlichkeit und Weite des Raums und die spannende Ereignisfülle der Romane lassen den sorglosen Aufbau, gelegentliche Weitschweifigkeit, Unglaubwürdigkeit und hölzernen Stil vergessen. Daß Cooper, mehr noch als Scott zur Jugenlektüre absank, liegt ebenso an den kürzenden Bearbeitungen, in denen seine Romane meist gelesen werden, wie an dem Geschmackswandel in der Zeit des Realismus.

5. E. A. Poe und die Kurzgeschichte

Im Unterschied zu den Erzählungen und freieren literarischen Kurzformen stellt die Short Story eine neue Gattung dar, deren Anfänge aufs engste mit dem Magazin- und Almanachjournalismus verknüpft sind. Einer der ersten Vertreter war WASHINGTON IRVING[43] (1783–1859), dessen eigenster Bereich die hingeplauderte, gemütvolle, stimmungmalende Skizze ist. Er begann mit dem humorvollen und nicht nur dem Stoff nach amerikanischen Buch *A History of New York by Diedrich Knickerbocker* (1809), das Scott ansprach und das ihn in Stil und Essayform an die Meister des 18. Jahrhunderts erinnerte. Diese Mischung von klassizistischem Stil und romantischem Inhalt und Empfinden bewährte sich glänzend im *Sketch Book* (1819–1820), dessen berühmte Geschichten 'Rip van Winkle' und 'Legend of Sleepy Hollow' Charakterskizzen mit pittoresken Sagenmotiven verknüpfen. Mit diesen und späteren Skizzen und spanischen Reisebüchern – er war 1842–1846 amerikanischer Gesandter in Spanien – fand

[43] History of New York ed. A. C. Moore, N.Y. 1959; Sketch Book ed. T. Williamson, N.Y. 1929 (auch EL 117). – Auswahlen ed. H. A. Pochmann, N.Y. 1934; ed. S. Commins, N.Y. 1945 (ML). – Biographie von S. T. Williams, 2 Bde., N.Y. 1935.

Irving auch in Europa Anklang. Der eigentliche Begründer der Kurzgeschichte als Kunstform war jedoch Edgar Allan Poe[44] (1809–1849), der durch Baudelaires Eintreten auch für die europäische Literatur einflußreich wurde. In seinen ästhetischen Essays *The Poetic Principle* und *The Philosophy of Composition* forderte er vom Kunstwerk 'totality or unity of effect', die eine literarische Kurzform, besonders durch Verwendung des Seltsamen und Geheimnisvollen, am intensivsten erreichen könne, und er sah im Tod einer schönen Frau den höchsten Gegenstand der Poesie. Indem er die Schönheit als einzigen Sinn der Kunst erklärte und jegliche didaktische Funktion ablehnte, wurde er ein Wegbereiter des l'art pour l'art-Prinzips.

Wertvoller als diese in einer Mischung von scharfer Logik und Phantastik bestechend vorgetragenen ästhetischen Theorien sind die praktischen Vorbilder, mit denen er die Kunstform der short story in Sammlungen mit dem bezeichnenden Titel *Tales of the Grotesque and Arabesque* (1840, 1843, 1845) konstituierte. Es sind mit hoher Sprachkunst erzählte Anekdoten, schreckhafte Geschichten, Traumstücke oder Capriccios (um mit Poes geistigem Bruder E. T. A. Hoffmann zu reden), die neue Stoffgebiete erschlossen. So kann man die verblüffende Analyse des *Purloined Letter* als Ursprung der Detektivgeschichte bezeichnen, wozu auch *The Gold Bug* und *The Murders in the Rue Morgue* zu rechnen sind. Die Fähigkeit, das geheimnisvoll Schreckliche in packender Weise fühlbar zu machen, zeigen *The Masque of the Red Death,* ein Libretto und Ballettinszenarium für einen danse macabre, der das Doppelgängermotiv nutzende *William Wilson,* die Schilderung des Untergangs eines Hauses und Geschlechtes in *The Fall of the House of Usher* mit seiner von Anfang bis Ende durchgeführten unheimlichen Atmosphäre und Spannung und *Ligeia,* eine okkulte Motive verwertende Geschichte der Verstorbenen, deren Lebenswille die zweite Frau vernichtet und in deren Gestalt aufersteht. Alle diese Geschichten sind auf Mehrdeutigkeit angelegt. Es ist kaum zu entscheiden, ob Roderick und Madeline Usher wirklich Geschwister oder Teile einer Seele sind und ob die beiden Frauen in 'Ligeia' nicht als Symbole für verschiedene Formen der Wirklichkeitserfahrung dienen. Ebenso haben die Landschaften und Räume Symbolcharakter, repräsentiert das äußere Geschehen zugleich psychische oder pathologische Vorgänge. Die Oberflächenbedeutung der Schauer-, See- und Expeditionsgeschichten

[44] Works ed. J. A. Harrison, 17 Bde., N.Y. 1902; Collected Works ed. T. O. Mabbott u. a., Cambr., Mass., 1969ff. (i. E.); Poems ed. F. Stovall, Charlottesville, Va., 1965; Poems and Essays EL 791; Selected Prose, Poetry, and Eureka ed. W. H. Auden, N.Y. 1950; Tales EL 336; WC 21, PEL, ML. Letters ed. J. W. Ostrom, 2 Bde., Cambr., Mass., 1948. – A. H. Quinn, E. A. P.: A Critical Biography, N.Y. 1941; E. H. Davidson, P.: A Critical Study, Cambr., Mass., 1957; F. H. Link, E. A. P.: Ein Dichter zwischen Romantik und Moderne, Frankfurt 1968; P.: A Collection of Critical Essays ed. R. Regan, Englewood Cliffs 1967.

führt im 'undercurrent of meaning' in Grenzsituationen des menschlichen Bewußtseins mit Motiven des Traums, der Angst und Halluzination, des Morbiden, Perversen und des Wahnsinns.

Poes Einsicht, daß die Kurzform Einheitlichkeit der Wirkung brauche, um ästhetisch zu überzeugen, hat bis heute nachgewirkt, aber die moderne short story hält sich nicht mehr an Poes Forderung, von einem Gesamteffekt ungewöhnlicher Art auszugehen und alle Begebenheiten daraufhin zu erfinden. Poe verschloß sich dadurch den Zugang zu einer komplexeren Wirklichkeit.

Diese seelische Enge tritt in Poes Lyrik noch deutlicher hervor. Andererseits zeigt sich hier die Schönheitssehnsucht des Dichters reiner. Die berühmten Gedichte *The Raven*, *To Helen*, *Israfel*, *The Bells*, *Ulalume*, deren wortmusikalischen Zauber Emerson als Reimgeklingel abtun wollte, sind von Tennyson und Yeats als große Lyrik anerkannt worden. In Klang, Farbe, Stimmungsstärke steht Poe unter den amerikanischen Dichtern einzigartig da.

III. SONSTIGE PROSA

1. Romantische Kunstprosa: Landor und De Quincey

Der große Prosastil, um den auch Coleridge sich bemühte, wird in der romantischen Zeit durch Landor und De Quincey vertreten. WALTER SAVAGE LANDOR[45] (1775–1864) begann als Dichter mit dem klassische Größe anstrebenden Blankversepos *Gebir* (1798); er schrieb auch mehrere Dramen, gab aber sein Bestes in Epigrammen und Gedichten (*Hellenics*, 1847), die in lapidarem Stil und oft in wenige Zeilen zusammengepreßt einem Gedanken oder Gefühl vollendet einfachen Ausdruck verleihen. Dasselbe Streben nach klassischer Allgemeingültigkeit kennzeichnet seine hoheitsvolle und fest umrissene Prosa, die sicherer als die ungleiche und oft allzu poetische Sprache Coleridges die große rhythmische Bewegung der Renaissanceprosa erneut. Mit dieser Beherrschung des Worts erdichtete Landor in seinem Hauptwerk, den *Imaginary Conversations* (1824, 1826, 1829 und 1853), eine lange Folge von Gesprächen, in denen sich geschichtliche Persönlichkeiten über politische, soziale und literarische Themen unterhalten. Die im Vordergrund stehende psychologische Selbstcharakteristik der geschichtlichen Figuren ist meist von einem mehr oder weniger ausgeführten Zeitbild begleitet; von Plato lernte Landor auch die ge-

[45] Complete Works ed. T. E. Welby and S. Wheeler, 16 Bde., Lo. 1927–1936; Poetical Works ed. S. Wheeler, 3 Bde., Oxf. 1937 (OET); Poems ed. G. Grigson, Lo. 1964; Auswahlen EL 890, WC 196. – R. H. Super, L.: A Biography, N.Y. 1954, Lo. 1957; P. Vitoux, L'Œuvre de W. S. L., Paris 1964.

schickte Eröffnung, die Durchflechtung eines begrifflichen Gesprächs mit sinnlichen und lebendigen Dingen sowie die Sonderung der Charaktere, aus deren Verschiedenheiten das Gespräch sich entspinnt. Diese Vorzüge, die allerdings nur dem gebildeten Leser voll erfaßbar sind, gelten auch für den langen Briefroman *Pericles and Aspasia* (1836) und für das erlesene Fünftagegespräch über Dante (*Pentameron*, 1837).

Der einzige der Essayisten, der gleichfalls nach einer dichterisch erhöhten Prosa strebt, war THOMAS DE QUINCEY[46] (1785–1859), von dessen vielfältiger Tagesschriftstellerei nur einige kritische Aufsätze, mehrere Essays und die „Bekenntnisse" Anspruch auf Dauer erheben können. Als Beispiel der kritischen Aufsätze können die für die Enzyklopädie geschriebenen Artikel über *Shakespeare, Pope, Wordsworth* und andere Dichter gelten, als Beispiele der Essays die vielgenannten *On Murder considered as one of the Fine Arts* (1827) und *The English Mail Coach*. Sein Hauptwerk sind die *Confessions of an English Opium Eater* (1822, erweitert 1856), eine Selbstbiographie, in der allerdings das Ungesunde, Kranksüchtige, das auch in der englischen Romantik steckt, stark hervortritt. Bei De Quincey fehlt eigentlich durchweg ein der großen Gebärde des stilistischen Ausdrucks angemessener Stoff.

2. Die Essayisten Lamb, Hunt und Hazlitt

Kein solches Mißverhältnis stört im Werk von CHARLES LAMB[47] (1775 bis 1834), dessen anspruchslose Schlichtheit es wagen konnte, Shakespearesche Dramen für kindliches Fassungsvermögen nachzuerzählen (*Tales from Shakespeare*, 1807), und der auch in seinen kritischen Schriften einen ins Vertrauen ziehenden autobiographischen Ton bewahrt. Diese persönliche Aussprache findet man am reinsten in den *Briefen* und den *Essays*, die er unter dem Decknamen 'Elia' von 1820 ab in Zeitschriften veröffentlichte (als Buch 1823 und 1833). Lamb plaudert von unscheinbaren und anscheinend langweiligen Menschen und Dingen, aber diese Alltagswelt erhält durch des Autors Anteilnahme und Phantasie einen ganz neuen Wert, und der Lamb in seltenem Maße gegebene Humor macht aus der alten Form des Spectator-Essays ein selbstenthüllendes und trotzdem über die Wirklichkeit erhöhtes Kleinkunstwerk.

46 Selected Writings ed. van Doren Stern, Lo. 1939; ed. B. Dobrée, Lo. 1965; Confessions etc. WC 23, EL 223. – H. A. Eaton, Th. DeQ., Oxf. 1936; F. Moreux, Th. DeQ.: La vie, l'homme, l'œuvre, Paris 1964.

47 Works ed. E. V. Lucas, 6 Bde., Lo. 1912; ed. T. Hutchinson, 2 Bde., Lo. 1908, 1934; The Portable L. ed. J. M. Brown, N.Y. 1949; A L. Selection ed. F. B. Pinion, Lo. 1965; Elia and Last Essays of Elia ed. M. Elwin, Lo. 1952; EL 14, WC 2; Tales from Shakespeare EL 8. Letters ed. E. V. Lucas, 3 Bde., Lo. 1935; EL 342–43. – E. V. Lucas, The Life of C. L., 2 Bde., Lo. [5]1921; G. L. Barnett, C. L.: The Evolution of Elia, Bloomington 1964.

Zwischen dem romantischen Künstler Lamb und dem kritischen Denker Hazlitt in der Mitte und auch etwas im Schatten steht der vielseitige Leigh Hunt[48] (1784–1859). Als Dichter und Kritiker ist er mehr Wegbereiter als Künstler, und als Essayist hat er aus den vermischten Schriften des 18. Jahrhunderts die flüssigere und unterhaltsamere Form gemacht, aus der sich der Zeitungsaufsatz entwickelte. So ist seine Bedeutung vor allem historisch; man nennt die hübsch erzählte *Story of Rimini* (1816), weil hier erstmals das klassizistische Reimpaar aufgelockert ist, die Zeitschrift *The Examiner* (1808/1813) wegen ihrer politisch revolutionären Haltung, den Bekenntnisband *The Religion of the Heart* (1833) wegen der Aufklärung und Quäkererbe verknüpfenden religiösen Reformforderungen. Auch seine kritischen Verdienste als Entdecker von Keats und Vorkämpfer der Romantik, als Begründer der Theaterkritik und Vertreter der popularisierenden „Würdigung" sind, gerade weil sie Erfolg hatten, überholt und vergessen. Aber eine Auswahl seiner über alles und stets anregend plaudernden Essays (z. B. *Men, Women, Books*, 1847) und die lehrreiche und unterhaltsame *Autobiography* (1850) sind auch heute noch lesbar.

Allerdings hat Hunts vermittelnde Persönlichkeit nicht das Aufrüttelnde des einsiedlerischen und leidenschaftlichen William Hazlitt[49] (1778 bis 1830), der an Masse, Weite und Lebendigkeit seiner Essays alle Zeitgenossen übertraf und durch die seine eigene Person einbeziehende leidenschaftliche Anteilnahme die herkömmlichen Grenzen der Form erweiterte. Hazlitt kam es auf Lebensdeutung an; das ist sein Ziel, wenn er über Malerei spricht und wenn er Naturbeschreibungen gibt, und das ist es, was seinem kritischen Werk, das umfänglicher ist als das irgendeines anderen Romantikers, eine noch heute fühlbare Frische verleiht. Gleichgültig, ob er über die Renaissance spricht (*The Dramatic Literature of the Age of Elizabeth*, 1820), über Autoren des 17. und 18. Jahrhunderts (*The English Poets*, 1818; *The English Comic Writers*, 1819) oder über die Gegenwart (*The Spirit of the Age*, 1825), er hat immer etwas Eigenes zu sagen, und seine bohrende, seelenzergliedernde Art, die auch vor dem Ich nicht haltmachte (*Liber Amoris*, 1823), hat meisterhafte Künstlerbildnisse herausgearbeitet.

[48] Poetical Works ed. H. S. Milford, Lo. 1923 (OSA); Dramatic Criticism (1803–31) ed. L. H. and C. W. Houtchens, N.Y. 1949; Literary Criticism ed. dies., N.Y. 1956; Political and Occasional Essays ed. dies., N.Y. 1962; Selected Essays EL 829; Essays and Sketches WC 115; The Town WC 132; Autobiography ed. J. E. Morpurgo, Lo. 1949, WC 329. – L. Landré, L. H., 2 Bde., Paris 1935–6.

[49] Complete Works, Centenary Edition, ed. P. P. Howe, 21 Bde., Lo. u. Toronto 1930–34, Selected Essays ed. G. Keynes, Lo. 1930; Shakespeare's Plays EL 65, WC 205; Comic Writers EL 411, WC 124; English Poets und Spirit of the Age EL 459, WC 255 u. 57; Table Talk EL 321, WC 5. – H. Baker, W. H., Cambr., Mass., u. Lo. 1962; R. M. Wardle, H., Lincoln 1971.

Siebentes Buch

DAS NEUNZEHNTE JAHRHUNDERT

BIBLIOGRAPHIE: Jährliche Verzeichnisse in den Ztschr. Modern Philology (für 1932–1956) und Victorian Studies (für 1957 ff.); Bibliography of Studies in Victorian Literature 1932–1944 ed. W. D. Templeman, Urbana 1945, fortgeführt von A. Wright 1945–1954, Urbana 1956, R. Slack 1955–1964, Urbana 1965. – Für Amerika s. o. Sechstes Buch.

GESCHICHTE DER POLITISCHEN UND SOZIALEN BEWEGUNGEN: E. L. Woodward, The Age of Reform 1815–1870, Oxf. ²1961; A. Wood, Nineteenth Century Britain 1815–1914, Lo. 1960; D. Thomson, England in the Nineteenth Century, Harmondsworth 1950 (Pelican History VIII). – A. Nevins, Ordeal of the Union, 2 Bde., N.Y. 1947 [1847–1857]; ders., Emergence of Lincoln, 2 Bde., N.Y. 1950; ders., The Emergence of Modern America 1865–1878, N.Y. 1927.

KULTUR- UND GEISTESGESCHICHTE: G. M. Young, Victorian England. Portrait of an Age, Lo. ²1953; G. K. Clark, The Making of Victorian England, Lo. 1962; J. F. C. Harrison, The Early Victorians 1832–1851, Lo. 1971; G. Best, Mid-Victorian Britain 1851–1875, Lo. 1971; J. Evans, The Victorians, Cambr. 1966; J. H. Buckley, The Victorian Temper: A Study in Literary Culture, Lo. 1952; Backgrounds to Victorian Literature ed. R. A. Levine, San Francisco 1967; B. Willey, Nineteenth Century Studies.. Lo. 1949, und More Nineteenth Century Studies, Lo. 1956. – A. W. Griswold, The American Cult of Success, Baltimore 1934; H. M. Jones, The Age of Energy: Varieties of American Experience 1865–1915, N.Y. 1971.

LITERATURGESCHICHTE: O. Elton, A Survey of English Literature 1830–1880, 2 Bde., Lo. 1920, fortges. durch B. I. Evans, English Poetry in the Later 19th Century, Lo. ²1966; The Victorians ed. A. Pollard (Sphere History 6); From Dickens to Hardy ed. B. Ford (Pelican Guide 6); A Reinterpretation of Victorian Literature ed. J. E. Baker, Princeton 1950; Victorian Literature: Modern Essays in Criticism ed. A. Wright, Lo. 1961. – American Literature to 1900 ed. M. Cunliffe (Sphere History 8); L. L. Hazard, The Frontier in American Literature, N.Y. 1927; J. B. Hubbell, The South in American Literature, Durham, N.C., 1954; G. C. Knight, The Critical Period in American Literature 1890 to 1900, Chapel Hill u. Lo. 1951.

Soziale und geistige Entwicklung in England und Amerika 1830–1900

Im Zeitalter der Königin Viktoria (1837–1901), das außenpolitisch die größte Ausdehnung des Kolonialreichs und die Festigung des Imperiums brachte, errang der kaufmännische Mittelstand die früher vom Landadel behauptete politische und wirtschaftliche Machtstellung. Den Anfang dieser Verschiebung bezeichnete die Wahlreform von 1832, den Höhepunkt die zweite Reformakte von 1867, die gleichsam die ganze Nation in den bürgerlichen Meinungen und Ideen einte. Anfängliche, bis Ende der vierziger Jahre fühlbare Wirtschaftssorgen und die Chartistenbewegung überwand man durch Zugeständnisse, wie den zehnstündigen Arbeitstag, und gestützt auf die industrielle Entwicklung, die einen steigenden Wohlstand der Arbeiter zur Folge hatte. Mit der Ausstellung von 1851 begann eine beispiellose wirtschaftliche Blüte, in der die herrschende Nützlichkeitslehre: das größtmögliche Glück aller ergebe sich aus einem aufgeklärten Verfolgen der Einzelinteressen, praktisch erwiesen schien. So reifte im kapitalistischen Bürgertum ein sattes Hochgefühl persönlicher Freiheit und demokratischer Macht, und es entstand ein vorläufiges Gleichgewicht, das den Ministerien Disraeli und Gladstone (1866–1886) die Entfaltung eines Reformprogramms und einer Handelsvorteile bringenden imperialistischen Außenpolitik ermöglichte. Diese materielle Zufriedenheit und der hoffnungsvolle Stolz auf immer weiteren Fortschritt erwiesen sich indessen als trügerisch. Zwar kam man über soziale und wirtschaftliche Schwierigkeiten, die in den achtziger und neunziger Jahren auftauchten, glimpflich hinweg; aber der Zweifel hatte Wurzel gefaßt und mußte durch laute Äußerungen, sei es imperialistischer Gesinnung, sei es anti-puritanischen Gehabens in den „ungezogenen neunziger Jahren“ überdeckt werden. Der Burenkrieg (1899–1902) markiert das Ende der Ära.

Die diesen inneren Bruch verursachenden gegensätzlichen Ideen sind im Bereich der geistigen Welt klarer zu erkennen. Die Fortschritte waren einer vernünftigen, positivistischen, naturwissenschaftlichen Denkweise zu verdanken, die mit der religiös-puritanischen und kirchlichen Grundlage der Gesellschaftsordnung in Spannung geraten mußte. Zwischen diesen beiden Mächten herrschte mehr oder weniger bewußt von 1860–1890 eine feindliche Auseinandersetzung, in der schließlich die agnostische Haltung die Oberhand behielt, was die frühere Selbstsicherheit des Viktorianismus erschütterte.

Vorerst war man jedoch optimistisch und suchte die naturwissenschaftliche Methode, die nun einmal mit dem Fortschrittsdogma verbunden war, auch auf die Geisteswissenschaften zu übertragen (vgl. JOHN STUART MILLS Gesellschaftslehre *Principles of Political Economy*, 1848)[1]. Unter solchen

[1] ed. W. J. Ashley, Lo. 1909. Kürzere Aufsätze und Selbstbiographie WC 170 u. 262, EL 482 u. 825.

Gesichtspunkten betrachtete HENRY THOMAS BUCKLE die Geschichte und suchte unter Verwertung Comtescher Gedanken die fortschrittliche Entwicklung des Menschengeschlechts zu erweisen (*History of Civilization in England*, 1857–1861)[2]. Die Entwicklungsvorstellung fußt auf der biologischen Evolutionslehre des Naturforschers CHARLES DARWIN (1809 bis 1882; *Origin of Species*, 1859)[3], die auch auf andere Wissenszweige übertragen wurde und in HERBERT SPENCERS *System of Synthetic Philosophy* (1860–1896) die großzügigste Anwendung erfuhr[4].

Gegen diese Mechanik des Geistes wandten sich die Vertreter des Glaubens ebenso wie Carlyle, Ruskin und die schaffenden Künstler. Schon in den sechziger Jahren begann eine auf Kant und Hegel gestützte idealistische Gegenströmung, deren gefeiertster Vertreter THOMAS HILL GREEN war. Die nachhaltigste und weiteste Kreise ergreifende Bewegung ging von der englischen Kirche aus. Diese sog. Oxford Movement[5] wurde von JOHN KEBLE eingeleitet und führte unter E. B. PUSEY zu der hochkirchlichen Bewegung in der Staatskirche, während der begabteste Vertreter JOHN HENRY NEWMAN (1801–1890) zum Katholizismus übertrat (*Apologia pro vita sua*, 1864); daneben bildete sich die puritanischer gerichtete Evangelical oder Low Church, die künstlerischen Dingen abhold war, während die den Geist der Latitudinarier neu belebende mittlere oder liberale Richtung der Broad Church wissenschaftlich bedeutende Männer anzog, wie z. B. Frederick Denison Maurice.

Das Zeitalter der Königin Viktoria ist also nicht einseitig auf die Schlagworte Fortschritt und Individualismus und die entsprechende künstlerische Haltung des Realismus festzulegen. Vielmehr herrscht gerade bei den besten Geistern heftiger Widerspruch gegen die allgemeine Zeitstimmung; die vielfältige Lebendigkeit gegensätzlich gerichteter Kräfte, die die Nachkommen als Heuchelei schalten, entsprang trotzdem einem moralischen und sozialen Grundgefühl der Mittelklassen; man wollte eine Fortführung der ererbten humanitären Haltung, die in der sozialen Dichtung und schließlich in dem vom Bürgertum getragenen Sozialismus eines Morris und der Fabierkreise zeitgemäßen Ausdruck fand.

Die amerikanische Entwicklung läßt sich nicht mit den für England gültigen Zeitpunkten abgrenzen. Die wichtigsten politischen Daten sind 1812–1815, die letzte bewaffnete Auseinandersetzung mit England, und 1865, der den Bürgerkrieg zwischen den Nord- und Südstaaten beendigende Frieden. Dieser Krieg war eine Auseinandersetzung zwischen zwei

[2] WC 41, 48, 53.
[3] WC 11 und EL 811.
[4] Vgl. Epitome of the Synthetic Philosophy by F. H. Collins, Lo. 1889.
[5] Vgl. Y. Brilioth: The Anglican Revival, Lo. 1925. – Auswahl aus Newmans Werken: Prose and Poetry ed. G. Tillotson, Lo. 1957; Apologia ed. M. J. Svaglic (OET, 1966); EL 636, WC 601.

verschiedenen Wirtschaftssystemen, einem kapitalistisch-industriellen mit schutzzöllnerischen Neigungen und einem auf Freihandel und Sklaventum beruhenden feudalistischen; die beiden Parteien waren jedoch weder der Rasse noch dem religiösen Glauben nach verschieden, und so konnte der in Abraham Lincolns berühmter Ansprache Ausdruck findende Unionsgedanke siegreich bleiben.

Die Wiederaufbauzeit nach dem Bürgerkrieg war für den Süden verhängnisvoll, da die erzwungene Änderung der früheren Gesellschaftsordnung soziale Schwierigkeiten mit sich brachte. Auch dem siegreichen Norden erwuchsen wirtschaftliche Verwicklungen. Die ungeheure Ausdehnung der Union, die durch Anschluß neuer Staaten allmählich den ganzen Kontinent bis zum Stillen Ozean umfaßte, erforderte zur Erschließung der neuen Gebiete eine sprunghafte Entwicklung der Industrie.

Diese wirtschaftliche Entfaltung führte ein die europäische Entwicklung überflügelndes technisches Zeitalter herauf, das auch die kulturelle Entwicklung bestimmte. An die Stelle von Boston, das Mittelpunkt der Neuengland-Kultur war, trat die kommerzielle Metropole New York. Die soziale und wirtschaftliche Umschichtung vollendete sich zu Ende des Jahrhunderts durch den Kapitalismus. Es entstanden die großen Interessenverbände der Trusts und die allmächtige Hochfinanz. Da der ungeheure Reichtum ungleich verteilt war, kam es zu gefährlichen sozialen Spannungen und Streiks. Reformpläne wie die von Henry George in dem berühmten Buch *Progress and Poverty* (1879) befürwortete Landbesteuerung und der in Edward Bellamys Utopie *Looking Backward: 2000–1887* (1888) vorgeschlagene Staatskapitalismus sowie die Gründung der American Federation of Labor (1886) zeigen jedoch ein steigendes soziales Verantwortungsgefühl. Und der relative Wohlstand verhinderte eine weitgehende Radikalisierung der Arbeiterschaft. Diese Entwicklung spiegelt sich nur zögernd in der Literatur. Auch im Roman tritt der Realismus erst um die Jahrhundertwende beherrschend in den Vordergrund.

I. GESCHICHTLICHE UND KRITISCHE PROSA

1. Carlyle und Ruskin

Der leidenschaftlichste Widersacher des in der viktorianischen Zeit herrschenden naturwissenschaftlichen Geistes war THOMAS CARLYLE[6] (1795 bis 1881), dessen schottisches Puritanertum überall Offenbarungen Gottes suchte und in Verallgemeinerung seines persönlichen Falles in der deutschen Dichtung und idealistischen Philosophie die einzige Rettung aus dem zu niederdrückender Skepsis führenden Vernunftwissen des Empirismus sah. Er begann folglich eine die deutsche Kultur vermittelnde publizistische Tätigkeit, die mit einem *Life of Schiller* (1823–1824) einsetzte und in dem für die Edinburgh Review geschriebenen Aufsatz *The State of German Literature* (1827) und den zahlreichen 1822–1832 verfaßten Artikeln über Goethe und insbesondere den Faust ihren Höhepunkt fand. Die geistige Selbstbiographie dieser Entwicklungszeit enthält sein erstes der schönen Literatur zuzuzählendes Werk *Sartor Resartus* (1833–1834), ein Buch, das im Jean Paulschen Stil seine Bildungsgeschichte mit einer skurril formulierten Philosophie der Kleider, d. h. der wechselnden und also unwesentlichen menschlichen Einkleidung der göttlichen Grundidee verknüpft. Dies weltanschauliche Gewebe ist eingelassen in die Lebensbeschreibung des Professors Diogenes Teufelsdröckh, in die er seine eigene Lebensgeschichte hineinflocht. In den Kapiteln 'The Everlasting No' und 'The Everlasting Yea' beschreibt Carlyle in einer Art modernen Bekehrungsberichts den rettenden Schritt von der „mephistophelischen" Philosophie des skeptizistischen Empirismus zur „lebendigen" Philosophie des Idealismus, wobei die Selbsterkenntnis des Ichs als freie, schöpferische Weltmitte als das entscheidende Bildungserlebnis bezeichnet wird.

Im Lichte dieser im Sartor Resartus errungenen Weltanschauung las und schrieb Carlyle die Geschichte einseitig und auf Gegenwartsfragen hin ausgerichtet, aber mit einer alle frühere Geschichtsschreibung in den Schatten stellenden Ausdruckskraft. So steht die großartige *History of the French Revolution* (1837), eine Folge historischer Szenen über die Vergeltung der Bedrückung der Armen, neben den soziale Gerechtigkeit und

[6] Handliche Gesamtausgabe: The Edinburgh Edition, geb. in 15 Bdn. (Dünndruck), Lo. 1907ff.; C.: An Anthology ed. G. M. Trevelyan, Lo. 1953; Selected Works, Reminiscences and Letters ed. J. Symons. Lo. 1955. In EL erschienen: Essays 703/704, Past and Present 608, Sartor and Hero Worship 278, French Revolution 31/32; in WC: Hero Worship 62, Past and Present 153, Sartor 19, French Revolution 125/126. – Briefwechsel mit J. Welsh-Carlyle ed. A. Carlyle, 2 Bde., Lo. 1909, mit Goethe ed. G. Hecht, Dachau o. J. (1913); The Collected Letters of T. and Jane Welsh Carlyle ed. C. R. Sanders (geplant über 30 Bde.), Durham, N.C., 1971ff. – J. Symons, C.: The Life and Ideas of a Prophet, N.Y. u. Lo. 1952; A. J. LaValley, C. and the Idea of the Modern, New Haven u. Lo. 1968.

ein neues Arbeitsethos fordernden Flugschriften *Chartism* (1839) und *Past and Present* (1843). Diese und andere sozialpolitische Schriften verdammen die herrschende Gesellschaftsordnung und die daraus abgeleiteten Wirtschaftslehren. Sie sind nicht durch Gewalt zu ändern, sondern durch eine andere Gesinnung. So wie im Mittelalter ein menschliches Verhältnis zwischen Herr und Knecht bestand, so muß die Masse sich dem selbstgewählten Führer unterordnen, der seinerseits sein Amt als gottgewollte Verpflichtung empfindet. Vor Carlyles kulturkritischem Blick verbindet sich also die historisch erkennbare Vergangenheit mit der prophetischen Schau eines neuen, sozial gerechten Zeitalters. Auf diesem Weg sollten weitblickende und tatkräftige Männer, von Carlyle 'heroes' genannt, die Führung übernehmen.

Diese Gedanken fanden ihre abschließende Formulierung in den Vorlesungen *On Heroes, Hero-Worship and the Heroic in History* (veröffentlicht 1841), die ein Werte schaffendes Tatheldentum verkünden. Unter Ablehnung der Nationalökonomie, die er Gewinn- und Verlustphilosophie nennt, und der aufklärerischen Zivilisationsgedanken Buckles sieht Carlyle die Geschichte als Werk der großen und an ihre Aufgabe glaubenden Persönlichkeiten und der von ihnen geführten Völker.

Die Beispiele dafür bringen die Aufsehen erregenden großen Biographien *Oliver Cromwell's Letters and Speeches* (1845) und *The History of Frederick the Great* (1858–1865). Beide Bücher sind, wie die „Französische Revolution", reich an eindrucksvollen Bildnissen und Szenen; sie sind, was namentlich im Cromwell hervortritt, einseitig und leidenschaftlich beredt in dem mutigen Unterfangen, einem vielfach Verkannten die gebührende Verehrung zu verschaffen, und sie haben, von Carlyles religiöser Grundhaltung getragen, die imperialistischen Gedankengänge von Sir Charles Dilkes *Greater Britain* (1868) bis hin zu Rudyard Kipling entscheidend beeinflußt. Die Wirkung Carlyles beruhte nicht nur auf seinen Thesen, sondern auch auf der Anschaulichkeit und predigerhaften Eindringlichkeit, mit der er diese Thesen verfocht. Man hat zwar seinen Stil bemängelt wegen der dem Deutschen nachgebildeten Zusammensetzungen, der Wiederholungen und schreienden Hervorhebung einzelner Worte und Wendungen; aber dieser exklamatorische Stil war wirkungsvoll und entsprach dem Charakter des Mannes, der, nach Goethes Wort, in erster Linie nicht Schriftsteller gewesen ist, sondern eine moralische Kraft.

Carlyle verwandt und verpflichtet ist das Wirken von JOHN RUSKIN[7] (1819–1900), dessen erstes großes Werk *Modern Painters* (1843–1860, in

[7] Der Verleger Allen, der eine 39bändige Gesamtausgabe (ed. E. T. Cook und A. Wedderburn) herausbrachte, Lo. 1903–12, veröffentlichte die bekanntesten Werke in einer Popular Edition (z. B. Stones of Venice, 1906). Ferner erschienen alle Hauptwerke in EL u. a. Ausgaben; Diaries ed. J. Evans and J. H. Whitehouse, 3 Bde., Oxf. 1956–59. – D. Leon, R.: The Great Victorian, Lo. 1949; J. Evans, J. R., Lo. 1954; J. D. Rosenberg, The Darkening Glass: A Portrait of R.'s Genius, N.Y. u. Lo. 1961.

5 Bden.) als Verteidigung Turners begonnen wurde, sich aber dann, ausgehend von der Forderung der Naturwahrheit, zur Begründung einer neuen Kunstkritik auswuchs. Diese Kritik befaßt sich weniger mit künstlerischer Gestaltung als mit dem Gehalt. Es ist durchweg Ruskins Art, über einem Grundstock von (übrigens höchst dichterisch und lebendig vermittelten) Natur- und Kunstbeobachtungen einen spekulativen Oberbau geistiger, ethischer und religiöser Werte zu errichten. Das ist auch der Daseinsgrund der beiden als Nebenwerke zu den „Modernen Malern" entstandenen Verteidigungen der Gotik, *The Seven Lamps of Architecture* (1849) und *The Stones of Venice* (1851–1853). Der Leitgedanke des letzteren, vielgelesenen und einflußreichen Buches ergab sich aus der Verbindung des Aufstiegs und Verfalls der Gotik mit dem des Staates. Damit wird die Kunst zum Maßstab der moralischen Güte und Größe eines Volks. Der Begriff Gotik ist also in umfassendem Sinn gebraucht als geistiger Ausdruck einer Kulturepoche. Ruskin ermöglichte damit ein neues Verständnis des Mittelalters; ihn selber aber führten diese Gedankengänge von der Kunst ab.

Seine mehr und mehr sich vordrängenden volkswirtschaftlichen Ansichten, zusammengefaßt in *Unto this Last* (1862), verwerfen die herrschende Wirtschaftsordnung, die Stadt- und Maschinenkultur. Er bemüht sich dann in vielen volkstümlichen Vorlesungen und Briefen, zu einer neuen Ordnung beizutragen, die auf der Arbeitsfreude der Schaffenden beruhen soll, den Reichtum nur in den Händen der Würdigen sehen möchte und dem Staat die Verantwortung für nationale Erziehung und Organisation der Arbeit überträgt (vgl. *Munera Pulveris*, 1872; *Fors Clavigera*, 1871–1884). Schließlich wirkte er durch das praktische Beispiel, gründete die St. Georgsgilde und gab sein Vermögen für soziale Zwecke. Ruskin war wie Carlyle Lehrer, Prediger, Weltverbesserer; als Meister der Prosa überragt er ihn im Glanz und in der Musik des Ausdrucks. Seine unvollendete Autobiographie *Praeterita* (1885–1889) zeigt eine Beherrschung zusammengefaßter Klänge, die vielfach an De Quincey gemahnt.

2. Macaulay, Froude und Henry Adams

Dagegen erscheint die Rhetorik des gefeierten THOMAS BABINGTON MACAULAY[8] (1800–1859) als äußerliche Rednergebärde, wie auch einem Carlyle gegenüber der ganze Mann in seiner verstandesmäßigen Haltung, Humanitätsgesinnung und liberalen Politik ins vergangene 18. Jahrhundert zu gehören scheint. Über diese Zeit hat Macaulay auch in seinen zu-

[8] Essays ed F. C. Montague, 3 Bde., Lo. 1903; EL 225–26; History of England EL 34–37, WC 366–70.

meist als Buchbesprechungen für die Edinburgh Review geschriebenen *Essays* (gesammelt 1843) Abschließendes gesagt. Dieselbe klare und kühle Luft fühlt man in seiner großen, die Zeit von James II. bis William III. behandelnden *History of England* (1848–1861), die ein vollständiges Zeitbild geben möchte, das Scotts farbige Schilderung mit der philosophischen Haltung eines Hume verbindet, gesehen vom protestantisch-liberalen Standpunkt der Whigs. Wenn damit auch gewisse Mängel in Kauf genommen werden müssen, die Einheitlichkeit des großen architektonischen Baus erinnert an Gibbon, und kein anderer Historiker der Zeit hat an Stoffverarbeitung und schriftstellerischer Leistung annähernd Ähnliches erreicht.

Gemäß der in der neueren Zeit immer weiter fortschreitenden Spezialisierung verschob sich allmählich der Standort der Historiographie aus dem literarischen Feld in das Gebiet der Fachwissenschaft. Der künstlerische Glanz der persönlichen Werke Gibbons, Carlyles, Macaulays wurde nicht mehr erreicht und auch nur selten erstrebt. Man möchte einen Gelehrten wie James Anthony Froude[9] (1818–1894) ausnehmen, denn er wertete Geschichte als episches und dramatisches Geschehen, gab aber nur malerische Einzelbilder und verscherzte durch patriotische Ausbrüche den Anspruch auf Wahrhaftigkeit (*History of England*, 1856–1870; *Oceana*, 1886). Die dieser Einseitigkeit entgegenwirkende Historikerschule, die von Niebuhr und der deutschen Quellenkritik beeinflußt ist, gehört ganz der wissenschaftlichen Disziplin an.

Das gilt auch von den beachtenswerten amerikanischen Historikern, die das Gibbon-Vorbild länger bewahrten, dabei aber von der deutschen Historikerschule angeregt wurden und mit ihr wetteiferten. Jedoch hat ein außerhalb der historiographischen Tradition stehender Einzelgänger, Henry Adams[10] (1838–1918), Anspruch auf literarische Würdigung. Seine brillant geschriebene Geschichte der Zeit von 1800–1816 (*History of the United States*, 1884–1889) suchte unter dem einheitlichen Gesichtspunkt sozialer und wirtschaftlicher Evolution eine gesetzmäßige historische Entwicklung aufzuzeigen. In dem Buch *Mont Saint Michel and Chartres* (1904) bemühte sich Adams, die allen Kulturäußerungen des Mittelalters zugrundeliegende sinngebende Einheit herauszustellen, und in dem modernen Gegenbild *The Education of Henry Adams* (1907) beklagt er den Verlust einer solchen Einheit in der Vielfalt des modernen Lebens.

[9] History of England ed. W. L. Williams, 10 Bde., Lo. 1909–1912.

[10] History of the United States, ed. H. S. Commager, N.Y. 1930 (gekürzt als 'The Formative Years' ed. H. Agar, 2 Bde., Boston 1947). Mont Saint Michel ed. R. A. Cram, Boston 1913. Education in Modern Libr. 1931. – E. Samuels, H. A., 3 Bde., Cambr., Mass., 1948–64; J. C. Levenson, The Mind and Art of H. A., Boston 1957.

3. Emerson und der Transzendentalismus

Ließ sich die amerikanische Literatur in ihrem bisherigen Verlauf ohne Schwierigkeit an die Hauptströmungen der europäischen Literatur anschließen, übernahm sie deren Themen und Formen und füllte den vorgegebenen Rahmen lediglich mit einem amerikanischen Inhalt, so beginnt mit dem Transzendentalismus[11] eine neue Phase in den Beziehungen zum alten Kontinent. Zwar wurden auch die Transzendentalisten durch europäische Philosophie und Literatur angeregt, insbesondere – direkt oder auf dem Wege über England – durch den deutschen Idealismus, aber sie formten diese Ideen in schöpferischer Weise um und gaben ihnen durch die Verbindung mit der heimischen Tradition eine eigenständig amerikanische Ausprägung.

Der Transzendentalismus wurzelt im Unitarismus, einer theologischen Richtung, welche die puritanischen Dogmen der Erbsünde, der Gnadenwahl und des Sühnopfers Christi verwarf und das Dogma der Trinität durch die Lehre von der Einheit Gottes ersetzte. Der Hauptapostel dieser von der Aufklärung beeinflußten Theologie war WILLIAM ELLERY CHANNING (1780–1842), für den alle Tugend der moralischen Natur des Menschen, seinem Gewissen oder Pflichtgefühl entsprang. Die Transzendentalisten stimmten mit vielen Ansichten der Unitarier überein, lehnten jedoch deren durchgängigen Rationalismus ab und hielten den des Göttlichen teilhaftigen Menschen für fähig, Gott in der Natur intuitiv zu erfassen. Von den vielfältigen begeisterten Begleiterscheinungen sei nur das kurzlebige Gemeinschaftsunternehmen der Brook Farm (1841) genannt, und von den verschiedenartigen, im 1836 gegründeten Transcendental Club sich zusammenfindenden Persönlichkeiten die idealistisch-exzentrische SARAH MARGARET FULLER (1810–1850; *Woman in the 19th Century*, 1845; *Papers on Literature and Art*, 1846), die Herausgeberin der Vierteljahrsschrift *Dial* (1840/1844), deren Leitung 1842 Emerson übernahm.

RALPH WALDO EMERSON[12] (1803–1882), dessen Haus in Concord den

[11] The Transcendentalists: An Anthology ed. P. Miller, Cambr., Mass., ²1957; Selected Writings of the American Transcendentalists ed. G. Hochfield, N.Y. 1966. – Transcendentalism and Its Legacy ed. M. Simon and T. H. Parsons, N.Y. 1966.

[12] Complete Works (Centenary Edition) ed. E. W. Emerson, 12 Bde., Boston 1903–4; Complete Essays and Other Writings ed. B. Atkinson, N.Y. 1940 (ML); Representative Selections ed. F. I. Carpenter, N.Y. 1934; Nature, Conduct of Life a. o. Essays WC 236, EL 322; English Traits u. Representative Men WC 30, EL 279 (darin auch The American Scholar); Essays, two series WC 6, EL 12; Society and Solitude a. o. Essays EL 567. Letters ed. R. L. Rusk, 6 Bde., N.Y. 1939; Correspondence of E. and Carlyle ed. J. Slater, N.Y. u. Lo. 1964; Journals and Notebooks ed. W. H. Gilman u. a., 16 Bde., Cambr., Mass., 1960ff. (i. E.). – R. L. Rusk, The Life of R. W. E., N.Y. 1949; S. E. Whicher, Freedom and Fate: An Inner Life of R. W. E., Philadelphia 1953; S. Paul, E.'s Angle of Vision: Man and Nature in American Experience, N.Y. 1952; F. I. Carpenter, Emerson Handbook, N.Y. 1953; E.: A Collection of Critical Essays ed. M. R. Konvitz and S. E. Whicher, Englewood Cliffs 1962.

individualistischen Henry David Thoreau und den künstlerischen Grübler Hawthorne als Gäste sah, erscheint uns heute als eigentlicher Sprecher und größte Erscheinung der Bewegung. Sein Erstlingswerk *Nature* (1836), das als Verfassungsurkunde des Transzendentalismus gilt, sowie die anschließenden Aufsätze *An Address delivered in Divinity College* (1838) und *The Over-Soul* (aus dem ersten Essayband, 1841) verkünden eine All-Einheits-Lehre. In der großen Einheit oder Überseele ist jedes Menschen besonderes Dasein enthalten. Der seiner Seele gehorchende Mensch hat Zugang zum Geist des Schöpfers; er fühlt die Einklänge zwischen Mensch und Natur, die auf den Geist, das Göttliche, Erschaffende hinweisen. In solchen Ewigkeitsaugenblicken erhalten wir die Richtpunkte unserer Weltansicht und Lebensführung. Emerson sucht den Menschen zum Selbstvertrauen zu erziehen, denn jeder trage die Anlagen zum Genie in sich. Dies gilt auch für ganze Nationen. Sein 1837 vor der Universität Harvard gehaltener Vortrag *The American Scholar* ist die geistige Selbständigkeitserklärung Amerikas und programmatischer Ausdruck einer von und für Amerika erhofften Gestaltung der Zukunft. Diese optimistische Lehre, die Whitman später rhapsodisch fortführte, hat Emerson als weltlicher Priester und Essayist immer wieder verkündet. Er hat zeitlebens 'lectures' gehalten, und seine Überzeugung einer fortschrittlichen Evolution war seinen amerikanischen Zuhörern aus dem Herzen gesprochen. Emerson war ein großer Anreger, gerade weil er systemloser Eklektiker war und weniger Philosoph als dichterischer vates.

Aus diesen 'lectures' hat er, mit nur leichten Veränderungen, seine Essays geformt (*Essays,* 1841 und 1844; *Conduct of Life,* 1860), die, ohne logisch in sich geschlossen zu sein, Betrachtungen über moralphilosophische Themen mit unmittelbarer praktischer Anwendung enthalten (z. B. über Friendship, Prudence, Experience, Character, Manners usw.). Zwei dieser Essaybücher sind durch einen Oberbegriff thematisch zusammengehalten, die *Representative Men* (1850) genannte Aufsatzfolge, in der er, von Hegel beeinflußt, die Geschichte als Wirken des göttlichen Geistes in großen Vertretern der Menschheit darzutun versucht, und *English Traits* (1856), worin er, objektiver als sonst, Eindrücke seiner Englandreisen und Besuche bei Carlyle, Wordsworth und Coleridge berichtet.

Emerson bezeichnete den Prosaschriftsteller als 'orateur manqué'. Alle Bücher Emersons sind aus Reden hervorgegangen, sie sind nicht durchkomponiert und bedienen sich einer Sprache, die abrupte Übergänge und sprunghafte Satzfolgen liebt. Wie er einen Autor nach den 'pithy sayings' bewertete, so ist die Einheit seines Stils der einzelne, schlagende, mit Vorliebe der eine Behauptung aufstellende Satz. Dieser Stil, hinter dem die faszinierende Persönlichkeit des Sprechers steht, hat klassisch orientierte Beurteiler wie Matthew Arnold befremdet, aber die über Amerika hinausgreifende Bedeutung der Emersonschen Gedanken bewirkt.

Emersons Gedichte, die oft versifizierte Fassungen seiner Essays sind, wollen wie diese zu moralischem oder geistigem Streben hinführen. Es ist schwere Gedankendichtung, in der alle Sinnlichkeit „transfiguriert" ist, zähflüssig und eigentlich unlyrisch. Aber einige kürzere Stücke wie *The Rhodora, Eros, Dirge, Days* verwirklichen sein Ideal, daß der Dichter und der Philosoph dasselbe Ziel haben: das der Natur aufgeprägte Bild Gottes zu offenbaren.

Emersons transzendentalistische All-Einheits-Lehre suchte sein Freund und Schüler HENRY DAVID THOREAU[13] (1817–1862) durch die Tat zu erproben. Nur die Entwicklung der eigenen Persönlichkeit als Aufgabe ansehend, lebte er in seltener Unabhängigkeit, hauste auch zwei Jahre (1845–1847) in selbstgezimmerter Blockhütte am Waldensee, ganz auf sich angewiesen und der philosophischen Spekulation hingegeben, um so die von ihm geforderte Reform der Gesellschaft durch die voraufgehende Reform der sie bildenden Individuen zu verwirklichen – ein philosophischer Robinson Crusoe. Seine umfänglichen *Tagebücher*, aus denen sein bekanntestes Werk *Walden* (1854) einen Auszug darstellt, sind uns heute nicht der Lehre wegen interessant, sondern wegen der eindringlichen, inbrünstigen und realistischen Beobachtungen der belebten und unbelebten Natur. In seinem Emerson an Treffsicherheit überlegenen Stil geben diese zwanglosen Selbstbekenntnisse, die aber mit Montaigne und Thomas Browne abgelernter Kunst eine wohlbedachte Abrundung lose aneinandergereihter Beobachtungen darstellen, auch ein lebendiges Bild der Persönlichkeit des Verfassers.

Wie auch späterhin ist die Verbindung von Gelehrtem und Dichter in Amerika häufig. Longfellows Nachfolger als Professor der neueren Sprachen in Harvard war JAMES RUSSELL LOWELL[14] (1819–1891). Er ist der bedeutsamste Kritiker des Kreises, aber wie seine Dichtungen, die eher der englischen Tradition angehören (*Vision of Sir Launfal*, 1848) oder zeitlich und örtlich gebundene Satiren darstellen (*Fable for Critics*, 1848, und *Biglow Papers*, 1848 und 1867), sind auch seine der Macaulayschen Essayform sich bedienenden literarischen Aufsätze (*Among my Books*, 1870 und 1876) kaum von europäischem Interesse, wie bedeutend ihr Beitrag zur amerikanischen Geistesgeschichte auch sein mag. Heute wird man die Plaudereien in ihrem eigenwilligen Stil und ihren phantastischen Einfällen weniger des Inhalts als des Autors wegen lesen.

[13] The Writings of H. D. Th. (Walden Edition) ed. B. Torrey, 20 Bde., Boston 1906; Walden and Other Writings ed. B. Atkinson, N.Y. 1937 (ML); The Portable Th. ed. C. Bode, N. Y 1947; EL 281; Selected Journals ed. C. Bode, N.Y. 1967; Correspondence ed. W. Harding and C. Bode, N.Y. 1958. – J. W. Krutch, H. D. Th., Lo. 1948; S. Paul, The Shores of America: Th.'s Inward Exploration, Urbana, Ill., 1958; W. Harding, The Days of H. Th., N.Y. 1965; W. Harding, A Th. Handbook, N.Y. 1959; Th.: A Collection of Critical Essays ed. S. Paul, Englewood Cliffs 1962.

[14] Elmwood Edition ed. C. E. Norton, 16 Bde., Boston 1904; Representative Selections ed. H. H. Clark and N. Foerster, N.Y. 1947; Among My Books EL 607.

Ähnliches gilt für Lowells medizinischen Kollegen OLIVER WENDELL HOLMES[15] (1809–1894), dessen dichterische Lokalberühmtheit in Boston jedoch durch den über die Landesgrenzen hinausgehenden Ruhm und Einfluß seiner Plauderbücher ergänzt wird. Wie die an Priors und Praeds vers de société erinnernden Gedichte haben auch die Essaysammlungen *The Autocrat of the Breakfast Table* (1831), dessen schwächere Fortsetzung *The Professor at the Breakfast Table* (1860) und die der ersten Sammlung gleichwertige *The Poet at the Breakfast Table* (1872) etwas vom Geiste des 18. Jahrhunderts, der rationalistischen Haltung des Verfassers entsprechend. Der Fiktion des Spectator vergleichbar vertritt der „Autokrat" die Ansichten des Autors, der als witziger Weltmann mit eigentümlich anziehendem Humor Betrachtungen über Lebensart und Lebensführung gibt, wobei übrigens, wie auch in dem sonst auf Dickens fußenden Roman *Elsie Venner* (1861), die Darwin und der zeitgenössischen Naturwissenschaft entnommenen Entwicklungstheorien eine deutliche Rolle spielen.

Mit dem Verblassen dieses eine geschlossene Einheit bildenden neuenglischen Kulturkreises verlagert sich der geistige Schwerpunkt wieder nach New York, das allerdings dem aufstrebenden Süden und Westen gegenüber höchstens eine gleichberechtigte Stellung behauptete. Der Nachteil solcher regionalen Zersplitterung wird aber dadurch aufgewogen, daß an Stelle der im neuenglischen Kulturkreis stark fühlbaren englischen Überlieferungen eine eigene amerikanische Tradition sich herausbildete, die anspruchsvoll und gebend Europa gegenübertritt.

4. Matthew Arnold, Walter Pater und die literarische Kritik

Wie Carlyle und Ruskin geht es auch MATTHEW ARNOLD[16] (1822–1888) um Kulturkritik und Lebensdeutung, aber unter Bejahung der modernen Entwicklung. Seine Dichtung bezeugt indessen, daß er selber den festen Halt nicht fand; statt der von ihm geforderten Stärkung und Hilfe durch die Poesie bringt er formale Werte, den straffen, bei der Romantik ver-

[15] Works, 15 Bde., Boston 1896. Autocrat, Professor und Poet EL 66–68 und WC 61, 89, 95. – E. Wagenknecht, J. R. L.: Portrait of a Many-Sided Man, N.Y. 1971.

[16] Poetical Works ed. C. B. Tinker and H. F. Lowry, Lo. 1950 (OSA) (dazu als Kommentar: dies., The Poetry of M. A., Lo. 1940); The Poems of M. A. ed. K. Allott, Lo. 1965 (LAP); Complete Prose Works ed. R. H. Super, 11 Bde., Ann Arbor, Mich., u. Toronto 1960ff. (i. E.); Auswahl: Poetry and Prose ed. J. Bryson, Lo. 1954. Letters 1848–88 ed. G. W. E. Russell, 2 Bde., Lo. u. N.Y. ²1901; Unpublished Letters ed. A. Whitridge, New Haven 1923; Letters to A. H. Clough ed. H. F. Lowry, Oxf. 1932 (vgl. The Correspondence of A. H. Clough ed. F. Mulhauser, 2 Bde., Oxf. 1957); Note-Books ed. H. F. Lowry u. a., Lo. 1952. – L. Trilling, M. A., Lo. u. N.Y. ²1949; J. D. Jump, M. A., Lo. ²1965; D. Bush, M. A., Lo. 1971; A. D. Culler, Imaginative Reason: The Poetry of M. A., New Haven 1966.

mißten Bau sowie gedankliche Schwere und das Streben nach dem großen Stil. So wirkt seine einzige Tragödie *Merope* (1858) steif, während die reizvollsten seiner Gedichte, *The Forsaken Merman, Dover Beach, The Scholar Gipsy* und die Pastoralelegie *Thyrsis* auf den Tod seines Dichterfreundes A. H. Clough, einen hoffnungslos klagenden Ton haben, der auch bei der Flucht in die Natur nicht verstummt. Wenn Arnold nach 1867 das Dichten völlig aufgab, trägt diese unüberwindbare Melancholie die Schuld. Denn von der Dichtung verlangte er, wie seine *Essays in Criticism* (erste Reihe 1865, zweite 1888) ausführen, eine Kritik oder Deutung des Lebens, d. h. Führung und Trost; und da die Dichter seiner krisenhaften Zeit das nicht leisteten, wies er der Kritik diese kulturschaffende Aufgabe zu (vgl. *Culture and Anarchy*, 1869, und andere kulturkritische Aufsätze, z. B. *Friendship's Garland*, 1871), um schließlich, da er weder beim Staat noch bei Mittelstand und Arbeiterklasse Verantwortungswillen sah, die Kultur in den Dienst einer religiösen Ethik zu stellen (vgl. *St. Paul and Protestantism*, 1869/1870). Trotz dieser Zwiespältigkeiten kann Arnold als Kritiker mit Carlyle verglichen werden, und sowohl in der den Ste. Beuveschen Plaudereien nachempfundenen Form wie in dem Thema, daß Kunst die Führerin zu einem höheren Leben sein müsse, sind Arnolds Aufsätze für die englische Kritik der Folgezeit wegweisend geworden.

Ebenso einflußreich, wenn auch auf einen kleinen Kreis beschränkt, war die zu Arnold gegensätzliche ästhetische Kritik von Walter Horatio Pater[17] (1839–1894), die in der künstlerischen Erlebnisfähigkeit den Maßstab sieht und im Genuß der durch die betrachteten Gegenstände hervorgerufenen Eindrücke das Ziel (vgl. die Aufsätze über englische Dichter und den grundlegenden Essay *On Style* in *Appreciations*, 1889). Pater beschäftigte sich zeitlebens mit Ideen, aber als Künstler sah er deren wahren Sinn in ihren greifbaren und sinnlichen Verkörperungen. So schildert das Buch, das sein berühmtestes geblieben ist, *Studies in the History of the Renaissance* (1873), die Kunstwerke nicht nach der Formgestaltung, sondern als Ausdruck einer bestimmten geistigen Kultur und zeichnet in den Bildnissen ihrer Menschen das ihn fesselnde gegensätzliche Nebeneinander von Denker und Sinnenmensch. Pater hatte eine Vorliebe für Zeiten ahnungsvollen Übergangs; *Plato and Platonism* (1893) gelten seine sorgfältigsten Vorlesungen, und der philosophisch-historische Roman *Marius the Epicurean* (1885) wählt die Zeit des aufkommenden Christentums, um in den Eindrücken des schattenhaft bleibenden Helden das geistige Bild einer sterbenden und werdenden Kultur zu gestalten. In solch erdichteter Porträtzeichnung weitergehend und der Phantasie freieres Spiel lassend, erreichten die *Imaginary Portraits* (1887), die als Paters

[17] Works, 10 Bde., Lo. 1910, und billige Einzelausgaben (Macmillan). Marius auch in EL 903. Letters ed. L. Evans, Oxf. 1970. – G. d'Hangest, W. P.: l'homme et l'œuvre, 2 Bde., Paris 1961; G. Hough, The Last Romantics, Lo. 1949; W. Iser, W. P.: Die Autonomie des Ästhetischen, Tübingen 1960.

persönlichstes Buch anzusprechen sind, essenzartige Verdichtung und unvergleichliche Vergegenwärtigung der Stimmung und der Atmosphäre einer Zeit, nicht zum mindesten durch die gewählte, das „treffende Wort" suchende und doch zart und verhalten bleibende Sprache.

II. DIE VERSDICHTUNG[18]

1. Tennyson und Browning

Der bezeichnendste und formal größte Dichter der viktorianischen Zeit, Alfred Lord Tennyson[19] (1809–1892) begann mit romantischem Schwelgen in Bild und Klang und einem mit Halbheiten sich zufriedengebenden Denken. Die damalige, den Dichter als Tröster lesende Zeit bewunderte jedoch die heute geringwertig erscheinende Aussprache einer philosophischen Botschaft, die insbesondere in der Enoch Arden- (1864) und Königsidyllenzeit der sechziger und siebziger Jahre hervortrat, während sie der formalen Vollendung weniger Verständnis entgegenbrachte.

Tennysons von Anfang an klar bestimmte Kunst bedarf keiner entwicklungsgeschichtlichen Betrachtung, sondern erlaubt eine Zusammenfassung in Gruppen. An deren Spitze müssen die klassischen Themen gestellt werden, vor allem die dramatischen Monologe, in denen sich ein Sprecher an eine oder mehrere anwesend zu denkende Personen wendet (*The Lotos-Eaters* und *Tithonus*, 1832; *Ulysses*, 1842), sowie antike Dichtererinnerungen von Art der Huldigung *To Virgil* (1882). Die gedrängte, ausgefeilte, in dem „einzigsten Wort" gipfelnde Redeweise des Aeneisdichters war auch Tennyson eigen, der in einem Epitheton die Summe zahlloser Eindrücke zog, ein Meister der Umschreibung war und auch bei persönlichstem Empfinden etwas Besinnlich-Abgerücktes behielt (*Break, Break, Break*, 1842; *Crossing the Bar*, 1889).

Das seinen frühen Gedichten oft mangelnde Gewicht und große Thema war mit dem Verlust seines Jugendfreundes Arthur H. Hallam gegeben,

[18] The Major Victorian Poets: Reconsiderations ed. I. Armstrong, Lo. 1969; E. D. H. Johnson, The Alien Vision of Victorian Poetry, Princeton 1952; D. Colville, Victorian Poetry and the Romantic Religion, Lo. 1970.

[19] Poems ed. C. Ricks, Lo. 1968 (LAP); Complete Poetical Works, seit 1965 unter dem Titel Poems and Plays, OSA; Poems ed. H. Tennyson (Eversley Edition), 9 Bde., Lo. 1907–8; Selected Poems ed. B. C. Southam, Lo. 1964; EL, WC. – H. Tennyson, A Memoir, 2 Bde., Lo. 1897; C. Tennyson, A. T., Lo. 1950; J. H. Buckley, T.: The Growth of a Poet, Cambr., Mass., 1960; J. B. Steane, T., Lo. u. N.Y. 1966; C. Ricks, T., Lo. u. N.Y. 1972; Critical Essays on the Poetry of T. ed. J. Killham, Lo. 1960; A Casebook on T.'s 'In Memoriam' ed. J. D. Hunt, Lo. 1970; G. O. Marshall, A T. Handbook, N.Y. 1963.

zu dessen Gedächtnis er die sonettartige Folge *In memoriam A. H. H.* (1850) schrieb, künstlerisch ungleich trotz makellos geschliffener Verse, aber durch den Gefühlshintergrund zur Einheit gefügt und zu allgemeinmenschlicher Bedeutung erhöht. Ein anderer und eigenartigerer Versuch der Zusammenfassung mehrerer Gedichte ist *Maud* (1855), von Tennyson Monodrama genannt, weil die epische Geschichte von Leid und Liebe, Enttäuschung und Wahnsinn und schließlicher Heilung im vaterländischen Kriegsdienst durch einen Sprecher berichtet wird, dessen verschiedene Leidensstufen also verschiedene Charaktere ersetzen. Das Werk ist das einheitlichste Tennysons, aber kein Epos.

Diesen Traum sollten nun, gleichfalls in kettenartigem Zusammenschluß, die aus dem Arthursagenkreis schöpfenden *Idylls of the King* (1859, endgültige Fassung in zwölf Büchern 1888) erfüllen, wobei der äußere Rahmen der Jahreszeitenfolge und die unglücklich aufgepfropfte Seele-Sinnen-Allegorie als Bindung der einzelnen Geschichten gedacht waren. Das ist nicht geglückt, aber die gleichnisreiche Sprache und die klangvollen Blankverse ergeben einen kunstvoll gewobenen Teppich von mittelalterlichen Bildern häuslichen Lebens und prunkvoller Aufzüge. Die Menschen bleiben allerdings blaß; deshalb mußten auch die dramatischen Bemühungen verfehlt bleiben: die vaterländischen Historien (z. B. *Becket*, 1884) haben nicht den Atem des Theaters, und die reizvolle Dichtung der romantischen Stücke (z. B. *The Falcon*, 1879) stand dem damals schon herrschenden realistischen Drama fern.

Tennysons völliges Gegenbild ist der zweite bedeutsame Dichter der viktorianischen Zeit, ROBERT BROWNING[20] (1812–1889). Seine ersten epischen Werke *Pauline* (1833) und *Sordello* (1840) sowie das dramatische Faustgedicht *Paracelsus* (1835) sind Seelenstudien von großem, aber etwas wirrem Gedankenreichtum, deren sprachlich-metrischer Ausdruck ungefüge erscheint durch absichtlich harte Fügungen, eigenwillige grammatische Figuren und Auslassungen. Auch der knapper zusammenfassende und eine festere Charakterzeichnung anstrebende *Strafford* (1837), das erste einer Reihe von Bühnendramen, ist thematisch ein Seelendrama. Für Browning handelt es sich um das Aufdecken der Beweggründe eines oft falsch beurteilten Charakters und um die Aussprache seines im irdischen Mißerfolg den inneren Sieg erkennenden Lebensglaubens, was auf der Bühne be-

[20] Works (Centenary Edition) ed. F. G. Kenyon, 10 Bde., Lo. 1912; Poetical Works 1833–64 ed. I. Jack, Lo. 1970 (OSA); EL, WC; The Complete Works ed. R. A. King u. a., 13 Bde., Athens, Ohio, 1968ff. (i. E.); Auswahl: A Choice of B.'s Verse ed. E. Lucie-Smith, Lo. 1967. Letters of R. B. and E. B. B., 1845–46, ed. E. Kintner, 2 Bde., Cambr., Mass., 1969; Letters of R. B. ed. T. L. Hood, Lo. 1933; New Letters ed. W. C. DeVane and K. L. Knickerbocker, Lo. 1951. – Biographie von W. H. Griffin and H. C. Minchin, Lo. ²1938; B. Miller, R. B.: A Portrait, Lo. 1952; R. A. King, The Focusing Artifice: The Poetry of R. B., Athens, Ohio, 1968; P. Drew, The Poetry of B.: A Critical Introduction, Lo. 1970; R. E. Gridley, B., Lo. 1972; I. Jack, B.'s Major Poetry, Oxf. 1973; W. C. DeVane, A B. Handbook, N.Y. ²1955.

wegungslos und fremdartig wirken muß, obwohl des Dichters Liebe zur Tatsachenwelt und zum Tatmenschen dramatischere Möglichkeiten bot als Tennysons abgeklärte Formkunst. Selbst die durch straffe Knüpfung der Handlung bühnennahen Stücke wie *Blot in the Scutcheon* (1843) und das ausgezeichnete politische Idyll *Colombe's Birthday* (1844) haben infolge ihres ausschließlich psychologischen Interesses das Theater nie erobert. Was in ihnen dramatisch ist, die seelische Entscheidung eines Menschen auf dem Höhepunkte einer Verwicklung, hatte *Pippa Passes* (1841) bereits gehäuft; denn hier sind vier derartige Krisen, die jeweils durch das sorglose Lied der vorübergehenden Pippa zum Guten gewendet werden. Der künstlerische Ausdruck dieser Wendungen mußte mehr und mehr in einer die Beweggründe darlegenden Einzelrede bestehen.

So kam Browning durch die Schulung der Theaterstücke zu der ihm entsprechenden Form des dramatischen Monologs, der die Sammlungen *Men and Women* (1855) und *Dramatis Personae* (1864) beherrscht. Alle Monologe sind Enthüllungen; in der Überzeugung, daß vom richtigen Standpunkt aus alles erklärlich sein muß, bohrt sich die Lebensneugier des Dichters in fremde Menschen, Zeiten, Gefühle, Gedanken und läßt den dargestellten Charakter und seine Zeit unmittelbar zum Leser sprechen. Das ist etwas anderes und viel Lebendigeres als der gewissermaßen vor einem Vorhang gesprochene verallgemeinerte Empfindungsausdruck Tennysons. Die ganze Renaissance wird lebendig in *My Last Duchess* oder *A Bishop orders his Tomb;* die weltgeschichtliche Wende zum Christentum läßt uns *An Epistle* des arabischen Arztes Karshish bis in feinste Seelenerschütterung nachfühlen; die Problematik des Künstlers und der Sinn der Kunst sprechen aus *Abt Vogler* und *Fra Lippo Lippi.* Browning hat zuerst in der Dichtung den Schwesterkünsten Musik und Malerei vollendete Aussprache gegönnt, und wenn weltanschauliche Dinge im Gedicht erörtert werden können, so ist es in *Christmas Eve and Easter Day* (1850), *La Saisiaz* (1878) und dem theologischen Monolog des gelehrten Juden *Rabbi Ben Ezra* geleistet. Aber es handelt sich nicht um Philosophie, sondern um den Menschen.

Deshalb fand Brownings Künstlertum die vollste Aussprache in dem eigenartigen Blankvers-„Epos" *The Ring and the Book* (1868–1869), das einen römischen Mordprozeß aus dem Jahr 1698 aufleben läßt in zwölf langen Monologen, in denen Kläger und Angeklagte, die Rechtsbeistände und der richtende Papst den Fall von sich aus betrachten. Die Geschichte ist trübe, aber auch im Leben sind Licht und Schatten ineinandergewoben, und im seelischen Verstehen der in diese Geschichte Verwickelten erfassen wir etwas von der Beziehung des Menschen zum Ewigen. Das lange Werk liest sich leichter als manche der kurzen Stücke. Der bewegliche Blankvers hat gegenüber Tennysons würdevoll abgrenzenden Zäsuren eher eine treibsandartige Füllung und erscheint der Prosawirkung genähert. Browning hat nach dem Ring und Buch noch eine ganze Reihe ähnlicher Rechtfertigungen und langer Monologe geschrieben, aber die Verlebendigungskraft dieses großen Werkes nicht mehr erreicht.

Mit den späteren Sammlungen – die letzte, *Asolando*, erschien an seinem Todestag – kehrte er zu dem kurzen Gedicht zurück, bis zuletzt ein Meister überraschend schneller Rhythmen und der Lieblingsbewegung des Vorwärtseilens und wie im Gegenstoß Anhaltens (vgl. bereits *Love among the Ruins*, 1855; *A Toccata at Galuppi's*, 1842). In diesem gleichsam unvorbereitet Hingeworfenen liegt der beseligende Reiz bewegten Lebens, wie überhaupt das Browningsche Dichten, selbst bei verkrampften Themen, etwas glückhaft Gesundes hat, das allerdings mit dem Verzicht auf Tennysons formale Vollendung erkauft ist.

Viel zweifelnder ist die Dichtung von Roberts Gattin ELIZABETH BARRETT BROWNING[21] (1806–1861) zu bewerten. Ihre sozialen und politischen Tendenzgedichte sind vergessen. Unberührt von der Zeit blieben dagegen die Liebesbriefe und die Liebesgedichte an ihren späteren Gatten, die 1850 mit dem absichtlich irreführenden Titel *Sonnets from the Portuguese* veröffentlicht wurden. Nicht nur dieses oder jenes Stück, sondern die Folge als Ganzes ist der großen englischen Sonettdichtung einzureihen, die hier zum erstenmal der Aussprache eines kaum weiterer Öffentlichkeit angemessenen, vertraulichen Empfindens diente.

2. Rossetti, Morris, Swinburne

Ein neuer Abschnitt englischer Dichtung beginnt mit dem 1848 von DANTE GABRIEL ROSSETTI[22] (1828–1882) mit E. Millais und Holman Hunt gegründeten Malerbund der Pre-Raphaelite Brotherhood. Der Bund war ein Protest gegen die englischen Kunstschulen, die künstlerische Eigenart verkümmern ließen, weil sie Raffaels vollendete Technik lehrten. Statt dessen sollten Giotto, Ghiberti und andere Vorläufer Raffaels vorbildlich sein. Die daraus sich ergebenden malerischen Forderungen liebevoller Versenkung in den gewählten Vorwurf und getreuer Wiedergabe bis in die kleinsten Einzelheiten verbanden sich von Anfang an mit einem Hang zur Symbolik. Die präraffaelitische Bewegung bedeutet eine Weiterentwicklung der Romantik, sowohl der Keatsschen Verfeinerung sinn-

[21] Ausreichende Auswahl WC 176. – G. B. Taplin, The Life of E. B. B., New Haven 1957; A. Hayter, Mrs. B.: A Poet's Work and Its Setting, Lo. 1962.

[22] Ausreichende Auswahl: WC 185 und EL 627 (vollständige Ausgabe der Works ed. W. M. Rossetti, 2 Bde., Lo. 1911). Letters ed. O. Doughty and J. R. Wahl, 4 Bde., Oxf. 1965–67. – O. Doughty, D. G. R.: A Victorian Romantic, Lo. ²1960; R. G. Grylls, Portrait of R., Lo. 1964; R. R. Howard, The Dark Glass: Vision and Technique in the Poetry of D. G. R., Columbus, Ohio, 1972. – L. Stevenson, The Pre-Raphaelite Poets, Lo. 1973; L. Hönnighausen, Präraphaeliten und Fin de Siècle, München 1971.

lichen Fühlens wie der Vermischung von bildender und redender Kunst: man dichtete Gemälde und malte Gedichte. Das gilt besonders für Rossetti und bei dem raschen Auseinanderfallen des Bundes wurde seine Art, die auch die gemeinsame Zeitschrift *The Germ* (1850) beherrscht hatte, literarisch tonangebend.

Der Abstammung nach Italiener und geschult an der Dichtung Dantes und seiner Zeitgenossen, vertrat er einen fremdartigen, sinnlichkeitsbeladenen, mystischen Schönheitskult. In seltener Vollendung erschien dieser neue Stil bereits in dem 1849 geschriebenen Gedicht *The Blessed Damozel.* Das Thema der aus dem Himmel nach dem Geliebten auf Erden sich sehnenden Jungfrau ist durch die leuchtend reinen Farben und Danteschen Bilder, die rhythmische, nahezu romanische Wortbetonung fordernde Musik und die Miltonsche Vergegenwärtigung der Unendlichkeit des Raumes zu heiliger Feierlichkeit gesteigert. Das in diesem Stoff sich andeutende, die Trennung von Stoff und Geist aufhebende Hin-und-Hergleiten, demzufolge Körper und Seele der Frau sich entsprechen wie Klang und Bedeutung eines Worts, wird das Grundthema der Sonettfolge *The House of Life* (1870 und 1881), die vollendeter als je zuvor im Englischen die Stimmung des Petrarca-Sonetts hervorruft. In dem gemessenen, majestätischen Gang, so verschieden von den rasch ablaufenden elisabethanischen Sonetten, im dunkel funkelnden Glanz der Worte und der gleichsam weihrauchgeschwängerten Luft klingen die alten Themen von der rätselhaften Macht der Schönheit, der Allgewalt der Liebe und dem vereinsamenden Raub des Todes neu, und sie werden geheimnisvoll durch eine erlebnissüchtige Mystik, die im Frauenkörper Ausdruck der eigenen Seele sucht, Tod und Liebe in eins zusammenfaßt und eine sinnliche Erfüllungshoffnung ins Jenseitige hinüberträgt.

Gabriels Schwester CHRISTINA GEORGINA ROSSETTI[23] (1830–1894) stand an künstlerischer Sicherheit und Beherrschung der Sonettform dem Bruder nicht nach (vgl. den vor 1882 entstandenen Sonettenkranz *Monna Innominata*). Im Mittelpunkt ihres Erlebens stand jedoch eine zu Schwermut neigende Frömmigkeit, aus der heraus sie, reiner und einheitlicher als irgendein anderer des präraffaelitischen Kreises, religiöse und kirchliche Dichtungen schrieb.

Vielseitiger, allerdings auch ungleichartiger und weniger vollendet als die Kunst der Rossettis war das Schaffen von WILLIAM MORRIS[24] (1834

[23] Poetical Works ed. W. M. Rossetti, Lo. 1904; Auswahl WC 184. – L. M. Packer, C. R., Berkeley-Los Angeles 1963.

[24] Collected Works ed. M. Morris, 24 Bde., Lo. 1910–15; Repräsentative Auswahl des poetischen und prosaischen Werks ed. G. D. H. Cole, Lo. 1934; WC 183, EL 261 (Early Romances in Prose and Verse), EL 575 (Jason). Letters of W. M. to his Family and Friends ed. P. Henderson, Lo. 1950. – P. Thompson, The Work of W. M., Lo. 1967; J. Lindsay, W. M., Lo. 1975.

bis 1896). Zuerst Maler und mit Rossetti und Burne-Jones befreundet, ging er später zum Kunstgewerbe über und gründete die Firma Morris, Faulkner und Co. (1861) und die Druckerei Kelmscott Press (1870), die Tapeten, Glasmalereien, Teppiche, Möbel und Bücher unter das Volk bringen sollten; denn Morris sah Sinn und Ziel der Kunst in ihrer Beziehung zum Leben und forderte eine Erneuerung der häßlich gewordenen Welt aus dem Werkgedanken des Mittelalters. Weitergehend als Ruskin verlangte er zu diesem Zweck eine wirtschaftliche Neuordnung, die er durch seine Tätigkeit in der Democratic Federation (1883) und bald danach in der von ihm gegründeten Socialist League zu verwirklichen suchte. Im Dienste dieser sozialistischen Gedanken stehen auch die utopischen Romane wie die *News from Nowhere* (1890), seine Zukunftsvision einer klassenlosen Gesellschaft; und noch in den wirklichkeitsfernen, sich wie Prosaauflösungen von Versromanen lesenden Werken der letzten Zeit klingt allen Enttäuschungen zum Trotz das Lebensbekenntnis des Propheten und Reformers.

Als Dichter hat Morris dem von Keats und Tennyson zum künstlerischen Traum vergeistigten Mittelalter seinen stofflichen Gehalt zurückgegeben und in dem schöpferischen Buch *The Defence of Guenevere and Other Poems* (1858) die Zeit von Chaucer und Froissart mit der Schärfe und Klarheit eines Miterlebenden verlebendigt. Wie die Farben sind die unvermittelten Gegensätze des Mittelalters wiedergegeben, sinnlich, in hellem Tageslicht und in entsprechendem, auch die rauhen und gebrochenen Klänge nicht scheuendem Stil. In der Art der Canterburygeschichten hat dann Morris in seinem *Earthly Paradise* (1868–1870) vierundzwanzig Verserzählungen durch die Rahmenhandlung gebunden, worin eine Schar nach dem irdischen Paradiese suchender Nordmänner auf eine ferne Insel verschlagen wird und nun mit deren Bewohnern Geschichten austauscht. Der Rahmen schafft die richtige Versromanstimmung; er dient jedoch nicht wie bei Chaucer zur Profilierung der Erzähler, über dem Ganzen liegt vielmehr ein milder Schwermutsschatten. Die Erzählweise der in ihrem künstlerischen Wert ungleichen Geschichten erinnert an die Morrisschen Wandteppiche, auf denen das allgemeine Muster beherrschend ist und die Gesichter der Menschen nicht mehr ausgeführt sind als die Kleidung, die Landschaft und der Hausrat. Von diesen romantischen Verserzählungen ging Morris, angeregt durch eine im Jahre 1871 unternommene Islandreise und daran anschließende Beschäftigung mit nordischen Sagas, zum heroischen Epos über. *Sigurd the Volsung and the Fall of the Niblungs* (1876) ist ein gewaltiges Epos von 10000 anapästisch bewegten (paarweise gereimten) Sechshebern, das den germanischen Stoff wohl hier und da durch romantische Auffassung umbiegt, aber in der Grundnote des heldenhaft auf sich genommenen Schicksals die nordische Welt echter gestaltet als je zuvor.

Eigenwilliger als Morris verfuhr ALGERNON CHARLES SWINBURNE[25] (1837–1909) mit seinen Stoffen. Er begann als Dramatiker nach einigen kleineren Versuchen gleich mit seinem größten dramatischen Werk, der Mary Stuart-Trilogie, deren erster und bester Teil, *Chastelard,* 1865 erschien (zweiter Teil *Bothwell,* 1871/1874; dritter Teil *Mary Stuart,* 1881). Die bühnenfremde, auf poetische Wirkung des Verses sich stützende Fortführung der elisabethanisch-romantischen Überlieferung drängt sich im Laufe der Trilogie spannunglähmend hervor; Swinburnes spätere Dramen vollends, die kalt und künstlich die erschöpfte Gattung weiterschleppen, enthüllen in gelegentlichen lyrischen Glanzstellen nur seinen Mangel an dramatischem Sinn, demzufolge auch die begeistert geschriebenen Bücher über elisabethanische Dramatiker (z. B. *Shakespeare,* 1880) dichterisch schöne Stellen herausheben, aber die geschlossene Handlung und alles eigentlich Dramatische fast völlig außer acht lassen. Bei einer solchen künstlerischen Veranlagung mußte das griechische Drama, das wie den Dramatiker so den Lyriker und Musiker erforderte, das gemäßere Vorbild sein, und *Atalanta in Calydon* (1865) offenbarte erstmals den großen lyrischen Sänger, dessen anapästisch-jambischer Vers eine neue stürmische Musik in die englische Lyrik brachte (vgl. die Artemishymne des ersten Chors: *When the hounds of spring are on winter's traces*). Überreich ist das griechische Gewand mit romantischer Lyrik geschmückt, die knappe Form ist rauschend ausgeweitet zu sechs Episoden mit fünf großen Chören, so daß trotz der von Anfang an fühlbaren Luft der heroischen Landschaft die klare Durchführung der Fabel und die sorgfältige Zeichnung der Charakterfiguren nicht recht zur Geltung kommen.

Die Lyrik Swinburnes entfaltete sich frei, überwältigend und einen Entrüstungssturm hervorrufend in der ersten Reihe der *Poems and Ballads* (1866); denn dieses Buch ist einzigartig durch die Fülle und Eindringlichkeit der Metren und durch die herausfordernden Themen. Zwei Lukreziagedichte, *A Ballad of Life* und *A Ballad of Death,* verkünden eine amoralische, ästhetische Weltanschauung, die von Gautier und dem in *Ave atque Vale* (1867) gefeierten Baudelaire beeinflußt ist. In den Proserpinagedichten ist ein verklärtes Heidentum an die Stelle des Christentums gesetzt, und die beherrschende Note der Liebe, die *The Triumph of Time* anschlägt, wird in der berüchtigten Folge *Laus Veneris, Dolores, Faustine* ein Ausmalen wilder, grausamer Leidenschaft. Die Poems and Ballads sind Swinburnes einflußreichstes und bezeichnendstes Buch geblieben. Spätere Sammlungen suchen zwar die Freiheitsbegeisterung zum neuen Hauptthema zu machen, sie bringen eine Reihe hochfliegender philosophischer Gedichte *(Hertha),*

[25] Complete Works (Bonchurch Edition) ed. E. Gosse and T. J. Wise, 20 Bde., Lo. 1925–27; Auswahlen von E. Sitwell, Lo. 1960, B. Dobrée (Penguin), EL, WC. Letters ed. C. Y. Lang, 6 Bde., New Haven 1959–62. – H. Hare, S., Lo. 1949; G. Lafourcade, S.: A Literary Biography, Lo. 1932; P. Henderson, S.: The Portrait of a Poet, Lo. 1974.

die alle trotz der Wortmeisterschaft etwas gezwungen Übersteigertes haben; nur eine Gruppe elegisch gestimmter Landschaftsgedichte in der Art des *Forsaken Garden* zeigt ein stilles Reifen, das indessen nicht zu reiner Entfaltung kam. Die großen Dichtungen in Swinburnes Spätzeit sind nicht lyrisch, sondern episch und gipfeln in *Tristram of Lyonesse* (1882), das den alten Stoff gegen Tennysons Verniedlichung in seiner ursprünglichen Kraft erneuern möchte. Die neun langen Gesänge sind keine epische Geschichte, denn Swinburne konnte nicht wie sein Vorbild Morris den erzählenden Faden festhalten; aber das gesteckte Ziel, in dramatischen Szenen die menschliche Wahrheit einer leidenschaftlichen Geschichte herauszuarbeiten, ist erreicht und großartig versinnbildlicht in dem zu Anfang und Ende stehenden großen Schweigen des Meeres.

3. Ausklang der viktorianischen Dichtung

Die viktorianische Zeit war überreich an Dichtern, von denen die meisten vergessen oder durch den Ruhm ihrer größeren Brüder – Tennyson, Swinburne und der Präraffaeliten – überschattet sind. Es ist keine einheitliche Gruppe; der vorherrschende Eindruck ist jedoch, daß die viktorianische Selbstsicherheit verloren ist.

In EDWARD FITZGERALDS[26] (1809–1883) berühmter Übersetzung des *Rubáiyát of Omar Khayyám* (1859, überarbeitet 1868 und 1872) herrschte noch eine gemessene, durch witzige und epikureische Lichter aufgehellte Melancholie, derzufolge diese künstlerisch vollendete Umdichtung das Empfinden des 19. Jahrhunderts überzeugender aussprach als manche selbständige Dichtung. Bei JAMES THOMSON[27] (1834–1882) ist der Pessimismus hemmungslos. Der Zweifel am Glauben, den Matthew Arnold bändigen konnte, wurde bei Thomson zur herausfordernden Gottesleugnung, und *The City of Dreadful Night* (geschrieben 1870–1874) ist voll abgründiger Verzweiflung. Aber dieser Verzweiflung gab er großartigen Ausdruck.

Ungebändigt war auch James Thomsons religiöses Widerspiel FRANCIS THOMPSON[28] (1859–1907). In glühender, an Crashaw erinnernder Bildlichkeit formte sein stärkstes Gedicht, *The Hound of Heaven,* den Augustinischen Gedanken der von Gott verfolgten Seele zum dichterischen Sinnbild der geistigen Ruhelosigkeit des Jahrhunderts, und in wilder Hingabe an die Natur, die er „Gottes titanische Urliturgie“ nennt, wollte

[26] Selected Works ed. J. Richardson, Lo. 1962; Rubáiyát: Centennial Edition ed. C. J. Weber, Waterville, Maine, 1959; EL 996. Letters ed. J. M. Cohen, Lo. 1960. – A. M. Terhune, The Life of E. F., New Haven u. Lo. 1947.

[27] J. T.: Poems and Some Letters ed. A. Ridler, Lo. 1963. – I. B. Walker, J. T.: A Critical Study, Ithaca, N.Y. 1950.

[28] Poems of F. T. ed. W. Meynell (OSA). – J. C. Reid, F. T.: Man and Poet, Lo. 1959.

er in seinem Dichten Lebensenthüllung und Erdendeutung offenbaren. Aber ihm fehlte zu sehr das gedankliche Gerüst, ohne das die Dithyramben oft zum Wortschwall entarteten.

Zu den Gott suchenden und Gott leugnenden Stürmern gesellten sich in den neunziger Jahren die Vertreter der Décadence, mit denen der französische Einfluß beherrschend wurde. Der bezeichnendste dieser Gruppe – neben Oscar Wilde (s. S. 249) – war Ernest Dowson[29] (1867–1900), der auch das Bohèmedasein mit seinen dichterischen Vorbildern Verlaine und und Rimbaud teilte. Seine Bedeutung beruht auf den lyrischen Gedichten, deren gemeißelte Form den alten Themen des bittersüßen Eros, der Liebe von gestern, der Vergänglichkeit des Lebens und der müden Entsagung erneute Gültigkeit gab. Dowsons Dichtung ist nicht nur überzeugende Aussprache der fin de siècle-Stimmung, sie bedeutete auch eine neue Musik, die dieser letzten englischen Romantik einen gedämpften Silberglanz verlieh.

Von den zahlreichen Anhängern dieser Décadence- und l'art pour l'art- Bewegung sei nur Dowsons Freund Lionel Johnson[30] (1867–1902) genannt, der auch ein Beiträger der die neunziger Jahre kennzeichnenden und von Aubrey Beardsley illustrierten Zeitschriften 'The Yellow Book' (1894–1897) und 'The Savoy' (1896) war. In seiner Dichtung zeigte Johnson jedoch eine selbständige Haltung. Die klassische Kunst und die Überlieferung der katholischen Kirche bestimmten den Gehalt seines Dichtens und seinen Stil, der etwas Priesterliches hat und wie in Stein geschnitten anmutet.

Den imponierenden Abschluß der viktorianischen Dichtung bildet das Œuvre von Robert Bridges[31] (1844–1930). Ablehnung der romantisch-präraffaelitischen Kunst und metrische Wagnisse gaben seiner Dichtung formale wie gehaltliche Eigenart, was das epische, in „gelockerten“, d. h. auch die silbischen Werte berücksichtigenden Alexandrinern geschriebene *Testament of Beauty* (1929) zusammenfaßt. Es ist Weltanschauungsdichtung wie Tennysons In Memoriam; wie dort handelt es sich um ein Wiedergewinnen des Glaubens, und wie dort, wenn auch weniger ausweichend und philosophischer durchdacht, sind die Probleme des modernen Lebens eher verklärt als gelöst. Außer diesem, das 19. Jahrhundert abschließenden Werk hat Bridges poetische Dramen geschrieben, z. B. *Prometheus* (1883) und *Demeter* (1905), deren Wertvollstes die lyrischen und betrachtenden Passagen sind, sowie das dem Apuleius nacherzählte Märchen *Eros and Psyche* (1885). Bridges suchte aus der römischen Form das ursprüngliche

[29] The Poems of E. D. ed. J. M. Longaker, Philadelphia ^{2}1968. Letters ed. D. Flower and H. Maas, Lo. 1967. – T. B. Swann, E. D., N.Y. 1964.

[30] The Complete Poems ed. I. Fletcher, Lo. 1953.

[31] Poetical Works, 6 Bde., Lo. 1929 (in einem Band ohne die Dramen, Lo. 1953). Testament of Beauty, Lo. ^{2}1930 (Kommentar von N. C. Smith, Lo. ^{2}1932). – A. J. Guérard, R. B.: A Study of Traditionalism in Poetry, Cambr., Mass., ^{2}1965.

griechische Bild in seiner stillen Heiterkeit wieder hervortreten zu lassen und unterbaute die Erzählung durch moderne psychologische Darstellung.

Der bekannteste und zugänglichste Teil des Bridgesschen Werks sind die großenteils in den *Shorter Poems* (1890 und 1893) zusammengefaßten lyrischen Gedichte, unter denen die naturbeschreibenden an erster Stelle stehen (z. B. *London Snow, The Downs, The north wind came up yesterday* usw.). Dabei ist das Ungewöhnliche gemieden zugunsten klassisch allgemeiner Beschreibung, die durch die „unerschöpfliche Befriedigung der Form" Endgültigkeit erhält.

Bridges war in enger Künstlerfreundschaft verbunden mit GERARD MANLEY HOPKINS[32] (1844–1889), dessen Gedichte er 1918 herausgab. War Bridges der letzte Viktorianer, so reicht Hopkins' Bedeutung in unsere Zeit herüber, weniger durch die weltanschaulichen Zweifel des um seine dichterische Berufung ringenden katholischen Geistlichen als durch die auch in seinen literarisch höchst bedeutsamen *Briefen* erörterte formale Erneuerung der Dichtung. Standen seine frühen Gedichte in der spätromantischen Tradition, so zeigt das auf den Tod von fünf franziskanischen Nonnen geschriebene *The Wreck of the Deutschland* (1875) eine neue philosophische Haltung, eine neue Diktion und einen neuen Rhythmus.

Hopkins sah in den sinnlichen Formen der Dinge den Reflex ihres geheimnisvoll einmaligen Charakters, die Ausprägung ihrer individuellen Wesensgestalt, ihres 'inscape', dessen Wirksamwerden im persönlichen Erleben er als „Inkraft" ('instress') bezeichnete. Für diese neue Schau bedurfte er einer neuen Sprache, die er durch Verdichtung der Umgangssprache schuf: Zurückdrängung ausdrucksschwacher Wörter wie Artikel und Relativpronomen, Bevorzugung eines nominalen Wortschatzes und ungewöhnliche Zusammensetzungen (z. B. fallow-bootfellow, dapple-dawn-drawn falcon, hailropes usw.). Einer solch intensiven Eindruckskunst war das romanische Versschema mit seinem regelmäßigen Wechsel betonter und unbetonter Silben nicht gemäß; Hopkins entwickelte daher den sog. 'sprung rhythm', der wie der germanische Vers freie Senkungszahl gestattet. Daß dies mehr bedeutet als eine technische Angelegenheit, beweisen die Naturgedichte, die mit erstaunlicher Frische die Eindrücke des Dichters unmittelbar auf den Leser übertragen *(The Windhover; Spring;*

[32] Poems ed. W. H. Gardner and N. H. Mackenzie, Lo. [4]1967; The Journals and Papers of G. M. H. ed. H. House, compl. G. Storey, Lo. 1959; Sermons and Devotional Writings ed. C. Devlin, Lo. 1959; H.: Selections ed. G. Storey, Oxf. 1967. Letters of G. M. H. to R. Bridges und Correspondence of G. M. H. and R. W. Dixon ed. C. C. Abbott, 2 Bde., Lo. [2]1955; Further Letters ed. C. C. Abbott, Lo. [2]1956. – J. Pick, G. M. H.: Priest and Poet, Oxf. u. N.Y. [2]1966; W. H. Gardner, G. M. H., 2 Bde., Bd. I Lo. [2]1948, Bd. II Lo. 1949; W. A. M. Peters, G. M. H.: A Critical Essay towards the Understanding of his Poetry, Oxf. 1948; The Kenyon Critics, G. M. H., Norfolk, Conn., 1945; A. E. Heuser, The Shaping Vision of G. M. H., Oxf. 1958; P. L. Mariani, A Commentary on the Complete Poems of G. M. H., Lo. 1970.

Pied Beauty; God's Grandeur). Den Höhepunkt seines Schaffens bilden die 'terrible sonnets' seiner letzten Jahre, die, während der Dubliner Einsamkeit geschrieben, das dunkle Geheimnis göttlichen Handelns umkreisen. Von der Verzweiflung bedrängt, will er doch in diesem „Aas-Labsal" nicht schwelgen (*Carrion Comfort*). Er fühlt sich als „Eunuch der Zeit", der sich vergeblich abmüht und in seiner Not nur um lebenspendenden Regen bitten kann *(Thou art indeed just, Lord).* In diesen an Donne gemahnenden Sonetten, in denen die früheren Manierismen überwunden sind, hat Hopkins' Dichten vollendet Ausdruck gefunden. Wenn auch sein Werk nicht umfangreich ist und eine verhältnismäßig geringe Breite des dichterischen Erlebens zeigt, so ist doch seine Bedeutung für die Dichtung des 20. Jahrhunderts kaum zu überschätzen.

Eine philosophisch betrachtende Haltung, wie sie Bridges eigen war, nimmt auch Alfred Edward Housman[33] (1859–1936) ein, der ähnlich Thomas Hardy eine tragische Lebensschau im Zurückgehen auf das ursprüngliche Empfinden der Landbevölkerung in scheinbar einfachster Sprache und schlichten balladenartigen Metren gestaltete. Housmans meist nur wenige Zeilen umfassenden Gedichte (veröffentlicht in zwei schmalen Bändchen *A Shropshire Lad,* 1896, und *Last Poems,* 1922, mit einer Nachlese *More Poems,* 1936) schildern dramatische Vorfälle in kurzen Anspielungen und gedanklicher Zusammendrängung. Wie Marvell benutzte er das Pastoral zur Betrachtung der Vergänglichkeit und Enttäuschung des Lebens, der eine stoisch tapfere Gesinnung das Gegengewicht hält.

4. Whitman, Dickinson und die amerikanische Dichtung in der zweiten Hälfte des 19. Jahrhunderts[34]

Dieser Fülle des dichterischen Schaffens im viktorianischen England hat das gleichzeitige Amerika weniger gegenüberzustellen. Die meisten seiner Dichter, wie z. B. Bryant, Longfellow, Whittier, gehören der etwas verspäteten romantischen Bewegung Neuenglands an und wurden in diesem Zusammenhang besprochen (s. S. 207). Völlig eigen und amerikanisch ist dagegen Walt Whitman[35] (1819–1892), dessen dichterisches Werk aus

[33] Complete Poems, Centennial Edition, intr. B. Davenport, N.Y. 1959; PEL; Selected Prose ed. J. Carter, Lo. 1961. The Letters ed. H. Maas, Lo. 1971. – O. Robinson, Angry Dust: The Poetry of A. E. H., Boston 1950.

[34] Alle genannten Autoren ausreichend vertreten in: Modern American Poetry: A Critical Anthology ed. L. Untermeyer, Lo. ⁴1932.

[35] Collected Writings ed. G. W. Allen u. a., 18 Bde., N.Y. 1961ff. (i. E.); Leaves of Grass: Comprehensive Reader's Edition ed. H. W. Blodgett and S. Bradley, N.Y. 1965; Leaves of Grass and Selected Prose ed. S. Bradley, N.Y. 1964; Leaves of Grass u. Democratic Vistas EL 573. – G. W. Allen, The Solitary Singer: A Critical Biography, N.Y. ³1967; R. Chase, W. W. Reconsidered, N.Y. 1955; J. E. Miller, W. W., N.Y.

seinem erratischen Lebens- und Bildungsgang verständlich wird. Abkömmling englischer, holländischer, walisischer Vorfahren, aus kleinen Handwerkerkreisen stammend und in Brooklyn aufwachsend, hat er in Ausübung vieler Berufe, als Setzer, Schulmeister, demokratischer Parteimann und Journalist, Erfahrungen und Eindrücke gesammelt, die zusammen mit Anregungen aus wahlloser Lektüre und Unterhaltungen mit Omnibuskutschern und Fährleuten das Rohmaterial ergaben, aus dem er die zwölf Gedichte formte, die 1855 als *Leaves of Grass* erschienen. In ständiger Umformung und Vermehrung wuchs diese Sammlung von Ausgabe zu Ausgabe, so daß die dritte Auflage (1860) 456 Seiten füllte, bis schließlich die endgültige Fassung (1882) ein corpus seiner ganzen Poesie darstellte.

Sowohl in der einer rhapsodischen Prosa angenäherten Form wie in dem Realismus, Panerotik und Mystik vereinigenden Gehalt leiten die Leaves of Grass eine neue, auch die alte Welt beeinflussende Dichtung ein. Großartig hymnische Anrufungen stehen neben platten Stellen und katalogartigen Aufzählungen; ebenso steht ein elementar metaphysisches Verlangen neben flachem Positivismus und einem pathetisch optimistischen Glauben an die demokratische Mission Amerikas, den er in *Democratic Vistas* (1871) noch einmal ausführlich begründete. Aber mit einer den Expressionismus vorwegnehmenden Ausdruckskraft hat Whitman, was von den Zeitgenossen nur Emerson erkannte, dem Lebensgefühl der Massen, der Großstadt und einer neuen Welt prophetische Aussprache geliehen, allerdings auch den gefährlichen Weg zu den freien Rhythmen beschritten, die bei seinen Nachfolgern zu einem Freibrief für dichterische Unzulänglichkeit wurden.

Whitmans Einfluß, der erst im 20. Jahrhundert ganz fühlbar wurde, ist unabsehbar. Mit den „Grashalmen“, die im Grunde e i n großer Gesang an Amerika sind, hat er die junge amerikanische Dichtung bis auf den heutigen Tag – von Hart Cranes *The Bridge* und Stephen Vincent Benét bis William Carlos Williams und Allen Ginsberg – beeinflußt. Amerika mit seiner unbändigen Dynamik, seiner welterfüllenden Mannigfaltigkeit und seiner diesseitsgerichteten Kraft ersetzt die dem Engländer im Blute liegende Tradition der großen englischen Dichtung, die dem Amerikaner nur intellektuell nacherlebbar sein kann.

Ganz anders, aber ähnlich ihrer Zeit vorauseilend und wie der gleichzeitige Engländer G. M. Hopkins erst durch postume Veröffentlichungen (in den neunziger Jahren) bekannt, war die einsiedlerische EMILY DICKINSON[36] (1830–1886). Im stillen Amherst in Massachusetts erfuhr sie alle

1962; G. W. Allen, W. W. as Man, Poet, and Legend, Carbondale 1961; G. W. Allen, A Reader's Guide to W. W., N.Y. 1970; W.: A Collection of Critical Essays ed. R. H. Pearce, Englewood Cliffs 1962.

[36] The Poems ed. T. H. Johnson, 3 Bde., Cambr., Mass., 1955; Selected Poems ed. T. H. Johnson, Boston 1962; Letters ed. T. H. Johnson and T. Ward, 3 Bde., Cambr., Mass.,

Empfindungsmöglichkeiten des Menschenherzens im Anblick von Blumen und Bienen, von Sonnenuntergang und erstem Schnee. Ihrer überschwenglichen Daseinserfahrung hielt ein dauerndes vertrautes Umgehen mit dem Entsagungsthema und dem Todesgedanken schwermütig die Waage.

Ihre Gedichte enthalten im Alltagsleben aufblitzende Ewigkeitsgesichte in knappen, bis zum Rätselhaften verdichteten Versen und einfachen, vierzeiligen Balladenstrophen. Die alles Gefällige meidende Verstechnik wirkt karg und unmelodiös; nur das wesentliche Bild wird herausgestellt, so kühn im Einklang von Empfindungen und Gedanken, so eigenwillig in der Mischung von Anschauung und übertragener Sinngebung, daß das Paradoxe zur Offenbarung wird. In den rasch aufsteigenden Metaphern, den scharfen Epitheta, den Gedankensprüngen und parabelartigen Zusammendrängungen erinnert Dickinsons beste Lyrik an die metaphysische Schule und wurde wie diese im 20. Jahrhundert als verwandt und vorbildlich empfunden.

III. DAS DRAMA[37]

1. Tragödie und Schauspiel

Das bühnenfremde poetische Drama, das die Romantik vererbte, gehört mehr zur Geschichte der Poesie als zu der des Theaters. Eine Neubelebung des in melodramatischem Schauprunk erstarrten Bühnendramas sollte nicht vom poetischen Drama und von der Tragödie ausgehen, sondern vom realistischen Schauspiel und von der Komödie. Der äußere Anlaß war die „Theaterfreiheit“ von 1843, d. h. die Aufhebung der früheren Begrenzung der Spielerlaubnis auf nur drei Londoner Theater. Damit wurde der Mangel an Dramatikern offenbar. Man half sich mit Schaustellungen oder prunkvoll ausgestatteten Shakespeareaufführungen (so Charles Kean und Henry Irving), deren Kosten die heute noch übliche lange Aufführungsdauer ('long run') bedingten, und man bearbeitete

1958. – T. H. Johnson, E. D.: An Interpretative Biography, Cambr., Mass., 1955; J. Leyda, The Years and Hours of E. D., 2 Bde., New Haven 1960; C. R. Anderson, E. D.'s Poetry: Stairway of Surprise, Lo. 1963; E. D.: A Collection of Critical Essays ed. R. B. Sewall, Englewood Cliffs 1963.

[37] A. Nicoll, A History of Early 19th Century Drama, 2 Bde., Cambr. 1930, und A History of Late 19th Century Drama, 2 Bde., Cambr. 1941; E. Reynolds, Early Victorian Drama (1830–70), Cambr. 1936; G. Rowell, The Victorian Theatre: A Survey, Oxf. 1956; M. Booth, English Melodrama, Lo. 1965. – Texte: English 19th Century Plays ed. M. R. Booth, 4 Bde., Oxf. 1969–73; British Plays of the 19th Century ed. J. O. Bailey, N.Y. 1966; 19th Century British Drama ed. L. Ashley, Glenview 1967; WC 533, 614.

Stücke fremder, meist französischer Herkunft oder baute aus überall hergenommenem Gut bühnengerechte Stücke zusammen. Mit solcher Theaterschriftstellerei entstand eine dem gleichzeitigen Buchdrama fehlende technische Schulung, die in der Hand ernster Talente eine Hebung der englischen Bühne ermöglichte.

Die Komödien oder Schauspiele von THOMAS WILLIAM ROBERTSON[38] (1829–1871) versuchten, zeitgemäße Vorwürfe, wie den Aufstieg der Mittelklassen und die Macht des Geldes, in psychologisch annehmbaren Charakteren und natürlichem Dialog darzustellen (*Society*, 1865; *Caste*, 1867) und bereiteten das realistische 'problem play' vor, das eine dem Gegenwartsleben entnommene soziale oder moralische Frage erörtert, ohne ihre Lösung in einem bestimmten Sinne zu beantworten. Dieser zukunftsreichen Gattung sind die erfolgreichen Stücke von Sir ARTHUR WING PINERO[39] (1855–1934) einzuordnen, deren Themen von schicksalhaftem Weiterwirken einer dunklen Vergangenheit (*The Second Mrs. Tanqueray*, 1893) und bestimmendem Einfluß des Milieus (*Iris*, 1901) bereits an Ibsens Gesellschaftsdramen anklingen. Noch einen Schritt weiter führte HENRY ARTHUR JONES[40] (1851–1929), dessen ernste Dramen zur Überprüfung der gesellschaftlichen Grundlagen anregen und ein wirklichkeitsgetreues soziales Bild zeichnen wollen (*Saints and Sinners*, 1884; *Judah*, 1890).

Damit war das Theater zur Plattform geworden, von der die Grundsätze einer neuen Lebenshaltung wirksamer noch als im Roman verkündet wurden. Verständige Theaterdirektoren (die Bancrofts, Kendals und Herbert Beerbohm Tree), die ein gewähltes Publikum versammelnden kleinen Theater (Repertory Theatres) und dramatischen Gesellschaften (Stage Societies) sowie die nach französischem und deutschem Vorbild von Jacob T. Grein 1891 gegründete freie Bühne (Independent Theatre) brachten die neuesten Stücke der europäischen Dramatiker auf die Bretter. Das entscheidende Ereignis war die Aufführung Ibsens, für den auch die gleichzeitige Theaterkritik unter Führung von WILLIAM ARCHER warb. Nach vorsichtigen Bearbeitungen einiger Gesellschaftsdramen kamen Übersetzungen und umstrittene Theatererfolge, die zusammen mit Shaws Schrift *The Quintessence of Ibsenism* (1891) vom Ende der achtziger Jahre ab Ibsens Einfluß auf die englische Bühne festlegten. Mag dieser Einfluß begrenzt geblieben sein, es war der entscheidende Versuch, das Leben der Gegenwart dramatisch zu gestalten und die Voraussetzung für das Entstehen eines ernsten Schauspiels im 20. Jahrhundert.

[38] Robertson: Principal Dramatic Works ed. T. W. S. Robertson, 2 Bde., Lo. 1889; Society and Caste ed. T. E. Pemberton, Boston u. Lo. 1905.
[39] Pinero: The Social Plays ed. C. Hamilton, 4 Bde., N.Y. 1917–22.
[40] Jones: Representative Plays ed. C. Hamilton, 4 Bde., Boston 1925.

2. Wilde und die Neubelebung der Sittenkomödie

Schon vordem zeigte sich jedoch eine Neubelebung der alten heimischen Sittenkomödie, deren Ziel und Charme in der GILBERT-SULLIVAN-Operette[41] wieder anklingen (z. B. *Patience*, 1881, und *The Mikado*, 1885). Denn das lustige Verspotten von Mode und inhaltsleer gewordenen Traditionen war ein Wahrheitssuchen durch das komische Auflösen der Scheinwerte.

Damit war in viktorianischer Abschwächung der Witz der Restaurationskomödie erneuert und der Erfolg von OSCAR WILDE[42] (1854–1900) vorbereitet. Wilde ist nicht nur als Dramatiker bedeutsam. Seine *Poems* (1881) zeigen eine erlesenem Schönheitskult gewidmete Begabung, die alle Themen mit literarischen Anklängen und Erinnerungen umrankte. Selbst die aus schwerem Erleben geborene *Ballad of Reading Gaol* (1898) weist deutlich auf literarische Muster. Wilde war zeitlebens der Schauspieler, der sich in neue Rollen hineinfand; auch die sozialen, symbolischen und zart empfindenden Stellen seiner in Prosa geschriebenen Märchen (z. B. *The Happy Prince*, 1888) sind glitzernde Spiegelungen von Gefühl und Gefühlsmode zum Zwecke einer wirkungsvollen künstlerisch-künstlichen Darstellung. Zu vollem Ausdruck gelangte diese ästhetische Weltschau in dem Roman *The Picture of Dorian Gray* (1891), der das Märchenmotiv des Bildes als Spiegel der Seele mit geistreichem Witz, langen Kunstgesprächen und leider auch melodramatischen Zügen ausstattete. Wildes Prosa ist überzeugend, wann immer sie sich dem vorzüglichen Bühnendialog seiner Komödien nähert, wie in den witzig-gedankenvollen, *Intentions* (1891) genannten Essays, während die Versuche hoher Stilprosa oder gesuchter Einfachheit, wie in dem autobiographischen Bruchstück *De Profundis* (1897, gedr. 1905, vollständiger Text 1949) oder in dem nachdenklich machenden Aufsatz *The Soul of Man under Socialism*, weniger überzeugen.

Auch im Drama beruht seine Bedeutung nicht auf den tragischen Versuchen – trotz des Erfolgs des stimmungsstarken Einakters *Salomé* (1893), den er Sarah Bernhardts wegen französisch schrieb –, sondern auf den Gesellschaftskomödien. Die Themen der verborgenen Vaterschaft (*A Woman of no Importance*, 1893) und des Vorlebens von Frau (*Lady Windermere's Fan*, 1892) und Gatten (*An Ideal Husband*, 1895) sind abgedroschen; aber die Handlung ist nicht wichtig – wie das Possenmotiv der glänzenden Komödie *The Importance of Being Earnest* (1895) be-

[41] The Savoy Operas, ed. D. Hudson, 2 Bde., Oxf. 1962–63; WC 592–93.

[42] Complete Works intr. V. Holland, Lo. u. Glasgow ²1966; Auswahl EL 858, WC 584. De Profundis ed. V. Holland, Lo. 1949. Letters ed. R. Hart-Davis, Lo. 1962. – P. Jullian, O. W., Paris 1967 (transl. 1969); G. H. Schwartz, The Plays of O. W., N.Y. 1966; P. Funke, O. W., Hamburg 1969; O. W.: A Collection of Critical Essays ed. R. Ellmann, Englewood Cliffs 1969.

weist –, die Charaktere sollen Oberflächenfiguren sein und der gesellschaftliche Schauplatz ein Nirgendsland und zugleich ein Überall. Wie bei der Comedy of Manners handelt es sich um ein lächelndes Spiel um die Äußerlichkeiten des Lebens, dem die Künstlichkeit des die Regeln wahrenden Aufbaus ebenso angemessen ist, wie es die zugespitzten Situationen sind und der geistreich prickelnde Dialog. Keiner von Wildes Nachfolgern hat diese Komödienluft zu schaffen gewußt, und die Komödie spaltete sich erneut in Problemstück und possenhaftes Lustspiel.

IV. DER ROMAN[43]

1. Dickens und seine Schule

Charles Dickens[44] (1812–1870), der heute noch am meisten gelesene und geliebte Romanschriftsteller in England, begann etwa in der Art von Lamb oder Leigh Hunt mit Londoner *Sketches by Boz*, die ab 1833 in Zeitschriftenfortsetzungen erschienen. Auch sein erstes großes Werk, *The Posthumous Papers of the Pickwick Club* (1836–1837), war eine Aneinanderreihung drolliger, durch die Figur des Mr. Pickwick zusammengehaltener Szenen, die als Texte zu Karikaturen von George Cruikshank u. a. gedacht waren; aber im Laufe der Fortsetzungen wurde Dickens zum freischöpferischen Künstler und errang in den breitesten Kreisen des Volkes den Erfolg und die Liebe, die ihm zeitlebens treu blieben. Die schon in der lockeren Pickwickier-Handlung begonnene Schilderung sozialer Mißstände steigerte sich in der Geschichte des kleinen, im Arbeitshaus erzogenen Waisenknaben *Oliver Twist* (1837–1838) zu der fortan den Dickensschen Romanen eigenen melodramatischen Handlung, die in Ver-

[43] D. Cecil, Early Victorian Novelists, Lo. 1934; F. R. Karl, An Age of Fiction: The Nineteenth Century British Novel, N.Y. 1964; The Victorian Novel: Modern Essays in Criticism ed. I. Watt, Lo. 1971; Der Englische Roman im 19. Jahrhundert: Interpretationen ed. P. Goetsch u. a., Bln. 1973.

[44] The Nonesuch Dickens (einschließlich Briefe) ed. A. Waugh u. a., 23 Bde., Lo. 1938; Oxford Illustrated D., 21 Bde., Lo. 1947–58; Clarendon Edition ed. K. Tillotson u. a., Lo. 1966ff. (i. E.); Einzelausgaben EL, WC, PEL u. a.; Letters ed. M. House u. a., Lo. 1965ff. (i. E.). – Biographie von J. Forster ed. J. W. T. Ley, 2 Bde., Lo. 1928; von E. Johnson, 2 Bde., Lo. 1953; J. H. Miller, C. D.: The World of his Novels, Cambr., Mass., 1958; E. Davis, The Flint and the Flame: The Artistry of C. D., N.Y. 1963; K. J. Fielding, C. D.: A Critical Introduction, Lo. ²1966; S. Monod, D. the Novelist, Norman, Okla., 1968; B. Hardy, The Moral Art of D., Lo. u. N.Y. 1970; A. Wilson, The World of C. D., Lo. 1970; H. House, The D. World, Lo. 1941; J. Butt and K. Tillotson, D. at Work, Lo. 1957; M. and M. Hardwick, The C. D. Encyclopedia, Reading 1973.

bindung mit rührungsvoller Komik den sozialen Roman der Folgezeit begründete. Bilder der Londoner Unterwelt, des Elends, der Unterdrükkung und gräßlicher Kindermißhandlungen wechseln mit der kontrastierenden Gegenwelt und dem komischen Geschehen um schrullige Nebencharaktere, deren Fülle allerdings häufig, wie in dem Schulmißstände geißelnden *Nicholas Nickleby* (1838–1839) und der rührseligen Geschichte der kleinen Nell und ihres Großvaters in *The Old Curiosity Shop* (1840 bis 1841), die Handlung zu sprengen droht. Aber die beschreibende Kraft von Dickens ließ Unzulänglichkeiten der Form zurücktreten, und *Martin Chuzzlewit* (1843–1844), mit den Mängeln einer unzusammenhängenden, oft weitschweifigen Geschichte und den Vorzügen nie alternder lebendiger Charaktere, wie Pecksniff, Mark Tapley und Mrs. Gamp, wirkt geradezu als Muster und Zusammenfassung des bisherigen Dickensschen Schaffens.

Die nächsten Romane sind ehrgeiziger. Die Geschichte von Größe und Niedergang des Hauses *Dombey and Son* (1847–1848) zeigte eine andere Gesellschaftsschicht und mühte sich um einen festeren Bau, indem die Einzelschicksale bis zum Ende durchgeführt werden und jeder den ihm gebührenden Lohn empfängt. Aber all das blieb im Herkömmlichen stecken, und statt der beabsichtigten psychologischen Analyse des Stolzes ergab sich eine Eltern und Lehrer an den Pranger stellende Satire der Erziehung. Die Bildnisgalerie köstlicher Sonderlinge verdeckte, daß Dickens' Kunst nicht zu den seelischen Tiefen durchdrang. Dieser Mangel ist in dem Meisterwerk *David Copperfield* (1849–1850) nicht fühlbar. Denn hier ist schlicht autobiographisch und aus dem Gesichtspunkt eines nur die Außenseite des Charakters sehenden Kindes ein kleinbürgerlicher Lebensgang erzählt. Die biographische Form, die dem Verfasser den Ablauf der Geschichte vorschrieb und ein organisches Einbauen der phantastisch wirklichen Charakterbilder Mr. Micawber, Traddles, Miss Trotwood, Peggotty usw. ermöglichte, gab dem Roman künstlerische Geschlossenheit; er ist einheitlich auch in seiner inneren Form durch den bürgerlich behäbigen Lebensausblick, den puritanischen Ernst und die erfrischende humorverklärte Menschlichkeit. Um diese Zeit begann Dickens mit seinen alljährlichen Weihnachtsgeschichten (*A Christmas Carol*, 1843, u. a.), die an Liebe und Menschlichkeit appellieren und Märchen und Alltag verbinden.

Repräsentierten für die frühere Kritik die Romane bis zu David Copperfield den eigentlichen Dickens, so hat in unserer Zeit das Spätwerk eine durchgreifende Aufwertung erfahren. In diesen Romanen trifft die Schuld an den Schäden weniger den Einzelnen als die Institutionen – das Gerichtswesen, die Verwaltung, die Kirche, das Parlament – und ihren seelenlosen Apparat. Daher fehlen jetzt die großen komischen Charaktere, die Luft ist stickiger und bedrückender geworden. Im Mittelpunkt von *Bleak House* (1852–1853) steht ein riesiger Erbschaftsprozeß vor dem Londoner Chancery Court, der schließlich eingestellt werden muß, weil die Verfahrenskosten das umstrittene Vermögen verschlungen haben. Die bereits durch den Titel suggerierte Trostlosigkeit und Kälte findet im Bild des Nebels, der den Roman von Anfang bis Ende durchdringt, sein zentrales, den Gesamtzustand Englands umschreibendes Symbol. In entsprechender Weise wird *Hard Times* (1854) zu einer Anklage gegen die industriellen Zustände der Zeit, *Little Dorrit* (1855–1857) zu einem Angriff auf das veraltete, als 'Circumlocution Office' bezeichnete Verwaltungssystem. Mit *A Tale of Two Cities* (1859), der Schilderung von London und Paris zur Zeit der französischen Revolution, begab sich Dickens auf das historische Gebiet, auf dem er sich schon in dem zur Zeit der Gordon Riots von 1780 spielenden *Barnaby Rudge* (1840–1841) versucht hatte. Das Schwergewicht ist auf die Erzählung verlegt, die kraftvoll und grell, von Carlyle beeinflußt, ein aufregendes, als Warnung an England gedachtes Geschehen schildert. Trotzdem sind die ruhigen englischen Szenen das beste, und mit *Great Expectations* (1860–1861) kehrte er zu diesem seinem eigentlichen Gebiet zurück und schuf das Werk, das von allen seinen Romanen den besten Plan aufweist und eine Copperfield vergleichbare Gestaltenfülle mit besserer Erzählung verbindet. Sein letzter vollendeter Roman, *Our Mutual Friend* (1864–1865), zeichnet unter Nutzung kriminalistischer Elemente ein düsteres Bild, das in manchem wie ein Vorklang Kafkas anmutet.

Dickens Werk hat die zeitliche Probe von einem Jahrhundert bestanden, aber es ist nicht fehlerlos. Man hat die Neigung zum Melodram, die lose Struktur der frühen Romane und den künstlichen Plot der späten Romane bemängelt. Dickens führe die Personen willkürlich zusammen und scheide zu Ende die Guten und die Bösen. Er erfasse auch die Charaktere nicht von innen und sei nur sicher innerhalb der engen kleinbürgerlichen Welt, in der er seine harte Jugend verbrachte. Zweifellos ist an solcher Kritik manches zutreffend, wenn sie auch den Geschmack der Zeit und vor allem den Charakter des Fortsetzungsromans, der eigenen kompositorischen Gesetzen unterworfen ist, zu wenig berücksichtigt. Es liegt auf der Hand, daß diese „Mängel“ auch durch Werden und Artung der Dickensschen Kunst bedingt sind, die nicht zufällig aus der Berichterstattung erwuchs. Aus der hastig lebendigen Einzelbeschreibung von Kleidung, Aussehen, besonderen Merkmalen und Bewegungen schuf Dickens ein von der Außenseite her bestimmtes seelisches Bild. Wenn der jeweils auffällige oder bezeichnende Zug, der sich oft in einer unbewußten Gewohnheitshandlung oder Redensart zeigt, wie in der humours-Komödie gesteigert ist, bis er sich zu einem schrullenhaften Wesen verdichtet, wird das Bild zur Karikatur oder Groteske. Die sorgsam studierten Helden und Schurken müssen dabei weniger lebendig erscheinen, als die gleichsam in Augenblicksbildern festgehaltenen Nebenfiguren. Trotz aller Einwände bleibt am Ende jedoch der Eindruck eines großen, spannenden Erzählers, der mit unerschöpflicher Erfindungskraft eine unverwechselbar eigene, figurenreiche Welt geschaffen hat, die realistische und phantastische, humorvolle und alptraumhafte Züge trägt und in der letztlich nicht der Intellekt, sondern das Herz die entscheidende Instanz ist.

Die an Dickens anknüpfende Romanschule übernahm jedoch nicht die vom Humor ermöglichte schöpferische Wirklichkeitsgestaltung, sondern die melodramatische Handlung und die soziale These. Das ergab unter der Hand von Dickens' zeitweiligem Mitarbeiter WILLIAM WILKIE COLLINS[45] (1824–1889) die ersten Detektivromane (z. B. *Woman in White*, 1860; *The Moonstone*, 1868) mit der durch realistische Einzelheiten erzielten Wirklichkeitsspannung und einem in großartiger Steigerung durchgeführten Aufbau. CHARLES READE (1814–1884), der nächst Collins am stärksten melodramatische Kunstgriffe verwendete, gab sein Bestes in *The Cloister and The Hearth* (1861), einem großen und leuchtend farbigen Kulturbild aus dem 15. Jahrhundert, vorzüglich erzählt in der lockeren, aber nicht planlosen Ereignisfolge des biographischen Abenteuerromans.

2. Der soziale Roman[46]

Daß Reade wie Collins in ihren Romanen gesellschaftliche Mißstände geißelten, entsprach der durch Dickens aufgebrachten Mode. Der soziale Roman hatte jedoch, schon vor Dickens, die gesellschaftliche Ordnung im großen zur Erörterung gestellt und auch die Politik einbezogen. So verband der jüdische Staatsmann BENJAMIN DISRAELI, LORD BEACONSFIELD[47] (1804–1881), in *Vivian Grey* (1826–1827) mit der satirischen Gesellschaftsschilderung die Geschichte einer politischen Laufbahn; und in den sogenannten Jungenglandromanen, eingeführt von dem beispielhaften *Coningsby* (1844), wird der selbstsüchtigen, an den Nöten des Volkes vorbeigehenden Politik der Whigs das Verantwortungsbewußtsein einer die konservative Partei erneuernden Jugend gegenübergestellt. *Sybil* (1845) schildert die Lage des arbeitenden Volkes und gibt wie Carlyle der Selbstsucht der Höhergestellten die Schuld an dem Klassengegensatz. Während aber Carlyle nur in völliger moralischer Wandlung die Möglichkeit einer Besserung sah, hielt Disraeli eine politische für ausreichend. *Tancred*, der „neue Kreuzzug" (1847), zeigt den jungen Politiker auf dem Weg zum Heiligen Land, wo ihm die Offenbarung eines christlichen Staates zuteil wird, der durch erneute Berührung mit dem als rassisch überlegen hingestellten Judentum verjüngt ist. Als Kunstwerke betrachtet,

[45] Collins: Woman in White EL 464, WC 226, OEN; Moonstone EL 979, WC 316. – Reade: Cloister and Hearth EL 29.

[46] Vgl. L. Cazamian; Le roman social en Angleterre, Paris 1903; engl. Übs. Lo. 1973.

[47] Bradenham Edition ed. P. Guedalla, 12 Bde., Lo. 1926–1927; die genannten vier Romane ed. B. N. Langdon-Davies unter dem Titel Young England, 4 Bde., Lo. 1904; Coningsby EL 535, WC 381; Sybil WC 291. – Große Biographie von W. F. Monypenny und G. E. Buckle, 2 Bde., Lo. 1929; R. Blake, D., Lo. 1966.

fehlt den Romanen die einheitliche Linie, die das politische Wirken dem Staatsmann Disraeli gab; man stößt sich an dem harten Nebeneinander von Realismus und Phantasie, der allzu fremdartigen Verwicklung und der Schwäche im Erfinden von Charakteren.

So entbehren seine groß gedachten Romane der künstlerischen Geschlossenheit, die bei enger begrenztem sozialem Rahmen die kleinere Begabung von Elizabeth Cleghorn Gaskell[48] (1810–1865) erreichte. Ihr Anfangswerk *Mary Barton, a Tale of Manchester Life* (1848), das der spätere Roman *North and South* (1854–1855) weniger melodramatisch und mit festerem Aufbau fortsetzte, schildert mit warmem Mitgefühl Arbeiterelend, Verständnislosigkeit der Brotherren, Aufstände und verzweifeltes Ringen um eine Lebensmöglichkeit. Das Werk jedoch, das als ihr bedeutendstes gelten muß, ist die lächelnd erzählte dörfliche Jungferngeschichte *Cranford* (1851–1853), ein realistisches Idyll, erstaunlich kraftvoll und lebendig mit an Jane Austen gemahnender Kleinmalerei.

Der soziale Roman hat seinen beredtesten Vertreter in Charles Kingsley[49] (1819–1875), der in *Yeast* (1848; in Buchform 1851), mehr einer Flugschrift und einer Folge von Charakterbildern als einem Roman, und *Alton Locke* (1850) in kraftvollem Aufbegehren gegen moralische Gleichgültigkeit die Lehren Carlyles und der christlich-sozialen Bewegung in breiten Lebens- und Sittenbildern verkündigte. Beide Bücher sind mehr Zeugnisse einer Gesinnung als Kunstwerke; auch der kulturgeschichtliche Roman aus dem Alexandria des 5. Jahrhunderts, *Hypatia* (1853), predigt die Lehre von der sieghaften Gewalt christlich-sozialer Liebe. Zu diesem echten Christentum möchte Kingsley das England seiner Tage zurückführen, um es der imperialen Sendung fähig zu machen, die sein erfolgreichster Roman aus der Zeit der Armadakämpfe, *Westward Ho!* (1855), als begeisternde Jungengeschichte in Erinnerung ruft.

3. Thackeray und der bürgerliche Sittenroman

Was dem sozialen Roman verwehrt war: überragende Kunstwerke zu schaffen, leistet der bürgerliche Sittenroman von William Makepeace Thackeray[50] (1811–1863). Verschieden von der Dickensschen Wirklich-

48 Works ed. A. W. Ward, 8 Bde., Lo. 1906. Alle genannten Romane in WC, EL, PEL. Letters ed. J. A. V. Chapple and A. Pollard, Manchester 1966. – A. Pollard, Mrs. G.: Novelist and Biographer, Manchester 1965; E. Wright, E. G.: The Basis for Reassessment, Lo. 1965.

49 Life and Works, 19 Bde., Lo. 1901–03; in EL: Yeast 611, Alton Locke 462, Hypatia 230, Westward Ho! 20. – G. Kendall, C. K. and His Ideas, Lo. 1947; R. B. Martin, The Dust of Combat: A Life of C. K., Lo. 1960.

50 Works ed. G. Saintsbury, 17 Bde., Lo. 1908. Alle genannten Romane auch in EL u. a. Ausgaben. Letters and Private Papers, ed. G. N. Ray, 4 Bde., Lo. 1945–46. – G. N. Ray, Th., 2 Bde., Lo. u. N.Y. 1955–58; G. Tillotson, Th. the Novelist, Cambr., 1954;

keit, die durch Karikatur und humorvolle Verklärung dem nüchtern hellen Tageslicht entrückt war, schildert Thackerays Realismus ironisch, gefühlsabhold und ausgesprochen unheldisch. Als Vorspiel der vier großen Romane erschienen 1846–1847 *The Snobs of England* (1848 als *Book of Snobs*), die in der Art der Charakterbücher Steckbriefe der menschlichen Gesellschaft ausstellen und den 'snob', den verächtlich nach unten und bewundernd nach oben schauenden Egoisten, als vorherrschenden Typus erklären. Sein Hauptwerk, *Vanity Fair* (1847–1848), in dem er das England seiner Tage als „Snobland" schildert, ist ein „Roman ohne Held", d. h. nicht nur ohne herkömmlichen Helden, sondern überhaupt ohne Helden, da es auf diesem Jahrmarkt nur Sklaven der verschiedenen Formen der Eitelkeit gibt. Zur Demonstration wählt Thackeray die kontrastierenden Lebenswege der skrupellosen Becky Sharp und der guten Amelia Sedley und zeigt, daß positive und negative Züge sich bei diesen Frauen jeweils verbinden. Amelia ist zwar selbstlos, aber auch töricht und blind und allzu passiv, während die auf ihren Verstand angewiesene Becky über eine imponierende Energie verfügt, mit der sie das äußerlich wohlanständige, aber von selbstsüchtigen Gentlemen und Schmarotzern bevölkerte England erobert. Die Handlung und das entworfene Gesellschaftsbild werden kommentierend begleitet von dem Erzähler, der bald ironisch oder satirisch, bald pathetisch das Geschehen durchleuchtet. Obgleich der Erzählgang in der zweiten Hälfte etwas loser wird, liegt der scheinbar sorglos fortschreitenden Handlung doch ein fester, groß angelegter Plan zugrunde, der ein Fieldings epischer Fülle vergleichbares Gesamtbild der englischen Gesellschaft gestaltet.

Nach dem Eitelkeitsjahrmarkt schrieb Thackeray die Geschichte des Weltkindes *Pendennis* (1848–1850), von ihm selbst in der dritten Person berichtet. Das Buch ist ein Bildungsroman, ruhiger, weniger ereignisreich, aber eigentlich auch ein Roman ohne Held; denn dieser Arthur Pendennis ist nicht an sich interessant, es sei denn als Spiegelbild der Jugend des Autors, interessant sind vielmehr die verschiedenartigen Menschen der gesellschaftlichen Welt, unter denen wir ihn sorglos dahinleben sehen. Dies Gesellschaftsbild ist lebendig und frisch, aber in der reichen Vielfältigkeit etwas verwirrend. Der Roman hat keine ausgeführte Verwicklung; die wirklichkeitsnahe Schilderung eines Lebensganges und das Eindringen selbstbiographischer Erinnerungen ergaben vielmehr eine der Ordnung widerstrebende Tatsachenfülle, die mehr zur Form der Memoiren oder einer Gesellschaftschronik neigt. Noch mehr ist das der Fall bei der gleichfalls Pendennis in den Mund gelegten Geschichte *The Newcomes* (1853 bis 1855), worin nebeneinander hergehend das Leben zweier Generationen beschrieben ist, eindrucksvoll in ihrem Gegensatz und tragisch im

J. McMaster, Th.: The Major Novels, Manchester u. Toronto 1971; Th.: A Collection of Critical Essays ed. A. Welsh, Englewood Cliffs 1968.

Zerbrechen einer künstlerischen Natur an der selbstsüchtigen Umwelt. Die Charaktere sind wiederum vielfältig und sicher gezeichnet, aber die Geschichte ist oft ermüdend langatmig und durch viele Zwischenreden des Autors gestört.

Anders ist *Henry Esmond* (1852, mit der schwächeren Fortsetzung *The Virginians,* 1857–1859), ein historischer Roman mit einem in Scotts Art frei erfundenen Helden, der in einen interessanten Abschnitt der englischen Geschichte gestellt ist. Henry selbst erzählt als Miterlebender die Geschichte seiner Familie, die Glück und Leben der verlorenen Sache der Stuarts opfert; und da der Titelheld nicht farblos ist, wie so oft bei Scott, und die Bildnisreihe der geschichtlichen Persönlichkeiten zugunsten des Ganzen beschränkt, so herrscht in diesem Roman eine sonst nicht erreichte Geschlossenheit des Aufbaus. Thackeray spricht von der Zeit der Königin Anna mit so warmer Anteilnahme wie Scott von Schottland; er hatte eine heimliche Liebe zum Klassizismus, dessen selbstsichere, ruhige Gelassenheit er erstrebte.

Sein Realismus entsprang weniger einem überlegenen Verstand, als dem leidenschaftlichen Einspruch gegen die ihn selbst beherrschende Gefühlsweichheit; und sein Spott verdeckte die schmerzerfüllte Bitterkeit, die aus den Enttäuschungen des Herzens und den klaren Erkenntnissen des Verstandes hervorging. Daraus erklärt sich das unsichere Schwanken zwischen Ironie und Mitleid. Sein Werk gibt ein überzeugendes Bild der Gesellschaft und des Tatsächlichen, es vermittelt den Eindruck eines wimmelnden, oberflächlichen Daseins, aber unter niedrigem Himmel; es fehlt der Raum, die seelische Weite, die das Werk eines großen Epikers wie Chaucer auszeichnet. Dickens überwand die Begrenzung durch seinen Humor, der wehe Spötter Thackeray, der mehr vom menschlichen Herzen wußte, überwand sie nicht. Was er schuldig blieb, konnten die kleinen Talente des bürgerlichen Sittenromans auch nur in Ansätzen geben.

Als Fortsetzer des Thackerayschen Realismus muß vor allem der schreibselige ANTHONY TROLLOPE[51] (1815–1882) genannt werden. Von seinen fast fünfzig Romanen, von deren handwerklicher Produktion die postum veröffentlichte *Autobiography* (1883) erzählt, sind die sechs Barsetshire-Romane (z. B. *The Warden,* 1855; *Barchester Towers,* 1857) im 20. Jahrhundert zu großem Ansehen gelangt. Das vorwiegend vom bischöflichen Klerus bestimmte Leben der imaginären Domstadt Barchester und der umliegenden Grafschaft ist mit lebenswahr wirkender Genauigkeit und einer 'complete appreciation of the usual' (Henry James) beschrieben.

[51] The Barsetshire Novels ed. F. Harrison, 8 Bde., Lo. 1906 u. ö.; Oxford Illustrated T. ed. M. Sadleir and F. Page, 15 Bde., Lo. 1948–54; Einzelausgaben WC, EL, PEL; Autobiography ed. C. Morgan, Lo. 1946. Letters ed. B. A. Booth, Lo.–N.Y.–Toronto 1951. – A. O. J. Cockshut, A. T.: A Critical Study, Lo. 1955; B. A. Booth, A. T.: Aspects of his Life and Art, Bloomington 1958; R. apRoberts, T.: Artist and Moralist, Lo. 1971; M. Sadleir, T.: A Commentary, Lo. [2]1945.

Stärkerer Aufmerksamkeit erfreuen sich auch wieder die „politischen" Palliser-Romane (z. B. *Can You Forgive Her?*, 1864; *Phineas Finn*, 1869; *The Prime Minister*, 1876), die mit scharfer Beobachtung und feiner Ironie das Mit- und Gegeneinander im gesellschaftlichen Leben und parlamentarischen Kräftespiel zeichnen. Ein großer Teil der keineswegs idealisierten, aber mit Sympathie in ihren kleinen und großen Konflikten erfaßten Figuren taucht in diesen Romanen immer wieder auf, und Trollope gelingt in der Darstellung ihrer Lebenswege eine lebendige Chronik der viktorianischen Zeit um die Jahrhundertmitte.

4. Die Brontës und George Eliot

Daß der Frauenroman mehr zu sagen hatte, erwiesen die Schwestern CHARLOTTE (1816–1855), EMILY (1818–1848) und ANNE BRONTË[52] (1820 bis 1849). Ihre Romane schilderten erstmals weibliche Charaktere vom weiblichen Standpunkt aus und rückten das Gefühlsleben der Frau in den Mittelpunkt. Nicht der vornehme Gesellschaftsheld, sondern der starke Mann ist der ersehnte Liebhaber der Frau, und die seiner würdige Partnerin trägt härtere Züge als die Mädchengestalten der männlichen Schriftsteller. Nach Charlotte Brontës Roman *Jane Eyre* (1847), der das selbstgewählte Liebesschicksal einer unscheinbaren Erzieherin erzählt, war der herkömmliche Liebesroman psychologisch veraltet.

Kein Wunder, daß vieles in Charlottes Romanen der Zeit als anstößig galt, und daß man dem einzigen Roman ihrer Schwester Emily, *Wuthering Heights* (1847), ratlos gegenüberstand. Ohne die melodramatischen Effekte der Jane Eyre überrennt hier die Natur mit der Kraft von Elementargewalten menschliche Bindungen und gesellschaftliche Ordnung. Als Geschöpfe der Yorkshire-Landschaft mit den unheimlichen Mooren und dem gewitterhaften Umschlagen der Stimmungen sind die Gestalten dämonisch überhöht. Catherine gehört zu Heathcliff, weil sie, das Kind der Sturmhöhe, Teil seiner Natur ist. Ihre „unnatürliche" Verbindung mit Edgar Linton, dem Kind der Ruhe, führt daher zu einem atmosphärischen Tumult, zu Szenen der Maßlosigkeit, verzehrenden Hasses und erbarmungsloser, über Generationen reichender Rache, bis nach einem Stakkato der Ereignisse Gleiches wieder zu Gleichem findet. Berichtet wird die Geschichte in modern anmutender Technik von Lockwood, der als Außenstehender nur das Ende der Geschehnisse miterlebt hat und die

[52] The Shakespeare Head Brontë ed. T. J. Wise and J. A. Symington, 20 Bde., Oxf. 1931–40; Clarendon Edition of the B. Novels ed. J. Jack and M. Smith, Oxf. 1969ff.; Einzelausgaben EL, WC, PEL u. a. Letters ed. M. Spark, Lo. 1954. – W. Gérin, Charlotte B.: The Evolution of Genius, Oxf. 1967; dies., Emily B.: A Biography, Oxf. 1971; N. Sherry, The B. Sisters: Charlotte and Emily, Lo. 1969; W. Craik, The B. Novels, Lo. 1968.

übrigen Vorgänge so wiedergibt, wie sie ihm von der Haushälterin Nelly Dean erzählt werden. So erhält der Leser nur subjektive Spiegelungen der dramatischen Begebenheiten, und da die Verfasserin sich jeder Beurteilung enthält, bleibt er über die Zuverlässigkeit der Aussagen im unklaren.

Selbst die Romane der milderen Anne bringen den Aufschrei des Herzens gegen die Fesseln des Gesetzes; aber die Stimmen der Brontës blieben vereinzelt.

Nicht vom triebhaften Empfinden aus, sondern durch den Geist suchte die viktorianische Zeit die innere Befreiung zu erreichen. Kennzeichnend dafür ist das Romanwerk der Mary Ann Evans, die sich mit ihrem Schriftstellernamen George Eliot[53] (1819–1880) nannte. Sie stammte aus einer evangelikalen Familie, wurde aber zur Agnostikerin, als sie in Coventry mit den freigeistigen Ideen der Zeit in Berührung kam. George Eliot hatte einen wissenschaftlichen Geist; beeinflußt von der deutschen Bibelkritik, übersetzte sie David Friedrich Strauß und Feuerbach und wurde Beiträgerin und Mitherausgeberin der Westminster Review, des Organs der philosophischen Radikalen. Im Banne der Lehren Auguste Comtes ersetzte sie den christlichen Glauben durch eine humanitäre Ethik, in welcher der Pflichtbegriff und die rigorose Sühne jeder Schuld, und entspringe sie auch nur einer Unterlassung, zentral waren. Erst mit 37 Jahren wandte sie sich, ermuntert durch ihren Lebensgefährten, den Goethebiographen George Henry Lewes, der Erzählkunst zu, und schon ihr erstes, durch die Frische des eigenen Erlebens ausgezeichnete Buch *Scenes of Clerical Life* (1858) zeigt eine grübelnde Neigung zur Darstellung von Gewissenskämpfen. Als Rationalistin baute sie alle ihre Romane um eine Idee, oft allzu aufdringlich. Aber sie hatte ein warm fühlendes Herz, und meist ist es weniger die Erzählung als das Ethos, was den Leser bannt. Ihre Jugend hatte sie in der ländlichen Einsamkeit einer Farm in Warwickshire verbracht, und die lebendige Anschauung von Land und Leuten ihrer Heimat blieb ihr wertvollster künstlerischer Besitz. Er hielt der Ideenbelastung die Waage und zeichnet ihre besten Romane aus: die Verführungsgeschichte *Adam Bede* (1859), die in ihrer Einfachheit vollendete Geschichte von *Silas Marner* (1861) und die Erzählung von der lauteren Maggie Tulliver und ihrem Bruder in *The Mill on the Floss* (1860). Da der Realismus Eliots die ungewöhnlichen Charaktere meidet, können wir uns so völlig in ihre Menschen hineinversetzen, daß sie uns gewissermaßen zur Erfahrung unserer selbst verhelfen.

[53] Warwick Edition, 12 Bde., Edinburgh 1901–1903; Einzelausgaben PEL, EL, WC u. a. The Letters of G. E. ed. G. S. Haight, 7 Bde., New Haven 1954–55. – J. W. Cross, G. E.'s Life as Related in her Letters and Journals, 3 Bde., Edinburgh 1885 u. ö; G. S. Haight, G. E.: A Biography, Oxf. u. N.Y. 1968; F. R. Leavis, The Great Tradition: George Eliot, Henry James, Joseph Conrad, Lo. 1948; J. Thale, The Novels of G. E., N.Y. 1959; B. Hardy, The Novels of G. E.: A Study in Form, Lo. 1959; W. J. Harvey, The Art of G. E., Lo. 1961; W. Allen, G. E., Lo. u. N.Y. 1964; Critical Essays on G. E. ed. B. Hardy, Lo. 1970.

In den späteren Werken richtete sich ihre Kritik weniger auf Einzelprobleme als auf die Grundlagen der Gesellschaft, was in *Felix Holt the Radical* (1866) eine interessante, wenngleich zu thesenhafte Studie des politischen Idealismus zeitigte. Der einst berühmte Savonarola-Roman *Romola* (1862–1863) schildert, allerdings nicht frei von leblosen Abhandlungen und Konstruktionen, die Bekehrung der Heldin zu einer Menschheitsreligion der Selbstlosigkeit, und *Daniel Deronda* (1876) gibt eine brillante Darstellung der selbstbewußten Gwendolen Harleth, welche die Torheit ihrer Geldheirat sühnen muß; aber die Verbindung dieser glänzenden Analyse mit dem zionistischen Thema ist nicht recht gelungen. Dagegen ist die Studie des provinziellen Lebens zu Beginn der viktorianischen Epoche, ihr Meisterwerk *Middlemarch* (1871–1872), einer der großen Romane der englischen Literatur. In dieser weitverzweigten, episch umfassenden Geschichte, deren Haupthandlung Dorotheas Erkenntnis der Unfruchtbarkeit einer verkrusteten Religion (Dr. Casaubon) und ihren Weg zur Kunst und Lebensoffenheit schildert, kommen alle Vorzüge der Eliotschen Kunst zur Entfaltung. Mit bewundernswert sicherer Kraft sind die verschiedenen Handlungsstränge miteinander verknüpft, und es zeigt sich anschaulich und eindringlich, daß die Übernahme der positivistischen Lehre von der Bestimmung des Charakters durch die Umwelt Eliot zur Darstellung einer Charakterentwicklung führte. Damit, das ist ihre historische Bedeutung, leitet sie zur Meredith und Henry James über, während die Ideendarstellung in den Romanen von Mrs. Humphry Ward (z. B. *Robert Elsmere*, 1888) eine kulturhistorisch wichtige, aber künstlerisch schwache Nachfolge fand.

5. Der amerikanische Roman der Jahrhundertmitte: Hawthorne und Melville

In Amerika verblaßte die Pionierromantik mit ihren Humanitätsidealen schnell. Die nächsten großen Romanciers, Hawthorne und Melville, zogen ihre Kraft aus dem Puritanismus Neuenglands. Ihr Werk ist charakterisiert durch das Grübeln über die hinter den Dingen verborgenen Mächte, die illusionslose Menschendeutung und eine zum Allegorischen neigende Kunstform.

Nathaniel Hawthorne[54] (1804–1864), einsiedlerisch und nach innen gekehrt, im Streben nach klassischer Form Flaubert vergleichbar, veröffent-

[54] Works (Centenary Edition) ed. W. Charvat u. a., Columbus, Ohio, 1962ff. (i. E.); American Notebooks ed. R. Stewart, New Haven 1932; English Notebooks ed. R. Stewart, N.Y. ²1962; The Portable H. ed. M. Cowley, N.Y. 1948; H.'s Short Stories ed. N. Arvin, N.Y. 1946 u. ö.; EL, PEL u. a. – R. Stewart, N. H., New Haven 1948; R. H. Fogle, H.'s Fiction: The Light and the Dark, Norman, Okla., ²1964; H. H. Waggoner, H.: A Critical Study, Cambr., Mass., ²1963; R. R. Male, H.'s Tragic

lichte neben Erzählungen (*Twice-Told Tales*, 1837, erweitert 1842; *Mosses from an Old Manse*, 1846; *The Snow Image*, 1851) nur vier Romane. Erzählungen wie Romane handeln von Gewissenskonflikten, geistigem und moralischem Hochmut, von Schuld, Vereinsamung und Reue, von Skepsis und Verzweiflung. *Roger Malvin's Burial* ist ein Psychogramm des Schuldgefühls und schließlicher Sühne, *The Minister's Black Veil* umkreist das Sündenbewußtsein, *Young Goodman Brown* Versuchung und Verlust des Glaubens. In *The Birthmark und Rappacini's Daughter* zerstören Wissenschaftler ihre Frau und Tochter in freventlichem Streben nach menschlicher Vollkommenheit und begehen wie Ethan Brand in der gleichnamigen Erzählung die 'unpardonable sin'; sie mißbrauchen Menschen für ihre Zwecke und verstoßen gegen die Heiligkeit des Herzens. Ein allegorischer Grundton durchzieht auch die historischen Erzählungen. So verkörpert die Patriarchengestalt in *The Gray Champion*, die geheimnisvoll in den Entscheidungsstunden der Nation auftaucht, den amerikanischen Freiheitswillen, und in *Endicott and the Red Cross* symbolisiert das Herausreißen des Georgskreuzes aus der neuenglischen Fahne die spätere Lösung vom Mutterland. Wenn Hawthorne auch die Intoleranz und dogmatische Enge der Puritaner geißelte, er bejahte ihr politisches Handeln und den Ernst ihrer Lebensführung. In *The May-Pole of Merry Mount* klingt zwar eine gewisse Sympathie für das 'Merry Old England' an, aber die Erzählung läßt keinen Zweifel, daß die Merry Mounters Illusionen anhängen, die zerstört werden müssen.

Die Auseinandersetzung mit der puritanischen Geschichte Neuenglands, in die Hawthornes eigene Vorfahren schuldhaft verstrickt waren, bedeutete für den Dichter nicht nur ein Stück Vergangenheitsbewältigung, sie hatte zugleich exemplarischen Rang in dem immerwährenden Kampf zwischen sittlichem Handeln und Sünde. *The Scarlet Letter* (1850), sein Meisterwerk, ist die in das puritanische Boston des 17. Jahrhunderts verlegte Geschichte der Gewissensqualen eines Geistlichen, der mit der Frau eines verschollen geglaubten Arztes verbotenen Umgang hatte. Während die Männer sich durch Feigheit und Eigensucht zugrunderichten, bleibt Hester, die gleichsam als Vertreterin der Natur gegen die puritanische Gesetzlichkeit steht, die über ihr Leid erhabene Heldin. Aber obwohl der Gedanke einer nicht durch Autorität gebundenen Weltanschauung unüberhörbar anklingt, ist das Werk kein antipuritanischer Roman, sondern zeigt die für Hawthorne charakteristische Mehrdeutigkeit. Die stolze Hester, die ihren „Fehltritt" zwar als einen Verstoß gegen die puritanische Ordnung, nicht aber als Sünde anerkennen kann, wird nicht freigesprochen von Schuld: ihre 'speculative freedom of mind' habe sie in eine Wildnis geführt, und sie kehrt am Ende freiwillig aus Europa zurück, um

Vision, Austin, Tex., 1957; F. H. Link, Die Erzählkunst N.H.'s, Heidelberg 1962; M. J. Elder, N. H.: Transcendental Symbolist, Athens, Ohio, 1969.

(wie es im Schlußkapitel heißt) an dem Ort ihrer Sünde zu sühnen. Auch die anderen Romane – das in der Gegenwart spielende *The House of the Seven Gables* (1851), die Ereignisse und Porträts der transzendentalistischen Bewegung einfügende *The Blithedale Romance* (1852) und der auf italienischen Boden verlegte *The Marble Faun* (1860), der das James-Thema der Begegnung Amerikas mit der alten Welt vorwegnimmt – behandeln exemplarisch moralische Probleme, Gewissenskonflikte, Sünde und Reue.

Aus der gleichen religiösen Grundhaltung, aber mit anderer geistiger Veranlagung schrieb HERMAN MELVILLE[55] (1819–1891), alle Tradition hinter sich lassend, seine erst in unserer Zeit gewürdigten Romane, die fast alle auf das Erlebnis der großen Seefahrt zurückgehen, die ihn 1841 bis 1844 als Matrose auf Walfangbooten und einem amerikanischen Kriegsschiff durch die Weltmeere und zu den Südseeinseln führte. Die der Autobiographie verpflichteten Frühwerke *Typee* (1846) und *Omoo* (1847) schildern, gewissermaßen Conrad vorwegnehmend, die Südsee, deren mit dichterisch-pathetischer Sprache beschriebene Inseln als Erfüllung exotischer Sehnsucht erscheinen. Diese Dichtung und Wahrheit mischenden Reiseberichte mit dem exotischen Lockruf, den aufregenden Schilderungen von Seemannsleben und Fluchtszenen begeisterten die Leser ebenso wie die Romane eines Cooper und Marryat. Daß Melvilles Haltung von diesen jedoch grundverschieden war, zeigt bereits seine Kritik an dem verderblichen Einfluß der Zivilisation auf die Polynesier in Omoo, und in den das Reise- und Initiationsthema verbindenden Romanen *Redburn* (1849) und *White Jacket* (1850) bilden die Brutalität des Matrosendaseins und die Bedrückung durch Armut die Dominante.

Diese herbe, ja tragische Auffassung von der Unerbittlichkeit des Lebens gestaltet das Hawthorne gewidmete Meisterwerk *Moby-Dick; or The Whale* (1851). In die realistische Abenteuergeschichte der Jagd nach dem weißen Pottwal ist der symbolische Bericht des verzweifelten Kampfs zwischen Mensch und Schicksal eingebettet. Die Walfangindustrie spielte damals im Wirtschaftsleben Neuenglands eine bedeutende Rolle, aber Ahab, der monomanische Kapitän der Pequod mit seinem elfenbeinernen Stelzfuß, jagt nicht um des Öls willen, er ist besessen von der Rache an einem einzigen Wal, Moby-Dick, der ihm bei einem früheren Kampf ein

[55] Works, 16 Bde., Lo. 1922–24; The Writings of H. M. (Northwestern-Newberry Edition) ed. H. Hayford u. a., 15 Bde., Evanston, Ill., 1967ff. (i. E.); Complete Stories ed. J. Leyda, N.Y. 1949; Moby Dick (Norton Critical Edition) ed. H. Hayford and H. Parker, N.Y. 1967; ed. H. Beaver, PEL; Billy Budd ed. H. Hayford and M. M. Sealts, Chicago 1962; Billy Budd and Other Stories ed. H. Beaver, PEL. Letters ed. M. R. Davies and W. H. Gilman, New Haven 1960. – L. Howard, H. M.: A Biography, Berkeley 1951; L. Mumford, H. M.: A Study of his Life and Vision, Lo. ²1963; R. Chase, H. M., N.Y. 1949; G. H. Allen, M. and his World, Lo. 1971; R. H. Fogle, M.'s Shorter Tales, Norman, Okla., 1960; J. E. Miller, A Reader's Guide to H. M., N.Y. 1962.

Bein abgerissen hat. Ahab sieht in Moby Dick die Inkarnation des Bösen, die brutale Gewalt der Natur, die jeden Versuch, ihr einen Sinn abzuringen, zunichte macht. Der Kapitän ist ein metaphysischer Rebell, der Gott, der das Böse zuläßt oder lenkt oder vielleicht gar ihm machtlos gegenübersteht, in die Schranken fordert. Ahab will die Fassade der Dinge durchstoßen, um auszumachen, ob sich dahinter ein Sinn oder das Nichts verbirgt. Das Geschehen geht zwingend dem apokalyptischen Ende zu: der Wal wird harpuniert, verwickelt aber Ahab in die Fangleine und reißt Schiff und Mannschaft in die Tiefe. Nur Ishmael überlebt, dem der Roman als Ich-Erzählung in den Mund gelegt ist. Ishmael teilt nicht Ahabs Weltsicht; er begreift das Leben als ein rätselhaftes Ineinander von Notwendigkeit, Freiheit und Zufall. Der Wal, als Naturgeschöpf jenseits der ethischen Welt, ist ein vieldeutiges Symbol, dem Leviathan des Hiobbuches ebenso wie dem Wal der Jonageschichte verwandt, gefährlich und zerstörerisch, aber auch von faszinierender Schönheit. Aus Ishmaels Perspektive erscheint Ahabs Jagd auf Moby-Dick als dämonische Selbstzerstörung. In wahrhaft enzyklopädischer Weise sucht Melville das Ganze der Welt zu umfassen. Nicht nur ist die Mannschaft der Pequod aus allen Erdteilen zusammengesetzt, Melville hat auch die Anatomie des Wals studiert und die Etymologie seines Namens in den verschiedensten Sprachen, er hat Historie, Wirtschaft, Naturwissenschaften und die Weltliteratur einbezogen und die mannigfachsten Bauelemente wie Essay und Anekdote, Parabel und Predigt integriert. Mag das Werk Inkonsequenzen aufweisen und in manchen Partien zu wenig durchorganisiert sein, es hat epische Größe, und Melvilles Weltschau erhebt es ins Mythische.

Wirtschaftliche Not nach dem Mißerfolg von Moby-Dick und *Pierre* (1852) veranlaßte Melville zum Schreiben einer Reihe von Kurzgeschichten, deren beste in *The Piazza Tales* (1856) gesammelt wurden. Die neue Form zwang ihn zu künstlerischer Konzentration. Am bedeutendsten ist *Benito Cereno,* die Geschichte einer Meuterei von Negersklaven auf einem spanischen Schiff vor Chile, voll atmosphärischer Spannung und unheimlicher Doppeldeutigkeit, die dem Leser jegliche Identifikation mit einer der Figuren oder Parteien verwehrt. Auch in der Erzählung *Bartleby the Scrivener,* die in kafkaesker Weise das Thema der Selbstisolierung gestaltet, verwischen sich die Trennungslinien zwischen Gut und Böse, und die *The Encantadas* genannten neun Skizzen beschreiben die trostlose Öde der Galapagosinseln, die zu einem Symbol von Gottverlassenheit und Einsamkeit werden. Bitterkeit spricht aus dem allegorischen Romantorso *The Confidence-Man: His Masquerade* (1857), der Satire auf eine kosmopolitische Reisegesellschaft auf einem Mississippidampfer.

Aufsehen erregte die erst 1924 veröffentlichte, von Benjamin Britten 1951 zur Oper gestaltete Geschichte des tumben Matrosen *Billy Budd,* die gleichsam die Summe von Melvilles Leben enthält. Der bisher schuldlose Held erschlägt den bösen Waffenmeister und muß deshalb vom Kapitän verurteilt werden. Gelassen geht Billy Budd in den Tod, und die Frage, ob Recht, ob Unrecht, martert fortan den Kapitän, der das Urteil nach menschlicher Satzung fällte.

Ebenfalls um die Jahrhundertmitte erschien HARRIET BEECHER STOWES (1811–1896) *Uncle Tom's Cabin*[56] (1852), von dem im ersten Jahr bereits 300 000 Exemplare verkauft wurden. Lincolns Wort, daß dieses Buch den Bürgerkrieg ausgelöst habe, mag übertrieben sein, seine weltweite politische Wirkung ist jedoch unbestreitbar. Der Roman war nicht nur ein Plädoyer für die Abschaffung der Sklaverei, hier wurde zum erstenmal das Problem der Schwarzen als eine tiefe Schuld der amerikanischen Geschichte gesehen. Das Buch zeigt eine publikumswirksame Mischung von lebendiger Wirklichkeitsdarstellung mit Sentimentalität, Pathos und Melodramatik, aber Mrs. Stowe machte nicht einseitig den Süden zum Sündenbock – der schlimmste Übeltäter, Simon Legree, ist ein Neuengländer; vor allem aber begriff ihr aus der puritanischen Tradition überkommenes typologisches Denken den Vorgang über seine aktuelle Problematik hinaus als eine archetypische Grundsituation.

6. Hardy, Meredith und das Ende des viktorianischen Romans

Als der wissenschaftliche Geist, der bei George Eliot mit hohem Menschheitsglauben gepaart war, die lebensbejahende Haltung der viktorianischen Zeit in Frage stellte, mußte sich der Roman umbilden. Er wurde einheitlicher durch die Übereinstimmung des realistischen Ausdrucks mit einer an der Idee verzweifelnden Lebensauffassung; er wurde dadurch auch enger und gab statt eines Welt- oder Menschheitsbildes ein Bild persönlicher Enttäuschung. Mit GEORGE GISSING[57] (1857–1903) endete die Dickensschule in Empörung über soziale Ungerechtigkeit und in grausam sachlicher Schilderung der hoffnungslosen Wirklichkeit. Wenn Gissing in *The Unclassed* (1884) den Lebenslauf einer Straßendirne erzählt, in *Demos* (1886) das den Charakter zerstörende Elend des Proletariats, in *Born in Exile* (1892) den selbsterlebten Kampf des Schriftstellers ums Brot und in *The Odd Women* (1893) das Verkümmern der um ihr Lebensrecht betrogenen Frauen, so geschieht das in erster Linie als Anklage. Gissing war ein Entwurzelter, dessen Neigungen auf die Bildungsgüter der Bessergestellten gerichtet waren – vgl. die autobiographischen und erfreulich zu lesenden *Private Papers of Henry Ryecroft* (1903) –, er hatte nichts gemein mit den Helden seiner Armenromane, sah sie nur von außen und gab daher nur Elendsbeschreibung, nicht künstlerisch gestaltetes Schicksal.

[56] ed. K. S. Lynn, Cambr., Mass., 1962.

[57] Vielfache Neudrucke der einzelnen Romane; die besten: Born in Exile und The Odd Women z. B. in Nelson's Library, Lo. o. J.; Ryecroft in Constable's Miscellany, Lo. 1930. – G. Korg, G. G., Seattle 1963; G. Tindall, The Born Exile, Lo. 1973.

Auf höherer Stufe steht THOMAS HARDY[58] (1840–1928), dessen erste Romane noch das viktorianische Muster einer vielfach verzweigten und von mehreren Hauptcharakteren getragenen Handlung fortführen. Das änderte sich in den späteren Werken, deren Realismus den Kampf zwischen dem Menschen und den als böse Mächte erscheinenden widrigen Umständen hervorkehrt: verhältnismäßig sonnig in *Far from the Madding Crowd* (1874), düsterer in *The Return of the Native* (1878) und *The Mayor of Casterbridge* (1886) und ausgesprochen tragisch in *Tess of the D'Urbervilles* (1891) und *Jude the Obscure* (1895). Diese tragische Schau bildet die Einheit in Hardys Romanen, und in ihrem überzeugenden Ausdruck ist die starke Wirkung auf den Leser begründet.

Die Verwicklungen erwachsen aus ursprünglichen Leidenschaften einfacher Menschen und gipfeln meist in einem inneren sittlichen Kampf. Aber die Hardysche Menschheit ist nicht frei; mehr noch als diejenige George Eliots ist sie von der Umgebung bestimmt; aller Kampf ist vergeblich, das Schicksal formt sich nach einem Plan, der; dem einzelnen nicht erfaßbar, aus dem Naturwillen hervorgeht und oft als boshafter Zufall das menschliche Hoffen schicksalhaft durchkreuzt. Dieses Preisgegebensein und Zerbrochenwerden von einer blind waltenden Macht wird Hardys Grundmotiv. Hardys Kunst wurde düster, aber nicht nihilistisch. Die Söhne der Bauern und Pfarrer, die Müller und Maurer, die Milchmädchen und Lehrerinnen und höhergestellten Frauen bleiben alle Abkommen des Landes, und wenn Hardy sie großartig oder manchmal müde verzweifelnd ihrem Liebesschicksal begegnen läßt, so gewinnen sie Farbe und Leben; und wenn ihr Leben und Lieben vom Nachtvogel durchkreuzt, von einer unnennbaren Macht zerschlagen wird, so bleibt, über die einzelnen Getroffenen hinweg, das Land, das die Jahrhunderte gepflügt haben, und bleiben neue Liebende, die einander küssen werden, während das Käuzchen schreit.

Mehr als das Land von Wessex werden menschliche Szenen und Stimmungen zum Gegenstand seiner Verse (*Wessex Poems*, 1898). Ihre Erlebniswelt bleibt immer in unserer Reichweite; und bei dem volksliedhaften Ton ist das Lastende des Fatums weniger spürbar als in den Romanen. Das Düstere, Gespenstige ist wie selbstverständlich mit hereingenommen in eine Welt, in der die Ballade gedeiht. Weiteren Raum für seine Phantasie gewährte ihm das „epische Drama“ *The Dynasts* (1903–1908), das

[58] Wessex Edition, 24 Bde., Lo. 1912–1931; Library (Greenwood) Edition der Romane und Kurzgeschichten (Macmillan); Einzelausgaben der wichtigeren Prosabände, der Dynasts und eine Gedichtauswahl als 'Papermacs'; Collected Poems, Lo. ⁴1930; Selected Poems ed. G. M. Young, Lo. 1940. Letters ed. C. J. Weber, Waterville, Maine, 1954; F. E. Hardy, The Life of T. H., Lo. 1962. – C. J. Weber, H. of Wessex, Lo. ²1965; I. Howe, T. H., N.Y. 1967; M. Millgate, T. H.: His Career as a Novelist, Lo. 1971; F. E. Halliday, T. H.: His Life and Work, Bath 1972; F. B. Pinion, A H. Companion, Lo. 1968.

die napoleonische Geschichte der zehn Jahre vor Waterloo in durch Prosaüberblicke verknüpften Blankversszenen vergegenwärtigt und durch chorähnliche Gespräche der Geister in der Überwelt erläutert. Wie in den frühen elisabethanischen Historien ist der Mensch nur in Beziehung zu den Ereignissen gesehen, und wie in den Romanen schließen sich die Einzelwertungen zu einem lebensverneinenden Ausblick zusammen: alles menschliche Bemühen wird durch den Willen der Welt enttäuscht oder in Grausamkeit verkehrt.

Anders als Hardy wertete SAMUEL BUTLER[59] (1835–1902) den „Willen" als eine dem Einzelwesen unbewußte, auf Evolution der Gattung drängende Kraft. Diese Weiterentwicklung bedingt den Kampf der Generationen, wie es der Roman *The Way of All Flesh* (1872–1885, gedruckt 1903) an der Familie Pontifex aufzeigt. Das Buch, das mit der Rebellion gegen das despotische Patriarchat und der Ablehnung der geistlichen Laufbahn autobiographische Züge trägt, ist ein leidenschaftlicher Angriff auf die viktorianische Scheinmoral, elterliche Tyrannei und den Konformitätszwang im Erziehungswesen.

Eigenerlebtes aus seinem neuseeländischen Aufenthalt verwandte Butler im Schauplatz seiner grotesken Zukunftsphantasie *Erewhon* (1872). Wie der Titel eine Umkehrung von nowhere ist, so ist auch der satirische Inhalt ein Auf-den-Kopf-Stellen aller herkömmlichen Werte. In dem utopischen Land werden Krankheiten als Vergehen bestraft, die musikalischen Banken sind die Kirchen, und die Maschinen sind so weit entwickelt, daß sie die Herren der Menschen zu werden drohen und abgeschafft werden müssen. Das skurrile Buch wurde von Shaw gepriesen, der im Verfasser einen Anreger zu psychologischer Neuwertung von Mensch und Gesellschaft sah. Die menschlichste Seite des glänzenden Schriftstellers zeigt sich in dem Reisebuch *Alps and Sanctuaries of Piedmont and the Ticino* (1881).

Größer als Butler und völlig verschieden von Hardy ist ihr Zeitgenosse GEORGE MEREDITH[60] (1828–1909), den man einen Browning der Prosa genannt hat. Sein erster großer Roman, der sein bedeutendster geblieben ist, *The Ordeal of Richard Feverel* (1859), bewegt sich, wie alle folgenden, um das Thema menschlicher Bewährung: Richard wird von Sir Austin nach eigenem Erziehungssystem erzogen, aber die menschlichen Reaktio-

[59] Works (Shrewsbury Edition) ed. H. F. Jones u. A. T. Bartholomew, 20 Bde., Lo. 1923–26; The Essential S. B. ed. G. D. H. Cole, Lo. ²1961; Way of All Flesh EL 895, WC 438, RE, PEL; Erewhon EL 881; Alps and Sanctuaries ed. R. A. Streatfeild, Lo. 1913. Notebooks, Selection ed. G. Keynes and B. Hill, Lo. 1951. – P. Henderson, S. B.: The Incarnate Bachelor, Lo. 1953; L. Holt, S. B., N.Y. 1964.

[60] Standard Edition, 15 Bde., Lo. 1914–1920; Mickleham Edition, 18 Bde., Lo. 1922–1924; zahlreiche Einzelausgaben u. a. Ordeal EL 916; Egoist WC 508, RE; kommentierte Ausgabe der Poems ed. G. M. Trevelyan, Lo. 1912. Letters ed. C. L. Cline, 3 Bde., Lo. 1970. – L. Stevenson, The Ordeal of G. M., Lo. 1954; J. Lindsay, G. M.: His Life and Work, Lo. 1956; G. Beer, M.: A Change of Masks, Lo. 1970; Meredith Now: Some Critical Essays ed. I. Fletcher, Lo. 1971.

nen lassen sich nicht durch erklügelte Methoden bestimmen. Der naturwissenschaftliche Fortschrittsglaube läßt sich nicht auf das Leben übertragen; der Mensch begegnet wie Richard der Feuerprobe, und der Ausgang des menschlichen Abenteuers – hier ist es der Verrat an der Jugendliebe – wird durch menschengegebene Verwicklungen ungewiß. Lucys Tod hinterläßt den gescheiterten Helden glücklos. Damit wird im Gegensatz zu der in früheren Romanen üblichen Lösung und noch bei Dickens obligaten Scheidung in Belohnte und Bestrafte das fragwürdige Ende zum Kennzeichen des neuen oder realistischen psychologischen Romans.

In allen Meredithschen Romanen liegt der Nachdruck auf der psychologischen Beleuchtung der Mittelfigur; Ereignisse, Umstände, Zufälle sind nur die Bühne, auf der sich das eigentliche Gewissensdrama abspielt. Die Charakterstudie ist so sehr Thema des Meredithschen Romans, daß er in seiner reinsten Form, in *The Egoist* (1879), die dramatischen Einheiten wahren kann. Die durch Haus und Park umgrenzte Einheit des Orts genügt für die Handlung, die in mathematischem Aufbau die Demütigung des selbstbewußten Gesellschaftshelden Willoughby erzählt. Auch seine Feuerprobe sind die Frauen, und das den Hauptraum einnehmende Ringen um die erwählte Braut Clara Middleton mit dem genau in der Mitte (Kapitel 25) liegenden dramatischen Höhepunkt ihrer inneren Lösung läßt den „Helden" als einen Verzichtenden zurück, auch wenn er zum Schluß die zuvor wenig beachtete Laetitia heimführen darf.

Merediths Bestreben, nicht Helden zu schildern, die den Versuchungen des Lebens überlegen sind, sondern „Kinder Adams", bringt es mit sich, daß er vorzugsweise die Sache der Frau vertritt. Viele Romane haben Frauennamen als Titel (*Sandra Belloni*, 1864; *Rhoda Fleming*, 1865; *Diana of the Crossways*, 1885); in anderen ist die weibliche Partnerin die treibende Kraft (z.B. Aminta in *Lord Ormond and his Aminta*, 1894). Die subtile psychologische Kunst weist auf Henry James hin, aber allzu oft unterbricht Meredith seine Geschichte durch didaktische Erklärung und ironischen Kommentar. Er steuerte einen gefährlichen Weg zwischen Romantik und Realismus, dessen Sinn sich in dem eigentümlichen, aber passenden Stil erkennen läßt. Die zergliedernde Beschreibung der unausgesprochenen Gefühle und das Aufspüren aller Motive machte den Körper durchsichtig und verwischte die scharfen Umrißlinien, um die Seele in zitternd bewegten, flüchtigen Augenblickseindrücken zu enthüllen. Eine der Begriffssprache aufgebürdete symbolische und poetische Wertung brachte flackernde Unruhe in den Stil, er wird unklar und verflicht die in früheren Werken (z.B. *The Adventures of Harry Richmond*, 1870–1871) leicht verfolgbare Geschichte mit einem Rankenwerk eigener Betrachtungen, bis schließlich dem Leser ein ermüdendes Rätselraten aufgezwungen wird (z.B. *The Amazing Marriage*, 1895).

Das stand nicht nur im Gegensatz zu Merediths Anspruch, der Wissenschaft und Klarheit zu dienen, es bedeutete eine ungebührliche dichterische

Erweiterung der wirklichkeitsgebundenen Romanform. Denn Meredith forderte vom Roman, daß er „Diener der Weltschau“ sei; der ‘Comic Spirit’, so führt es der Aufsatz *On the Idea of Comedy* (1877) aus, müsse alle Anmaßungen durch sein den Irrenden treffendes „schräges Licht“ dem silbernen Gelächter preisgeben, und erst nach diesem Befreiungswerk, wenn aus Erde, Blut und Sinnen (d.h. dem Realen) das Hirn, d.i. der Geist, erwachsen ist, könne das wahre Menschsein anheben, das im Einklang von Blut und Hirn die Seele erkennt. Diese eher romantisch als realistisch zu nennende mystische Weltschau fand naturgemäß in der Dichtung klareren Ausdruck, und so finden sich neben der sonettähnlichen Folge *Modern Love* (1862), die das Thema eines psychologischen Romans poetisch abwandelt, eine große Zahl von Naturgedichten, die in dem Erde-Thema gipfeln (z.B. *A Reading of Earth*). Nicht nur einen persönlichen Halt wollen diese Gedankendichtungen erringen, sondern einen Glauben für die Menschheit (vgl. *The Woods of Westermain*).

7. Englische Romance und Kipling

Ehe der strenge Realismus den Blick auf ein ärmliches Wohnzimmer einengte und die Farbigkeit des Lebens durch ein eintöniges Grau ersetzte, regte sich nochmals romantische Phantasie. Liebe zum Ungewöhnlichen und Fremdartigen kennzeichnet die Bücher von George Henry Borrow[61] (1803–1881), in denen Reisebericht, Selbstbiographie und Roman in eins verschmelzen; wir sind ebenso gefesselt von der Person des Verfassers wie von der Welt, die er erlebte, sei es das Spanien zur Zeit der Carlistenkämpfe (*The Bible in Spain*, 1842) oder das Zigeunerleben in England (*Lavengro*, 1851, und *Romany Rye*, 1857).

An Borrow anknüpfend, aber in nachdenklicherer Art schrieb Robert Louis Stevenson[62] (1850–1894) Schilderungen ungewöhnlicher Reisen (*Travels with a Donkey in the Cevennes*, 1879; *Across the Plains*, 1892; *In the South Seas*, 1900), die im Nachdruck auf das Pittoreske, Spannende und im sorgsamen, stets das unerwartete Adjektiv bringenden Stil bereits Materialsammlungen und Vorstufen für romantische Erzählungen darstellen. In den frei erfundenen, Episode an Episode fügenden Geschichten steigerte er die Lust am Fremdländischen zu einer Erneuerung des Abenteuerromans wie in dem Seemannsroman *Treasure Island* (1883)

[61] Norwich Edition ed. C. Shorter, 16 Bde., N.Y. 1923–24. Alle genannten Werke in EL und WC. – R. R. Meyers, G. B., N.Y. 1966.

[62] Vailima Edition ed. L. Osbourne and F. van de G. Stevenson, 26 Bde., Lo. 1922–23. Alle genannten Werke EL, WC. Letters ed. S. Colvin, 4 Bde., Lo. ²1911. – J. C. Furnas, Voyage to Windward: The Life of R. L. S., Lo. 1952; D. Daiches, R. L. S., Norfolk, Conn., 1947; R. Kiely, R. L. S. and the Fiction of Adventure, Cambr., Mass., 1964; E. M. Eigner, R. L. S. and Romantic Tradition, Princeton 1966.

oder der kriegerischen Schottengeschichte *The Master of Ballantrae* (1889). Diese mit bewußter Kunst gebauten und in gesucht einfachem Stil geschriebenen Romane erstrebten im Gegensatz zu der philosophisch oder psychologisch deutenden Romankunst Hardys und Merediths eine naive Spiegelung der bunten Wirklichkeit und beruhen auf der Kunst der Erzählung, die allerdings in den langen Büchern durch die auskostende Künstlichkeit seiner impressionistischen Schilderung etwas beeinträchtigt wird. In der kürzeren Kunstform der Novelle oder Kurzgeschichte, die in Amerika ausgebildet worden war, gelangen ihm schon in dem ersten Bändchen *New Arabian Nights* (1882) kleine Prunkstücke (z.B. *A Lodging for the Night; Providence and the Guitar*) und in das Reich des Unterbewußtseins eindringende gespenstige Geschichten, die er in *The Strange Case of Dr. Jekyll and Mr. Hyde* (1886) zu einem psychologisch interessanten Roman vom gespaltenen Ich ausgestaltete.

Der von Stevenson neu belebte Abenteuerroman hatte eine reiche Nachfolge, aber kaum eines dieser Bücher ist lebendig geblieben. Aus diesem Durchschnitt ragt das Œuvre von RUDYARD KIPLING[63] (1865–1936) hervor. Auch bei ihm spielt das Abenteuer eine große Rolle, aber nicht um seiner selbst willen, sondern um seinem Glauben an die alle Niedergeschlagenheit überwindende Tat Ausdruck zu verleihen. Seine Novellen *Plain Tales from the Hills* (1888) schildern das Leben der Engländer in Indien, dessen Tierwelt in den einzigartigen *Jungle Books* (1894 und 1895) paradigmatisch das Gesetz einer fremden Welt verkörpert. Immer wieder ist Indien Schauplatz, auch in seinem besten Roman, *Kim* (1901), und es handelt sich meist um das vor der Welt verborgene Heldentum der englischen Kolonisten und Soldaten (vgl. etwa den Novellenband *Life's Handicap*, 1890). Sie tragen die Pflichten der Herrschernation: Menschlichkeit und Milde müssen die Tatkraft begleiten, und das Gefühl der Zusammengehörigkeit sowie die Fähigkeit, sich der Gruppe aufzuopfern, sind Voraussetzungen.

So fügt sich das Evangelium der Tat in den von Historikern wie Froude und Seeley verkündeten Imperiumsgedanken ein, den Kiplings lyrische Dichtung dem englischen Gefühl einhämmert. Von den *Departmental Ditties* (1886) über die im Soldaten-Slang geschriebenen *Barrack-Room Ballads* (1892) bis zu den Gedichten der *Seven Seas* (1896) und *Five Nations* (1903) klingt burlesk, mahnend und herrisch das Lied von England. Mag der Ausdruck oft lärmend sein, der unwiderstehliche rhyth-

[63] Sussex Edition, 35 Bde., Lo. 1937–39; R. K.'s Verse (Definitive Edition), Lo. 1940; A Choice of K.'s Verse ed. T. S. Eliot, Lo. 1941; A Choice of K.'s Prose ed. W. S. Maugham, Lo. 1952; EL. – C. Carrington, K.: His Life and Work, Lo. 1955; E. Mertner, Das Prosawerk R. K.'s, Bln. 1940; J. M. S. Tompkins, The Art of R. K., Lo. 1959; B. Dobrée, R. K.: Realist and Fabulist, Oxf. 1967; R. L. Green, Reader's Guide to K.'s Work, Canterbury 1962; K.'s Mind and Art: Essays ed. A. Rutherford, Edinburgh 1964; R. K.: The Man, his Work and his World ed. J. Gross, Lo. 1972.

mische Gang entspringt der heiligen Überzeugung des Gebets (vgl. *Recessional*).

Kiplings spätere Prosa wandte sich besonders dem Erleben des Kindes zu, das schon in der viele autobiographische Züge einmischenden Schulgeschichte *Stalky & Co.* (1899) im Mittelpunkt stand; in ähnlicher Weise ist das der Fall in den von seiner Wahlheimat Sussex eingegebenen Phantasien *Puck of Pook's Hill* (1906) und *Rewards and Fairies* (1910). Die nach dem ersten Weltkrieg übliche Geringschätzung Kiplings dürfte überwunden sein. Seine laute, aber kraftvolle Prosa und sein impressionistischer Stil haben eine ungewöhnliche Verlebendigungskraft, sein Nachdruck auf dem Erzählbericht und die Abneigung gegenüber psychologischer Zergliederung mußten ihn auf die Novelle hinweisen, die er mit seltener Meisterschaft vertritt.

8. Amerikanischer Heimatroman und historische Romance

Um die Mitte des Jahrhunderts, als in Europa der realistische Roman bereits das Übergewicht hatte, herrschte in Amerika noch die Abenteuergeschichte Cooperscher Prägung. Dies Nachhinken ist weniger Rückständigkeit als Ergebnis der besonderen kulturellen Lage; die Nation erobert das unerforschte Hinterland, und der Roman sucht, einer Bestandsaufnahme ähnlich, die verschiedenen Menschen und Lebensarten in den verschiedenen Klimaten und Territorien des weiten Landes zu beschreiben. Es sind im Grunde Heimatromane, deren couleur locale das neue Thema bildet; da aber Menschen verschiedener Abstammung und Rasse und fremdartige Lebensbedingungen geschildert werden, so ergeben sich, je nach der Haltung des Autors, realistische, zeitnahe Romane oder abenteuernde und meist historisch untermalte 'romances'.

Die künstlerische Bedeutung ist meist geringer als das kulturhistorische Interesse, das diese neue Stoffbereiche erschließenden Bücher beanspruchen können. In erster Linie gilt das von dem Romanschaffen der Südstaaten, das von William Gilmore Simms (1806–1870) mit *The Yemassee*[64] (1835) eingeleitet wurde, einem in Süd-Carolina spielenden Roman, der mit den Kämpfen der Siedler gegen die Yemassee-Indianer ein Gegenstück zu Cooper bildet. Ähnliche Bedeutung hat George Washington Cable (1844–1925), dessen Novellenband *Old Creole Days*[65] (1879) die gesellschaftliche Welt der Kreolen in New Orleans schildert mit ihrem etwas altmodischen französisch-exotischen Duft, den schönen Frauen und den leicht entzündlichen Temperamenten. Auch der

[64] ed. A. Cowie, N.Y. 1937. – J. V. Ridgely, W. G. S., N.Y. 1962.
[65] ed. L. L. C. Biklé, N.Y. 1943. – A. Turner, G. W. C.: A Biography, Durham, N.C., 1956.

in Louisiana spielende Roman *The Grandissimes* (1880) gibt, geruhsam und farbig auf großer Leinwand ausgemalt, 'A Story of Creole Life'.

In der zweiten Hälfte des 19. Jahrhunderts erfuhr der historische Roman erneute Belebung. Dazu ist der Bürgerkriegsroman *Tiger-Lilies* (1867) des auch als Lyriker hervorgetretenen SIDNEY LANIER[66] (1842 bis 1881) zu rechnen, wie auch vor allem der prunkvolle *Ben Hur* (1880) von LEWIS WALLACE (1827–1905), der auf einer großen Leinwand den dramatischen Kampf zwischen Judentum, Christentum und Römischem Reich in leuchtenden Farben malt. Der Welterfolg dieses in alle Sprachen übersetzten Buchs wirkte auf Amerika zurück und rief eine neue historische Schule ins Leben, die nicht nur romantische Nachblüte war, sondern gleichzeitig Einspruch gegen den damals sich durchsetzenden realistischen Roman.

9. Mark Twain, Bret Harte und die Kurzgeschichte

Was die amerikanische Romance immer wieder vor Blutleere und Künstlichkeit bewahrte, war das bodenständige Verhaftetsein mit dem Land, und es war gerade das Fehlen eines literarischen und traditionell bindenden Mittelpunkts, was allen Teilen des Landes eine gleichberechtigte Stimme gab. Das bezeichnendste Beispiel dafür ist das Pionierkind MARK TWAIN (Samuel Langhorne Clemens, 1835–1910)[67], der zu der städtischen Kultur der Irvingschen short story-Tradition die für den späteren Realismus wichtige Ergänzung eines neuen Menschenschlags und einer noch unentdeckten Ländlichkeit hinzubrachte. Das Leben im jungen Mittelwesten war ungefüge und ungeschlacht, hatte aber etwas episch Großzügiges wie die Landschaft der riesigen Wälder, Prärien und Ströme. Die einen harten Kampf ums Dasein führende Pionierbevölkerung stand den kulturellen Überlieferungen Europas fern, sie liebte derbe Späße, Possen, Übertreibungen und Realismus. Diese Volkskunst brachte Mark Twain in die Literatur; sie ist laut und in den hanswurstigen Späßen aufdringlich wie das Rhapsodentum Whitmans, aber sie ist urwüchsig natürlich und allem Phrasentum feind.

Auch wandte sich Mark Twain von den grobkomischen Humoresken

[66] Works (Centennial Edition) ed. C. R. Anderson, 10 Bde., Baltimore 1945. – A. H. Starke, S. L.: A Biographical and Critical Study, Chapel Hill, N. C., 1933.

[67] The Writings ed. A. B. Paine, 37 Bde., N.Y. 1922–1925. Complete Short Stories ed. C. Neider, N.Y. 1957; Complete Novels, 2 Bde., und Complete Essays ed. ders., N.Y. 1964, 1963; zahlreiche Einzelausgaben. – Letters ed. A. B. Paine, 2 Bde., N.Y. 1917; Notebooks ed. ders., N.Y. 1935; Autobiography ed. C. Neider, N.Y. 1959. – Biographie von A. B. Paine, 3 Bde., N.Y. 1912; J. Kaplan, Mr. Clemens and Mark Twain, N.Y. 1966; H. N. Smith, M. T.: The Development of a Writer, Cambr., Mass., 1962; W. Blair, M. T. and Huck Finn, Berkeley 1960; J. M. Cox, M. T.: The Fate of Humor, Princeton 1966; M. T.: A Collection of Critical Essays ed. W. Blair, Englewood Cliffs 1960.

und den grotesken Beschreibungen – wie sie in dem Kurzgeschichtenband *The Celebrated Jumping Frog* (1867) und in dem parodistischen Bericht einer Europa- und Palästinareise, *The Innocents Abroad* (1869), vorherrschen – einer feineren und besser komponierenden Erzählweise zu, die, den Charakter aus Episoden aufbauend, in den Lausbubengeschichten *The Adventures of Tom Sawyer* (1876) den unverwelklichen Reiz sonniger Kindheitstage zu bannen vermochte. Mark Twain hatte seine Jugend als Lotse und in allerhand Beschäftigungen am Mississippi verbracht, wie er es in *Life on the Mississippi* (1883) beschreibt. Daraus gestaltete er nun, als Fortsetzung zu Tom Sawyer, sein klassisches Buch *Adventures of Huckleberry Finn* (1884). In Huck, der, um sich durchzubringen und seinen schwarzen Freund Jim vor der Sklaverei zu schützen, zu Schwindeleien und Lügen greifen muß, entlarvt Mark Twain die Scheinmoral der Erwachsenenwelt. Die Satire dieses Initiationsromans wird dadurch noch beißender, daß Huck die Rechtmäßigkeit der Gesetze seines Dorfes nicht anzweifelt und daher glaubt, gegen Gottes ausdrückliches Gebot zu handeln. Indem Mark Twain für sein aus dem Geist der 'Frontier' geborenes Buch die Möglichkeiten einer einfachen, dialektisch gefärbten Umgangssprache nutzte, entwickelte er zur Gestaltung der amerikanischen Wirklichkeit ein Instrument, ohne das Hemingway und Faulkner nicht denkbar sind. Huckleberry Finn ist das Buch, dessentwegen Mark Twain der Weltliteratur angehört. Seine späteren Werke (wie *The Prince and the Pauper*, 1882, *A Connecticut Yankee in King Arthur's Court*, 1889, *Pudd'nhead Wilson*, 1894, *The Personal Recollections of Joan of Arc*, 1896) fügen seinem literarischen Porträt interessante Züge hinzu, sind aber nicht von gleichem Rang. Seine letzten Lebensjahre waren, wie seine erst 1924 veröffentlichte *Autobiography* zeigt, durch Enttäuschung und Bitterkeit gekennzeichnet.

In allen Büchern, auch den äußerlich Romanumfang einnehmenden, ist Mark Twains Kunst die der Kurzgeschichte, wie sie nahezu gleichzeitig von FRANCIS BRET HARTE[68] (1836–1902) vertreten wurde. Es ist nicht nur das stoffliche Interesse an dem romantischen Leben Kaliforniens in den fünfziger Jahren, was seinen zahlreichen Kurzgeschichten (*The Luck of Roaring Camp*, 1870; *Tales of the Argonauts*, 1875; *Californian Stories*, 1884; *A Waif of the Plains*, 1890) Leser in aller Welt verschaffte, sondern ebenso die künstlerische Leistung der Zusammendrängung, das Gefühl für Kontraste und Proportion, und die Fähigkeit, Charaktere und Situation zusammenklingen zu lassen. Der lockeren Irvingschen Form hatte Poe, der wie später Henry James strenge Einheit, Ausschluß alles Unwesentlichen und einen auf den Höhepunkt hin gerichteten Aufbau

[68] The Writings of B. H., 19 Bde., Boston 1896–1914. Ausgewählte Kurzgeschichten ed. G. R. Stewart, N.Y. 1928; EL 681, WC 318. – G. R. Stewart, B. H.: Argonaut and Exile, Port Washington, N.Y., ²1959.

forderte, feste Gestalt verliehen. Bret Harte, der spannende Handlung und dramatische Höhepunkte sowie Kürze und Tempo als wesentlichstes Merkmal der Kurzgeschichte beibehielt, suchte die „Einheit der Wirkung" mehr in der Lokalfarbe, in der plastischen oder impressionistischen Schilderung der Umwelt. Allerdings ist diese Umwelt romantisiert, wie auch die Wildwester unweigerlich ein gutes Herz haben, was sowohl der Sentimentalität der Leser entgegenkam, wie auch den „Falken" der novellistischen Wendung abgab. So hat man bei der Lektüre seiner nach demselben Rezept verlaufenden Geschichten das Gefühl der Einförmigkeit und des begrenzten Talents dieses einst hochgeschätzten Erzählers.

Als Bret Hartes Schüler begann der Journalist AMBROSE BIERCE[69] (1842–1914?), dessen beste Kurzgeschichten (*Tales of Soldiers and Civilians*, 1891, später *In the Midst of Life* betitelt, und *Can Such Things Be?*, 1893) fast alle von Tod und Grauen handeln und auf Episoden des Bürgerkriegs beruhen, an dem er teilgenommen hatte. Der Krieg ist nicht romantisch, sondern grausam und schrecklich, was Bierce in zynischem Bericht effektvoll herausstellt: er erzählt von dem Unionssoldaten, der seinen Vater, einen Konföderationsoffizier, über einen Felsen zu Tode stürzt, von den Illusionsvorstellungen eines als Saboteur zum Tode verurteilten Südstaatenpflanzers zwischen dem Umlegen der Schlinge und dem Brechen seines Genicks, von dem taubstummen Kind, das in den Greueln der Schlacht Heim und Familie zerstört findet. Bierce schildert Grenzsituationen, die ein schaudern machendes und zugleich faszinierendes psychisches Erleben auslösen. Auf Grund seiner Themen und Technik möchte man Bierce als Fortsetzer der Poeschen Schreckensgeschichten einordnen, wenn er nicht das Illusionäre und Halluzinatorische allzu bewußt als sensationelle und oft melodramatische Überraschungspointe seiner Erzählungen verwendete.

10. Der realistische und psychologische Roman

Die Beliebtheit von Abenteuer und Romance und der grellen oder sentimentalen Kurzgeschichte hielt den reinen Realismus im Roman länger zurück als in England. Wohl finden sich in heute vergessenen Thesenromanen naturalistische Züge, und auch die ungeschminkte Zeichnung der couleur locale mancher Heimatromane war wegweisend. Der eigentliche Begründer und erste realistische Meister war jedoch WILLIAM DEAN

[69] Collected Works ed. W. Neal, 12 Bde., Washington u. N.Y. 1909–12; Collected Writings ed. C. Fadiman, N.Y. 1946. Letters ed. B. C. Pope, San Francisco 1921. – Biographie von R. O'Connor, N.Y. 1967; P. Fatout, A. B.: The Devil's Lexicographer, Norman, Okla., 1951; S. C. Woodruff, The Short Stories of A. B.: A Study in Polarity, Pittsburgh 1964.

Howells[70] (1837–1920), ein Mittler zwischen Alt und Neu, dessen überreiches Schaffen durch die optimistische Grundhaltung seiner Generation vertraut blieb und ihr ein Führer wurde zu künstlerischer Wahrhaftigkeit und sicherer Geschmacksbildung. Sowohl der von Howells selbst als sein stärkster Roman bezeichnete *A Modern Instance* (1881), der eine überstürzte Ehe der leidenschaftlichen Heldin mit einem unwürdigen Partner zum Gegenstand hat, wie die von der Kritik am höchsten gewertete Geschichte raschen Aufstiegs, äußeren Niedergangs und sittlichen Siegs eines neuenglischen Industriellen, *The Rise of Silas Lapham* (1885), sind mit realistischer Einzelbeobachtung durchgeführte Studien von Durchschnittsmenschen, deren innerer Wert durch den Gegensatz ihrer Umgebung hervortritt. Das Tragische wird vermieden, eher die Komödie gesucht, wie in dem Amerikaner in italienischer Umwelt schildernden *Indian Summer* (1885); und der klassische Bericht des silbernen Zeitalters von Boston und Cambridge in *Literary Friends and Acquaintances* (1900) unterstreicht die diesseitig-harmonische Veranlagung des Autors, der trotz aller Bewunderung für Tolstoi und gelegentlicher außerweltlicher und utopischer Themen keine kämpferische Rolle spielte oder anstrebte.

Die Folgezeit huldigte einer schonungslosen Wirklichkeitsdarstellung, wofür u.a. auf Hamlin Garlands (1860–1940) *Main-Travelled Roads*[71] (1891) hingewiesen sei. Garland wollte mit einer getreuen Heimatschilderung dem Land gegenüber der Stadt Stimme verleihen. Die 'main-travelled road' im Westen ist ihm ein Bild der Lebensstraße, auf der Menschen aller sozialen Klassen vorbeiziehen und die Armen und Müden vorherrschen. Zweifellos geben seine Geschichten ein wahrheitsgetreues Bild des agrarischen Mittelwestens und seiner Farmer, künstlerisch bedeuten sie nicht allzuviel.

Die Entwicklung führte gegen Ende des Jahrhunderts zu einer Annäherung an den französischen Naturalismus. Sie wurde eingeleitet von Stephen Crane[72] (1871–1900), der in *Maggie, A Girl of the Streets* (1893) einen nach Zolas Vorbild verfahrenden Tatsachenbericht gab über die Verführung und den Selbstmord einer New Yorker Fabrikarbeiterin. Wie in der französischen Schule ist dem Milieu eine beherrschende Rolle

[70] Keine Gesamtausgabe, aber vielfache Neudrucke einzelner Werke, z. B. A Modern Instance, Boston 1909; Silas Lapham, Boston 1928 u. 1937; Selected Writings ed. H. S. Commager, N.Y.1950. – C. M. and R. Kirk, W. D. H., N.Y. 1962; K. Vanderbilt, The Achievement of W. D. H.: A Reinterpretation, Princeton 1968.

[71] Reprint, N.Y. 1962. – J. Holloway, H. G.: A Biography, Austin, Tex., 1960.

[72] Works ed. W. Follett, 12 Bde., N.Y. 1925–26; ed. F. Bowers u. a., ca. 10 Bde., (Virginia Edition), Charlottesville, Va., 1969ff.; S. C.: An Omnibus ed. R. W. Stallman, N.Y. 1952, Lo. 1954; The Red Badge of Courage and Selected Prose and Poetry ed. W. M. Gibson, N.Y. [3]1968 (Rinehart Edition). Letters ed. R. W. Stallman and L. Gilkes, N.Y. 1960. – R. W. Stallman, S. C.: A Biography, N.Y. 1968; E. H. Cady, S. C., N.Y. 1962; M. La France, A Reading of S. C., Oxf. 1971; S. C.: A Collection of Critical Essays ed. M. Bassan, Englewood Cliffs 1967.

eingeräumt, die Gespräche scheinen nach der Wirklichkeit aufgezeichnet, die knappe, distanzierte Erzählweise wirkt aufreizend. Erfolg hatte Crane mit *The Red Badge of Courage* (1895), einer Geschichte aus dem amerikanischen Bürgerkrieg, die alle heldische Verklärung grausam entlarvt. Der Roman ist eine psychologische Studie der Angst, sie schildert zugleich die Initiation des Freiwilligen Henry Fleming, der über Furcht und Feigheit zur Mannhaftigkeit und zum Bewußtsein menschlicher Zusammengehörigkeit findet. Dieser Vorgang wird in einer Prosa erzählt, die von kühler Sachlichkeit bis zu evokativer, symbolkräftiger Farbigkeit reicht. Auch in Cranes Kurzgeschichten bildet die Angst ein Grundmotiv. *The Open Boat,* seine bekannteste Kurzgeschichte, beschreibt einen selbsterlebten Schiffbruch, der durch Cranes intensive, impressionistisch-subtile Gestaltungskraft tiefere Bedeutung gewinnt, weil er das Grundbild menschlichen Kampfes gegen elementare Lebensbedrohung sichtbar werden läßt. Die reportagehaft knappe, kommentarlos beobachtende Sprache nimmt schon den Ton Hemingways vorweg, wie auch die Dichte der Struktur, die sich aus der Konzentration auf einen Ort, eine kurze Zeitspanne und eine menschliche Grundsituation ergibt, auf die moderne Short Story hinweist.

Der gleichaltrige FRANK NORRIS[73] (1870–1902) folgte in *McTeague* (1899), einer massiven Tatsachenschilderung des allmählichen Verkommens eines San Franziskoer Dentisten, ebenfalls dem 'roman expérimental'. Von einer geplanten Trilogie über den Weizen, die Kalifornien als das Erzeugerland, Chicago als die Verteilungszentrale und Europa als den Konsumenten schildern sollte, hat Norris nur zwei Bände vollenden können, und er scheint im Laufe der Arbeit den ursprünglichen Plan mehr und mehr aus den Augen verloren zu haben. Von künstlerischem Niveau ist allein der kraftvoll erzählte erste Roman, *The Octopus* (1901), in dem die kalifornischen Weizenbauern im Kampf liegen mit der kapitalistischen Eisenbahn, diesem gigantischen Polypen, von dessen Fangarmen sie schließlich erdrückt werden. Bilder der riesigen Weizenfelder und der aus verschiedenen Nationen zusammengewürfelten Farmerbevölkerung wechseln ab mit Kampfszenen und städtischen Elendsbeschreibungen. Trotz gewisser Inkonsequenzen der Gesamtkonzeption erreicht das Werk, in dem der Widerstreit zwischen der kalifornischen Erde und der Maschine als eine Auseinandersetzung überindividueller Mächte erscheint, epische Größe.

Alle diese Bücher setzten bereits die psychologische Kunst von HENRY JAMES[74] (1843–1916) voraus, der – dem Rang nach zu den großen Roman-

[73] Complete Works, 10 Bde., Garden City, N.Y., 1928; The Letters of F. N. ed. F. Walker, San Francisco 1956. – F. D. Walker, F. N.: A Biography, N.Y. 1932; D. Pizer, The Novels of F. N., Bloomington u. Lo. 1966.

[74] Novels and Stories ed. P. Lubbock, 35 Bde., Lo. 1921–23; Complete Tales ed. L. Edel, 12 Bde., Lo. 1962–64; Complete Plays ed. L. Edel, Lo. 1949; zahlreiche Einzelaus-

schriftstellern gehörig – für amerikanische wie englische Romankunst richtungweisend wurde. James ist einer der frühen amerikanischen Rückwanderer nach Europa, der kurz vor seinem Tode unter dem Eindruck des ersten Weltkrieges auch die englische Staatsbürgerschaft annahm. Das zentrale Thema seines „internationalen Romans" wurde die Begegnung von Amerikanern mit der differenzierteren, traditionsgesättigten, aber korrupteren Gesellschaft der Alten Welt.

Schon die Frühwerke sind für seine Art bezeichnend. *The American* (1877) kontrastiert in der konventionellen Liebesgeschichte amerikanische Offenheit und europäische Doppelzüngigkeit, *Washington Square* (1881) ist eine desillusionistische amerikanische Gesellschaftsstudie, *Daisy Miller* (1879) erzählt die Geschichte einer Amerikanerin, die in naiver Verkennung des europäischen Sittenkodex durch ihr unbekümmertes Benehmen in Rom die Gesellschaft schockiert und nach einem mitternächtlichen Kolosseumsbesuch am Fieber stirbt. Die beste Einführung in James' Kunst bietet *The Portrait of a Lady* (1881), dessen Heldin, die junge, ihre Unabhängigkeit über alles schätzende Isabel Archer in Europa nach Selbstverwirklichung und kultureller Bereicherung sucht. Als "a young woman affronting her destiny" steht sie zu ihrer Verantwortung, auch als sie erkennen muß, daß sie sich unter ihren drei Bewerbern zur Wahl des unwürdigsten, eines nur auf ihr Vermögen bedachten europäisierten Amerikaners, durch ihre beste Freundin verlocken ließ.

Alle diese Werke stellen nicht eine unterhaltsame Geschichte in den Mittelpunkt, sondern eine moralische Situation; die „Geschichte" ist die Summe der verwickelt-vielfältigen Beziehungen und Reaktionen der Helden. Kompositionsgesetz des Romans ist 'employing but one centre and keeping it all within my hero's consciousness'. Der Leser, der dieses Bewußtsein des Helden sieht, erblickt also nicht das Drama selbst, sondern die im Bewußtsein gespiegelten Eindrücke und Reaktionen. In der ganz aus dem 'point de vue' der kleinen Heldin erzählten Novelle *What Maisie knew* (1897) ist dies Programm mit ausgeklügelter Kunst durchgeführt und in den Spätwerken *The Wings of the Dove* (1902), *The Ambassadors* (1903), *The Golden Bowl* (1904) zu einer für den modernen Roman entscheidenden impressionistischen Methode verfeinert. Die Inhalte besagen nicht viel, was durch die Banalität und Ähnlichkeit der Verwicklungen unterstrichen wird, aber sie können doch Fingerzeige geben, auf was es James ankam. Der wohl subtilste letzte Roman, The Golden Bowl, spielt

gaben EL, WC, ML, PEL u. a.; The Art of the Novel ed. R. P. Blackmur, N.Y. 1934, Lo. 1935. Letters ed. L. Edel, N.Y.–Lo. 1975 (i. E.); Selected Letters ed. L. Edel, N.Y. 1955, Lo. 1956. – L. Edel, H. J., 5 Bde., Lo.–Philadelphia–N.Y. 1953–72; F. W. Dupee, H. J., N.Y. u. Lo. 1951; O. Cargill, The Novels of H. J., N.Y. 1961; L. B. Holland, The Expense of Vision: Essays on the Craft of H. J., Princeton 1964; H. J.: Modern Judgments ed. T. Tanner, Lo. 1968; S. G. Putt, The Fiction of H. J.: A Reader's Guide, Lo. 1966.

in moralisch brüchiger Welt (wie Wings of the Dove und Portrait of a Lady), die symbolisch durch die goldene Schale mit der unsichtbaren Bruchstelle charakterisiert ist. Wieder sind es zwei Freundinnen, deren eine erkennen muß, daß der italienische Prinz, den sie geheiratet hat, ein früheres Liebesverhältnis mit der jetzt ihrem Vater angetrauten Freundin erneuerte. Die krude Situation ist so zart verhüllt, daß man sie aus den Gesprächen der höchst kultivierten Figuren nur ahnen kann, und sie wird überdies gemildert durch den feinen Takt, mit dem die Amerikanerin und ihr Vater stillschweigend die Lösung durch eine örtliche Trennung der beiden Paare herbeiführen.

Der Roman führt James' Methode zu einem Höhepunkt; eine Erzählung im alten Stil ist überhaupt nicht da, nur eine mit Halblichtern und Andeutungen arbeitende Spiegelung in Äußerungen der Hauptpersonen. Die von James so konsequent durchgeführte Technik ist eine Absage an die alte Romankonvention. Der allwissende und den Leser unterrichtende Autor gehört einer vergangenen Zeit an; der Leser erfährt nur, wie die auftretenden Personen die gewissermaßen hinter der Bühne geschehenden Ereignisse sehen, empfinden, erörtern. Es ergibt sich also eine Vielzahl einzelner Eindrücke, aus deren Zusammenfügung dem Leser allmählich ein Gesamtbild entsteht. Die Seelenerkenntnis geschieht, wie im wirklichen Leben, durch Erfassen kleinster, halb verhüllter Anzeichen, und das Ausscheiden eines Mittlers zwischen Romanwelt und Leser ermöglicht einen folgerichtigen psychologischen Realismus.

Auch James' Kurzgeschichten kennzeichnet ein analytisches Verfahren, das Ausleuchten und Enthüllen einer menschlich bedeutsamen Situation (vgl. die beispielhaften Stücke *The Madonna of the Future, The Beast in the Jungle, The Real Thing*). Wie in seinen Romanen suchte James das Zeitlos-Moralische durch Gegenüberstellung verschiedener gesellschaftlicher Typen und Konventionen dem Leser sichtbar zu machen. Durch brennpunktartige Einengung der Gespräche und Erzählperspektive auf den Blickwinkel der handelnden Personen erreichte er eine geschlossene Kunstform, der allerdings die sprachliche Knappheit und Verdichtung der späteren Short Story noch fehlt. James liebte die ruhige Entfaltung der oft etwas künstlichen psychologischen Ausgangssituation in umständlichem Ausbreiten der Beobachtungen, Gefühlsregungen und Reflexionen der Handlungsträger. Kann man darin eine Weiterentwicklung der 'blessed nouvelle' des verehrten Turgenjew sehen, so ist *The Turn of the Screw* eine psychologische Vertiefung der Poeschen Schreckensgeschichte.

Die volle Auswertung der Jamesschen Anregungen zeigte sich erst im 20. Jahrhundert, sowohl in England, wo eine reiche und selbständige Nachfolge den Bewußtseinsroman bis zu den letzten Grenzen entwickelte, wie auch in Amerika, wo ein neuer Gesellschaftsroman entstand, für den James' Freundin und größte Schülerin Edith Wharton formal mustergültige Vorbilder schuf.

Achtes Buch

DAS ZWANZIGSTE JAHRHUNDERT

BIBLIOGRAPHIEN UND NACHSCHLAGEWERKE: The New Cambridge Bibliography of English Literature, Bd. IV: 1900–1950, ed. E. R. Wilson, Cambr. 1972; Twentieth Century Authors: A Biographical Dictionary of Modern Literature ed. J. Kunitz and H. Haycraft, N.Y. 1942 (first supplement, 1955); C. Gohdes, Bibliographical Guide to the Study of the Literature of the U.S.A., Durham, N.C., ²1964; The Reader's Encyclopedia of American Literature ed. M. J. Herzberg, Lo. 1963; H. M. Jones and R. M. Ludwig, Guide to American Literature and Its Background Since 1890, Cambr., Mass., ³1964.

KULTUR- UND GEISTESGESCHICHTE: E. Barker, Political Thought in England from Herbert Spencer to Today, Lo. 1947; W. N. Medlicott, Contemporary England 1914–1964, Lo. 1967; The Twentieth Century Mind: History, Ideas, and Literature in Britain ed. C. B. Cox and A. E. Dyson, 3 Bde., Lo. 1972. – H. S. Commager, The American Mind, New Haven 1950; M. Lerner, America as a Civilization, 2 Bde., N.Y. 1960; A. N. J. den Hollander and S. Skard, American Civilization: An Introduction, Lo. and Harlow 1968; P. Bromhead, Life in Modern America, Lo. 1970.

LITERATURGESCHICHTE: J. I. M. Stewart, Eight Modern Writers, Oxf. 1963 (OHEL XII); W. Y. Tindall, Forces in Modern British Literature 1885–1956, N.Y. 1956; W. W. Robson, Modern English Literature, Lo. 1970; The Twentieth Century ed. B. Bergonzi (Sphere History 7); The Modern Age ed. B. Ford (Pelican Guide 7); Englische Literatur der Gegenwart in Einzeldarstellungen ed. H. W. Drescher, Stuttgart 1970; Englische Dichter der Moderne: Ihr Leben und Werk ed. R. Sühnel und D. Riesner, Bln. 1971; W. Karrer und E. Kreutzer, Daten der englischen und amerikanischen Literatur von 1890 bis zur Gegenwart, München 1973 (dtv). – American Literature Since 1900 ed. M. Cunliffe (Sphere History 9); H. Straumann, American Literature in the Twentieth Century, N.Y. ³1965; W. Thorp, American Writing in the Twentieth Century, Cambr., Mass., 1960; A Time of Harvest: American Literature 1910–1960 ed. R. Spiller, N.Y. 1962; Amerikanische Literatur der Gegenwart in Einzeldarstellungen ed. M. Christadler, Stuttgart 1973; I. Hassan, Contemporary American Literature 1945–1972: An Introduction, N.Y. 1973.

Politische und geistesgeschichtliche Grundlagen

In England ist mit dem Ausgang des 19. Jahrhunderts die viktorianische Zeit abgeschlossen. Mit Eduard VII. (1901–1910) wurde der Hof wieder geselliger Mittelpunkt. Die Bindung an Frankreich in der Entente Cordiale (1904) förderte einen mehr kosmopolitischen Lebensstil, der sich aus der viktorianischen Enge löste. Die Wendung in Englands Europapolitik war begleitet von einer innenpolitischen Umschichtung, derzufolge der Einfluß des Bürgertums zugunsten der sozial tieferstehenden Schichten langsam zurückging. Der Aufstieg des vierten Standes fand politischen Ausdruck in der Entwicklung der Labour Party (gegründet 1893), die kurzfristig schon 1923, dann 1929–1931 an die Regierung kam und nach dem zweiten Weltkrieg die absolute Mehrheit errang. In den Jahren 1945–1951 konnte sie einen großen Teil ihres Reformprogramms verwirklichen, vor allem die wichtigsten Großindustrien und das Verkehrswesen verstaatlichen und ein umfassendes Sozialversicherungssystem aufbauen.

Auch in der Weltreichspolitik brachte die neue Epoche tiefgreifende Wandlungen. Schon der Burenkrieg (1899–1902) hatte den Imperiumsgedanken beeinträchtigt, und unter den Regierungen Georgs V. (1910 bis 1936), Eduards VIII. (1936), Georgs VI. (1936–1952) und Elisabeths II. wurde der machtpolitische Zusammenhalt schrittweise durch die lockere Bindung des Commonwealth ersetzt. Die wichtigsten Abschnitte dieser Entwicklung sind gekennzeichnet durch die Gewährung des Dominion-Status an Irland (1922), das völlige Ausscheiden Eires aus dem Commonwealth (1949), die rechtliche Gleichstellung der Commonwealth-Länder mit dem Mutterland im Westminster-Statut (1931) und den Rückzug Englands aus Indien (1947). Auch in Ägypten, Irak und anderwärts hat England seinen Einfluß eingebüßt. In diesem Umschichtungsprozeß behauptete sich jedoch der Gedanke des Commonwealth, der den Beitritt Englands zur EG erschwerte.

Während der ganzen Epoche hat die Monarchie wesentlich dazu beigetragen, die moralischen Erschütterungen der Zeit nach dem ersten Weltkrieg zu überwinden. Dagegen hat das philosophische Denken in England seit dem Ende des Idealismus Hegelscher Prägung nicht mehr versucht, Führung in den unmittelbaren Lebensfragen zu geben; es machte sich vielmehr in zunehmendem Maße naturwissenschaftliche und mathematische Methoden zunutze. Die ersten Anstöße hierzu gingen von des Amerikaners William James' *Pragmatism* (1907) aus, der mit dem Grundsatz: wahr ist, was sich praktisch bewährt, den Wahrheitsbegriff relativierte und dem gedanklichen Experimentieren weite Möglichkeiten eröffnete. Vollends in der Philosophie A. N. Whiteheads (*Principia Mathematica,* 1910–1913, gemeinsam mit Bertrand Russell; *Science and the Modern World,* 1925; *Process and Reality,* 1929) setzten sich mathematische Methoden durch. Auf dem Gebiet der allgemeinen Kulturphilosophie ist der bedeutendste Beitrag A. J. Toynbees monumentales Werk *A Study of History,* das Spenglers Kulturmorphologie fortbildet, ohne dessen Pessimismus zu verfallen. Nachhaltige Wirkungen haben die psychologischen Lehren von S. Freud und C. G. Jung gezeitigt.

In Amerika ging die politisch-soziale und kulturelle Entwicklung in diesem Zeitraum andere Wege. Schon am Ende des 19. Jahrhunderts mehrten sich die Stimmen derjenigen, die eine Umbildung der wirtschaftlichen und sozialen Struktur des Landes für notwendig erachteten. Diese Kritik fand Gehör bei dem republikanischen Präsidenten Theodore Roosevelt (1901–1909), der den Angriff auf die allmächtigen Trusts eröffnete, und bei dem Demokraten Woodrow Wilson (1913–1921), der diesen Kampf fortführte und die öffentliche Verwaltung demokratisierte. Damit war vom Staate her zum erstenmal das alte Dogma des wirtschaftlichen laissez-faire zurückgedrängt. Einen grundlegenden Wandel der wirtschaftspolitischen Lage brachte die angelsächsische Schicksalsverbundenheit im ersten Weltkrieg. Man zog in den Krieg mit dem Glauben an die Überlegenheit der eigenen Demokratie und der Zukunftshoffnung auf ein von Amerika und England gemeinsam zu verwirklichendes demokratisches Weltreich. Aber in Versailles wurde der Idealist Wilson überspielt, und die Enttäuschung über die europäische Machtpolitik, zusammen mit einem ungeheuren wirtschaftlichen Aufschwung, in dem sich das Finanzzentrum der Welt von London nach New York verlagerte, gab dem amerikanischen Isolationismus und 'Big Business' unter den republikanischen Präsidenten W. G. Harding (1921–1923) und C. Coolidge (1923–1929) nochmals Aufschwung. Dem entsprach die kulturelle Botschaft von John Dewey (1859–1952), dessen „Instrumentalismus" den Jamesschen Pragmatismus fortsetzte und ins Pädagogische wendete. Philosophie wurde das Mittel zur Bewältigung der Lebensfragen; sie sollte ein besseres Menschengeschlecht erziehen helfen und eine gerechtere Gesellschaftsordnung heraufführen (*Democracy and Education,* 1916; *Human Nature and Conduct,* 1922; *Experience and Nature,* 1925).

Die wirtschaftliche Blüte der zwanziger Jahre fand ein jähes Ende in dem Börsenkrach von 1929 und der anschließenden Wirtschaftskrise. Dadurch kam die arbeiterfreundliche Demokratische Partei wieder ans Ruder, und Franklin Delano Roosevelt (1933–1945) durchbrach mit dem 'New Deal', der mit revolutionären Mitteln der Depression begegnete, die kapitalistische Vorstellung vom freien Spiel der wirtschaftlichen Kräfte zugunsten sozialer Reformen und einer maßvollen staatlichen Planwirtschaft. Auch die Geistesgeschichte dieser 'pink decade', wie man die dreißiger Jahre genannt hat, ist durch eine zum Sozialismus neigende Haltung bestimmt. Der zweite Weltkrieg brachte eine Neubesinnung auf die charakteristisch amerikanischen Werte, sei es, daß man sich von der übrigen

Welt absetzte, sei es, daß man sich als den jüngsten verantwortlichen Wahrer der abendländischen Tradition sah. Diese sich zum Abendland bekennende Haltung wurde vor allem von einem kleinen Kreis von Humanisten eingenommen, der die bis dahin maßgebliche Philosophie Deweys in die Verteidigungsstellung drängte. Die Illusion, daß Amerika fern den Streitereien der alten Welt eine Sonderexistenz führen könne, schwand in dem Maße, wie es sich seiner führenden Rolle in der politischen Geschichte unserer Zeit bewußt wurde.

I. DIE VERSDICHTUNG[1]

1. W. B. Yeats

Der bisher größte Dichter des 20. Jahrhunderts ist der Ire WILLIAM BUTLER YEATS[2] (1865–1939). Als Sohn eines präraffaelitischen Malers geriet er zunächst in den Bannkreis von Rossetti und Morris, von Shelley und Keats. Aber ebenso bedeutungsvoll wurde für ihn die gaelische Literatur[3], die er in den Übersetzungen und Dichtungen von Sir Samuel

[1] Literatur vgl. S. 277. Anthologien: Modern Verse in English 1900–1950 ed. D. Cecil and A. Tate, Lo. 1958; The Faber Book of Modern Verse ed. M. Roberts and D. Hall, Lo. ³1965; Modern Poetry American and British ed. K. Friar and J. M. Brinnin, N.Y. 1951; The Penguin Book of Contemporary Verse ed. K. Allott, Harmondsworth ²1962; The Oxford Book of Twentieth-Century English Verse chosen by P. Larkin, Oxf. 1973; American Poetry of the Twentieth Century ed. R. Gray, Cambridge 1976. – F. R. Leavis New Bearings in English Poetry, Lo. ²1950; C. K. Stead, The New Poetic: Yeats to Eliot, Lo. 1964; J. Press, A Map of Modern English Verse, Lo. 1969; A. Thwaite, Contemporary English Poetry: An Introduction, Lo. ³1964; M. L. Rosenthal, The Modern Poets: A Critical Introduction, N.Y. 1960; Die moderne englische Lyrik: Interpretationen ed. H. Oppel, Bln. 1967; L. Bogan, Achievement in American Poetry 1900–50, Chicago 1951; B. Deutsch, Poetry in Our Time, N.Y. 1963; E. Hungerford, Poets in Progress: Critical Prefaces to 13 Modern American Poets, Evanston 1967.

[2] Collected Poems, Lo. ²1950; Variorum Edition of the Poems ed. P. Allt and R. K. Alspach, N.Y. u. Lo. 1957; Autobiographies, Lo. 1955; Mythologies, Lo. 1959; Essays and Introductions, Lo. 1961; Explorations ed. Mrs. W. B. Yeats, Lo. 1962; A Vision, Lo. 1925, ²1962; Selected Poetry, Selected Plays, Selected Prose, Selected Criticism ed. A. N. Jeffares, Lo. 1964. Letters ed. A. Wade, Lo. 1954; Letters on Poetry ed. D. Wellesley, Lo. 1940. – A. N. Jeffares, W. B. Y., Man and Poet, Lo. ²1962; B. Rajan, W. B. Y.: A Critical Introduction, Lo. 1965; T. R. Henn, The Lonely Tower: Studies in the Poetry of W. B. Y., Lo. ²1965; R. Ellmann, Y.: The Man and the Masks, Lo. 1949; R. Ellmann, The Identity of Y., Lo. 1954; H. Bloom, Y., N.Y. 1970; A. N. Jeffares, A Commentary on the Collected Poems of W. B. Y., Lo. 1968. – Zu Yeats' Dramatik vgl. S. 323.

[3] E. Boyd, Ireland's Literary Renaissance, Lo. ²1923; D. Morton, The Renaissance of Irish Poetry, N.Y. 1929; P. L. Marcus, Y. and the Beginning of the Irish Renaissance, Ithaca u. Lo. 1970.

Ferguson, Standish James O'Grady, George Sigerson und Douglas Hyde kennenlernte. Er träumte von einer großen irischen Dichtung und der Freiheit Irlands und wurde darin bestärkt von der schönen Patriotin Maud Gonne, seiner Helena, die er so hoffnungslos liebte. Dazu trat schon früh die Beschäftigung mit Theosophie und Okkultismus. Der junge Yeats, der seinen Glauben durch Thomas Huxley und die Agnostiker der Zeit verloren hatte, war auf der Suche nach einer Mythologie, die ihm ermöglichte, seine literarischen, philosophischen und nationalen Interessen zur Einheit zu fügen. Die irischen Legenden, die Blakesche Mystik und die indische Philosophie lieferten ihm Symbole zur Deutung seines eigenen Erlebens. Yeats' Wirklichkeit lag hinter der Welt der Erscheinungen, und so sehr sich auch im Laufe seines Lebens seine Ausdrucksformen wandelten, Dichtung war für ihn nie, wie für Matthew Arnold, 'a criticism of life', sondern stets 'the revelation of a hidden life'.

Seine erste bedeutendere Dichtung ist *The Wanderings of Oisin* (1889), in der Ossian dem heiligen Patrick von seinem dreihundertjährigen Aufenthalt im Feenreich berichtet. Die Erzählung erinnert mit ihrer vagen Traumstimmung und dem Schwelgen in Farbe und Klang an Keats' 'Endymion', aber anders als der junge Keats behält Yeats seine Geschichte fest im Auge und verliert sich nicht ins Detail. Auch die lyrischen Sammlungen *Crossways* (1889) und *The Rose* (1893) zeigen in Thema, Bildlichkeit und Rhythmus den beherrschenden Einfluß der spätromantischen Dichtung. In Wasser und Wald klingt der „alte und müde Ruf der Erde", und die ruhelose Seele des Menschen hat ein ungestilltes Heimweh nach einem Land „jenseits von Zufall und Zeit und Wechsel".

In den folgenden Jahren wirkten auf Yeats in zunehmendem Maße die Ideen Walter Paters und der französischen Symbolisten ein; seine Symbolik wird jetzt esoterischer und entzieht sich häufig der Enträtselung. Diese Phase einer 'poésie pure', die von *The Wind among the Reeds* (1899) eingeleitet wird und in die als bezeichnendstes Beispiel das dramatische Gedicht *The Shadowy Waters* (vgl. S. 323) gehört, war für Yeats jedoch nur ein Durchgang. *In the Seven Woods* (1904) läßt bereits die Neuwendung erkennen, die dann in *The Green Helmet* (1910) und *Responsibilities* (1914) zum Durchbruch kommt. Hier ist der früher überreiche Schmuck abgestoßen, die Klangmusik gedämpft, das Vage gebannt. Die besten Gedichte sind von einer bemerkenswerten Klarheit, Einfachheit und Härte der Aussage. Der Dichter bekennt sich zu politischer und sozialer Verantwortung; das romantische Irland ist fortan tot.

Damit hatte Yeats einen Stil errungen, der zugleich natürlich und subtil ist, der gehobene und Umgangssprache, fließende und gebrochene Rhythmen, Traum und Präzision vereinigt. Die Bände *The Wild Swans at Coole* (1919), *Michael Robartes and the Dancer* (1921), vor allem *The Tower* (1928) und *The Winding Stair* (1933) zeigen seine Kunst auf ihrem Höhepunkt. Sie enthalten zahlreiche Gedichte, die zum Besten moderner

Lyrik gehören, wie *In Memory of Major Robert Gregory*, *Meditations in Time of Civil War*, *Nineteen Hundred and Nineteen* oder das Sonett *Leda and the Swan*, das den mythischen Augenblick der Überwältigung Ledas durch Zeus mit den todbringenden Folgen dieser Begegnung von Gott und Mensch verbindet, dem Untergang Trojas und dem Mord an Agamemnon. *Easter 1916* sieht in dem irischen Osteraufstand die Geburt einer „schrecklichen Schönheit"; *The Second Coming* begreift die hereinbrechende Anarchie als das Ende einer Ära und beschreibt visionär den schaudern machenden Beginn des neuen Weltzyklus; *Among School Children* umkreist die Frage nach dem Verhältnis von Idee und Wirklichkeit und findet eine Antwort auf die gedanklich nicht auflösbaren Antinomien des Lebens in den beiden Bildern aus Natur und Kunst, dem blühenden Kastanienbaum und dem rituellen Tanz, in denen im vergänglichen Augenblick die lebendige Schönheit und Einheit des Seins aufleuchtet.

Dichterisches Gestalten ist für Yeats symbolisches Gestalten, und so wie ihm der Turm, den er in Ballylee in der Nähe von Galway gekauft hatte, als ein vieldeutiges Symbol für die Einsamkeit des Künstlers und sein immerwährendes Streben nach Erkenntnis diente, so wurde ihm das vorchristliche Byzanz, in dem er zum letztenmal in der Menschheitsgeschichte die Einheit des religiösen, ästhetischen und praktischen Lebens verwirklicht sah, zu einem eindrucksvollen Symbol der Verbindung von Natur und Übernatur. Im ersten der beiden Byzanzgedichte, *Sailing to Byzantium*, begründet der Dichter seine Reise aus der Welt des Werdens und Vergehens in die Stadt des unsterblichen Geistes. Er will dem Kreatürlichen absterben, in das Kunstwerk eingehen und teilhaben an der Ewigkeit, die der Künstler durch sein Werk schafft. Da jedoch diese Ewigkeit eine Schöpfung des Menschen ist, ein 'artifice of eternity', bleibt auch das Kunstwerk, wie das zweite Gedicht, *Byzantium*, ergänzt, stets von den anbrandenden zerstörerischen Fluten des Lebens und der Vergänglichkeit bedroht.

Kunst und Leben, Geist und Herz stehen in einem dialektischen Verhältnis zueinander. Obwohl der Dichter sich danach sehnt, von den Verworrenheiten des Herzens befreit zu werden, so weiß er doch, daß eben dieses Herz mit seinen Leidenschaften, 'the foul rag-and-bone shop of the heart' *(The Circus' Animals Desertion)*, der Quellpunkt allen Dichtens ist. 'What theme had Homer but original sin?', hält das Herz in *Vacillation* der asketischen Seele entgegen, und noch der alte Yeats bekennt sich, mit offener Sinnlichkeit und häufig im Ton der Straßenballade, zu 'rage and lust'.

Neben der Lyrik hat Yeats zahlreiche Prosawerke verfaßt, angefangen von den Sammlungen irischer Geschichten, *The Celtic Twilight* (1893) und *The Secret Rose* (1897), über *Ideas of Good and Evil* (1903), *The Cutting of an Agate* (1912) und *Per Amica Silentia Lunae* (1918) – die in dem Band *Essays* (1924) zusammengefaßt wurden – bis hin zu seinem phantastischen philosophischen System *A Vision* (1925, völlig umgearbeitet 1937), und den als *Autobiographies* (1926) vereinigten beiden Erinnerungsbänden *Reveries over Childhood and Youth* (1915) und *The Trembling of the Veil* (1922), die seine beste Leistung darstellen.

2. E. A. Robinson, R. Frost und die Vertreter des Mittelwestens

In Amerika brachte das zweite Jahrzehnt eine rasche Entfaltung der Lyrik, zu der die Zeitschrift 'Poetry' wesentlich beitrug, die Harriet Monroe 1912 im kulturell aufblühenden Chicago[4] begründete und für die Ezra Pound als Auslandskorrespondent wirkte, womit die avantgardistische und internationale Note von vornherein gewährleistet war. Jetzt wurde Edwin Arlington Robinson[5] (1869–1935) als bedeutender Dichter entdeckt und die agnostisch-stoische Lebensschau von *The Man against the Sky* (1916) als modernes Glaubensbekenntnis begrüßt. Mit starkem psychologischem Interesse und einem ausgesprochenen Sinn für die Umgangssprache und ihre Rhythmen hatte Robinson sich schon in seinen frühen Bänden (*The Children of the Night*, 1897, u. a.) als Zeichner kurzumrissener, gelegentlich von bitterer Komik umspielter Porträts bewährt und eine Reihe fast sprichwörtlich gewordener Figuren geschaffen. Seine psychologische und moralische Wahrheitssuche ist dem in seiner Weltsicht sonst anders gearteten Browning ähnlich, dessen dramatische Monologe er erneuerte.

In seinen späteren Jahren bevorzugte Robinson das längere dramatische Erzählgedicht in Blankversen, wie in den drei Geschichten aus dem Arthurzyklus: *Merlin* (1917), *Lancelot* (1920) und *Tristram* (1927). Anders als Tennyson modernisierte Robinson diese Stoffe, indem er, völlig unromantisch und unsentimental, die ethischen Konflikte, die Leidenschaften und die psychologischen Beziehungen der Personen zueinander in den Mittelpunkt rückte. Das gelang ihm am besten im Tristram; hier sind die Figuren schicksalhaft und menschlich dargestellt, allerdings weniger in einer Erzählung als in einer Reihe architektonisch festgefügter Selbst- und Zwiegespräche, deren Reiz sich erst dem Kenner der poetischen Tradition voll erschließt. Seine letzten Dichtungen sind gekennzeichnet durch ein tieferes Bewußtsein gesellschaftlicher Probleme wie durch eine Neigung zu komplexerer Symbolik, was eindrucksvoll *King Jasper* (1935)

[4] B. Duffey, The Chicago Renaissance in American Letters, East Lansing, Mich., 1954.

[5] Collected Poems, N.Y. 1937; Selected Letters ed. R. Torrence, N.Y. 1940, und ed. D. Sutcliffe, Cambr., Mass., 1947. – W. L. Anderson, E. A. R.: A Critical Introduction, Boston 1967; L. Coxe, E. A. R.: The Life of Poetry, N.Y. 1969; E. A. R.: Centenary Essays ed. E. Barnard, Athens, Ga., 1969; E. A. R.: A Collection of Critical Essays ed. F. Murphy, Englewood Cliffs 1970.

belegt, das zugleich sein abschließendes Wort über die tragische Situation des Menschen in einer qualvoll dunklen Welt ist, in die nur ab und an ein schwacher Schein jenseitigen Lichtes fällt.

Das Leben des nur wenige Jahre jüngeren ROBERT FROST[6] (1874–1963) verlief fernab der Stadt in inniger Verbundenheit mit der Natur. Frosts Welt ist Neuengland, insbesondere New Hampshire, dessen herbe Landschaft und wortkarge Bewohner das Hauptthema seiner Dichtung bilden. Schon in den ersten beiden Bänden, *A Boy's Will* (1913) und *North of Boston* (1914), die er während seines dreijährigen Aufenthaltes in England veröffentlichte, ist die „poetische" Ausdrucksweise durch eine einfache, verhaltene, untertreibende Diktion ersetzt, die sich bis in die Satzmelodie hinein der Alltagssprache nähert. Handelt 'A Boy's Will' von den Fragen und Antworten, den Zweifeln und Freuden des jungen Dichters, wobei die verschiedenen Stimmungen mit dem Lauf der Jahreszeiten verknüpft werden, so wendet 'North of Boston' den Blick nach außen, auf die Menschen, denen sich der Farmer Frost verbunden weiß und die er mitfühlend, aber auch humorvoll und ironisch betrachtet. Er zeichnet sie in ihrem Scheitern und ihrem Erfolg mit knappen, scharfen Strichen, vorzugsweise im dramatischen Monolog oder Dialog.

Mountain Interval (1916) verbindet die bisher meist getrennten Weisen der lyrisch-subjektiven Aussage und des erzählenden Berichts in der Form der kurzen Meditation über eine Person oder ein Ereignis, das ihn bewegt hat. Versonnener als Burns, vertrauender als Hardy singt er von Aussaat und Ernte, Quelle und Erde, von Wind und Schneefall und dem sinnbildhaften Leuchten der Sterne. *New Hampshire* (1923) erweitert diese Skala mit Gedichten, die in offen satirischem Ton das materialistische Zweckdenken der Zeit angreifen. In diesem Band findet sich auch zuerst die Wendung zum Epigramm und zur geheimnisvollen Formulierung, die er später pflegte. *West-Running Brook* (1928), das alle bisherigen Formen aufweist, bringt zwar keine neuen Entwicklungen, wohl aber eine Vertiefung, die vor allem in dem Titelgedicht auffällt. Dieser Bach, der in einer Gegend nach Westen fließt, wo alle anderen Bäche in entgegengesetzter Richtung dem Meer zueilen, und der, als er auf einen tieferliegenden Felsen stößt, eine weiße Welle gegen die Strömung zurückwirft, wird zum Symbol der Rückwärtsbewegung des Menschen zu seiner Quelle.

Die späteren Sammlungen *A Further Range* (1936), *A Witness Tree* (1942) und *Steeple Bush* (1947) zeugen von unverminderter Kraft und

[6] Complete Poems, N.Y. 1949; Selected Poems ed. I. Hamilton (Penguin). Selected Letters ed. L. Thompson, N.Y. 1964. – L. Thompson, Fire and Ice: The Art and Thought of R. F., N.Y. 1942; R. A. Brower, The Poetry of R. F.: Constellations of Intention, N.Y. 1963; P. L. Gerber, R. F., N.Y. 1966; L. Thompson, R. F.: The Early Years, N.Y. 1966, The Years of Triumph, N.Y. 1970; R. F.: A Collection of Critical Essays ed. J. M. Cox, Englewood Cliffs 1962.

enthalten einige seiner schönsten lyrischen Gedichte. Aber sie beweisen ebenfalls, daß sich Frost in zunehmendem Maße von der erdgebundenen Konkretheit und Frische seiner früheren Verse gelöst hat und zu Sentenz und Abstraktion neigt. Diese Betonung des Gedanklichen beeinträchtigt auch die beiden späten Versdramen, das moderne Hiobspiel *A Masque of Reason* (1945) und das Jonaspiel *A Masque of Mercy* (1947), in dem Gott auf die menschliche Herausforderung antwortet, in denen trotz eindrucksvoller dichterischer Stellen die Didaxis zu stark hervortritt und im dramatischen Zusammenhang zu unverbunden wirkt.

Mensch und Natur sind in der Frostschen Lyrik durch eine scharfe Trennungslinie geschieden; es gibt kein Idyll und kein romantisches Einsgefühl. Der Mensch bleibt bedrängt von Angst, Trauer und Verlorenheit. Aber er kann sich über alle Anfechtung und Ungewißheit erheben durch die Tat, durch Liebe und Toleranz. Mag der Sinn des Lebens verborgen sein, es liegt ein Plan zugrunde, an dem der Mensch mitarbeitet, bevor er zurückkehrt zu dem Ursprung allen Seins. Davon kündet die Frostsche Lyrik, zugleich enthüllend und verhüllend, im symbolischen Bild. Frost gehört in die Tradition von Emerson und Emily Dickinson, er ist ein Transzendentalist des 20. Jahrhunderts. Seine auf der Oberfläche so einfache, in Wirklichkeit höchst subtile Kunst wird sich als dauerhaft erweisen, weil in ihr Beobachtung und Deutung, Spontaneität und bewußter Gestaltungswille, eigene Vision und Tradition eins geworden sind.

Im Unterschied zu Frost erstrebte der aus Illinois stammende VACHEL LINDSAY[7] (1879–1931) eine kraftvolle Lyrik für die Massen. Seine Gedichte sind nicht zum Lesen bestimmt, sondern zum Vortrag mit begleitender Musik und Mitwirkung des Publikums beim Singen des Refrains. *General William Booth Enters Into Heaven* (1913) ist zu Heilsarmeemusik geschrieben, und *The Congo: A Study of Negro Race* (1914) verwertete die emphatische Rhythmik des Jazz. Diese Suche nach einem neuen amerikanischen Vers artet zwar des öfteren in leeren Lärm aus, ist aber für andere Experimente anregend gewesen.

Von den zahlreichen Schriften des gleichfalls aus dem Mittelwesten stammenden EDGAR LEE MASTERS[8] (1868–1950) ist nur sein aufsehenerregendes Werk *Spoon River Anthology* (1915) bedeutsam geworden. Dieses durch die „Griechische Anthologie“ angeregte Buch bringt an die 250 kurze Grabinschriften, in denen die Verstorbenen einer Kleinstadt in Illinois ihr wirkliches Leben unverblümt enthüllen. Nur selten und meist am unvermuteten Ort stößt man auf versöhnliche Worte oder Erfüllung, in den meisten dieser Miniaturen erscheint das herkömmliche Idyll als bittere menschliche Komödie. Wie der satirische Inhalt war auch die Form

[7] Selected Poems ed. M. Harris, N.Y. u. Lo. 1963. – E. Ruggles, The West-Going Heart: A Life of V. L., N.Y. 1959; A. Massa, V. L.: Fieldworker for the American Dream, Bloomington–Lo. 1970.

[8] Selected Poems, N.Y. 1925.

der freien Rhythmen, die sich allerdings häufig der Prosa bedenklich nähern, für das folgende Jahrzehnt von großem Einfluß.

Welche Ausdruckskraft diese im Grunde auf Whitman zurückgehenden Freiverse erreichen können, zeigt der einer schwedischen Familie entstammende CARL SANDBURG[9] (1878–1967). Aufgewachsen inmitten der Industrie, die dem Einwanderer ebenso herrisch entgegentrat wie einst die wilde Natur, besang er das Leben der jungen Riesenstadt Chicago (*Chicago Poems*, 1916), die bei aller Unbändigkeit und Rohheit ein unbegrenztes Zukunftshoffen darstellte. Wenn Sandbergs Kunst auch oft laut und schreiend ist, so vermittelt sie doch ein überwältigendes Bild des auf Rauch und Stahl und das Blut der Menschen begründeten Industriezeitalters (*Smoke and Steel*, 1920). Die freien Rhythmen, die von kurz hervorgestoßenen Eintaktern bis zu atemberaubenden, durch mehrere Zeilen hindurchhastenden Versen sich erstrecken, vermögen ebenfalls zarte und stille Stimmungen wiederzugeben, die liebevolle Schilderung der Alten, Armen und Gebeugten und die immer wieder durchklingende Liebe zu den Kindern, für die Sandburg auch Erzählungen in der Kindersprache schrieb (*Rootabaga Stories*, 1922). Hervorzuheben sind schließlich *The People, Yes* (1936), sein Bekenntnis zur Demokratie und zum amerikanischen Geist in seiner Vielfalt, seine Sammlung von Volksballaden und Volksliedern (*The American Songbag*, 1927; *The New American Songbag*, 1950) und seine monumentale Lincolnbiographie (*The Prairie Years*, 2 Bde., 1926; *The War Years*, 4 Bde., 1939)[10].

3. Von den 'Georgians' zu den Imagisten

Spiegelte das Werk von Yeats in seinen Wandlungen die ganze Breite der Entwicklung von der Spätromantik zur Moderne, so begegnen wir bei den im folgenden zu behandelnden Dichtern den Anfängen der Neuorientierung. Die 'Georgians', die die Dichtung der voraufgehenden Generation der 'Edwardians' entschieden ablehnten, empfanden sich als Wegbereiter einer neuen Kunst; sie sind erst durch die simplifizierende Kritik späterer Modernisten zu Dichtern eskapistischer Wochenendpoesie, des Dorflebens in stimmungsvoller englischer Landschaft, gestempelt worden. In Wirklichkeit tragen die fünf Anthologien, die Edward Marsh zwischen 1912 und 1922 unter dem Titel *Georgian Poetry*[11] veröffentlichte, keineswegs ein einheitlich spätromantisches Gepräge; sie verraten eine Weite und

[9] Complete Poems, N.Y. ²1970; Letters ed. A. Mitgang, N.Y. 1968. – H. Golden, C. S., Cleveland, Ohio, 1961; R. Crowder, C. S., N.Y. 1964; N. Callahan, C. S.: Lincoln of our Literature: A Biography, N.Y. 1970.

[10] Einbändige Kurzfassung 1954.

[11] Auswahl: Georgian Poetry ed. J. Reeves (1962, Penguin). – C. K. Stead, The New Poetic: Yeats to Eliot, Harmondsworth 1967; R. H. Ross, The Georgian Revolt: Rise and Fall of a Poetic Ideal, 1910–1922, Lo. 1967.

Vielfalt, die erst in den letzten Bänden verlorenging. Wenn die Georgianer auch in Diktion, Metaphorik und Metrik stärker der englischen Tradition von Milton bis Hardy verpflichtet blieben und die radikaleren Experimente der Imagisten ablehnten, so war doch für sie und die Zeitgenossen 'Georgian' identisch mit „realistisch" und „modern", und bezeichnenderweise sind auch etwa D. H. Lawrence, Wilfred Owen und Robert Graves in den Sammelbänden vertreten. RUPERT BROOKE[12] (1887 bis 1915), das Idol der Georgianer, gehörte zu den Avantgardisten der Zeit. Er hatte, wie T. S. Eliot, die elisabethanischen und jakobäischen Dramatiker und die Metaphysical Poets gründlich studiert und schätzte Baudelaire, Tschechow und Strindberg. Charakteristisch für ihn sind weniger die heute verblaßten patriotischen Kriegssonette (Brooke starb zu Beginn des Krieges an einer Blutvergiftung, bevor er überhaupt an einer Schlacht teilgenommen hatte), neuartig waren vielmehr die in einem leichten, informellen Ton gehaltenen Gedichte, die aller müden Dekadenz mit jugendlichem Spott begegnen, herausfordernd und brutal unkonventionelle und ästhetisch häßliche Vorwürfe gestalten oder, wie *The Old Vicarage, Grantchester,* ironisierend eine idyllisch-sentimentale Situation umspielen. Ein abenteuerndes Fühlerausstrecken liegt auch den exotischen Gedichten zugrunde (z. B. *Tiare, Tahiti*).

Der bedeutendste Georgianer, der, unbeirrt von allen Neuerungen, in der Tradition von Blake und Christina Rossetti seine eigene Welt schuf, ist WALTER DE LA MARE[13] (1873–1956). Er hat Gedichte geschrieben, die ganz vom Kind aus empfinden, in denen die Grenze zwischen Wachen und Traum verfließt und eine magische Welt des Märchens und der Verzauberung beschworen wird (*Songs of Childhood,* 1902; *Peacock Pie,* 1913). Hier wird das geheimnisvolle Wunder im Alltag offenbar, und der Leser wird eines Visionären oder Verwunschenen teilhaftig, einer Welt strahlender Schönheit und Freude, in der aber auch das Unheimliche und Gespenstische nie fern ist. Dies gilt ebenfalls für seine Kurzgeschichten und Romane, von denen das Tagebuch einer Liliputanerin, *Memoirs of a Midget* (1921), die beste Leistung ist. In ihrer reifsten Form ist de la Mares Dichtung ein zartes, sinnendes Träumen über Leben und Tod und die metaphysische Frage der Zeit, wobei ihm die Kinderwelt Symbole für das spirituelle Erleben liefert (*The Listeners,* 1912; *The Traveller,* 1946; *Winged Chariot,* 1951).

JOHN MASEFIELD[14] (1878–1967), der auch als Dramatiker (vgl. S. 317),

[12] The Poetical Works of R. B. ed. G. Keynes, Lo. 1946 (pb. Lo. 1970). Letters ed. G. Keynes, Lo. 1968. – C. Hassall, R. B.: A Biography, Lo. 1964.

[13] The Complete Poems, Lo. 1969; A Choice of de la M.'s Verse ed. W. H. Auden, Lo. 1963. – H. C. Duffin, W. de la Mare: A Study of his Poetry, Lo. 1949.

[14] Collected Works (Wanderer Edition), 5 Bde., Lo. 1935–1937; Collected Poems, Lo. [4]1946; So Long to Learn: Chapters of an Autobiography, Lo. 1952. – G. Thomas, J. M., Lo. 1933; M. Spark, J. B., Lo. 1953.

Romancier und Essayist hervorgetreten ist, begann mit den kraftvollen *Salt Water-Ballads* (1902), die Kiplings patriotische Themen allgemeingültiger abwandelten, indem sie den Nachdruck auf das menschliche Leiden legten. Aber Masefields eigentliche Anlage trat erst mit den Erzählgedichten *The Everlasting Mercy* (1911) und *Dauber* (1913) hervor, durch die er einer fast vergessenen Gattung neue Beliebtheit verschaffte. Dauber, die Geschichte des heimlich malenden Matrosen, dessen Bilder von den verständnislosen Kameraden zerstört werden, ist die Kampfansage des idealistischen Künstlers an eine feindliche Welt. Wie alle Dichtungen Masefields ist sie durch harte Wirklichkeitsschilderung und ein Streben nach Vergeistigung und Schönheit gekennzeichnet und enthält höchst eindrucksvolle Meeresstimmungen. Mit erstaunlicher Vielseitigkeit benutzte Masefield die Form der Verserzählung für die verschiedenartigsten Themen. *Reynard the Fox* (1919), die Schilderung einer Fuchsjagd, zeigt ebenso Verständnis für die Jäger wie für die Klugheit und Ausdauer des Fuchses, der sich am Ende seinen Verfolgern zu entziehen weiß. Dieses Werk und *Right Royal* (1920), die Beschreibung eines Pferderennens, bedeuten den Höhepunkt des Masefieldschen Schaffens; man muß schon auf das große Vorbild Chaucer zurückgreifen, an den auch Masefields Humor und tiefe Menschlichkeit erinnern, um ähnliche Beschreibungen der englischen Natur und Landbevölkerung zu finden.

Der englischen Landschaft innig verbunden ist EDMUND BLUNDEN[15] (geb. 1896), der mit scharfer Beobachtung, ohne Sentimentalität und häufig mit leisem Humor, Menschen und Naturszenen in Sussex, Suffolk und Kent beschrieb. Er verstand es, den Geist dieser Landschaft einzufangen und ihr Geheimnis mit Staunen anzurühren. Das ländliche Leben und die Jahreszeiten, die Bäche und die Flüsse, die Bäume und die Tiere haben stets eine große Anziehung auf ihn ausgeübt, nicht nur in England, sondern auch in Flandern, wohin ihn der erste Krieg führte. Das Kriegsgeschehen, das seinen Niederschlag in *Undertones of War* (1928) fand, hat ihn tief geprägt; aber aus seiner Lyrik wie aus seiner Prosa spricht weniger Empörung und Bitterkeit als ein tiefes, unpathetisches Mitleid. In den dreißiger Jahren hat Blunden unter dem Einfluß Hardys und der metaphysischen Dichter des 17. Jahrhunderts Dichtung meditierenden Charakters geschrieben, die in einer einfachen und klaren und doch subtilen Sprache nach dem Verhältnis des Menschen zu Natur und Geist und nach dem Sinn des Lebens fragt. Durch alle bedrängende Not hindurch fand er zu Hoffnung und Freude, zu einem Glauben an den Menschen, den auch die Enttäuschungen des zweiten Krieges nicht zerstören konnten. Von Blundens zahlreichen literargeschichtlichen Studien seien seine fein-

[15] E. B.: A Selection of his Poetry and Prose ed. K. Hopkins, Lo. 1950; A Hong Kong House: Poems 1951–1961, Lo. 1962; Undertones of War, Lo. 1956 (WC, mit neuem Vorwort).

sinnigen Arbeiten über Leigh Hunt (1930), Charles Lamb (1933) und Shelley (1946) hervorgehoben, weil sie in einer Zeit, in der die Romantik weithin auf Ablehnung stieß, ein neues Interesse für diese Epoche zu wecken verstanden.

Blunden leitete bereits zur Kriegsdichtung[16] über. Die zu Beginn des Krieges entstandene Lyrik ist durchweg von einem starken patriotischen Idealismus getragen; aber der Ton wandelte sich bald zu bitterer Kritik und Satire, und man haßte weniger den im gegenüberliegenden Graben in derselben Not befindlichen deutschen Gegner als die Stabsoffiziere, die Regierung und den Heldenkult der Heimat. Der heftigste Sprecher solchen Aufbegehrens war SIEGFRIED SASSOON[17] (1886–1967), der in der Tradition der 'Georgians' begann, dessen eigentliche Begabung aber nicht die Lyrik, sondern die Satire war. Er hielt die Opfer des Krieges für sinnlos, die Ideale für morsch und prangerte die Generäle, die Etappe und die Journalisten an. Dem Pseudopatriotismus der Heimat, der die Augen vor der grauenhaften Wirklichkeit verschloß, hielt er die Nervenzusammenbrüche und Selbstmorde an der Front entgegen. Schon früh sah er voraus, daß die Lehren des Krieges nur allzu schnell vergessen werden würden und griff nach dem Krieg mit derselben Aufrichtigkeit und Leidenschaft Heuchelei und Selbstgerechtigkeit an.

Wollte Sassoons Dichtung entlarven und aufrütteln, so tat WILFRED OWEN[18] (1893–1918) den Schritt zu einer Sinndeutung der Tragödie. Auch er begann als Romantiker, schrieb dann satirische Gedichte in der Art Sassoons, den er 1917 im Lazarett kennengelernt hatte, und stieß schließlich auf sein eigenstes Thema: das erbarmungswürdige Elend des Krieges. Damit führte sein Weg von der Satire zur Elegie, und in seinen besten Gedichten *(Anthem for Doomed Youth; Strange Meeting)* spricht eine fast überirdisch ruhige Stimme, die das Unvermeidliche gelassen hinnimmt und nur das Mitleid als Wert anerkennt. Durch alle Dissonanzen und Enttäuschungen, die durch die Technik des sog. Halbreims (d. h. die Übereinstimmung der Konsonanten bei differierenden Vokalen) sinnfällig

16 Up the Line to Death: The War Poets 1914–1918 ed. B. Gardner, Lo. 1964; Men who March Away ed. I. M. Parsons, Lo. 1965. – J. H. Johnston English Poetry of the First World War: A Study in the Evolution of Lyric and Narrative Form, Princeton 1964; B. Bergonzi, Heroes' Twilight: A Study of the Literature of the Great War, Lo. 1965.

17 Collected Poems 1908–1956, Lo. 1961; The Complete Memoirs of George Sherston, Lo. 1937 (enthält Memoirs of a Fox-Hunting Man, 1928; Memoirs of an Infantry Officer, 1930; Sherston's Progress, 1936). – M. Thorpe, S. S.: A Critical Study, Leiden 1966.

18 The Collected Poems of W. O. ed. C. D. Lewis (with a Memoir by E. Blunden), Lo. 1963; War Poems and Others ed. D. Dominic, Lo. 1973. Collected Letters ed. H. Owen and J. Bell, N.Y. u. Toronto 1967. – H. Owen, Journey from Obscurity: W. O. 1893–1918, 3 Bde., Lo. 1963–65; D. S. R. Welland, W. O. A Critical Study, Lo. 1960; A. E. Lane, An Adequate Response: The War Poetry of W. O. and S. Sassoon, Detroit 1972.

zum Ausdruck kommen, klingt letztlich die Aussöhnung mit dem Schicksal hindurch.

Die Abkehr von der georgianischen Dichtung spricht auch aus den sechs Anthologien des Sitwell-Kreises, die unter dem Titel *Wheels* in den Jahren 1916–1921 erschienen. Von den drei Geschwistern SITWELL (EDITH[19], 1887–1964; OSBERT, 1892–1969; SACHEVERELL, geb. 1897) ist Edith die stärkste lyrische Begabung. Ihre frühen Bände, die so bezeichnende Titel tragen wie *Clowns' Houses* (1918), *The Wooden Pegasus* (1920) und *Façade* (1922), sind Ausdruck ihrer Flucht aus dem entgötterten modernen Alltag. Aus Familienerinnerungen, Kindheitsträumen und Rokoko-Reminiszenzen baut sie eine bizarre Phantasiewelt, in der sich Nymphen und Satyrn, Clowns, exotische Wesen und Marionetten bewegen. In diesen trivialen Gedichten ist die Bildlichkeit zum Selbstzweck geworden; ohne Rücksicht auf den organischen Zusammenhang werden einzelne Teilstücke aus den verschiedensten Bereichen zu neuen, verblüffenden Kombinationen zusammengefügt, so daß man sich an Techniken der kubistischen Malerei erinnert fühlt. Die Dichterin erstrebt das abstrakte Gedicht, was ihr Experimentieren mit Jazzrhythmen und Klangverbindungen bestätigt, bei denen der Sinn mehr oder weniger belanglos ist. Die frühen Gedichte enthüllen ebenfalls eine unverkennbar satirische Anlage; sie kommt am deutlichsten zum Ausdruck in dem Gedicht *Gold Coast Customs* (1929), das in der Verkleidung kannibalischer Bestattungsbräuche ein grimmiges Bild der zeitgenössischen Gesellschaft zeichnet.

Mit dem zweiten Weltkrieg war die Zeit der Experimente vorbei. Das virtuose Spiel mit künstlichen Formen wich symbolischer Gestaltung, wobei archetypische, antike und christliche Vorstellungen die frappierendsten Fusionen eingehen. Technisch ist der Übergang zu längeren Versen und freier Odenform auffällig. In einem Gedicht wie *Still falls the Rain* wird der todbringende Bombenregen auf London, der Schuldige und Unschuldige, Reiche und Arme unterschiedslos trifft, zum Blut, das aus Christi Seite auf die leidgeplagte Menschheit fällt. Mitten in der Bedrohung des Atomzeitalters bekennt sich die Dichterin, die 1954 zum Katholizismus konvertierte, zum Glauben an die erlösende Kraft der Liebe *(The Shadow of Cain; The Canticle of the Rose)*. Der Wert ihrer Lyrik ist umstritten geblieben.

Eine andere Gruppe, die gegen 'Georgian Poetry' revoltierte, waren die Imagisten[20]. Unter diesem Namen faßt man eine Reihe von englischen und amerikanischen Autoren zusammen (T. E. Hulme, Richard

19 Collected Poems, Lo. 1957; Taken Care Of, Lo. 1965 (Autobiographie). – C. M. Bowra, E. S., Lo. 1948; S. Singleton, E. S.: The Hymn to Life, Lo. 1961.

20 Imagist Anthology ed. F. M. Ford and G. Hughes, Lo. 1931. – S. K. Coffman, Imagism. A Chapter for the History of Modern Poetry, Norman, Okla., 1951; G. Hughes, Imagism and the Imagists, Lo. 1960.

Aldington, F. S. Flint; Ezra Pound, Hilda Doolittle [H. D.], Amy Lowell, John Gould Fletcher), die zwischen 1912 und 1917 mit mehreren Manifesten und Anthologien hervortraten.

Der Initiator der Bewegung war Thomas Ernest Hulme[21] (1883 bis 1917), der wie Babbitt gegen die Philosophie und Kunst der Romantik protestierte. Hulmes Bedeutung beruht auf seiner antiromantischen Dichtungstheorie, mit der er bestimmend wurde für die moderne Ästhetik. Er sah in der Romantik die geschichtliche Ausprägung einer „humanistischen" Geisteshaltung, für die der Mensch das Maß aller Dinge war, und er stellte ihr die byzantinische, ägyptische und indianische Kunst gegenüber, deren abstrakte Formen von der Unterwerfung des Menschen unter eine ethische Ordnung zeugten. Nach Hulmes Ansicht war die abendländische Geschichte seit der Renaissance eine Fehlentwicklung. Er wollte wieder einer Auffassung Bahn brechen, für die der Mensch ein begrenztes Wesen war, das nur durch zuchtvolle Arbeit etwas leisten konnte. Alles Unendlichkeitsstreben wurde verworfen. Der Dichter war wesentlich 'artifex', Dichtung nichts anderes als ein „Mosaik von Worten" oder, in Pounds späterer Formulierung, „eine Art von inspirierter Mathematik", die „Gleichungen gibt für menschliche Emotionen", womit T. S. Eliots bekannte Formulierung vom „objektiven Korrelat" vorgedeutet ist. Deshalb forderten die Imagisten das exakte Wort, die knappe, gemeißelte Form, die festumrissene Bildlichkeit und den disziplinierten Freivers. Die imagistischen Gedichte entfalten meist eine einzige Grundmetapher, so daß lyrische Miniaturen charakteristisch wurden, die den Einfluß japanischer Kleinformen wie 'haiku' und 'tanka' verraten.

Während die Gedichte von Amy Lowell[22] (1874–1925) trotz ihrer geschliffenen Form häufig wie leblose Museumsstücke anmuten, bedeuten die griechischen Evokationen von Hilda Doolittle[23] (H. D.) (1886 bis 1961) in *Hymen* (1921) und *Heliodora* (1924), die man Tanagrafiguren verglichen hat, einen Höhepunkt imagistischer Dichtung. Im ganzen gesehen liegt die Bedeutung des Imagismus jedoch weniger in den dichterischen Ergebnissen als in der Wegbereitung. Mit den Forderungen der Präzision und Ökonomie der Struktur und der direkten „unpersönlichen" Aussage übernahm er die Rolle eines Zuchtmeisters und schuf die Voraussetzungen für die kommende Dichtung der Eliot-Generation. Es ist überdies ein Verdienst der Imagisten, die englische Literatur wieder in Berührung mit der Weltliteratur gebracht zu haben, der griechischen und lateinischen Klassik, dem französischen Symbolismus sowie chinesischen

21 Speculations ed. H. Read, Lo. ²1936; Further Speculations ed. S. Hynes, Minneapolis 1955. – A. R. Jones, The Life and Opinions of T. E. H., Lo. 1960.

22 The Complete Poetical Works of A. L. ed. L. Untermeyer, Boston 1955; A Shard of Silence: Selected Poems of A. L. ed. G. R. Ruihley, N.Y. 1957. – H. Gregory, A. L.: Portrait of the Poet in Her Time, N.Y. 1958.

23 Collected Poems, N.Y. ²1940.

und japanischen Formen. 1917 zerfiel der Kreis, dessen Führung nach Pounds Fortgang Amy Lowell übernommen hatte. Die meisten Angehörigen der Gruppe waren inzwischen mit der ursprünglichen Theorie und der selbstauferlegten Beschränkung nicht mehr zufrieden.

David Herbert Lawrence[24] (1885–1930), der eine Zeitlang den Imagisten nahestand, griff bald über deren enge Grenzen hinaus und verkündete, seiner blutvolleren Veranlagung entsprechend, die Botschaft von der Wiedergeburt der Seele durch die Sinne. Die zahlreichen autobiographischen Gedichte, die von seiner ersten Liebe, der Beziehung zu seiner Mutter und von der Liebe zu Frieda von Richthofen handeln (*Look! We Have Come Through!*, 1917), lassen die Themen anklingen, die in den Romanen eine tiefere Gestaltung erfuhren. Einzigartig ist dagegen seine Naturdichtung. Der Band *Birds, Beasts and Flowers* (1923) enthüllt in den Gedichten über Känguruhs, Kröten, Schlangen, Moskitos ein unmittelbares Verhältnis zur Welt des Tieres, das völlig unsentimental in seinem Eigensein und, hervorragend eingefangen in den freien Rhythmen, gleichsam im lebendigen Augenblick erfaßt wird. Zwei bewegende spätere Gedichte verdienen besondere Erwähnung, *Bavarian Gentians* und *The Ship of Death*, in denen der Dichter an der Schwelle des Todes das Wunder des menschlichen Lebens besingt.

Auch Herbert Read[25] (1893–1968) stand in seinen frühen Versuchen unter dem Einfluß der Imagisten, aber das Kriegserlebnis drängte ihn zu der Frage nach dem Sinn des furchtbaren und dunklen Geschehens. Wenn er auch keine Antwort fand, so klingt doch durch Schmerz, Enttäuschung und Zweifel eine leise Hoffnung, daß das Leid durch die göttliche Liebe überwunden wird. Reads Stil ist knapp, hart und sachlich, neigt allerdings häufig zur Abstraktion. Später ist Read für den Surrealismus eingetreten (*Surrealism*, 1936); er hat auch surrealistische Gedichte verfaßt, die Assoziationen lose um ein Thema reihen und sich der Wirkung der Musik nähern. Seinem umfassenden philosophischen Denken gültigen dichterischen Ausdruck zu geben, ist ihm nicht gelungen. Wie bei vielen Autoren unserer Zeit ist seine Leistung als Kritiker die bedeutendere.

Jenseits aller Schulen und Gruppierungen steht Robert Graves[26] (geb. 1895). Auch er begann in spätromantischen Bahnen und wurde danach

[24] Complete Poems ed. V. de Sola Pinto and W. Roberts, 2 Bde., Lo. ²1967. – S. M. Gilbert, Acts of Attention: The Poems of D. H. L., Ithaca u. Lo. 1972. Vgl. S. 358, Anm. 118.

[25] Collected Poems, Lo. ³1966; Selected Writings, Poetry and Criticism, Lo. 1963; The Contrary Experience, Lo. 1963 (Autobiographie).

[26] Collected Poems, Lo. 1975; The Common Asphodel. Collected Essays on Poetry 1922–1949, Lo. 1949; The Crowning Privilege, Lo. 1955; Oxford Lectures on Poetry, Lo. 1962. – D. Day, Swifter than Reason. The Poetry and Criticism of R. G., Chapel Hill, N. C., 1963.

durch das Kriegserlebnis, wie sein autobiographischer Band *Good-Bye to All That* (1929, ²1957) zeigt, zutiefst erschüttert. Seine Nachkriegslyrik suchte die Geister des Krieges zu bannen und behandelt die verschiedensten philosophischen und psychologischen Probleme in herausfordernd ironischer oder zynischer Weise. Die Sprache ist hart, unmetaphysisch und intellektuell und zeugt von tiefer Vereinsamung und schmerzvoller Unsicherheit. Bei der Lösung vom spätromantischen Vers hat ihm Skelton, der auch später ein leuchtendes Vorbild blieb, große Hilfe geleistet.

1929 verließ Graves England und ging nach Mallorca, wo er mit der Amerikanerin Laura Riding (geb. 1901), mit der er bereits *A Survey of Modernist Poetry* (1927) veröffentlicht hatte, bis 1939 zusammenarbeitete. In den Gedichten dieser Zeit tritt das Liebesthema beherrschend in den Vordergrund. Es erscheint in mannigfachen Variationen, von flüchtiger Sinnenlust bis zu Verzweiflung und Ekel, und wird bald geistreich und zart umspielt, bald bitter und satirisch mit Freudschen Kategorien analysiert. Die Liebe ist eine zerstörerische Macht; sie bringt keine volle Erfüllung und ist doch der einzige Weg des Menschen zur Selbstverwirklichung und Erlösung.

In den vierziger und fünfziger Jahren erfuhr Graves' Lyrik eine Erweiterung und Vertiefung durch die Einbeziehung mythischer und magischer Elemente. Er schuf sich mit *The White Goddess*[27] (1948, erw. 1952, 1961) eine Mythologie, die zwar eine höchst eigenwillige Klitterung darstellt, aber seiner bisherigen intellektuellen Kunst eine neue emotionale Tiefe gab. Auch jetzt bleibt die Liebe stets von Verlust und Versagen bedroht, aber der Dichter hat eine feste Mitte gefunden.

Graves hat eine Reihe von Übersetzungen und Romanen verfaßt, von denen *I Claudius* und *Claudius the God* (1934) großen Erfolg errangen. Doch die Romane sind nur zum Lebensunterhalt geschriebene Parerga. Sein literarischer Rang beruht auf der Lyrik, und Graves' kompromißlose Hingabe an die Kunst, seine leidenschaftliche Suche nach Wahrheit und sein handwerkliches Können haben ihm in der Generation der Jüngsten höchste Anerkennung errungen.

Der von den Orkney-Inseln stammende EDWIN MUIR[28] (1887–1959), der sich auch als Kritiker und (zusammen mit seiner Frau Willa Muir) als Kafka- und Broch-Übersetzer Verdienste erworben hat, ist der bedeutendste der in englischer Sprache schreibenden schottischen Dichter. Unablässig hat ihn das Zeitproblem beschäftigt (*Variations on a Time Theme*, 1934); mit dem Titel seines Bandes von 1937 könnte man die meisten seiner Gedichte als *Journeys and Places* bezeichnen. Scheint in Muirs früher Lyrik keine Straße dem Ziel näher zu kommen, ist die Zeit das

27 Vgl. auch das zweibändige Kompendium The Greek Myths (1955).

28 Collected Poems 1921–1958, Lo. 1960; An Autobiography, Lo. 1954. Selected Letters ed. P. H. Butter, Lo. 1974. – P. H. Butter, E. M., Edinburgh u. Lo. 1962.

Bedrohende und Zerstörende, so wird sie in seiner späteren Dichtung zum Hinweis auf die Ewigkeit. Aus dem Labyrinth der Vereinsamung fand der Dichter zur erlösenden Freiheit (*The Labyrinth,* 1949), zu der Gewißheit, daß trotz gegenteiligen Anscheins die Mächte des Guten am Ende über das Böse siegen werden. Alle Wege führen zum Ausgangspunkt zurück, und das Stückwerk des Lebens wird sich einmal als ein planvolles Ganzes erweisen (*One Foot in Eden,* 1956). Unsere Träume, Phantasien und Eingebungen sind bereits Schatten aus der anderen Welt. Muirs Bereich ist begrenzt, aber er hatte eine eigene Schau und kündete von ihr in einer Sprache, die in ihrer Einfachheit an Traherne und Wordsworth und die schotttischen Balladen erinnert.

4. Ezra Pound und T. S. Eliot

Ezra Pound[29] (1885–1972) hat nicht nur mit seiner Dichtung, sondern auch mit persönlicher Hilfe und Kritik auf zahlreiche zeitgenössische Autoren entscheidend eingewirkt. Seine Dichtungsauffassung wurde bereits im Zusammenhang des Imagistenkreises (vgl. S. 290f.) berührt. Pound ist kein systematischer Denker, sondern eine temperamentvoll reagierende Künstlernatur. Seine Essays, wie *ABC of Reading* (1934), sind leidenschaftliche, polemische Äußerungen, die Maßstäbe setzen wollen. Literatur ist ihm gleichbedeutend mit Weltliteratur, und er mißt sarkastisch die Leistungen der letzten beiden Jahrhunderte an Homer und Dante, der griechischen und lateinischen Lyrik, der Troubadourdichtung und Villon. Die Vergangenheit wird „aktive Gegenwart" in seinen zahlreichen Nachdichtungen, die nicht philologisch korrekte Wiedergaben, sondern selbständige 'imitations' in der Art der Klassizisten Dryden und Pope sind. Sie haben, wie etwa die Übertragung des altenglischen „Seefahrers", die moderne Dichtung nachhaltig beeinflußt.

Auch seine Lyrik zeigt ein fortwährendes Nachklingen literarischer Vorbilder, wie dies der Sammeltitel seiner ersten Gedichtbände *Personae*

[29] Werke: Personae: Collected Shorter Poems, Lo. 1952; The Cantos (1–109), Lo. 1964 (dazu: J. H. Edwards and W. W. Vasse, Annotated Index to the Cantos 1–84, Berkeley–Los Angeles 1957); Drafts and Fragments of Cantos 110–117, Lo. 1969; The Spirit of Romance, Lo. ²1952; ABC of Reading, Lo. 1934; Make It New, Lo. 1934; Guide to Kulchur, Lo. 1938, ²1951; Confucius: The Great Digest, Unwobbling Pivot, The Analects, N.Y. 1969; Women of Trachis, N.Y. 1957; Selected Prose 1909–1965 ed. W. Cookson, Lo. 1973; Literary Essays ed. T. S. Eliot, Lo. 1954; The Letters, 1907–1941, ed. D. D. Paige, N.Y. 1950, Lo. 1951. – N. Stock, The Life of E. P., Lo. 1970; H. Kenner, The Poetry of E. P., Lo. 1951; D. Davie, E. P.: Poet as Sculptor, Lo. 1965; K. K. Ruthven, A Guide to E. P.'s 'Personae' (1926), Berkeley–Los Angeles 1969; J. J. Espey, E. P.'s Mauberley: A Study in Composition, Lo. 1955; G. Dekker, Sailing after Knowledge: The Cantos of E. P., Lo. 1963; N. Stock, Reading the Cantos: A Study of Meaning in E. P., Lo. 1967; H. Kenner, The Pound Era, Berkeley–Los Angeles 1971.

(1908–1910) andeutet. In diesen frühen Gedichten ist er der Erbe der neunziger Jahre, vor allem Brownings, dessen Form des dramatischen Monologs er aufnimmt und mit dem ihn ebenfalls die Ablehnung romantischer Gefühlsdichtung und die Vorliebe für eine spröde, umgangssprachliche Diktion verbindet. Fühlbar ist auch der Einfluß der Präraffaeliten, den er allmählich durch eine ständig stärker werdende Ironie in der Art Heines und besonders Laforgues überwindet. Mit *Lustra* (1916), d. i. Sühnopfer für die Sünden der Zeitgenossen, hat Pound einen neuen, herberen Ton erreicht. Der Band verwirklicht das antiromantische Programm der Imagisten: geschliffene Form, epigrammatische Kürze und vignettenhafte Bildlichkeit, wenngleich Pound von Anfang an auch dem dynamischen Bild Raum gewährt. In die gleiche Richtung führte seine Beschäftigung mit der chinesischen Sprache und Lyrik, als er den Nachlaß des Sinologen Ernest Fenollosa herauszugeben hatte. Die dem Lustra-Band angefügte Sammlung *Cathay* (1915) enthält freie Bearbeitungen von Fenollosas Übersetzungen, und dessen Aufsatz über die chinesischen Schriftzeichen bestätigte Pound in seiner Auffassung der Bildersprache.

Einen Höhepunkt erreichte Pounds Lyrik in *Homage to Sextus Propertius* (1919), einer freien Übertragung des römischen Elegikers in den Ton und Stil des 20. Jahrhunderts, und in *Hugh Selwyn Mauberley* (1920), einem Gedichtzyklus, der autobiographisch und zugleich in ironischer Distanz das Verhältnis des Dichters zu seiner Zeit erörtert. 'Hugh Selwyn Mauberley' ist ein heftiger Angriff auf die museale und korrupte zeitgenössische Kultur. Über die Thematik hinaus wurde auch Pounds Technik vorbildlich durch den elliptischen Stil, die Zitate aus den verschiedensten Literaturen, durch die Verwendung journalistischer Klischees und die stechenden Kontraste zwischen großer, lebendiger Vergangenheit und schaler, chaotischer Gegenwart.

Die bisherigen Gedichte waren für Pound nur Vorübungen zu seinem ehrgeizigsten Werk, den *Cantos*. Von den geplanten 120 Gesängen erschienen bis 1963 die Cantos 1–109 (ohne 72 und 73); von den Cantos 110 bis 117 wurden Entwürfe und Fragmente veröffentlicht. Indem Pound die subtile Technik von 'Mauberley' auf ein Werk von epischen Ausmaßen anwandte, wuchsen die Schwierigkeiten des Verstehens. Denn die Cantos haben keinen Erzählfaden; ihre Substanz ist die Geschichte, aber nicht chronologisch gesehen, sondern morphologisch, als Wiederholung oder Variation bestimmter Leitmotive. Aus Gegenwart, Vergangenheit und Mythos schöpfend, setzt Pound elliptisch Bild neben Bild, Motiv neben Motiv. Die angestrebte Wirkung ist die einer musikalischen Komposition: aus der Beziehung der einzelnen Teile zueinander, aus ironischer Kontrastierung oder intensivierender Wiederholung soll das komplexe Ganze erwachsen. Yeats verglich die Komposition der Cantos mit einer Bach-Fuge, und Pound selbst äußerte, „reine Dichtung" stünde Musik und Malerei näher als den anderen Formen der Literatur. Dementsprechend tritt das logische Element in den Cantos hinter den bildhaften und metrischen Wirkungen zurück. Pounds Fähigkeit der poetischen Verschmelzung heterogener Stoffe ist größer als seine Kraft zu struktureller Durchdringung. Als die idealen Richtpunkte dienen ihm in seinem Werk die in sich geschlossene Welt der griechischen Naturreligion, die Harmonie des konfuzianischen Staates und der 'uomo universale' der Renaissance. Ihr Gegenpol ist 'Usura', die Macht, die Staat und Kultur untergräbt. Die Auseinandersetzung dieser kulturbildenden mit den kulturzerstörenden Kräften geschieht in den großen Wirtschaftskämpfen der modernen Welt, die somit an die Stelle der kriegerischen Vorgänge des alten Epos treten. Pounds Cantos sind der kühne Versuch, das kulturelle Erbe von West und Ost in einer dichterischen Gesamtvision zu verbinden, die noch einmal die Fackel einer leuchtenden Humanitas entzündet, rauschhaft im Glück irdischer Sinnenfreude und zutiefst bewegend in der leidvollen Erfahrung menschlicher Verzweiflung, Demütigung und Todesfurcht. Doch es gelang Pound nicht, das gewaltige Material zur Einheit zu fügen; er mußte am Ende bekennen: „And I am not a demigod / I cannot make it cohere" (Canto 116). So ist man vom Ganzen weniger beeindruckt als von virtuosen Passagen, einzelnen Cantos (1, 2, 13, 17) und der ergreifenden Sequenz der „Pisaner Gesänge" (74–84).

Thomas Stearns Eliot[30] (1888–1965) gehört in die große Reihe der englischen Dichter-Kritiker, die mit Sir Philip Sidney beginnt und über Ben Jonson, Dryden, Dr. Johnson zu Coleridge und Matthew Arnold führt. In Harvard erzogen, wo Babbitt und Santayana zu seinen Lehrern zählten, kehrte er vor dem ersten Weltkrieg in die Heimat seiner puritanischen Vorfahren zurück und wurde 1927 englischer Staatsbürger.

Eliots Kritik hat den literarischen Geschmack der Zeit zwischen den beiden Weltkriegen wesentlich mitgeformt. Seine erste Aufsatzsammlung *The Sacred Wood* (1920), insbesondere der Essay *Tradition and the Individual Talent* (1919), kann als das Manifest einer neuen Dichtungstheorie gelten, die in der Nachfolge von Rémy de Gourmont und Ezra Pound die spätromantische Ästhetik ablehnte und vom Kunstwerk „Unpersönlichkeit" verlangte. Erst indem das persönliche Erleben des Dichters objektiviert wird und sich mit der Tradition verbindet, entsteht für

[30] Complete Poems and Plays, Lo. 1969; The Waste Land: A Facsimile and Transcript of the Original Drafts ed. V. Eliot, Lo. 1971; Selected Essays, Lo. [3]1951; On Poetry and Poets, Lo. 1957; To Criticize the Critic and Other Writings, Lo. 1965; The Use of Poetry and the Use of Criticism, Lo. [2]1964; The Idea of a Christian Society, Lo. 1939; Notes Towards the Definition of Culture, Lo. 1948. – H. Gardner, The Art of T. S. E., Lo. 1949; F. O. Matthiessen, The Achievement of T. S. E., Lo. [3]1959; H. Kenner, The Invisible Poet: T. S. E., Lo. 1960; L. Unger, Moments and Patterns, Minneapolis u. Lo. 1966; G. Smith, T. S. E.'s Poetry and Plays: A Study in Sources and Meaning, Chicago 1956; V. Brombert, The Criticism of T. S. E., New Haven, Conn., u. Lo. 1949; B. Bergonzi, T. S. E., Lo. 1972; J. Chiari, T. S. E.: Poet and Dramatist, Lo. 1972; E. in Perspective ed. G. Martin, Lo. 1970.

Eliot große Dichtung, wie er sie in den Leitbildern Dante und Vergil verkörpert sieht. Der Dichter muß, wie es der *Hamlet*-Aufsatz (1919) formuliert, für seine Emotion jeweils die „gegenständliche Entsprechung" ('the objective correlative') finden, die diese Emotion vollkommen ausdrückt und im Leser die entsprechende Reaktion erzeugt. Die hierzu notwendige Einheit von Fühlen und Denken sieht Eliot zum letztenmal bei den 'metaphysical poets' des 17. Jahrhunderts verwirklicht. Mit Milton habe eine 'dissociation of sensibility' eingesetzt, an der alle folgende Dichtung kranke. In zahlreichen Aufsätzen hat Eliot diese Grundeinsichten erweitert, angewandt und im Laufe der Zeit modifiziert oder revidiert, wie seine späteren positiveren Äußerungen über Milton, Tennyson, Kipling oder Goethe beweisen. Wie Matthew Arnold hat sich Eliot in zunehmendem Maße auch theologischen und sozialen Fragestellungen zugewandt und Literatur- und Kulturkritik miteinander verknüpft.

Eliots lyrisches Werk ist gering an Umfang, zeigt aber den Maßstab strenger Auswahl. In seiner ersten Sammlung *Prufrock and Other Observations* (1917) zeichnet der Dichter als distanzierter Beobachter eine Reihe satirischer Porträts, Bilder der tödlichen Langeweile, der Vereinzelung, der Entfremdung. Das Titelgedicht *The Love Song of J. Alfred Prufrock,* der innere Monolog eines bereits alternden, neurotischen Junggesellen, der, zur Liebe unfähig, ihr nur in Tagträumen nachhängt, zeigt die auch für die übrigen Gedichte bezeichnenden Stilzüge: den Aufbau in kurzen, unverbundenen, typischen Szenen; die ironische und zugleich wertende Kontrastierung der trivialen Gegenwart mit dem sinnerfüllten Leben der Vergangenheit; Eliots feines Ohr für die Rhythmen der Umgangssprache wie seine Gabe, durch das Hineinweben geprägter Bilder aus der abendländischen Kulturtradition höchste Eindringlichkeit zu erreichen. Die vorzugsweise dem amerikanischen Hintergrund verpflichteten Porträts von 'Prufrock' ergänzt der folgende Band, *Poems* (1920), durch eine kosmopolitische Gesellschaft schäbiger Touristen. Mit Nachdruck an die Spitze gestellt ist *Gerontion,* der innere Monolog eines zusammengeschrumpften Greises, der in einem verfallenen Haus, dem Symbol der abendländischen Kultur, dahinvegetiert und vergeblich auf Regen wartet; es ist bereits ein Vorklang zum „Wüsten Land".

In *The Waste Land* (1922) sucht der Dichter nach einem Weg, der aus der Öde und Leere, der 'terra deserta et inaquosa', zu den Quellen des Lebens führt. Als Grundgerüst für sein Gedicht hat Eliot Sir James Frazers Forschungen über die Vegetationsmythen benutzt, sowie Jessie L. Westons 'From Ritual to Romance', das die Gralsmythe als einen Fruchtbarkeitsritus deutet. Die fünf „Sätze" des 'Waste Land' geben in zeitgenössischen und historischen Szenen, Bildern und Visionen das Panorama einer Welt, die, von ihren Lebenswurzeln abgeschnitten, nur noch ein Schattendasein führt. Ihre Bewohner kennen keine Liebe, keine fruchtbare Begegnung, sondern nur Lust und Langeweile. Wirkungsvoll werden

Gestalten, Zeiten, Räume und Stile ineinandergeschoben und damit des Einmaligen und Zufälligen entkleidet. Die Gleichzeitigkeit aller Zeiten und Räume gibt dem Gedicht die umfassende Gültigkeit und erweist die Nachkriegssituation als das zeitlose Dilemma des Menschen zwischen Sünde und Erlösung. Die Anspielungen und Implikationen des Gedichts sind kaum ausschöpfbar und bewirken seine Vieldeutigkeit. Es gibt weder Handlung noch Erzählung, es werden vielmehr Motive angeschlagen, nebeneinandergesetzt, wiederaufgenommen, verschlungen, moduliert, um schließlich in einer Coda auszuklingen. Zusammengehalten werden die verschiedenen Teile durch das „zentrale Bewußtsein" des Protagonisten, der mit dem griechischen Seher Tiresias und dem Fischerkönig der Gralsgeschichte identifiziert wird. Seiner Gralssuche ist zwar kein Erfolg beschieden; der Protagonist scheitert bei seiner Initiation und muß weiter auf Regen warten. Gleichwohl steht am Ende nicht Verzweiflung; die drei geheimnisvollen Donnerworte künden von einem Weg, der aus der geistigen und seelischen Öde und Dürre herausführt. Er besteht in der Hingabe an das Du, im Mitgefühl und in der Selbstzucht.

Mutet *The Hollow Men* (1925) wie ein Epilog zum 'Waste Land' an, denn die Bewohner des „Kaktuslandes" wählen nicht das Leben, sondern die Selbstzerstörung, so zeigen die folgenden, nach seinem Übertritt zum Anglokatholizismus (1927) entstandenen Gedichte einen Künstler, der aus dem Inferno zum Purgatorio gefunden hat. Die als *Ariel Poems* zusammengefaßten Weihnachtsgedichte *Journey of the Magi* (1927), *A Song for Simeon* (1928), *Animula* (1929) und *Marina* (1930) kreisen um die Wiedergeburt, ein Erleben voller Schmerz und Anfechtung, künden aber auch in dem Pericles-Monolog 'Marina' von neuer Hoffnung. Die ebenfalls in den Jahren 1927–1930 geschriebenen Gedichte, die unter dem Titel *Ash Wednesday* (1930) vereinigt wurden, sind Meditationen über das Thema der Läuterung. Sie zeugen von dem qualvollen Ringen des Dichters, Willen und Verstand mit seinem Fühlen in Einklang zu bringen und Frieden zu finden. Liturgische Formeln und Symbole treten jetzt stärker in den Vordergrund und verbinden das persönliche Bekenntnis mit der Stimme der Kirche, und neben Dante wird Johannes vom Kreuz eine der tragenden Stützen seiner Dichtung.

Eliots letzte große Schöpfung, zugleich der bedeutendste Beitrag zur religiösen Literatur des 20. Jahrhunderts, sind die *Four Quartets* (1944). Die vier Gedichte tragen als Titel Ortsnamen, die in Eliots Leben von Bedeutung gewesen sind. *Burnt Norton* (1936) ist nach einem Landhaus in Gloucestershire benannt, mit dessen Garten der Dichter offenbar die Erinnerung an einen begnadeten Augenblick des Enthobenseins verknüpft; *East Coker* (1940) ist ein kleines Dorf in Somersetshire, aus dem Eliots Vorfahren im 17. Jahrhundert nach Amerika auswanderten; *The Dry Salvages* (1941) sind drei Felsen an der Küste von Massachusetts, einer Landschaft, mit der den Dichter Kindheitserinnerungen verbinden; *Little*

Gidding (1942) ist ein Dorf in Huntingdonshire, in dem Nicholas Ferrar im 17. Jahrhundert ein anglikanisches Kloster gründete, das seitdem der Wallfahrtsort zahlloser gläubiger Christen gewesen ist. Die „Vier Quartette" sind exercitia spiritualia über die Frage, wie der Mensch zugleich 'in and out of time' sein könne, wie er jenen Punkt erreicht, 'when time stops and time is never ending'. Solches Transzendieren der Zeit ist nach Eliot möglich in der Vision, im glückhaften Erleben eines begnadeten Augenblicks oder der Erinnerung an ihn, in der religiösen Versenkung und Selbstentäußerung oder auch im intensiven Erleben eines Kunstwerks, das nur im Nacheinander der Teile zu erfassen und dessen Gesamtmuster doch zeitenthoben ist. In solchen Augenblicken werden Bewegung und Stille eins, erreicht der Mensch den Achsenpunkt des Rades, der an der Rotation teilhat und doch stille steht, wird er empfänglich für die Ewigkeit im zeitlosen Augenblick. Dieser Schnittpunkt von Zeit und Zeitlosigkeit ist, religiös gesprochen, das Wunder der Inkarnation. Technisch sind die 'Four Quartets' der Versuch, den symbolistischen Traum einer Musik in Worten zu verwirklichen, womit Ansätze des 'Waste Land' weitergeführt werden. Jedes Quartett besteht aus fünf in Tempo und Tonart deutlich voneinander abgehobenen Sätzen, die nach Art der Sonate Themen einführen, entwickeln, variieren und auflösen.

5. Die Zeitgenossen Eliots in Amerika

Zum Freundeskreis von Ezra Pound und Hilda Doolittle gehörte seit der gemeinsamen Studienzeit in Philadelphia WILLIAM CARLOS WILLIAMS[31] (1883–1963). Sein Hang zum objektiven, schmucklos knappen und präzisen Ausdruck zeigt ihn unter dem deutlichen Einfluß des Imagismus. In betontem Gegensatz zu Pound und Eliot lehnte er die Hinwendung zur europäischen Kulturüberlieferung ab und suchte nach einem rein amerikanischen Stil. Williams' Themen sind mit Vorliebe dem prosaischen Alltag entnommen, für dessen tragische Untertöne er ein feines Ohr hatte. Mit dem scharfen Auge des Arztes für das noch kaum erkennbare Symptom und das bezeichnende Detail bannte er den jeweiligen Eindruck, wie von einem Blitz erhellt, in kurze, reimlose Verse. Er wurde der bewunderte Meister dichterischer Miniaturen. Seine Technik hat sich im Laufe der Zeit

[31] The Collected Earlier Poems, Norfolk, Conn., 1951; The Collected Later Poems, Norfolk, Conn., ²1963; Selected Poems, Norfolk, Conn., ²1963. Selected Letters, N.Y. 1957. – V. Koch, W. C. W., Norfolk, Conn., 1950; A. Ostrom, The Poetic World of W. C. W., Carbondale–Edwardsville 1966; L. W. Wagner, The Poems of W. C. W.: A Critical Study, Middletown, Conn., ²1966; J. E. Breslin, W. C. W.: An American Artist, N.Y. 1970; B. Sankey, A Companion to W. C. W.'s 'Paterson' Berkeley u. Lo. 1971; W. C. W.: A Collection of Critical Essays ed. J. H. Miller, Englewood Cliffs 1966; W. C. W.: A Critical Anthology ed. C. Tomlinson, Harmondsworth 1972.

verfeinert, aber nicht grundsätzlich gewandelt. Das aus fünf Büchern bestehende Werk *Paterson* (1946–1958) trägt seinen Namen nach der Stadt in New Jersey, die dem Dichter, wie Dublin für Joyce, zum Kosmos wurde. Auch 'Paterson' ist eine Folge lyrisch-epischer Impressionen, wobei Verse mit kürzeren oder längeren Prosastücken abwechseln, die fest mit dem Grundthema verknüpft sind, es variieren oder durch Kontraste unterstreichen. Da 'Paterson' das Leben der Gegenwart wie der Vergangenheit bis in die geologische Vorzeit hinein umspannen will, verläuft die Darstellung horizontal wie vertikal und sucht im gegenwärtigen Augenblick zugleich die Vergangenheit und das allgemein Menschliche zu erfassen. Zusammengehalten wird die Dichtung, in der sich eine Fülle von Einzelgestalten bewegt, durch eine zentrale Figur, die sowohl den Autor, wie die Stadt, die Geschichte, die Mythologie und die Urzeit des Menschen repräsentiert. Hierdurch hat Williams eine gewisse Einheit erreicht, wenn im einzelnen auch manches willkürlich und äußerlich wirkt.

Marianne Moore[32] (1887–1972), die ebenfalls zur Gruppe um Ezra Pound gehörte, pflegte eine äußerst bewußte Kompositionsweise, wie die eigenen Anmerkungen der Dichterin bestätigen. Dies führt gelegentlich zu einem geschickt gefügten Mosaik subtiler Gedankenspielerei. Ihre Blumen leben in intellektueller Treibhausluft, sie liebt fremdartige Tiere, und ihre schönsten Schwäne sind aus Stein. Ihre Dichtung, obwohl von T. S. Eliot gelobt, kann nicht allgemeine Geltung beanspruchen, doch entfaltet sie gelegentlich einen eigenen Charme.

Das Frühwerk des überaus produktiven Archibald MacLeish[33] (geb. 1892) stand unter dem Einfluß der französischen Symbolisten und seiner Lehrmeister Pound und Eliot, wie etwa in *The Pot of Earth* (1925), das thematisch und metaphorisch an einen von James Frazer in 'The Golden Bough' beschriebenen Fruchtbarkeitsritus anknüpft. *The Hamlet of A. MacLeish* (1928) kontrastiert den Hamlet der Tradition, der wenigstens das Böse noch mit eindeutigen Namen wie Mord und Inzest belegen konnte, mit seinem modernen Nachfahren, der die ihn bedrängende Macht nicht einmal kennt und daher auch nicht bekämpfen kann. Nachdem MacLeish zu Ende der zwanziger Jahre aus Paris nach Amerika zurückgekehrt war, erfolgte der Durchbruch zu einer positiveren Haltung, welche die soziale Funktion der Dichtung betonte. Angesichts der Krise der Zeit griff er die Lethargie der Demokratie an und wies auf die Gefahren der in Wirklichkeit auf Bluff beruhenden totalitären Diktaturen hin. Aber trotz seines begeisterten Eintretens für die kulturellen Werte der amerikanischen Welt und trotz seines bemerkenswerten technischen Könnens wird man

[32] Collected Poems, Lo. 1951. Complete Poems, N.Y. 1967; Selected Poems, Lo. 1969. – G. W. Nitchie, M. M.: An Introduction to the Poetry, N.Y.–Lo. 1969. M. M.: A Collection of Critical Essays ed. C. Tomlinson, Englewood Cliffs 1969.

[33] Collected Poems 1917–1952, Boston ^{2}1963. – S. L. Falk, A. M., N.Y. 1965.

seine Leistung zurückhaltend beurteilen: seine Erzählgedichte neigen zu Typisierung und Verallgemeinerung, zu Detailhäufung und rhetorischer Deklamation, und auch seine Hörspiele und Versdramen, von denen das moderne Hiobspiel *J. B.* (1958) großen Erfolg hatte, sind mehr pathetisch als dramatisch gestaltet. MacLeish war stets zu empfänglich für Zeitströmungen, als daß er zu einer wirklich eigenen Stimme gefunden hätte.

Wie Williams' Kunst durch seinen ärztlichen Beruf, so wird die Lyrik von Edward Estlin Cummings[34] (1894–1962) durch sein Talent als Maler beeinflußt; denn auch als Schriftsteller arbeitet er mit malerischen Impressionen. Mit seinen eigenwilligen Versuchen der Versgestaltung hat Cummings in der an die zeitliche Abfolge gebundenen Sprache die Wiedergabe gleichzeitiger Wahrnehmung angestrebt und daher Worte und Zusammenhänge bewußt gespalten und das normale Sprachgefüge gesprengt. Dem Dadaismus verwandt, geht die Gesuchtheit bis in effekthaschende typographische Bizarrerien, die jedoch den Leser zwingen, das Gedicht mit den vom Autor gesetzten musikalischen Zeitwerten zu lesen. Seine manieristischen Experimente sind interessant, doch dürften sich seine einfacheren Gedichte, besonders seine zarte, elegische Liebeslyrik, als dauerhafter erweisen.

Das umfangreiche Werk von Conrad Aiken[35] (1889–1973), der mit Eliot zusammen in Harvard studierte, zeigt Liebe zum Experiment und imaginative Kraft, aber auch große Unausgeglichenheit. Nur kurze Zeit war er dem Imagismus verbunden, den er bald als zu wenig emotional ablehnte; von nachhaltigerem Einfluß erwiesen sich Poe und Freud. Aiken strebte nach einer engen Verbindung von Dichtung, Psychoanalyse und Musik und suchte in seinen 'Symphonies' (z. B. *The House of Dust,* 1920) die Wirkung Debussyscher Kompositionen zu erreichen. Diese Fusion ist in Teilen brillant gelungen, aber im ganzen sind die Dichtungen diffus. Aikens entscheidende Wendung war der Übergang zu der metaphysischen Dichtung der 'Preludes' (*Preludes for Memnon,* 1931; *Time in the Rock, Preludes to Definition,* 1936). Im Gegensatz zur All-Einheits-Lehre der Transzendentalisten des 19. Jahrhunderts vermochte er sich nur noch als Teil eines allgemeinen Chaos zu erkennen und diese Situation als sein Schicksal hinzunehmen. Aikens Dichtung ist ein ständiges Suchen nach einer Antwort auf die Seinsfrage; dies ist auch das Grundproblem seiner in psychoanalytischer Manier geschriebenen Kurzgeschichten und Bewußtseinsromane (z. B. *Great Circle,* 1933).

[34] Complete Poems, 2 Bde., N.Y. 1968; E. E. C.: A Selection of his Poems ed. H. Gregory, N.Y. 1965. Selected Letters ed. F. W. Dupee and G. Stade, N.Y. 1969. – N. Friedman, E. E. C.: The Art of His Poetry, N.Y. 1960; ders., E. E. C.: The Growth of a Writer, Carbondale 1964; B. A. Marks, E. E. C., N.Y. 1964; R. E. Wegner, The Poetry and Prose of E. E. C., N.Y. 1965.

[35] Collected Poems, N.Y. ²1970; Selected Poems, N.Y. 1961; F. J. Hoffman, C. A., N.Y. 1962.

Ein Einzelgänger war WALLACE STEVENS[36] (1879–1955), dessen Schaffen der 'poésie pure' der Franzosen nahesteht. Er war bereits 43 Jahre, als seine erste, kaum beachtete Sammlung *Harmonium* (1923) erschien. Mit *The Man with the Blue Guitar* (1937) und ein paar weiteren Bänden fand er jedoch bei einer künstlerischen Elite höchste Anerkennung und galt als ein Dichter feinster Sensibilität und virtuoser Formensprache. Seine anspruchsvollen, häufig pointillistisch flimmernden Verse bewegen sich mit andeutungsreichen Bildern und schönen Vokalklängen in einer imaginativen, rein ästhetischen Welt; die Imagination ist für Stevens, wie es in paradoxer Zuspitzung heißt, 'the only reality / In this imagined world'. Stevens' Metaphern stehen nicht, wie oft bei Pound, unverbunden nebeneinander, sondern werden in klarer Satzführung in den Bewußtseinsstrom der Strophen verflochten. Aufschlußreich für seine Auffassung der Dichtung ist die Aufsatzsammlung *The Necessary Angel* (1951).

In schroffem Gegensatz zu diesem Stil steht die zivilisationsfeindliche Dichtung des eigenwilligen, in der Einsamkeit von Carmel an der kalifornischen Küste lebenden ROBINSON JEFFERS[37] (1887–1962). Seine in freien Rhythmen abgefaßten, kraftvoll und dramatisch erzählten Gedichte sind von Wildheit und Perversion erfüllt und strömen einen tiefen Pessimismus aus (*Tamar*, 1924; *Roan Stallion*, 1925). Jeffers überantwortet den Menschen den ihm feindlichen kosmischen Mächten; die Erde wird erst Trost und Frieden finden, wenn sie von der Menschheit befreit ist. Jeffers' Dichtung verbindet antike, biblische und indianische Mythen mit großartigen Natureindrücken der urtümlichen Pazifikküste, deren ragende Felsen Zeugen der Zeitlosigkeit sind. So negativ seine Weltsicht ist, so ausdrucksstark und ekstatisch ist seine das Konkrete ganz konkret nehmende Kunst. Seine die grausigen Seiten überbetonende Nachdichtung der *Medea* des Euripides (1946) wurde ein sensationeller Theatererfolg.

Die mit keiner poetischen Schule verbundene EDNA ST. VINCENT MILLAY[38] (1892–1950) fand durch die Frische ihrer Empfindung, die offene Liebesaussprache und die mühelose technische Sicherheit großen Anklang. Die schwermutverhangene Melodie ihrer klingenden Strophen, die von verlorener Liebe und Trauer erfüllt sind, und die Aufgeschlossenheit ge-

36 The Collected Poems, N.Y. 1954; Opus Posthumous ed. S. F. Morse, N.Y. 1957. Letters ed. H. Stevens, Lo. 1966. F. Kermode, W. S., Edinburgh u. Lo. 1960; D. Fuchs, The Comic Spirit of W. S., Durham, N. C., 1963; J. N. Riddel, The Clairvoyant Eye: The Poetry and Poetics of W. S., Baton Rouge 1965; M. Benamou, W. S. and the Symbolist Imagination, Princeton 1972; A. W. Litz, Introspective Voyager: The Poetic Development of W. S., N.Y. 1972.

37 The Selected Poetry, N.Y. 1938. – Selected Letters ed. A. N. Rideway, Baltimore 1968. – M. B. Bennett, The Stone Mason of Tor House: The Life and Work of R. J., Los Angeles 1966; R. Squires, The Loyalties of R. J., Ann Arbor, Mich., 1956; F. I. Carpenter, R. J., N.Y. 1962; A. B. Coffin, R. J.: Poet of Inhumanism, Madison u. Lo. 1971.

38 Collected Poems ed. N. Millay, N.Y. 1956.

genüber der Natur erinnern an romantische Vorbilder, doch ist ihre Sprachgebung moderner und überraschend vielfältig. Sie ist am überzeugendsten im einfachen lyrischen Gedicht, aber sie hat auch eine besondere Gabe für das Sonett entwickelt.

Die begabte ELINOR WYLIE[39] (1885–1928), von Jugend auf eine Bewunderin Shelleys und später auch der 'metaphysical poets', gelangte von einer traumsilbernen Stimmungslyrik zu einer geistesscharfen, glitzernden Wortkunst, der besonders Stücke in scherzend ironischem Ton gelangen. Der posthume Band *Angels and Earthly Creatures* (1929), dessen Titel Donne entlehnt ist, enthält mit einer Reihe mystischer Gedichte und der wiederveröffentlichten Sonettsequenz *One Person* (1928) ihre reifste Dichtung.

6. W. H. Auden und seine Zeit

Ende der zwanziger Jahre meldete sich eine neue Generation zu Wort – W. H. Auden, C. D. Lewis, S. Spender und L. MacNeice –, die sich zwar zu Yeats, Owen und Hopkins als Vorbildern bekannte, aber die soziale und politische Verantwortung des Dichters in den Vordergrund stellte. Und da die jungen Oxforder Studenten den Krebsschaden in der Weltwirtschaftskrise mit ihrer Massenarbeitslosigkeit und dem Aufstieg des Faschismus sahen, wandten sie sich entschlossen dem Sozialismus zu. Im Spanischen Bürgerkrieg (1936–1939) ergriffen sie aktiv für die republikanische Seite Partei. Der zweite Weltkrieg, den sie klar voraussahen, bestätigte die Richtigkeit ihrer Zeitdiagnose, aber er weckte auch zwangsläufig Zweifel an ihren politischen Idealen und bedingte eine Neuorientierung ihres Schaffens. Auden war bereits vor Kriegsbeginn nach Amerika gegangen; er fand den Weg von Marx und Freud zu Pascal, Kierkegaard und Reinhold Niebuhr. Seine einstigen Mitstreiter im Kampf gegen Bourgeoisie, Kirche, Generäle, Politiker und Pressemagnaten haben zwar seine christliche Wende nicht mitvollzogen, aber sie gaben ihre sozialistische Haltung auf und bekannten sich zur englischen Tradition.

WYSTAN HUGH AUDEN[40] (1907–1973) war der unbestrittene Wortführer der Gruppe. Schon aus seinen frühen Lyrikbänden *Poems* (1930) und *The Orators* (1932) spricht der Moralist, der nach einer geistigen Ordnung sucht und zur Verantwortung aufruft. Vieles mutet noch adoleszent an; die Klitterung von Marx und Freud überzeugt ebensowenig wie der Volks-

[39] Collected Poems of E. W., N.Y. 1932.

[40] Collected Shorter Poems (1927–57), Lo. 1966; Collected Longer Poems, Lo. 1968; W. H. A.: A Selection by the Author, Lo. 1958 (Selected Poetry, N.Y. 1959); The Dyer's Hand and Other Essays, Lo. 1963. – M. K. Spears, The Poetry of W. H. A., N.Y. ²1968; J. G. Blair, The Poetic Art of W. H. A., Princeton 1965; J. Replogle, A.'s Poetry, Lo. 1969; J. Fuller, A Reader's Guide to W. H. A., Lo. 1970.

predigerton, mit dem der revolutionäre Traum vorgetragen wird. Aber auffällig ist die brillante Beherrschung von Metrik und Diktion, die Einbeziehung von Jazzrhythmen, Pressejargon und den Klischees der Zeit, auffällig auch, daß der utopische Sozialismus mehr Shelley und Morris als Marx verdankt. In den folgenden Sammlungen *Look Stranger* (1936) und *Another Time* (1940) wurde der Stil sicherer und sehniger, die Technik weniger aufdringlich, und die Manierismen traten zurück. In den besten Gedichten zeigt sich, daß die psychologischen und politischen Interessen Audens eine religiöse Wurzel haben, die einstweilen tastend mit dem schillernden Begriff „Liebe" bezeichnet wird.

Mit der Übersiedlung nach Amerika im Januar 1939 begann eine neue Phase. *New Year Letter* (1941), in Amerika unter dem bezeichnenderen Titel *The Double Man* veröffentlicht, sah das Heilmittel nicht mehr in einer politisch-sozialen Revolution, sondern in der Erlösung von der Existenzangst, die mit Kierkegaard und Reinhold Niebuhr als Zeichen der Geschöpflichkeit, aber paradoxerweise auch der Freiheit des Menschen, begriffen wird. Das tiefere Fragen nach dem Lebenssinn ließ sich nicht mehr auf kurzem Raum abhandeln; daher erfolgte mit 'New Year Letter' der Übergang zum langen Gedicht, dem sich drei weitere Versuche anschlossen: das dem Gedächtnis seiner frommen Mutter gewidmete Weihnachtsoratorium *For the Time Being* (1944); der im selben Band veröffentlichte poetische Kommentar zu Shakespeares „Sturm", *The Sea and the Mirror*, eine Erörterung der Wechselbeziehung von Künstler, Kunst und Gesellschaft und vermutlich sein bestes Werk; sowie Audens Analyse des Zeitalters der Angst, die „barocke Ekloge" *The Age of Anxiety* (1947), ein wenn nicht als Ganzes, so doch in Teilen eindrucksvolles Gedicht. In den folgenden Bänden fällt eine Vorliebe einerseits für das (von Rilke beeinflußte) symbolische Landschaftsgedicht auf (*Nones*, 1951; *The Shield of Achilles*, 1955), zum anderen für leichte komische Dichtung (*Homage to Clio*, 1960), im letzten Jahrzehnt schließlich eine Neigung zu überlegener horazischer Betrachtung und liberaler Humanität (*About the House*, 1966; *City without Walls*, 1967; *Thank you, Fog*, 1973). Wenn Audens umfangreiches Werk auch ungleich ist, so hat er doch einige der besten modernen Gedichte geschrieben, neben symbolischen Landschaftsgedichten und komischen Stücken vor allem Liebeslyrik *(Lay your sleeping head, my love)* sowie Elegien und Schriftstellerporträts (Yeats, Pascal, Henry James, Melville, Toller, Freud u. a.).

Im Vergleich mit Auden ist die dichterische Skala von CECIL DAY LEWIS[41] (1904–1972) begrenzter. Er mußte verschiedene Einflüsse, vor allem den Audens, überwinden, bevor er zu seinem eigenen Wesen fand, das sich in der Tradition Hardys, de la Mares und Blundens heimisch fühlte. Er ist am überzeugendsten, wenn er von der englischen Landschaft

41 Collected Poems, Lo. 1954.

und Natur singt, von gepflügten Feldern und Vögeln, von Wind und Wolken; dann verwirklicht er das von Anfang erstrebte Ideal der 'single-mindedness'. Der Hölderlin- und Rilke-Übersetzer STEPHEN SPENDER[42] (geb. 1909) neigte von Natur aus stärker zur Innerlichkeit als Auden. Seine frühe Dichtung erstrebte nicht eine satirische Bloßstellung der „Schuldigen", sondern Mitgefühl mit den Unterlegenen und Entrechteten; die späteren Bände umkreisen die Seinsfrage und finden zarte Töne über Liebe, Leid und Tod. Seine Literaturkritik dürfte jedoch seine bedeutendere Leistung darstellen (*The Destructive Element*, 1935; *The Creative Element*, 1955). Stets etwas abgerückter vom Auden-Kreis, auch in seiner politischen Einstellung, war der Nordire LOUIS MACNEICE[43] (1907–1963). Er wirkte eine Zeitlang als Dozent für klassische Sprachen und übersetzte Aeschylus' Agamemnon ins Englische (1936). Seine Dichtung ist gekennzeichnet durch einen liberalen Humanismus, eine scharfe Beobachtungsgabe, die im Vertrauten das Ungewöhnliche und häufig das Unheimliche entdeckt, und eine fast spielerische Beherrschung von Sprache und Vers. Sie ist phantasievoll, geistreich und klar, aber selten tief. Für eines seiner Hörspiele, *The Dark Tower* (1947), schrieb Benjamin Britten die Musik. Derselben Generation gehört WILLIAM EMPSON[44] (geb. 1906) an, der in Cambridge neben englischer Literatur Mathematik studierte. Seine an Donne und vor allem an Marvell und den jungen Dryden erinnernde Lyrik (*Poems*, 1935; *The Gathering Storm*, 1940) ist trotz der Anmerkungen schwierig zu entschlüsseln und verlangt vom Leser intensive intellektuelle Anspannung. Empson erreicht ein Optimum an sprachlicher Verdichtung und nutzt mit dialektischem Scharfsinn und Ironie die Mehrdeutigkeit der Sprache. Dem Problem der Ambiguität gilt auch das Hauptaugenmerk seiner Kritik (*Seven Types of Ambiguity*, 1930; *Some Versions of Pastoral*, 1935; *The Structure of Complex Words*, 1951); sein letztes Werk, *Milton's God* (1961, ²1965), spiegelt seine vehement antichristliche Haltung.

Stärker der viktorianischen Tradition verbunden geblieben ist der derzeitige poeta laureatus, JOHN BETJEMAN[45] (geb. 1906), der in den fünfziger Jahren eine überwältigende Popularität erreichte. Auden hat ihn einen „topographischen" Dichter genannt, und in der Tat ist seine Kunst so lokal geprägt, daß er außerhalb der britischen Inseln kaum eine größere Lesergemeinde finden wird. Betjeman ist ein Kenner der viktorianischen und edwardianischen Architektur, von Kirchen und Bahnhöfen, ein Liebhaber englischer Landschaften und ihrer Menschen, und sein Anglikanismus hat ihn in seiner konservativen Haltung bestärkt. Er bevorzugt

42 Collected Poems, Lo. 1955.
43 Collected Poems ed. E. R. Dodds, Lo. 1966.
44 Collected Poems, Lo. 1955. – H. Meller, Das Gedicht als Einübung: Zum Dichtungsverständnis W. E.'s, Heidelberg 1974.
45 Collected Poems (enlarged ed. 1970).

schlichte, traditionelle Formen, in denen er, manchmal nostalgisch, die Schönheit einer vergangenen Zeit beschwört. Aber er parodiert auch die viktorianischen Vorbilder und benutzt sie – wie später Larkin, der zu seinen Bewunderern zählt – als Instrument der Satire. Ein scharfsichtiger Beobachter und Kritiker der Gesellschaft und ihrer Torheiten, bekundet er zugleich Mitgefühl mit den Opfern, und seine besten Gedichte handeln bewegend von menschlicher Verlassenheit, Vergänglichkeit und Tod.

7. Die neuere englische Lyrik[46]

Bereits um die Mitte der dreißiger Jahre setzte eine Reaktion gegen die Auden-Gruppe ein, deren wesentlich intellektuelle politisch-soziale Dichtung die neue Generation als eine Verengung des dichterischen Bereiches empfand. Man suchte nach dem Mythischen und Archetypischen, nach dem Geheimnisvollen und Unbewußten im Leben, und wurde darin vom Surrealismus bestärkt. Bei der Abneigung gegen Extreme konnte sich in England trotz des Eintretens von Herbert Read (vgl. S. 292) der strenge Surrealismus französischer Prägung keinen Eingang verschaffen. Am stärksten beeinflußt wurde David Gascoyne[47] (geb. 1916), der Eluard, Aragon und andere Franzosen übersetzte und *A Short Survey of Surrealism* (1935) verfaßte. Er versuchte sich auch selbst in alogischer Dichtung, ging jedoch bald wieder traditionellere Wege und fand Anerkennung mit beschreibender, visionärer und meditativer Lyrik.

Dem Surrealismus nahe stand der bedeutendste Dichter der vierziger Jahre, der Waliser Dylan Thomas[48] (1914–1953). Vieles in seiner frühen Lyrik ist unausgegoren; aber trotz der mangelnden Durchformung des Themas, trotz des Wortschwalls und des Bilderchaos verrät sie eine eigene Schau. Thomas sah das Leben als einen Prozeß, in dem das Getrennte und Gespaltene nach Vereinigung strebte, und er suchte nach einer Sprache, um dieses Grunderlebnis auszudrücken. Deshalb wiederholte er bis zum Überdruß Bilder aus der Sphäre der Zeugung, des embryonalen Stadiums, der Geburt, des Wachstums und des Todes in einer dunklen Fusion von

46 J. Press, Rule and Energy: Trends in British Poetry Since the Second World War, Lo. 1963; M. L. Rosenthal, The New Poets: American and British Poetry Since World War II, N.Y. 1967; The Survival of Poetry: A Contemporary Survey ed. M. Dodsworth, Lo. 1970; C. Bedient, Eight Contemporary Poets, Lo. 1974. S. auch Anm. 1.

47 Collected Poems ed. R. Skelton, Lo. 1965.

48 Collected Poems 1934–1952, Lo. 1952; EL 581; Notebooks ed. R. Maud, N. Y. 1966. Selected Letters ed. C. FitzGibbon, Lo. 1966. – C. FitzGibbon, The Life of D. Th., Lo. 1965; J. Ackerman, D. Th.: His Life and Work, Lo. 1964; R. Maud, Entrances to D. Th.'s Poetry, Pittsburgh 1963, Lowestoft 1964; W. T. Moynihan, The Craft and Art of D. Th., Ithaca 1966; D. Th.: New Critical Essays ed. W. Davies, Lo. 1972; W. Y. Tindall, A Reader's Guide to D. Th., N.Y. 1962.

Freud und Bibel. Aber eindrucksvoll sind schon hier die kraftvolle Rhythmik und der Orgelton seiner Verse.

Nur langsam wurde die Aussage zusammenhängender und der Ton menschlich schlichter, wie in der Elegie auf seine Tante Ann Jones *(After the Funeral)*. Auch in seinem letzten Band, *Deaths and Entrances* (1946), mutet manches noch labyrinthisch an, aber ebenso unverkennbar ist ein fester Formwille, der bis zum Extrem der Figurengedichte geht, wie das Barock und E. E. Cummings sie liebten. Gelegentlich erreicht Thomas sogar eine fast balladenhafte Einfachheit *(The Hunchback in the Park)*. Der Alltag erscheint verklärt, und die Erinnerung an die Unschuld und den Frieden der Kindheit wird zur Vision des wiedergewonnenen Paradieses *(Fern Hill; Poem in October)*. Der Mensch ist zwar der Vergänglichkeit unterworfen, aber der Tod führt ihn zurück in die kosmische Einheit des Seins *(A Refusal to Mourn)*.

Von Thomas' Prosa seien erwähnt die reizvollen Kurzgeschichten des *Portrait of the Artist as a Young Dog* (1940) und vor allem das postum veröffentlichte *Under Milk Wood* (1954). Dieses 'play for voices' fängt in einer evokativen Sprache einen Frühlingstag vom frühen Morgen bis in die Nacht im Leben des kleinen walisischen Ortes Llaregyb ein. Wir lernen eine Fülle von Personen kennen, deren Gedanken und Regungen und unterbewußte Wünsche das variationsreiche Zentralthema der Liebe umspielen. Umrauscht vom Meer und dem alten Wald reiht sich Episode an Episode, Impression an Impression – ein Hymnus auf den Kreislauf der Zeit. Die sprachliche Kraft, insbesondere der Sinn für die Sprachgroteske, ist bezwingend, wenn Thomas auch vieles der Tradition verdankt, der walisischen Literatur ebenso wie Joyce und Dickens.

Auf die kommende Entwicklung blieb Dylan Thomas ohne Einfluß. Eine an ihn anknüpfende Bewegung, die sich 'The New Apocalypse' nannte und kurz vor Beginn des Krieges an die Öffentlichkeit trat, versank nach drei Anthologien klanglos. Die letzte Entwicklung deutet in eine entgegengesetzte Richtung. 1956 gab Robert Conquest eine Anthologie *New Lines* heraus – eine zweite folgte 1963 –, in der sich eine neue Generation[49] zu Wort meldete, die mißtrauisch war gegen das Außergewöhnliche und Heroische, die nichts mehr von Gralssuche, sozialistischen Utopien, poetischen Experimenten und großen rhetorischen Gesten hielt, sondern einfach und klar die eigenen Erfahrungen und ihr moralisches Urteil zum Ausdruck bringen wollte. Auch formal griffen die Jüngeren wieder auf die traditionellen Metren und Strophenformen zurück. Nach einem Artikel im Spectator aus dem Jahre 1954 bürgerte sich für diese Gruppe, zu der neben Conquest Kingsley Amis, John Wain, Donald Davie, D. J. Enright, Thom Gunn, John Holloway, Elizabeth Jennings und

[49] W. Van O'Connor, The New University Wits and the End of Modernism, Carbondale, Ill., 1963.

Philip Larkin gehörten, die Bezeichnung 'The Movement' ein. Mit Ausnahme von Elizabeth Jennings, die sich zum katholischen Glauben bekennt, sind sie alle Agnostiker; sie entstammen, anders als die Vertreter der Auden-Generation, vorwiegend der lower middle class, und die meisten von ihnen sind oder waren Universitätsdozenten. Indessen ist der Name, der die Vorstellung einer zusammengehörigen Schule nahelegt, irreführend; in Wirklichkeit ist ihre Dichtung recht verschiedenartig.

Zudem beherrschten die Movement-Dichter keineswegs allein das Feld. Ihre Anthologie rief fast gleichzeitig eine Reihe von Einzelgängern auf den Plan, die wieder in dem dionysischen Element das entscheidende Kriterium der Dichtung sahen (*Mavericks*, 1957). Auch anderen Dichtern, die mit *A Group Anthology* (1963) an die Öffentlichkeit traten, erschien die nüchterne und empirische Haltung des Movement als zahm und abgedroschen. Ihr bewunderter Dichter, obwohl er nicht zum engeren Kreis gehörte, war Ted Hughes. Wichtiger als die wenig eindrucksvollen Äußerungen zur Dichtungstheorie sind indessen die dichterischen Ergebnisse, und hier heben sich als die stärksten Begabungen Larkin, Gunn und Hughes heraus.

Philip Larkin[50] (geb. 1922) veröffentlichte in 30 Jahren neben zwei Romanen insgesamt vier schmale Lyrikbände, die ihm in England den Ruhm eines ungekrönten poeta laureatus einbrachten. *The North Ship* (1945) steht noch unter dem beherrschenden Yeats-Einfluß, läßt aber Larkins Hauptthemen der Einsamkeit, der Vergänglichkeit und des Todes bereits deutlich erkennen. In den folgenden Bänden – *The Less Deceived* (1955), *The Whitsun Weddings* (1964) und *High Windows* (1974) – findet der Dichter zu Thomas Hardy als seinem eigentlichen Vorbild. Larkins Gedichte zeichnen mit scharfer Beobachtung das provinzielle Leben im England der fünfziger Jahre und evozieren mit feiner Ironie die Eintönigkeit, die Ungewißheit wie auch die eigene Unzulänglichkeit *(Ignorance)*. Das Leben ist keine heroische oder tragische Angelegenheit, sondern 'first boredom, then fear', und am Ende steht das Alter und der Tod *(Dockery and Son)*. Immer wieder wird der Mensch in seinen Erwartungen enttäuscht, bis das Schicksalsschiff ihn ereilt und Schweigen und Vergessen ihn umfängt *(Next, Please)*. Alles Aufbegehren ist vergeblich *(Toads, Toads Revisited)*; der Mensch kann sich mit seiner Begrenzung nur stoisch abfinden, und gelegentlich klingt sogar eine gewisse Genugtuung darüber an, daß der sinnlose Lauf einmal ein Ende hat *(At Grass)*. Aber trotz der vorherrschenden Resignation und Trauer über die Vergänglichkeit und Zufälligkeit des Lebens klingt zag die Erkenntnis an, daß Liebe und Treue die Zeit überdauern können *(An Arundel Tomb)*. Bei aller Skepsis bleibt ein metaphysisches Verlangen unabweislich, und selbst der glaubenslose

[50] D. Timms, P. L., Edinburgh 1973; L. Kuby, An Uncommon Poet for the Common Man: A Study of P. L.'s Poetry, The Hague–Paris 1974.

Sprecher von *Church Going* empfindet den Drang, an jenem Ort schweigend zu verweilen, der Geburt, Heirat und Tod, die Hauptstadien des menschlichen Lebens, sinnvoll miteinander verbindet. Larkins von Satire und verhaltener Melancholie durchzogenes Werk ist begrenzt in Umfang und Thematik, erreicht aber innerhalb der Grenzen sprachliche Vollendung.

THOM GUNN[51] (geb. 1929) hat nichts von Larkins Verhaltenheit. Sein erster Gedichtband *Fighting Terms* (1954), der das Problem menschlicher Freiheit und der Liebe als eines fortwährenden Kampfes umkreist, erinnert eher an Hemingway. Gunn lebt seit der Mitte der 50er Jahre in Kalifornien, und die amerikanische Szene hat ihn zu neuen Themen und Techniken angeregt. In *The Sense of Movement* (1957) tritt die Existenzfrage in den Mittelpunkt; sie führt Gunn zu der Einsicht, daß es gilt, Entscheidungen zu treffen, ohne um den Sinn des Lebens zu wissen. Das bekannte *On the Move,* mit dem Motto 'Man, you gotta Go', sucht diese Philosophie am Beispiel der Lederjacken zu ergründen, die auf ihren Motorrädern durch die amerikanischen Städte rasen und in einer Welt ohne Werte fast 'a meaning in their noise' hören, worin Gunn wenigstens eine Teillösung des Problems sieht. Die 'Boys' bleiben auf jeden Fall in Bewegung, und 'at best... One is always nearer by not keeping still'; doch kann die Identifizierung der physischen Energie mit der geistigen Suche des Dichters kaum ganz überzeugen. Allmählich hat der Mythos der 'toughness' eine Wandlung erfahren, und wir begegnen in *My Sad Captains* (1961) Helden, die sich dem Nichts stellen *(Santa Maria del Popolo).* Im zweiten Teil dieses Bandes sucht Gunn unter dem Eindruck amerikanischer Vorbilder (Marianne Moore, William Carlos Williams) nach neuen metrischen Möglichkeiten und verwendet einen silbenzählenden Vers; er ist jedoch einstweilen über das Stadium des Experiments noch nicht recht hinausgelangt. Seine letzten Bände – *Touch* (1967), *Moly* (1971) und *Jack Straw's Castle* (1976) – zeigen ihn weiter auf der Suche und vermitteln den Eindruck, daß er immer noch seine Figuren zu sehr als Sprachrohr seiner Metaphysik benutzt.

Auch TED HUGHES[52] (geb. 1930) verbindet Sinnverneinung des Daseins und Vitalität. Seine Lyrik zeigt die prägende Kraft seines heimischen Yorkshire wie den Einfluß von Anthropologie und Folklore. Schon das Titelgedicht von *Hawk in the Rain* (1957) zeichnet die in dem Habicht verkörperte, Bewunderung und Schrecken erregende Gewalt der Natur, und selbst der Entstehungsprozeß eines Gedichts wird in animalischer Bildlichkeit realisiert *(The Thought-Fox).* Die fiebrige Rhetorik und die Überfrachtung der meisten Gedichte des Bandes sind in *Lupercal* (1960) weitgehend vermieden. Kennzeichnend sind vor allem Gedichte, die den

[51] A. Bold, Thom Gunn and Ted Hughes, Edinburgh 1976.
[52] K. Sagar, The Art of T. H., Cambr. 1975.

elementaren Lebensdrang in Tier- und Pflanzenwelt gestalten. Der Dichter ist fasziniert von dem Habicht, der die Schöpfung in seinen Krallen hält *(Hawk Roosting)*, von den Drosseln mit ihrem 'bullet and automatic purpose', der auch einem Genie wie Mozart eigen war *(Thrushes)*, von der Killer-Natur der Hechte und ihrem 'malevolent aged grin' *(Pike)*, von der Doppelnatur des Otters *(An Otter)*; und noch das Schneeglöckchen und die Disteln überleben in dem mörderischen Kampf um das Dasein nur durch ihr Durchsetzungsvermögen. Entsprechend interessiert Hughes beim Menschen kaum seine Rationalität oder die soziale Welt, sondern das Elementare und Vehemente, die Annäherung an das instinktive Leben der Tiere, wie es dem Dichter in dem Landstreicher begegnet, den er wie tot in einem Graben schlafend findet *(November)*. Wie D. H. Lawrence beobachtet Hughes mit erstaunlicher Genauigkeit die äußere Erscheinung der Tiere und erfühlt imaginativ ihr Eigensein. Hingegen muten seine philosophischen Einsichten grob und undifferenziert an, was verstärkt in *Wodwo* (1967) zutage tritt. Oft in Umkehrung biblischer Mythen erscheint die Gewalt als das Grundprinzip des Universums. Gott drängt zwar auf Ordnung, aber er scheitert, weil die Natur gegen ihn steht *(Logos)*. Ohnehin sind die christlichen Vorstellungen bloße Fiktionen, Gott ist nichts anderes als 'the great Emptiness' (*Stations*). Stärker surrealistische Elemente verwendet *Crow* (1970, ²1971), das ein Wesen beschreibt, das zugleich Tier und Mensch, Prinzip des Bösen und Gottes Partner und Opfer ist. Die sich kaleidoskopartig ändernde Phantasiegestalt der Krähe schafft die mythische Situation für die Grausamkeit und Willkür der Natur und ermöglicht die Verbindung der widersprüchlichen Aussagen und Zwänge des Dichters Robust, zynisch, bluttriefend und häufig einer Karikatur ähnelnd, erkennt Crow die drohende Zerstörung und wird am Ende in ein Nichts aufgelöst, aber er bejaht, ähnlich wie *Prometheus on the Crag* (1973), mit Gleichmut gegenüber Schmerz und Leid die 'conditio humana'. Sprachlich fällt die häufige Reduktion der Bilder auf Teilelemente auf, ihr Traumcharakter, die überstrapazierte Blut-, Krankheits- und Todesmetaphorik, die Neigung zu Invokationen, Beschwörungen und Reihungen, wodurch eine gewisse Eintönigkeit entsteht und die beabsichtigte Intensivierung eher geschwächt wird.

8. Die neuere amerikanische Lyrik

Stephen Vincent Benét[52a] (1898–1943) errang Erfolg mit klangvollen Balladen über Themen der amerikanischen Volksüberlieferung und mit seinem Epos *John Brown's Body* (1928), das der von Longfellow herrühren-

[52a] Selected Works, 2 Bde., N.Y. 1942; Selected Letters ed. C. A. Fenton, New Haven 1960. – C. A. Fenton, S. V. B., New Haven 1958.

den heroischen Tradition einzuordnen ist. Dieses Werk über den amerikanischen Bürgerkrieg, das mit seinem unvermittelten Wechsel der Metra sich die sprunghafte Filmtechnik zunutze machte, ist eine spannende und mitfühlende Darstellung, wenn auch die flache Charakterzeichnung und die mangelnde gedankliche Durchdringung etwas enttäuschen. Gleichwohl ist das Gedicht, ebenso wie *Western Star* (postum 1943), der erste Teil eines weiteren, unvollendeten Epos, einer der begeistertsten Gesänge auf Amerika, die seit Whitman eines der großen Themen der eigenständig-amerikanischen Dichtung bilden.

Der unglückliche, durch Selbstmord endende HART CRANE[53] (1899 bis 1932) begann unter dem Einfluß von Pound und Eliot, erstrebte jedoch eine positivere Dichtung als die seiner Lehrmeister. Seine erste Sammlung, *White Buildings* (1926), kündet von der Suche nach der verlorenen Ganzheit des Lebens. Die Freiheit, mit der er Logik durch Assoziation ersetzte, Wortfunktionen übertrug und Bewußtseinsinhalte zu ungewöhnlichen Bildern verdichtete, hat Crane in Briefen an Verleger und Freunde verteidigt. Die poetische Rechtfertigung versuchte er in dem wohl bedeutendsten Gedicht der Sammlung, *For the Marriage of Faustus and Helen*, das die Verbindung von Wissensdrang und Schönheit in verschiedenen Metamorphosen feiert. Selten ist die Faszination des Meeres so beschworen worden wie in dem sechsteiligen Zyklus *Voyages* und in der von eindringlicher Meeresmetaphorik getragenen Elegie *At Melville's Tomb.*

Crane, der die technischen Errungenschaften und damit das neue Weltbild in die lyrische Sphäre aufzunehmen forderte, fand sein großes Thema in der wechselnde Metra verwendenden Gedichtkette *The Bridge* (1930). Das technische Meisterwerk der Brooklyner Brücke wurde ihm zum Symbol alles Verbindenden in der amerikanischen Geschichte, im weiten Kontinent, auf der Erde, im Universum. Höhepunkte der reich orchestrierten, aber ungleichen Symphonie sind der Flugzeugabsturz in *Cape Hatteras*, die panegyrische Ode auf Walt Whitman, den Sänger Amerikas, und *The Tunnel*, das Fahrrhythmus, Bild- und Gesprächsfetzen zu einer düsteren Vision fügt, in deren Mitte das von Todesschatten gezeichnete Antlitz Poes steht. Die nach Inkarnation drängenden Gesichte haben in dieser Dichtung des modernen amerikanischen Bewußtseins Erfüllung gefunden.

Im Gegensatz zu der die Technik bejahenden Kunst Hart Cranes wandte sich eine Dichtergruppe des Alten Südens, die sich um die Zeitschrift 'The Fugitive' (1922–1925) an der Vanderbilt Universität in Nashville/Tennessee sammelte, gegen die Industrialisierung und forderte ein

[53] The Complete Poems and Selected Letters and Prose of H. C. ed. B. Weber, N.Y. 1966, Lo. 1968; The Letters of H. C. ed. B. Weber, N.Y. ²1965; Letters of H. C. and his Family ed. T. S. W. Lewis, N.Y. 1974. – B. Weber, H. C. A Biographical and Critical Study, N.Y. 1948; R. W. B. Lewis, The Poetry of H. C.: A Critical Study, Princeton 1967; H. A. Leibowitz, H. C.: An Introduction to the Poetry, N.Y. 1968; R. W. Butterfield, The Broken Arc: A Study of H. C., Edinburgh 1969.

naturnäheres, auf ländliche Gemeinschaften aufgebautes Leben.[54] Wichtiger als das etwas romantische Programm, das diese 'Southerners' in ihrem „agrarischen Manifest" *I'll Take My Stand* (1930) darlegten und das ohne praktische Auswirkung blieb, ist ihre dichterische und dichtungskritische Leistung.

Der führende Kopf der Gruppe, John Crowe Ransom[55] (geb. 1888), der Begründer der Kenyon Review (1939) und der erste, der den Begriff 'New Criticism' als Titel und Programm verwendete (1941), ist zugleich ihr reifster Lyriker. Sein nicht sehr umfangreiches Werk weist hohe Formvollendung auf. In leicht spöttischem, spielerischem Ton kontrastiert er Traum und Wirklichkeit, Leben und Tod, Jugend und Alter, Leidenschaft und Moral und, alle diese Themen umschließend, die stolze Kulturtradition des Südens mit der schal gewordenen Gegenwart. Entsprechend mischt er in seinen klassizistisch eleganten Versen gern preziösen oder leicht antikisierenden mit handfest realistischem Wortschatz und weiß mit geistvollen Unregelmäßigkeiten des Metrums und des Reims seine gegensätzlichen Themen zu unterstreichen.

Auch Allen Tate[56] (geb. 1899) sucht in seiner intellektuellen Lyrik nach einer strengen, verhaltenen Form, doch geht ihm Ransoms melodischrhythmisches Feingefühl ab. Die gelegentlich an Hart Crane anklingenden komplexen Sprachbilder und die vielen literarischen Anspielungen lassen seine Verse oft hart und schwer erscheinen; freier und ausgewogener wirken seine späteren metaphysischen Gedichte. In seiner weitgespannten Literaturkritik haben ihn besonders dichtungstheoretische Fragen, die moderne Dichtung und E. A. Poe angezogen.

Ein weiterer Vertreter der Gruppe ist Robert Penn Warren[57] (geb. 1905), dessen frühe Lyrik in ihrer vielschichtigen Intellektualität und ihrer gefeilten, concettistischen Diktion den Vorbildern Donne und Marvell nacheifert. Nach 1940 wandte er sich einer vorwiegend kulturkritischen Thematik zu, womit die geschliffene Eleganz der bisherigen Dichtung einer kraftvollen Alltagssprache und der blutvolleren, erdverbundenen Bildlichkeit der Volkskunst Platz machte. Ein größeres Publikum hat Warren durch seine Literaturkritik[58] und durch sein Prosawerk erreicht.

[54] J. L. Stewart, The Burden of Time: The Fugitives and Agrarians. The Nashville Groups of the 1920's and 30's and the Writing of J. C. Ransom, Allen Tate, R. P. Warren, Princeton 1965.

[55] Selected Poems, N.Y. [3]1969; Poems and Essays, N.Y. 1955. – M. Williams, The Poetry of J. C. R., New Brunswick 1972.

[56] Poems N.Y. 1960; Essays of Four Decades, N.Y. 1969. – R. Squires, A. T.: A Literary Biography, N.Y. 1971.

[57] Selected Poems New and Old, 1923–1975, N.Y. 1977; Brother to Dragons (1953). – V. H. Strandberg, A Colder Fire: The Poetry of R. P. W., Kentucky UP, 1965. K. Poenicke, R. P. W. Kunstwerk und kritische Theorie, Heidelberg 1959; L. Casper, R. P. W., Seattle 1960.

[58] Vor allem durch das einflußreiche, zusammen mit Cleanth Brooks verfaßte Understanding Poetry (1938, [3]1961); Selected Essays (1958).

Nach dem zweiten Weltkrieg schien zunächst im Gefolge des New Criticism eine intellektuelle, ironische, nachhaltig der englischen Tradition verpflichtete Dichtung[59] das Feld zu beherrschen, wie sie etwa von RICHARD WILBUR[60] (geb. 1921) vertreten wird. Wilbur hat eine sorgfältige literarische Ausbildung genossen und die 'metaphysical poets', die französischen Symbolisten, Marianne Moore und Wallace Stevens gründlich studiert. Seine Lyrik ist ein Musterbeispiel für Präzision, Leichtigkeit und virtuose Technik. Welches Thema aus Natur und Geisteswelt er auch behandelt, er umfaßt die Dinge dieser Welt mit Liebe und Freude und Ironie. Alle seine Gedichte zeigen dieselbe formale, kühle Eleganz.

Auch das Werk von THEODORE ROETHKE[61] (1908–1963) erinnert des öfteren an englische Vorbilder, an Yeats und Eliot, an Blake und Dylan Thomas, aber ebenfalls an Emily Dickinson und Walt Whitman. Mit unverwechselbar eigener Stimme spricht der Dichter erst in den kraftvollen 'greenhouse poems' seines zweiten Bandes *The Lost Son and Other Poems* (1948). Sein Vater, ein deutscher Einwanderer, war Blumenzüchter, und die Gewächshauswelt wurde für den Sohn zum zentralen Symbol des Lebensganzen und zu einer Quelle seiner Meditationen und Träume. In der Welt der Pflanzen entdeckte Roethke eine Spiegelung der unbewußten seelischen Vorgänge des Menschen, die er mit bezwingender Suggestionskraft zu evozieren verstand. Das Titelgedicht "The Lost Son" schildert in Form der archetypischen Reise die Suche nach der Identität und umkreist in der Nachfolge Vaughans das Geheimnis des Todes und der geistigen Wiedergeburt. Die Wanderung nach innen, dargestellt aus der animistischen Sicht des Kindes wie aus der Rückerinnerung des Erwachsenen an eine verlorene, uranfängliche Ganzheit, läßt den Dichter nach qualvoller Suche zur Klarheit finden über seine Stellung innerhalb der Schöpfung. So führt Roethkes Weg am Ende zu religiöser Dichtung, die der Vaterkult der frühen Gedichte und der Band *Praise to the End* (1951) vordeutete und die in dem postumen *The Far Field* (1964) direkte Aussprache findet.

Gegen die Vorherrschaft des Zerebralen und eine „akademische" Kunst wandten sich die „Antiformalisten", die wieder Raum schaffen wollten für die Spontaneität des Schaffensvorganges. Hier ist vor allem CHARLES OLSON[62] (1910–1970) zu nennen, der an dem Black Mountain College, einer kleinen Kunst- und Literaturakademie nahe Asheville in North

59 Modern American Poetry ed. L. Untermeyer, N.Y. ²1962; The New American Poetry 1945–1960 ed. D. M. Allen, N.Y. 1960; The New Modern Poetry ed. M. L. Rosenthal, N.Y. 1967.

60 The Poems of R. W., Lo. 1963; Walking to Sleep (1969). – D. Hill, R. W., N.Y. 1967.

61 The Collected Poems of T. R., Lo. 1968; Selected Letters ed. J. R. Mills, Lo. 1970; On the Poet and his Craft: Selected Prose of T. R., ed. J. R. Mills, Seattle–Lo. 1965; Straw for the Fire: From the Notebooks of T. R. ed. D. Waggoner, Garden City, N.Y., 1972. – K. Malkoff, T. R.: An Introduction to the Poetry, N.Y. u. Lo. 1966.

62 The Distances (1961); The Maximus Poems (1960); Maximus Poems IV, V, VI (1969); Selected Writings ed. R. Creeley, N.Y. 1966 (hierin Projective Verse).

Carolina, deren letzter Rektor er war (1951–1956), einen gleichgesinnten Künstlerkreis um sich sammelte. Olsons große Wirkung beruht weniger auf seiner Lyrik als auf seiner Dichtungstheorie, insbesondere seiner Schrift *Projective Verse* (1950). Nach Olsons an Pound und Williams anknüpfender Poetik ist ein Gedicht 'a high-energy construct and, at all points, an energy discharge'. Entscheidend für die Umsetzung der Emotion in Energie ist der spontane Atemrhythmus des Dichters, der über die Silben, die Zeilen und eine die lineare Komposition ersetzende „Feldkomposition" das Gedicht strukturiert.

Der „projektive" oder „offene" Vers hat recht verschiedene Ausprägungen erfahren. So stehen neben den verhaltenen, auf einfache Elemente reduzierten Versen von Robert Creeley[63] (geb. 1926) die Gedichte des in die mystisch-visionäre Tradition von Plotin bis Swedenborg gehörenden Robert Duncan[64] (geb. 1919). Außerhalb der Black Mountain School wurden Olsons Gedanken auch von der einst lautstarken Bewegung der Beats[65] aufgenommen, als deren hervorragendstes, wenngleich unausgeglichenes Talent sich Allen Ginsberg[66] (geb. 1926) behauptet hat. Seine Dichtungen zeigen einen auf akustische Wirkung angelegten, lang flutenden Vers, der neben Olson von der hebräischen Poesie, von Whitman und den prophetischen Werken Blakes beeinflußt ist. Ginsberg erregte zuerst Aufsehen mit *Howl* (1956), einer Anklage der amerikanischen Gesellschaft und der die Besten zerstörenden Technokratie. Der hemmungslose Angriff, vorgetragen in der Sprache der Massenmedien und surrealistischer Bildlichkeit, artet häufig in Hysterie und Banalität aus; doch wird hinter dem wilden Gehabe ein Temperament sichtbar, das nicht nur des Zornes, sondern auch des Mitgefühls fähig ist. Ginsberg hat in die Gegenwartsdichtung eine apokalyptische Note gebracht, die erneut aufklingt in *Kaddish* (1961), dem Trauergesang auf Leben, Paranoia und Sterben seiner Mutter. Seine auf Reiseeindrücken beruhenden *Planet News* (1968), die Nachrichten vom Planeten Erde, setzen sich mit der Sinnlosigkeit des modernen Lebens auseinander und handeln von der Möglichkeit, durch mystische Einheitserfahrung zu einem neuen Leben zu gelangen. Nach der durch Drogeneinwirkung erreichten Bewußtseinserweiterung der frühen Gedichte zeigt sich hier der Einfluß des Buddhismus und der transzendentalen Meditation, der auch in dem Bericht über seinen Indienaufenthalt, *Indian Journals* (1970), seinen Niederschlag findet.

Selbst die so anders gearteten Buchstaben- und Wortarrangements der „konkreten" Dichtung (Mary Ellen Solt u. a.) haben an die 'spatial experience' von Olsons „Feldkomposition" angeknüpft. In gegenläufiger

[63] Poems 1950–65 (1966); The Finger: Poems 1966–69 (1970).
[64] Selected Poems: I, The First Decade 1940–50, II, 1950–56 (1969).
[65] A Casebook on the Beat ed. T. Parkinson, N.Y. 1961; B. Cook, The Beat Generation, N.Y. 1971.
[66] T. F. Merrill, A. G., N.Y. 1969.

Bewegung zu dem dionysischen Rausch von Worten und Bildern eines Ginsberg sind die Gedichte der Konkretisten syntaxfreie Buchstaben- und Wortkompositionen, die dem Leser die Erstellung von Sinnzusammenhängen übertragen, so daß dieser erst den Text konstituiert.

Der überragende Vertreter seiner Generation ist der aus einer alten Neuenglandfamilie gebürtige ROBERT LOWELL[67] (geb. 1917), der mit 23 Jahren zum römischen Katholizismus konvertierte (von dem er sich später wieder abwandte) und im zweiten Weltkrieg als Wehrdienstverweigerer inhaftiert wurde. Als Schüler von John Crowe Ransom und Allen Tate schrieb er in seinen frühen Bänden *Lord Weary's Castle* (1946) und *The Mills of the Kavanaughs* (1951) formstrenge Gedichte, die leidenschaftlich die Gottferne seiner Zeit, den brutalen Geschäftssinn und die Sinnlosigkeit des Krieges geißelten. Seine schroff anklagende Reflexionslyrik kennzeichnet eine komplizierte Syntax und eine Überfrachtung mit Symbolen und Anspielungen aus Religion, Literatur und Historie; ihre Dialektik und ihre eigenwillig gedrängte Bildersprache erinnern an die Barockdichtung und Hart Crane. In *Life Studies* (1959) führte die Kritik des puritanischen Erbes zu eingehenderer Erforschung der Familientradition und seiner eigenen psychologischen Probleme, wobei die strenge Form sich lockerte und die Diktion sich stärker dem Sprechrhythmus näherte. Schonungslos legt Lowell verborgene Schuld seiner Familie und eigenes Versagen bloß und zerrt mit bekenntnishaftem Drang den Bereich des Privaten, das Scheitern seiner ersten Ehe, Trunksucht und Nervenheilanstalt, an das Licht der Öffentlichkeit. Mit solcher 'confessional poetry' hat Lowell nachhaltig auf Sylvia Plath, Anne Sexton, John Berryman u. a. eingewirkt. *For the Union Dead* (1964) setzt die psychologische Analyse der amerikanischen Vergangenheit und Gegenwart fort, verrät aber trotz der autobiographischen Bezüge ein Streben nach Überwindung des Subjektivismus, nach einem sehnigen, die übertriebene Rhetorik dämpfenden und die Anspielungen stärker integrierenden Stil. Diese Entwicklung wird bekräftigt von den jüngsten Veröffentlichungen, den reimlosen Sonetten des *Notebook 1967–68* (1969) und vor allem dem dieses Material ordnenden, erweiternden und umformenden Band *History* (1973). Mit ihrer Umfassung des Lebens von der Weltschöpfung bis zur Gegenwart, der langen Folge von Persönlichkeiten der gesamten Menschheitsgeschichte und dem Dichter als Endpunkt und zentralem Bewußtsein stellt dieses Werk nach Pound, Eliot und Williams einen neuen Versuch dar, das 'long poem' zu verwirklichen.

[67] H. B. Staples, R. L.: The First Twenty Years, Lo. 1962; J. Mazzaro, The Poetic Themes of R. L., Ann Arbor 1965; P. Cosgrave, The Public Poetry of R. L., Lo. 1970; J. Crick, R. L., Lo. 1975; A. Williamson, Pity the Monsters: The Political Vision of R. L., New Haven 1975; R. L.: A Collection of Critical Essays ed. T. Parkinson, Englewood Cliffs 1968.

II. DAS DRAMA[68]

1. Das englische realistische Drama

Die meisten der in der Nachfolge Ibsens geschriebenen Dramen wirken heute veraltet und blaß. Damals jedoch gehörte Mut dazu, Themen wie das Recht der Frau auf Liebe und Kind, das Verhältnis der Geschlechter oder Lebenslügen der Gesellschaft auf der Bühne zu erörtern. Um die Einführung solcher „Problemstücke" in England hat sich eine Reihe kleinerer Talente verdient gemacht. Hier können nur die bedeutenderen Vertreter behandelt werden.

In dem dramatischen Schaffen von JOHN GALSWORTHY[69] (1867–1933) erscheint das Problemstück zur Tragödie gewandt. *The Silver Box* (1906) klagt eine Gesellschaft an, die keine Gleichheit vor dem Gesetz kennt. Während der Mann der armen Putzfrau, der im Trunk einen kleinen Diebstahl begangen hat, dafür eine Gefängnisstrafe erhält, kommt der desselben Vergehens schuldige Sohn des Parlamentsabgeordneten mit einer väterlichen Strafpredigt davon. In *Strife* (1909) führt der Gegensatz von Kapital und Arbeit zu Streik und Aussperrung, doch finden sich die unnachgiebigen Führer der beiden Parteien am Ende von den eigenen Anhängern verlassen, und das Stück endet ironisch mit dem Kompromiß, den man zu Beginn der Auseinandersetzung abgelehnt hatte. In *Justice* (1910) erscheint der Gesetzesvollzug als eine menschlichem Eingriff entzogene Maschine, die den bedauernswerten Kanzleibeamten wegen einer geringfügigen Tat zerbricht, so daß er Selbstmord begeht. Die späteren Stücke, wie etwa *The Skin Game* (1920) und *Loyalties* (1922), betonen nachdrücklich die scheinbare Parteilosigkeit des Autors, wodurch das Problem unabwendbar und also tragischer hervortritt.

Die sozialen Mächte waren für Galsworthy das unabänderliche Schicksal für die armen Sterblichen einer entgötterten Welt. Er wollte durch

[68] E. Reynolds, Modern English Drama, Lo. ²1950; R. Williams, Drama from Ibsen to Brecht, Lo. ²1968; R. Fricker, Das moderne englische Drama, Göttingen ²1974; E. Roy, British Drama Since Shaw, Lo. u. Amsterdam 1972; Das moderne englische Drama: Interpretationen ed. H. Oppel, Berlin ²1966; Modern British Dramatists: A Collection of Critical Essays ed. J. R. Brown, Englewood Cliffs 1968. – W. J. Meserve, An Outline History of American Drama, Totowa, N. J., 1965; A. S. Downer, Fifty Years of American Drama 1900–1950, Chicago 1951; A. Lewis, American Plays and Playwrights of the Contemporary Theater, N.Y. ²1970; G. Weales, American Drama Since World War II., N.Y. 1962; ders., The Jumping-Off Place: American Drama in the 1960's, N.Y. 1969; The American Theatre Today ed. A. S. Downer, N.Y. u. Lo. 1967; Modern American Drama: Essays in Criticism ed. W. E. Taylor, Deland, Florida, 1968.

[69] Plays, Lo. 1929. – V. Dupont, J. G. The Dramatic Artist, Paris 1947 (französische Ausgabe 1942). Vgl. auch S. 347, Anm. 101.

seine bühnenwirksamen, in treffendem Dialog geschriebenen Thesenstücke das Gewissen wecken und setzte seine Hoffnung auf die jüngere Generation. In der Tat hat 'Justice' eine Reform des englischen Gefängniswesens zur Folge gehabt. Allerdings ist Galsworthys Mitgefühl nicht frei von Sentimentalität, und einzelne Szenen geraten daher in die Nähe des Melodrams.

Im Vergleich mit Galsworthy ist das dramatische Werk von JOHN MASEFIELD[70] (1878–1967) uneinheitlich. Sein bestes Drama ist *The Tragedy of Nan* (1909) geblieben, das von einer Waise handelt, deren Vater wegen eines angeblichen Schafdiebstahls gehängt wurde und die nun in dem lieblosen Hause eines Onkels aufwächst. Unter dem Eindruck der Grausamkeit des Lebens und des auf sie einstürmenden Leids findet die um ihre Liebe betrogene Nan Trost bei dem halb närrischen, halb seherischen Gaffer, und aus ihrer Verzweiflung erwächst eine neue, den Alltag verklärende Schau. Das ergreifende, stark gefühlsbetonte Stück ist ungleich, aber in dem Verweben von Realismus und Symbol kommt Masefield jener Verbindung von hartem Alltag und tieferer Realität nahe, die er in seinem gesamten Werk erstrebt.

Ist in 'The Tragedy of Nan' der Einfluß Synges fühlbar, so experimentierte Masefield in der Folgezeit mit einer Reihe weiterer Formen. Er schrieb historische Dramen, Spiele über biblische Themen und suchte den Tristanstoff zu modernisieren. Er verwandte sowohl Prosa wie Vers und bezog auch den Chor und Konventionen des japanischen Nō-Spiels ein. Ein überzeugender Erfolg war ihm nicht beschieden, doch sind seine Stücke vom Experiment her von Interesse. Wie Yeats und Eliot suchte er nach der Möglichkeit eines neuen poetischen Dramas.

Erfolgreicher als alle übrigen Dramatiker war GEORGE BERNARD SHAW[71] (1856–1950), dessen Komödien dem englischen Drama erneut Weltgeltung verschafften. Shaw, der 1876 von Dublin nach London kam, begann mit fünf erfolglosen Romanen, mit Abhandlungen über politische und volkswirtschaftliche Fragen und einer ausgedehnten Musik- und Theaterkritik[72]. Zusammen mit den umfangreichen Vorreden zu seinen Dramen stellen seine kritischen Schriften einen wesentlichen Beitrag zur Essayliteratur der Zeit dar.

Seine ersten Schauspiele reihen sich mit ihrer Gesellschaftskritik in die Ibsen-Nachfolge ein. *Mrs. Warren's Profession* (1893) erörtert das Pro-

70 Vgl. S. 287, Anm. 14.

71 Works (Standard Edition), 36 Bde., Lo. 1930–50; Complete Plays, erw. Ausgabe Lo. 1938; Prefaces, erw. Ausgabe Lo. 1938; Collected Plays (The Bodley Head Shaw) ed. D. H. Laurence, Lo. 1971ff. (i. E.). Collected Letters ed. D. H. Laurence, Lo. 1965ff. (i. E.). – H. Pearson, G. B. S., Lo. ²1961; D. MacCarthy, Shaw, Lo. 1951; E. Bentley, B. S., Lo. ²1967; W. Irvine, The Universe of G. B. S., N.Y. 1949; L. Crompton, S.: The Dramatist, Lincoln, Nebr., 1969; C. A. Berst, B. S. and the Art of Drama, Urbana–Chicago–Lo. 1973. C. B. Purdom, A Guide to the Plays of G. B. S., Lo. 1963.

72 The Quintessence of Ibsenism (1891); The Perfect Wagnerite (1898).

blem der Prostitution, deren Ursache Shaw in der Unterbewertung ehrlicher Arbeit sieht. Er greift die Scheinmoral an, zerrt die Gesellschaft erbarmungslos vor den Richterstuhl und zeigt Verständnis für die Opfer. Da diese „unerquicklichen" Stücke auf Ablehnung stießen, machte Shaw fortan seine Kritik durch Witze und närrische Einfälle erquicklich. Witzig und amüsant zerstört *Arms and the Man* (1894) die Idealisierung von Krieg und Waffenruhm. *Candida* (1895), im Untertitel als 'Mystery' bezeichnet, zeigt die Heldin in der Dreieckssituation zwischen einem sie anschwärmenden jungen Dichter und ihrem zwar engen, aber kraftvollen und einsatzbereiten Mann. In der „Auktionsszene" gibt Candida ihrem Mann als „dem Schwächeren" den Vorzug, während der Dichter mit einem Geheimnis in seinem Herzen in dic Nacht hinausgeht; die Kunst wird ihm andere Gaben bereithalten als Frauenliebe.

In einer Fülle weiterer Dramen hat Shaw Illusionen und Scheinwerte entlarvt. Die „Historie" *Caesar and Cleopatra* (1898) entkleidet Caesar seines falschen Heldenglanzes, ohne ihm seine wirkliche Größe zu nehmen. *Major Barbara* (1905) beweist am Beispiel der Heilsarmee, wie eine religiöse Organisation für ihre ideelle Arbeit auf „beflecktes" Geld angewiesen ist, und bestätigt die These des Munitionsfabrikanten Undershaft, daß Armut das größte soziale Verbrechen ist. *Pygmalion* (1913) ist eine brillante Satire auf den Snobismus: es gelingt dem Phonetikprofessor Henry Higgins (für den Sweet das Vorbild abgab) durch intensive Sprachschulung das Cockney sprechende Londoner Blumenmädchen Eliza Doolittle in eine Dame zu verwandeln, die sich in der vornehmen Gesellschaft bewegen kann und so die Klassenschranken zu überwinden vermag. Da Higgins jedoch keinerlei Rücksicht auf Elizas Gefühle nimmt, berührt die Komödie zugleich das tiefere Problem, daß ein Mensch nie Mittel zu einem Zweck sein darf. Eine besondere Stellung im Shawschen Werk nimmt das unter Tschechows Einfluß geschriebene *Heartbreak House* (1919) ein; es ist eine ernste Mahnung an die verantwortlichen Kreise in England, die Kultur nicht in den Abgrund treiben zu lassen.

Besondere Erwähnung verlangen schließlich jene Dramen, die seiner Philosophie der 'Life Force' Ausdruck geben. Darwins Gedanke der natürlichen Auslese war Shaw zu äußerlich und zufällig, und er entwikkelte im Anschluß an Schopenhauer, Butler und Nietzsche den Gedanken der schöpferischen Evolution. Diese Idee des Willens zur Höherentwicklung, die bereits in Candida leise anklingt, steht im Mittelpunkt von *Man and Superman* (1903). In dieser Komödie sucht sich nicht der Mann seine Partnerih, sondern die Frau begibt sich auf die Jagd nach dem Mann und fahndet, getrieben von der 'Life Force', nach einem Vater für den Übermenschen. Sehr viel umfassender, allerdings auch dürrer und langweiliger, entwickelt den Gedanken der schöpferischen Evolution der „metabiologische Pentateuch" *Back to Methuselah* (1921), ein fünfteiliger Zyklus, der im Garten Eden beginnt und in die Zukunft blickt, 'as far as thought can reach'. Welches Endziel die Evolution verwirklichen soll, bleibt allerdings auch in diesem ehrgeizigen Versuch unklar. In denselben Zusammenhang fügt sich Shaws größtes Drama ein, *Saint Joan* (1923), welches das Wirken der 'Life Force' in einem bestimmten historischen Augenblick darstellt. Johanna erscheint als die erste „protestantische" Märtyrerin, weil sie ihre „Stimmen", d. h. ihr eigenes Urteil über das der Kirche stellte; und da sie in der Kriegführung wie in der Sozialordnung die bisherigen feudalistischen Vorstellungen sprengte, wurde sie zur ersten modernen Heerführerin und zur ersten Nationalistin. Der Skeptiker Shaw hatte kein Organ für die Gläubigkeit des Mittelalters, und so wurden Verzeichnungen zwangsläufig. Gleichwohl hat sein „Chronikstück" einen echten tragischen Konflikt gestaltet: den Zusammenstoß des seine Zeit überragenden Einzelnen mit der auf Stabilität bedachten Ordnung. Da Shaw die Notwendigkeit beider Standpunkte betont, wird die große Gerichtsszene zu einem ergreifenden Höhepunkt. Die eigentliche Tragödie Johannas wird im Epilog sichtbar: die Nachwelt spricht sie zwar heilig, würde ihr jedoch bei einer Rückkehr auf die Erde das gleiche Schicksal bereiten. 'Saint Joan' ist Shaws Version von Dostojewskis „Großinquisitor", sein bewegendstes und sein letztes bedeutendes Drama.

Den üblichen Aufbau mit Exposition, Verwicklung und Lösung ersetzt die Shawsche Komödie durch die Diskussion eines Themas von verschiedenen Seiten her. Sie formt damit die Einzelszene zur Debatte um. Es herrscht folglich keine Handlungs-, sondern eine Ideenspannung, die in dem gewandten, witzigen und paradoxen Dialog eine ungemein lebendige Wirkung ausübt. Shaw hat die Bühne zur Plattform gemacht und brennende Fragen seiner Zeit erörtert. Gleichwohl wird man zögern, seinen soziologischen Thesen ausschlaggebende Bedeutung für seine Kunst zuzumessen, obwohl Shaw selbst dies immer wieder behauptet hat. Seine besten Komödien sind mehr als Diskussionsstücke, sie stoßen durch die Zeitbedingtheit in den Bereich des allgemein Menschlichen vor. Dieser so nüchterne und praktische Geist besaß zugleich eine einzigartige Kraft schöpferischer Phantasie, die eine unübersehbare, vielfarbige Gestaltenfülle und eine unverwechselbar eigene Welt schuf, welche die Zeitprobe bereits bestanden hat.

Shaws Einfluß ist auch in den Komödien von WILLIAM SOMERSET MAUGHAM[73] (1874–1965) fühlbar. Nach seinem unerquicklichen Erstling *A Man of Honour* (1903) wandte sich Maugham zunächst einer erfolgreichen Theaterschriftstellerei zu, die sich mit der Neuformung überkommenen dramatischen Gutes begnügte. Wichtiger als diese leichten Komödien in der Manier von Sheridan und Oscar Wilde sind jene Dramen, die witzig-desillusionierend, wie *The Circle* (1921) und *Our Betters* (1923),

[73] The Collected Plays, 6 Bde., Lo. 1931–34; 3 Bde., Lo. 1952. – P. Dottin, Le théâtre de W. S. M., Paris, 1937. Vgl. auch S. 349, Anm. 104.

Ehefragen erörtern oder, wie *For Services Rendered* (1932) und *Sheppey* (1933), bittere und zynische Lebenskritik üben.

Zeichnet die Shawschen Komödien ein intellektueller Dialog aus, so wendet sich der Schotte JAMES MATTHEW BARRIE[74] (1860–1937) mehr an Gefühl und Phantasie. Nach sentimentalen Humoresken wie der Dramatisierung seines Romans *The Little Minister* (1897) errang er durchschlagenden Erfolg mit *Peter Pan* (1904), einem an die Iren und Maeterlinck erinnernden Märchenspiel, in dem sich Wirklichkeit, Groteske und Feenherrlichkeit verbinden. Nachdenklichkeit mischt sich in das Lachen über *The Admirable Crichton* (1902), den konservativen Diener, der seines Herrn moderne Gleichheitsideen ablehnt und, auf eine Insel verschlagen, zeitweilig die seiner praktischen Tüchtigkeit gebührende Machtstellung einnimmt. In der reizvoll erfundenen Handlung von *Dear Brutus* (1917) bleiben die Menschen in den von ihnen erträumten Lebenslagen das, wozu sie ihr Charakter bestimmt. Barries Dramen verbinden Sentimentalität und Pathos mit gutmütigem Spott und Ironie; wie Andersens Märchen sehen sie das Leben mit den Augen des Kindes, aber mit plötzlich qualvollem Erfassen von Leid und Grausamkeit.

Wie Barrie entfernen sich auch andere Dramatiker vom Realismus. Einige von ihnen, wie Stephen Phillips, Gordon Bottomley, Thomas Sturge Moore, versuchten, das seit der Romantik bühnenfremde Versdrama wieder zu beleben; aber diese Bemühungen blieben ohne Erfolg. JOHN DRINKWATER[75] (1882–1937) widmete sich zunächst ebenfalls dem Versdrama, doch erst als er zur Prosa überging, überwand er die Leblosigkeit seiner bisherigen Dramatik und begründete eine neue Art der Historie, die weniger dem alten Chronikstück als dem Film verpflichtet ist. Mit *Abraham Lincoln* (1918) gewann er internationalen Ruhm. Das Drama verknüpft durch lyrische Zwischenstücke (in denen das Versdrama noch nachwirkt) sechs Episoden aus dem Leben des Präsidenten, die sein Suchen nach einem Mittelweg zwischen den Gefahren des Hasses und der Schwächung des Kriegswillens eindrücklich machen. Die späteren Stücke hatten nicht den gleichen Erfolg, weder *Mary Stuart* (1921), das die Königin als die große Liebende sieht, die den Frieden sucht, noch *Oliver Cromwell* (1922), in dem das geistige Ausharren und das Freiheitsproblem im Mittelpunkt stehen, noch schließlich die rasche Bilderfolge über den Gegner Lincolns, den General *Robert E. Lee* (1923). Trotz unbestreitbarer Schwächen, die sich zwangsläufig aus der Überhöhung der Zentralfigur und der mangelnden Berücksichtigung des Hintergrundes ergeben, hat Drinkwater durch die psychologische Ausrichtung und die bühnenwirksame Bildtechnik das Theater erneut für das historische Spiel gewonnen.

[74] The Plays of J. M. B. ed. A. E. Wilson, Lo. 1942; Letters of J. M. B. ed. V. Meynell, Lo. 1942. – D. Mackail, The Story of J. M. B., Lo. 1941; C. M. E. Asquith, Portrait of B., Lo. 1954; J. Dunbar, J. M. B.: The Man Behind the Image, Lo. u. N.Y. 1970.

[75] Collected Plays, 2 Bde., Lo. 1925.

Der Schotte JAMES BRIDIE[76] (Pseudonym für Osborne Henry Mavor, 1888–1951) schrieb wie Shaw Diskussionsstücke, aber er behandelt nicht sozialkritische Themen, sondern Daseinsprobleme und erweitert wie Barrie den realistischen Rahmen durch die Einbeziehung von Phantasieelementen. Mehrere seiner Stücke haben biblische Stoffe zum Vorwurf, so *Jonah and the Whale* (1932), das den Propheten als einen gewöhnlichen Menschen sieht und seine Schwächen humorvoll entlarvt. Bridie will auf unterhaltsame Weise zur Nachdenklichkeit anregen und enthüllt im scheinbar Außergewöhnlichen das Durchschnittliche und Alltägliche. *A Sleeping Clergyman* (1933) rafft in einer revueartigen Folge von neun Szenen das Leben dreier Generationen und beweist, entgegen der landläufigen Auffassung der Vererbung, daß scheinbar negative, zerstörerische Anlagen sich in einer späteren Generation durchaus positiv auswirken können. In *Mr. Bolfry* (1943) legt der in einer Séance beschworene Teufel beredt dar, daß das Universum nur als ein Gefüge von einander widerstreitenden Mächten zu verstehen ist und daß es ohne das Böse überhaupt keine Bewegung im Leben gäbe. *Daphne Laureola* (1949), Bridies größter Bühnenerfolg, ist ein realistisch-analytisches Drama, das Zug um Zug die Lebensgeschichte einer Neurotikerin enthüllt, die sich dem Trunke ergeben hat, weil sie (wie die Apollo-Daphne-Mythe andeutet) keinen Partner fand, der ihr Erfüllung gab. Wie diese Lady Pitts zu einem Paradigma menschlicher Vereinsamung wird, so spricht auch aus seinem letzten bedeutenderen Drama, *The Baikie Charivari or The Seven Prophets* (1952), das als eine moderne Moralität Alltag und Allegorie verbindet, Leere und Trostlosigkeit. Der in der kleinen schottischen Ortschaft lebende Pounce-Pellot macht zwar den „Propheten“, wie z. B. der Kirche und dem Kommunismus, den Garaus und beseitigt den Wirrwarr derer, die glauben, das Leben deuten zu können, aber er findet zu keiner tieferen Einsicht: ein Lebenssinn ist für den Menschen nicht erkennbar. Gleichwohl bleibt Bridie mit dem Leben versöhnt; auch ohne Metaphysik ist der Mensch in der Lage, sich durch den Humor über alle Unzulänglichkeiten und scheinbare Sinnlosigkeit zu erheben, und er kann hoffen, daß sich am Ende die guten Kräfte als die stärkeren erweisen werden. Bridie ist ein geschickter Dramatiker, der uns mit Witz und Ironie in Spannung zu halten versteht; unglücklicherweise schrieb er zu leicht und schnell, so daß die meisten seiner Stücke einen zu lockeren, sorglosen Bau aufweisen.

Der vielseitige und wendige JOHN BOYNTON PRIESTLEY[77] (geb. 1894) blieb dem Problemdrama verpflichtet, suchte jedoch den Realismus mit expressionistischen Techniken zu verbinden. Er schrieb erfolgreiche Komödien im herkömmlichen Stil, die das Bürgertum, vor allem seiner Hei-

[76] Moral Plays, Lo. 1949; Plays for Plain People, Lo. 1950. – H. L. Luyben, J. B.: Clown and Philosopher, Philadelphia 1965.

[77] Plays, 3 Bde., Lo. 1948–50. – G. L. Evans, J. B. P.: The Dramatist, Lo. 1964. Vgl. auch S. 350.

mat Yorkshire, mit kraftvollem, derbem Humor, einem Einschuß von Pathos und leiser Sentimentalität sowie einer ausgesprochenen Neigung zu farcenhaften Zügen zeichnen (*Laburnum Grove*, 1933; *Eden End*, 1934; *When we are married*, 1938).

Von Anfang an erstrebte Priestley jedoch mehr; er suchte eine Dramenform zu entwickeln, die geeignet war, den Menschen unserer Zeit zum Nachdenken anzuregen über Gesellschaft und Politik und über den Sinn des Lebens. Moderne philosophische Untersuchungen zum Zeitbegriff haben ihn bei diesen Experimenten nachhaltig beeinflußt. *Dangerous Corner* (1932) geht von der einfachen Tatsache aus, daß es bei Entscheidungen stets mehrere Möglichkeiten gibt. Nachdem die Unterhaltung einen Verlauf genommen hat, der für alle Partner Unglück bedeutet, blendet Priestley an jenen Punkt zurück, an dem das Gespräch die verhängnisvolle Wendung nahm, und zeigt, wie die Gefahr sicher umgangen und eine gute Lösung gefunden wird. *Time and the Conways* (1937) führt im ersten Akt das Leben der jungen Conways vor, Akt zwei spielt achtzehn Jahre später, während der dritte Akt wieder zu den jungen Conways zurückblendet, deren Hoffnungen und Träume der Zuschauer jetzt mit dem Bewußtsein des Scheiterns und künftigen Leids erlebt. *I Have Been Here Before* (1937) benutzt die Vorstellung vom Kreislauf der Zeit und der Reinkarnation, um die Frage zu beantworten, ob die Menschen aus früherem Versagen Folgerungen ziehen und ihr neues Leben zu einem besseren Ende führen. *Johnson over Jordan* (1939) ist im Kleid tibetanischer Glaubensüberzeugungen eine eindringliche Mahnung, daß nur die Teilhabe an den geistigen Werten bedeutsam ist.

Nach dem Kriege trat das Experiment im Schaffen Priestleys zurück. *The Linden Tree* (1947) und andere Stücke gingen wieder gewohntere Wege. Erfolgreich waren auch, besonders auf dem Kontinent, *An Inspector Calls* (1945), das die Notwendigkeit gegenseitiger Verantwortung betont, und *Take the Fool away* (1956), das den bedrückenden Traum eines Clowns dramatisiert, der aus einer grauenhaften, durchtechnisierten Welt, die an Orwells 1984 erinnert, am Ende noch einen Ausweg findet. Priestley hat eine politische und soziale Botschaft, die ihn sein Augenmerk mehr auf die These als die Kunst der Sprache richten läßt.

2. Das irische Drama[78]

Von größter Bedeutung für die Entwicklung des irischen Dramas war die Gründung des Irish Literary Theatre (1899), aus dem später die Irish National Theatre Society hervorging, die trotz vielfacher Widerstände das Abbey Theatre in Dublin zu einer Stätte hoher Kunst machte. Die

[78] U. Ellis-Fermor, The Irish Dramatic Movement, Lo. ²1954.

treibende Kraft dieser Gründungen war WILLIAM BUTLER YEATS[79] (1865 bis 1939). Mit seinem Namen ist die Wiedergeburt des poetischen Dramas verbunden, das in Abwendung von dem herrschenden Realismus das Drama in den Bereich der großen, überindividuellen Leidenschaften und der urtümlichen Konflikte zurückzuführen suchte.

Yeats begann mit dem Legendenspiel *The Countess Cathleen* (1892, aufgef. 1899). Die Heldin Cathleen – Verkörperung der Seele Irlands und zugleich Spiegelbild der Geliebten Maud Gonne – verschreibt sich dem Teufel, um ihre Landsleute, die in einer Hungersnot ihre Seelen verkauft haben, vor der Hölle zu retten. Als jedoch die Dämonen ihre Beute ergreifen wollen, wird Cathleens selbstloses Opfer durch die himmlischen Mächte belohnt. Das Märchenspiel *The Land of Heart's Desire* (1894), das von der Entführung einer jungen Bauersfrau in die Feenwelt handelt, verwendet in ähnlicher Weise die Spannung zwischen der heimisch-bäuerlichen Welt und dem Reich der Geister. Diese Frühwerke gemahnen an Maeterlinck oder Morrissche Bilderteppiche. Yeats wollte keine festumrissenen Charaktere wie das realistische Drama, sondern erstrebte eine zeichenhafte Wirkung seiner Figuren. Das zeigt noch eindrucksvoller *The Shadowy Waters* (1900), das, wie die meisten seiner Stücke, mehrfach umgearbeitet wurde und sich am überzeugendsten in der Fassung von 1906 liest. Von der Sehnsucht nach vollkommener Liebe getrieben, folgt König Forgael den grauen Seelenvögeln in die zeichenlose Einsamkeit der Meere, bis er in Dectora die Verkörperung seines Ideals findet und mit ihr eingeht in die Wirklichkeit des Traumes. Hier sind die Figuren gestaltgewordene Emotionen und Traumsymbole. Zwei weitere Dramen dieser Zeit verdienen Hervorhebung: *Deirdre* (1907), das die berühmteste Liebesgeschichte der irischen Überlieferung nach antikem Vorbild auf die letzte Phase der Liebesvollendung im Tod konzentriert, und *On Baile's Strand* (1904), das jene tragische Episode in Cuchulains Leben behandelt, in welcher der Held ohne sein Wissen im Kampf den eigenen Sohn tötet, den er mit der Kriegerkönigin Aoife gezeugt hatte. Als er erfährt, wer der Erschlagene ist, stürzt er sich, vor Schmerz wahnsinnig, in die anbrandenden Fluten, die er für seine Feinde hält, und schlägt mit seinem Schwert auf sie ein, bis er von ihnen überwältigt wird.

Um die Zeit des ersten Weltkriegs erfolgte eine Neuwendung der Yeatsschen Dramatik. Yeats hatte im Winter 1913/1914 durch Ezra Pound das japanische Nō-Spiel kennengelernt, dessen Entdeckung er als eine künstlerische Befreiung empfand. Nach diesem Vorbild schrieb er *At the Hawk's Well* (1916), das später mit *The Only Jealousy of Emer* (1917), *The Dreaming of the Bones* (1917) und *Calvary* (1920) als *Four Plays*

[79] Collected Plays, Lo. ²1952; Variorum Edition of the Plays ed. R. K. Alspach, N.Y. 1965, Lo. 1966. – P. Ure, Y. the Playwright, Lo. 1963; L. E. Nathan, The Tragic Drama of W. B. Y., N.Y. u. Lo. 1965. Vgl. auch S. 280, Anm. 2.

for Dancers (1921) zusammengefaßt wurde. Das Nō ist ein kurzes Drama mit knapper Handlung, geringen szenischen Mitteln und wenigen Schauspielern, die, um den symbolischen Charakter zu betonen, Masken tragen oder entsprechend geschminkt sind. Die Sprache ist karg und abstrakt; Musiker begleiten das Bühnengeschehen mit Trommel, Zither sowie Gong oder Flöte. Ein stilisierter Tanz bildet den Höhepunkt des Spiels. In dieser rituellen Dramenform erkannte Yeats die Verwirklichung seines lang gesuchten Ideals. Fortan schrieb er für ein kleines, ausgewähltes Publikum. In *At the Hawk's Well,* das als Beispiel dienen mag, kommt der junge Cuchulain zu einem magischen Brunnen, dessen Wasser Unsterblichkeit verleiht. Schon fünfzig Jahre hat ein alter Mann an diesem Brunnen gewartet, aber jedesmal, wenn das wunderbare Wasser aufwallte, wurde er von der Wächterin des Brunnens in Schlaf versetzt. Auch diesmal quillt das Wasser vergeblich: der alte Mann versinkt wieder in Schlaf, und Cuchulain wird im entscheidenden Augenblick durch die Wächterin des Brunnens, eine Fee in Habichtsgestalt, fortgelockt. Immer wieder wird der Mensch durch das Leben um die Erkenntnis seiner eigentlichen Bestimmung betrogen. Wie in den früheren Dramen beruht der Konflikt in den 'Four Plays for Dancers' auf der Spannung zwischen der natürlichen Welt und einer höheren Realität, nach welcher der Mensch sich sehnt. Aber im Unterschied zu früher ist jetzt die Sprache ganz zum Gefäß des Geistigen geworden; die Symbole bleiben mehrdeutig, aber sie sind nicht mehr von einem Halbschatten vager, emotionaler Assoziationen umgeben. Auf diesem Weg ist Yeats weitergegangen, bis hin zu *Purgatory* (1938), das in gedrängtester Form darstellt, wie die Toten ihre früheren Untaten sühnen, indem sie diese erneut am Ort ihrer Schuld durchleben, und *The Death of Cuchulain* (1939), das in ritueller Weise vom Ende Cuchulains handelt, dem ein Blinder den Hals durchschneidet, nachdem ihn Aoife mit ihrem Schleier festgebunden hat.

Man mag die esoterische Philosophie und das magische Ritual als fremd empfinden, mag auch zweifeln, ob der „Weg nach innen", der erstrebte reine Symbolismus, für das Theater der rechte Weg ist, das eine ist unbestreitbar, daß Yeats den Mythos und den Vers für das Drama zurückerobert hat. Damit leistete er für alle folgenden Versuche im poetischen Drama einen entscheidenden Dienst.

Der begabteste Dramatiker der keltischen Renaissance war JOHN MILLINGTON SYNGE[80] (1871–1909). Yeats, der ihn 1896 in Paris entdeckte, riet ihm, die Aran Islands an der irischen Westküste zu besuchen, die von der modernen Welt fast unberührt geblieben waren. Der Aufenthalt dort kam für Synge einer Entdeckung gleich. Seine tagebuchartigen Skizzen

80 Collected Works ed. R. Skelton u. a., 4 Bde., Lo. 1962–68; The Plays and Poems of J. M. S., ed. T. R. Henn, Lo. 1963; EL 928. – D. H. Greene and E. M. Stephens, J. M. S., Lo. 1959; A. Price, S. and Anglo-Irish Drama, Lo. 1961; R. Skelton, The Writings of J. M. S., Lo. 1971.

The Aran Islands (1907) zeichnen eindrucksvolle Bilder der einfachen Fischer und Bauern, die ein einsames, stets bedrohtes, aber auch intensives Leben führen und der Gefahr lachend ins Auge sehen. Die Berührung mit den Inselbewohnern hat nicht nur Synges Weltanschauung geprägt und ihm Stoffe und Themen für seine Dramen geliefert, hier fand er auch eine kraftvolle, bildhafte und kadenzenreiche Sprache, die noch eine unmittelbarere Beziehung zur Seele des Volkes hatte als die Hochsprache. Diesen vom Gaelischen beeinflußten anglo-irischen Dialekt hat Synge für seine Zwecke nutzbar gemacht. Der Einfluß zeigt sich vor allem in der Metaphorik, in syntaktischen Fügungen und in der Rhythmik.

Zwei von den sechs Bühnenwerken Synges sind Tragödien. Das Kurzdrama *Riders to the Sea* (1904) stellt das heldenhafte Dulden der ihres letzten Sohnes beraubten Mutter der Elementargewalt des Meeres gegenüber. Die alte Maurya muß den bitteren Kelch trostlosen Leidens bis zur Neige austrinken. Doch indem sie die unausweichliche Tragik des Lebens hinnimmt und durchsteht, erhebt sie sich über das Schicksal und findet zur Aussöhnung mit dem Leben. *Deirdre of the Sorrows* (1910) ist die vielleicht ergreifendste dramatische Gestaltung dieser irischen Sage, obwohl es Synge nicht vergönnt war, die letzte Hand an das Werk zu legen. Im Unterschied zu Yeats hat Synge seine Tragödie nicht auf die Schlußphase hin konzentriert, und er hat vor allem das Grundthema geändert. Der Akzent liegt nicht auf der Liebesvollendung im Tod, sondern auf der Vergänglichkeit alles Irdischen. Auch auf die vollkommenste Liebe und Schönheit fällt von Anfang an der Schatten der Unbeständigkeit. Weil Deirdre weiß, daß ihr einzigartiges Liebesglück mit Naisi unwiederbringlich dahin ist, wird für sie der Tod das Mittel, um der Vergänglichkeit zuvorzukommen und die Reinheit und Vollendung ihrer Liebe zu bewahren.

Synges früheste Komödie, das Kurzdrama *In the Shadow of the Glen* (1903), benutzt das alte Possenmotiv von dem Mann, der seine Frau der Untreue verdächtigt und sich totstellt, um sie zu ertappen. Aber wenn die Volkserzählung darauf angelegt ist, die weibliche Treulosigkeit bloßzustellen und zu bestrafen, so zeigt Synge Verständnis für die Sehnsucht der Frau, die sich in einer lieblosen Ehe um ihr Lebensglück betrogen fühlt. Sie ist ohne weiteres bereit, auf ihre Sicherheit zu verzichten, und geht mit einem Landstreicher hinaus in die Freiheit, in ein Leben der Gefahr, aber, wie sie hofft, auch der Erfüllung, während ironischerweise ihr alter Mann und der ursprüngliche Liebhaber sich zu einem Trunk zusammenfinden. Der Konflikt zwischen einem ehrbar-phantasielosen und einem ungesicherten, aber leidenschaftlichen Leben ist ebenfalls das Thema des derben Schwanks *The Tinker's Wedding* (1907, aufgef. 1909). Synges erstes dreiaktiges Drama, *The Well of the Saints* (1905), handelt von einem alten blinden Bettlerpaar, das eines Tages durch einen Heiligen von seinem Leiden geheilt wird. Enttäuscht über die eigene Häßlichkeit geraten die beiden bald in bitteren Streit, bis das erneute Erlöschen des Augenlichts sie wieder in alter Kameradschaft vereint. Sie sind glücklich in ihrer Illusion und lehnen eine neuerliche Heilung durch das Brunnenwasser entschieden ab – eine bittere Komödie mit einem scharfen Blick für die menschliche Situation.

Auch Synges bestes Drama, *The Playboy of the Western World* (1907), ist eine Variation über das Thema von Sein und Schein. Christy Mahon kommt eines Abends in ein einsames Dörfchen in Mayo und bekennt verschüchtert, daß er seinen betrunkenen Vater erschlagen hat. Zu seiner Überraschung beeindruckt die Erzählung die Dorfbewohner und bringt ihm sogar die Liebe der Wirtstochter Pegeen ein, die fasziniert ist von seiner Wildheit und poetischen Sprache. Beim Wiedererzählen gewinnt seine Geschichte von Mal zu Mal neue Züge, aber er wird nicht nur zum Mythenbildner, er wächst auch in seine Heldenrolle hinein und besiegt im sportlichen Wettkampf alle übrigen Männer des Dorfes. Doch im Augenblick seines Triumphes erscheint plötzlich der „tote" Vater und zerstört den Mythos. Um Pegeens Achtung wiederzugewinnen, die ihn für einen gemeinen Lügner hält, stürzt Christy dem Vater nach und schlägt ihn anscheinend wirklich tot. Das Dorf ist entsetzt und bindet Christy als Mörder; denn es besteht, wie Pegeen sagt, ein großer Unterschied zwischen einer schönen Erzählung und einer schmutzigen Tat. Da erscheint der Vater ein zweites Mal und rettet den Sohn vor dem Galgen. Die Preisgabe durch Pegeen war für Christy der schwerste Schlag, aber sie vollendete auch seine Verwandlung zum Mann. Wenn er am Schluß zusammen mit seinem Vater das Dorf verläßt, erlischt für Pegeen ein Licht. Verblendet hatte sie nicht erkannt, daß in Christy der Traum ihrer Seele Wirklichkeit geworden war. Pegeens Weh um das verlorene Ideal, das sich im Ohrfeigen ihres früheren Bräutigams äußert, unterstreicht die komödienhafte Gestaltung des tragischen Enttäuschungsthemas.

Synges dramatische Produktion beschränkt sich auf ein einziges Jahrzehnt. Aber in dieser kurzen Zeit hat er eine Ernte eingebracht, die ihm einen bleibenden Platz in der Geschichte der englischen Literatur sichert. Seine Kenntnis der menschlichen Natur und seine Charakterisierungskunst, sein Humor und seine Beherrschung der dramatischen Mittel, vor allem aber seine poetische Prosa und Bildlichkeit schlagen unmittelbar in Bann.

Die übrigen zeitgenössischen Dramatiker waren kleinere Talente. Von ihnen verdient Lady Isabella Augusta Gregory (1852–1932) hervorgehoben zu werden, deren Leben so völlig dem irischen Theater gewidmet war, daß dessen Geschichte zugleich ihre Autobiographie ist[81]. Sie betätigte sich in allen dramatischen Gattungen, leistete ihr Bestes jedoch im komischer Einakter (*Spreading the News*, 1904; *The Rising of the*

81 Vgl. Our Irish Theatre (1913).

Moon, 1907)[82]. Ihre Stücke, die in ihrer Deutung des irischen Wesens als einer Form der Menschheitskomödie an Synge erinnern, sind nachhaltig von Molière beeinflußt, dessen Komödien sie für das Abbey Theatre ins Anglo-Irische übersetzte.

Sean O'Casey[83] (1880–1964), der letzte bedeutende Vertreter der irischen Renaissance, der in realistischen Bahnen begann, aber bald unter den Einfluß des Expressionismus geriet, kann als der eigentliche Erbe von Synge gelten. Nach *The Shadow of a Gunman* (1923) führte das Abbey Theatre sein Meisterwerk, *Juno and the Paycock* (1924), auf, welches das Schicksal einer Familie aus dem Dubliner Elendsviertel gestaltet. Auf die Nachricht einer unerwarteten Erbschaft machen Jack und Juno Boyle Schulden, und da zudem ihr Sohn, der einen Kameraden an die Freistaater verraten hat, von den Revolutionären erschossen und ihre Tochter verführt wird, ist der Ruin der Familie vollständig. Als am Ende die Gläubiger die Wohnung ausräumen und Jack, der „Pfau“, seine Tochter verstößt, trennt sich Juno von dem arbeitsscheuen Schwadroneur und Saufbruder, einem Nachfahren von Synges Playboy und Shakespeares Falstaff, und steht in schlichter Selbstverständlichkeit zu ihrer verzweifelten Tochter. Das technisch konventionelle Drama vereinigt lebensfreudigen Humor und ergreifende Tragik, Melodram und Ironie, und seine Figuren sprechen eine kraftvolle, farbige Sprache. Junos Botschaft, daß die Menschen Dummheit, Haß und ihre „Grundsätze“ überwinden müssen, bildet auch das Thema des nach der Fahne der Irish Citizen Army, dem Symbol des irischen Freiheitskampfes, benannten Dramas *The Plough and the Stars* (1926), dessen Wirkung durch eine Reihe nebeneinandergestellter und am Ende zur Synthese gefügter Einzelhandlungen intensiviert und ins Allgemeingültige erhoben wird. Daß der Dichter Kampf, Leid und Opfer des Osteraufstandes von 1916 als fragwürdig deutete, entfachte einen Sturm der Entrüstung, der O'Casey ins englische Exil trieb; aber auch hier blieb Irland der unversiegbare Quell seiner Kunst.

Deutet sich schon in den bisherigen Dramen eine Überwindung des Realismus an, so wandte sich O'Casey in der Folgezeit einer konsequent expressionistischen Technik zu. Die bezeichnendsten Beispiele dieser neuen Phase sind das pazifistische Kriegsstück *The Silver Tassie* (1929) und das allegorische, allerdings gedanklich überfrachtete *Within the Gates* (1934). In anderen Dramen benutzt O'Casey seine Helden zu stark als

82 Coole Edition ed. T. R. Henn and C. Smythe, Gerard's Cross 1970ff. (i. E.); Selected Plays and Prose ed. E. Coxhead, Lo. 1962; Journals ed. L. Robinson, Lo. 1946. – E. Coxhead, Lady G.: A Literary Portrait, Lo. ²1966; A Saddlemyer, In Defense of Lady G., Playwright, Dublin 1966.

83 Collected Plays, 4 Bde., Lo. 1949–51; Autobiography, 6 Bde., Lo. 1939–54, in 2 Bdn., Lo. 1963. Letters ed. D. Krause, Lo. 1975ff. (i. E.). – D. Krause, S. O'C.: The Man and His Work, Lo. 1960; M. Malone, The Plays of S. O'C., Lo. u. Amsterdam 1969; H. Kosok, S. O'C.: Das dramatische Werk, Berlin 1972.

Sprachrohr für seine politischen Überzeugungen. Das gilt besonders für das unter dem Eindruck des Spanischen Bürgerkrieges geschriebene *The Star Turns Red* (1940), das seine Vision des neuen kommunistischen Zeitalters gestaltet. Diese expressionistischen Stücke folgen einem anderen Baugesetz: die Gesamtstruktur ist loser, die Einzelszenen sind stärker verselbständigt, und Bühnenbild, Ausstattung und stilisierte Sprache unterstreichen das Sinnbildhafte des Geschehens.

Bis zu einem gewissen Grade trifft dies auch auf O'Caseys letzte Stücke zu, die man als Erweckungsdramen für Irland bezeichnet hat, *Cock-A-Doodle-Dandy* (1949), *The Bishop's Bonfire* (1955) und *The Drums of Father Ned* (1958). Sie üben Kritik an der Bevormundung durch Kirche und Staat im neuen Irland und fordern die Jugend auf, entgegen dem Willen der Väter und des Klerus der neuen Heilsbotschaft von Father Ned zu folgen und ein Reich von dieser Welt zu bauen.

3. Das poetische Drama in England

Nach Yeats hat sich niemand intensiver um das poetische Drama bemüht als THOMAS STEARNS ELIOT[84]. Seinen ersten Versuchen ging eine eingehende theoretische Besinnung voraus. Wie Yeats sah er in dem realistischen Drama einen Irrweg. Er betonte nachdrücklich die Überlegenheit des Verses über die Prosa und sah in den strengen Formen des griechischen und mittelalterlichen Dramas geeignetere Vorbilder als in dem komplexen Renaissancedrama.

Eliots erstes Experiment sind die beiden „Fragmente eines aristophanischen Melodramas", *Sweeney Agonistes* (1926/1927). Sie führen uns in die Welt des 'Waste Land' und der 'Hollow Men' und versuchen, in Anlehnung an Varieté und Jazz mit der Sprache und den Rhythmen unserer Zeit tragische Gefühle in der Form der Farce auszudrücken. Mit Eliots Konversion zum Anglokatholizismus (1927) traten jedoch andere Themen in den Vordergrund. War das zusammen mit anderen Autoren verfaßte *The Rock* (1934) für Eliot wesentlich ein Versuch im chorischen Vers, so wurde *Murder in the Cathedral* (1935) sein erster Erfolg. Das Stück besteht aus zwei etwa gleich langen Teilen, der Versuchung Beckets und seinem Martyrium, die durch das Zwischenspiel der Weihnachtspredigt Beckets verbunden sind. Nach dem Mord treten die Ritter aus dem Rahmen des Spiels heraus und verteidigen ihre Tat als eine geschichtliche Notwendigkeit. Begleitet und intensiviert wird das Geschehen durch den Chor der Scheuerfrauen, die am Schluß zu einem ahnenden Verstehen des

[84] Vgl. S. 296. Ferner: D. E. Jones, The Plays of T. S. E., Lo. 1960; C. H. Smith, T. S. E.'s Dramatic Theory and Practice from Sweeney Agonistes to The Elder Statesman, Princeton u. Lo. 1963; E. M. Browne, The Making of T. S. E.'s Plays, Cambr. 1969.

Einbruchs der göttlichen Wirklichkeit gelangen. 'Murder in the Cathedral' ist das beste Beispiel eines modernen Mysterienspiels; es verbindet geschickt die verschiedenen Elemente der christlichen Tradition, vor allem die Liturgie und die mittelalterliche Moralität, und schreckt das Publikum aus jeder Selbstgefälligkeit auf mit der Verteidigungsrede der Ritter, die in der Form moderner politisch-juristischer Prosa gehalten ist. Trotz der künstlerischen Geschlossenheit bedeutete das Werk jedoch keine Lösung von Eliots Ausgangsproblem, ein Versdrama aus dem Geist unserer Zeit zu schaffen.

Dieses Vorhaben nahm Eliot mit *The Family Reunion* (1939) wieder auf. Der Held des Stückes, Harry, Lord Monchensey, hat wirklich oder vermeintlich seine Frau bei einem Sturm auf dem Atlantik über Bord gestoßen und wird seitdem von den Furien verfolgt. Erst indem er erkennt – und das Thema des Dramas ist diese Bewußtseinserhellung –, daß seine Schuld nur Glied in einer Kette von Ursache und Wirkung ist, kann Harry den Weg der Läuterung gehen. 'The Family Reunion' will eine christliche Orestie sein, ein Drama von Schuld und Sühne; aber die Umdeutung der antiken Schicksalsidee in die christliche Vorstellung der Erbsünde ist nicht recht gelungen, und die Umwandlung der Erinnyen in die Eumeniden wird aus dem Stück selbst nicht verständlich. Technisch bedeutet das Werk jedoch einen Fortschritt; Eliot hat vor allem einen Vers gefunden, der fast wie Prosa wirkt und nur an Stellen emotionaler Verdichtung als Vers empfunden wird. *The Cocktail Party* (1949) ist eine Variation desselben Grundthemas. Die guten Geister des Spiels, die „Wächter" (wie Celia sie nennt), dirigieren ihre „Patienten" zu einem Psychiater, von dem niemand weiß, woher er stammt. Dieser „Fremde" bringt die Partner einer gestörten Ehe dazu, ihr Leben in dem vollen Bewußtsein ihrer gegenseitigen Fremdheit und ihrer Mittelmäßigkeit neu zu beginnen. Celia dagegen, die sich mit einer solchen Aussöhnung nicht abzufinden vermag, schickt er auf den schwierigeren Weg, der zur vollen Erleuchtung, in ihrem Falle zum Martyrium, führt, das die „Komödie" (in einem mittelalterlichen Sinne) als ein gutes Ende mit einzuschließen vermag. Für die Ausgangssituation des Dramas hat Eliot die „Alkestis" des Euripides benutzt und damit die übliche Liebesverwicklung der Gesellschaftskomödie verbunden. Allerdings ist es ihm nicht gelungen, Oberflächengeschehen und spirituelle Ebene nahtlos ineinanderzufügen. Das Stück hat ein theaterwirksames Finale, krankt jedoch infolge der verwickelten Fabel an einer überaus langen und langsamen Exposition. Das an den „Ion" des Euripides anknüpfende Drama *The Confidential Clerk* (1953) geht noch weiter in Richtung auf die Posse. Das Verwechslungsspiel um das Thema der unehelichen Kinder wäre eine reine Komödie der Irrungen, wenn nicht der alte Privatsekretär und „Wächter" Eggerson und die halb mythische Pflegemutter Mrs. Guzzard als Boten der höheren Wirklichkeit den tieferen Sinn des Spiels offenbarten. Alle müssen erfahren, daß nur derjenige zu seiner eigensten Bestimmung findet, der weiß, wessen Kind er ist. Um die Frage der persönlichen Identität geht es auch in Eliots letztem Drama, *The Elder Statesman* (1958), das den „Ödipus auf Kolonos" als Anregung benutzt. Lord Claverton, der sein Leben auf dem Schein der äußeren Erfolge aufgebaut hat, wird von Erinnerungen gequält, die ihm in zwei Gestalten seiner Vergangenheit erscheinen und ihm sein Versagen an zwei Bewährungspunkten seines Lebens erneut bewußt machen. Erst indem sich Claverton zu seiner Schuld bekennt, vermag er die „Geister" zu bannen und in der Gewißtheit zu sterben, daß er aus dem Schein zur Wirklichkeit gefunden hat. Galt Eliots Interesse in den frühen Dramen wesentlich dem außergewöhnlichen Leben des Erwählten, so trat in 'The Confidential Clerk' erstmalig ein Durchschnittsmensch in den Mittelpunkt, und in 'The Elder Statesman' wird die frühere Isolierung des Helden sogar überwunden, indem der Läuterungsvorgang innerhalb der Familie erfolgt.

Eliots Dramatik ist der schwächste Teil seines Werks, und inzwischen ist deutlich, daß trotz aller theoretischen und praktischen Bemühungen das Versdrama Episode geblieben ist. Aber Eliots Versuche sind für viele jüngere Dramatiker bestimmend gewesen. Das gilt einerseits für das allerdings nur durchschnittliche religiöse Drama der sog. 'Faber Dramatists' (Anne Ridler, Norman Nicholson, Ronald Duncan), es gilt andererseits für die politischen Dramen des Auden-Kreises, die an das Experiment der 'Sweeney'-Fragmente anknüpften. Hier sind vor allem Wystan H. Auden[85] und Christopher Isherwood (geb. 1904) zu nennen, die nachhaltig von Ernst Toller, Georg Kaiser und dem epischen Theater Bert Brechts beeinflußt wurden. Ihr bestes Stück ist *The Ascent of F 6* (1936), das vor dem Hintergrund einer politisch ausgenutzten Bergbezwingung die Tragödie eines Idealisten darstellt. Die Einbeziehung von Rundfunk- und Presseberichten in das Spielgeschehen und die Reaktion zweier Durchschnittsmenschen auf diese Propaganda ist technisch ebenso interessant wie die große surrealistische Schlußszene, wenngleich die psychoanalytische Verengung des entfalteten Problems enttäuscht.

Neben T. S. Eliot ist der bemerkenswerteste Vertreter des poetischen Dramas Christopher Fry[86] (Christopher Harris, geb. 1907). Seine frühen religiösen Stücke stehen im Schatten T. S. Eliots und lassen Frys eigentliche Gaben noch nicht deutlich hervortreten. Nach dem Kriege entstanden drei weitere religiöse Dramen. *The Firstborn* (1946) handelt von Moses' Kampf um die Befreiung der Israeliten vom ägyptischen Joch und von seiner tragischen Erkenntnis, daß die Tötung der Erstgeburt auch den Tod des von ihm geliebten Thronfolgers, des Prinzen Ramses, einschließt. *Thor, with Angels* (1948) ist ein Bekehrungsspiel vor dem Hintergrund

85 Vgl. S. 303.
86 E. Roy, C. F., Lo. u. Amsterdam 1968; H. Itschert, Studien zur Dramaturgie des 'Religious Festival Play' bei C. F., Tübingen 1963.

der angelsächsischen Missionierung zu Ende des 6. Jahrhunderts. Das beste und auch technisch interessanteste, *A Sleep of Prisoners* (1951), dramatisiert die Träume von vier vorübergehend in einer Kirche eingesperrten Kriegsgefangenen, deren Ängste und Hoffnungen sich mit Kindheitserinnerungen und Szenen aus dem Alten Testament verbinden. Die vier Stationen des Spiels, mit den Geschichten von Kain und Abel, David und Absalom, Isaaks Opferung und, als Höhepunkt, den vier Jünglingen im Feuerofen, deuten die Menschheitsgeschichte als eine Kette von Unduldsamkeit und Haß und Mord. Am Ende steht jedoch nicht Verzweiflung, sondern Opfer und Läuterung. Das Passionsspiel ist ein Experiment, das durch die kunstvolle Verflechtung von Traum- und Wachgeschehen, den durchdachten Bau, die sprachliche Durchformung und den strengen Vers beeindruckt.

Stärker als die religiösen Festspiele wirken die Komödien. Der Einakter *A Phoenix too Frequent* (1946) verwendet die bekannte, auf Petronius zurückgehende Geschichte von der Witwe zu Ephesus, die ihrem Mann im Tod nachfolgen will, aber mitten in Trauer und Todesentschlossenheit von der Allgewalt des Lebens und der Liebe ergriffen wird. Bei Fry wird die Episode, die so häufig als Exempel für den Wankelmut der Frauen benutzt worden ist, zu einem Hymnus auf das Leben, das sich immer wieder dem Zugriff des Todes geschmeidig zu entziehen weiß. Das Geheimnisvolle und Unentrinnbare des Wechselbezugs von Tod und Leben ist auch das Thema von *The Lady's Not for Burning* (1948). In dieser in einer pseudomittelalterlichen Zeit spielenden Komödie wird die junge, der Hexerei verdächtigte Jennet Jourdemayne in demselben Augenblick verhaftet, in dem ein entlassener Soldat sich aus Ekel am Leben des Mordes bezichtigt und hartnäckig verlangt, gehängt zu werden. Wie in 'A Phoenix too Frequent' trägt die welterhaltende Kraft der Liebe den Sieg davon, und in beiden Fällen empfängt die Komödie ihren Reiz von der Sprache her, der Sturzflut glitzernder Bilder, rauschender Wortkaskaden, paradoxer Koppelungen und verblüffender Wortspiele.

'The Lady's Not for Burning' ist die Frühlingskomödie in einem Jahreszeitenzyklus. Die folgende dieser 'comedies of mood' ist das Herbstspiel *Venus Observed* (1950), in dem ein charmanter, alternder Herzog drei seiner früheren Geliebten in sein Observatorium eingeladen hat, um eine Sonnenfinsternis zu beobachten. Aus ihnen soll sein Sohn seine künftige Mutter auswählen. Als jedoch die Sonne wieder hervorkommt, steht plötzlich die eben aus Amerika zurückgekehrte Tochter des Verwalters Reedbeck im Licht und wird sogleich von Vater und Sohn begehrt. Aber am Ende findet der Herzog zur Bescheidung und nimmt diejenige seiner Freundinnen zur Frau, die ihn wirklich liebt und deshalb sein Observatorium in Brand gesteckt hatte. Eine Atmosphäre herbstlicher Reife und Milde durchzieht das Stück und überdeckt die unerfüllte Sehnsucht nach Vollendung. In gedämpftem Licht spielt die Winterkomödie *The Dark is*

Light Enough (1954). Das Drama zeigt zwar Schwächen der Fabel, der Szenenführung und der Charakterzeichnung der Nebenfiguren, aber es hat intensives Leben durch die Hauptgestalt der alten Gräfin Rosmarin Ostenburg, die während der ungarischen Revolution 1848–1849 auf ihrem österreichischen Landsitz den Deserteur Gettner, den ersten Mann ihrer Tochter Gelda, versteckt und rettet, obwohl seinetwegen Geldas zweiter Mann als Geisel festgenommen wird und obwohl ihr der Taugenichts diese Tat damit dankt, daß er Gelda zur Untreue zu verleiten sucht und den Sohn der Gräfin im Streit verwundet. Der Gräfin unbeirrbares Handeln entspringt einer ganz selbstverständlichen Achtung vor dem menschlichen Leben. Zwar vermag sie nicht die Welt zu verändern, aber ihre tiefe Menschlichkeit reißt das uns allenthalben umgebende Dunkel so weit auf, daß wir einen Blick tun in eine Welt der Ordnung, der Güte, der Liebe. Den Zyklus beschließt die schwächere Sommerkomödie, *A Yard of Sun* (1970), in der sich unmittelbar nach dem Kriege die Mitglieder gespaltener italienischer Familien in Siena während des Palio, des traditionellen Pferderennens und Volksfestes, wieder zu Versöhnung und Neubeginn zusammenfinden. Auch die Historie über Heinrich II., *Curtmantle* (1961), enttäuschte; sie ist zu einem historischen Bilderbogen geworden und hält den Vergleich mit dem 1959 erschienenen zwar unhistorischen, aber bühnenwirksamen Becket-Drama von Jean Anouilh nicht aus.

Anders als T. S. Eliot hat Fry zur Theorie des poetischen Dramas wenig beigetragen. Sein Vers ist im Grunde rhythmisierte Prosa, die sich, je nach der erstrebten Verdichtung, mehr oder weniger dem Versrhythmus nähert. Seine frühen Manierismen hat Fry in zunehmendem Maße überwunden, seine Wortvirtuosität gedämpft, seine Bilder mit der Thematik organischer verknüpft und eine größere Differenzierung der Sprechweisen erreicht. Seine Dramen, auch seine Komödien, verleugnen nicht den Abgrund des Bösen, aber sie sind auch ein Plädoyer für die Humanität und halten die Tür geöffnet für den Blick in eine andere, heile Welt. Sie sind (mit Frys Worten) 'an escape not from truth but from despair: a narrow escape into faith'.

4. Das englische Drama seit den fünfziger Jahren[87]

In der Mitte der 50er Jahre wurde das Versdrama aus dem Felde geschlagen durch das neu-naturalistische Drama der „zornigen jungen Männer" und das absurde Drama. Diese Sammelbezeichnungen täuschen allerdings eine Einheitlichkeit vor, die nicht der Wirklichkeit entspricht.

87 J. R. Taylor, Anger and After, Lo. ²1969; ders., The Second Wave: British Drama for the Seventies, Lo. 1971; K. J. Worth, Revolutions in Modern English Drama, Lo. 1973; Modern British Dramatists: A Collection of Critical Essays ed. J. R. Brown, Englewood Cliffs 1968.

Das Fanal des Umbruchs war JOHN OSBORNES (geb. 1929) *Look Back in Anger* (1956), das den Mißmut einer neuen Generation und ihre Unzufriedenheit mit der gesellschaftlichen Ordnung zum Ausdruck brachte. Jimmy Porter, der „Held" des Dramas, ist ein junger Mann aus Arbeiterkreisen, der als Staatsstipendiat an einer der Provinzuniversitäten studiert hat und nun, unzufrieden mit sich selbst und dem Lauf der Dinge im Wohlfahrtsstaat England, seinen Haß gegen das Establishment in ziellosem Aufbegehren abreagiert. Seine aggressive Rhetorik richtet sich vor allem gegen seine aus Bürgerkreisen stammende junge Frau Alison und deren Eltern. Der Held handelt nicht, er räsonniert, aber in dieser monologischen Selbstdarstellung hat Osborne, überzeugender als irgendeiner der zeitgenössischen Romanciers (s. S. 372f.), den Typus des „zornigen jungen Mannes" getroffen. Die Lösung des Konflikts erinnert an die Frühzeit des Problemdramas: die gequälte Frau, die ihrem Mann davongelaufen ist, kehrt wieder zurück, und die Geliebte, die inzwischen ihre Stelle eingenommen hat, räumt den Platz, weil sie fühlt, daß sie sich aus ihrer bürgerlichen Welt nicht lösen und Alison nicht ersetzen kann. Jimmy und Alison söhnen sich aus, indem sie sich in die Illusion und zeitweiliges Vergessen flüchten.

Osborne erstrebte offenbar ein Drama, das zugleich Problemstück und Seelenstudie ist, wozu die verwendete Form sich jedoch kaum eignete. Er hat daher nach neuen Techniken gesucht, aber bisher konnte keines seiner zahlreichen Stücke den wohl zeitgebundenen Erfolg von 'Look Back in Anger' wiederholen. Dies gilt für den sich an das Varieté und Brecht anlehnenden *Entertainer* (1957) wie für die „Historie" *Luther* (1960), die den Reformer als Rebellen gegen soziale Korruption und als Opfer seiner persönlichen Probleme deutet, für den mittelmäßigen und haltlosen Rechtsanwalt Bill Maitland, den „Richter in eigener Sache", in *Inadmissible Evidence* (1964), für *A Patriot for Me* (1965), das den Skandal um den am Vorabend des ersten Weltkrieges von den Russen erpreßten österreichischen Oberst Alfred Redl zum Vorwurf hat, bis hin zu den statischen Konversationsstücken *The Hotel in Amsterdam* (1968) oder *West of Suez* (1971). Zorn und Haß ist auch das Zentrum von *A Sense of Detachment* (1973) geblieben. Trotz Osbornes Theatertalent dürften seine Stücke eher von zeitgeschichtlichem und soziologischem als von künstlerischem Interesse bleiben.

Große Hoffnungen weckten die ersten Dramen von ARNOLD WESKER (geb. 1932) mit ihrem an William Morris erinnernden sozialistischen Engagement. In *The Kitchen* (1968) fand Wesker in der Großküche eines Speiserestaurants, deren Anonymität und Hektik keinerlei Raum läßt für das Eigenleben und die Selbstfindung der aus den verschiedenen Nationen zusammengewürfelten Menschen, ein Spiegelbild der modernen Gesellschaft. Umfassender gestaltet das soziale Thema die Trilogie *Chicken Soup with Barley* (1958), *Roots* (1959) und *I'm Talking of Jerusalem*

(1960). Sie stellt das Scheitern der politischen Hoffnungen einer jüdisch-ungarischen Einwandererfamilie in den Jahren zwischen 1936 und 1956 dar, doch gelangen die Protagonisten am Ende zu der Einsicht, daß Hilfsbereitschaft und tätige Liebe menschliche Werte jenseits aller politischen Programme bedeuten. Die folgenden Dramen, die wie *Chips with Everything* (1962), *Their Very Own and Golden City* (1966) und *The Old Ones* (1973) ebenfalls leidenschaftlich für sozialistische und humanitäre Ideen eintreten, blieben für die meisten Kritiker enttäuschend, da sie die Offenheit und Objektivität der Trilogie vermissen lassen.

Zwiespältig ist auch der Eindruck des begabten John Arden (geb. 1930). Schon *Live Like Pigs* (1958) schlägt sein Hauptthema von Anarchie und Ordnung an. Das Drama konfrontiert die Lebensformen von Kleinbürgern in einem nordenglischen Industrievorort mit einer Familie von Vagabunden, die dort in eine Sozialwohnung eingewiesen worden ist und sich ihrerseits später mit Zigeunern auseinanderzusetzen hat. Dabei ergibt sich, daß das von den Vagabunden zersetzte Leben der Kleinbürger zwar in geordneten Bahnen verlief, aber im Grunde tot ist; die Vitalität ist auf seiten der Vagabunden, wenn sie auch in unserer Zeit einen Anachronismus darstellen. In *Serjeant Musgrave's Dance* (1959) will der desertierte Feldwebel Musgrave, ein religiöser Eiferer, die Schuld einer kolonialen Strafexpedition durch ein fünffaches Sühnopfer der politisch Verantwortlichen tilgen. Aber Gewalt läßt sich nicht durch neue Gewalt beseitigen, und Musgrave scheitert am Widerstand der Frauen und einiger seiner Männer, die für das Leben eintreten. Ardens ehrgeizigstes, Elemente der Moralität verwendendes Drama *Armstrong's Last Goodnight* (1964) greift, angeregt durch zeitgenössische Ereignisse im Kongo, auf eine historische Episode im Schottland des 16. Jahrhunderts zurück. Arden stellt dem Raubritter Armstrong den Dichter und wendigen Diplomaten Sir David Lindsay gegenüber, der Gesetz und Ordnung durchzusetzen bemüht ist, der aber schließlich, um der Anarchie Herr zu werden, zu unlauteren Mitteln greifen und damit gegen seine eigenen Prinzipien verstoßen muß. Er verrät Armstrong, der von dem jungen König gehängt wird, wodurch der Krieg mit England vorerst vermieden ist. Arden gibt keine Lösung, er ergreift nicht Partei, er lenkt die Sympathie der Zuschauer nicht in eine bestimmte Richtung. Er breitet vielmehr einen Befund aus und fordert sein Publikum auf, sich selber Gedanken zu machen über eine Lösung. In dieser Ambivalenz dürfte wohl der Grund liegen, daß Ardens Dramen nicht populär geworden sind. Denn Sprachgebung und Technik sind brillant; das Problem ist stets fest in der sozialen Wirklichkeit verankert, aber Arden fügt auch unrealistische Elemente ein, nutzt neben der Prosa den Vers und ist nicht nur Brecht, sondern vor allem der Volksballade verpflichtet.

Im letzten Jahrzehnt hat, mitbedingt durch die fortschreitende Auflösung moralischer Verhaltensnormen und die Aufhebung der Theaterzensur (1969), die Darstellung von Aggression und Sexualität in weitem Umfang die Bühne erobert. Der führende Vertreter dieses gesellschaftskritischen „Theaters der Gewalt" ist EDWARD BOND (geb. 1935). Bond sieht die sittliche Verwahrlosung als das Hauptproblem unserer Zeit; sie sei eine Folge der Einengung der persönlichen Freiheit, die zwangsläufig zur Frustration führe und sich in Gewalttaten entlade (*Saved*, 1965; *Early Morning*, 1968; *Narrow Road to the Deep North*, 1969). Bond teilt Rousseaus Überzeugung, daß die Menschen nicht von Natur aus böse sind, sondern durch Umgebung, Erziehung und falsche Moralvorstellungen korrumpiert werden. Da er die religiöse Begründung der Moral für antiquiert hält, versteht er seine Dramatik als Aufforderung, nach neuen Lösungen zu suchen. Der Künstler hat nach Bond die Aufgabe, nicht nur nach der Wahrheit und Gerechtigkeit zu fragen, sondern sie in der Gesellschaft zu verwirklichen. Deshalb kritisiert er in seinem *Lear* (1971), daß Shakespeares König in Schmerz und Wahnsinn Zuflucht sucht und, obwohl er am Ende zur Einsicht in die menschliche Situation gelangt, sich der notwendigen gesellschaftlichen Veränderung verschließt. Die Beziehung des Künstlers zur Gesellschaft ist auch das Thema von *Bingo* (1974). Der Titel des Stücks, das Shakespeare während der letzten Monate seines Lebens zeigt, ist ironisch zu verstehen: Kunst ist kein belangloses Bingospiel, Shakespeare begeht vielmehr Verrat an seinem künstlerischen Auftrag, als er sich bei den Einfriedigungen der Stratforder Grundbesitzer auf deren Seite stellt, statt die Partei der kleinen, ihres Unterhalts beraubten Pächter zu ergreifen. Er macht sich schuldig durch sein Schweigen, und in Umkehrung des Bildes vom heiteren Lebensabend des Dichters begegnet uns ein verzweifelter, seine Familie und sich selbst hassender Mann, der sein korruptes, auf Reichtum gegründetes Leben mit dem Selbstmord besiegelt. Bonds Interesse gilt weniger der historischen Wahrheit als der paradigmatischen Darstellung des Künstlers in der Gesellschaft. Dabei wird der Zuschauer fast erdrückt durch die Häufung haarsträubender Grausamkeit und Brutalität; doch neben dem sozialrevolutionären Imperativ durchzieht die Stücke ebenfalls ein gedämpfter Unterton von Schmerz und menschlichem Mitgefühl.

Im Unterschied zum sozialkritischen Drama steht im Mittelpunkt des absurden Dramas[88] die metaphysische Frage nach dem Zweck und Sinn des menschlichen Daseins. Sein Hauptvertreter ist SAMUEL BECKETT[89] (geb. 1906), dessen Dramen und Hörspiele ort- und zeitlos sind und weder einen Konflikt noch ein zielgerichtetes Handeln aufweisen, und da jeder in seine Einsamkeit eingeschlossen ist, verliert auch die Sprache den

88 M. Esslin, The Theatre of the Absurd, Harmondsworth ²1968.

89 R. Cohn, S. B.: The Comic Gamut, New Brunswick, N. J., 1962; H. Kenner, S. B.: A Critical Study, Berkeley ²1968; F. Doherty, S. B., Lo. 1971; J. Fletcher and J. Spurling, B.: A Study of his Plays, Lo. 1972; E. Webb, The Plays of S. B., Lo. 1972; H. Kenner, A Reader's Guide to S. B., Lo. 1973. S. auch S. 365, Anm. 128.

Charakter der Kommunikation. Angesichts der Unmöglichkeit, die Realität zu erfassen, bleiben nur der Scheindialog, die widersprüchliche Aussage, das Schweigen, die clownhafte Pantomime. Das Gespräch der beiden Landstreicher in *Waiting for Godot* (1955), die auf den mysteriösen Godot warten, aber nicht wissen, ob sie überhaupt mit ihm verabredet sind, wird zu einem Ritual des Aneinandervorbeiredens und des Zeitvertreibs. Vladimir und Estragon warten ohne Hoffnung, wagen aber nicht, das Warten aufzugeben.

Diese Hilflosigkeit des Menschen in einer undurchdringlichen, gleichbleibenden Grundsituation verschärft sich in den folgenden Dramen. In *Endgame* (1957) ist Hamm blind und an seinen Rollstuhl gebunden, seine Eltern befinden sich, verstümmelt und schwachsinnig, in Mülleimern, und obwohl der Diener (oder Sohn?) Clov wiederholt mit seinem Fortgang droht, der für alle das Ende bedeuten würde, spielt man das sinnlose Spiel weiter. *Krapp's Last Tape* (1958) hat nur noch einen Akteur, der seiner eigenen Stimme mit den Reminiszenzen seiner ihm fremdgewordenen Vergangenheit auf dem Tonband zuhört, und die im Sand versinkende Winnie in *Happy Days* (1961), die sich am Ende nicht einmal vor der sengenden Sonne schützen oder zur Pistole greifen kann, begegnet dem Unausweichlichen dieser Hölle mit Indifferenz. Bar jeglicher Mimik sprechen in *Play* (1964) zwei namenlose Frauen und ein Mann auf Scheinwerfersignale hin tonlos aus Urnen; sie monologisieren über eine Dreiecksgeschichte und können keine Ruhe finden, solange das Bewußtsein funktioniert.

Einer Welt, die nur Fortschritt und Expansion kennt, hält Beckett den Spiegel menschlicher Ohnmacht vor. Wie in seinen Romanen (s. S. 365) geht er den Weg radikaler Reduktion: Schritt um Schritt werden Handlung und Rollen begrenzt, bis der Endpunkt erreicht ist mit dem Ein- und Ausatmen eines Neugeborenen in dem nur 35 Sekunden währenden *Breath* (1970). Beckett konfrontiert seine Zuschauer mit einer absurden Welt, versperrt ihnen den Ausweg in die Illusion oder eine Ideologie und läßt ihnen keine andere Möglichkeit, als sich der Realität des Nichts zu stellen.

Obwohl das absurde Drama die zeitgenössischen gesellschaftskritischen Stücke künstlerisch überragt, mußte die konsequente Reduktion zwangsläufig in eine Sackgasse führen. Unverkennbar war der Höhepunkt dieses eine Zeitstimmung treffenden Dramas Mitte der sechziger Jahre überschritten, und es verwundert nicht, daß ein Dramatiker wie Pinter zwar an das absurde Drama anknüpfte und wesentliche Elemente übernahm, aber von Anfang an die Begrenzung zu durchbrechen suchte.

Die Dramen, Hörspiele und Fernsehstücke Harold Pinters[90] (geb.

[90] M. Esslin, H. P.: A Study of his Plays, Lo. 1973; S. Trussler, The Plays of H. P.: An Assessment, Lo. 1973; P.: A Collection of Critical Essays ed. A. Ganz, Englewood Cliffs 1972.

1930) erweisen, daß sich die Kategorien „absurd“ und „neu-naturalistisch“ nur sehr bedingt verwenden lassen. Erinnert das Motiv der von anonymen Mächten bedrohten menschlichen Existenz an Kafka, Pirandello und Beckett, erscheint es unmöglich, zwischen Realität und bloßer Vorstellung zu scheiden, und bleibt es zweifelhaft, ob der Mensch zur Erkenntnis seiner selbst oder seiner Mitmenschen überhaupt fähig ist, so sind andererseits Pinters Dialoge durchaus „realistisch“, da sie mit unübertrefflicher Genauigkeit Sprachmuster, Redewendungen und Rhythmen der Alltagssprache verwenden.

Bereits mit *The Room* und *The Dumb Waiter* (beide 1957) stieß Pinter auf eine der Grundsituationen seiner Dramatik: das Eindringen bedrohlicher Mächte von außen in einen scheinbar sicheren, Schutz gewährenden Raum. Auch sein erstes abendfüllendes Drama *The Birthday Party* (1958) ist eine solche 'comedy of menace', in der unerwartete Kräfte plötzlich einbrechen und die Alltagsrealität zum Einsturz bringen. Stanley wird von zwei Eindringlingen entführt, ohne daß wir etwas über deren Auftraggeber oder Genaueres über Stanleys angebliches oder tatsächliches Vergehen erfahren, so daß die Grenzlinie zwischen Faktum und Vermutung verschwimmt. Man stand diesen Stücken zunächst etwas ratlos gegenüber, bis das Hörspiel *A Night Out* (1960) den Weg zum Verständnis Pinters ebnete (wie überhaupt Rundfunk und Fernsehen für das Drama der letzten Jahrzehnte von entscheidender Bedeutung geworden sind). Den Durchbruch brachte im selben Jahr *The Caretaker* (1960), in dem der alte Landstreicher Davies zwei Brüder gegeneinander auszuspielen versucht und dadurch seine Hoffnung auf eine Hausmeisterstelle gerade durchkreuzt. Das Element der Bedrohung hat hier keine zentrale Bedeutung, der Konflikt entspringt vielmehr der Charakterveranlagung der drei Akteure.

Die folgenden Stücke rücken die Suche nach der Identität in den Mittelpunkt. *The Collection* (1962) und *The Lover* (1963) handeln von verschiedenen Existenzmöglichkeiten derselben Person, eine Problematik, die umfassenderen Ausdruck erfährt in *The Homecoming* (1964). Als ein in Amerika tätiger Philosophiedozent seine englische Familie besucht, trennt sich seine Frau, ein früheres Photomodell, von ihm und bleibt bei der frauenlosen Familie, in der sie im Kampf um die beherrschende Stellung die Oberhand behält. Wie früher bleibt die Verläßlichkeit aller Äußerungen in der Schwebe.

Die letzten Dramen Pinters umkreisen das mit der bisherigen Entwicklung eng verbundene Thema des Verhältnisses von Gegenwart und erinnerter Vergangenheit (*Landscape* und *Silence*, 1969; *Old Times*, 1971; *No Man's Land*, 1975). Bei der Vergegenwärtigung der zurückliegenden Ereignisse und Beziehungen, die bei den einzelnen Personen in verschiedener Brechung erscheinen, bleibt wieder offen, ob das Erleben der Wirklichkeit entspricht oder ob es sich nur um Wunschbilder oder Träume oder gar um bewußte Erfindungen handelt. Eine Entscheidung ist nicht möglich, da die Wirklichkeit selbst vieldeutig ist. Es kennzeichnet die Atmosphäre dieses Niemandslandes, 'which never moves, which never changes, which never grows older, but which remains forever, icy and silent', daß die alltagsnahe Sprache durch eine elegische Wortmusik bereichert erscheint, eine zarte Melancholie, welche die Realität oder auch das Nichts verdeckt.

5. Das amerikanische Drama

Das Drama war der am meisten vernachlässigte Zweig der amerikanischen Literatur. Dem zeitgenössischen englischen Theater hat Amerika um die Jahrhundertwende nichts an die Seite zu stellen. Die Stücke von Clyde Fitch (1865–1909) und Augustus Thomas (1859–1934) sind heute veraltet, und David Belasco (1859–1931), der einzige, der in Europa Geltung erlangte, verdankt diesen Erfolg Puccini, der die rührselige *Madame Butterfly* (1900) und das theatralische Cowboystück *The Girl of the Golden West* (1905) vertonte. Der begabteste Dramatiker dieser älteren Generation war der Chicagoer Universitätsprofessor William Vaughn Moody (1869–1910). Sein erfolgreichstes Stück, das Prosadrama *The Great Divide* (1906), behandelte unter dem Einfluß des europäischen Realismus den Gegensatz zwischen dem puritanischen, alten Neuengland und dem freien, ungezügelten Lebensdrang des Westens.

Den Boden für eine Neubelebung des Theaters bereiteten vor allem die um die Jahrhundertwende eingerichteten 'Dramatic Workshops' der amerikanischen Universitäten. Brander Matthews bekleidete die erste dramatische Professur an der Columbia-Universität, William Lyon Phelps wirkte in Yale, und George Pierce Baker, an dessen Übungen O'Neill, Thomas Wolfe u. a. teilnahmen, entfaltete eine höchst einflußreiche Tätigkeit in Harvard. Angeregt durch das Universitätsvorbild entstanden zahlreiche Kleinbühnen im ganzen Land, von denen einige große Bedeutung erlangten. So wurden, wenn auch zwei Jahrzehnte später als in Europa, einem neuen Experimentieren alle Möglichkeiten eröffnet. Die nun einsetzenden Versuche neigten teils zum expressionistischen Theater, teils auch, mit der Erörterung der sozialen und weltanschaulichen Probleme der Nachkriegszeit, zu einer Weiterentwicklung des realistischen Problemstücks.

Das größte Theatertalent, das Amerika bisher hervorgebracht hat, ist Eugene O'Neill[91] (1888–1953). Schon sein früher Einakter *The Moon of*

[91] The Plays of E. O'N., 3 Bde., repr. N.Y. 1951; Nine Plays ed. J. W. Krutch (Mod. Libr.); E. O'N.: Ten Lost Plays, N.Y. 1964. – A. and B. Gelb, O'N. (enlarged edition), N.Y. 1972; J. H. Raleigh, The Plays of O'N., Lo. u. Amsterdam 1965; L. Sheaffer, O'N.: Son and Playwright, Boston 1968; ders., O'N.: Son and Artist, Boston 1972; T. Tiusanen, O'N.'s Scenic Images, Princeton 1968; T. Bogard, Contour in Time: The Plays of E. O'N., N.Y. 1972; O'N. and his Plays: Four Decades of Crit-

the Caribbees (1918), der eine in der Tropennacht aufflammende und dann wieder verlöschende Orgie der Matrosen mit Rum und schwarzen Mädchen szenisch gestaltet, zeigt technische Meisterschaft und künstlerische Eigenart. Die Verbindung von Naturalismus und Symbol kennzeichnet auch sein erstes längeres Drama *Beyond the Horizon* (1920) wie seinen ersten Bühnenerfolg, *Anna Christie* (1921), dessen Spannung auf der tragisch-ironischen Atmosphäre dreier Enttäuschter und der starken Betonung eines allerdings von außen an die Menschen herantretenden Schicksals beruht.

Gleichzeitig mit diesen symbolisch gefärbten naturalistischen Stücken laufen Experimente im expressionistischen Drama. *The Emperor Jones* (1920) ist eine Folge von sechs spukhaften Monologszenen, in denen sich in Gespensterfurcht und Todesangst das Schicksal eines Negerkaisers vollendet. In *The Hairy Ape* (1922) wendet sich der Heizer Yank auf der Suche nach Zugehörigkeit schließlich einem Gorilla zu, der ihn jedoch ironischerweise erdrückt. *All God's Chillun Got Wings* (1924) schildert die zu Wahnsinn und Elend führende Ehe eines intelligenten Negers mit einer minderwertigen Weißen, wobei das Bühnenbild, dessen Formen sich verzerrend die menschliche Entartung begleiten, die Beklemmung zunehmend steigert. Überhaupt ist O'Neill bestrebt, den modernen Bühnenmechanismus sinnvoll in das Spiel einzubeziehen zu einer einheitlichen Stimmungswirkung. Mit der packenden Bauerntragödie *Desire Under the Elms* (1924) gelang ihm der erste große Wurf. Bedrohlich und zugleich schützend breiten die vier Riesenulmen ihre Zweige über die Neuenglandfarm, in der sich eine Tragödie der Leidenschaften abspielt, die mit der Verführung des Stiefsohnes und dem Kindesmord an den „Hippolytos" und die „Medea" erinnert und in der das Individuelle und Archetypische verschmolzen sind.

Von den weiteren Experimenten verdient *The Great God Brown* (1926) erwähnt zu werden, da es das Mittel der Maske erprobt, die getragen oder abgelegt wird, je nachdem die Figur ihre wahre Persönlichkeit zeigt oder verhüllt. Mit dem „Seltsamen Zwischenspiel" und „Trauern ziemt Elektra" erreichte O'Neills Schaffen einen neuen Höhepunkt. Das neunaktige, sich über 25 Jahre erstreckende *Strange Interlude* (1928) läßt die Konflikte aus dem Unterbewußtsein der Charaktere aufsteigen. Durch die Technik des inneren Monologs wird der Zuschauer durch ein „Beiseite" über die wirklichen Gedanken der Figuren ins Bild gesetzt, die zu den gesprochenen Worten häufig in ironischem Kontrast stehen. Wird in diesem Drama der tragische Ausgang durch ein resigniertes Weiterleben vermieden, so führt die dreizehnaktige Trilogie *Mourning Becomes Electra* (1931) in die unausweichliche Katastrophe. Wie in der griechischen Tragödie ist auch

icism ed. O. Cargill, N. B. Fagin, and W. J. Fisher, N.Y. ²1963; O'N.: A Collection of Critical Essays ed. J. Gassner, Englewood Cliffs 1964.

bei O'Neill der Mensch ausgeliefert an das Schicksal. Aber da die Götter tot sind, tritt an die Stelle des Götterfluches eine psychoanalytische Motivation. Der in den Ahnen nicht gelöste Konflikt zwischen natürlicher Sinnenfreude und puritanischer Unterdrückung des Trieblebens kommt in der nachfolgenden Generation in gesteigerter Form zum Ausbruch. Weil die Mannons am Leben, an der All-Mutter, schuldig geworden sind, erreicht keiner von ihnen den ersehnten Frieden. Sie alle sind Getriebene, haben einen Vater- oder Mutterkomplex, handeln in dauernden Krisen von Haß und Liebe, und das Stück endet mit dem bis zum letzten erfüllten Fluch. Lavinia (die der Elektra des Aeschylus entspricht) läßt die Läden des Hauses zunageln; sie will, lebendig begraben, die Schuld sühnen. Die Trilogie ist O'Neills größtes und geschlossenstes Werk. Wenn auch in der entgötterten psychologischen Welt die Dimensionen kleiner geworden sind und die Gestalten kaum das Übermaß an Emotion und Dynamik zu tragen vermögen, ist 'Mourning Becomes Electra' doch der bedeutendste Versuch des Expressionismus, sich des Atridenmythos zu bemächtigen.

Die Dramen der letzten Phase führen in eine düstere, hoffnungslose, vom Lebensekel gezeichnete Welt. *The Iceman Cometh* (abgeschl. 1939, aufgef. 1946), das autobiographische Züge ebenso wie den Einfluß von Gorkis „Nachtasyl" zeigt, spielt in einer schmutzigen New Yorker Bar, dem Zufluchtsort einer Gesellschaft gescheiterter Existenzen, die in dauerndem Alkoholrausch ihre Illusionen aufrechtzuerhalten suchen. Zu dieser Gesellschaft stoßen zwei Besucher: Don Parritt, der seine Mutter ins Gefängnis gebracht hat, und der von allen bereits erwartete Handlungsreisende Hickey, der die Runde stets fidel unterhielt. Doch Hickey erscheint merkwürdig gewandelt; in der Rolle eines Erweckungspredigers fordert er alle auf, sich von ihren „Opiumträumen" zu befreien und in die Wirklichkeit zurückzukehren. Dieser Zwang zur Wahrheit wirkt wie ein von Hickey ausgehender Todesschatten. Der Bote des Heils ist in Wirklichkeit der „Eismann", ein Bote des Todes. Aber auch Hickey selbst muß sein Wahrhaftigkeitsstreben, das ihn zum Mörder seiner eigenen Frau machte, als eine Illusion erkennen, und alles atmet erleichtert auf, als er von der Polizei, die er selber verständigt hat, abgeführt wird. Damit kann die Gesellschaft der Gestrandeten wieder in ihre Traumwelt zurückkehren. Nur Don Parritt ist ohne 'pipe dream'; er prüft, vom Eismann angerührt, sein Gewissen und stürzt sich aus dem Fenster. Der ehemalige Anarchist Larry, der Don Parritts Mutter liebte, möchte ihm folgen, hat aber nicht den Mut dazu.

In eine ähnliche Atmosphäre führt *Long Day's Journey into Night* (abgeschl. 1941, aufgef. 1956). Das Stück gibt das (stark autobiographische) Bild einer zerrütteten Familie, in welcher der ausschweifend lebende Vater es der Mutter unmöglich macht, ihren Kindern ein Zuhause zu schaffen. Sie greift daher zum Rauschgift, und in solchem Milieu wird der eine ihrer Söhne zum Zyniker und Nichtstuer, der andere – der spätere

Autor – zum tragisch gestimmten Philosophen. In den Selbstanschuldigungen und gegenseitigen Vorwürfen der Familienmitglieder klingt die Frage nach Schuld und Verantwortung und nach dem Sinn des Lebens an; die Katastrophe ist nach dem Verlauf des einen Tages offenkundig. *A Moon for the Misbegotten* (abgeschl. 1943, aufgef. 1957) ist die Geschichte eines Säufers, der sich seiner Mutter zuliebe besserte und nicht darüber hinwegkommt, daß sie ihn in ihrer Sterbestunde wieder betrunken sah, und der nun in alkoholischen und sexuellen Ausschweifungen Vergessen sucht. Ebenfalls erst postum aufgeführt wurden *A Touch of the Poet* und *More Stately Mansions* sowie der Einakter *Hughie;* sie waren als Teilstücke von Zyklen geplant, an denen O'Neill in den späten 30er und frühen 40er Jahren gearbeitet hatte.

Maxwell Anderson[92] (1888–1959) wandte sich nach dem Bühnenerfolg seines realistischen Kriegsstücks *What Price Glory?* (1924, zusammen mit Laurence Stallings) bald ganz dem Versdrama zu, das er im Gegensatz zu O'Neill für den überlegenen Dramentyp hielt. In den historischen Tragödien *Elizabeth the Queen* (1930) und *Mary of Scotland* (1933) gestaltete er in freier Verwertung der geschichtlichen Tatsachen den vielfach behandelten Stoff der Essexliebschaft und der Rivalität der Königinnen. Da Essex auf das ihm nahegelegte Gnadengesuch verzichtet, ist auch für Elisabeth der Ausgang tragisch. Maria Stuart ist wie bei Schiller idealisiert und erscheint gegenüber der herrischen, intrigierenden Elisabeth als Inbild der Schönheit, Reinheit und Glaubensstärke. Wie in Drinkwaters historischen Dramen handelt es sich um menschliche Konflikte, die durch den Widerstreit der dynastischen Interessen nur akzentuiert werden. Auch der Ton ist weniger der historischen Figur als dem psychologischen Thema angepaßt, und der Blankvers wirkt häufig prosaisch. In *Winterset* (1935), einer freien Bearbeitung der berüchtigten Sacco-Vanzetti-Justizaffäre, bewies Anderson, daß er auch ein modernes Thema erfolgreich im Versdrama zu behandeln und symbolische Bühnenbilder zu nutzen wußte. Wie sehr die Bühne für ihn „moralische Anstalt" war, zeigt *Key Largo* (1939), dessen Held, der als amerikanischer Freiwilliger im Spanischen Bürgerkrieg sein eigenes Leben gerettet hatte, seine Schuld zu tilgen sucht, indem er die Geschichte vom Heldentod seiner Kameraden erzählt und sich am Ende für eine ihn persönlich überhaupt nicht berührende Sache opfert. Maxwell Andersons Eintreten für das Versdrama ist in Amerika ohne Nachfolge geblieben.

Nach einer Reihe experimentierender Kurzdramen errang Thornton Wilder[93] (1897–1975) mit *Our Town* (1938) einen großen Erfolg. Ohne Bühnenausstattung, nur mit ein paar Tischen, Stühlen und Leitern, spielt

[92] Eleven Verse Plays, N.Y. 1940. – M. D. Bailey, M. A.: The Playwright as Prophet, N.Y. 1957.

[93] Three Plays, N.Y. 1957. – D. Haberman, The Plays of T. W.: A Critical Study, Middletown, Conn., 1967; vgl. auch S. 357.

sich das Geschehen in episodischer Reihung und unter Zuhilfenahme der Pantomime ab. Ein Spielleiter begleitet das Stück mit Erklärungen und ermahnt das Publikum zur Besinnung. Gelegentlich übernimmt er auch selbst eine Rolle. Stilisierung und epischen Erzähler fand Wilder im chinesischen Theater, aber es klingen auch antike und mittelalterliche Vorbilder an, der Marionettenspieler und der Conférencier. Die Handlung, die in einer kleinen Stadt Neuenglands in den Jahren 1901–1913 spielt, ist unwichtig. Es geht nur darum, das Verhalten einer Durchschnittsfamilie in menschlichen Grundsituationen sichtbar zu machen, die man bereits an den Überschriften der drei Akte ablesen kann: 'Daily Life', 'Love and Marriage' und 'Death'. Den Sinn des schlicht menschlichen, idyllisch-sentimentalen Stücks unterstreicht der Schluß, wenn die junge, im Kindbett gestorbene Frau sich vom Kirchhof in einen Tag ihres früheren Lebens zurückwünscht, das sie, weise und zufrieden geworden, aber auch betroffen über die Blindheit der noch Lebenden, bereits nach einem Tage wieder verläßt.

Das Glückhafte dieses Spiels erhielt in *The Skin of Our Teeth* (1942) sein apokalyptisches Gegenstück. Das von 'Finnegans Wake' beeinflußte Menschheitsdrama rückt die Zeiten und Räume an- und ineinander und zeigt, wie der Mensch immer wieder vom Untergang bedroht war, in der Eiszeit, der Sintflut, dem Weltkrieg. Mit unbändigem Lebenswillen hat er sich jedoch stets mit knapper Not der Vernichtung entziehen können. Die Wirkung, die dies Stück in der aufgestörten Welt unmittelbar nach dem Kriege hatte, die noch einmal „davongekommen" war, ist inzwischen verblaßt. Die auf Euripides fußende „Alkestiade" *A Life in the Sun* (1955), ein Drama in drei Akten und einem Satyrspiel, führte das Grundthema der Berührung von Diesseits und metaphysischer Welt weiter aus und handelte von der Überbrückung der Kluft zwischen Mensch und Gott im stellvertretenden Opfer. Von einem geplanten Zyklus von 14 Stücken über die sieben Lebensalter und die sieben Todsünden wurden die ersten drei – *Infancy, Childhood* und *Someone from Assisi* – als *Plays for Bleecker Street* (nach der Lage des Theaters benannt) 1962 in New York aufgeführt.

Im Drama der Nachkriegsjahre heben sich zwei Namen heraus: Arthur Miller und Tennessee Williams. Arthur Miller[94] (geb. 1915) ist von dem Ehrgeiz beseelt, ein moderner Ibsen zu werden, dessen „Volksfeind" er 1951 frei bearbeitete. Schon *All My Sons* (1947) enthielt die Ibsensche Entlarvung eines Kriegsgewinnlers, der durch Lieferung fehlerhafter Zylinderköpfe für Flugzeuge den Tod vieler Menschen verursachte und bei dem späteren Prozeß die Schuld auf seinen Geschäftspartner schob. Seinen

[94] Collected Plays, N.Y. 1957, Lo. 1958. – E. Murray, A. M.: Dramatist, N.Y. 1967; B. Nelson, A. M.: Portrait of a Playwright, N.Y. 1970; A. M.: A Collection of Critical Essays ed. R. W. Corrigan, Englewood Cliffs 1969.

Ruhm begründete *Death of a Salesman* (1949), dessen Held das Opfer einer auf erbarmungslosen Wettbewerb aufgebauten Wirtschaftsordnung wird. Aber Willy Loman trifft auch persönliche Schuld, weil er sich dem „amerikanischen Traum" verschrieb und zudem eine von seinem heranwachsenden Sohn beobachtete sittliche Verfehlung auf sich lud. Um seiner Familie, insbesondere seinem Lieblingssohn Biff, die Versicherungssumme zu verschaffen, rast er mit seinem Wagen in den Tod. Ironischerweise hat Biff jedoch den Traum des Vaters aufgegeben, da er erkannt hat, daß auch er nur ein Durchschnittsmensch ist. Die Aufdeckung der Lebenslüge vollzieht sich, modernem Erzählverfahren nicht unähnlich, unter technisch geschickten Rückblenden und Bewußtseinsvergegenwärtigungen. *The Crucible* (1953) erörtert vor dem Hintergrund der Salemer Hexenprozesse von 1692 die Frage der Gewissensfreiheit als mahnendes Gleichnis für moderne Massenhysterie und Gewissenszwang. In *A View from the Bridge* (1955), der kurzen Darstellung eines tragischen Geschehens in den Docks von New York, tritt die moralische Grundnote ebenso deutlich hervor wie in *After the Fall* (1964), das in der schonungslosen Beichte eines Mannes, der die ihm in seinem Leben begegnenden Frauen zugrunderichtete, autobiographische Züge aufweist. Auch sein langer Einakter *Incident at Vichy* (1965) handelt von der Verpflichtung des Einzelnen für die menschliche Gemeinschaft, und in *The Price* (1968) halten zwei Brüder „Gerichtstag" über die Lebensentscheidung, die sie früher getroffen haben und rollen die Frage von Schuld und Verantwortung analytisch auf. Trotz des Ernstes und des handwerklichen Geschicks haben Millers letzte Dramen die Erwartungen nicht erfüllt.

Ist Arthur Miller mit seiner Erörterung moralischer und sozialer Fragen der realistischen Tradition einzuordnen, so erstrebt TENNESSEE (Thomas Lanier) WILLIAMS[95] (geb. 1911) ein „plastisches Theater", d. h. ein poetisch-symbolisches Drama, das den psychologischen Realismus um nicht-realistische Elemente erweitert. Seine Dramatik ist neben Ibsen vor allem Strindberg, D. H. Lawrence und der Psychoanalyse verpflichtet. Das Erinnerungsspiel *The Glass Menagerie* (1944) gestaltet den Zusammenstoß von Illusion und Wirklichkeit in dem einsamen Dasein der scheuen, verkrüppelten Laura, die in einer von Glastieren symbolisierten Traumwelt lebt. Kurz leuchtet das scheue Erlebnis einer Liebe auf, die jedoch gleich wieder zerbricht und Laura in ihr unerfülltes Leben zurücksinken und sich vor der verständnislosen Welt verschließen läßt. Seinen größten Erfolg errang Williams mit *A Streetcar Named Desire* (1947), in

[95] Four Plays (The Glass Menagerie, A Streetcar Named Desire, Summer and Smoke, Camino Real), Lo. 1956; Five Plays (Cat on a Hot Tin Roof, The Rose Tattoo, Something Unspoken, Suddenly Last Summer, Orpheus Descending), Lo. 1962. – N. M. Tischler, T. W.: Rebellious Puritan, N.Y. 1961; F. Donahue, The Dramatic World of T. W., N.Y. 1964; E. M. Jackson, The Broken World of T. W., Madison, Wis., 1965.

dessen Mittelpunkt die einer alten Pflanzerfamilie des Südens entstammende Blanche DuBois steht. Wirtschaftlich und moralisch abgesunken, aber den Schein aufrechterhaltend, kommt die Neurotikerin zu ihrer jüngeren Schwester nach New Orleans und stößt hier in ihrem Schwager auf die animalische Gegenwelt. Das Drama ist die Studie einer hypersensitiven, labilen Frau, die, ein Opfer eigener Schuld und der brutalen Umwelt, allmählich zerbricht, von ihrem Schwager vergewaltigt und schließlich ins Irrenhaus eingeliefert wird. Dabei bleibt die Sympathielenkung merkwürdig in der Schwebe, insofern sich das Mitleid mit der bedauernswerten Blanche verbindet mit dem als unabwendbar empfundenen Untergang einer morschen Kultur. Technisch seine beste Leistung, bleibt das Stück in erster Linie dramatisierte Krankenstudie. Williams bewies einen sicheren Instinkt für Theaterwirksamkeit, aber er arbeitet mit zu brutalen Effekten. Es kommt ihm auf den Schock, die übertemperierte, melodramatische Wirkung an. Williams' Frauen zerbrechen, weil ihre Sehnsucht nach Liebe und menschlicher Wärme keine Erfüllung findet, und wenn in *Summer and Smoke* (1948) versucht wird, der Pfarrerstochter verpaßte Liebesgelegenheit nach jahrelangem, von Krankheit bedrohtem Warten durch eine sexuelle Zufallsbegegnung zu ersetzen, so wirkt das weder als Lösung noch als Katastrophe. Getriebenheit und Leidenschaft kennzeichnen auch *The Rose Tattoo* (1951), in dem die trügerische Erinnerung an den zum Idol erhobenen Mann grausam zerstört, die Frau aber dem Leben zurückgewonnen wird.

In dem interessanten *Camino Real* (1953) ist die Besessenheit vom sexuellen Thema einer abenteuerlichen Suche nach dem Leben gewichen. Der ehemalige Preisboxer Kilroy begegnet in diesem Traumspiel auf der Hauptstraße des Lebens der ganzen Welt, den Abenteurern und großen Liebenden, den Dichtern und Magnaten – ein amerikanischer Peer Gynt, aber ohne die heimliche Genialität des Ibsenschen Helden. *Cat on a Hot Tin Roof* (1955), das den Familienstreit um eine Pflanzung im Mississippi-Delta zum Gegenstand hat, kehrt zur sexuellen Problematik und einer von Haß, Habgier und Verlogenheit getriebenen Welt zurück. Seine späteren Stücke, wie *Suddenly Last Summer* (1957), *Sweet Bird of Youth* (1959), *Period of Adjustment* (1960) oder *The Milk Train Doesn't Stop Here Any More* (1962), fügen dem Bild keine neuen Züge hinzu. Sie variieren die Grundthemen von Frustration und Vereinsamung, Begierde und Perversion, Verzweiflung, Gewalt und Selbstzerstörung, und nur gelegentlich, wie in *Orpheus Descending* (1957) und dem mexikanischen Notturno *The Night of the Iguana* (1961), finden Menschen zu einem flüchtigen Augenblick der Sympathie und Kommunikation. Trotz der pathologischen Züge, der grellen Effekte und einer häufig allzu aufdringlichen Symbolik ist Williams jedoch ein packender Dramatiker, der in seinen besten Dramen über virtuosen Dialog und poetische Sprache verfügt.

Der eindrucksstärkste der jüngeren Dramatiker ist EDWARD ALBEE[96] (geb. 1928), der nach *The Zoo Story* (1959) und einigen weiteren Einaktern, die den Einfluß des europäischen absurden Dramas zeigen, mit *Who's Afraid of Virginia Woolf?* (1962) Erfolg errang. Das Drama führt bei einem nächtlichen Zusammensein zweier Professoren-Ehepaare über gefährliche „Gesellschaftsspiele" und „Walpurgisnacht" zu einem „Exorzismus", in dem der imaginäre Sohn von George und Martha, der sich durch andeutende Verweise als die Lebenslüge des „amerikanischen Traums" enthüllt, begraben wird. In dem Strindbergschen Geschlechterkampf treten Haß, Enttäuschung und Schuldkomplexe zutage, und Albee führt seine Protagonisten durch konsequente, zynische Zerstörung ihrer Illusionen zur Erkenntnis der Realität. Das Drama endet offen; die Konsequenzen für das Leben der beiden Ehepaare werden nicht mehr gezogen. In dem „metaphysischen Traumspiel" *Tiny Alice* (1964) erscheint das Rituelle der Handlungsführung gesteigert, und die Antwort auf eine mögliche Überwindung der Illusionen ist noch dunkler geworden. Bei dem Hauptsymbol des Schlosses bleibt unklar, ob das Modell den Entwurf zu dem vollendeten Bau darstellt oder nur dessen Nachbildung. Albees Suche nach der Realität ist noch nicht abgeschlossen. Immerhin scheint das wie ein weiteres Denkspiel anmutende *A Delicate Balance* (1966) anzudeuten, daß Haß, Angst und Vereinsamung nur durch Verantwortung und Hingabe an einen Mitmenschen zu überwinden sind. Bisher ist jedoch – auch nach den letzten Experimenten *Box-Mao-Box* (1968) und *All Over* (1971) – „Who's Afraid of Virginia Woolf?" sein bestes Stück geblieben.

III. DER ROMAN[97]

1. Der englische realistische Roman

Viele der früher behandelten spätviktorianischen Romanschriftsteller, wie Butler, Hardy und Henry James, wirken kräftig in das 20. Jahrhundert herein. Auch die hier zu besprechenden Romanciers, die in den Jahren

[96] R. E. Amacher, E. A., N.Y. 1969; M. E. Rutenberg, E. A.: Playwright in Protest, N.Y. 1969.

[97] F. R. Karl, The Contemporary English Novel, N.Y. 1962; D. Daiches, The Novel and the Modern World, Chicago 1960; R. Fricker, Der moderne englische Roman, Göttingen ²1971; Contemporary British Novelists ed. C. Shapiro, Lo. u. Amsterdam 1965; Der moderne englische Roman: Interpretationen ed. H. Oppel, Berlin ²1971; W. Allen, Tradition and Dream: The English and American Novel from the Twenties to Our Time, Lo. 1964; E. Wagenknecht, Cavalcade of the American Novel: From the Birth of the Nation to the Middle of the Twentieth Century, N.Y. 1952;

zwischen 1890 und 1920 zu den meistgelesenen Autoren gehörten, haben entscheidende Jahre ihres Lebens in der spätviktorianischen Epoche verbracht und sind weitgehend von ihr geprägt worden.

Das Werk des Iren GEORGE MOORE[98] (1852–1933) zeugt von mannigfachen Wandlungen. Seine große Entdeckung in Paris war Zola, dessen Kunst er in England gegen die öffentliche Meinung Geltung zu verschaffen suchte. Moores erster bedeutender Roman, *A Mummer's Wife* (1885), zeichnet mit konsequentem Naturalismus den Weg einer englischen Madame Bovary, die, von einem Provinzschauspieler verführt, ihrem Mann davonläuft und in dem neuen Milieu allmählich im Trunk und Elend verkommt. Diesen strengen Naturalismus, der das Schöne und Geheimnisvolle der Wirklichkeit ausklammert und einseitig nur das Häßliche sieht, lehnte Moore jedoch bald ab. Die Dienstmädchengeschichte *Esther Waters* (1894) ist bereits Balzac ebenso verpflichtet wie Zola. Der frühere Determinismus ist hier überwunden; in ihrem Kampf gegen eine unbarmherzige Welt triumphiert die Heldin am Ende über alle Widrigkeiten des Milieus und sozialer Vorurteile. Wie Hardys 'Tess of the D'Urbervilles' ist 'Esther Waters' eine Verführungsgeschichte; aber bei Moore gibt es keinen übermächtigen Gegenspieler in Gestalt eines boshaften Schicksals. Er erzählt unparteiisch und unpathetisch und erreicht gerade durch die harte Sachlichkeit eine tiefe menschliche Wirkung. Weniger Erfolg hatte er mit *Evelyn Innes* (1898) und der Fortsetzung *Sister Teresa* (1901), der Seelenstudie einer Sängerin, deren Leben über die Stufen Liebe, Kunst und Religion sich erfüllt und verlischt.

1901 ging Moore nach Irland und war in dem folgenden Jahrzehnt, allerdings ohne inneres Verhältnis, der keltischen Renaissance verbunden. Neben mehreren in Irland spielenden Novellen (*The Untilled Field*, 1903) gehört in diese Phase vor allem der Roman *The Lake* (1905), der den Seelenkampf eines irischen Geistlichen darstellt, der an seiner Berufung zweifelt, der Liebe zu einer jungen Lehrerin nachgibt und nach Amerika flieht. In diesen Jahren fand Moore zu einer leidenschaftlichen poetischen Prosa und zu einer neuen Erzählweise, die weitgehend auf Dialog ver-

F. J. Hoffman, The Modern Novel in America 1900–1950, Chicago ²1964; R. Chase, The American Novel and Its Tradition, Lo. 1958; A. Kazin, On Native Grounds: An Interpretation of Modern American Prose Literature, N.Y. ²1966; ders., Bright Book of Life: American Novelists and Storytellers from Hemingway to Mailer, Boston u. Toronto 1973; I. Hassan, Radical Innocence: Studies in the Contemporary American Novel, Princeton 1961; J. H. Bryant, The Open Decision: The Contemporary American Novel and Its Intellectual Background, N.Y. u. Lo. 1970; R. M. Olderman, Beyond the Waste Land: A Study of the American Novel in the 1960s, New Haven u. Lo. 1973; T. Tanner, City of Words: American Fiction 1950–1970, Lo. 1971.

98 Uniform Edition, 20 Bde., Lo. 1924–33; Ebury Edition, 20 Bde., Lo. 1936–38; Briefe ed. J. Eglinton, Bournemouth 1942. – J. M. Hone, The Life of G. M., Lo. 1936; M. Brown, G. M. A Reconsideration, Seattle 1955.

zichtet zugunsten eines gleichmäßig ruhigen, unaufhaltsamen Flusses der Sätze mit einem an Pater erinnernden Reichtum der Kadenzen. Es ist ein sehr kunstvoller, assoziativer Stil, der Proust ins Gedächtnis ruft, dessen Romane Moore auch später bewußt nicht las, wohl weil er sich gegen einen verwandten Einfluß abschirmen wollte. In dieser 'melodic line' (wie er sie nannte) sind die Werke seiner letzten Londoner Phase geschrieben (ab 1911), eigenwillige und virtuose Wiedererzählungen alter Geschichten der Weltliteratur, unter denen der agnostische Christusroman *The Brook Kerith* (1916) und die große Liebesgeschichte des 12. Jahrhunderts, *Héloïse and Abélard* (1921), hervorragen. Über seine dichterische Entwicklung hat der sensitive und wandlungsreiche Künstler in einer großen Anzahl autobiographischer Schriften[99] Aufschluß gegeben, die ein höchst lebendiges, amüsantes und häufig maliziöses Bild seiner Epoche zeichnen.

Dem von George Moore beschrittenen Weg einer künstlerischen Lebensdarstelung folgte auch ARNOLD BENNETT[100] (1867–1931). Aus seinem umfangreichen Werk heben sich als seine besten Romane *The Old Wives' Tale* (1908) und *Clayhanger* (1910) hervor, als deren Schauplatz er seine Heimat wählte, die fünf Städte des Töpfereibezirks in Staffordshire. Nur einmal noch gelang ihm ein den Potteries-Romanen vergleichbares Buch, die Londoner Geizhalsgeschichte *Riceyman Steps* (1923). Bennett schildert das Kleinbürgertum bei allem Realismus und aller Abneigung gegen die provinzielle Enge mit verstehender Güte. Es wird nicht beklagt, daß das Leben armselig, oberflächlich und beschränkt ist. Anders als die voraufgehenden Naturalisten kehrt Bennett nicht die häßliche Seite des Lebens hervor, er entdeckt vielmehr das Wunder des Alltäglichen und beschreibt es mit anheimelndem Behagen. Das Leben ist nicht niederdrückend, man bedauert höchstens seine Vergänglichkeit; doch mit diesem allgemein menschlichen Schicksal muß sich jeder abfinden, und es gilt, das Beste daraus zu machen. Bennetts Kunst bewegt sich auf engem Felde; er ist auch formal kein Neuerer gewesen. Aber innerhalb dieser Grenzen zeigt er ein ausgezeichnetes handwerkliches Können, und es verwundert nicht, daß er bei John Wain und der Nachkriegsgeneration neue Anerkennung gefunden hat.

Der europäische Ruhm, der JOHN GALSWORTHY[101] (1867–1933) zuteil

[99] Confessions of a Young Man (1888); Memoirs of my Dead Life (1906) [über die Zeit in Frankreich]; die Trilogie Hail and Farewell (1911–1912–1914) [über die „irische" Phase]; Avowals (1919) und Conversations in Ebury Street (1924) [über die letzten Londoner Jahre].

[100] Works (Minerva Edition), 7 Bde., Lo. 1926; The Journals of A. B. 1896–1928 ed. N. Flower, 3 Bde., Lo. 1932–33; Letters ed. J. Hepburn, 3 Bde., Lo. 1966–70. – R. Pound, A. B.: A Biography, Lo. 1952; J. G. Hepburn, The Art of A. B., Bloomington 1963; W. F. Wright, A. B.: Romantic Realist, Lincoln, Nebr., 1971; J. Lucas, A. B.: A Study of His Fiction, Lo. 1974.

[101] Works (Manaton Edition), 30 Bde., Lo. 1923–26; Letters from J. G. 1900–32 ed. E. Garnett, Lo. 1934. – H. V. Marrott, The Life and Letters of J. G., Lo. 1935.

wurde, ist seit seinem Tode verblaßt. Den Erfolg brachte die Trilogie *The Forsyte Saga*[102] (1922), die in der sich über mehrere Generationen erstreckenden Familiengeschichte der Forsytes ein umfassendes Panorama der bürgerlichen Gesellschaft und ihren Niedergang zeichnet in einer neuen Wertungen zustrebenden Zeit. Das in Soames Forsyte verkörperte Besitzdenken, gegen das seine Frau Irene vergeblich aufbegehrt, bricht schon in der Generation von Soames' Tochter Fleur völlig zusammen. Die durch den Krieg in ihren Grundfesten erschütterte Gesellschaft der zweiten Trilogie, *A Modern Comedy* (1929), ist ohne Glauben und Grundsätze, so daß in der Rückschau die Ordnung und Stabilität der viktorianischen Zeit und selbst die Figur eines Soames achtungheischend erscheinen. Eindrucksvoll, namentlich in den ersten Forsyte-Romanen, ist die Kunst, mit der Galsworthy den unaufhaltsamen Fluß der Zeit und unter dem mit „photographischer Treue" gezeichneten Äußeren den seelischen Innenraum suggeriert. Aber die feine, an den Impressionismus erinnernde Stimmungsmalerei vermag ebensowenig wie die von Henry James beeinflußte psychologische Darstellung den Mangel an vollblütiger Menschengestaltung zu überdecken. Galsworthys Grenzen werden sichtbar bei der Zeichnung komplexer Charaktere: Ein Porträt wie das der Irene löst sich auf in Duft, Licht und Farbe und ruft die weiblichen Idealfiguren der ästhetischen Bewegung vom Ende des 19. Jahrhunderts ins Gedächtnis. Das breite Gesellschaftsbild des endenden viktorianischen Zeitalters hat eher kulturhistorische als literarische Bedeutung. Ein Vergleich mit Thomas Manns Familienroman „Die Buddenbrooks" macht den Abstand deutlich.

Herbert George Wells[103] (1866–1946) hat auf die ersten Jahrzehnte unseres Jahrhunderts einen kaum zu überschätzenden Einfluß ausgeübt. Er begann mit Jules Verneschen Wissenschaftsphantasien (*The Time Machine*, 1895), überragte jedoch sein Vorbild, wie *The War of the Worlds* (1898), die Beschreibung eines Angriffs der Marsbewohner auf die Erde, eindringlich dartut, sowohl durch die Kraft und Präzision der Phantasie wie durch das Gespenstische und Alptraumhafte der Vision. Neben solcher 'science fiction' schrieb Wells eine Anzahl von Romanen, die sich durch scharfe realistische Beobachtung und Dickensschen Humor auszeichnen.

D. Barker, The Man of Principle: A View of J. G., N.Y. 1963. Vgl. auch S. 316, Anm. 69.

102 The Man of Property (1906); In Chancery (1920); To Let (1921) und zwei novellistische Zwischenstücke The Indian Summer of a Forsyte (1918) und Awakening (1920). Fortsetzung in zwei weiteren Trilogien mit dem Titel A Modern Comedy (1929) und End of the Chapter (1934).

103 Works (Atlantic Edition), 28 Bde., Lo. 1924–1927; Experiment in Autobiography, Lo. 1934; Sammelbände: The Short Stories, Lo. 1927; A Quartette of Comedies, Lo. 1928; The Scientific Romances, Lo. 1933. – N. and J. Mackenzie, The Time Traveller: The Life of H. G. W., Lo. 1973; B. Bergonzi, The Early H. G. W.: A Study of the Scientific Romances, Manchester 1961; A. Borrello, H. G. W.: Author in Agony, Lo. u. Amsterdam 1972.

Sie spielen in der ihm vertrauten Welt des Kleinbürgertums und tragen weithin autobiographische Züge. So handelt *Kipps* (1905) von dem Weg eines kleinen Londoner Ladenangestellten zum Glück. *The History of Mr. Polly* (1910), ein weiterer Lebensroman, schildert einen ärmlichen Ladenbesitzer, der nach einem Ausweg aus seinem trostlosen Dasein sucht und am Ende Befriedigung in dem einfachen Leben eines Hausknechts in einem Landgasthaus findet. Sein Meisterwerk, *Tono-Bungay* (1909), die Geschichte eines grandiosen Reklamebetrugs mit einer Patentmedizin, spiegelt eine Welt, die nur noch auf Schein und Schwindel gegründet ist. Alle diese Romane geben ein treffendes Zeitbild, etwas aus der Froschperspektive gesehen, aber ungeniert frisch und mit sprühender Vitalität erzählt.

Da Wells jedoch weniger um künstlerische Aussage bemüht war als um Gesellschaftskritik und -reform, trat der Roman mehr und mehr zurück zugunsten einer direkten Verkündigung seines sozialistischen Evangeliums in Flugschriften, Aufsätzen, utopischen Phantasien und großen volkstümlichen Geschichtsüberblicken, deren bekanntester *The Outline of History* (1920) ist. Noch einmal fand Wells zu einer ihm angemessenen Form in *The World of William Clissold* (1926), einer autobiographisch fundierten, tagebuchartigen Erörterung aller möglichen politischen, sozialen und ökonomischen Fragen des modernen Lebens. Ohne Scheu vor Wiederholungen hat Wells unermüdlich seinem Glauben an eine vernünftige Gesellschafts- und Lebensordnung Ausdruck gegeben, um dennoch in *Mind at the End of Its Tether* (1945) bei dem Widerruf seiner Fortschrittsgläubigkeit zu enden. Wells ist einer der ersten Autoren in der englischen Literaturgeschichte, denen die humanistische Tradition nichts mehr bedeutet. Ihm waren Biologie und Technik wichtiger als die antike Kultur. Da es ihm zudem in der Hauptsache auf die journalistische Verbreitung seiner Thesen ankam, ist er trotz großer erzählerischer Begabung für die Literatur weniger bedeutsam als für die Sozial- und Geistesgeschichte der Zeit. Künstlerisch zählen nur seine frühen Schilderungen der kleinbürgerlichen Welt, in denen die soziologischen Absichten noch nicht die Erzählfreude beeinträchtigten.

Von den zahlreichen weiteren Vertretern des realistischen Romans ist William Somerset Maugham[104] (1874–1965) hervorzuheben. Er begann mit *Liza of Lambeth* (1897) kraftvoll in Gissings Art und schrieb mit dem das Thema sexueller Hörigkeit behandelnden, stark autobiographischen Entwicklungsroman *Of Human Bondage* (1915) sowie dem brillant satirischen *Cakes and Ale* (1930), einem beißenden Porträt zweier Autoren,

[104] Collected Works, 22 Bde., Lo. 1934–59; Selected Novels, 3 Bde., Lo. 1953; Complete Short Stories, 3 Bde., Lo. 1951; The Partial View, Lo. 1954 (enthält The Summing Up und A Writer's Notebook). – R. A. Cordell, W. S. M., Lo. ²1961; L. Brander, S. M.: A Guide, Edinburgh u. Lo. 1963; A. Curtis, The Pattern of M.: A Critical Portrait, Lo. 1974. Vgl. auch S. 319.

seine besten Bücher. Alle seine Romane und Novellen zeigen einen scharfen, klinischen, häufig zynischen Blick für menschliche Schwächen, eine agnostisch-pessimistische Haltung zum Leben, hervorragende Technik und einen glanzvollen Stil. Maugham ist, wie auch seine Autobiographie *The Summing Up* (1938) erkennen läßt, ein hochbegabter Schriftsteller. Ein wirklich bedeutendes Buch blieb ihm jedoch versagt.

Großen Erfolg errang auch JOHN BOYNTON PRIESTLEY[105] (geb. 1894), der über unbestechlichen Wirklichkeitssinn und Humor verfügt und wie Dickens fähig ist, aus den Hoffnungen des Alltags Abenteuer zu spinnen. Aber sein von Daseinsfreude und Humanität durchsonntes, die Geschichte einer Wanderbühne erzählendes Buch *The Good Companions* (1929) hat sich ebensowenig behaupten können wie der Großstadtroman *Angel Pavement* (1930), der nochmals ein versöhnliches Bild der Londoner Bevölkerung erstehen ließ. Der große Anklang, den Priestleys an die viktorianische Erzähltradition anknüpfende Romankunst fand, erklärt sich zum Teil aus dem Überdruß der Zeit an den vielfach problematischen Versuchen, Substanz und Form des Romans grundlegend zu erneuern.

2. Joseph Conrad

In dem Bemühen um eine vollendete Erzählform fordert der gebürtige Pole JOSEPH CONRAD[106] (Józef Teodor Konrad Nałęcz Korzeniowski, 1857–1924) den Vergleich mit Flaubert und Henry James heraus. Thema und Ton seines Schaffens werden bereits von dem noch tastenden Erstling *Almayer's Folly* (1895) angegeben, der psychologischen Studie eines Weißen, der eine Farbige heiratet und in der ihm fremd bleibenden Umgebung den Tod dankbar hinnimmt, nachdem seine Tochter ihn um des Malaien Dain Maroola willen verlassen hat. Auch das folgende Buch, *An Outcast of the Islands* (1896), das mit dem Schicksal von Almayers Widersacher Willems, dem der Urwald Borneos zum Richter für seinen Verrat wird, die Vorgeschichte des ersten Romans nachholt, ist noch als Vorstufe zu betrachten. Schon in diesen Frühwerken zeigt sich Conrads Eigenart, die Menschen aus der gewohnten Welt herauszunehmen und sie in völlig fremder Umgebung in eine äußerste Situation zu stellen, in der sie ihr eigentliches Sein enthüllen müssen. Seine Romane gehören nicht einfach in die Tradition der See- und Abenteuererzählungen, sie stellen vielmehr Versuche zur Seinsergündung dar. Die dem Menschen feindliche Macht ist hier symbolisiert in der tropischen Natur des Malaiischen Ar-

[105] Vgl. S. 321.

[106] Collected Edition of the Works, 22 Bde., Lo. 1946–54. Letters 1895–1924 ed. E. Garnett, Lo. 1928. – J. Baines, J. C. A Critical Biography, Lo. 1960; D. Hewitt, C.: A Reassessment, Lo. ²1968; J. I. M. Stewart, J. C., Lo. 1968; J. A. Palmer, J. C.'s Fiction: A Study in Literary Growth, Ithaca, N.Y., 1968.

chipels mit ihrer fremdartigen Farbigkeit, der schwülen Atmosphäre und der wuchernden Fülle; in anderen Geschichten ist sie verkörpert im stürmischen Meer, im zentralafrikanischen Urwald, einem Silberbergwerk oder einem London, das ebenso unheimlich ist wie die Wildnis.

Mit *The Nigger of the "Narcissus"* (1897) hatte Conrad seinen eigenen Stil errungen. Es ist eine Schiffsgeschichte mit der unvergeßlichen Figur des vom Tode gezeichneten Negers James Wait, der zugleich Meuterei und Gemeinschaftssinn der Schiffsbesatzung hervorruft. Ein ausführliches Vorwort gibt Aufschluß über Conrads künstlerisches Wollen, seinen Impressionismus und das in allen Romanen fühlbare Mitschwingen einer weiterreichenden symbolischen Bedeutung. Der folgende Roman *Lord Jim* (1900), in dessen Mittelpunkt ein Charakter steht, dem eine unbedachte feige Handlung zum unabwendbaren Schicksal wird, zeigt den Dichter auf der Höhe seines Könnens. Jim, der von Mut und Ehre träumt, verläßt in einer plötzlichen, ihm selbst später unbegreiflichen Verwirrung das scheinbar sinkende Pilgerschiff. Besessen von dem Verlangen, seine verlorene Ehre wiederzugewinnen, wandert er unstet von Ort zu Ort, da er immer wieder, in zufälligen Begegnungen und gelegentlichen Bemerkungen, an den Augenblick erinnert wird, in dem er versagte. Erst der Tod, den er, alle äußere Rettung verschmähend, am Ende sucht, bringt den Frieden; Jim stirbt mit einem Lächeln auf den Lippen, weil er seinen Traum verwirklicht hat. Wenn wir auch nicht wissen können, ob Ehre, Mut und Treue echte Werte darstellen und nicht nur eine Illusion sind, so ist dieser Traum doch die einzige Wahrheit, deren wir fähig sind. Erzählt wird die Geschichte nicht im direkten Autorbericht, sondern von dem Kapitän Marlow, dessen Kenntnis von Ereignissen und Charakteren bruchstückhaft ist: einiges hat er selbst erlebt, anderes kennt er nur vom Hörensagen, und manches muß er aus seinem Erfahrungsmaterial erschließen. Das Zusammenfügen und Ergründen der Geschichte erfolgt gleichsam vor unseren Augen. Die Wahrheit erscheint gebrochen, und der Leser selbst muß ordnen und abwägen.

In diesen Jahren schrieb Conrad auch mehrere Novellen, darunter *Youth* (1902), *Typhoon* (1903) und vor allem die Meistererzählung *Heart of Darkness* (1902). Schrittweise enthüllt uns der Bericht des grübelnden Erzählers Marlow den dunklen Sinn des symbolhaften Geschehens, die Verlockungen, denen der Agent Kurtz in der tropischen Urwaldatmosphäre verfallen ist und das qualvolle Entsetzen über die Abgründe seiner Seele. Der vielschichtigste Roman ist *Nostromo* (1904), der in der imaginären südamerikanischen Republik Costaguana spielt und das Schicksal einer Reihe von Figuren von verschiedenen Standpunkten her beleuchtet. In der visionär erschauten Kordillerenlandschaft der Ebene um Sulaco stoßen in einem Wirbel von Handlungen und Gegenhandlungen die Leidenschaften aufeinander; sie schaffen eine explosiv geladene Atmosphäre, in deren Brennpunkt das Silberbergwerk der Gould Concession liegt. Die

Silbermine schlägt den englischen Leiter Charles Gould ebenso in Bann wie die abenteuernden Generäle und Politiker. Sie treibt die Menschen an und zerstört sie, sie entfacht die Revolution und schlägt sie nieder. Eines ihrer Opfer ist auch Nostromo, der Capataz der Hafenarbeiter, dem der Silberschatz, dessen Rettung ihm aufgetragen war, zum Verhängnis wird, als er scheinbar auf der Höhe seines ehrgeizigen Daseins steht.

'Nostromo' ist Conrads Meisterwerk. Aber auch die Romane des folgenden Jahrzehnts stehen auf beachtlicher Höhe, während die letzten ein Nachlassen seiner Kraft zeigen. Hervorzuheben sind die europäischen Revolutionsgeschichten *The Secret Agent* (1907) und *Under Western Eyes* (1911), ferner der unter dem Einfluß von James geschriebene, mit zwei Haupterzählern arbeitende Roman *Chance* (1913) sowie *Victory* (1915), die Geschichte des schwedischen Sonderlings Axel Heyst, der ein Mädchen vor der Schande rettet, auf eine ferne Insel flüchtet und dort tragisch endet, und schließlich *The Shadow Line* (1917), fast eine Allegorie des Durchhaltens und des Sieges in größter Bedrängnis, in der es dem Kapitän gelingt, das Schiff, das kaum mehr ist als ein Totenschiff, über die Schattenlinie zu steuern.

3. Der amerikanische naturalistische Roman[107]

Der frühe Tod von Crane und Norris (s. S. 273f.) ließ die von ihnen begonnene Kritik der amerikanischen Gesellschaft auf THEODORE DREISER[108] (1871–1945) übergehen, der als führender Vertreter dieses den englischen an Kühnheit überflügelnden Naturalismus gelten muß. Sein erster Roman, *Sister Carrie* (1900), verrät die strenge Schule Zolas mit dem Porträt eines jungen Mädchens, das vom Lande nach Chicago kommt, die Geliebte eines Handlungsreisenden wird, dann sich dessen verheiratetem Freund zuwendet und mit ihm nach Montreal und später nach New York flieht, allmählich verarmt und schließlich den Weg zum Theater findet, während ihr Partner weiter herunterkommt und durch Selbstmord endet. Die Parteilosigkeit der Darstellung, die das Hauptthema bildenden geschlechtlichen Beziehungen und der schwerfällig-ungefüge, aber wuchtige sprachliche Ausdruck erweckten Widerspruch, der jedoch Dreisers Haltung nur bestärkte. Mit dem künstlerisch reiferen Werk *Jennie Gerhardt* (1911)

107 C. C. Walcutt, American Literary Naturalism, A Divided Stream, Minneapolis 1956.

108 Keine Gesamtausgabe, aber zahlreiche Neudrucke der einzelnen Romane, besonders in der Modern Library; Best Short Stories of T. D. ed. H. Fast, N.Y. 1956. Letters ed. R. H. Elias, 3 Bde., Philadelphia u. Oxf. 1959. – R. H. Elias, T. D. Apostle of Nature, Ithaca–Lo. [2]1970; F. O. Matthiessen, T. D., N.Y. 1951; Ch. K. Shapiro, Th. D.: Our Bitter Patriot, Carbondale 1962; W. A. Swanberg, D., N.Y. 1965; J. J. McAleer, Th. D.: An Introduction and Interpretation, N.Y. 1968; R. Lehan, Th. D.: His World and His Novels, Carbondale–Edwardsville 1969; D.: A Collection of Critical Essays ed. J. Lydenberg, Englewood Cliffs 1971.

setzte er sich durch. Auch hier wird chronikartig die Geschichte eines gefallenen Mädchens erzählt, aber die liebevoll-genaue Schilderung, die einem tiefen Mitgefühl entspringt, mildert den Eindruck zu leiser Resignation. Nicht immer gelingt es Dreiser, aus einzelnen zusammengetragenen Dokumenten einen Charakter überzeugend aufzubauen. Die Trilogie *The Financier* (1912), *The Titan* (1914) und *The Stoic* (1948), die den Aufstieg und Fall eines rücksichtslosen Finanzgenies zu gestalten sucht, bleibt künstlerisch ungemeistertes Rohmaterial.

Sein repräsentativstes Werk, *An American Tragedy* (1925), handelt von einem charakterschwachen jungen Mann, der sich von einem Mädchen, das ein Kind von ihm erwartet, wieder trennen will, da es seinem sozialen Aufstieg im Wege steht. Er plant sorgfältig den Mord, braucht ihn dann aber nicht auszuführen, da ihm im entscheidenden Augenblick bei der Bootsfahrt der Zufall zu Hilfe kommt. Gleichwohl wird er auf Grund der Indizien zum Tode verurteilt. Der Erfolg des Romans war mehr der sensationellen Schilderung des Falles und der dabei geübten Kritik am Gerichtswesen und an der amerikanischen Gesellschaft zuzuschreiben als der psychologischen Zergliederungskunst, die Dreiser nach dem Vorbild Dostojewskis anstrebte. Trotzdem ist Dreisers historische Bedeutung groß; er ging den von Stephen Crane und Frank Norris eingeschlagenen Weg zu Ende, und ohne sein mutiges Vorgehen hätten die feineren Naturen sich nicht durchzusetzen vermocht.

Bei JACK (John Griffith) LONDON[109] (1876–1916), der seine Gaben in einem rücksichtslosen Leben vergeudete, fehlt der sorgfältige Aufbau, und von seinen einst vielgelesenen Tendenzromanen ist höchstens der autobiographische *Martin Eden* (1909) von Interesse, der von den Nöten des werdenden Schriftstellers, seinem plötzlichen Erfolg und seinem Ekel an der Gesellschaft berichtet und den eigenen Selbstmord vordeutet. Londons beste Leistung ist *The Call of the Wild* (1903), die Geschichte eines Schlittenhundes in Alaska, der wieder zu den Wölfen zurückfindet, von denen seine Vorfahren einst kamen. Diese Erzählung, zu der eigene Erinnerung den knapp gezeichneten, großartig wilden Naturhintergrund lieferte, reicht, wohl ohne des Autors Absicht, über den naturalistischen Rahmen hinaus.

SHERWOOD ANDERSON[110] (1876–1941) ist am überzeugendsten in seinen Kurzgeschichten, während die Romane wie ungeschickt ausgeweitete, proportionslose Erzählungen anmuten. Er erregte zuerst Aufsehen mit

109 The Call of the Wild and other Stories ed. F. L. Mott, N.Y. 1935. – R. O'Connor, J. L.: A Biography, Boston u. Toronto 1964.

110 Winesburg, Ohio ed. M. Cowley, N.Y. 1964; The Portable S. A. ed. H. Gregory, N.Y. ²1972. Letters ed. H. M. Jones and W. B. Rideout, Boston 1953. – I. Howe, S. A., Lo. 1951; D. D. Anderson, S. A.: An Introduction and Interpretation, N.Y. u. Lo. 1967; The Achievement of S. A.: Essays in Criticism ed. R. L. White, Chapel Hill, N. C., 1966.

Winesburg, Ohio (1919), einer Reihe durch den gemeinsamen Rahmen und die Figur eines Reporters zusammengehaltener Skizzen, die das Gefühlsleben von Menschen einer Kleinstadt des mittleren Westens in den Mittelpunkt rückten. Nachdem diese verklemmten Menschen durch den Künstler von ihren Hemmungen befreit sind, enthüllen sie unter der scheinbar intakten Oberfläche Unsicherheit, Verkümmerung und Verbitterung. Damit war Andersons Hauptthema gefunden. In späteren Sammlungen, wie *The Triumph of the Egg* (1921), *Horses and Men* (1923) u.a., gelangen ihm nuanciertere Darstellungen, für die er häufig die Form der Beichte benutzte, wenn er sich auch nie von Vereinfachungen ganz freimachen konnte.

Der naturalistische Roman endet in einer Haltung, die sich weniger gegen die herrschende Gesellschaftsordnung als gegen das Banausentum des kleinbürgerlichen Daseins wendet. Der bedeutendste Vertreter dieser Richtung ist Sinclair Lewis[111] (1885–1951), dessen Roman *Main Street* (1920) die kleinen amerikanischen Provinzstädte mit ihrer tödlichen Langeweile treffend karikiert. In *Babbitt* (1922) wird diese Karikatur auf die Geschäftswelt des Mittleren Westens übertragen, deren Vertreter so glänzend getroffen sind, daß Babbitt zum Spottnamen für diese ganze Schicht wurde. Ihre geistige Enge, die trostlos einförmige und dabei selbstgefällige Lebenshaltung wird in eindringlicher Satire, aber zugleich mit so liebevoller Zuneigung gezeichnet, daß Babbitts hilflose Befangenheit in dieser Sphäre unser Verständnis erweckt. In beiden Büchern werden zahllose Einzelzüge mosaikartig zusammengetragen und um ihrer selbst willen aufgezeigt. Sie bauen weder einen lebendigen Charakter auf, noch dienen sie zur Entwicklung einer Handlung. Auch der Arztroman *Arrowsmith* (1925) wurde zu keiner überzeugenden Charakterstudie. Der Gegensatz zwischen ärztlichem Idealismus und egoistischen Kapitalsinteressen, der den Hintergrund für einen Charakter von geistiger Bedeutung hätte abgeben sollen, ist zum Hauptthema geworden, und es entstand eine zeitgebundene gesellschaftskritische Satire im Stil maliziöser Reportage. In *Elmer Gantry* (1927) wendet sich die im Ton noch grimmigere Satire gegen scheinheilige Frömmigkeit.

4. Der amerikanische Roman zwischen Realismus und Romance

Im folgenden werden einige Autoren behandelt, die sich zusammenfassender Einordnung entziehen. Die Romane von Edith Wharton[112] (1862

[111] Nobel Prize Edition of the Novels (Main Street, Babbitt, Elmer Gantry, Dodsworth), N.Y. 1931; Arrowsmith ML. Letters 1919–1930 ed. H. Smith, N.Y. 1952. – M. Schorer, S. L. An American Life, N.Y. 1961; D. J. Dooley, The Art of S. L., Lincoln 1967; S. L.: A Collection of Critical Essays ed. M. Schorer, Englewood Cliffs 1962.

[112] Keine Gesamtausgabe; House of Mirth in WC; The Age of Innocence in ML; Ethan

bis 1937), der geistesverwandten Schülerin von Henry James, spielen meist in kultivierten Kreisen und sind sorgsam um ein moralisches Problem gebaut, das fast kasuistisch abgehandelt wird[113]. Trotz vorherrschend blasser, pastellartiger Farben wirkt ihre anspruchsvolle, fein abgetönte, der Ironie zuneigende Kunst sehr anschaulich. In ihrem ersten Gesellschaftsroman, *The House of Mirth* (1905), dessen Titel bereits die ironische Haltung andeutet, zeichnet Mrs. Wharton die ihr vertraute vornehme Welt New Yorks, deren äußerer Glanz und innere Leere das Lebensschicksal der Heldin Lily Bart bestimmt. Als mittellose Frau um ihre gesellschaftliche Stellung besorgt, schwankt Lily zwischen Geldheirat und Liebe, wird in einen Skandal verwickelt und verliert beides. Sie begeht Selbstmord in dem Augenblick, als der Mann, den sie liebt, ihr einen Heiratsantrag machen will. Auch der reifste Roman, *The Age of Innocence* (1920), behandelt das Eheproblem vor dem Hintergrund der New Yorker Gesellschaft, mitfühlend, lebensklug, mit leiser Ironie, und führt die tragische Entsagung als notwendiges Ende herbei. Berichtet wird das Geschehen in der Jamesschen Art vom Blickpunkt einer Figur aus, wenn auch nicht mit der strengen Objektivität des Meisters.

Mrs. Wharton ist jedoch nicht auf den Gesellschaftsroman beschränkt. In der kraftvollen, in düsterer Winterstimmung gehaltenen Erzählung aus der bäuerlichen Umwelt Neuenglands, *Ethan Frome* (1911), gestaltet sie den Kampf um einen Augenblick Glück und das tragische Schicksal eines der Pflicht verhafteten Charakters. Die auf einen Höhepunkt und plötzlichen Fall hin angelegte novellistische Kunst wandte die Verfasserin auch in einer Reihe kürzerer Erzählungen an, von denen die vier unter dem Titel *New York* (1924) zusammengefaßten Geschichten besondere Erwähnung verdienen.

Die aus Virginia stammende Ellen Glasgow[114] (1874–1945) begann mit sentimentalen Heimatromanen, die das Ende der aristokratischen Kultur des Südens beklagten, ging dann aber zu einem härteren Realismus über mit sozialgeschichtlichen Darstellungen und satirischen Sittenschilderungen. Als ihr bestes Werk gilt *Barren Ground* (1925), in dem Dorina Oakley, vom Leben enttäuscht, nach dem Tode ihres Vaters nach Virginia zurückkehrt, den Kampf gegen den das unbebaute Land verschlingenden Ginster aufnimmt und mit fortschrittlichen Methoden die heruntergekommene Farm wieder zu Wohlstand bringt.

Frome ed. C. Fadiman, N.Y. 1939; The Best Short Stories of E. W. ed. W. Andrews, N.Y. 1958; The Collected Short Stories of E. W. ed. R. W. B. Lewis, N.Y. 1968. – G. Walton, E. W.: A Critical Interpretation, Rutherford, N. J., 1970; L. Auchincloss, E. W.: A Woman in Her Time, N.Y. 1971; R. W. B. Lewis, E. W., Lo. 1975.

113 Zu ihrer Romantheorie vgl. The Writing of Fiction (1925).

114 The Works (Virginia Edition), 12 Bde., N.Y. 1938; A Certain Measure: An Interpretation of Prose Fiction, N.Y. 1943 (gesammelte Vorreden). Letters ed. B. Rouse, N.Y. 1958; Autobiographie: The Woman Within, N.Y. 1954. – F. P. W. McDowell, E. G. and the Ironic Art of Fiction, Madison 1960.

Das Thema heroischer Selbstbehauptung gegenüber einer feindlichen Natur und widrigen Umständen durchzieht auch das Werk von WILLA (SIBERT) CATHER[115] (1876–1947), die in Nebraska aufwuchs und mit Vorliebe das Schicksal der bäuerlichen schwedischen und böhmischen Einwanderer in den großen Ebenen des Nordwestens beschrieb (O *Pioneers!*, 1913; *My Ántonia*, 1918). Cathers Romane verzichten auf kunstvoll verschlungene Handlung und wirken wie eine Folge von Episoden, die, frisch und mit einfühlender Beobachtungsgabe erzählt, in den örtlichen und nationalen Besonderheiten das allgemein Menschliche hervortreten lassen. Glänzend weiß Willa Cather auch den geistigen Pionier zu schildern, vor allem in dem großen historischen Gemälde *Death Comes for the Archbishop* (1927). Der aus kultivierter französischer Familie stammende Jean Marie Latour erhält nach zehnjähriger Missionsarbeit in Ohio den Auftrag, in New Mexico, nachdem es ein Teil der Vereinigten Staaten geworden ist, ein selbständiges Bistum aufzubauen. Nur von seinem Jugendfreund unterstützt, dem schlichten Pater Vaillant, arbeitet der Bischof unermüdlich in seiner endlos weiten Diözese und kämpft gegen fast unüberwindbare Widerstände, gegen Aberglauben und Gleichgültigkeit, Haß und Ablehnung, Irrlehren und Unmoral der Priester. Als im hohen Alter der Tod kommt, kann er auf die Vollendung seines Werkes zurückschauen; er wird in der von ihm erbauten Kathedrale von Santa Fé aufgebahrt.

GEORGE SANTAYANAS (1863–1952) Roman *The Last Puritan* (1935) zeigt in dem bunten Wechsel von Schauplätzen und Persönlichkeiten und dem anschaulich und lebendig gezeichneten Gesellschaftsbild epische Fülle, im autobiographischen Gehalt bildet er eine Art Gegenstück zu 'The Education of Henry Adams' (s. S. 229). Die puritanische Tradition Neuenglands, die im Transzendentalismus die geistige Kultur Amerikas begründete, ist gerecht und verstehend geschildert, aber das idealistische Gedankengut hat seine zündende Kraft verloren und ist zu einem belastenden Erbe geworden. Das anerzogene Pflichtbewußtsein verwehrt dem gut veranlagten Helden Oliver Alden den unbekümmerten Lebensgenuß. Von der geliebten Frau aufgegeben, beendet er als Kriegsfreiwilliger in Frankreich sein sinnloses Leben mit einem sinnlosen Tod. Der Puritanismus ist keine lebengestaltende Kraft mehr.

Unter scharfer Absage an den Realismus träumte der romantische Ironiker JAMES BRANCH CABELL[116] (1879–1958) seinen von der Wirklichkeit unbeschwerten Schönheitstraum. Seine Phantasie schuf ein mittelalterliches Land Poictesme, entwarf eine Landkarte dieses Traumreiches, gab ihm Geschichte und Folklore und bevölkerte es mit Figuren, die ihren Stammbaum auf den Landesherrn Dom Manuel zurückführen. Dieser Manuel

115 The Novels and Stories, 13 Bde., Boston 1937–1941. – E. K. Brown, W. C.: A Critical Biography, completed by L. Edel, N.Y. 1953; D. Daiches, W. C.: A Critical Introduction, Ithaca, N.Y., 1961; W. C. and her Critics ed. J. Schroeter, Ithaca 1967.

116 The Works of J. B. C., 18 Bde., N.Y. 1927–1930. – J. L. Davis, J. B. C., N.Y. 1962.

ist der ewige Komödiant, stets enttäuscht und doch stets hoffend, ein Symbol der menschlichen Seele, die in einer Welt lebt, die nur durch die Illusion von Schönheit, Kunst und Liebe erträglich ist.

Jurgen (1919), das bekannteste von Cabells Büchern, läßt einen Pfandverleiher in Erfüllung seiner Wunschträume Herzog, König und Kaiser werden, Hölle und Himmel besuchen und mannigfache Liebesabenteuer erleben, bis er schließlich zufrieden und resigniert in seinen alten bescheidenen Beruf zurückkehrt. Gegenüber der Vielschichtigkeit seiner mit Anspielungen, Zweideutigkeiten und ironischen Lichtern erfüllten Romane haben einige kürzere Erzählungen, wie die Geschichte der treuen Liebe von Manuels Tochter Millicent (*The Soul of Millicent,* 1913, umgearbeitet als *Domnei,* 1920), den Vorzug klarer Handlungsführung. Cabells Bedeutung beruht im wesentlichen auf seiner vollendeten Kunstprosa. Seine Romantheorie, die Phantasie und Traum gegenüber dem als Erzfeind bezeichneten Realismus ausspielt, hat er in *Beyond Life* (1919) dargelegt; seine Lebensanschauung fand in Essaybänden wie *Straws and Prayer-Books* (1924) herausfordernden und gelegentlich zynischen Ausdruck.

Die Bücher von THORNTON WILDER[117] (1897–1975) sind weniger Romane als thematisch verknüpfte Charakteristiken und Novellen. *The Cabala* (1926) schildert einen exklusiven Kreis italienischer, der Vergangenheit verhafteter Aristokraten nach dem ersten Weltkrieg, die einem jungen Amerikaner, der sie ironisch und doch fasziniert betrachtet, als die geschrumpften heidnischen Götter erscheinen. Sie sind nach einer mehr als zweitausendjährigen Geschichte nicht mehr lebensfähig, und den Heimreisenden verweist der beschworene Geist Vergils auf New York als das neue Rom. In *The Bridge of San Luis Rey* (1927) ist ein Brückeneinsturz in Peru im Jahre 1714 Anlaß zu der Frage, ob sich in dieser Katastrophe das Walten einer göttlichen Vorsehung erkennen läßt. Für die fünf Opfer kommt der Tod unerwartet, aber die mühevollen Nachforschungen des Franziskanerpaters Juniper über ihr Leben erweisen bei allen Verunglückten den Tod als sinnvolle Lösung. Die darüber hinausgehende Frage nach dem göttlichen Plan überschreitet jedoch die Erkenntnismöglichkeit des Menschen. Pater Juniperus erkennt seine Vermessenheit, unterwirft sich dem Urteil der Kirche und stirbt demütig den Flammentod. Als letzter Sinn des Daseins erschließt sich dem Menschen einzig die selbstlose Liebe. Wilder hat das Geschehen kunstvoll mit der Rahmenhandlung verwoben und in den Bereich der Weiterlebenden hineinwirken lassen. Allerdings mußten durch die Anlage der Erzählung alle fünf Lebensbeschreibungen an eine ähnliche Wende geführt und die Thematik zwangsläufig wiederholt werden. Der schwächere Roman *The Woman of Andros* (1930) behandelt, auf des Terenz 'Andria' fußend, das Theodizeeproblem in der

117 H. Papajewski, Th. W., Frankfurt u. Bonn [2]1965; M. Goldstein, The Art of Th. W., Lincoln 1965.

Gestalt der Hetäre Chrysis, die sich trotz allem Leid zum Preis des Lebens bekennt und in dem Glauben stirbt, daß die Götter noch ein Wunder bereit halten. In *The Ides of March* (1948), das die letzten Monate im Leben des Diktators Caesar behandelt, hat der Dichter fingierte Briefe, Catullgedichte, Auszüge aus Tagebüchern und Staatsakten, Polizeiberichte und Erlasse virtuos zusammengefügt und ein höchst dramatisches und modernes Bild dieses mit geheimer Staatspolizei und allen Errungenschaften politischer Überwachung arbeitenden Staatsmannes und seiner Zeit gezeichnet. *The Eighth Day* (1967) fragt mit der Geschichte eines unschuldig zum Tode verurteilten, flüchtigen Mannes erneut nach dem Sinn des menschlichen Schicksals und gibt der Überzeugung Ausdruck, daß die Menschen nicht am Ende der Schöpfung stehen, sondern an einem Neubeginn. *Theophilus North* (1974) schließlich, der „Heilige wider Willen", schildert einen Zwilling des Dichters, der all die Möglichkeiten verkörpert, die Wilder als Kind vorschwebten, und bekennt sich zu der zuversichtlichen Hoffnung, daß der Mensch die Zeiten überdauern wird. Wilder ist ein kultivierter und nachdenklicher Erzähler, der allerdings stärker in der europäischen als in der amerikanischen Tradition verwurzelt ist.

5. D. H. Lawrence

Für David Herbert Lawrence[118] (1885–1930) stand das Verhältnis der Geschlechter im Mittelpunkt seines Schaffens. Die Unterdrückung des Trieblebens hatte nach seiner Ansicht zu einer Verkümmerung des Menschen geführt und die Einheit von Seele und Sinnen zerbrochen. Er forderte den Mut, die dunklen Mächte des Unterbewußten zu ergründen und den Menschen wieder zu einem 'integrated life' zu führen. *Sons and Lovers* (1913) behandelt mit psychologischer Eindringlichkeit die weithin autobiographische Entwicklungsgeschichte von Paul Morel, dem künstlerisch veranlagten Sohn eines Grubenarbeiters aus Nottinghamshire. In der niederdrückenden Umwelt von Armut und häuslichem Unfrieden ist dem jungen Paul die Liebe zu seiner in ihrer Ehe enttäuschten, willensstarken Mutter Halt und Hoffnung; sie bedingt aber eine Abhängigkeit, die Pauls Beziehungen zu zwei Frauen durchkreuzt. Der qualvolle Tod der Mutter bedeutet für ihn die schwerste Erschütterung; doch der Roman

118 Werke: The Phoenix Edition, 24 Bde., Lo. 1954–1964; Collected Letters, ed. H. T. Moore, 2 Bde., N.Y. 1962. – H. T. Moore, The Priest of Love: A Life of D. H. L., Lo. 1974; F. R. Leavis, D. H. L. Novelist, Lo. 1955; G. Hough, The Dark Sun, Lo. 1956; J. Moynahan, The Deed of Life: The Novels and Tales of D. H. L., Princeton u. Oxf. 1963; G. H. Ford, Double Measure: A Study of the Novels and Stories of D. H. L., N.Y. 1965; H. M. Daleski, The Forked Flame: A Study of D. H. L., Lo. 1965; K. Sagar, The Art of D. H. L., Cambr. 1966. – Vgl. auch S. 292.

schließt nicht in Verzweiflung, sondern dem entschlossenen Willen des Helden, sich dem Leben zu stellen.

Umfassendere Aussprache fand das Thema der Geschlechterbeziehung in den beiden folgenden Romanen *The Rainbow* (1915) und *Women in Love* (geschr. 1916, gedr. 1920). Hier verfolgt Lawrence den Antagonismus zwischen Mann und Frau durch drei Generationen der Brangwens, bis es schließlich in der Begegnung von Ursula und Birkin zu einer echten Ich-Du-Beziehung kommt, in welcher der Partner nicht unterjocht, sondern sein Eigensein bejaht wird. Ursula und Birkin erreichen jenes „Gleichgewicht der Sterne, das allein Freiheit ist". Alle Lawrenceschen Helden suchen nach solcher Selbstverwirklichung. Deshalb verläßt Aaron Sisson in *Aaron's Rod* (1922) Frau und Kinder, obwohl er sie liebt. Das ist der Weg der Europäerin Kate Leslie in *The Plumed Serpent* (1926), die in dem magischen Ritual der wiederbelebten aztekischen Religion das Einswerden mit den dunklen Elementarmächten erlebt. Und der durch die Pflege eines Bauern dem Leben zurückgewonnene Gekreuzigte in der Erzählung *The Man Who Died* (1931) findet im Isis-Tempel zur Vereinigung mit einer jungen Priesterin, der Hüterin der dunklen Geheimnisse der Mondgöttin. In dem einst heftig umstrittenen, aber künstlerisch schwachen Roman des „phallischen Bewußtseins", *Lady Chatterley's Lover* (1928), entscheidet sich die Heldin für den Wildhüter Mellors und damit für die Ganzheit des Lebens und gegen den sterilen Intellekt. Neben den Romanen und zahlreichen Erzählungen sind auch die kritischen Abhandlungen bemerkenswert (*Psychoanalysis and the Unconscious*, 1923; *Apocalypse*, 1932) sowie die fesselnden Reisebeschreibungen (*Twilight in Italy*, 1916; *Sea and Sardinia*, 1921; *Mornings in Mexico*, 1927, und das unvollendete *Etruscan Places*, 1932).

Lawrence hielt nichts von den Experimenten eines Proust oder Joyce. Er übernahm die von den Viktorianern überlieferte Form des Romans und wandte seine ganze Kraft an die dichterische Prägung seiner Lebens- und Weltschau. Seine Botschaft von der Hingabe an die dunklen Tiefen des Unbewußten hat er gelegentlich hysterisch, auf den Höhepunkten jedoch mit leidenschaftlicher Intensität und Besessenheit zum Ausdruck gebracht. Mag sein Angriff häufig hemmungslos sein, selbst in den schwächeren Werken sind seine Natur- und Landschaftsbeschreibungen einzigartig. Sein Fühlen und Denken hat das Unmittelbare und Urtümliche des Lebens; seine poetischen Symbole und der Rhythmus seiner Prosa scheinen das Leben selbst einzufangen.

Von den sechs Romanen des an Henry James und Meredith anknüpfenden EDWARD MORGAN FORSTER[119] (1879–1970), sind 'Howards End'

119 Works (Uniform Pocket Edition), Lo. 1947ff.; Collected Short Stories, Lo. 1948. – L. Trilling, E. M. F., Lo. 1944; F. C. Crews, E. M. F.: The Perils of Humanism, Princeton u. Lo. 1962; W. Stone, The Cave and the Mountain: A Study of E. M. F., Stanford u. Lo. 1966; G. H. Thomson, The Fiction of E. M. F., Detroit 1967; Aspects of

und 'A Passage to India' die bemerkenswertesten. Für Forster sind entscheidend die mitmenschlichen Beziehungen; sie allein vermögen das Trennende der Bekenntnisse, Programme und Weltanschauungen zu überwinden. In *Howards End* (1910) fällt den kultivierten Schwestern Schlegel die Aufgabe zu, die im Materiellen verhaftete Familie Wilcox für eine von geistigen Werten bestimmte Lebenshaltung zu gewinnen. Das dem Roman vorangestellte Motto 'Only Connect' könnte über Forsters gesamtem Werk stehen. *A Passage to India* (1924) behandelt die Unlösbarkeit des Gegensatzes von Ost und West, die Forster auf zwei Indienreisen und im Dienste eines indischen Fürsten[120] aus eigenster Anschauung erlebt hatte. Aber der Roman ist mehr als ein politisches Buch; Indien steht beispielhaft für eine menschliche Grundsituation. Mag auch die Zeit für eine Aussöhnung zwischen dem englischen und indischen Volk noch nicht reif sein, Toleranz und Liebe vermögen eine Brücke von Mensch zu Mensch zu schlagen und den Haß zu bannen, und das große Hindu-Fest am Schluß des Buches, an dem die Gläubigen für einen Augenblick die Gleichheit alles Seienden erleben, läßt im 'symbolic moment' die große Harmonie kurz aufleuchten. Gleichwohl hinterlassen die Romane Forsters trotz des nachdenklich stimmenden Gehalts und der eindringlichen Prosa einen etwas zwiespältigen Eindruck, weil die realistischen Elemente seiner Darstellung nicht immer mit den symbolhaften zur Deckung gelangen und seiner Kunst die üppige Fülle elementarer Schöpferkraft fehlt. Seinen liberalen Humanismus hat Forster in Aufsätzen und Rundfunkvorträgen vertreten (*Abinger Harvest*, 1936; *Two Cheers for Democracy*, 1951), seine Kurzgeschichten sind in den beiden Bänden *The Celestial Omnibus* (1911) und *The Eternal Moment* (1928) gesammelt, seine interessanten 'Clark Lectures' über die Kunstform des Romans veröffentlichte er als *Aspects of the Novel* (1927).

Zweifelnder wird man das Werk von CHARLES LANGBRIDGE MORGAN[121] (1894–1958) beurteilen. *The Fountain* (1932) wie auch der Künstlerroman *Sparkenbroke* (1936) wandeln in platonisierender Weise das alte Thema von Liebe, Kunst und Tod ab. Durch die philosophische Überhöhung wird das Gleichgewicht zwischen Handlung und Reflexion gestört, und die Figuren wirken blaß und allegorisch. Diese Abstraktion spiegelt sich auch in der erlesenen, vom Alltagsdialog abgerückten Prosa und verleiht ihr eine vornehme Blässe.

E. M. F. ed. O. Stallybrass, Lo. 1969; F.: A Collection of Critical Essays ed. M. Bradbury, Englewood Cliffs 1966.

120 Vgl. The Hill of Devi (1953).

121 H. C. Duffin, The Novels and Plays of C. M., Lo. 1959.

6. James Joyce und der Bewußtseinsroman[122]

Die künstlerische Eigenart und Absicht des Bewußtseinsromans wird am leichtesten verständlich an dem Werk von DOROTHY RICHARDSON (1873 bis 1957), die mit *Pointed Roofs* (1915) eine später unter dem Gesamttitel *Pilgrimage* (1915–1938) in zehn Bänden durchgeführte Romanreihe begann, in der es keine Handlung, keine Verwicklung, keine Erzählspannung gibt. An die Stelle der belanglosen äußeren Ereignisse tritt das innere Geschehen der Reaktionen der Heldin. Thema des Romans ist die Ausbreitung des Bewußtseinsinhalts, des ohne Anfang und Ende dahingleitenden „Bewußtseinsstroms" der Titelfigur, der Lehrerin Miriam Henderson, die jedoch eine zu langweilige Durchschnittsperson ist, als daß sie unser Interesse wachhalten könnte.

Dieser neuen expressionistischen Romanform hat der Ire JAMES JOYCE[123] (1882–1941) mit ungleich größerer Gestaltungskraft zu einem Welterfolg verholfen. Sein erster Prosaband, *Dubliners* (1914), war ein Zyklus von fünfzehn Kurzgeschichten, in denen psychologische Streiflichter auf Menschen des Dubliner Alltags geworfen werden, die in den Konventionen der Religion, der Bürgerlichkeit, des Berufs oder der Ehe wie in einem Käfig gefangen sind. Nur einige hochsensible Naturen durchschauen resignierend ihre Lage; die meisten bleiben hoffnungslos in ihrer Illusion und Lähmung befangen. Aber ob mit oder ohne Selbsteinsicht, für den Leser sind alle diese Geschichten Augenblicke des Enthüllens und Erkennens. Joyce sah die Aufgabe des Künstlers darin, nach jenen Augenblicken im menschlichen Leben zu suchen, in denen im trivialen Alltag plötzlich ein verborgenes Geistiges aufleuchtet, in denen eine „Epiphanie" statthat. Damit tritt an die Stelle der herkömmlichen handlungsbetonten Erzählung die „Erhellungsgeschichte", die sich auf Grundsituationen beschränkt und daher andeutungsreicher, symbolischer Gestaltungsmittel bedarf. Sie wurde nach Joyce zur bezeichnendsten Form der modernen Kurzgeschichte.

122 R. Humphrey, Stream of Consciousness in the Modern Novel, Berkeley and Los Angeles 1954; L. Edel, The Psychological Novel 1900–1950, N.Y. 1955.

123 The Essential J. J. ed. H. Levin, Lo. 1948; Dubliners: Text, Criticism, and Notes ed. R. Scholes and A. W. Litz, N.Y. 1969; Portrait of the Artist: Text, Criticism, and Notes ed. C. G. Anderson, N.Y. 1968. Letters Bd. 1 ed. S. Gilbert, Lo. 1957, corr. R. Ellmann, Lo. 1966; Bd. 2 u. 3 ed. R. Ellmann, Lo. 1966. – R. Ellmann, J. J., N.Y. 1959; H. Levin, J. J.: A Critical Introduction, Norfolk, Conn., ²1960; A. W. Litz, J. J., N.Y. 1966; H. Blamires, The Bloomsday Book, Lo. 1966; F. Budgen, J. J. and the Making of Ulysses, Lo. 1934, reissued C. Hart, OUP 1972; S. L. Goldberg, The Classical Temper, Lo. 1961; J. J.'s Dubliners and A Portrait of the Artist as a Young Man: A Casebook ed. M. Beja, Lo. u. Basingstoke 1973; Approaches to Ulysses ed. T. F. Staley and B. Benstock, Pittsburgh, Pa., 1971; J. J.'s Ulysses: Critical Essays ed. C. Hart and D. Hayman, Berkeley 1974; J. S. Atherton, The Books at the Wake, Lo. 1959 u. N.Y. 1960; C. Hart, Structure and Motif in Finnegans Wake, Lo. 1962; A. Glasheen, A Second Census of Finnegans Wake, Evanston, Ill., 1963; W. Y. Tindall, A Reader's Guide to Finnegans Wake, N.Y. 1969.

A Portrait of the Artist as a Young Man (1916) ist die stark autobiographische Darstellung des explosiven Erlebens des jungen Stephen Dedalus, der die jesuitischen Erziehungsfesseln sprengt und dem Ruf des Lebens und der Kunst folgt: 'to live to err to fall to triumph to recreate life out of love'. Trotzig entsagt er allen Bindungen und geht den Weg ins Exil. In der ersten Fassung des Romans, von der uns ein Teil erhalten ist[124], war Stephen noch die Zentralfigur in einem ausführlichen Erzählbericht, im 'Portrait' dagegen ist die Handlung in sein Bewußtsein verlegt. Stephen ist zur einzigen Figur geworden, alle übrigen Charaktere haben nur insoweit Existenz, als sie in sein Bewußtsein treten. Sein Inneres erscheint gleichsam bloßgelegt, und auch das Halb- und Unterbewußte findet angemessenen Ausdruck in Leitmotivketten und Bildgruppen.

In dem monumentalen Hauptwerk *Ulysses* (1922) wird diese Methode konsequent weiterentwickelt. Der Roman spielt an einem bestimmten Tag, dem 16. Juni 1904, in und bei Dublin und handelt von den mannigfachen geistigen und sinnlichen Abenteuern dreier Hauptpersonen, des jungen Stephen Dedalus, des Inseratenagenten Leopold Bloom und dessen Frau Molly. Alles Erleben und alle Gedanken dieser Personen werden zeitlupenartig registriert, vom Aufstehen am Morgen bis zu dem abschließenden inneren Monolog Mollys in der späten Nacht, der sich pausen- und satzzeichenlos durch vierzig Seiten hinzieht und im Zustand des Halbschlafs ihr sinnliches Leben noch einmal Revue passieren läßt. Joyce hat die Wünsche, Ängste und Hoffnungen seiner Figuren mit Geschichte und Politik, Philosophie und Theologie und den Mythen und Symbolen der Menschheit verbunden, so daß die kleine Welt Dublins zum Kosmos geweitet und eine Summe des modernen Bewußtseins gezogen scheint. Um das Werk zur Einheit zu fügen, ist von Joyce eine Vielfalt neuartiger Darstellungsmittel verwendet worden, die an die Bergsonsche Philosophie, die Assoziationspsychologie, die musikalische Leitmotivtechnik und die Filmmontage erinnern. Eine wichtige Rolle spielen die Odysseusparallelen. Sie dienen nicht nur der Kontrastierung der trivialen Gegenwart mit der heroischen Vergangenheit; bei aller Gegensätzlichkeit erweisen sie auch eine geheimnisvolle Gleichheit von menschlichen Grundsituationen und Charakteren durch die Jahrhunderte. Bloom beispielsweise ist in merkwürdiger Klitterung identisch sowohl mit Odysseus wie dem Wandernden Juden, mit Hamlets Vater, wie auch mit Shakespeare: 'Ulysses' ist ein ganzer Irrgarten kaleidoskopartiger Identifikationen. Verbunden mit den Homerparallelen erscheinen zahlreiche andere durchlaufende Themen, vor allem das der Suche nach dem geistigen Vater, einem ausdrucksstarken Symbol für die Heimatlosigkeit des Menschen. Das schwierigste Problem war jedoch, eine für die Zwecke der Bewußtseinskunst geeignete Sprache zu entwickeln, d. h. für Vorgänge, die nicht nach den Regeln der

124 Stephen Hero ed. T. Spencer, rev. J. J. Slocum and H. Cahoon, Lo. 1956.

Logik und Grammatik verlaufen, sondern vorsprachlicher Natur sind. Joyces Experimente, die von isolierten Wortfetzen und unverbundenen Bewußtseinsstenogrammen bis zu konventionelleren Kompromißlösungen reichen, haben fast alle modernen englischen und amerikanischen Romanciers beeinflußt.

War die Darstellung des Irrationalen im 'Ulysses' noch am Bewußtsein orientiert und also enträtselbar, so hat es das letzte Werk *Finnegans Wake* (1939) mit der unbewußten Welt des Traums zu tun, dessen Wesen die Inkohärenz ist. In dieser zyklisch verlaufenden Traumsaga vom Fall und der Wiederauferstehung der Menschheit steigerte sich seine wortschöpferische Kunst zu einer höchst manieristischen Sprache, die zwar großartiger Wirkungen fähig ist, wie etwa in dem abschließenden Monolog von Anna Livia Plurabelle (der Stimme des Flusses Liffey), aber als Ganzes kann das Buch, das man eine gewaltige Endmoräne des gesamten Denkens und Wissens der Menschheit genannt hat, nur von dem gelehrten Joyce-Leser verstanden werden.

Neben Joyce erhebt sich das Schaffen von VIRGINIA WOOLF[125] (1882 bis 1941) zu selbständiger Bedeutung. Ihre Kritik[126] an der voraufgehenden Generation der Bennett und Wells macht deutlich, daß das Realitätsbewußtsein sich gewandelt hatte. Das Leben war für Mrs. Woolf etwas viel Flüchtigeres, Entgleitenderes, als es den Realisten erschienen war. Sie wollte die seelische Wirklichkeit erfassen, die unzusammenhängenden, fließenden, sich verwischenden Erlebniseindrücke, die Empfindungen in ihrem Halbdunkel, ihrer Trübung, bevor der ordnende Verstand verfälschend eingriff.

Jacob's Room (1922), das den Helden und seine geistige Atmosphäre durch die flüchtigen Eindrücke anderer schildert, war der erste Vorstoß zu einer solchen impressionistischen Kunst; in *Mrs. Dalloway* (1925) gelang es ihr, in die nur etwa fünfzehn Stunden umfassende äußere Handlung, die mit den morgendlichen Einkäufen der fünfzigjährigen Clarissa Dalloway beginnt und der abendlichen Gesellschaft und dem Abschied der Gäste endet, das vielfältige, sich von Augenblick zu Augenblick verändernde Leben zu bannen. Erinnert der Simultanquerschnitt von 'Mrs. Dalloway' an Joyce, so ruft *To the Lighthouse* (1927), das als ihr bestes Buch gilt, Proust ins Gedächtnis. Die beiden Motive der Fahrt zum Leuchtturm und des von Lily Briscoe gemalten Porträts der Mrs. Ramsay

125 Uniform Edition, 17 Bde., Lo. 1929–42; Collected Essays ed. L. Woolf, 4 Bde., Lo. 1966–67; A Writer's Diary ed. L. Woolf, Lo. 1953. Letters ed. N. Nicolson, Lo. 1975ff. (i. E.). – D. Daiches, V. W., Norfolk, Conn., ²1963; B. Blackstone, V. W. A Commentary, N.Y. 1949; J. Hafley, The Glass Roof: V. W. as Novelist, Berkeley 1954; J. Guiget, V. W. et son œuvre (tr. Jean Stewart, V. W. and Her Works), Lo. 1965; H. Richter, V. W.: The Inward Voyage, Princeton 1970; Q. Bell, V. W.: A Biography, 2 Bde., Lo. 1972–73; V. W.: A Collection of Critical Essays ed. C. Sprague, Englewood Chiffs 1971.

126 Vgl. The Common Reader (1925, 1932).

binden den ausgewogenen Roman fest zusammen. Die zwischen dem Plan und der Ausführung des Leuchtturmbesuchs verstreichende Zeit von zehn Jahren wird in dem kurzen Mittelteil in einem lyrisch getönten, direkten Bericht gegeben. Anfangs- und Schlußteil sind ganz der Darstellung der Innenwelt gewidmet, und das aufleuchtende und wieder verlöschende Licht des Leuchtturms wird zum Sinnbild menschlichen Lebens. *The Waves* (1931) ist Mrs. Woolfs extremstes Experiment; hier ist die Außenwelt völlig ausgeschaltet und die Wirklichkeit in den inneren Monologen der sechs Personen in eine ungreifbare Bewegtheit aufgelöst.

Das freie Schalten mit der Außenwelt hat einen reizvollen Niederschlag gefunden in *Orlando* (1928), ihrem heitersten Buch, halb Roman, halb imaginäre Biographie der ihr befreundeten Dichterin Victoria Sackville-West. Bald als Held, bald als Heldin durchlebt Orlando dreieinhalb Jahrhunderte der englischen Geistesgeschichte: der 16jährige schwärmerische Jüngling von 1586 ist 1928 eine 36jährige Frau und Mutter. Der in einer leuchtenden Prosa geschriebene Roman ist ein jeu d'esprit, wie auch *Flush* (1933), die graziös-spielende, aus der Perspektive ihres Lieblingshündchens geschriebene Biographie der Elizabeth Barrett-Browning.

Von hohem künstlerischem Niveau ist auch Virginia Woolfs letztes Werk, *Between the Acts* (1941). Das Thema des menschlichen Daseins wird in dreifacher Sicht entfaltet: einmal in dem gegenwärtigen Geschehen, der seelischen Entfremdung und dem erneuten Zusammenfinden der jungen Eheleute Giles und Isa Oliver; sodann durch die Einbeziehung der historischen Vergangenheit Englands, die lebendig wird in einem 'pageant', das die Dorfbewohner im Park von Pointz Hall aufführen; schließlich durch die noch umfassendere Perspektive, die Mrs. Swithin eröffnet, die Schwester des alten Oliver, die uns bis in die menschliche Urgeschichte hinabsteigen läßt. Noch ein anderes Thema klingt an: die qualvolle Diskrepanz zwischen Vision und Gestaltung. Es wird in der die pageant-Aufführung leitenden Dorfschullehrerin verkörpert, einem burlesken Selbstporträt der Dichterin.

Mrs. Woolfs Romane spielen in einer überaus kultivierten, ästhetischen Atmosphäre. Sie kennen keine außergewöhnliche oder mitreißende Handlung, kein notwendiges Schicksal. Ihre Menschen leben in isolierten, in sich geschlossenen Welten, und es gibt höchstens für einen flüchtigen Augenblick einmal eine kurze Berührung mit einem anderen Bewußtsein. Ein Lebenssinn ist nicht erkennbar, allenfalls läßt sich ein Ordnungsprinzip vermuten. Der Mensch kann nur den gegenwärtigen Augenblick ergreifen, in dem sich Vergangenes und Werdendes treffen.

Wie Virginia Woolf suchte KATHERINE MANSFIELD[127] (Kathleen Beau-

[127] Collected Stories, Lo. 1945; Selected Stories WC 539. Letters ed. J. M. Murry, 2 Bde., Lo. 1928; Journal ed. J. M. Murry, Lo. ^{2}1954. – A. Alpers, K. M.: A Biography, Lo 1954; S. Berkman, K. M.: A Critical Study, New Haven 1951.

champ, 1888–1923) in den Alltagssituationen ihrer Kurzgeschichten das menschlich Wesentliche ihrer Figuren in einem momentanen Aufleuchten zu erfassen. Ohne über Tschechows künstlerische Objektivität und reife Menschenkenntnis zu verfügen, gelingen ihr am besten die knappen, mit behutsamen Strichen zeichnenden Wortskizzen, in denen sie gleichsam für einen Augenblick den Vorhang von der gewöhnlichen Erscheinungswelt zurückzieht, um den Leser mit den Augen und Empfindungen ihrer Gestalten Wahres und Erschreckendes schauen zu lassen. Auffällig ist dabei ihre Liebe zur Miniatur, zum Zerbrechlichen, zu zarten Bildern und Symbolen, zu Kindheitserinnerungen, auffällig auch ihre Bevorzugung heranwachsender Mädchen gegenüber Männergestalten. Welche Beseelung dieser impressionistischen Kunst innewohnt und wie hingebend das dichterische Ringen dieser früh verstorbenen Künstlerin war, offenbaren das von ihrem Mann, dem Kritiker John Middleton Murry, herausgegebene *Journal* (1927), die *Letters* (1928, 1951) und das *Scrapbook* (1939).

Anders als der Joycesche Bewußtseinsroman, der immer weitere Erfahrungsbereiche einbezog, ging Samuel Beckett[128] (geb. 1906) den umgekehrten Weg eines konsequenten Rückzuges aus der Realität. Beckett, in Paris Joyces zeitweiliger Freund und Helfer, veröffentlichte neben Gedichten und Studien über Proust und Joyce mehrere Romane, die indessen erst nach dem Erfolg seiner Dramen und Hörspiele (s. S. 335) ein stärkeres Echo fanden.

Auf eine Sammlung von Kurzgeschichten, *More Pricks than Kicks* (1934), die durch den gemeinsamen Helden zu einer losen Einheit verbunden sind, folgten die Romane *Murphy* (1938) und der 1942–1944 im nichtbesetzten Teil Frankreichs geschriebene, aber erst 1953 publizierte *Watt*. Bewegt sich der exzentrische und arbeitscheue Dubliner Murphy noch in einer bestimmten Umwelt und an einem bestimmten Ort und hat der Roman sogar eine fortlaufende Handlung mit dem Höhepunkt des Todes, so spielt 'Watt' in einer fiktiven Welt. In dem surrealistisch anmutenden Haus von Mr. Knott sucht der introvertierte Watt in den Lebensgewohnheiten seines Herrn irgendeine Gesetzmäßigkeit zu entdecken, stößt aber nur auf Inkonsequenzen seines Verhaltens. Immerhin hilft ihm die genaue Registrierung belangloser, parodistisch wirkender Einzelheiten dazu, die Zeit zu vertreiben.

Becketts Hauptwerk ist die zuerst in den Jahren 1951–1953 in französischer Sprache veröffentlichte Trilogie *Molloy* (1955), *Malone Dies* (1956) und *The Unnameable* (1958), die durch *How It Is* (1964, französische Fassung *Comment C'est*, 1961) zur Tetralogie erweitert wurde. Beckett bediente sich der Fremdsprache, um, wie er sagt, 'without style' zu schreiben; und die späteren Übertragungen ins Englische (von ihm

128 J. Fletcher, The Novels of S. B., Lo. 1964; ders., S. B.'s Art, Lo. 1967; R. Federman, Journey to Chaos: S. B.'s Early Fiction, Berkeley 1965. S. S. 335, Anm. 89.

selbst und anderen) sind weniger Übersetzungen als Neuschöpfungen. Im ersten Teil von 'Molloy' berichtet der gelähmte und bettlägerige Held von der Suche nach seiner Mutter, während im zweiten Teil der Privatdetektiv Moran, der ebenfalls zusehends gebrechlicher wird, nach Molloy sucht, wobei die Beziehungen zwischen den beiden Figuren ambivalent bleiben und die Handlung eher einer Kreisbewegung gleicht. In 'Malone Dies' scheint der Verfallsprozeß weiter fortgeschritten: der auf seinen Tod wartende Malone erzählt sich Geschichten, die mit Selbstbetrachtungen und Erinnerungen wechseln. So werden reale und fiktive Begebenheiten derart miteinander verwoben, daß sie am Ende nicht mehr zu unterscheiden sind. Dem Sprecher von 'The Unnameable' ist auch die Bewegungsmöglichkeit genommen, und er scheint ohne Identität, da er nicht einmal mehr einen Namen besitzt; aber selbst in diesem qualvollen Stadium absoluter Hilflosigkeit fühlt er sich unter dem Zwang weiterzumachen. Dem Geist bleibt immerhin die Kraft zu Fiktionen und er vermag durch schwarzen Humor das Grauen des Nichts zu bannen. In 'How It Is', in dessen Zentrum ein nacktes Wesen steht, das durch den Schlamm kriecht, sind die letzten Reste der realen Welt verschwunden, und die Sprache gerät in die Nähe des Verstummens.

Damit hat der Reduktions- und Auflösungsprozeß sein Ende erreicht. Aber Beckett hat in seinem letzten Werk *The Lost Ones* (1972, französische Fassung *Le Dépeupleur*, 1971) noch sein Höllengleichnis geschrieben, das von den namen- und sprachlosen Insassen eines zylindrischen Baus handelt, die darin ohne die Möglichkeit zur Flucht und ohne Aussicht auf eine Erfüllung ihrer Suche umherirren.

Schließlich ist noch auf das beachtliche Werk von Ivy Compton-Burnett und Elizabeth Bowen zu verweisen, wenn ihre Kunst auch stärker von Henry James als von Joyce beeinflußt scheint. Das Œuvre von Ivy Compton-Burnett[129] (1892–1969) ist überaus homogen. Sie hat zwanzig Romane geschrieben, die alle in den gehobenen Schichten zu Ausgang der viktorianischen Epoche spielen. Äußerlich gesehen scheint es die Welt von Jane Austen, aber in Wirklichkeit herrscht in diesen Familien das Grauen: Tyrannei und Brutalität der Eltern gegenüber den Kindern, Täuschung und Mord, gefälschte Testamente, Ehebruch und Inzest. Vermittelt werden die Auseinandersetzungen und Verwicklungen fast ausschließlich im Dialog; Beschreibung und Bericht treten völlig zurück, sind oft knapper als die Regiebemerkungen in einem Bühnenstück. Der Leser muß fast alles den subjektiven Äußerungen der verschiedenen Figuren entnehmen, die

[129] Pastors and Masters (1925); Men and Wives (1931); More Women than Men (1933); A House and Its Head (1935); A Family and a Fortune (1939); Elders and Betters (1944); Manservant and Maidservant (1947); Two Worlds and their Ways (1949); Mother and Son (1955); The Present and the Past (1953); A Heritage and Its History (1959); The Mighty and their Fall (1961). – E. Sprigge, The Life of I. C.-B., Lo. 1973; C. Burkhart, I. C.-B., Lo. 1965; V. Powell, A C.-B. Compendium, Lo. 1973.

zudem alle dieselbe stilisierte Sprache sprechen, und die nur relativ gültigen Teilansichten durch Vermutungen und Rückschlüsse ergänzen. Gleichwohl bleiben die Gestalten keineswegs umrißlos: sie argumentieren, bekunden ihren Willen, und wir erfahren in den Unterhaltungen auch von ihrem Handeln. Die knappen, geschliffenen, schneidenden Gespräche wirken häufig wie von der Bühne gesprochen, und sie enthüllen erbarmungslos die Motive und schwelenden Spannungen.

Schließt Ivy Compton-Burnett die Kriegs- und Nachkriegswelt bewußt aus, so ist diese in den Romanen und Kurzgeschichten der Anglo-Irin ELIZABETH BOWEN [130] (1899–1969) auf Schritt und Tritt fühlbar. Mrs. Bowen behandelt mit Vorliebe das Jamessche Thema Unschuld und Erfahrung, das sie zu tragischen Konflikten zuspitzt, wofür *The House in Paris* (1935) und ihr bester Roman, *The Death of the Heart* (1938), bezeichnende Beispiele sind. Auch ihre andeutungsreiche, subtile und leicht ironische Prosa erinnert an den späten James; sie versteht, Atmosphäre zu schaffen, feinste Schwingungen einzufangen und die Komödie des Lebens unentwirrbar mit der Tragödie zu verflechten. Mrs. Bowen erstrebt ein Gleichgewicht zwischen Erzählung und Analyse. Ihre Stärke liegt in der psychoanalytisch fundierten Zeichnung der labilen seelischen Verfassung reifender Menschen, besonders junger Mädchen.

7. Aldous Huxley, Graham Greene und die Jüngeren

Schärfe des Intellekts, geistreiche Kritik und eine geschliffene Sprache kennzeichnen das literarische Werk von ALDOUS HUXLEY [131] (1894–1963). Huxley ist vor allem Kulturkritiker; die Fabel ist den Ideen untergeordnet, und die Romanform entbehrt daher oft innerer Berechtigung. Darstellungsfreude zeigt sich zumeist bei den mit scharfen, vorwiegend satirischen Strichen gezeichneten Porträts, was besonders glücklich in den Novellen und Kurzgeschichten hervortritt. In seinen frühen Romanen, wie *Crome Yellow* (1921), *Antic Hay* (1923) und *Those Barren Leaves* (1925), sind große Teile nach dem Vorbild von Thomas Love Peacock durch Gespräche ausgefüllt, in denen die verschiedensten Zeitprobleme witzig und boshaft erörtert werden. Höher griff Huxley in dem von Gides 'Faux Monnayeurs' beeinflußten *Point Counter Point* (1928), der ein breites Zeitgemälde der zwanziger Jahre entwirft und technisch das Strukturprinzip des Kontrapunkts benutzt. Das den Schlüsselroman streifende

130 Works, Collected Edition, Lo. 1948ff. – W. Heath, E. B. An Introduction to Her Novels, Madison 1961.

131 Collected Edition, 23 Bde., Lo. 1946–50; Collected Short Stories, Lo. 1956. Letters ed. G. Smith, Lo. 1969. – P. Thody, A. H.: A Biographical Introduction, Lo. 1973; A. Henderson, A. H., N.Y. 1964; P. Bowering, A. H.: A Study of the Major Novels, Lo. 1969; L. Brander, A. H.: A Critical Study, Lo. 1970.

Werk entfaltet kalt und zynisch das Bild einer Menschheit, welche die Lebensganzheit (wie sie durch den D. H. Lawrence repräsentierenden Mark Rampion vertreten wird) im Laufe einer 2000jährigen christlichen Geschichte verloren hat.

Brave New World (1932), eine satirische Utopie in Swiftschem Geist, schildert eine ganz vom wissenschaftlichen Denken beherrschte, mechanische Welt, in der die menschliche Persönlichkeit und alle ethischen und ästhetischen Werte vernichtet sind. Huxleys Übergang aus der Beobachterrolle zum Verkünder einer Botschaft erfolgte in *Eyeless in Gaza* (1936). Sein Eintreten für den Pazifismus und eine aus östlicher Gnosis stammende Philosophie des 'non-attachment' hat Huxley in mehreren Abhandlungen weiter ausgeführt. In diesen Zusammenhang gehört auch die „Biographie" des Père Joseph, des Mitarbeiters von Richelieu, in *Grey Eminence* (1941). Dieser Mystiker und Kapuzinermönch, der Frankreichs Bündnis mit den Protestanten förderte, um Habsburg niederzuringen, hat nach Huxleys Ansicht den Geist verraten, indem er das Staatsinteresse mit dem göttlichen Willen gleichsetzte. Huxley, seit 1937 in Kalifornien ansässig, zeigt in seinen späteren Werken keine künstlerische Weiterentwicklung mehr. Von den Utopien zeichnet *Ape and Essence* (1949) ein Bild des Grauens nach einem Atomkrieg, das erst in seinem letzten Buch *The Island* (1962) einer etwas milderen Form des Pessimismus Platz macht, und in den Romanen begegnen uns, schwächer und matter, die alten Typen, so daß rückschauend seine frühen Werke als seine besten bestätigt werden.

Als politisch-satirischer Schriftsteller verdient GEORGE ORWELL[132] (Eric Blair, 1903–1950) Erwähnung, dessen *Animal Farm* (1945) das Wesen der Revolution im Bilde eines Bauernhofes deutet, auf dem sich nach der Absetzung des Bauern unter den Tieren bald ein autoritäres Regime mit dem Schwein als Diktator herausbildet. Vom verderblichen Einfluß der Macht handelt auch sein letzter Roman, die Schreckutopie *Nineteen Eighty-Four* (1949), welche die Grundsätze des totalitären Staates konsequent zu Ende denkt und ein Zukunftsbild des Grauens entwirft. Mittels technischer Einrichtungen kontrolliert die Gedankenpolizei die Parteimitglieder bis in die Privatsphäre, historische Dokumente werden je nach Bedarf umgeschrieben oder getilgt, und 'newspeak' und 'double-think' machen jedes selbständige Denken unmöglich. Orwell sah die sein Gewissen bewegenden politischen Probleme mit den Augen des Künstlers, wenn es ihm auch nicht immer gelungen ist, politische Vision und Erzählung zu verschmelzen.

EVELYN WAUGH[133] (1903–1966), der wie Graham Greene zum Katholi-

[132] Works (Uniform Edition), Lo. 1949ff.; Collected Essays, Journalism, and Letters ed. S. Orwell and I. Angus, 4 Bde., Lo. 1968. – K. Alldritt, The Making of G. O.: An Essay in Literary History, Lo. 1969; R. A. Lee, O.'s Fiction, Notre Dame u. Lo. 1969.

[133] Works (Uniform Edition), Lo. 1949ff.; Collected Essays, Lo. 1961. – F. J. Stopp, E. W., Lo. 1958; J. F. Carens, The Satiric Art of E. W., Seattle u. Lo. 1966.

zismus konvertierte, erinnert in seinen frühen Werken an Aldous Huxley. *Decline and Fall* (1928), *Vile Bodies* (1930), *Black Mischief* (1932) sind mit leichter Hand gezeichnete, bitter-zynische Karikaturen der höheren Gesellschaft der 20er und 30er Jahre. Gewichtiger ist *A Handful of Dust* (1934), und mit Vorliebe schildert er das Leben in den Grenzräumen, in denen Kulturen aufeinanderstoßen *(Scoop*, 1938). Von makabrer Brillanz ist die Satire auf die kommerzialisierten kalifornischen Begräbnissitten in *The Loved One* (1948). Umstrittener sind Waughs „ernsthafte" Romane, in denen neben der Gesellschaftskritik die Religion und ein elegisches Heimweh nach aristokratischer Kultur eine beherrschende Stelle einnehmen. So zeigt *Brideshead Revisited* (1945, neue Fassung 1960) innerhalb einer Gruppe eng miteinander verbundener, in Sünde und Schuld verstrickter Menschen das Wirken der göttlichen Gnade und die überdauernde Kraft religiöser Werte auf. Die Trilogie *Men at Arms* (1952), *Officers and Gentlemen* (1955) und *Unconditional Surrender* (1961), die Waugh in revidierter Form unter dem Titel *Sword of Honour* (1965) herausgab, schildert die Kriegserfahrungen eines weiteren Vertreters der katholischen Oberschicht, der am Ende zur „bedingungslosen Kapitulation" vor dem Willen Gottes findet. Lesenswert sind auch Waughs Reisebücher sowie *The Ordeal of Gilbert Pinfold* (1957), die freimütig autobiographische Studie eines Schriftstellers in mittleren Jahren.

Angus Wilson[134] (geb. 1913) begann mit Kurzgeschichten (*The Wrong Set*, 1949; *Such Darling Dodos*, 1950; *A Bit off the Map*, 1957), in denen er die englische Gesellschaft in einer Porträtgalerie von Käuzen und grotesken Figuren humorvoll und maliziös bloßstellt. Seine Romane – angefangen von *Hemlock and After* (1952), *Anglo-Saxon Attitudes* (1956) und *The Middle Age of Mrs Eliot* (1958) bis hin zu *As if by Magic* (1973) – zeichnen, an Zola und die viktorianische Tradition anknüpfend, ein satirisch-ironisches Panorama der zeitgenössischen Gesellschaft und behandeln mit Vorliebe Probleme wie das der Homosexualität, die bis dahin als tabu galten. Im Mittelpunkt stehen Männer oder Frauen, die in einer Lebenskrise unter dem Eindruck des Versagens und zerbrochener Hoffnungen versuchen, mit der Realität in Berührung zu kommen und zur Selbstverwirklichung zu finden. Wilsons Stärke liegt auch hier in den virtuosen Charaktervignetten und Karikaturen wie in dem brillanten Dialog und dem geschliffenen Stil. Es sind Vorzüge, die sich in den Kurzgeschichten vorteilhafter auswirken als im Roman.

Graham Greene[135] (geb. 1904), der in seinem Schaffen zwischen 'entertainments' und den anspruchsvolleren 'novels' scheidet, verbindet

134 J. L. Halio, A. W., Edinburgh u. Lo. 1964.

135 Works (Uniform Edition), 15 Bde., Lo. 1947–60; A Sort of Life (Autobiogr. bis ca. 1932), Lo. 1971. – J. A. Atkins, G. G., Lo. [2]1966; G. G.: Some Critical Considerations ed. R. O. Evans, Kentucky 1963.

in seinen literarischen Rang erstrebenden Romanen die Detektiv- und Abenteuergeschichte mit aktuellen zeitgeschichtlichen Bezügen, filmischen Techniken und religiösem Hintergrund. Der im Gangstermilieu spielende *Brighton Rock* (1938) schildert eine Welt des Grauens mit Verrat, Verfolgung und Mord und kontrastiert die religiöse mit der weltlichen Sicht. Das Buch ist noch kein überzeugender Roman. Durch die reißerische Art der Darstellung kommt es zu keiner glaubwürdigen Verkörperung des Satanismus, wenn es Greene auch gelingt, geradezu unheimlich die Schäbigkeit und Trostlosigkeit des Daseins zu vergegenwärtigen. Der Held in Greenes bestem Buch, *The Power and the Glory* (1940), ist ebenfalls ein Gehetzter, ein katholischer Priester, der um 1930 in einem kommunistisch gewordenen mexikanischen Staat illegal weiterwirkt, bis er in die ihm von seinem Verfolger, einem mit Verständnis gezeichneten kommunistischen Polizeileutnant, gestellte Falle und damit in den Tod geht. Der das Martyrium erleidende Priester ist kein Glaubensheros, er ist vielmehr ein armseliger, sündiger Mensch, dem Whisky verfallen und Vater einer Tochter, aber auch in seiner Sünde bleibt er ein Werkzeug Gottes. In *The Heart of the Matter* (1948) wird der Held nicht von Detektiven oder der Polizei verfolgt, sondern von seinem eigenen Gewissen. Aus Rücksicht auf zwei Frauen, die sein Mitleid oder seine Liebe eigentlich nicht verdienen, und aus Liebe zu Gott, den er nicht länger beleidigen will, begeht er die Todsünde des Selbstmords. Wenn der Roman auch psychologisch nicht überzeugt, beeindruckt er doch durch den klaren, durchsichtigen Bau, das rasche Erzähltempo und die atmosphärische Dichte.

Auch die übrigen Romane Greenes beweisen sein virtuoses Können. *The End of the Affair* (1951) behandelt mit einem etwas gewaltsamen Sprung in das Wunder die Wandlung einer sündigen menschlichen Liebe zur Gottesliebe. *The Quiet American* (1955) führt den zynischen, glaubenslosen Korrespondenten einer Londoner Zeitung während des Indochinakrieges in den Jahren 1952–1955 in einen Konflikt zwischen Kameradschaft, Liebe und Politik. In *A Burnt-Out Case* (1961) flieht der erfolgreiche Kirchenbaumeister Querry seinen Ruhm und sucht, an seinem Talent und seiner Berufung zweifelnd, Zuflucht auf einer Leprastation im tiefsten Kongo, wo er seinem Schicksal begegnet. *The Comedians* (1966) spielt im Polizeistaat Haiti und zeigt die bewährte Mischung von Angst, Verfolgung, Folter, Mord, Sexualität, Atheismus und Glauben; und ähnlich erschließt uns *The Honorary Consul* (1973) am Schicksal des irrtümlich von paraguayischen Guerillas entführten Honorarkonsuls ein weiteres Stück der bekannten Greeneschen Welt und seiner Theologie vom rätselhaft handelnden und letztlich doch gnädigen Gott. Greene ist besessen vom Problem des Bösen, aber ebenso real wie der Abgrund von Schuld und Sühne ist für ihn das Mysterium der göttlichen Gnade. Gerade weil die Menschen auf der Erde die Hölle haben, muß nach Greenes negativem Gottesbeweis Gott existieren. Greene ist ein kraftvoller Erzähler mit dem

Instinkt des Reporters für Krisenherde; aber seine Kunst strapaziert die Extreme und ermangelt der Zwischentöne.

Freude an der bunten Fülle des Lebens, an den herkömmlichen Romanfiguren, am schnellen Erzähltempo charakterisiert das Werk des Anglo-Iren JOYCE CARY[136] (1888–1957). Er geht nicht von einer Idee, sondern von Charakteren und Situationen aus. Das gilt schon für die Gruppe seiner Afrika-Romane, deren bester, *Mr. Johnson* (1939), in der Gestalt eines europäisierten Afrikaners den Zusammenstoß zwischen der Zivilisation und der Welt des Primitiven darstellt. Nach zwei Kindheitsromanen, von denen *A House of Children* (1941) ein stark autobiographisches Erinnerungsbild der eigenen Kindheit gibt, erreichte Carys Kunst ihren Höhepunkt mit der Trilogie *Herself Surprised* (1941), *To Be a Pilgrim* (1942) und *The Horse's Mouth* (1944), in der drei Ich-Erzähler ihre miteinander verflochtenen Lebensschicksale berichten, und zwar der von seinen Visionen besessene Maler Gulley Jimson, Verkörperung des romantichen Künstlertums (The Horse's Mouth); der alterslüsterne, sein Tagebuch schreibende Jurist Thomas Wilcher, der durch seine Verwandten daran gehindert wurde, Sara Monday, seine Köchin und langjährige Gefährtin Gulley Gimsons, zu heiraten (To be a Pilgrim); und schließlich Sara selbst, die durch das Eingreifen der Verwandten wegen kleinerer Unregelmäßigkeiten ins Gefängnis wanderte und nun ihre Geschichte schreibt, so wie sie sich ihren Augen darstellt (Herself Surprised). Auf diese Weise erhalten wir ein vielseitiges Bild der einzelnen Charaktere und ihrer Lebensanschauungen und in Wilchers Bericht zudem ein Zeitbild Englands während des letzten halben Jahrhunderts. Carys spätere Werke zeigen ein Nachlassen seiner Kraft. Das trifft auch zu für eine zweite Trilogie, in deren Mittelpunkt der liberale Politiker Chester Nimmo steht, der, aus kleinsten Sektiererkreisen stammend, am Vorabend des ersten Weltkriegs bis zum Minister aufsteigt (*Prisoner of Grace*, 1952; *Except the Lord*, 1953; *Not Honour More*, 1955). Cary gehört in die von Defoe über Smollett und Peacock zu Dickens führende Tradition, doch auch der Einfluß von Joyce und D. H. Lawrence ist nicht zu übersehen. Carys Werk zeigt eine gewisse Unausgeglichenheit, eine Spannung zwischen Altem und Neuem, eine mangelnde Schärfe der Analyse, aber diese Nachteile werden aufgewogen durch die sprudelnde Kraft der Phantasie, die Vitalität seiner Kunst, durch die Hingabe an das volle Leben und eine anschauliche Prosa.

CHARLES PERCY SNOW[137] (geb. 1905) hat in seiner elfbändigen Romanfolge *Strangers and Brothers* (1940–1970) die traditionelle Form des

[136] The Novels of J. C. (Carfax Edition, mit Vorworten des Dichters), 14 Bde., Lo. 1951–63. – R. Bloom, The Indeterminate World: A Study of the Novels of J. C., Philadelphia 1962; M. M. Mahood, J. C.'s Africa, Lo. 1964; J. Wolkenfeld, J. C.: The Developing Style, N.Y. 1968.

[137] F. R. Karl, C. P. S.: The Politics of Conscience, Carbondale–Edwardsville 1963.

viktorianischen Romans benutzt. Der Held und Erzähler ist der aus kleinbürgerlichen Verhältnissen stammende Lewis Eliot, den eine glänzende juristische Karriere in höchste Staatsstellungen führt. Er kommt mit den verschiedensten Kreisen in Berührung, lernt Industrie und Politik, die Universität und die höhere Gesellschaft von innen her kennen, so daß sein Leben zu einem Spiegel der Entwicklung Englands vom ersten Weltkrieg bis in unsere Zeit wird. Snow erfaßt mit scharfem Blick die politischen, sozialen und moralischen Fragen, aber sein Denken ist stärker als sein ästhetisches Vermögen. Seine Darstellung ist immer solide, aber seinem Stil fehlt der Glanz. Der beste Band ist *The Masters* (1951), der die kleine Welt eines Cambridger College anheimelnd und humorvoll zeichnet und die Vorgänge um die Wahl des neuen Master als Abbild der großen Politik erscheinen läßt.

Schon vor Osbornes Drama 'Look Back in Anger' (vgl. S. 333) meldeten sich die sog. 'Angries'[138] im Roman zu Wort. Von John Wains (geb. 1925) Romanen ist der erste, *Hurry On Down* (1953), der bekannteste geblieben. Der „Held" Charles Lumley ist ein junger Mann aus bürgerlichem Milieu mit mittelmäßigem Universitätsexamen, der aus Protest gegen das Establishment zum Außenseiter wird und die verschiedensten Gelegenheitsarbeiten vom Fensterputzer bis zum Rausschmeißer in einem Nachtlokal übernimmt. Aber wenn Lumley eine Anpassung an die etablierte Gesellschaft auch ablehnt, so geht es ihm doch keineswegs um revolutionäre Umgestaltung der bestehenden Verhältnisse; er erstrebt vielmehr eine lukrative, „Neutralität" gestattende Stellung, die er schließlich als 'gag-writer' am Rundfunk findet. Wie Wain knüpft Kingsley Amis (geb. 1922) an den pikarischen Roman des 18. Jahrhunderts an. Der Held von *Lucky Jim* (1954) ist ein unmöglicher junger Dozent für mittelalterliche Geschichte an einer Provinzuniversität, der in eine Reihe grotesker Situationen gestellt wird. Die Kritik an der Gesellschaft wird hier unterhaltsam ins Komische gewendet, wozu auch der glückliche Ausgang mit Heirat und reichem Onkel gehört. In seinen späteren Romanen, die ebenfalls Heuchelei und Selbstgerechtigkeit bloßstellen, treten die parodistischen und farcenhaften Elemente stärker zurück. Amis erreicht eine komplexere Darstellung der sozialen Problematik, doch hat sich bisher sein erster Roman als der erfolgreichste erwiesen. Tiefer dringt John Braine (geb. 1922) in seinem in der Ich-Form und aus der Retrospektive erzählten *Room at the Top* (1957). Das an den Arbeiterroman der Gissing-Zeit erinnernde Buch behandelt den sozialen Aufstieg eines Arbeitersohnes, der die Tochter eines reichen Industriellen heiratet, damit jedoch seine Geliebte in den Tod treibt und seine Ideale verrät. Die in ihn gesetzten

[138] K. Allsop, The Angry Decade, Lo. 1958; W. Van O'Connor, The New University Wits and the End of Modernism, Carbondale, Ill., 1963; J. Gindin, Postwar British Fiction, Berkeley u. Lo. 1962.

Hoffnungen hat Braine in seinen weiteren Büchern nicht erfüllt. Ähnliches gilt von dem talentierten, aus der Arbeiterklasse stammenden ALAN SILLITOE (geb. 1928), der mit seinem Erstlingswerk *Saturday Night and Sunday Morning* (1958) als ein Nachfolger von D. H. Lawrence begrüßt wurde.

Die produktivste Romanschriftstellerin dieser Generation ist die Anglo-Irin IRIS MURDOCH[139] (geb. 1919). Erinnert ihr früher Roman *Under the Net* (1954) in seiner pikarischen Struktur an Wain und Amis, so unterscheidet sie sich doch von Anfang an durch ihre philosophischen Interessen – sie war mehrere Jahre Dozentin für Philosophie und hat eine Studie über Sartre (1953) veröffentlicht – wie durch einen (in späteren Werken noch viel ausgeprägteren) Symbolismus. Da für Miss Murdoch die Wahrheit nicht im rational Geplanten, sondern im Kontingenten, d. h. im Nicht-Notwendigen, Zufälligen, liegt, ist ein daraufhin ausgerichtetes Leben nur außerhalb der Ordnungsprinzipien der Gesellschaft, ihrer „Netze", möglich. Da andererseits aber der „Held" trotz der Ablehnung fester Normen zur Selbstverwirklichung finden will, gelangt er mit eigentümlicher Dialektik zu der für ihn paradoxen Einsicht, daß die zu diesem Ziel führenden Entscheidungen das Kriterium der Notwendigkeit und Folgerichtigkeit erfüllen müssen. Miss Murdochs Romane zeigen hohe Intelligenz und technische Sicherheit, wenngleich es ihr nur in ihren besten Werken, wie etwa *The Bell* (1958), gelingt, die Ebene des äußeren Geschehens mit derjenigen der symbolischen Bedeutung zur Deckung zu bringen. In Romanen wie *A Severed Head* (1961) oder *Bruno's Dream* (1969) dagegen ähneln die verschiedenen Charaktere mehr Figuren in einem stilisierten Tanz oder werden fast zu Allegorien. Zwangsläufig tritt in ihrem Werk die Gesellschaftssatire zurück, dagegen zeigt sie sehr viel größere Experimentierfreude als die vorhin erwähnten Autoren (wie sie auch Interesse für den französischen experimentellen Roman bekundet hat).

Einer der erregendsten Autoren des letzten Jahrzehnts ist WILLIAM GERALD GOLDING[140] (geb. 1911). In seinem ersten Roman, *Lord of the Flies* (1954), wird eine Gruppe britischer Schuljungen, die in einem Atomkrieg offenbar evakuiert werden sollten, bei einem Flugzeugabsturz auf eine tropische Insel verschlagen. Zunächst erscheint ihnen ihr Inseldasein wie die Erfüllung eines Wunschtraumes. Aber obwohl alle schädlichen Umwelteinflüsse ausgeschaltet sind, verwahrlosen die Jungen zusehends und gleiten unmerklich auf eine primitive Kulturstufe zurück. Immer stärker gewinnen die destruktiven Kräfte die Oberhand; der anständige Ralph muß dem brutalen Jack weichen, und mit unheimlicher Folgerichtigkeit entsteht das Miniaturbild eines totalitären Regimes mit allen Be-

139 A. S. Byatt, Degrees of Freedom: The Novels of I. M., Lo. 1965.

140 M. Kinkead-Weakes and I. Gregor, W. G.: A Critical Study, Lo. 1967; V. Tiger, W. G., Lo. 1975.

gleiterscheinungen wie Elitegefühl, Stammesriten, Blutrausch, Folter und Mord. Vor dem sicheren Tod rettet den über die brennende Insel gehetzten Ralph am Ende die Ankunft eines britischen Schiffes. Der Spuk ist vorbei – aber ironischerweise ist der deus ex machina aus der Erwachsenenwelt ein Kriegsschiff.

Der Sündenfall ist auch das Thema der übrigen Romane Goldings. *The Inheritors* (1955) stellt die These von der Aufwärtsentwicklung des Menschen auf den Kopf, indem der homo sapiens als der böse und grausame Zerstörer der glücklichen und unschuldigen Welt des Neandertalers erscheint. *Pincher Martin* (1956) sieht den Menschen im Bild eines Marineleutnants, der, nachdem er torpediert wurde, allein auf einem trostlosen Felsen zu überleben versucht. Die rettende Insel existiert jedoch, wie wir in den letzten Zeilen des Romans mit einer ähnlich unerwarteten Lösung wie in 'Lord of the Flies' erfahren, nur in der Phantasie des Matrosen. In Wirklichkeit ist Martin so schnell ertrunken, daß er nicht einmal Zeit hatte, sich seiner schweren Stiefel zu entledigen. In dem schwächeren *Free Fall* (1959) sucht ein berühmter Maler nach dem Punkt in seinem Leben, in dem er die falsche Wendung nahm und seine Seele verlor. *The Spire* (1964) nimmt den Bau des Glockenturms einer mittelalterlichen Kathedrale (Salisbury) zum Vorwurf, den Dean Jocelin mit unbeugsamer Energie gegen alle Vernunft und unter vielen Opfern zur höheren Ehre Gottes vollendet. Aber die Verwirklichung von Jocelins Vision entspringt nicht nur reinen Motiven, sie ist verquickt mit Stolz und Eitelkeit und nicht zuletzt mit der Liebe zu einer Frau.

Goldings Romane spielen in einem eng umgrenzten Raum, auf einer einsamen Insel, im Urwald der Vorzeit, auf einem kahlen Felsen, in einer Inhaftierungszelle oder in der Einfriedigung einer Kathedrale. Der Dichter analysiert seine Protagonisten gleichsam in einer Retorte, legt ihre Gedanken, Ängste, Wünsche und die Motive ihres Handelns bloß und verbindet dabei eine realistische Fabel mit allegorischer Sinngebung. Allerdings ist der Moralist Golding gelegentlich stärker als der Erzähler, so daß die Verschmelzung nicht immer nahtlos gelingt. Ob der bescheidenere, in dörflicher Umgebung spielende Roman *The Pyramid* (1967) eine Wende in seinem Schaffen einleitet, wird man abwarten müssen.

Einen Welterfolg errang LAWRENCE DURRELL[141] (geb. 1912), der als Lyriker bereits bekannt war, mit seinem *Alexandria Quartet* (1957–1960). In dem ersten Band, *Justine* (1957), schildert der junge Schriftsteller Darley rückschauend sein bewegtes Leben in Alexandria, vor allem seine Liebe zu der rätselhaften, schönen Jüdin Justine, der Frau des koptischen Millionärs Nessim. Darley ist auch der Erzähler des zweiten Buches, *Balthazar* (1958), aber er benutzt zusätzlich den Kommentar (die sog. große

141 G. S. Fraser, L. D.: A Study, Lo. 1968; The World of L. D. ed. H. T. Moore, Carbondale, Ill., ²1964.

Interlinearversion) des Arztes Balthazar, wodurch Ereignisse und Charaktere in eine völlig neue Beleuchtung geraten. *Mountolive* (1958), in dem Darley zu einer Nebenfigur wird, ist ein konventioneller, in der dritten Person abgefaßter Bericht, in dessen Mittelpunkt der neue englische Botschafter in Alexandria, David Mountolive, steht, so daß die politische Verflechtung der bisherigen Vorgänge zutage tritt. Der wieder von Darley erzählte letzte Band, *Clea* (1960), bietet keine neue Brechung des bereits dreifach erzählten Geschehens, sondern führt es weiter, füllt aber auch Lücken aus und klärt noch offene Fragen.

Die Gesamtfolge ist zu unausgeglichen, als daß sie sich mit Joyce oder Proust messen könnte, mit denen sie den Vergleich herausfordert. Die Charaktere bleiben weithin schattenhaft und erinnern an das fin de siècle, wie auch der Stil zuweilen spätromantische Vorbilder ins Gedächtnis ruft. Gleichwohl ist die Tetralogie eine beachtliche Leistung, bemerkenswert in der Gesamtkonzeption und der erstaunlichen Kraft, mit der die zuerst geschaffene Welt erneut verwandelt und schließlich zu einem schillernden, vieldeutigen Ganzen wird. Eindrucksvoll sind die Beschreibungen, wie die Entenjagd auf dem Mareotissee, die weite Skala der Farben, die vieldeutige, flimmernde Atmosphäre und die magische Beschwörung dieser bezaubernden, geheimnisvollen, dekadenten, schicksalhaften Stadt, die der eigentliche Mittelpunkt und Hauptakteur ist. Wie schon 'Clea' haben auch Durrells spätere Romane, das Diptychon *Tunc* (1968) und *Numquam* (1970) sowie *Monsieur, or The Prince of Darkness* (1974), enttäuscht.

8. Der amerikanische Neu-Realismus

Von großem Einfluß auf die neue Generation nach dem ersten Weltkrieg war Gertrude Stein[142] (1874–1946), die 1902 nach Paris übersiedelte und hier der Mittelpunkt eines Kreises von französischen und amerikanischen Malern und Schriftstellern wurde. Sie suchte die Psychologie ihres Lehrers William James mit der Bergsonschen Philosophie zu verbinden und hat ihre revolutionierenden, dem Dadaismus verwandten stilistischen Theorien in vielen Schriften vorgetragen. Am aufschlußreichsten sind *Composition as Explanation* (1926) und *Lectures in America* (1935) sowie ihre erläuternden Beispiele in *How to Write* (1931). Mit Flauberts 'Trois Contes' und Cézanne vor Augen, analysierte sie in *Three Lives* (1909) in einem rhythmischen Stil mit den für ihre Technik entscheidenden Wiederholungen das Bewußtsein von zwei deutschen Dienstmädchen und einer einfachen Negerin; sie zeigte, besonders in der Geschichte der Negerin Melanctha, daß diese schlichten Menschen in ihren Reaktionen

[142] D. Sutherland, G. S.: A Biography of Her Work, New Haven, Conn., 1951; N. Weinstein, G. S. and the Literature of the Modern Consciousness, N.Y. 1970.

ebenso komplex sind wie die Jamesschen Charaktere aus den höheren Schichten. Ihr bereits 1906–1908 verfaßter Roman *The Making of Americans* (1925), den sie für den Beginn der modernen Literatur hielt, berichtet in einer Gedankenbewegung, die in Variationen stets zum Anfang zurückkehrt, die Geschichte ihrer eigenen Familie, die stellvertretend für jede andere stehen soll, durch drei Generationen hindurch. Da Miss Stein, um die filmähnliche, fortwährende Bewegung auszudrücken, Substantive und die den Satzfluß hemmende Interpunktion weitgehend vermeidet, ist das Verständnis ihrer Bücher streckenweise nicht einfach. Am leichtesten zugänglich und als Zeitdokumente aufschlußreich sind ihre autobiographischen Schriften, wie *Wars I Have Seen* (1945) und *The Autobiography of Alice B. Toklas* (1933), die ihr Leben in der Pariser Künstlerwelt vom Blickpunkt ihrer Sekretärin schildert. Das Werk der Gertrude Stein hat als Experiment anregend gewirkt auf Hemingway, Dos Passos und viele andere der damaligen Avantgarde, für die sie die Bezeichnung 'the lost generation' prägte.

Ernest Hemingway[143] (1898–1961) begann mit reportagehaft knappen, kaum mehr als eine Seite umfassenden Skizzen von Kriegs- und Stierkampfepisoden (*In Our Time*, 1925), entwickelte in den folgenden Sammlungen (*Men Without Women*, 1927; *Winner Take Nothing*, 1933), die von Anderson und Joyce übernommene Erhellungsgeschichte, schrieb aber auch längere Kurzgeschichten in der traditionellen Art mit reicherer Entfaltung des Themas. In kargen Worten, ohne jedes Pathos, mit Vorliebe im Alltagsdialog und einem lakonischen Stakkatostil, enthüllt Hemingway in filmhaft kurzen Szenen das Leben als ein gewaltsames und unerbittliches Ereignis. Gedanken und Gefühle werden verborgen hinter den mit genauer Sachlichkeit verzeichneten äußeren Tatsachen. Aber gerade dadurch, daß der Autor seine Personen nicht analysiert, sondern sich auf das Äußere beschränkt und auch dies nur untertreibend berichtet, wird der Leser angeregt, aus einer Handlung, einer Geste, oftmals aus einem kurzen Gespräch das Seelische zu erschließen. Die Hemingwayschen Helden sind nüchtern, mutig und sensitiv; sie handeln nicht nach herkömmlichen moralischen Maßstäben, erkennen jedoch bestimmte Verhaltensweisen als verpflichtend an. Der Held muß selbstverständlich und phrasenlos in jeder Situation seinen Mann stehen und das Unabänderliche, auch die Niederlage und den Tod, gefaßt hinnehmen. Die Bewährung in der äußersten Situation erklärt Hemingways besondere Vorliebe für den Stierkampf.

Die erste Übertragung der Thematik und Technik der frühen Kurzgeschichten auf den Roman brachte *The Sun Also Rises* (1926), das in

143 C. Baker, H.: The Writer as Artist, Princeton [4]1972; P. Young, E. H.: A Reconsideration, University Park, Pa., [2]1966; S. Baker, E. H.: An Introduction and Interpretation, N.Y. 1967; H.: A Collection of Critical Essays ed. R. P. Weeks, Englewood Cliffs 1962; A. Waldhorn, A Reader's Guide to E. H., N.Y. 1972.

England unter dem Titel *Fiesta* erschien. Das Buch zeichnet ein Bild der „verlorenen Generation", einer Gruppe entwurzelter junger Leute, die durch den Krieg aus ihrem Gleis geworfen wurden und in Alkohol, sexuellen Exzessen und Stierkampf die Verzweiflung und den Überdruß am Leben zu betäuben suchen. Daß die Oberflächenspiegelung einer faden Nichtigkeit noch kein erschöpfender Ausdruck von Hemingways Lebensanschauung war, zeigt der halb autobiographische Kriegsroman *A Farewell to Arms* (1929). Die mit zynisch wirkender Sachlichkeit erzählten Erlebnisse des in der italienischen Armee dienenden amerikanischen Sanitätsoffiziers mit dem Höhepunkt des katastrophalen Rückzugs nach dem deutschen Durchbruch bei Caporetto stehen in schneidendem Kontrast zu der im Vordergrund sich abspielenden Liebesgeschichte des Helden und einer englischen Krankenschwester. Die Desertion und die Flucht des Paares im Ruderboot über die Schweizer Grenze am Lago Maggiore haben die Spannung eines atemberaubenden Abenteuerromans. Dann folgt als Antiklimax der Tod der Geliebten im Kindbett und das trostlose Zurückbleiben des Helden im fremden Land. Begleitet wird das Geschehen von der kommentarlos-eindrucksvollen Gegenüberstellung des reinen Berglands und des natürlichen Triebs nach Geborgenheit mit der schlammbesudelten Ebene, den zerstampften Straßen und der Widernatürlichkeit des Krieges.

In dem nicht mehr auf der gleichen Höhe stehenden Roman aus dem Spanischen Bürgerkrieg, *For Whom the Bell Tolls* (1940), ist die Handlung auf drei Tage begrenzt. Ein amerikanischer Freiwilliger in der republikanischen Armee hat den Auftrag, eine strategisch wichtige Brücke zu sprengen, und er erfüllt seine Aufgabe, obwohl sie inzwischen durch die Ereignisse überholt und sinnlos geworden ist, mit der selbstverständlichen Hingabe des Freiheitskämpfers. Von den Grausamkeiten des Krieges hört man durch die prachtvoll gezeichneten Insurgenten, die fast mythische Pilar und die mißbrauchte Maria. Das sich zwischen dem Helden und Maria entspinnende, recht sentimental gezeichnete Liebesverhältnis ist ein Gegengewicht zu dem unmenschlichen Kriegsgeschehen. Den Abschluß bildet der ergreifende Opfertod des Helden, der trotz der Ungewißheit eines siegreichen Ausgangs ohne Bitterkeit stirbt, weil er weiß, daß es Dinge gibt, die den Einsatz des Lebens wert sind.

Auf das schwächere *Across the River and Into the Trees* (1950), das ein drittesmal, jetzt im erinnernden Rückblick eines vom Tode gezeichneten amerikanischen Obersten, den Krieg als menschliches Schicksal verwendet, folgte als Hemingways letzte bedeutende Leistung die Erzählung *The Old Man and the Sea* (1952). Der alte Kubaner Santiago, der seit 84 Tagen erfolglos gefischt hat, fängt plötzlich einen riesigen, schönen Schwertfisch. Zwei Tage und zwei Nächte muß er ihn jagen, bevor er ihn harpunieren kann; und als er die Beute gesichert hat, beginnt der Kampf gegen die Haie, die Stück um Stück das kostbare Fleisch herausreißen, so daß Santiago am Ende, völlig erschöpft, nur noch das gewaltige Skelett heimbringt. Der alte Fischer verkörpert ein letztesmal den Hemingwayschen Idealhelden in seiner reinsten Form. Durch hohes Alter in seiner Kraft geschwächt, hält Santiago den aussichtslosen Kampf mit unverzagtem Wagemut durch und bewahrt in dem ungleichen Ringen mit dem Schicksal Haltung und Würde.

FRANCIS SCOTT FITZGERALD[144] (1896–1940), der zum Pariser Kreis um Hemingway gehörte, wuchs über die Problematik der „verlorenen Generation" nicht hinaus. Sein erfolgreicher erster Roman *This Side of Paradise* (1920) und mehrere Sammlungen von Kurzgeschichten versetzen uns auf faszinierende Weise in die hektische Scheinwelt der Nachkriegsjahre mit ihrer Lebensgier und zynischen Frivolität. Fitzgeralds bekanntester Roman, *The Great Gatsby* (1925), ist die mittels eines Conradschen Erzählers berichtete Geschichte eines gesellschaftlich arrivierten Alkoholschmugglers, der auf Long Island ein großes, verschwenderisches Haus führt und nur ein einziges Ziel hat, die Liebe seiner Jugend wieder zu erringen. Gatsbys rauschhaftes Leben, sein Traum von Geld und Liebe, der im Desaster endet, ist mehr als nur ein Zeitdokument des sog. 'Jazz Age'. Kunstvoll läßt der Autor in geschicktem Aufbau und brillantem Stil das Bild Gatsbys allmählich schärfere Konturen gewinnen und auch die Symbolfunktion seiner Darstellung deutlich werden: die verlockende Welt des 'American Dream' erscheint am Ende als hohl und hoffnungslos. Der nach Keats' Nachtigall-Ode benannte Roman *Tender is the Night* (1934) gestaltet den Lebensweg eines Nervenarztes, der die geisteskranke Nicole heilt, indem er eine Festigkeit und Sicherheit vorgibt, die ihm gar nicht eigen ist, der dann aber, nachdem er Nicole geheiratet hat, verkommt, während seine Frau völlig gesundet. Sein letzter, Fragment gebliebener Roman *The Last Tycoon* (1941) ließ ihn einen neuen angemessenen Vorwurf in der Hollywoodwelt finden.

JOHN DOS PASSOS[145] (1896–1970), der am ersten Weltkrieg als Sanitätsfreiwilliger teilnahm, gab seinem Kriegserleben Ausdruck in dem pazifistischen Roman *Three Soldiers* (1921), der in der Militärmaschinerie die verkörperte Sinnlosigkeit sieht, die den sensiblen Musiker John Andrews als einen von vielen zu Desertion und Untergang treibt. Wandte sich Dos Passos schon hier gegen jede Beeinträchtigung der individuellen Freiheit,

144 The Bodley Head S. F., 6 Bde., Lo. 1958–63; Three Novels (The Great Gatsby, Tender is the Night, The Last Tycoon) ed. M. Cowley und E. Wilson, N.Y. 1953; The Stories of F. S. F. ed. M. Cowley, N.Y. 1951. The Letters ed. A. Turnbull, N.Y. 1963. – A. Mizener, The Far Side of Paradise: A Biography of F. S. F., Boston 1951; H. D. Piper, F. S. F.: A Critical Portrait, N.Y.–Chicago–S. Francisco 1965; M. Hindus, F. S. F.: An Introduction and Interpretation, N.Y. 1968; M. R. Stern, The Golden Moment: The Novels of F. S. F., Urbana–Chicago–Lo. 1970; F. S. F.: A Collection of Critical Essays ed. A. Mizener, Englewood Cliffs 1973.

145 J. H. Wrenn, J. D. P., N.Y 1961; J. D. Brantley, The Fiction of J. D. P., The Hague 1968.

so richtete sich sein Angriff bald allgemein gegen die amerikanische Gesellschaft. In die Fußtapfen von Sinclair Lewis tretend, übertrug er dessen Kritik an der Provinzstadt auf New York. *Manhattan Transfer* (1925) entrollte in impressionistischen Augenblicksbildern ein filmisches Kollektivporträt der Millionenstadt, und die sich zur Trilogie *U.S.A.* (1937) zusammenschließenden Romane *The 42nd Parallel* (1930), *1919* (1932) und *The Big Money* (1936) entwarfen in Kolossaldimension ein umfassendes Panorama der ersten drei Jahrzehnte des 20. Jahrhunderts. In einer Vielzahl von Figuren und Episoden gestaltet Dos Passos den um sich greifenden Materialismus des amerikanischen Lebens, die soziale Ungerechtigkeit und den fortschreitenden Kulturverfall. Der Zeithintergrund wird in expressionistischer Technik aufgebaut durch die sog. „Wochenschau", d. h. Montagen von Schlagzeilen, Zeitungsausschnitten, Inseraten und Schlagern, durch die Einblendung kurzer Lebensskizzen bekannter amerikanischer Zeitgenossen und durch das „Kameraauge", worunter Dos Passos kurze, die Form des Bewußtseinsstroms verwendende Prosastücke versteht, in denen der Autor zur sozialen Wirklichkeit Stellung nimmt und für eine sozialistische Gesellschaftsordnung eintritt. Die Trilogie ist ein thematisch und technisch eindrucksvolles Werk, das jedoch wohl stärker als Zeitdokument von Interesse bleiben dürfte, da der Dichter hinter den ökonomischen Kräften nicht die tieferen Wurzeln des Menschlichen freizulegen vermag. Unter dem Eindruck des Spanischen Bürgerkriegs und des zweiten Weltkriegs wandte sich Dos Passos ab von der politischen Linken und bekannte sich zu einer demokratisch-konservativen Haltung. Seine späteren Werke, in denen er auch seine früheren experimentellen Techniken wieder aufgab, halten jedoch den Vergleich mit 'U.S.A.' nicht aus, auch nicht eine zweite Trilogie mit dem Titel *District of Columbia* (1952), welche die Romane *The Adventures of a Young Man* (1939), *Number One* (1943) und *The Grand Design* (1949) vereinigt.

In dem ungleichen Schaffen von John Steinbeck[146] (1902–1968) können nur zwei der sozialkritischen Romane Geltung beanspruchen: *Of Mice and Men* (1937), die dramatischer Form sich nähernde packende Erzählung von den Träumen und dem ergreifenden Schicksal zweier landwirtschaftlicher Wanderarbeiter in Kalifornien, und *The Grapes of Wrath* (1939), die Saga der mühevollen Wanderung der durch die Dürre heimatlos gewordenen kleinen Farmer von Oklahoma nach dem gelobten Land Kalifornien. Das Schicksal der Familie Joad, deren zwölf Mitglieder auf dem alten Lastauto zusammengepfercht sind, weitet sich zur Schicksalsgemeinschaft der Armen, Arbeitslosen und Hungernden, und das Hoffen auf künftige Seßhaftigkeit wird zum Symbol menschlichen Hoffens über-

[146] W. French, J. S., N.Y. 1961; P. Lisca, The Wide World of J. S., New Brunswick, N. J., 1958; J. Fontenrose, J. S.: An Introduction and Interpretation, N.Y. 1963; J. S.: A Collection of Critical Essays ed. R. M. Davis, Englewood Cliffs 1972.

haupt. Eine ähnlich überzeugende Darstellung menschlicher Charaktere und der aus der Wirtschaftskrise erwachsenden Tragödie hat Steinbeck in seinen späteren Romanen nicht wieder erreicht, auch nicht in *East of Eden* (1952), seinem ehrgeizigen Versuch, die Macht der Sünde zu gestalten. Neben einigen Kurzgeschichten sind die humoristisch-komischen Prosaidyllen *Tortilla Flat* (1935) und *Cannery Row* (1945), in denen er auf Problemerörterung verzichtet, künstlerisch ausgeglichene Leistungen.

9. Thomas Wolfe, William Faulkner und die Jüngeren

THOMAS WOLFE[147] (1900–1938) plante einen großangelegten, weithin autobiographischen Bildungsroman, über dessen Entstehungsgeschichte er sich in *The Story of a Novel* (1936) geäußert hat. Von dem Gesamtwerk konnte er nur zwei Bruchstücke vollenden, welche die Kindheit und Jugend des Helden erzählen: *Look Homeward, Angel* (1929), das die Zeit von 1884–1920 umfaßt, und *Of Time and the River* (1935) über die Jahre 1920–1925. Ihnen folgte, aus dem Nachlaß herausgegeben, *The Web and the Rock* (1939), dessen Personen andere Namen tragen, obwohl die im ersten Teil geschilderten Ereignisse denen von 'Look Homeward, Angel' parallel laufen, und der zweite Teil, eine Liebesgeschichte aus Wolfes New Yorker Zeit (1929–1930), die Fortsetzung bildet zu 'Of Time and the River'. 1940 wurde, ebenfalls aus dem Nachlaß, als vierter Roman *You Can't Go Home Again* veröffentlicht, der von dem Leben des Helden nach seiner Rückkehr aus Deutschland erzählt, von seinem beginnenden schriftstellerischen Ruhm und der tiefen Enttäuschung über eine im Innersten kranke Kultur, sowohl in dem einst geliebten Deutschland wie in seiner Heimat, in die kein Weg mehr zurückführt. Die ganze Romanfolge begleitet die Pilgerfahrt eines Menschen, der den Glauben verloren hat, der aber im Innersten weiß, daß sich der große amerikanische Traum noch erfüllen wird.

Das von Lebenskraft überquellende Epos einer Jugend in seinem vorwärtsdrängenden, rauschhaften Stil will mit seinen vielfältigen Charakteren, Geschehnissen, Szenen und Stimmungen die Fülle des Lebens vergegenwärtigen. Deshalb haben wir nicht einen fortlaufenden Bericht, sondern eine äußerlich oft unverbundene Zusammenstellung des Simultangeschehens: das Leben rauscht als breiter Strom dahin, aber der Einzelne

147 The Portable T. W. ed. M. Geismar, N.Y. 1946; The Short Novels of T. W. ed. C. H. Holman, N.Y. 1961; The Letters of T. W. ed. E. Nowell, N.Y. 1956; The Notebooks of T. W. ed. R. S. Kennedy and P. Reeves, 2 Bde., Chapel Hill 1970. – N. F. Austin, A Biography of T. W., Austin 1968; R. G. Walser, T. W.: An Introduction and Interpretation, N.Y. 1961; R. S. Kennedy, The Window of Memory: The Literary Career of T. W., Chapel Hill 1962; A. Turnbull, T. W., N.Y. 1967; Three Decades of Criticism ed. L. A. Field, N.Y. 1968.

hat nur teil an einem schmalen Ausschnitt. Die 'recherche du temps perdu' ist bei Wolfe weniger intellektuell oder psychologisch als mythisch und sinnlich. Die Vergangenheit wird nicht bewußt ins Gedächtnis zurückgerufen, die Erinnerung bricht vielmehr elementar hervor. Drei Zeitbegriffe sind ständig miteinander verbunden: die verrinnende Gegenwart, die erinnerte Zeit, die auch das aufgespeicherte Erleben der vergangenen Generationen umfaßt, und die dem Menschen unwandelbar erscheinende Zeit der Ströme, der Gebirge, der Erde, der Meere. Wenn dadurch die Welt der Gants und Pentlands auf den ersten Blick überdimensional in Proportion und Perspektive erscheint, so macht doch diese Vergrößerung dem sich einfühlenden Leser alle emotionalen und sonst unausgedrückt bleibenden Ober- und Untertöne der menschlichen Erfahrung vernehmbar. Sie vermittelt die Städte, Flüsse, Gebräuche und Gerüche eines ganzen Kontinents und offenbart die Verwirklichung suchenden Seelen der Menschen.

Im Werk von WILLIAM FAULKNER[148] (1897–1962), der aus der einstigen Aristokratie der Plantagenbesitzer stammt, bildet der hoffnungslos sterbende Alte Süden den Schicksalshintergrund, und das quälend schuldbeladene Verhältnis von Weißen und Farbigen wird zum Symbol allgemein menschlicher Not und Schuldverstrickung. Sind seine ersten Romane noch tastendes Suchen, so stößt Faulkner mit seinem dritten Werk, *Sartoris* (1929), auf sein eigenstes Thema. Bayard Sartoris ist, ähnlich wie der Held des ersten Romans, *Soldier's Pay* (1926), ein Angehöriger der „verlorenen Generation“, ein Heimkehrer aus dem Weltkrieg, der, seiner Familie entfremdet, bei einem Testflug den ersehnten Tod findet. Die sozialkritische Haltung gegenüber der verständnislosen Heimat entfaltet sich hier zu der gewaltigen, durch drei Generationen vom Bürgerkrieg bis zum ersten Weltkrieg verfolgten Tragödie vom Niedergang des Alten Südens. Für die Sartoris-Geschichte konnte Faulkner eigene Familienerinnerungen verwerten. Ein neuer plebejisch-utilitaristischer Geist, verkörpert in der Parvenü-Familie der Snopes, hat bereits die feudale Ordnung unterminiert. Sartoris ist der erste der Jefferson-Romane. Mit der teils imaginären, teils seinem heimischen Oxford (Miss.) entsprechenden Stadt Jefferson und ihrer Umgebung (Yoknapatawpha County) schuf sich Faulkner den halb mythischen Raum für fast alle folgenden Romane.

Während Faulkner noch an 'Sartoris' schrieb, arbeitete er bereits an

148 The Portable Faulkner ed. M. Cowley, N.Y. ²1965. – J. Blotner, F.: A Biography, 2 Bde., Lo. 1975; O. W. Vickery, The Novels of W. F.: A Critical Interpretation, Baton Rouge ²1964; C. Brooks, W. F.: The Yoknapatawpha Country, New Haven 1963; E. Volpe, A Reader's Guide to W. F., N.Y. 1964; M. Millgate, The Achievement of W. F., Lo. 1966; H. Straumann, W. F., Frankfurt–Bonn 1968; J. W. Reed, F.'s Narrative, New Haven u. Lo. 1973; W. F. Three Decades of Criticism ed. F. J. Hoffman and O. W. Vickery, East Lansing, Mich., 1960; F.: A Collection of Critical Essays ed. R. P. Warren, Englewood Cliffs 1966.

The Sound and the Fury (1929), das die Reihe seiner großen Romane einleitete. Das Thema ist der unaufhaltsame, stetige Niedergang einer anderen Familie des Südens, der Compsons, deren Degeneration in dreifacher Gestalt erscheint: dem schwachsinnigen Benjy, dem neurotischen Harvardstudenten Quentin, der später Selbstmord begeht, und dem habsüchtigen und skrupellosen Jason, der dem materialistischen Snopes-Geist verfallen ist. Die inneren Monologe der drei Brüder werden im vierten Teil ergänzt durch einen direkten Autorbericht, in dessen Mittelpunkt die alte Negerin Dilsey steht. Dem Joyce-Vorbild entsprechend, ist in den Monologen die Chronologie aufgebrochen, Vergangenheit und Gegenwart greifen ineinander, und die einzelnen Bruchstücke (insgesamt 106 Fragmente) fügen sich zu einem großen Gesamtgemälde des Alten Südens. Die schweren, gedrängten, überlangen Sätze wirken zunächst verwirrend auf den Leser, aber so werden Wirkungen erreicht, die sonst nur in der Poesie möglich sind. *As I Lay Dying* (1930) spielt ebenfalls im Süden, diesmal jedoch unter den „armen Weißen". Es ist die grausig-groteske Geschichte des Leichenzuges der Addie Bundren, der sich mit vielen Hindernissen nach Jefferson bewegt – eine virtuose Schilderung in rund sechzig inneren Monologen, die auf insgesamt fünfzehn Erzähler verteilt sind. Der zunächst des Gelderwerbs wegen geschriebene Reißer *Sanctuary* (1931) wurde vor seiner Veröffentlichung völlig umgearbeitet; aber trotz großer Darstellungskunst überschreitet hier eine makabre, sadistische Phantasie die Grenze des Erträglichen.

Faulkner zeichnet eine Welt des Schreckens und des Hasses, der Lust, Brutalität und Besessenheit und läßt zugleich in der Kraft des Ertragens und Duldens eine alle Grausamkeit überwindende Menschlichkeit fühlbar werden, die an russische Erzähler erinnert. Das gilt besonders von seinem stärksten Roman, *Light in August* (1932), der die rührende Geschichte von Lena Grove mit dem Schicksal des vermutlich mischblütigen Joe Christmas verbindet. Während Lena aus Alabama nach Jefferson kommt, um nach dem Vater des Kindes zu suchen, das sie im August zur Welt bringen soll, wird Joe durch ein Leben unsäglicher Härte und Schuld zur Vernichtung gehetzt. In *Absalom, Absalom!* (1936) ist Thomas Sutpen die Zentralfigur. Als einer der „armen Weißen" verfolgte er energisch und rücksichtslos seinen großen Traum von der Gründung einer angesehenen, wohlhabenden Familie, aber er lud schwerste Schuld auf sich und wurde am Ende vom Schicksal zugrunde gerichtet – Sinnbild der Schuldverstrickung des Südens. Der Erzählbericht ist, dem sprunghaft-erratischen Geschehen nicht unangemessen, in mehrfache Spiegelungen gebrochen; der aus 'The Sound and the Fury' bereits bekannte Quentin Compson muß die Geschichte aus Berichten seines Vaters und eines alten, den Sutpens verwandten Fräuleins rekonstruieren. Die sich zu einem episodischen Roman zusammenschließenden Erzählungen von *The Unvanquished* (1938) schildern in Rückblende aus der Sicht des jungen Bayard Sartoris – er ist der Großvater des nach ihm benannten Titelhelden im ersten Jefferson-Roman – das Schicksal seiner Familie während des Bürgerkriegs und unmittelbar danach. Eine andere bedeutende Kurzgeschichten-Sammlung ist *Go Down Moses* (1942), die als bekannteste und beste seiner Erzählungen *The Bear* enthält. Im Gegensatz zu dem vorwiegend reportagehaft arbeitenden Hemingway erzählt Faulkner seine Initiationsgeschichte mit komplizierter, zeitverschränkter Bewußtseinsstromtechnik aus der Perspektive des jungen Ike McCaslin, der im Erlegen des mythischen Bären Old Ben, der Verkörperung der Freiheit der Wildnis, und in dem Tod des naturverbundenen Halbbluts Sam Fathers zur Einsicht in die Schuld seiner Vorfahren gelangt, die ihn später zur Sühne führt.

The Hamlet (1940) behandelt in lockerer Fügung und mit grimmigem Humor die Geschichte der ebenfalls aus dem Sartoris-Roman bekannten Familie Snopes. Faulkner weitete ihre Chronik später in *The Town* (1957) und *The Mansion* (1959) zu einer fünfzig Jahre umspannenden Trilogie aus. Die Werke seiner letzten Phase erreichen allerdings nicht mehr die Höhe der großen Romane. Das gilt auch von *A Fable* (1954), in dem Christus seine Passion noch einmal in einem kleinen Korporal am Ende des ersten Weltkrieges auf dem französischen Kriegsschauplatz erlebt. Der Held vermag jedoch die anspruchsvolle allegorische Beziehung ebensowenig zu rechtfertigen wie die Negerin Nancy in dem 'Sanctuary' fortführenden *Requiem for a Nun* (1951). *The Reivers* (1962), eine komische, fast farcenhafte Geschichte, ist der letzte Baustein, den Faulkner seiner Yoknapatawpha-Saga einfügen konnte.

Neben Wolfe und Faulkner hat der Süden eine Reihe weiterer Namen aufzuweisen. Katherine Ann Porter[149] (geb. 1890) und Eudora Welty[150] (geb. 1909) widmeten sich besonders der Kurzgeschichte und dem Kurzroman. Der bereits als Lyriker erwähnte Robert Penn Warren[151] (geb. 1905) gestaltete in seinem erfolgreichen Roman *All the King's Men* (1946) das Problem politischer Macht in der Karriere des zum Gouverneur aufsteigenden Bauernsohnes Willie Stark. In Carson McCullers' (1917–1967) bestem Roman, *The Heart is a Lonely Hunter* (1940), ist die Zentralfigur ein Taubstummer, der sich nach dem Tod seines gleichfalls stummen Gefährten das Leben nimmt und seine Freunde hilf- und trostlos zurückläßt – eine traurige Geschichte menschlicher Illusion und Vereinsamung, die in eindrucksvoller, poetischer Sprache vermittelt wird[152].

149 Collected Stories, Lo. 1963. – G. Hendrick, K. A. P., New Haven 1965; K. A. P.: A Critical Symposium ed. L. Hartley and G. Core, Athens 1969; M. M. Liberman, K. A. P.'s Fiction, Detroit 1971.

150 Modern Libr. Ed., N.Y. 1954 (Einl. von K. A. Porter).

151 Vgl. S. 312.

152 Vgl. ferner: The Member of the Wedding (1946); The Ballad of the Sad Café (1951); Clock Without Hands (1961).

Im zeitgenössischen Roman sind zwei Namen besonders hervorzuheben: J. D. Salinger und Saul Bellow. Der Ruhm von JEROME DAVID SALINGER[153] (geb. 1919) beruht neben einigen Kurzgeschichten und Erzählungen in der Hauptsache auf dem Roman *The Catcher in the Rye* (1951), einem etwas über 200 Seiten umfassenden in einer Nervenklinik aus der Rückschau geschriebenen Monolog des 16jährigen Holden Caulfield, in dem er sich mit der Korruption und Unechtheit der Erwachsenenwelt auseinandersetzt. Holden liebt seine kleine Schwester Phoebe, er bewundert seinen älteren Bruder, er wurde tief erschüttert durch den Tod des Zweitältesten; aber ihn ekelt vor der Verlogenheit der Erwachsenen. Gleichwohl ist Holden kein Rebell, er ist vielmehr traurig über diesen Zustand. Er möchte die kleinen Kinder vor dem Verlust ihrer Reinheit und Unschuld bewahren, jenem Fall in den Abgrund, den er selbst gerade qualvoll durchleidet. Aber das Überschreiten der Schwelle in die Welt der Erfahrung bleibt niemandem erspart, und wie die Karussellszene zeigt, können die Kinder bei ihrem Griff nach dem goldenen Ring den Halt verlieren und herunterfallen. Holdens Reflexionen werden aufrichtig und ohne Pathos, im saloppen Umgangston wiedergegeben. Salinger hat den stereotypen Jargon der High School dieser Zeit so haarscharf getroffen, daß der Roman, wie ein Vierteljahrhundert früher Hemingways 'Fiesta', zum Buch einer Generation wurde. In der technischen Darbietung wie der sprachlichen Beherrschung ist das kleine Werk makellos; doch ist Salingers Feld begrenzt und durch die bisher veröffentlichten Teilstücke der Chronik der Familie Glass nicht wesentlich erweitert worden.

SAUL BELLOW[154] (geb. 1915) begann mit subtilen, introspektiven Romanen (*Dangling Man*, 1944; *The Victim*, 1947), die das Existenzproblem zu ergründen versuchen und den Menschen als Opfer anonymer Mächte sehen. Mit *The Adventures of Augie March* (1953) durchbrach er diese Innenschau, und an die Stelle des Kafka-Vorbilds traten Mark Twain, Balzac und Fielding. Augie ist nicht mehr das Opfer, gegen das sich die Welt verschworen hat, er ist vielmehr von einer brennenden Lebensneugier erfüllt und führt ein abenteuerliches Leben, das ihn schließlich zu der Erkenntnis führt, daß das eigentlich Menschliche das Mittelmaß ist. 'Augie March' ist ein farbiger, kraft- und phantasievoller Roman, wenngleich die Darstellung nicht bis zum Ende auf derselben Höhe bleibt. Die pikarische Form gestattete Bellow, in dem grotesken und parodistischen *Henderson the Rain King* (1959) weiter auszugreifen. Stammte Augie aus armen Verhältnissen im polnischen Judenviertel Chicagos, so

153 Nine Stories (1953); Franny and Zooey (1961); Raise High the Roof Beam, Carpenters; and Seymour: An Introduction (1963); Hapworth 16, 1924 (1965). – F. L. Gwynn and J. L. Blotner, The Fiction of J. D. S., Pittsburgh 1958; W. French, J. D. S., N.Y. 1963.

154 K. M. Opdahl, The Novels of S. B.: An Introduction, University Park, Pa., 1967; I. Malin, S. B.'s Fiction, Carbondale 1969.

ist Henderson ein mehrfacher Millionär. Sein Weg führt von New Jersey und New York in eine afrikanische Phantasiewelt. Auf der Suche nach innerer Zufriedenheit erreichen seine Abenteuer ihren Höhepunkt in der Stellung eines Regenmachers bei einem wilden Negerstamm. In der Welt der Primitiven, in der sich Henderson die Bedeutung des Irrationalen erschließt, findet er zur Selbstverwirklichung. *Herzog* (1964) kehrt zum amerikanischen Leben zurück. In der offenbar autobiographisch beeinflußten Geschichte versucht der Held, ein Universitätsdozent, nach zwei gescheiterten Ehen in Monologen und (zumeist nicht abgesandten) Briefen seine individuelle, zugleich der Gegenwart und Geschichte verhaftete Existenz zu bestimmen. Mr. Sammler, der Held von *Mr. Sammler's Planet* (1970), ist ein weiterer Sucher nach dem Lebenssinn, der zu der Erkenntnis gelangt, daß der Mensch der Regeln und Vorbilder bedarf und mit nur einem Planeten nicht auskommt; und *Humboldt's Gift* (1975) behandelt das Bellowsche Grundproblem der Wahrheitssuche in einer Auseinandersetzung mit dem Streben nach Reichtum und findet in der Reflexion über den Tod zu einer Bestätigung der transzendenten Werte.

Die Themen der Isolation und der Identitätssuche behaupten im zeitgenössischen Roman eine beherrschende Stellung. Ebenso bezeichnend ist eine vehemente Gesellschaftskritik, wie in HUBERT SELBYS (geb. 1929) *Last Exit to Brooklyn* (1964) mit seiner brutalen Anklage des grausamen Großstadtelends. Auffallend in der jüngsten Entwicklung ist das Hervortreten von Minoritätsgruppen, vor allem der jüdischen und der schwarzen Minderheit. Die Romane von BERNARD MALAMUD (geb. 1914) etwa kehren die Eigenständigkeit des Judentums nachdrücklicher hervor als Bellow (*The Assistant*, 1957; *The Fixer*, 1966), und RICHARD WRIGHTS (1908–1960) *Native Son* (1940), RALPH ELLISONS (geb. 1914) *The Invisible Man* (1952) sowie JAMES BALDWINS (geb. 1924) *Go Tell It on the Mountain* (1953) können als herausragende Werke der 'black novel' gelten.

REGISTER